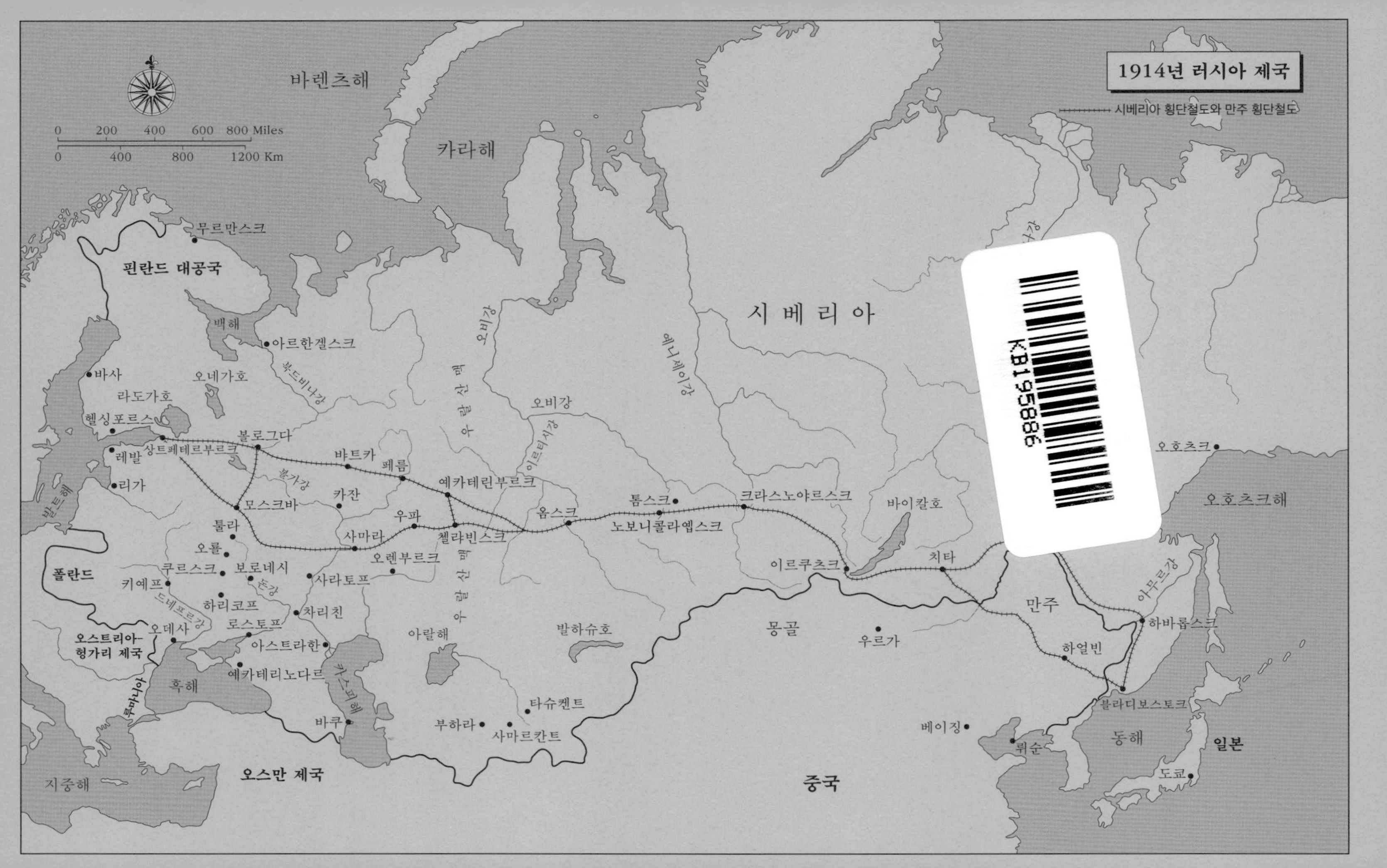
1914년 러시아 제국
시베리아 횡단철도와 만주 횡단철도
0 200 400 600 800 Miles
0 400 800 1200 Km
바렌츠해
카라해
시 베 리 아
무르만스크
핀란드 대공국
백해
아르한겔스크
북드비나강
바사
오네가호
라도가호
헬싱포르스
상트페테르부르크
볼로그다
레발
리가
발트해
뱌트카
페름
불가강
카잔
모스크바
예카테린부르크
우랄산맥
오비강
이르티시강
옴스크
우파
사마라
첼랴빈스크
툴라
오룔
폴란드
쿠르스크
보로네시
키예프
돈강
하리코프
드네프르강
사라토프
오렌부르크
차리친
오데사
로스토프
오스트리아-헝가리 제국
아스트라한
예카테리노다르
루마니아
흑해
카스피해
바쿠
아랄해
타슈켄트
부하라
사마르칸트
발하슈호
오스만 제국
지중해
예니세이강
톰스크
노보니콜라옙스크
크라스노야르스크
바이칼호
이르쿠츠크
치타
몽골
우르가
만주
아무르강
하바롭스크
하얼빈
블라디보스토크
오호츠크
오호츠크해
베이징
뤼순
동해
일본
도쿄
중국

러시아 내전

RUSSIA: REVOLUTION AND CIVIL WAR 1917-1921

혁명 그 이후 1917-1921
러시아 내전

앤터니 비버 지음
이혜진 옮김

RUSSIA

눌와

일러두기

- 인명, 지명 등 고유명사는 국립국어원의 외래어 표기법에 따라 표기했다. 단 붙임표(-)는 원어 그대로 남기고, 일부 관용적으로 쓰이는 표기는 외래어 표기법을 따르지 않았다.
- 인명, 지명은 원서의 알파벳 표기를 병기하였다. 단체, 정당, 기관 등의 명칭은 원서의 영어 표기를 병기하되, 필요한 경우는 알파벳화한 러시아어 명칭을 함께 표기했다.
- 인근 여러 국가가 인접하거나 국가가 바뀌어 표기가 혼재되는 지명은 원서의 표기를 따랐다. 현재 지명과 서술되는 시점의 지명이 다른 경우 최초로 언급되는 부분에 현재 지명을 괄호 안에 함께 표기했다.
- 책, 신문, 잡지는 《 》로, 글, 영화, 노래는 〈 〉로 표시했다.

류바 비노그라도바에게

RUSSIA

제3부
1919년

제4부
1920년

지도 목록

서문

1902년 1월, 말버러Marlborough 공작은 사촌 윈스턴 처칠Winston Churchill에게 보낸 편지에서 상트페테르부르크St Petersburg에서 참석한 궁중 무도회를 묘사했다. 말버러 공작은 전全 러시아의 차르가 갇혀 있는 듯한 시대착오적인 화려함에 놀랐다. 그는 니콜라이 2세를 "전제군주 역할을 충실히 해내려 애쓰는 친절하고 온화한 사람"[1]이라고 묘사했다.

환영 연회는 베르사유 궁전과 비견될 만큼 호화찬란한 장관이었다. "3천 명 가까이 되는 귀빈들이 만찬을 접대받았네. 이렇게 많은 사람이 동시에 앉아 있는 장관은 말로는 다 설명할 수가 없어. 연회 규모가 어느 정도인지는 2천 명 정도 되는 하인 수로 겨우 추정할 수 있을 거네. 카자크와 맘루크를 비롯하여 영국에서는 18세기에나 볼 수 있었던 거대한 타조 깃털 장식이 달린 모자를 쓴 하인들이 모두 손님들을 기다리고 있었네. 방마다 배치된 군악대는 차르가 지나갈 때마다 러시아 국가를 연주했어. … 다섯 시간 내내 부동자세로 칼을 들고 있는 임무를 맡은 의장대도 있었네."[2]

뒤이은 만찬에서 말버러 공작의 어린 아내 콘수엘로 밴더빌트Consuelo Vanderbilt가 러시아에 민주주의가 도입될 가능성이 있는지 묻자 차르는 "러시아의 정치 발전은 유럽에 200년 뒤처져 있소. 러시아는 아직 유럽보다는 아시아에 가까우니 전제 정치로 다스려야 하오"[3]라고 답했다.

말버러 공작은 군 체제를 좌우하는 근위대의 특이점에도 놀랐다. "군 일부의 사령관인 블라디미르 대공은 신병들을 자기 앞으로 데려오게 해서 배치를 결정한다고 하네. 들창코인 병사들은 들창코였던 파벨 황제가 만든 파블롭스키 연대에 배치하는 식이지."[4]

✦

궁중과 마찬가지로 러시아 제국군은 오래된 불문율, 관습, 격식과 절차로 경직되어 있었다. 후에 영국 육군 원수가 되는 당시 블랙워치Black Watch(영국 육군 소속의 정예 부대-옮긴이)의 젊은 장교 아치볼드 웨이벌Archibald Wavell은 제1차 세계대전 직전 러시아에 잠시 배속되었을 때 러시아의 영관급 장교들마저도 결단력을 발휘하기를 두려워하는 것을 보았다. "러시아군이 얼마나 보수적인지 보여주는 사례 중 하나는 항상 예외 없이 소총에 총검을 장착하고 다니는 관습이다."[5] 이 관습은 18세기 말 러시아군 종대 하나가 매복해 있던 적군의 기습으로 전멸한 후 알렉산드르 수보로프Alexandr Suvorov 장군의 지시로 생겨나 자리 잡은 것이었다.

러시아 장교들은 군복을 착용하지 않고 사람들 앞에 서는 것을 불명예로 여겼다. 영국군의 관습에 관해 웨이벌에게 질문을 퍼부었던 한 용기병대 대위는 영국군 장교가 비번일 때는 일상복을 입고 평소에는 칼을 들고 다니지 않는다는 것을 믿을 수 없었다. 그는 펄쩍 뛰며 분개했다. 그리고 불쑥 내뱉었다. "하지만 그러면 사람들이 두려워하지 않잖습니까."[6] 러시아 제국군 장교에게는 그 자리에서 병사의 얼굴에 주먹을 날려 처벌할 권리가 있었다.

웨이벌은 러시아의 지식인들이 통치자들을 "관료주의적 압제자"로 여기고, "경찰을 불신하고 군을 경멸하는 것"[7]에 놀라지 않았다. 1904-1905년의 러일전쟁의 수모와 1905년 1월 겨울궁전에서 게오르기 가폰Georgy Gapon 신부가 이끄는 평화 시위 행렬을 학살한 피의 일요일 사건 이후 정권과 군에 대한 존경과 신뢰가 무너졌다. 나데즈다 로흐비츠카야Nadezhda Lokhvitskaya는 '테피Teffi'라는 필명으로 "러시아가 하루아침에 좌

✦

익으로 전향했다"[8]라고 썼다. "학생들은 불안해했고, 노동자들은 파업했다. 나이 지긋한 장군들마저 불명예스러운 조국의 운영 방식을 비웃고 차르를 신랄하게 비판한다는 이야기도 들렸다."

귀족들은 엄청난 특혜를 누리는 대신 아들을 군 장교와 상트페테르부르크의 관료로 보내야 했다. 그리고 3만 명의 지주들은 각지의 '지역 대장land captains'을 통해 시골의 질서를 유지해야 했다.

1861년 농노 해방은 농민들의 비참한 삶을 거의 개선하지 못했다. 막심 고리키Maksim Gorky는 "러시아 농민들은 끔찍한 환경에서 살면서 제대로 된 치료도 받지 못하고 있다"[9]라고 기록했다. "농민 자녀의 절반이 다섯 살도 되기 전에 온갖 질병으로 사망한다. 마을 여자들은 거의 모두 여성 질환을 앓고 있다. 마을에는 매독이 들끓고 있다. 마을은 극빈, 무지, 야만의 수렁에 빠졌다." 여자들은 대개 술에 취한 남편의 폭력에도 시달렸다.

무엇으로도 막을 수 없는 증기롤러 같은 군대, 이를 구성하는 건장한 농민은 환상에 불과했다. 평시에는 대략 농민 네 명 중 세 명이 건강상의 이유로 입대를 거부당했다. 제1차 세계대전 중 장교들은 전선에 도착한 징집병들의 수준에 대해 불평했다. 한 보고서에는 제2군에서 "병사들이 전투를 피하기 위해 자해하는 일이 무척 흔해서 개탄스럽다. 적에게 항복하는 병사들도 많다"[10]라고 적혀 있다. 보고서는 병사들이 "그저 평범한 무지크muzhik(농민)이고 … 무심하고 멍청하고 우울한 얼굴로 앞을 바라본다. 초롱초롱한 눈으로 지휘관을 똑바로 마주 보는 법이 없다"라고 묘사했다. 군복을 입은 러시아 농민은 영국 육군이 '침묵 불복종dumb insolence(부하가 상관에게 대놓고 반대하지 않으면서 반항의 태도를 보이는 군율 위반 행위-옮긴이)'이라고 정의했던 전술을 구사한 것이 분명하다.

계몽된 상류층과 귀족도 '우둔한 민중'과 이들이 1773년 예멜리얀 푸가초프Yemelyan Pugachev가 일으킨 반란처럼 가끔 폭발할 때 벌어지는 무시무시한 폭력을 두려워했다. 알렉산드르 푸시킨Aleksandr Pushkin은 푸가초프의 반란을 "무의미하고 무자비한 러시아인들의 폭동"[11]이라고 묘사했다. 1905년 러일전쟁의 참패에 이은 사회적 불만과 저택 방화의 물결 속에서 지주들이 할 수 있는 거라곤 수많은 수비대 주둔 도시 중 한 곳에 군대 파견을 요청해 달라고 지방 관리에게 호소하는 것뿐이었다.

카를 마르크스Karl Marx의 〈공산당 선언〉에 등장하는 유명한 구절인 "농촌 생활의 우매함"은 농민들의 맹신, 무관심, 복종을 암시했지만, 농촌 너머에도 해당하는 말이었다. 지방 소도시의 시민들도 농촌의 농민들만큼 우매했다. 살티코프-셰드린Saltykov-Shchedrin('셰드린'은 살티코프의 필명이다.-옮긴이)과 니콜라이 고골Nikolai Gogol 같은 풍자가들은 연못의 탁한 수면 아래를 응시했다. 아이러니하게도 블라디미르 레닌Vladimir Lenin이 가장 좋아하는 작가인 살티코프는 차르의 시대와 소비에트 시대에 모두 나타나는 현상인 "합법적 노예제가 인간의 정신에 미치는 치명적인 영향"[12]을 언급하기도 했다. 레프 트로츠키Lev Trotsky는 사람들의 정신을 구속하는 러시아 정교회를 비난했다. 트로츠키는 사람들이 성스러운 러시아의 '성상과 바퀴벌레'와 단절하기 전에는 혁명은 절대로 오지 않을 것이라고 주장했다.

✦

토지 개혁 시도는 일부 지역에서만 성과가 있었다. 19세기의 대부호 드미트리 셰레메테프Dmitry Sheremetev 백작이 190만 에이커(76만 3천 헥타르)의 토지와 약 30만 명의 농노를 보유[13]한 것과 달리 대부분의 영지는 작고 궁핍했다. 극소수의 예외를 제외하고 지주 거의 대다수가 주거 환경을 개선하거나 가장 기본적인 농기계를 도입하고 싶어도 그럴 형편이 되지 않았다. 그러기는커녕 많은 지주가 토지를 팔거나 저당 잡힐 수밖에 없는 처지였다. 지주와 농민의 관계는 갈수록 비정상적이었고 긴장이 감돌았다. 빈곤한 농부들은 여전히 문맹이어서 마을 원로들과 곡물 상인들에게 착취당했을 뿐 아니라, 잃어버린 권력에 아직도 분노하는 많은 지주에게 학대당했다. 그 결과, 소작인들은 귀족 지주들 앞에서는 굽신대며 아부하고 뒤돌아서는 그들을 속일 기회만 노렸다.

마르크스가 혁명의 선봉이라고 여긴 도시 노동자, 프롤레타리아가 성장하면서 도시로의 이주가 가속화되었다. 19세기 초 100만이 조금 넘었던 상트페테르부르크의 인구는 1916년 말 300만 명으로 증가했다. 공장의 노동 환경은 끔찍하고 위험했다. 고용주는 노동자를 소모품으로 여겼는데, 이들의 자리를 차지하려고 기다리는 농민들이 수도 없이 많았기 때문이다. 노동자들은 쟁의권이 없었고 해고 보상금도 받지 못했다. 분쟁이 생기면 경찰은 항상 공장주의 편을 들었다. 많은 이들이 공장 노동자를 도시의 농노로 보았다. 노동자들은 불결한 데다 질병이 들끓는 좁고 긴 판잣집, 싸구려 여인숙, 공동 주택에서 잠을 잤다. 고리키는 "도시에는 하수 시설이 없다. 공장 굴뚝에는 연통이 없다. 바깥은 썩어가는 쓰레기 냄새로 진동하고, 대기는 연기와 먼지로 오염되었다"[14]라고 기록

✦

했다. 이렇게 인구가 밀집한 환경에서는 때때로 콜레라와 티푸스가 유행하면서 결핵과 성병도 함께 퍼진다. 도시 노동자의 기대 수명은 가장 빈곤한 마을보다도 낮았다. 자유는 고용되지 않은 룸펜 프롤레타리아트 lumpen proletariat(노동자 계급에서 탈락한 자본주의 사회의 극빈층-옮긴이)가 사는 지옥의 밑바닥에만 존재했다. 아동 성매매, 좀도둑, 술 취한 자들의 싸움으로 가득한 이 지하 세계의 생활은 찰스 디킨스, 빅토르 위고, 에밀 졸라의 어떤 소설 속 묘사보다도 비참했다. 러시아 빈곤층을 이보다 더 깊은 수렁으로 몰아넣을 재앙은 유럽의 대규모 전쟁뿐이었다.

제1부

1912-1917년

01

유럽의 자멸[1]
1912-1916년

제1차 세계대전 이전 러시아의 산업이 빠르게 성장하자 지배층은 의기양양하며 자만에 빠져 있었다. 불과 10여 년 전 있었던 러일전쟁의 참패는 기억의 저편으로 사라졌다. 상트페테르부르크에서는 1912년 다르다넬스해협 봉쇄 후 오스만 제국을 공격해야 한다는 주전파의 목소리에 점점 힘이 실렸다. 이전까지 신중한 태도를 보였던 외무부 장관 세르게이 사조노프Sergey Sazonov도 제1차 발칸전쟁에서 독일과 오스트리아-헝가리 제국이 러시아에 보인 태도에 분노했다. 1914년 6월 사라예보Sarajevo에서 프란츠 페르디난트Franz Ferdinand 대공이 암살당한 후 오스트리아-헝가리 제국이 세르비아에 최후통첩을 보내자, 사조노프는 참모총장에게 전쟁 준비를 요청했다. 사조노프는 차르에게 동족인 세르비아의 슬라브족을 지원하지 않으면 러시아의 치욕으로 남을 것이라고 아뢰었다. 니콜라이 2세는 마지못해 첫 단계로 부분 동원령을 내리려 했지만, 군 사령관들은 러시아가 오스트리아-헝가리 제국에 대항해 군대를 동원하면 독일에 대비해 중부 및 북부의 전 전선에 병력을 배치해야 하므로 총동원령이 필요하다고 주장했다.[2]

황실 고문인 심령술사 그리고리 라스푸틴Grigory Rasputin은 수도를 떠나 있었다. 그 운명적인 여름, 시베리아의 고향을 방문 중이던 라스푸틴은 러시아가 전쟁 준비에 들어간다는 황후의 전보를 받았다. 즉시 차르에게 전쟁을 일으키라는 압력에 굴해서는 안 된다는 답신을 보내려 했지만 한 여인이 그를 불러 세워 배에 칼을 찔렀다. 이 여인은 라스푸틴에게 등을 돌리고 라스푸틴이 호색한이자 거짓 예언자라고 비난한 전직 사제

일리오도르Iliodor의 추종자였다. 라스푸틴은 겨우 목숨을 건졌지만, 병실에 누워 꼼짝도 할 수 없었다. 의식이 돌아온 후 동원령이 내려졌다는 소식을 듣고 라스푸틴은 전쟁이 러시아 제국과 로마노프 황가의 몰락을 초래할 것이라고 간언하는 전보를 보내겠다고 했다. 주전파에 둘러싸인 차르를 설득할 이 마지막 기회는 너무 늦게 당도했다. 하지만 제때 도착했더라도 결과는 크게 다르지 않았을 것이다.

전쟁의 결정적 요인은 중부 열강Central Powers(독일 제국, 오스트리아-헝가리 제국, 불가리아, 오스만 제국 등 1차 대전의 동맹국을 뜻함-옮긴이)이 먼저 병력을 동원할 것이라는 러시아 참모들의 우려가 아니었다. 유럽 열강이 개입하기 전에 세르비아를 분쇄하겠다는 오스트리아의 결정이었다. 독일은 오스트리아를 말리지 않았다. 독일의 참모총장 헬무트 폰 몰트케 Helmuth von Moltke(소小 몰트케) 장군은 전쟁을 재고해 달라는 독일 정부의 요청을 무시하고 공격에 나설 것을 오스트리아에 촉구하기도 했다. 외교와 정략결혼으로 맺어진 유럽 군주들의 관계는 전쟁을 막기에는 역부족이었다. 프랑스 총리 조르주 클레망소Georges Clemenceau가 곧 알게 될 것처럼 전쟁은 군인들에게만 맡겨두기에는 너무 중요한 문제였다.

전쟁이 선언되자, '우매한 민중'인 러시아 농민 병사의 상황은 갈수록 악화되었다. 육군과 해군에 징집된 병사는 총 1530만 명이었다. 타넨베르크Tannenberg 전투의 패배와, 독일의 (크라쿠프Kraków 남동쪽에 위치한) 고를리체-타르노프Gorlice-Tarnów 공세 승리에 이은 유명한 1915년의 '대후퇴Great Retreat' 후 병사들뿐 아니라 장교들도 황궁에 독일과 내통하는 세력이 있다고 의심하며 분노하기 시작했다. "독일의 지배"[3]가 곧 여기저기서 화제가 되었다. 장군 중 독일계 또는 스칸디나비아계 이름이 너무 많았기 때문이다. 하지만 대부분은 독일인 황후와 흑막 라스푸틴을 비롯한 비선 실세를 욕했다. 차르가 경솔하게도 모길료프Mogilev(지금의 벨라루스 마힐료우)의 최고사령부(스타프카Stavka)에서 최고사령관으로서 친히 군을 이끌겠다고 나서자 타락한 수도사 라스푸틴은 파렴치하게 매관매직과 뇌물을 일삼았다. 발트해 연안, 폴란드, 벨라루스, 갈리치아, 루마니아에 걸친 전선을 따라 건설된 참호에서 러시아 병사들은 비참한 생활을 했다. 막심 고리키는 이렇게 말했다. "병사들은 땅을 파고 들어가 비좁은 틈에서 오물을 뒤집어쓰고 비바람을 맞으며 지냈다. 질병과 해충에 시달리며 짐승처럼 살았다."[4] 군수품이 턱없이 부족해 많은 병사가 군화도 없이 자작나무 껍질로 신발을 만들어 신어야 했다. 전선의 야전 병원은 크림전쟁 때에 비해 나을 것이 없었다.

군의 현대화 시도는 처참하게 실패했다. "우리에게도 드디어 최신 기술이 도달했다."[5] 군의관 바실리 크랍코프Vasily Kravkov는 씁쓸한 마음으로 일기에 적었다. "우리 부대에 방독면 2만 5천 개가 지급되었다는 말이다. 이 방독면은 우리의 최고 '파샤pasha'(원래 오스만 제국 고관의 존칭-옮긴이) 올덴부르크Oldenburg 공작이 의장으로 있는 최고위원회에서 성능을 검사했다. 시험 삼아 간호병들에게 방독면을 씌워봤다. 2분이 지나자 병사들이 호흡곤란을 보이기 시작했다. 그런데 우리는 참호의 모든 병사에게 이걸 장비라고 지급해야 한다!"

군 검열부는 병사들이 고향에 보내는 편지를 읽으면서 전선의 사기가 어떤지 정확하게 파악하고 있었을 것이다. 많은 병사가 독일군 포병대의 화력이 훨씬 우세해 상대가 안 될 정도고, 장교들이 병사들을 너무 가혹하게 대한다고 불만을 표했다. 끔찍한 광경을 목격한 병사들은 짐승처럼 날뛰거나 트라우마에 시달렸다. 한 병사는 편지에 이렇게 썼다. "밖에 여전히 시체가 널려 있어요. 까마귀들이 벌써 눈을 파먹었고 쥐들이 시체 위를 기어다녀요. 오, 신이시여, 이 끔찍한 광경은 설명할 수도, 상상할 수도 없어요."[6]

또 다른 병사는 장교들의 지시로 땅을 파 아군 사망자로 채운 공동

묘지에 관해 썼다. "우리는 전쟁터에서 시신을 거둬 와 길이 30패덤(약 55미터), 깊이 4패덤(약 7.3미터) 크기의 구멍을 팠어요. 그 안에 시체들을 넣고 시간이 너무 늦어 반 정도만 흙으로 덮고 나머지 반은 아침에 마저 덮기로 했죠. 밤새 보초를 세웠는데 밤중에 사망자 중 한 명이 구멍에서 기어 올라와 무덤 가장자리에 앉는가 하면, 구덩이 속에서 몇몇 병사들이 몸을 뒤척였대요. 부상을 당했거나 집중 포격으로 충격을 받았을 뿐 죽지는 않았던 거죠. 이런 일이 흔해요."[7]

장교와 병사의 차별 대우는 극심한 분노를 불러일으켰다. 많은 장교가 전선 뒤에 자리한 소작농들의 이즈바izba(통나무를 쌓아 올려 지은 러시아 전통주택-옮긴이)에서 비교적 따뜻하고 안락하게 밤을 보내는 동안, 부사관과 병사는 춥고 더러운 참호에 남겨졌다. 한 병사는 고향에 보낸 편지에 이렇게 썼다. "조국을 위해 공격의 선두에 서는 일반 병사의 월급은 75코페이카(러시아 화폐 단위로 100분의 1루블-옮긴이)이고 그 뒤에 서는 중대장은 400루블, 그보다 더 뒤에 서는 연대장은 1천 루블을 받아요. … 병사들이 굶주리는 동안 어떤 이들은 적십자 깃발 아래 근사한 요리와 술을 즐기고 창부와 놀아나요."[8]

적십자 간호사들이 오로지 장교들의 성적 편의를 위해 전장에 있다는 생각은 터무니없어 보이지만 근거가 있었다. 군단의 의무대장이었던 크랍코프 박사는 동료가 어떻게 해고되었는지 기록했다. "이유는 아주 단순했다. 그 군의관은 일을 너무 잘했고, 간호사들을 이용해 매음굴을 열라는 사령부 패거리의 요구에 굴복하지 않았다. … 한두 번이 아니다. 내가 제10군을 떠난 것도 이것 때문이었다."[9]

장교들은 오데사Odessa에서 형편이 어려운 여학생들에게 나체사진을 찍어주면 수백 루블을 주겠다고 제안했다. 한 젊은 장교는 "한 번 더, 이번에는 더 자세한 사진을 찍을 의향이 있다면 연락을 주시오"라고 썼다. 그리고 연대를 방문하면 1천 루블까지도 벌 수 있을 거라고 언급했다.[10]

장교들이 신나게 즐기는 동안, 일반 병사들은 심지어 전선에서 먼 지역에서도 아내를 만날 수 없었다. 제9독립 돈카자크 소트니아Sotnia(소트니아는 보통 100명에서 150명의 병사로 이루어진 카자크군의 편성 단위로 중대에 해당한다.-옮긴이) 소속 카자크 병사의 젊은 아내 예브도키야 메르쿨로바Evdokiya Merkulova는 문맹이어서 규칙을 모른 채 1916년 12월 초 남편을 면회하러 갔다. 그녀는 부대 방문 후 지휘관의 부당한 대우에 용감하게 정식 항의했다. 그녀는 다음과 같은 구술 증언 기록을 남겼다. "소트니아 지휘관 미하일 리사코프Mikhail Rysakov가 곧 내가 왔다는 소식을 들었어요. 12월 5일 어찌 된 영문인지 그 지휘관은 소트니아를 열병식 대형으로 세우고 그 앞에 나를 엎드리게 했어요. 카자크 병사 두 명이 그의 지시대로 내 팔과 다리를 잡고 치마와 속옷을 걷었어요. 지휘관은 남편에게 헐벗은 내게 열다섯 번 채찍질하라고 명령했어요. 직접 처벌을 감독하면서 옷 위가 아닌 맨살에다 전력으로 채찍질하라고 남편을 협박했어요. 남편은 상관이 두려워 피가 나도록 나를 채찍질했고 그 상처는 아직도 아물지 않았어요. 그러고 나서 병사 한 명이 돈 카자크 병영을 가로질러 나를 끌고 갔어요."[11]

총알받이였던 농민 병사들은 전쟁, 진흙, 이, 형편없는 음식, 괴혈병에 진저리쳤다. 크랍코프 박사는 병사들의 식사에 절망했다. "다음 식량이 이번에는 오렌부르크Orenburg에서 도착했다. 햄과 소시지 1000푸드pood*였는데, 전부 상했다! 우리의 조국 러시아 전체가 썩고 있다."[12]

1916년 10월 심한 장마가 찾아오자 크랍코프는 몹시 불안했다. "위생 상태를 알아보라고 보낸 톨체노프Tolchenov 박사가 불행한 우리 병사들이 처한 끔찍한 상황을 보고했다. 병사들은 허리까지 차는 진흙 속에서 악천후를 피할 곳도 없이, 따뜻한 옷도, 따뜻한 음식이나 차도 없이

* 1푸드는 16킬로그램이 조금 넘는다.

지내고 있다."[13] 2주 후 크랍코프는 다음과 같이 기록했다. "병력이 증원되었다. 머리에 피도 안 마른 소년들이다. 소년 병사들은 다음 날 총검을 들고 공격에 나서야 했다. … 죽고 싶지 않은 소년들이 절망에 빠져 '어머니!'를 외치는 광경은 너무나 충격적이었다."[14] 군 당국은 무자비하게 진압한 병사들의 반란 소식을 숨겼다.

그해 겨울 페트로그라드Petrograd(1914년부터 1924년까지 사용된 상트페테르부르크의 명칭-옮긴이)에서 정부를 비판한 것은 자유주의자와 우파만이 아니었다. 정치가 바실리 슐긴Vasily Shulgin 같은 저명한 보수주의자들도 러시아군 사상자가 독일과 오스트리아-헝가리 제국군의 두 배라는 사실에 전혀 관심이 없는 무책임한 부자들에 경악했다. 슐긴은 비통한 마음으로 글을 남겼다. "그리고 우리는 여기 시체로 가득 찬 참호의 흉벽에서 '마지막 탱고'를 추고 있다."[15] 슐긴은 페트로그라드의 상류층 모임에서 도는 소문과 음모론, 특히 '독일과의 내통 소문'[16]에 격분했다. 카데트Kadet(입헌민주당) 당수 파벨 밀류코프Pavel Milyukov의 11월 1일 두마Duma(의회) 개회 연설이 선동적이라고 비난하기도 했다.** 대개 매우 온건했던 밀류코프가 차르의 내각을 신랄하게 비판하자 회의에 참석한 사람들은 깜짝 놀랐다. 이제, 밀류코프는 "독일의 이익을 위해 싸우는 주술 세력"[17]을 대놓고 공격했다. 엄청난 환호 속에서 밀류코프는 정부의 무능함을 보여주는 사례를 하나하나 든 후 질문을 던졌다. "그렇다면 이것은 무엇인가? 무지인가 반역인가?"

수도에 만연한 부패는 이상주의자였던 전선의 젊은 장교들을 충격에 빠뜨렸다. "마리야 파블로브나Maria Pavlovna 여대공의 저택에 온갖 사

** 카데트Kadet 또는 입헌민주당Constitutional Democratic (KD) Party은 온건 군주제 지지자와 공화제 지지자를 모두 포함한 중도 진보파였다. 1905년 밀류코프가 창설했고 주로 학자, 법률가, 유대인을 포함한 계몽된 중산층의 지지를 받았다. 유대인의 지지를 받은 이유는 카데트가 유대인 해방을 믿었기 때문이다.

기꾼들이 모여 뇌물을 받고 안전한 자리에 배치해 준다는 것을 모두 알고 있소."[18] 제7군의 젊은 기병장교가 후방에 자리를 구하려 애쓰는 약혼자에게 쓴 편지다. "하지만 부디 더는 뇌물을 주지 마시오. 나는 귀족답게 살고 죽기를 바라오."

로마노프 황가의 충성스러운 지지자들마저도 절망했다. 차르의 아집은 거의 전적으로 자신의 유약한 성격 때문이었다. 니콜라이 2세는 1915년의 처참한 대후퇴 후 모두의 만류에도 불구하고 엄청난 장신인 종숙 니콜라이 니콜라예비치Nikolai Nikolaevich 대공 대신 최고사령관을 맡겠다고 우겼다. 웨이벌에 따르면 니콜라예비치 대공은 "이제껏 만난 사람 중 가장 미남이고 인상적인 남자였다. 대단히 머리가 좋거나 다독가는 아니었지만, 판단력이 매우 뛰어났고 기개가 넘쳤다".[19] 불행하게도 니콜라이 2세는 종숙과 달리 두 가지 자질이 모두 부족했다. 슐긴은 "전제군주가 없는 전제군주제는 끔찍하다"[20]라는 말을 남겼다.

차르가 모길료프의 최고사령부에 틀어박힌 이유 중 하나는 자신을 비난하는 정치가들에게서 벗어나 충직한 장교들 사이에 있고 싶어서였다. 니콜라이 2세는 차리나(황후)와 라스푸틴에게 국정을 맡겼고, 두마 의원 중 정부 각료를 임명하라는 간언을 단호히 거부했다. 하지만 모길료프 사령부에서 차르는 순전히 상징적인 존재일 뿐이었고 수행원들은 황제의 전선 방문을 철저하게 관리했다.

"저녁에 돌고프Dolgov 장군의 참모장이 전혀 농담하는 기색 없이 차르를 맞을 준비를 해야 한다고 이야기했다."[21] 크랍코프 박사는 일기에 기록했다. "병사 모두를 참호에서 불러들여 밤새 새 군복과 장비를 지급했다. 포병대는 차르가 도착하는 순간 일제히 발포하라는 지시를 받았고 돌고프의 말을 빌리면 '진짜 전쟁 장면이 상연되었다'. 차르는 흡족해하며 병사들 모두에게 감사의 말을 전했고, 우리의 용감한 전사들은 성공적인 상연의 대가로 성 게오르기 십자훈장을 하사받았다."

라스푸틴과 차르 부부

유수포프 공과 그 아내

1916년 겨울, 모길료프의 그 누구도 감히 차르에게 페트로그라드에 도는 소문을 이야기하지 못했다. 페트로그라드에서는 라스푸틴이 황후뿐 아니라 황녀들과도 난잡하게 놀아난다고 풍자하는, 〈그리슈카의 모험〉[22]과 같은 혁명 세력의 소책자가 돌기 시작했다. 이런 외설적 상상은 1세기 전 파리에서 유행했던 마리 앙투아네트Marie Antoinette와 랑발 공작부인Princesse de Lamballe에 관한 풍자화에도 나타났다. 필연적으로 이런 터무니없는 이야기들은 시골 촌뜨기 출신의 방탕한 권력자 라스푸틴을 민중의 영웅으로 만들었다.

12월 17일 펠릭스 유수포프Feliks Yusupov 공, 드미트리 파블로비치Dmitry Pavlovich 대공, 반유대 조직 검은 백인대*의 수장 블라디미르 푸리

* 검은 백인대는 황실을 지지하는 보수적인 민족주의, 반유대주의 단체로 니콜라이 2세의 지원을 받았다.

시케비치Vladimir Purishkevich가 라스푸틴을 암살한 후 페트로그라드에서는 귀족이 부패했다는 인식이 더 커졌다. 유수포프가 차르의 조카인 빼어난 미모의 아내 이리나Irina를 호색한 수도사에게 미끼로 이용하는 상상은 극적인 사건에 선정성을 더했다. 대중은 무엇보다도 공모자들이 독이 든 케이크와 리볼버 권총 여러 발로 겨우 라스푸틴을 살해한 다음 그의 거대한 몸을 끙끙대며 마침내 다리 밑의 얼음 구멍에 던져 넣어 시체가 이틀 후에나 발견되게 한 과정을 상상하는 데에 완전히 빠져들었다.

후방에서 발생한 냉소적인 태도는 위험할 정도의 무관심을 낳았다. 전선에서 복귀한 발렌틴 페둘렌코Valentin Fedulenko라는 장교는 연대장으로부터 점심 식사에 초대받았다. “근위대 장교 두 명이 우리 옆에 앉았다. 그들은 라스푸틴에 관해 이야기하기 시작했다. 나는 그들이 나누는 이야기에 충격을 받았다.”[23] 장교들은 황후와 라스푸틴에 관한 소문을 계속 떠들어대며 차르가 약골이라고 비웃었다. “식사 후 오라니엔바움Oranienbaum으로 돌아가는 길에 나는 연대장에게 왜 그런 더러운 짓이 허용되는지, 왜 두 젊은이가 자신들이 모시는 황제를 모욕하는데 아무도 말리지 않았는지 물었다. 그들은 자기들 얘기를 전부 알아듣는 하인들을 바로 앞에 두고 러시아어로 이야기하고 있었다.” 연대장은 어쩔 수 없다는 몸짓을 하며 말했다. “아아, 몰락은 이미 시작되었네, 앞으로 끔찍한 시간이 기다릴 걸세.” 크랍코프 박사는 그러리라는 것을 조금도 의심하지 않았다. “전쟁의 결과가 어떻든, 혁명이 일어날 것이다.”[24]

02

2월 혁명
1917년 1-3월

혁명으로의 흐름은 애써 무시하지 않는 한 누가 봐도 명백했다. 문제는 혁명이 전쟁 중에 일어날 것인가 아니면 전쟁 종료 직후에 일어날 것인가였다. 참모장 미하일 알렉세예프Mikhail Alekseev는 차르에게 제출한 보고서에서 수도의 공장과 노동자를 이전시켜야 한다고 권고했다. 최고사령부에 있던 니콜라이 2세는 '차르 전용' 푸른색 용지에 타자기로 친 보고서에 다음과 같은 의견을 남겼다. "현재 상황을 볼 때 이런 조치는 적합하지 않으며 후방에서 공황과 불안만 일으킬 것이다."[1] 페트로그라드의 30만 명이 넘는 산업노동자를 새 주거지로 이주시키자는 알렉세예프의 단순한 해결책[2]은 전혀 현실적이지 않았다. 하지만 알렉세예프도 황제도 당시 수도에 있는 차르의 군대가 노동자만큼 위험할 수 있다고는 예견하지 못했다.

이제까지 전쟁에서 입은 막대한 손실로 예비대의 초급 장교 다수가 군주제에 반감을 품었고, 제국군은 전쟁 이전과는 완전히 달라졌다. "초급 장교 대부분은 대학생이었다."[3] 한 정규 장교가 기록했다. "젊은 변호사도 많았다. 여단은 집회, 결의, 시위가 벌어지는 대학 기숙사가 됐다. 그들은 직업 장교를 일종의 선사시대 동물처럼 여겼다." 사실 프라파르시크praporshchik라고 불리는 초급 장교들 대부분은 소시민petit bourgeois 출신이었고 사병으로 시작했다.[4] 이런 배경 때문에 이들이 전통적인 장교들의 거만함에 더 분노했는지 모른다.

페트로그라드의 사정에 밝은 사람들은 수도에서 큰 반란이 일어날 위험이 있다는 사실을 인지하고 있었다. 한 공작의 정부情婦가 주최한 저녁 식사에서 프랑스 대사 모리스 팔레올로그Maurice Paléologue는 대공들, 고위 장교들과 페트로그라드 수비대 중 어떤 부대가 끝까지 충성을 다할 것 같은지 이야기했다. 그날 저녁 상황을 낙관하는 사람은 거의 없었다. 팔레올로그의 일기에는 "마지막으로 우리는 신성한 러시아의 존속을 위해 건배했다"[5]라고 적혀 있다.

다음날 팔레올로그는 러시아의 전제군주제가 절체절명의 위기에 처했다는 사실을 황실에 알리려는 온갖 시도를 황후가 모두 일축해 버렸다는 이야기를 들었다. 팔레올로그는 낙담했지만 놀라지는 않았다. "도리어" 황후는 빅토리아 표도르브나Victoria Feodorovna 대공비에게 이렇게 답장했다. "나는 이제 러시아 전체가, 진정한 러시아, 겸손한 사람들과 농민들의 러시아가 나와 함께인 것을 알게 되어 무척 기쁘단다."[6] 황후의 이런 믿음에는 조작된 것으로 보이는 아첨하는 서신들도 일조했는데, 이 서신들은 내무장관 알렉산드르 프로토포포프Aleksandr Protopopov의 지시하에 매일 비밀경찰 오흐라나Okhrana가 황후에게 전달한 것이었다. 라스푸틴의 추천으로 임명된 프로토포포프는 후기 매독으로 정신이 불안정한 것으로 알려져 있었다.

황후의 동생이자 모스크바의 마르포-마린스키Marfo-Mariinsky 수녀원의 수녀원장 엘리자베타마저도 "모스크바 시민들의 분노가 커지고 있다"라고 황제 부부에게 언급하자마자 물러가라는 명을 받았다. 로마노프 황가 사람들은 현 사태를 외면하는 황제 부부의 태도에 경악했다. 황족들은 모여서 황제와 황후에게 보내는 공동 서한 작성을 논의했다.

러시아의 신년 전야에 키가 크고 우아한 영국 대사 조지 뷰캐넌George Buchanan 경이 차르를 알현하러 갔다. 차르는 뷰캐넌이 무슨 말을 할지 분명히 알고 있는 듯했다. 황제는 평소처럼 서재로 안내해 앉아서 같이 담배를 피우는 대신 알현실에 꼿꼿이 서서 그를 맞았다.

뷰캐넌은 조지 5세와 영국 정부가 러시아의 상황을 깊이 우려하고 있다고 말문을 열었다. 그리고 솔직하게 말씀드려도 괜찮냐고 여쭈었다. "듣고 있네."[7] 황제가 무뚝뚝하게 답했다. 뷰캐넌은 정말로 솔직하게 말했다. 엄청난 사상자로 이어진 혼란스러운 전쟁 운영에 관해 이야기하고 황실이 지명한 사람이 아니라 두마 의원이 정부를 이끌어야 한다고 강력히 권고했다. 체제가 살아남을 유일한 기회는 "폐하와 폐하의 국민을 갈라놓는 벽을 부수고 그들의 신임을 다시 얻는 것"[8]이라고 이야기했다. 황제의 얼굴은 잔뜩 굳어 있었다. "대사, 자네는 짐이 짐의 신민의 신임을 얻어야 한다고 하는데 오히려 신민들이 짐의 신임을 얻어야 하는 것 아닌가?"* 뷰캐넌은 세련되게 예의를 갖추면서도 첩보원과 황후를 둘러싼 친독일파의 영향력에 의문을 제기하기까지 했다. 뷰캐넌은 "폐하의 앞에 놓인 깊은 수렁을 알려드리는 것이 저의 의무입니다"[10]라고 말했다. 문득 사실私室로 통하는 문이 열려 있는 것이 눈에 띄었다. 뷰캐넌은 황후가 황제와의 알현을 전부 엿듣고 있다는 것을 알아챘다.

그해 1월 얼어붙은 페트로그라드는 언제 폭발할지 모르는 화산 아래 계속 춤을 추고 있었다. 다음 날 밤 고급 레스토랑에 들른 팔레올로그는 기사근위연대 소속 젊은 장교 셋 이상이 근처 테이블에 자리한 유명한 이혼녀를 둘러싸고 있는 것을 보았다. 그녀는 라스푸틴 살해 공모 혐의로 체포되었다가 막 풀려난 참이었다. 경찰이 책상 열쇠를 달라고 하자, 그녀는 그 안에는 연서밖에 없다고 답했다. 팔레올로그는 일기에 적었다. "매일 저녁, 정확히 말하자면 매일 저녁부터 새벽까지 파티가 벌어

* 뷰캐넌은 알현 직후 가까운 동료 팔레올로그와 차르와 나눈 대화에 관해 이야기했다. 놀랍게도 팔레올로그의 일기에 따르면 분위기는 훨씬 냉랭했고 마지막엔 차르가 단호하게 뷰캐넌에게 물러가라 했다. "잘 가시오, 대사Adieu, Monsieur l'Ambassadeur."[9] 이 일기보다 훨씬 후에 작성된 뷰캐넌의 회고록에서는 차르가 진심으로 고마워했고 매우 훈훈하고 감동적인 악수로 알현이 끝났다고 나와 있어 설득력이 다소 떨어진다. 차르는 뷰캐넌의 알현을 일기에 남기지 않았다. 황제는 원래 일개 대사와의 대화를 굳이 기록하지 않았기 때문이다.

진다. 매일 밤 극장, 발레, 만찬, 집시, 탱고, 샴페인이다."[11]

부유층 다수가 전쟁 중이라는 것을 잊고 수도에서 흥청망청하는 동안, 페트로그라드의 빈민가에서는 식량 부족으로 사회적 불안이 가중되었다. 한 해군사관생도는 이렇게 기록했다. "사람들이 줄을 서기 시작했다. 열 명 정도 줄을 서 있는데도 제빵사가 가판대를 열지 않으면 벽돌이 날아다니고 유리 깨지는 소리가 난다. 상황을 정리하러 온 카자크 순찰대는 이 광경을 보고 그저 웃고만 있었다."[12]

당시 러시아에 곡물이 부족한 것은 아니었다. 이미 과도하게 연장된 철도가, 유독 추웠던 그해 초 심한 서리와 폭설로 제대로 운영되지 않은 것이 문제였다. 화물열차 약 5만 7천 대가 발이 묶였고[13] 많은 기관차가 꽁꽁 얼어붙었다. 식량비와 연료비는 임금보다 훨씬 빠르게 올랐다. 하지만 1917년 초에는 지난해에 비해 파업이 적었다. 오흐라나의 수장인 콘스탄틴 글로바체프Konstantin Globachev 소장은 아직 조직적인 파업이 일어나지 않아 정권에 그나마 다행이라고 말했다. 글로바체프는 "우리는 지금까지 총파업을 마주한 적이 없다"[14]라고 기록했다. 하지만 마주하기까지는 오래 걸리지 않았다.

글로바체프는 갈수록 정신 불안 증세가 심해지는 내무장관 알렉산드르 프로토포포프를 상대해야 했다. 미신에 빠진 황후의 꼭두각시 프로토포포프는 한 달 전 라스푸틴이 암살 시도가 기다리는 유수포프궁으로 가는 것을 막지 못했다. 페트로그라드에서 프로토포포프는 조롱거리였다. 헌병대가 내무부 관할하에 들어가자 프로토포포프는 관료의 견장을 단 헌병대 제복 제작을 주문했다. 그가 이 기묘한 조합의 제복을 입고 두마에 나타날 때마다 사람들은 폭소를 터뜨렸다.

프로토포포프는 부하들의 설명을 듣고도 수도의 정당과 혁명단체가 무엇이 다른지 이해할 수 없었다. 1월 9일 피의 일요일 기념일이 다가오는 것도 알려주기 전까지 몰랐다. 피의 일요일은 좌파에게는 중요한 연례행사로 총파업이 일어날 가능성이 컸다. 이날은 1905년 게오르기 가폰 신부가 이끄는 개혁을 청원하는 평화 시위대가 소총 집중 사격으로 학살된 것을 추모하는 날이었다.

오흐라나도 총 18만 명에 이르는 거대한 페트로그라드 수비대의 충성심에 의구심을 품었다. 프로토포포프는 페트로그라드 군관구의 두 사령관 하발로프Khabalov 중장, 체비킨Chebykin 중장과 함께 회의하기로 했다. 하발로프 장군은 제대로 된 사고를 할 수 없었고, 체비킨 중장은 자신의 책임이 무엇인지 제대로 모르고 있었다. 글로바체프가 부대원들이 충성스러운지 묻자, 예비대를 지휘하는 체비킨이 답했다. "확실합니다."[15] 그는 확실히 아무것도 몰랐다.

글로바체프는 숙련된 장교와 부사관이 부족하다는 것을 잘 알고 있었다. 우수한 장교 대부분은 전선에서 전사하거나 불구가 되었다. 페트로그라드 수비대 예비 부대는 작가 빅토르 시클롭스키Viktor Shklovsky가 말하는 막사 생활의 "무뎌진 절망과 분노"로 고통받고 있었다. 1917년 페트로그라드의 병사들은 "불만을 품은 농민이나 도시 거주자였다." 병사들이 지내는 병영은 "노역의 쉰내"가 진동하는 "벽돌로 지은 우리"에 지나지 않았다.[16]

글로바체프는 페트로그라드 수비대 병사들에 관한 보고서를 준비했다. 보고서는 최고사령부에 전달되었다. 알렉세예프 장군은 일부 부대를 근위기병군단으로 교체하는 것에 동의했지만, 이 계획은 독일의 루마니아 전선 공격으로 실행되지 못했다. 설상가상으로 2월이 되자 기온이 더 떨어져 영하 20도까지 내려갔다. 페트로그라드에서는 연료가 부족해지자 빵 배급제가 곧 도입될 거라는 소문이 돌았다. 이 소문으로 사재기가 벌어져 많은 여인들이 혹한 속에 줄을 섰지만, 원하는 것을 전혀 얻을 수 없었다. 게다가 연료 부족으로 노동자들은 2월 21일 문을 닫은 거대한 푸틸로프Putilov 공장을 포함한 많은 공장에서 임금을 받지 못한 채 해고당했다.

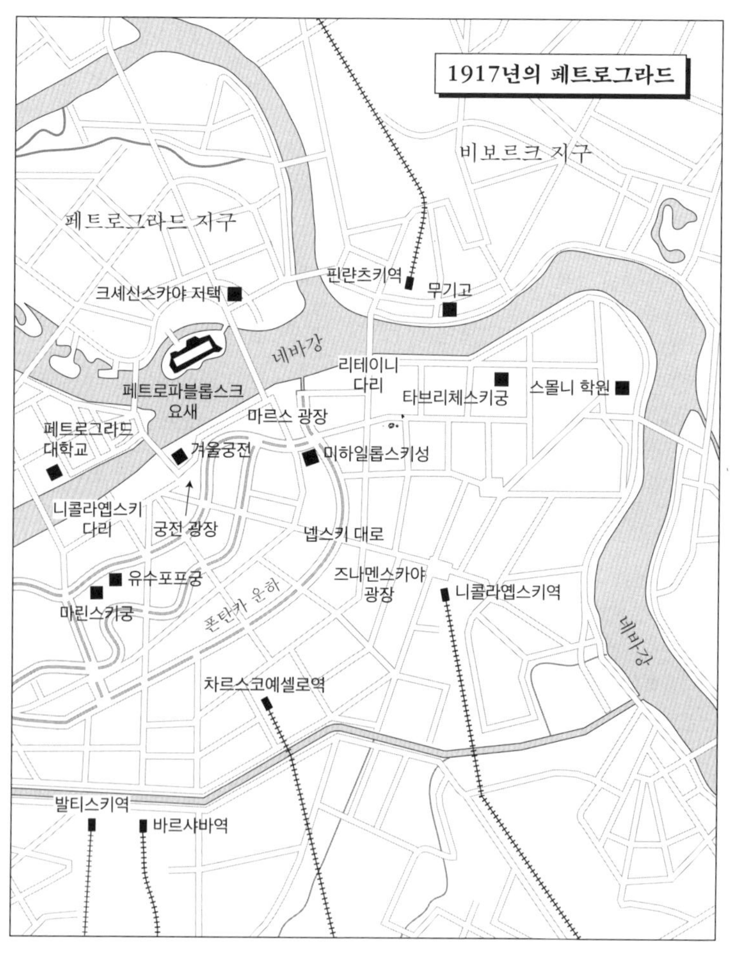

◆

2월 22일 수요일, 니콜라이 2세는 차르스코예셀로Tsarskoe Selo의 알렉산드롭스키궁에서 두 달 조금 넘게 보낸 후 다시 모길료프에 있는 최고사령부로 떠났다. 황실 열차에서 니콜라이 2세는 카이사르의 《갈리아 원정기》 프랑스어판을 읽었다. 지난 몇 주 동안 국가 두마 의장 미하일

로드쟌코Mikhail Rodzyanko가 봉기를 막기 위해 진보 연합Progressive Bloc의 의원 중 각료를 임명해야 한다고 여러 번 간언을 올렸지만, 황제는 듣지 않았다. 아둔한 프로토포포프가 수도는 안전하다며 다시 한번 황제를 안심시켰기 때문이다.

바로 다음 날인 2월 23일 국제 여성의 날[17]은 혁명의 시작을 알리는 날이었다. 몇 주간 이어진 먹구름과 혹한 끝에 갑자기 날씨가 좋아지고 해가 나자 페트로그라드의 거리에는 더 많은 사람이 몰려나왔다. 미리 계획한 대로 여러 여성 단체들이 시위에 나섰다. 일부는 식량 부족에 항의하며 "빵! 빵! 빵을 달라!"라고 외쳤다. '여성의 평등한 권리를 위한 러시아 연맹Russian League for Women's Equal Rights'도 즈나멘스카야Znamenskaya 광장에 모였다. 러시아에서 여성의 참정권을 위한 투쟁은 이미 9년간 계속되었고, 4주 뒤 거의 4만 명에 달하는 여성들이 대규모 시위에 나서자 미래의 임시정부는 여성의 투표권을 인정할 것이었다. 러시아의 여성 투표권 인정은 영국과 미국보다도 빨랐고, 프랑스보다는 27년이나 앞섰다.

2월 23일 거대한 두 행렬이 각기 다른 방향에서 넵스키Nevsky 대로로 향했다. 전차 창문이 부서지는 등 사소한 소란이 있기는 했지만, 말을 탄 카자크 파견대와 사람들이 혐오하는 검은 제복의 경찰이 상황을 통제하고 있는 듯 보였다. 하지만 글로바체프가 수장인 오흐라나의 기록에 따르면 카자크 기병의 태도에 변화가 있었다. 카자크 기병은 평소와는 달리 시위대와의 대치를 피하는 듯 보였다. 일부 병사는 자신들의 병영에서 밥을 얻어먹는 카자크 기병들에게 시비를 걸었다. "자네들은 노동자와 군중에 가담하는 병사들에게 채찍을 휘두르고 총을 쏠 텐가? 1905년처럼?"[18] 병사들은 카자크 기병들의 대답에 놀랐다. "우리는 그들의 대답을 듣고 말문이 막혔다. '아니! 1905년의 피의 일요일은 다시는 반복되지 않을 걸세! 우리는 노동자에 대항하지 않겠네. 무엇을 위해 그래야 하나? 이 콩 수프와 썩은 청어를 위해서?' 그들은 넌더리 난다는 듯 밥그릇을 가리키며 말했다."

2월 24일 금요일, 페트로그라드의 분위기는 심상치 않았다. 15만 명이 넘는(일각에서는 20만 명에 가까웠다고도 한다) 남성과 여성 노동자가 파업에 돌입했고 상인들은 가게를 판자로 막았다. 비보르크Vyborg 지구에서 온 시위대 1만 명은 네바강 북쪽에 모여 당국이 다리에 친 방어벽을 보았다. 강이 얼어 있어서 시위대 다수는 카자크 기병과 경찰 보초를 피해 강을 뒤덮은 얼음 위를 걸어서 건너갔다. 대담한 이들은 경찰 저지선에 맞섰다. 몇몇은 몸을 낮게 수그리거나 기어서 카자크 기병이 탄 작은 조랑말의 배 아래를 통과했다. 이미 카자크 기병이 소가죽으로 만든 무시무시한 가죽 채찍 나가이카nagaika를 들고 있지 않은 것을 확인한 뒤였다.

작곡가 세르게이 프로코피예프Sergei Prokofiev는 이날의 일을 일기에 기록했다. "아니치코프Anichkov 다리에 사람들이 꽤 많이 모였다. 대부분 짧은 겉옷을 입고 높은 부츠를 신은 노동자들이었다. 창을 든 카자크 기마대는 열 명이 한 조를 이루어 다녔다. … 나는 아니치코프 다리를 건너 리테이니Liteyny 대로로 향했다. 여기가 집회의 중심지였다. 그곳에는 수많은 노동자가 모여 있었고 거리는 엄청난 인파로 가득했다. … 카자크 기마대는 말을 이용해 사람들을 살짝 밀고 있었다. 사람이 너무 많으면 가끔 보도 위로 올라가 구경꾼을 몰아내기도 했다. … 멍청한 얼굴을 한 여인이 지금 무슨 일이 일어나는지 전혀 파악하지 못하고 사람들에게 '유대인 놈들을 쳐부수자!'라고 외쳤다. 한 노동자가 자신의 유창한 화술을 명백하게 낭비하며 여인에게 이 시위의 목적을 매우 이성적으로 설명하고 있었다."[19]

다음 날 군과 경찰의 주저하는 태도에 용기를 얻어 거리에 나선 군중은 수가 더 늘고 더 공격적이었다. 일부 지역에서는 빵집을 급습해 약탈하기도 했다. 더 과격한 노동자들은 "독일 여자(황후)"[20]를 공격하는 구호가 적힌 붉은색 현수막을 들었다. 노동자와 학생들은 무시무시한 프랑스 원본의 가사에 비해 다소 침울한 〈마르세예즈〉(프랑스의 〈라 마르세예즈〉에서 파생된 러시아의 혁명가요-옮긴이)를 불렀다. 이들은 "차르를 타도하라!", "전쟁을 멈춰라!"라고 외쳤고, 경찰에게 얼음덩어리를 던지며 공격했다.

팔레올로그 휘하의 젊은 외교관인 루이 드 로비앙Louis de Robien 백작은 페트로그라드의 비보르크 지구에서 군중이 얼어붙은 강 위를 건너는 모습을 보았다. 그리고 카자크 파견대가 이들을 막으려 강둑을 따라 느리게 말을 몰고 있는 것도 보았다. "카자크 기병은 마치 그림 같았다."[21] 로비앙은 일기에 기록했다. "창과 기병총으로 무장한 이들이 탄 작은 말 안장에는 건초 묶음을 담은 망이 달려 있었다."

로비앙은 이 장관이 꽤나 흥미롭고 심지어 낭만적이라고 생각했다. 그는 차르의 기마경찰대가 "매우 세련되고 멋지다. 아름다운 말을 타고 붉은색 수술이 달린 검은색 망토를 두르고 검은색 아스트라한 모피로 만든 모자를 썼다"[22]라고 묘사했다. 하지만 '파라오'라는 별명으로 불리는 경찰들은 카자크 기병보다 더 대중의 미움을 샀는데 이들이 전선 복무에서 면제되었기 때문이기도 했다. 오래지 않아 로비앙은 군중이 붉은 깃발과 현수막을 들고 다가오는 카잔Kazan 대성당 앞에 보병들이 대열을 이루어 서 있는 것을 보았다. 제9기병연대에서 파견된 듯한 기마대가 정렬하자 경찰은 구경꾼들을 밀어냈다. "맹렬한 기세로 돌격이 시작되었다. 기병대가 칼을 빼 들고 카잔 광장에서 갑자기 뛰어나와 전속력으로 질주하며 시위대가 모인 넵스키(대로)로 향했다."[23] 로비앙은 조금 전 수비대에서 첫 반란이 일어난 사실을 전혀 모르고 있었다. 파블롭스키 근위연대 병사들은 지휘관의 명령을 거부하고 지휘관에게 치명상을 입혔다.[24] 선동자들은 체포되어 군사재판에 회부되었다.

빵집들이 약탈당하고 있다는 보고가 들어왔지만, 황후는 신경 쓰지 않았다. "군대는 충성스럽네."[25] 황후는 단언했다. "그리고 믿을 수 있지." 누구도 황후에게 충성스러운 카자크 기병대의 변심을 이야기하지 않았다. 사회혁명당Socialist Revolutionaries의 변호사 블라디미르 젠지노프Vladimir Zenzinov는 기록했다. "카자크 기병은 소총을 높이 들고 군중 속에서 말을 몰면서 자신들은 시민을 쏘지 않을 것이고 민중의 편이라고 외쳤다. … 그리고 군중은 '카자크 만세!'라고 외치며 그들을 반겼다."[26]

그날 오후 넵스키 대로에서 제9기병연대 산하 기마대가 겁에 질려 발포하면서 첫 민간인 사상자가 발생했다. "첫 사망자를 보았다."[27] 후에 작가가 되는 블라디미르 나보코프Vladimir Nabokov는 기록했다. "사망자는 들것에 실려 나갔고, 헌 신발을 신은 동지가 운반하는 사람들에게 밀리고 맞으면서도 들것 밖으로 달랑거리는 한쪽 다리에서 부츠를 벗겨내려기를 쓰고 있었다." '하마'라고 조롱받는 알렉산드르 3세의 기마상이 내려다보는 즈나멘스키 광장에 대규모 군중이 도달했을 때도 충돌이 일어났다. 군중은 볼린스키 근위연대의 중대와 대치했다. 어둠이 내리자, 카자크 병사가 시위 참가자를 공격한 경찰을 살해했다는 이야기가 들렸다. 누구는 기병도sabre로 베었다고 하고 누구는 총을 쐈다고 했다. 이 중대한 사건은 입소문을 타고 빠르게 퍼졌다.

하지만 일부 볼셰비키를 비롯한 다수가 아직 이 시위는 식량 부족에 대한 항의이고 충분한 빵이 공급되는 대로 사그라들 거라고 생각했다. 프로토포포프와 하발로프 장군은 모길료프에 있는 차르에게 보내는 보고서에서 시위의 규모가 크다고 언급하기는 했지만, 상황이 통제되고 있다고 주장했다. 차르는 일기에 기록하지는 않았지만 하발로프에게 수도의 무질서를 즉시 끝내라고 지시했다. 하발로프의 고심은 이만저만이 아니었다. 대규모 군중을 향한 발포는 시민에게 전쟁을 선포하는 것과 다름없었다. 그렇게 되면 시위가 사그라들 가능성은 극히 희박했다. 프로토포포프는 교령회에서 죽은 라스푸틴의 영혼을 소환해 조언을 구했다.[28] 그날 밤 시위대는 비보르크 지구를 완벽히 장악했다. 군중들은 경찰서들을 포위하고 불을 질렀다.

2월 26일 일요일도 날씨가 맑고 추웠다. 아침부터 노동자 무리가 다시 떼를 지어 얼음 위로 네바강을 건넜다. 노동자들은 시위는 금지되었고 군대는 발포할 권한이 있으며 빵은 곧 지급될 것이라는 문구와 하발로프 장군의 서명이 담긴 포스터를 뜯어냈다. 페트로그라드의 상류층은 그날 대대적으로 배치된 보병과 기병이 난동을 진압하기를 기대했다. 하지만 글로바체프는 하발로프 장군에게 시위가 정치적 성격을 띠고 있다고 경고했다. 노동자들은 월요일에 공장으로 돌아가 노동자 대표 소비에트를 선출하기로 했다.

일요일 아침에는 치안대가 물러서지 않고 버텼지만, 대규모 시위대는 페트로그라드 중심가로 뚫고 들어갔다. 병사 대부분이 군중에게 발포하라는 지시를 따르지 않았지만, 넵스키 대로에서 총성이 울렸다. 처음에는 경찰들이 자기 몸을 지키려 총을 쏘았지만, 파블롭스키 근위연대의 부사관 후보생 중 최소 한 명은 모이카Moika 운하를 등지고 몰리자 기꺼이 총을 쏠 각오가 되어 있었다. 이후 술에 취한 지휘관이 이끄는 볼린스키 근위연대의 1개 중대가 즈나멘스키 광장에서 민간인 40여 명에게 총을 쐈다. 민간인을 향해서가 아니라 허공에 쐈다고 주장하는 이들도 있었다. 시위대를 도우러 병영에서 뛰쳐나온 다수의 파블롭스키 근위연대 병사들이 프레오브라젠스키 근위연대 소속 중대와 대치하면서 당혹스러운 상황이 벌어지기도 했다.

그날 저녁 모길료프에서 도미노 게임을 하던 차르는 또다시 재앙을 막으려면 정부 개혁이 필요하다는 국가 두마 의장 로드쟌코의 전보를 받았다. 차르는 답을 하지 않았고, 두마 휴회 지시를 내려 로드쟌코 같은 자유보수주의자들의 입을 막아야겠다고 결심했다. 고령에 병약한 차르의 총리 니콜라이 골리친Nikolai Golitsyn 공이 차르의 뜻을 전달하기로 했다. 로드쟌코는 귀족이었고 근위기병연대 장교 출신이었지만, 라스푸틴의 강경한 반대자여서 황후의 미움을 샀고 차르의 신임을 잃었다. 심지어 명문 귀족 집안인 골리친 가문 출신 아내는 유수포프 공에게 라스푸틴 살해를 축하하는 서신을 썼는데, 프로토포포프가 이 서신을 가로채 황후에게 보여주기도 했다.

페트로그라드에서 프로토포포프는 저녁 식사 후 글로바체프를 불러 파국으로 치닫는 상황을 논의하기는커녕 황후를 알현했다고 자랑했다. 그날 저녁 이브닝드레스를 입은 귀빈들은 군의 저지선에도 아랑곳하지 않고 폰탄카Fontanka에 있는 라지비우Radziwiłł 공작부인의 궁전으로 향했다. 로비앙에 따르면 무도회 분위기는 "침울했다". 사람들은 많은 연주자가 빠진 오케스트라의 연주에 맞춰 춤을 추려 애썼다. 그리고 집으로 가는 길은 "험악했다. … 거리마다 병사들로 가득했고, 커다란 모닥불 옆에선 보초들이 몇 번이나 우리를 멈춰 세웠다. 마치 군부대를 지나가는 듯했다".[29] 카자크 기병대의 소트니아가 털이 덥수룩한 조랑말을 타고 지나갔다. "쌓인 눈 때문에 말발굽 소리도 들리지 않았다. 들리는 거라곤 무기들이 짤랑이는 소리뿐이었다."[30]

월요일 아침이면 평화와 질서가 돌아오리라는 희망은 오래가지 않았다. 널리 알려진 이야기에 따르면 그날 밤 볼린스키 근위연대 소속 부사관 키르피치니코프Kirpichnikov가 노동자들을 진압하라는 명령을 따라서는 안 된다고 동료 부사관들을 설득했다.* 그리고 장교들이 타브리체스키Tavrichesky 병영의 눈 덮인 연병장에 도착해 임무 수행을 위해 대형

* 볼린스키 근위연대는 이전 세기에 대체로 폴란드에서의 봉기를 진압하는 역할을 맡았다.

을 이룬 병사들을 발견했을 때 키르피치니코프가 신호를 보냈다. 병사들은 "우리는 쏘지 않을 것이다!"[31]라고 함께 외쳤다. 장교들이 위협하자마자 병사들은 리듬에 맞춰 소총의 개머리판을 땅에 치기 시작했다. 장교들은 반란의 기미를 눈치채고 뒤돌아 도망쳤다. 지휘관은 총 한 방에 죽었다.

공산주의 신화에서 이것은 페트로그라드 수비대가 혁명으로 돌아선 중요한 사건이었다. 하지만 노동자를 돕겠다는 마음만으로 병사들이 반란을 일으킨 것은 아니었다. 병사들은 다들 전선에 배치되고 싶지 않았고, 페트로그라드의 많은 예비 부대에 곧 전선 배치 지시가 내려올 것이라는 사실을 알고 있었다.

아침 일찍부터 끊임없이 총성이 들려왔다. 먼저 소총 사격 소리가 간간이 울렸고 뒤이은 일제 사격 소리는 마치 장교들이 겁먹은 것을 발견한 병사들이 하늘에 쏘는 축포 같기도 했다. 로드쟌코는 모길료프의 "황제 폐하"에게 다시 전보를 보냈다. 전보에는 다음과 같이 쓰여 있었다. "상황이 악화되고 있습니다. 즉시 조치를 취해야 합니다. 내일은 너무 늦습니다. 제국과 황조의 운명을 결정할 마지막 순간이 다가오고 있습니다."[32] 차르는 메시지를 읽은 후 그저 이렇게 말했다. "저 뚱보 로드쟌코가 또 온갖 허튼소리를 써서 보냈군. 답할 필요도 없네."[33]

그날 아침 시위대는 볼린스키 근위연대는 자신들이 점거한 병영 바로 옆에 있는 타브리체스키궁의 국가 두마로 향했다. 반역자들은 거대한 건물군에 같이 포함된 프레오브라젠스키 근위연대의 전열로 이동해 이들에게 함께 하자고 요청했다. 그리고 두 연대는 무기고에서 무기를 꺼내 노동자들에게 건네주기 시작했다. 바로 이 순간 사람들은 봉기가 갑자기 혁명이 되었음을 직감했다.

세르게이 프로코피예프는 차이콥스키의 오페라 〈예브게니 오네긴〉의 드레스 리허설 때문에 페트로그라드 음악원(지금의 상트페테르부르크 음악원)에 있었다. 음악원에서 나왔을 때 프로코피예프는 "일부 병사들이 이미 노동자 편에 섰고 무기고 옆의 리테이니에서 무시무시한 총격과 함께 진짜 전투가 벌어지고 있는 것을 보았다. … 나는 리테이니에서 들려오는 격렬한 총성을 듣고 폰탄카 건너편의 다리에 멈춰 섰다. 옆에 한 노동자가 서 있었다. 폰탄카를 지나갈 수 있겠냐고 묻자 그는 걱정할 것 없다는 듯 답했다. '물론이오, 가시오. 이 경계는 우리 사람들이 점령했소.'

나는 물었다. '우리 사람들이라니, 무슨 말이오?'

'소총으로 무장한 노동자들과 우리 편에 선 병사들 말이오.' 그가 답했다. 처음 듣는 얘기였다".

일부는 이미 페트로파블롭스크Petropavlovsk 요새, 리톱스키Litovsky성을 비롯한 차르의 감옥에 갇힌 이들을 풀어주러 갔다. 다른 이들은 정부 부처 건물을 뒤져 기록을 파기했다. 페트로그라드 관구 법원은 경찰서와 형사 본부처럼 불에 탔다. 이곳들을 지켜야 할 파견대는 시위대에 합류했다. 약 3천 명의 군중이 알렉산드롭스키Aleksandrovsky 대로의 양조장을 약탈해 술을 마시기 시작했다.

한 중위가 이끄는 제3근위소총연대의 반 개 중대는 오흐라나 본부를 지켜야 했다. 글로바체프는 중위에게 병사들을 믿을 수 있는지 물었다. 중위는 고개를 저었고 글로바체프는 중위에게 병사들을 데리고 병영으로 돌아가라고 했다. 그래도 달라질 것은 없었다. 본부 건물은 해가 지기 전에 불길에 휩싸였다. 작가 막심 고리키는 멘셰비키인 니콜라이 수하노프Nikolai Sukhanov와 다 타고 재만 남은 폐허를 본 후 혁명이 "아시아의 야만성"[34]을 불러일으킬 것이라고 예견했다. 친親슬라브파 자유주의자나 레닌보다도 훨씬 오래 가난한 자들과 지냈던 고리키는 러시아인이 "친절하고 고결한 정신을 지닌 인간의 전형"[35]이라는 환상에 빠져 있지 않았다. 고리키는 매우 매력적인 외모와 지성을 겸비한 사람이었다. 빅토르 시클롭스키에 따르면 "고리키는 키가 크고 머리가 짧고 눈은 푸른

색이었다. 자세는 구부정했지만 매우 강인한 인상을 주었다".[36]

차르의 동생 미하일 대공은 골리친 공과 로드쟌코의 조언에 따라 내각 전체를 두마 의원들로 교체하고 유명한 자유주의자 리보프Lvov 공이 의장이 되어야 한다고 형 '니키'를 설득했다. 그 외에도 황후가 보낸 전보를 비롯해 황제의 양보를 청하는 많은 전보가 뒤늦게 페트로그라드로부터 모길료프에 도착했다. 차르는 근위대가 반란 세력에 가담했을지 모른다는 이야기에 충격을 받았다. 특히 프로토포포프가 이제껏 병사들은 모두 충성스럽다고 말해왔기 때문에 충격이 더 컸다. 그날 차르는 일기에 이렇게 남겼다. "비통하게도 군대마저 반란에 가담했다."[37] 하지만 황제는 여전히 반란을 진압할 수 있다고 믿었다. 완전한 혁명을 마주하고 있다고는 생각하지 않았다.

글로바체프에 따르면 하발로프 장군의 커다란 실수는 경찰과 헌병대 대신 페트로그라드 예비 보병대를 진압에 내보낸 것이었다. 월요일엔 시위대 열 명이 총격으로 사망했지만, 곳곳에서 병사들은 시위대와 어울렸다. 저지선을 지키는 보병들은 시위대에게 이리로 와서 얘기나 하자고 부추겼다. "기병 순찰대는 노동자들이 말을 쓰다듬고 먹이를 주게 해주었다."[38] 즈나멘스카야 광장에서는 말을 탄 경찰 부대가 군중들을 쫓아내려 하자 카자크 소트니아가 개입해 막았다.

하발로프 장군은 "이제야 자기 수하라고 믿었던 보병들을 믿을 수 없다는 사실을 깨달았다".[39] 글로바체프는 기록했다(하발로프가 당시 당황해 어쩔 줄 모르고 정신이 나간 듯 보였던 것에 비하면 상당히 절제된 표현이다). "진압하라고 보낸 모든 부대가 반란에 가담했다. 저녁에는 사령부 인원밖에 남지 않았다. 반면 반란 세력은 계속 커졌다. 가게와 아파트가 약탈당했다. 장교들은 거리에서 붙잡혀 무기를 빼앗겼고, 지구 경찰은 두드려맞고 살해당했고, 헌병대원들도 체포되거나 살해되었다. 오후 5시쯤 공권력은 사라지고 없었다."[40]

그날 저녁 늦게 차르는 황실 열차를 준비하라고 지시했다. 페트로그라드에서 하발로프 장군이 마지막으로 보낸 소식은 로드쟌코의 경고가 과장이 아니었다는 것을 보여주었다. 이 위기의 순간, 차르는 황후와 홍역에 걸린 아이들이 있는 차르스코예셀로에서 가족들과 함께 있고 싶었다. 황제는 저녁에 소식을 전한 니콜라이 이우도비치 이바노프Nikolai Iudovich Ivanov 장군을 불러 페트로그라드로 가서 하발로프를 대신해 계엄령을 선포하라고 지시했다.

이바노프는 또 다른 열차에 성 게오르기 십자훈장을 받은 병사로만 구성된 특수부대를 태우기로 했다. 네 개 보병연대에 전선에서 온 네 개 기병연대도 "페트로그라드 수비대 소속 부대의 반란을 진압하러 뒤따를 계획이었다". 병참감 알렉산드르 루콤스키Alexandr Lukomsky 장군은 차르에게 반란이 진압되지 않은 상황에서 황제가 수행원과 수도로 향하는 것은 매우 위험하다고 경고했지만, 차르는 완강했다. 차르는 철도 노동자들이 선로를 막아 무슨 일이 벌어지는지 하나도 모른 채 발이 묶일 수도 있다고는 상상도 하지 못했다.

03

쌍두독수리의 몰락
1917년 2-3월

2월 28일 화요일도 날씨가 좋았다. "거리는 수많은 사람으로 가득했다." 프로코피예프는 썼다. "사람들은 전차나 마차가 한 대도 다니지 않는 거리를 좌우로 가득 메웠다. 붉은 리본이 수없이 많았다."[1] 페트로그라드와 모스크바에서 모두 노점상들은 재빠르게 붉은색 옥양목 리본을 5코페이카에 파는 사업을 시작했다. "리본은 몇 분 만에 동이 났다." 후에 적위대로 합류한 이가 모스크바에서 기록했다. "부유해 보이는 사람들은 냅킨만 한 리본을 갖고 있었다. 하지만 그들은 '욕심 부리지 마시오. 지금 중요한 것은 평등과 형제애란 말이오!'라는 말을 들었다."[2]

폰탄카에서 프로코피예프는 "건물 2층 높이까지 치솟아 오르는 거대한 불길을 보았다. 창틀이 부서져 불 속에 던져졌다. 귀청이 터질 듯한 소리를 내며 창틀이 떨어진 후 온갖 물건과 가구가 그 뒤를 이었다. … 녹색 소파, 테이블보, 종이로 가득 찬 벽장이 불구덩이로 떨어졌다. 지역 경찰서장들의 집은 아수라장이 되었다. … 벽장이 창턱 너머로 천천히 떨어진 후 아래로 곤두박질치고 인도에 쾅 하고 떨어져 불길 속에 삼켜지는 장면이 특히 인상적이었다. 군중들은 의기양양해서 소란을 피웠다. '우리 피를 빨아먹는 거머리 같은 놈들!'이라고 외치는 소리가 들렸다".[3]

해군본부와 겨울궁전을 지키는 부대에서 충성스러운 병사들을 모으려는 시도는 처참하게 실패했다. 하발로프는 질서를 회복하기에는 역부족이라고 이실직고할 수밖에 없었다. 그는 최고사령부의 질문 사항에 18만 명의 수비대 중 믿을 수 있는 부대는 아마도 근위보병 4개 중대, 5개 기병 대대, 2개 포병 중대일 것이라고 실토했다.[4] 그렇다고 나머지가 모두 혁명에 동참했다는 의미는 아니었다. 아마도 대다수는 장교의 명을 따르기를 거부하면서 적극적인 반란은 피하고 있는 듯했다. 그들은 그저 뒤이은 약탈과 음주에만 합류했다.

'무혈 혁명'의 신화는 수도 내에서만 양측에서 1500명에 달하는 사망자와 6천 명의 부상자가 발생했다는 사실과 일치하지 않는다. 싸움은 아스토리아Astoria 호텔 습격으로 끝났다. 이곳에 많은 장교와 장군들이 몸을 피하러 왔지만, 호텔 지붕에 배치된 경찰 저격수들이 군중을 자극해 학살에 말려들게 되었다.

2월 28일 화요일 이른 시각 황실 열차는 마침내 모길료프를 떠났다. 황실 열차는 이바노프 장군이 탄 열차가 지체되지 않도록 차르스코예셀로로 가는 지름길을 피했다. 그 결과 철도 노동자들이 다음 날 밤 선로를 막았을 때, 차르의 열차는 니콜라이 루즈스키Nikolai Ruzsky 장군이 지휘하는 북부전선군의 사령부가 있는 프스코프Pskov로 방향을 돌려야만 했다. 프스코프에는 휴즈 인쇄전신기가 있어 모길료프로 전보를 보낼 수 있었다.

차르는 반란 세력이 가치나Gatchina와 루가Luga부터 차르스코예셀로 서쪽까지 점령했다는 소식을 듣고 절망에 빠졌다. "어떻게 이런 일이!" 차르는 3월 1일 일기에 썼다. "차르스코예에 갈 수는 없게 되었지만 내 마음과 생각은 항상 그곳에 있다. 가여운 알릭스는 이 모든 일이 벌어질 동안 혼자서 얼마나 고통스러웠을까! 하느님, 부디 저희를 구해주소서!"[5] 루즈스키 장군은 차르에게 전혀 위안이 되지 않았다. 루즈스키는 황실과 그 측근들을 존중하지 않았고 차르에게 두마가 우위에 있음을 받아들이고 왕위에서 물러나야 한다고 훈계했다.

2월 27일 골리친 공에게 내린 황제의 두마 휴회 명령은 역효과를 낳았다. 로드쟌코는 권력의 공백으로 극좌파가 자신이 속한 진보 연합보다 우위를 차지할까 봐 불안해했고, 황제의 명령에 저항하여 선수를 치는 것 외에는 선택의 여지가 없다고 생각했다. 수많은 노동자, 지식인, 병사들이 낙관론과 위협이 공존하는 분위기에서 새로운 소식과 지침을 간절히 바라며 거대한 타브리체스키궁을 가득 메운 후 정당들이 회의에 소집되었다. '질서 회복을 위한 두마 임시위원회Provisional Committee of Duma Members for the Restoration of Order' 위원 열두 명이 투표로 선출되었다. 열 명은 로드쟌코가 속한 진보 연합이었고, 나머지 두 명은 사회주의자 알렉산드르 케렌스키Aleksandr Kerensky와 조지아 출신의 멘셰비키 니콜로즈 츠헤이드제Nikoloz Chkheidze였다.

대중에게 둘러싸인 로드쟌코를 비롯한 자유보수주의 정치인들은 정통성이 부족하다고 느꼈고 자신들이 만들어낸 임시위원회에 확신이 없었다. 그들은 자신들이 차르의 아집과 대혼란 사이에 서 있을 뿐이라고 굳게 믿었고, 군을 지휘하는 장군들도 같은 논리로 설득했다.

차르가 프스코프에 발이 묶여 있는 동안 일부 군 인사들은 재빨리 임시위원회를 '임시정부'라고 부르며 인정했다. 병사들은 타브리체스키궁까지 행진해 충성을 맹세했고, 강렬하고 시의적절한 발언으로 난국에 대처한 로드쟌코를 군중의 환호와 다시 울려 퍼지는 〈마르세예즈〉가 환영했다. 이틀 전 페트로파블롭스크 요새에서 반란군이 노조 지도자들을 풀어주면서 1905년 혁명 당시 태어났던 페트로그라드 소비에트가 부활하자, 로드쟌코와 그의 동료들은 본분을 다해야 한다는 의무감을 느꼈다. 그날 밤 타브리체스키궁에서 '집행위원회(이스폴콤Ispolkom)'라는 약칭으로 알려지게 될 페트로그라드 소비에트 집행위원회Petrograd Soviet's Executive Committee도 설립되었다. 차르의 상징인 쌍두독수리는 이중 권력 체제로 대체되고 있었다. 보수파 거물 바실리 슐긴은 말했다. "그렇다. 우리는 머리가 둘인 무언가를 만들어냈지만, 확실히 독수리는 아니었다."[6]

◆

3월 2일 이른 시각, 프스코프의 루즈스키 장군은 차르를 대신하여 전보를 통해 로드쟌코와 협상을 시작했다. 협상은 네 시간 동안 계속되었다. 로드쟌코는 루즈스키에게 지난 2년 반 동안 자신이 차르에게 위험을 경고했던 모든 순간을 다시 이야기했다. 그리고 말했다. "로마노프 황조에 대한 증오가 극에 달했다." 내전으로부터 나라를 구할 유일한 기회는 "차르가 황태자에게 황위를 양위하고 입헌군주제를 믿는 더 매력적인 차르의 동생 미하일 알렉산드로비치Mikhail Aleksandrovich 대공에게 섭정을 맡기는" 것이었다. 로드쟌코는 또한 이바노프 장군과 부대를 파견하는 것은 "불에 기름을 붓는 격"이라고 경고했다.[7] 다행히도 이바노프는 페트로그라드에 영영 당도하지 못했다.

루즈스키가 차르를 설득하는 것을 돕기 위해 모길료프의 병참감 루콤스키 장군은 전선의 모든 사령관뿐 아니라 발트 함대와 흑해 함대의 사령관들에게도 전보를 보내 의견을 묻자고 알렉세예프 장군을 설득했다. 알렉세예프는 동의했다. 그는 당연히 페트로그라드에서 일어난 반란이 전선에까지 퍼져 적에게 악용될 것을 우려했다. 알렉세이 에베르트Aleksei Evert 장군, 알렉세이 브루실로프Aleksei Brusilov 장군, 차르의 종숙 니콜라이 니콜라예비치의 답변은 모두 비슷했는데, 차르와 황가에 충성심과 헌신을 표하면서도 로드쟌코가 제안한 대로 즉시 황위를 황태자에게 이양하기를 차르에게 간청했다. 이야시Jassy에 있는 루마니아 전선 사령관 사하로프Sakharov 장군은 전신기 연결을 끊어 답변을 피했다. 루콤스키는 이 사실을 알고 몹시 화를 냈다. 사하로프는 답을 강요받자 다른 사령관들의 회신을 먼저 보겠다고 주장했다.

사하로프는 로드쟌코의 행동이 "혐오스러운 범죄"이고 퇴위 제의는 "가증스럽다"라고 묘사했다. "이 말도 안 되는 처벌을 생각해 낸 것이 러시아 국민이 아니라 자신들의 떳떳치 못한 목적을 이루려고 적절한 때를 노려 배신을 통해 이득을 본 국가 두마라는 범죄자 집단이라고 장담한다." 하지만 그러고 나서 그는 다음과 같은 말을 덧붙였다. "나는 황제 폐하의 충성스러운 신하로서 눈물을 머금고 언급된 조건을 받아들이는 것이 아마도 국가에 가장 덜 고통스러울 것이라고 말씀드릴 수밖에 없다."[8] 사하로프는 물론 술에 취해 있었을 것이다.*

루즈스키 장군은 마침내 푸른색과 금색으로 장식된 황실 열차를 타고 회신을 알리러 차르에게 돌아갔다. 몇 분간 생각에 잠겨 있던 니콜라이 2세는 마침내 혐오스러운 정치가들이 아닌 장군들의 회신에 설득되어 퇴위에 동의했다. 모길료프의 최고사령부는 소식을 전달받고 퇴위를 선언하는 연설문의 초안 작성을 요청받았다.

몇 시간 후 프스코프의 사령부에서 퇴위를 선언하는 차르의 포고문을 곧 송신할 것이라고 알리자 모길료프의 참모장교들은 모두 휴즈 인쇄 전신기 주변으로 모여들었다. 티호브라조프Tikhobrazov 대령은 한 글자 한 글자 빠짐없이 받아 적다가 갑자기 초안과 다른 내용이 나오자 동요했다. "사랑하는 아들과 떨어지고 싶지 않아 동생인 미하일 알렉산드로비치 대공에게 황위를 이양한다."[10]

티호브라조프는 즉시 확인을 요청했다. 1797년 파벨 1세가 제정한 황위 계승법은 장자 계승을 명시하고 있어 이런 융통성이 허용되지 않았다. 프스코프 사령부는 그 문장이 정확하다고 확인했다. 티호브라조프는 다시 문의하려 했지만 바로 뒤에 서 있던 세르게이 미하일로비치Sergei Mikhailovich 대공이 조용히 전달받은 대로 송신하게 내버려 두라고 말했다. 대공은 혈우병을 앓고 있는 아들 알렉세이Aleksei와 떨어져 지내는 것

* 흑해 함대 사령관 콜차크Kolchak 제독도 회신하지 않았다. 아마도 당시 세바스토폴Sevastopol이 아닌 바투미Batumi에 있었기 때문인 것으로 보인다. 차르의 종숙 니콜라이 니콜라예비치 대공은 바투미에서 그와 협상한 후 그를 상대하기가 "완전히 불가능"[9]하다는 것을 깨달았다. 니콜라예비치는 티플리스Tiflis(지금의 조지아 트빌리시)에 도착하자마자 알렉세예프에게 회신했다.

을 견딜 수 없는 사촌 니콜라이의 심정을 이해했다.

차르는 그날 저녁 수정한 포고문을 페트로그라드에서 온 두마 임시 위원회의 두 위원 알렉산드르 구치코프Aleksandr Guchkov와 바실리 슐긴에게 건넸다. 황실 열차는 3월 3일 오전 1시 다시 모길료프로 떠났다. "방금 겪은 일로 영혼이 짓눌린 채 프스코프를 떠났다." 차르는 일기에 남겼다. "나는 불충, 비겁함, 기만에 완전히 둘러싸여 있다!"[11] 한편 구치코프와 슐긴은 수정된 문서를 보고 경악했지만, 아무것도 할 수 없었다.

니콜라이 2세가 황위 승계를 두고 마음을 바꾼 것에 페트로그라드는 경악했다. 로드쟌코는 황제가 퇴위하고 미하일 알렉산드로비치 대공을 섭정으로 둔 채 어린 황태자에게 양위하는 것을 받아들이도록 집행위원회의 사회주의자들을 설득해 냈다고 생각했다. 하지만 이제 곧 인망 높은 기병대 지휘관인 차르의 동생이 절대 권력을 이어받을 것이라는 소식에 타브리체스키궁의 혁명가들은 겁에 질렸다.* 혁명가들은 갑작스러운 응징을, 자유주의자들은 혼란, 더 나아가 내전을 두려워했다. 병약한 소년을 입헌군주로 세우려는 계획에는 많은 사람이 누그러졌겠지만, 대공이 황위에 오르는 것은 전제주의로의 회귀로 보일 가능성이 컸다.

카데트가 타브리체스키궁의 예카테리나홀에서 차르가 황태자 알렉세이에게 황위를 양위하고 퇴위한다고 발표했을 때조차 미래의 볼셰비키 간부는 분노의 물결이 홀을 뒤덮었다고 기록했다. "카데트 연설자가 기대했을 '우라(함성소리의 러시아식 표현-옮긴이)!' 하고 열광하는 환호성 대신 병사 수백 명이 한목소리로 항의하는 외침이 울렸다. '로마노프 황조를 타도하라! 민주 공화국 만세!'"[12]

* 미하일 알렉산드로비치 대공은 1916년 브루실로프 공세에서 인구시인Ingush, 체첸인Chechen, 다게스탄인Dagestani, 타타르인Tatar, 체르케스인Circassian을 비롯한 산악 민족으로 구성된 야만Savage 사단(캅카스원주민 기병사단)을 지휘했다.

당황한 로드쟌코와 임시위원회의 동료 대부분은 (아직 자신이 차르 미하일 2세가 되었다는 사실을 전혀 모르는) 차르의 동생에게도 퇴위를 설득할 수밖에 없겠다고 생각했다. 니콜라이 2세는 이제껏 그랬듯 자기 가족 외에는 누구도 배려하지 않아서 동생에게 미리 알리지 않았다. 오직 파벨 밀류코프만이 여전히 군주제가 어떤 형태로든 유지되어야 한다고 믿고 있었다.

금요일 이른 아침, 니콜라이 2세가 열차를 타고 모길료프로 돌아갈 때, 두마에서 밤을 꼬박 새운 임시위원회는 미하일 알렉산드로비치 대공이 근처에 있다는 것을 알게 되었다. 대공은 밀리온나야Millionnaya 12번가에 있는 푸탸티나Putyatina 공작부인의 아파트에서 지내고 있었다. 신임 법무부 장관 케렌스키가 전화를 걸었고, 정오가 되기 전 로드쟌코, 리보프 공, 밀류코프, 외무부 장관, 케렌스키가 의자에 앉아 영문도 모른 채 그들을 바라보는 대공을 마주했다. 그들은 면도도 하지 않은 채였고 겁을 먹지는 않았을지 몰라도 불안했다. 몹시 화가 난 군중이 문을 쾅쾅 두드릴지 모른다고 생각한 케렌스키와 로드쟌코는 대공이 즉시 퇴위하기를 원했다. 반면 밀류코프는 군주제를 폐기하면 임시정부가 선거 전까지 취약해질 것이라고 계속 강력하게 주장했다.

마침내, 미하일 알렉산드로비치는 열띤 논쟁을 중지시키고 로드쟌코와 리보프 공과 의논하겠다고 말했다. 세 사람만 남았을 때 대공은 그들에게 다음을 보장해 줄 수 있겠냐고 물었다. 황위를 포기한다면, 임시정부는 질서를 회복하고 전쟁을 계속할 수 있는가? 페트로그라드 소비에트에 막히지 않고 제헌의회 선거를 진행할 자신이 있는가? 리보프와 로드쟌코 둘 다 그렇다고 대답했다.

세 사람이 거실로 돌아가자마자 다들 안도했다. 리보프와 로드쟌코의 표정만 봐도 대공이 퇴위에 동의했다는 것을 확실히 알 수 있었기 때문이다. 이제 어떻게 발표할 것인가 하는 문제만 남았다. 하지만 그것도 그리 간단하지는 않았다. 참석한 이들은 대공이 법적으로 차르 미하일인지 확신할 수 없었고, 대공도 상황을 고려하여 '퇴위'라는 단어 사용을 거부했다.

푸탸티나 공작부인은 법률 전문가를 기다리는 동안 점심 식사를 같이하자고 제안했다. 차르가 아들이 아닌 동생에게 황위를 양위한다는 선언은 황위 계승법에 어긋나 그들은 이 문제를 해결하려 애썼다. 저녁이 되자, 작가 블라디미르 (블라디미로비치) 나보코프의 아버지인 블라디미르 (드미트리예비치) 나보코프가 가까운 사이인 대공과 머리를 맞대고 명쾌한 해결책을 만들어냈다. 주저하는 차르는 가장 먼저 '하느님의 은총을 받으시는 전 러시아의 황제이자 전제군주 미하일 2세'라는 정식 칭호를 빼자고 주장했다. 대공은 대신 격식을 덜 차린 발표를 하겠다고 주장했다.

> 전례 없는 전쟁과 소란의 시기에 러시아 제국의 황위를 넘겨준 형의 뜻에 따라 무거운 짐을 떠맡게 되었다.
>
> 온 국민과 마찬가지로 가장 중요한 것은 국가의 안녕이라는 신념에 영감을 받아, 우리의 위대한 국민이 보통선거로 제헌의회의 대표를 선출하여 정부 형태를 결정하고 새로운 러시아 국가의 기본법을 제정한 후에 나에게 그러한 권한을 부여할 때에만 최고 권력을 맡겠다는 확고한 결정을 내렸다.
>
> 그러므로 하느님의 은총을 기원하며 보통선거, 직접선거, 비밀선거의 원칙에 따라 선출되어 정부 형태를 결정하고 국민의 뜻을 대변할 제헌의회가 조속히 구성될 수 있도록 두마의 주도로 결성되어 모든 권한을 부여받은 임시정부를 따르기를 러시아 국민 모두에게 간청한다.
>
> 미하일.[13]

그날 밤 알렉세예프 장군이 이 문서를 니콜라이에게 보여준 후, 전 황제는 일기에 이렇게 썼다. "미챠가 퇴위한다고 한다. 여섯 달 이내에 제헌의회 선거를 시행할 것을 요구하며 퇴위 조서를 끝맺었다. … 대체 누가 미챠를 이런 사악한 문서에 서명하게 한 것인가."[14]

전 황제와는 달리 그날 협상에 참여한 정치가들과 변호사들은 미하일 알렉산드로비치 대공의 동기와 행동에 감탄을 표했다. 대공은 형보다 똑똑하지는 않을지 몰라도 온갖 재앙을 초래한 아집은 없었다. 그들은 미하일이 니콜라이보다 일찍 태어났다면 상황이 달랐을지 모른다고 생각했을 수도 있다.

04

전제주의에서 혼돈으로 1917년 3-4월

전 차르가 황실 열차를 타고 프스코프에서 모길료프로 돌아가는 동안 페트로그라드에서는 완전히 다른 소문이 퍼졌다. 누구는 차르가 체포되었다고 하고, 누구는 시내의 비밀 제정복고 단체의 도움으로 군대가 혁명을 진압하러 줄지어 오는 중이라고 경고했다. 카자크가 독가스를 채운 풍선으로 페트로그라드를 공격할 준비를 하고 있다는 소문도 있었다. 페트로그라드는 분노와 두려움으로 가득했다. 도시 전역에서 총을 난사하는 소리가 들렸다. 반역자들은 자동차를 몰수해 중요한 임무를 수행 중인 것처럼 거리를 돌았다. 프로코피예프의 일기에 따르면 "병사들과 노동자들로 꽉 찬 차에는 총검이 가득했고 붉은 깃발이 펄럭였다".[1]

차르의 비밀경찰 오흐라나와 헌병대가 건물 옥상에서 군중에게 기관총을 난사했다는 소문이 계속 돌았다. 경찰 저격수는 많았지만 실제로 얼마나 많은 기관총이 실제로 사용되었는지는 알 수 없다. 대규모 공격은 러시아와 연합국의 장교들이 묵었던 이사키옙스카야Isaakiyevskaya 광장의 아스토리아 호텔에서 일어났다. 시작은 호텔 위층에서 혁명파 무리에게 발사된 총성이었다. 미움받는 '파라오'들은 분노한 군중들에게 찢겨 죽을까 봐 숨어 있거나 변장하고 있다가 발각되었다. 몇몇은 징발된 차량 뒤에 다리가 묶인 채 거리에 끌려 다녔다. 한 경감은 소파에 묶여 휘발유를 뒤집어쓰고 불이 붙어 타죽었다. 네바강 강둑에서 총을 맞아 얼어붙은 강 위로 떨어져 죽은 이들도 있었다. 페트로그라드 미국인 교회American Church의 목사 조지프 클레어Joseph Clare 박사에 따르면 "경찰 30~40명이 꽁꽁 언 강에 뚫어놓은 구멍 안으로 밀쳐져 머리를 때려 기

절시키기도 전에 물에 빠진 생쥐처럼 익사했다".[2]

페트로그라드에는 일촉즉발의 긴장감이 감돌았다. 한 가련한 모자 장수가 어린 수습생과 함께 지나다가 가판대에 놓인 밝은색 외국산 장난감을 보았다. 그는 손녀에게 장난감을 사다 주고 싶었다. 하지만 불행히도 그는 그의 고객들이 혁명이 빚을 청산해 주리라 생각한 탓에 돈이 별로 없었다. 그는 노점상에게 값을 깎아줄 수 있냐고 물었다. 노점상은 화를 내며 거절했고 말싸움을 하던 중 모자 장수는 노점상을 "착취자"라고 불렀다. 노점상은 그가 변장한 "파라오"라며 소리치기 시작했다.

갑자기 사람들이 외치기 시작했다. "경찰을 쳐부수자! '파라오'에게 죽음을!"[3] 피에 굶주린 군중들이 모자 장수를 둘러싸고 그의 옷을 잡아 뜯고 때리기 시작했다. 한 병사가 칼을 꺼내자 어린 수습생이 겁이 질려 외쳤다. "여러분, 제발 그만하세요! 죽이지 마세요! 이 사람은 파라오가 아니에요. 아프락신Apraksin 시장의 모자 장수예요!" 소년은 그러고 울기 시작했다. 사람들은 모자 장수가 두려움에 떨며 소년에게 매달리는 모습을 어리둥절해서 바라보았다. 순식간에 분위기는 연민으로 바뀌었다. 여자들은 모자 장수가 외투를 다시 입게 도와주며 그의 어린 구원자에게 감사하라고 말했다.

장교들은 맞아 죽지 않으려 아파트에 숨어들어 민간인의 옷을 찾았지만, 여전히 신변이 위태로웠다. 군중들은 공공건물에 있는 군주제의 상징이나 황실에 납품하는 가게의 쌍두독수리를 모두 찢어버렸다. 무장한 무리는 반혁명 분자를 찾겠다며 부유한 지역의 건물을 샅샅이 뒤졌다. 대부분 이를 구실로 약탈과 무차별한 폭력을 일삼았고, 어떤 이들은 집에 혼자 있는 젊은 여자를 강간하는 기회로 삼기도 했다. 충격을 받은 차르의 사촌인 젊은 안드레이 블라디미로비치 대공은 일기에 털어놓았다. "사람들은 너무 오랫동안 증오를 품어왔다."[4] 알렉산드르 케렌스키는 "국민의 격노"라고 에둘러 언급했다.

◆

보수 정치인 바실리 슐긴은 이렇게 말했다. “이 늪에서 발 디딜 곳을 찾아 뜀박질하며 앞으로 나아갈 수 있는 사람은 케렌스키뿐이다.”[5] 누렇게 뜬 얼굴에 비범한 눈을 한 변호사 알렉산드르 케렌스키는 두마 임시위원회와 페트로그라드 소비에트 집행위원회에 모두 소속된 자신의 독특한 지위로 기회를 잡았다. 덕분에 케렌스키는 로드쟌코나 권력을 휘두르기엔 자신감이 부족했던 신생 임시정부의 각료들에 비해 영향력이 컸다.

타브리체스키궁에서 열린 페트로그라드 소비에트 총회는 3천 명의 대표가 때때로 동문서답을 하며 논쟁을 벌여 완전한 혼돈이었다. “궁 안은 사람들의 활기로 가득하고 열기가 뜨거웠다.” 사회주의 혁명가 젠지노프는 기록했다. “많은 사람이 사방에서 몰려들었고, 병사들은 소총을 들고 철컥거리는 소리를 냈다. 혁명 조직들과 임시정부의 회의는 여러 홀과 방에서 쉬지 않고 계속 이어졌다. 소총 더미와 탄창이 담긴 상자들이 여기저기 바닥에 놓여 있었고, 벨트가 달린 기관총 여러 정에 아무도 신경을 쓰지 않는 다이너마이트와 수류탄 한 무더기도 있었다. 때때로 체포된 이들이 군중 사이로 호송되었다.”[6]

목격자들은 총회를 누구든 일어나 무슨 말이든 하는 마을 회의에 비유했다. 여기서는 빽빽이 들어선 병사들과 노동자들이 청중이었는데, 이들은 신문이나 광고 전단 조각에 마호르카 담배를 말거나 해바라기씨를 씹다가 포템킨 공의 멋진 대리석 바닥에 껍질을 뱉었다. 투표는 결과가 어느 쪽으로든 기울 수 있었지만 대부분 무시되었다. 집행위원회의 사회주의 지도자들은 발언에 전혀 주의를 기울이지 않고 권력을 잡기 위한 자신들의 계획을 계속 진행하고 있었다.

토론에 심취한 한 병사는 여자들 무리가 타브리체스키궁 밖에서 케렌스키를 만나게 해달라고 요청하는 것을 보았다. 케렌스키는 너무 바빠

1917년 포템킨 공의 타브리체스키궁에서 열린 페트로그라드 소비에트 회의

서 조지아의 멘셰비키 니콜로즈 츠헤이드제가 대신 나왔다고 했다. 그러자 여성 대표는 외쳤다. "우리 여성들은 평등을 요구합니다!"

"여성 동지." 츠헤이드제가 비웃으며 대답했다. "얼마든지 여러분의 평등을 위해 서명해 드리지요. 여러분에게 평등을 부여할 아버지, 남편, 오빠만 있으면 됩니다." 여자들이 소리 높여 항의하는 동안 군중들은 폭소를 터뜨렸다.

병사의 기록은 계속된다. "그런데 갑자기 여자 몇 명이 탄 지붕 없는 차가 군중을 헤치고 들어왔다. 다른 여자들은 일제히 그들을 반겼다. 차가 맨 앞줄까지 왔다. 차에 탄 한 여성이 일어나 연설을 시작했다. 그녀는 뛰어난 언변으로 오랫동안 수많은 러시아의 여성 노동자와 어머니들에 관해 말했다. 군중들은 중간중간 동의의 표시로 함성을 질렀다. 츠헤이드제는 곧 농담조를 거두었다."[7]

'구체제ancien regime'의 주요 인사들이 죄수가 되어 두마에 끌려오자마자 케렌스키는 극적인 장면을 연출하는 데에 탁월한 능력을 발휘했다. 슐긴은 케렌스키를 "뼛속까지 배우"[8]라고 묘사했다. 전 전쟁부 장관 수홈리노프Sukhomlinov 장군이 호송되어 들어오자 케렌스키는 수홈리노프의 군복에 달린 견장을 뜯어내는 쇼를 벌였다. 하지만 군중이 수홈리노프를 죽이라고 외치자마자 케렌스키는 그를 보호하듯 양팔을 활짝 벌리고 외쳤다. "두마는 피를 흘리지 않을 것이오!"[9]

총 60여 명의 각료와 장군뿐 아니라 황후의 측근 안나 비루보바Anna Vyrubova를 포함한 몇몇 여성이 국가 두마의 부속 건물에 갇혀 있었다. 병사들과 농민들은 안을 어슬렁거리며 전 고관대작들을 동물원의 희귀한 동물 보듯 넋을 잃고 쳐다보았다. 그래도 여기 갇힌 귀족들은 다른 감옥과 마찬가지로 군주제의 피해자들이 갑자기 무차별적으로 풀려나면서 감방이 남게 된 페트로파블롭스크 요새로 바로 끌려간 이들보다는 운이 좋았다.

리톱스키성에 수감되었던 정치범들이 풀려난 다음 날 부유한 유대인 집안 출신의 무정부주의자인 열다섯 살의 에브게니야 마르콘Evguénia Markon은 꼭대기 감방에서 흘러나온 누군가가 휘갈겨 쓴 쪽지를 발견했다. 도움을 요청하는 쪽지였다. 간수들은 사라졌고 수감자들은 먹을 것도 마실 것도 없이 감옥에 남겨져 있었다. 이 어린 선동가는 정치인들만 풀려난 것에 깜짝 놀라 병사 몇 명을 찾아가 설득했고 감옥으로 함께 쳐들어가 소총으로 자물쇠를 쐈다. 수감자 중 키가 크고 수염이 덥수룩한 한 남자가 감정이 북받쳐 그녀를 끌어안고서는 몸을 떨며 흐느꼈다.[10]

혁명은 억압받은 자들이 이 혼돈의 시기에 끔찍한 편견을 품을 수 있다는 것을 보여주기도 했다. 전제군주제의 몰락에 크게 기뻐했던 지식인 집안의 한 노부인에게 시장에서 어떤 노점상이 말을 걸었다. "기독교인이세요?" 노점상이 물었다. "어때요, 삶이 좀 나아질 것 같나요?"

"물론이죠." 노부인이 답했다.

"오, 이봐요." 여자가 말했다. "유대인 놈들이 다 없어질 때까지는 아무것도 나아지지 않을 거예요. 평범한 사람들이 겪는 문제는 다 유대인 놈들 때문이니까요."[11]

전선에서 복무하고 있던 고위 군의관 바실리 크랍코프는 차르의 퇴위라는 놀라운 소식으로 받은 충격에서 헤어 나오지 못하고 있었다. 그는 일기에 적었다. "이제까지 있었던 거대한 사건들 때문에 제대로 잠을 이루지 못했다. 우리는 황제의 퇴위 조서를 저녁까지 계속 기다렸다. 차르는 정말로 퇴위했다. 머리가 어지럽다. 속보의 이 문구는 너무 아름답다. '제헌의회는 국민의 뜻에 따라 정부 형태를 결정할 것이다.' 그렇다면, 정말로 곧 공화국을 선포할 수 있단 말인가? 생각만 해도 겁이 날 지경이다."[12] 그러나 크랍코프는 자기 생각을 입 밖에 낼 수 없었다. 분통을 터뜨리면서도 체념한 듯한 반동적인 장교들에게 둘러싸여 있었기 때문이다. 군 내부에서 혁명에 저항하는 어떠한 시도도 없었다는 사실은 가장 보수적인 집단마저도 황제와 황후에게 얼마나 실망했는지를 명백하게 보여준다.

장군들과 몇몇 대공들까지 황제의 퇴위와 임시정부 성립을 받아들인 것은 질서가 완전히 무너지는 상황을 우려했기 때문이다. 그렇다고 이들이 급변하는 정세를 반긴 것은 아니었다. 캅카스의 키슬로보츠크Kislovodsk에 있던 안드레이 블라디미로비치Andrei Vladimirovich 대공은 얼마나 충격받았는지 일기에 적었다. "황제가 퇴위하고 자신과 황태자 알렉세이 대신 미하일 알렉산드로비치 대공에게 황위를 이양했다는 소식에 우리는 말문이 막혔다. 미하일 대공의 퇴위로 더 큰 두려움에 휩싸였다. 이 내용을 쓰는 것이 너무 비통하고 괴롭다. 옛 러시아 제국의 위엄이 하루 아침에 모두 무너져 내렸다."[13]

전 차르 니콜라이가 프스코프에서 돌아온 후 모길료프는 갑작스러운 권력 공백으로 다들 어리둥절하기만 했다. 니콜라이를 맞으러 플랫폼에 모두 모인 참모들은 황실 열차가 어둠을 가르며 들어오는 것을 보았다. 티호브라조프 대령은 “모두가 마치 가까운 지인의 장례식에 참석한 듯 침울해 보였다”[14]라고 기록했다.

다음 날 아침, 티호브라조프는 본관 창문을 통해 문 앞에서 고함을 지르며 손짓, 몸짓하는 민간인 무리를 보았다. 보초를 선 헌병들이 그들을 막고 있었다. 티호브라조프는 현관을 지키던 보초를 보내 무슨 일인지 알아보라고 했다. 보초가 돌아와 보고했다. “이들은 황제의 퇴위 소식을 듣고 미수금을 받으러 온 어용상인들입니다. 이제 대금을 받지 못할까 봐 걱정하고 있습니다.” 근무 중이던 참모장교 티호브라조프는 수치심에 얼굴을 붉혔다. “눈 뜨고는 못 봐주겠구나. 폐하께서 창문으로 이 꼴을 보지 않으시길 바랄 수밖에.”

그날 오전 늦게 전 차르가 모습을 보이자 티호브라조프는 그를 뭐라고 불러야 할지 몰라 눈을 피했다. 이제 그를 ‘황제 폐하’라고 불러서는 안 될 것 같았다. 차르는 전보용지와 자신이 쓰던 푸른색 종이 한 장을 들고 있었다. 그는 참모장 알렉세예프 장군을 불러 직접 쓴 전보와 푸른 종이를 건넸다.

“미하일 바실리예비치Mikhail Vasilievich.” 그는 말했다. “생각이 바뀌었네. 이것을 페트로그라드로 보내주게.” 전보에는 결국 황태자에게 황위를 양위하겠다고 적혀 있었다. 알렉세예프는 이 전보를 도저히 보낼 수 없다고 설명했다. 전 차르는 두 번 더 요구를 반복했으나 장군은 물러나지 않았다. 니콜라이는 돌아서서 느릿하게 계단을 걸어 내려갔다.

니콜라이가 사라지고 알렉세예프는 티호브라조프에게 ‘차르의 종이’를 건넸다. 그 위에는 니콜라이 2세의 단정한 손글씨로 다음과 같이 쓰여 있었다.

임시정부에 요청사항:

가족을 만날 수 있게 방해 없이 차르스코예셀로로 갈 수 있게 해줄 것.

가족들이 쾌차할 때까지 차르스코예셀로에, 자유롭게 머무를 수 있게 해줄 것.

전쟁 종결 후 러시아로 돌아와 리바디아Livadia궁에 영구히 머물게 해줄 것.*

로마노프 황가의 몰락 소식이 페트로그라드에서 전달되는 데 걸린 시간은 지역마다 달랐다. 전보와 기차역이 있는 도시와 마을에는 빠르게 소식이 닿았다. 일부 지역에서는 자체적으로 혁명이 일어나기도 했다. 그보다 훨씬 많은 외딴 지역에는 몇 주가 지나도록 소식이 닿지 않았다.

수습기자 콘스탄틴 파우스톱스키Konstantin Paustovsky는 편집장의 지시로 체호프가 "러시아의 황야 그 자체"[15]로 묘사한 툴라Tula주의 작은 마을 예프레모프Yefremov에 파견되어 있었다. 모스크바의 신문이 이 마을에 도달하기까지 사흘이 걸렸다. "저녁이면 큰길에서 개들이 짖고 야경꾼이 순찰을 돌면서 딱따기를 쳤다."

파우스톱스키는 새로 사귄 친구 오시펜코Osipenko가 문을 박차고 들어온 순간을 이렇게 묘사했다. "페테르부르크에서 혁명이 일어났대." 오시펜코는 외쳤다. "정권이 전복됐어." 오시펜코는 목이 쉬어 있었다. 그는 의자에 털썩 주저앉아 울음을 터뜨렸다. 파우스톱스키는 임시정부 수립을 선포하는 종이를 든 손이 덜덜 떨리고 있다는 것을 깨달았다. 경찰이나 행정 조직이 전혀 남아 있지 않아 "인민 회의가 마을 회의 의사당에서 24시간 내내 열렸다. 인민 회의는 프랑스 혁명을 기려 '공회'로 개

* 티호브라조프는 이렇게 기록했다 "이 문구를 기억에 의존해 인용하고 있지만 각 단락의 핵심 내용은 제대로 기억하고 있다고 확신한다." 리바디아궁은 크림반도 얄타Yalta에 있는 황실의 여름 별장이었고, 1945년 2월 스탈린이 얄타 회담을 연 곳이기도 하다.

명했다". 이 역사적인 순간을 기념해 〈마르세예즈〉를 웅얼거리며 부르는 소리도 들렸다. 소식이 퍼지자 농민들은 도시로 와서 전쟁이 끝나면 토지를 얻을 수 있는지 물었다. 파우스톱스키는 "소란스럽고 혼란스러운 나날의 시작이었다"라고 기록했다.

모스크바에는 소식이 빨리 닿았을 것 같지만, 모스크바 역사박물관의 한 큐레이터는 일기에 이렇게 적었다. "수많은 소문이 떠돈다. 무엇이 진실인가? 신문도 없고 전차도, 마차도 다니지 않는다. 어디에나 사람들이 모여 있고 도시 분위기는 부활절처럼 기쁨에 넘쳐 있다."[16] 그 후 그는 루뱐카Lubyanka 광장에서 붉은 깃발을 들고 기도를 외는 무슬림의 행렬을 보고 놀랐다.

많은 광장에서 대중 집회가 열렸다. 특히 푸시킨 동상 주변이나 검에 붉은 현수막이 걸린 거대한 미하일 스코벨레프Mikhail Skobelev의 기마상 옆에서 많이 열렸다. 연설가들은 환호받기도 했고 어떤 경우에는 끌려 내려오기도 했다. 양털모자를 쓰고 회색 외투 위로 붉은색 완장을 찬 병사들이 군중을 위협했다. 반대 의견을 내면 "여기서 꺼지고 참호에서 이의 밥이 되고 나서 얘기하라고. 이 쓸모없는 전제주의자!"[17] 같은 말이 쏟아졌다. 그리고 다시 케렌스키가 유대인이라는 둥 돈스코이 수도원에서 자라는 사과 속에 금화가 숨겨져 있다는 둥 터무니없는 소문이 돌았다.

러시아와 한참 전쟁을 벌이고 있던 독일도 러시아 내부의 격변에 혼란스럽기는 마찬가지였다. 독일 항공기는 "악랄한 영국인"이 "경애하는 차르"를 쫓아냈다고 주장하는 선전 전단을 전선에 뿌렸다.[18] 갈리치아 전선에서 러시아군을 지원하던 영국 해군항공대 기갑사단의 올리버 로커-램프슨Oliver Locker-Lampson 중령은 농담 반 진담 반으로 이 터무니없는 거짓말로 "며칠 동안 영웅 대접을 받았다"라고 런던에 보고했다.

독일의 노력은 별 효과가 없었다. 독일은 적이 실수를 저지를 때 방해하지 말라는 나폴레옹의 격언을 기억했어야 했다. 어떤 적도 독일처럼 속보 하나에 페트로그라드 소비에트가 원하는 것을 달성해 주지는 못했을 것이다.

2월 말까지 장교들을 향한 폭력이 계속되는 와중에도 로드쟌코의 두마 위원회는 러시아군의 완전한 붕괴를 막기 위해 장교들을 시급히 소속 연대로 돌려보내야 한다고 생각했다. 하지만 봉기에 앞장선 병사들은 반反혁명을 우려했고 위계질서 회복으로 최근 저지른 범죄에 대한 책임을 추궁당할까 봐 두려워했다. 이런 상황을 막으려 볼셰비키와 사회혁명당의 급진파는 페트로그라드 소비에트 집행위원회 회의에 난입했다.

코안경을 끼고 수염을 기른 당시의 전형적인 사회주의 지식인이었던 의장 니콜라이 드미트리예비치 소콜로프Nikolai Dmitrievich Sokolov는 이들에게 요구사항을 진술하라고 권하고 그것들을 받아 적었다. "병사들은 병사위원회가 승인한 경우에만 장교의 지시를 따를 의무가 있다. 장교가 아닌 병사들이 무기를 관리한다. 혁명을 계속 수호하려면 페트로그라드 수비대는 전선으로 파견되어서는 안 된다. 장교와 병사들의 관계는 완전히 바뀌어야 한다. 비번인 병사는 거수경례할 필요가 없다. '각하' 같은 경칭 대신 '장군님' 또는 '대령님'을 사용한다. 장교가 병사의 얼굴을 때리는 등의 기존 처벌은 금지한다."

집행위원회가 3월 1일 발부한 명령prikaz 제1호의 최종본은 우익 장교들에게 혁명을 상징하는 결정적인 문서가 되었고 장차 벌어질 일에 길을 열어주는 역할을 했다. 장교들은 이 명령이 장교의 권위와 군의 기강을 무너뜨려 제국군을 무력화시킨다고 비난했다. 임시정부와 협력해야 할 집행위원회는 임시정부에 명령서의 내용을 통지하지 않았지만, 장교들을 기습 공격해 선제공격으로 반혁명의 싹을 없애버리겠다는 치밀한 계획을 세웠던 것 같지는 않다. 하지만 명령 제1호는 확실히 전국으로 영향력을 확대하고 곧 '전 러시아 노동자·병사 대표 소비에트All-Russian

Soviet of Workers' and Soldiers' Deputies'가 될 페트로그라드 소비에트 집행위원회에 자신감을 불어넣었다.

대단히 부정확하고 터무니없는 반혁명의 경고도 큰 역할을 했지만, 결정적인 실수는 최고사령부의 알렉세예프 장군 그리고 로드쟌코와 그의 동료들이 저질렀다. 전선 사령관들의 간청에도 불구하고 알렉세예프는 두마 임시위원회가 공식으로 상황을 발표할 때까지 체제 변화에 관한 어떤 발표도 허용하지 않았다. 명령 제1호도 비밀에 부쳤다. 이런 발표 지연 때문에 전선의 병사들은 장교들이 무언가 숨기고 있다고 확신했고 분노와 의심만 커졌다.

고위 군의관 바실리 크랍코프의 일기에 따르면 대부분의 정규 장교와 "군사 귀족은 곧 병사들을 인간적으로 대우해야 한다는 사실에 분노를 감출 수 없었다".[19] 장교들은 어리석게도 붉은 현수막을 우스갯거리로 삼고 "할머니 내복"[20]이라고 불렀다. 3월 5일 제25군단장 라브르 코르닐로프Lavr Kornilov 장군이 모길료프에 도착했다. 루콤스키 장군은 코르닐로프에게 최고사령부가 "혁명 관련 서류"[21]라고 부르는 군율 위반 행위가 열거된 자료를 보여주었다. 코르닐로프는 현 사태에 격분했지만 이미 페트로그라드 군관구의 사령관으로 임명되었는데도 불구하고 할 수 있는 일이 아무것도 없었다.

웨이벌 대위에 따르면 명령 제1호 발표 후 탈영병이 급증하자 특정일까지 복무에 복귀하는 탈영자는 모두 처벌하지 않겠다고 약속하는 법령이 뒤이어 발표되었다. 수송의 어려움을 고려하여 기한은 발표 후 7주로 잡았다. 아직 탈영하지 않고 남아 있던 전선의 병사들은 이제 7주의 휴가를 얻을 수 있다고 생각했고 탈영병은 더 늘어났다.[22]

전쟁에 지친 병사들은 변화를 환영했지만, 장교들 대부분은 충격을 받았다. 특히 병사위원회의 동의 없이는 아무것도 할 수 없다는 것이 충격이었다. 반유대주의자들은 위원회에 유대인이 상당수 포함되어 있다는 것을 알고는 자신들의 가장 큰 의혹이 맞았다며 정당화했다. 사실 유대인들이 병사위원회에 뽑힌 이유는 단순했다. 유대인들은 가장 교육을 잘 받은 층에 속했지만, 전제군주제에서는 장교가 될 수 없었다.

회의는 거의 온종일 계속되었지만, 성과는 별로 없었다. "많은 병사들이 최근 일어난 일들로 정신이 어리벙벙했고 혼란스러워했다." 자캅카스('캅카스 너머'라는 뜻으로 지금의 아르메니아, 아제르바이잔, 조지아 지역을 가리킨다. 영어로는 Transcaucasus-옮긴이) 전선의 한 병사의 기록이다. "가끔은 우스꽝스럽기도 했다. 어떤 연설자가 구호를 제의하면 사람들이 찬성하고 또 다른 연설자가 반대되는 구호를 제의하면 거기에도 찬성하며 외쳤다. '네 말이 맞아!'"[23]

블라디미르 폰 드라이어Vladimir von Dreier 소장은 갈리치아 전선의 시베리아 군단 소속 사단 참모장으로 부임했을 때를 다음과 같이 묘사했다. 본부에는 아무도 없었고 그는 병사들의 집회에 어쩔 수 없이 참석한 사단장을 찾아갔다. "병사들이 모두 빙 둘러서 있었다. 비쩍 마른 병사가 연단 위에 서서 목청껏 외쳤다. '니콜라시카Nikolashka(니콜라이 2세의 애칭-옮긴이)는 이미 우리 피를 빨아먹을 만큼 먹었네, 동지들!' 병사들은 계속 맞장구를 쳤다. '맞아! 맞아!' 우리 바로 옆에 있던 병사들은 해바라기씨 껍질을 뱉으며 히죽거리고 고소하다는 듯 근처에 서 있는 상관들을 보고 있었다. 연설자들이 줄줄이 연단 위로 올라 차르에게 욕을 했다. 어쩌다 이 지경이 된 건가 하는 생각만 계속 들었다."[24]

기병대, 포병대, 카자크군의 기강은 생각보다 쉽게 무너지지 않았다. 장교를 향한 물리적 공격과 심지어 살인은 보병대와 해군에서 처음 일어났다. 올리버 로커-램프슨 중령은 "보병들이 어떻게 참겠는가? 3년 가까운 기간 동안 병사들 수백만 명이 살육당했고, 독일에게 매수당했다고 믿어지는 장군들은 그들을 화려한 장비를 갖춘 부대에 맞서라며 무기도 없이 떼로 내던졌다(병사들이 말하는 대로). 어떻게 병사들이 전쟁이 계속되길 바랄 수 있겠는가?"[25]라고 썼다.

로커-램프슨은 런던에 보낸 보고서에서 이어서 서술했다. "몇몇 장교는 총살되고 다른 장교들은 구타당했고 대부분은 모욕당했다." 희생자가 최대 대여섯 명에게 공격당해 찔린 채 "총검 위로 들어 올려져"[26] 사망하기도 했다. 페트로그라드에서 남쪽으로 100킬로미터 떨어진 루가의 병영에서 장교 다섯 명이 이런 운명을 맞았는데, 살해당한 장교는 모두 독일식 이름을 갖고 있었다.

"크론시타트Kronstadt에서 해군 장교들은 거리를 쓸고 다녔다." 로커-램프슨은 덧붙였다. "그중 한 명은 부하에게 수염이 잡혀 끌려 다녔는데, 계속 얼굴을 맞았다. 계급에 대한 존중이 사라졌다."[27] 많은 장교에게 심한 대우를 받아온 발트 함대의 수병은 볼셰비키와 무정부주의자도 다수 포함되어 있어 가장 폭력적이고 과격했다. 얼음에 갇힌 전함 위에서 억눌린 이 "선창의 건달들"[28]의 쌓이고 쌓인 분노는 장교들이 상황을 제대로 설명하지 않자 더 커졌다.

3월 3일 해군 중장 아드리안 네페닌Adrian Nepenin은 헬싱포르스Helsingfors(지금의 핀란드 헬싱키)에서 로드쟌코에게 전보를 보냈다. "안드레이Andrei함, 파벨Pavel함, 슬라바Slava함에서 반란. 네볼신Nebolsin 제독 피살. 발트 함대는 이제 전투 부대가 아님."[29] 수병들은 밤에는 붉은 불을 켜고 낮에는 붉은 깃발을 올려 혁명의 승리를 표시했다. 네페닌도 바로 다음 날 수병이 쏜 총에 맞아 사망했다. 크론시타트 총독 비렌Viren 제독은 총검에 찔려 죽었다. 곧 크론시타트의 볼셰비키를 이끌게 될 표도르 라스콜니코프Fyodor Raskolnikov는 비렌이 발트 함대 전체에 "악명 높은 야수"였다고 설명했다. 라스콜니코프는 "부르주아는 일제히 분개했지만 노동자는 무관심했던 소위 이 '도를 넘는 행위'"를 "해묵은 굴욕과 모욕에 대

붉은 함대를 "혁명의 선봉"이라고 일컫는 볼셰비키 포스터

한 수병들의 복수"라며 정당화했다.[30] '용'처럼 사납게 군기를 잡아 미움받던 교관들은 제일 먼저 살해당하거나 체포당해 감방에서 학대당했다. 총 105명의 장교가 크론시타트, 헬싱포르스(헬싱키), 비보르크Vyborg(핀란드어로는 비푸리)에서 사망했지만 핀란드만의 다른 해군기지에서는 사망자가 거의 발생하지 않았다.

흑해 함대 총사령관 알렉산드르 콜차크Aleksandr Kolchak 제독은 수병들이 반란에 가담하긴 했지만 그렇게 과격하지는 않아서 그나마 덜 위험한 처지였다. 보수 언론은 콜차크를 잠재적인 군사 독재자로 만드는 데 혈안이 된 듯 보였다. "콜차크는 이제 흑해 함대를 지휘하고 있다." 오데

사의 옐레나 라키에르Yelena Lakier는 썼다. “해군 모두가 그를 우러러 따른다. 신문에서는 콜차크가 힘과 열정이 넘친다고 했다. 한 잡지는 콜차크의 사진을 실으며 다음과 같은 문구를 덧붙였다. ‘러시아의 심장은 결코 당신을 잊지 않을 것이다. 첫사랑을 잊지 못하는 것처럼.’”[31]

성난 독수리 같은 인상의 콜차크는 러시아 제국 해군의 최연소 중장이었다. 매우 유능한 장교였을 뿐 아니라 여러 원정에 참여한 해양학자이자 북극 탐험가로 노보시비르스크제도에서 2년간 연구 활동을 하기도 했다. 이 연구는 그로부터 백 년 후 차세대 쇄빙선으로 북해 항로를 여는 데에 이바지했다.

콜차크는 러일전쟁 중 부상당해 포로로 잡혔다. 차르 정부의 무능함에 격분한 콜차크는 이후 두마 의원들과 잠수함과 수상비행기를 도입하여 해군 현대화를 위해 애썼다. 1913년 다시 북극 탐사를 다녀온 후 발트해 작전사령관에 임명되었고, 2월 혁명 직후 흑해 함대 사령관이 되었다. 세바스토폴 수병 소비에트가 장교들에게 소지한 무기를 버리라고 하자 콜차크는 극동에서 세운 무공으로 하사받은 성 게오르기의 황금검을 가리켰다. “이 검은 자네들에게서 받은 것이 아니네.” 콜차크는 병사들에게 말했다. “그래서 나는 이 검을 자네들에게 넘겨주지 않겠네.”[32] 콜차크는 돌아서서 검을 바다에 던졌다.

콜차크는 곧 임무를 맡아 미국에 파견되면서 운 좋게 빠져나갔다. 가을에 볼셰비키가 정권을 잡은 후 제독 다섯 명을 포함한 흑해 함대의 해군 장교들은 구속되어 세바스토폴 근교의 말라호프Malakhov 언덕에서 처형당했다.

05

임신한 과부
1917년 3-5월

러시아의 위대한 정치철학가 알렉산드르 게르첸Aleksandr Gértsen은 1848년 혁명의 연구를 토대로 예언했다. "현재의 사회 질서가 해체되면 사람들은 괴로워하기보다는 기뻐할 것이다." "하지만 떠나가는 세계는 무시무시하게도 그 뒤에 후계자가 아니라 임신한 과부를 남긴다. 한 세계의 종말과 새로운 세계의 탄생 사이에 많은 일이 벌어질 것이고 혼란스럽고 비참한 긴 밤이 지나갈 것이다."[1]

1917년의 러시아 임시정부는 게르첸의 예측이 딱 들어맞은 사례였다. 임시정부가 선언한 자신들의 목적은 임시 관리자 역할을 하는 것이었다. 법률, 정치 체제, 토지 소유권에 관한 모든 중요한 결정은 제헌의회가 만들어진 후에만 가능했다. 그때까지 임시정부의 권한은 빛 좋은 개살구에 지나지 않았는데 페트로그라드 소비에트 집행위원회의 승인 없이는 아무것도 할 수 없었기 때문이다. 제정의 붕괴는 무엇이든 제대로 작동하는 것에 붙어 있는 조작 장치를 임시정부 측에 하나도 남기지 않았다. 임시정부는 정치적 무인지대에 세워졌다. 그것은 게르첸이 "기존 질서를 해치면서 고수하고, 도화선에 불을 붙이면서 폭발을 막으려 한다"[2]라고 묘사한 고상한 자유주의자들과 그리 다르지 않았다.

임시정부의 총리 게오르기 리보프 공은 행정 능력이 뛰어난 인물이었지만, 자유주의를 지나치게 신봉해 인간의 본성이 선하다고 맹신했다(막심 고리키는 이것을 "카라마조프가의 형제들 식의 감상주의"라고 불렀다). 리보프는 중앙집권 정부라는 개념 자체에 반감이 있어 겸임했던 내무부 장관 직책을 수행하기에조차 적합하지 않았다. 그는 유죄 판결을 받은 테러리스트를 비롯해 민주주의를 믿든 안 믿든 상관없이 모든 정치범을 석방하는 데 동의했다. 리보프는 단순하게 러시아를 '세계에서 가장 자유로운 나라'로 만들면 시민들의 도덕성이 변화할 것이라고 믿었다.

군주제 유지를 원했던 외무부 장관 파벨 밀류코프 교수도 볼셰비키의 혁명 지도자 블라디미르 일리치 레닌이 스위스에서 페트로그라드로 귀환하는 것을 허용했다. 밀류코프는 카리스마 넘치는 레프 트로츠키가 미국에서 고국으로 돌아올 수 있게 캐나다에 자유 통행권을 허용하도록 선처를 호소해 달라고 영국에 부탁하기도 했다(2월 혁명 후 미국에 있던 트로츠키가 러시아에 돌아가기 위해 탄 배가 캐나다에서 영국 해군에 가로막혀 캐나다 포로수용소에 억류된 적이 있다. 밀류코프가 영국 정부에 러시아 시민인 트로츠키의 석방을 요청했고 4월 29일 영국 정부는 트로츠키를 풀어주었다.-옮긴이). 하지만 '혁명의 발상지' 페트로그라드에 가장 먼저 도착한 볼셰비키 망명자는 이오시프 스탈린Iosif Stalin이었다. 3월 12일 스탈린과 레프 카메네프Lev Kamenev는 크라스노야르스크Krasnoyarsk 인근 유배지에서 시베리아 횡단열차를 타고 페트로그라드에 도착했다.

불과 2년 전 스위스 알프스에서 열린 치머발트Zimmerwald 회의(1915년에 열린 국제 사회주의자 회의-옮긴이)에서 트로츠키와 다른 대표들은 카를 마르크스의 제1인터내셔널(사회주의자들의 국제적 조직으로 정식 명칭은 '국제 노동자 협회'-옮긴이)로부터 반세기가 지났는데도 유럽 인터내셔널 모두를 "승합마차 네 대"에 태울 수 있다고 우스갯소리를 했다. 2월 혁명이 일어나기 딱 한 달 전만 해도 레닌은 살아생전에 이런 사건을 볼 수 있을지 확신이 없었다. 레닌은 전쟁에 대한 혐오로 격변이 일어날 것이라고 이미 예측했는데도 불구하고 깜짝 놀랐다. 사실, 취리히 슈피겔가세Spiegelgasse의 누추한 방에서 망명하며 궁핍하게 살던 레닌이 머지않아 러시아의 절대 권력자가 되리라는 것은 터무니없는 공상에 불과해 보였을 것이다. 하지만 혁명가들이 계획하지 않은 2월 혁명이 모든 것을 바꾸어놓았다.

벗겨진 머리와 혁명가를 상징하는 수염에 꿰뚫어 보는 듯한 가는 눈을 한 레닌은 멋모르고 날뛰는 과격파를 무엇보다도 경멸했다. 그리고 이상주의자는 겁쟁이이자 감상주의자라고 업신여겼다. 레닌은 자기 신념이 확고해서 자기 외에는 구질서를 영원히 파괴할 만한 전망이나 무자비할 정도의 단호한 결단력을 가진 자가 없다고 생각했다. 1917년 3월 3일 점심 식사 후 레닌의 부인 나데즈다 크룹스카야Nadezhda Krupskaya가 설거지하고, 레닌이 문서를 모으며 서재로 돌아가 일할 준비를 할 때 계단을 뛰어 올라오는 발소리가 들렸다. 한 친구가 벌컥 문을 열고 들어와 숨을 헐떡이며 손에 쥔 신문을 흔들었다. "소식 들었어?" 그는 헐떡이며 말했다. "러시아에서 혁명이 일어났어!"

레닌은 형 알렉산드르를 처형한 증오스러운 로마노프 황가의 몰락에 매우 기뻐했고, 오슬로에 있는 마르크스주의자이자 여성해방론자 알렉산드라 콜론타이Aleksandra Kollontai에게 페트로그라드 볼셰비키 구성원들을 위한 그의 지침을 전보로 보냈다. 레닌은 굳이 정확한 상황을 파악하려 하지도, 동료들과 상의하려고 하지도 않았다. 레닌은 조급한 마음에 속이 탔다. 그는 저주받은 제국주의자들의 전쟁의 전선 반대편 취리히에 갇혀 있었다.

변장해서 비행기를 타고 러시아로 돌아간다는 터무니없는 계획을 세웠던 레닌은 멘셰비키 율리 마르토프Yuliy Martov의 제안 덕분에 위험을 피했다. 마르토프는 베른 주재 독일 공사 기스베르트 롬베르크 남작Gisbert Freiherr von Romberg을 만나보라고 권했다. 빌헬름 2세의 정부는 미국이 전쟁에 개입하기 전 동부 전선을 방어하는 러시아 제국군을 약화시킬 기회라면 무엇이든 환영했을 것이다. 레닌은 계급의 적의 도움을 받는 것에 전혀 거리낌이 없었다. 게다가 혁명 선전을 위해 독일 정부의 비밀

자금을 받으려고도 했다. 레닌에게는 볼셰비키가 권력을 잡는 데 도움이 된다면 무엇이든 허용되었다.

그래서 레닌은 자신이 타도하려 애쓰는 대상인 제국주의자의 도움을 받아 혁명가 서른 명과 프로이센 장교 두 명의 호송을 받으며 '봉인 열차'에 탔다. 이 중에는 레닌의 부인 크룹스카야와 레닌의 연인으로 알려진 이네사 아르망Inessa Armand뿐 아니라 카를 라데크Karl Radek도 있었는데, 아서 랜섬Arthur Ransome은 라데크를 "머리가 좀 벗겨졌고 안경을 쓴 굉장히 똑똑하고 쾌활한 혁명의 도깨비"[3]라고 묘사했다.

독일 국경까지 가는 스위스 열차에서 라데크는 레닌에게 무엇을 느꼈는지 물었다. "6개월 안에", 그는 답했다. "우리는 교수대에 오르거나 권력을 잡을 걸세."[4] 낡은 옷을 입고 촌스러운 부츠를 신은 레닌은 전혀 미래의 지도자감으로 보이지 않았지만, 강박적이고 독선적인 성격 때문에 모든 것을 주도했다. 열차의 두 화장실 사용을 위해 순번표까지 작성할 정도였다.

볼셰비키 혁명가들은 발트해 해안의 작은 항구에서 증기선을 타고 스웨덴으로 간 뒤 열차를 타고 스톡홀름으로 향했다(여기서 레닌은 새 옷을 샀다). 3월 31일 볼셰비키는 다시 열차를 타고 핀란드로 향했다. 핀란드에서 레닌은 스탈린과 카메네프가 볼셰비키 중앙위원회를 이끌면서도 임시정부를 공격하지 못했다는 《프라브다Pravda》(러시아 혁명 세력의 기관지로 창간되어 이후 소련 공산당 기관지가 되었고 현재는 일간지이다.-옮긴이) 최신판을 읽고 격분했다.

4월 3일 자정이 되기 직전 열차는 페트로그라드의 핀란츠키역에 도착했다. 기다리는 군중 사이에 레닌을 봤거나 레닌이 말하는 것을 들어 본 사람은 거의 없었다. 대부분은 볼셰비키 중앙위원회의 지시로 레닌을 맞으러 나왔다. 그 자리에 초대받지 않은 손님은 맨스필드 커밍Mansfield Cumming 해군 대령이 고용한 영국 비밀정보국British Secret Intelligence Service 소속 피아니스트 폴 듀크스Paul Dukes뿐이었다.

역 안에 있는 발트 함대의 수병들이 의장대 역할을 했다. 하지만 레닌은 환영 행사에 전혀 기뻐하지 않았고 자신을 반기는 사람들에게 예의를 갖추지 않았다. 그는 수병들에게 한 번 그리고 장갑차 위에 올라 바깥의 환영 인파에 한 번, 툭툭 내뱉듯이 연설했다. 레닌은 임시정부를 공격하며, 애초에 임시정부를 받아들인 청중들을 대놓고 비난하고 사회주의 정당 간의 연합을 일절 거부했고, 청중 대부분은 경악했다.

몇 시간 후 레닌은 한숨도 자지 않고 발레리나이자 차르의 정부였던 마틸다 크셰신스카야Mathilda Kshesinskaya의 저택을 점령한 페트로그라드 소비에트의 본부로 향했고 페트로그라드의 볼셰비키는 깜짝 놀랐다. 레닌은 스위스에서 러시아까지 오는 동안 쓴 〈4월 테제〉의 핵심 내용을 말하며 이들을 질책했다. 먼저 레닌은 임시정부에 대한 어떠한 지지도 "약탈적인 제국주의 전쟁"을 지속시키는 것이라고 비난하고 심지어 전선에서 적군과 교류해야 한다고 주장했다. 이어서 혁명으로 향하는 길은 크게 단축될 수 있다고 말했다. 마르크스가 말한 부르주아 민주주의 혁명 단계를 거칠 필요는 없었다. 레닌은 부르주아와 임시정부가 너무 약해서 소비에트가 즉시 권력을 잡을 수 있다고 주장했다. 그리고 경찰과 군대, 관료제를 폐지하고 토지와 은행을 모두 국유화해야 한다고 주장했다.[5] 청중들은 레닌의 주장이 터무니없다고 생각하며 경악했다.

레닌은 위선을 경멸했고 자신이 무조건 옳다고 굳게 믿었다. 자신에게 동조하지 않는 볼셰비키는 대부분 우매하거나 부정직하다고 여겼지만, 다른 이들을 설득하기 위해 독일과의 전쟁에 대한 비난을 삼가는 등 특정 문제는 좀 더 조심스럽게 다루기도 했다. 또한 레닌은 평화를 바라는 분위기 속에서 지금의 갈등을 유럽 내전으로 이어가자는 이야기가 먹히지 않는다는 것도 알고 있었다. 그리고 고삐 풀린 망아지처럼 날뛰는 사람들에게 프롤레타리아의 독재 같은 구호는 귀에 거슬릴 뿐이었다.

하지만 그날 오후 타브리체스키궁에서 멘셰비키와의 타협을 일절 거부하면서 레닌은 인정사정없이 비난을 퍼붓고 거침없이 자신의 주장을 펼쳤다. 그 자리에 있던 한 사람은 레닌의 공격에 격분하여 말했다. "레닌의 계획은 순전한 폭동에 지나지 않는다." 그리고 "이제껏 내전의 기치는 혁명적 민주주의의 와중에 올랐다"[6]라고 선언했다. 카데트 밀류코프부터 사회주의자 케렌스키까지 임시정부의 각료들은 레닌의 공격을 대수롭지 않게 여겼다. 레닌의 주장은 너무 극단적이어서 심각한 위협으로 보이지 않았다. 어쨌든 볼셰비키는 시골에서 압도적으로 지지받던 사회혁명당에 비해 수적으로 열세였다. 그리고 레닌도 "대부분의 노동자 대표 소비에트에서 우리 당은 소수, 그것도 극소수다"[7]라고 인정했다.

볼셰비키가 권력을 장악해야 한다고 결심한 레닌은 공산주의 사회가 어떤 모습일지 밝히는 실수를 저지르지 않았다. 레닌은 마치 소비에트가 독립적인 조직이고 단순히 볼셰비키 지도부의 꼭두각시가 아니라는 듯, 모든 국가권력과 사유재산은 소비에트(또는 노동자 평의회)의 손에 들어올 것이라고 주장했다. 농민들이 토지를 소유하고 원하는 대로 사용할 수 있을 거라고 믿게 했다. 도시를 먹여 살리기 위한 곡물 징발과 강제적인 집단농장화의 필요성은 전혀 언급하지 않았다. 레닌의 연설은 대신 레닌이 "기생충"이라고 부르는 은행가, 공장주, 전쟁광, 지주 등 증오의 대상에 초점을 맞췄다. 이후 볼셰비키가 박해할 다른 모든 범주의 사람들은 공격하지 않았다. 레닌은 절대 권력을 얻기 위해 내전이 필요하다고 확신했지만, 곧 보게 될 계급 학살의 기미는 보이지 않았다.

그다지 성공적이지 않았던 대중 앞에서의 첫 연설 이후 레닌은 재빨리 연설가로서의 역량을 발휘했다. 레닌은 논점을 단순하고 효과적으로 강조했다. 레닌의 여유 있는 태도와 흔들리지 않는 자신감은 청중을 매료시켰고 강력한 지도자의 위엄을 풍겼다.

전쟁 전 차르와 레닌을 비롯해 수많은 독자에게 사랑받았던 작가 테피Teffi는 레닌의 큰 강점은 복잡한 문제를 명확하고 설득력 있게 설명하는 탁월한 능력이라고 이야기했다. 테피는 "연설가로서 레닌은 군중을 거느리지 않는다"라고 기록했다. "레닌은 청중을 자극하거나 광란으로 몰고 가지 않는다. 레닌은 청중의 마음을 사로잡고 감동의 눈물을 흘리게 하는 케렌스키와는 다르다. … 레닌은 그저 둔기로 사람들의 영혼 속 가장 어두운 구석을 때려 부순다."[8] 무엇보다도 테피는 레닌의 기본적으로 사람들을 멸시하고 개인을 완전히 소모품으로 보는 방식에 충격받았다. "개인은 대의에 필요할 때만 쓸모가 있었다."

3월 하순, 과격해진 탈영병들이 전선에서 귀환하면서 선동을 벌이자 사회적 불안은 시골 곳곳에서 폭력으로 변하기 시작했다. 여러 지역의 농민들, 특히 볼가강 유역과 중부 흑토지대의 농민들이 지주의 농기구를 강탈하고 목초지를 베고 미개간지를 차지하고 나무를 베고 씨앗으로 쓸 곡식을 훔치기 시작했다. 농민들이 생각하는 혁명적 자유는 수 세기에 걸친 압제를 마침내 끝내고 무엇이든 원하는 대로 하는 것이었다. 1916년 러시아군이 대승을 거둔 브루실로프 공세를 지휘했고 이후 적군赤軍에 합류하게 되는 알렉세이 브루실로프는 "병사들이 원하는 것은 하나뿐이었다. 고향으로 돌아가 지주들을 약탈하고 세금도 내지 않고 어떤 권위도 인정하지 않은 채 자유롭게 살기 위해 전쟁을 끝내는 것이었다"[9]라고 기록했다.

브루실로프의 말은 과장이 아니었다. 크랍코프 박사는 "탈영병이 크게 늘었다. 병사 모두가 이 순간을 이용해 지주들로부터 땅을 빼앗으려고 안달이다"[10]라고 기록했다. 군 검열부에서도 이런 내용을 흔히 발견했다. "여기 있는 모두가 무슨 짓을 해서든 즉시 평화가 오기를 바라고 있어요." 서부 전선의 한 병사가 고향에 썼다. "그리고 차르와 지주들의 토지가 분배되어 우리가 넓은 토지를 갖게 될 거라면 대체 우리가 왜 싸워야 합니까? 부르주이burzhui(부르주아를 일컫는 러시아어-옮긴이)는 우리를 속일 수 없어요. 우리는 무기를 들고 고향으로 돌아가 우리가 받아야 할 것을 받아낼 겁니다."[11]

시골에서 전통적인 권위, 특히 지역 상류층의 이익을 대변해 온 지역 대장의 권위가 붕괴되면서 농민들은 집회를 열 수 있게 되었다. 자신들만의 비공식적 법률이나 법령을 만들어 판결할 때 준법률적 근거로 삼기도 했다. 사회혁명당은 지지자들에게 제헌의회가 도입할 개혁을 기다리기를 촉구했지만, 민중의 인내심은 빠르게 바닥났다. 사마라Samara의 한 농민 집회에서는 농민 대표가 청중에게 당 지도자들을 믿지 말라고 경고했다. "제헌의회가 토지 문제를 해결할 때까지 기다리면 우리 사정이 나아질까요? 과거에는 정부가 우리의 문제를 해결하려 했지만, 정부의 노력은 우리를 속박할 뿐이었습니다. 이제 정부는 질서가 우선이라고 말합니다. 그들은 항상 우리에게 말합니다. '나중에, 나중에, 지금은 아냐, 제헌의회까지는 아냐.'"[12]

일부 깨우친 지주들은 소작농이나 집 하인들이 봐주거나 심지어 보호하기도 했지만, 대다수는 그해가 지나기 전에 도망쳐야 했다. 3월부터 많은 저택이 불탔지만 살해당한 지주의 수는 상대적으로 적었다. 하지만 격앙된 분위기 속에서 사소한 사건이 일어나거나 뜻하지 않은 일이 일어날 때, 특히 농민이나 병사들이 주류 상점을 약탈했을 때는 무분별한 폭력이 벌어지기도 했다. 5월 므첸스크Mtsensk에서 약 5천 명의 농민과 병사들이 포도주 저장고를 약탈한 후 난동을 부리며 사흘 넘게 여기저기 불을 지르고 다녔다.[13] 귀족과 상류층의 귀중품을 박살내거나 말 그대로 그 위에 똥을 싸거나 불을 지르면서 분을 풀어도 울분은 가라앉기는커녕 더 커졌다. 과거를 파괴하거나 더럽힌다고 해서 현재가 조금이라도 나아지지는 않았기 때문이다.

자유주의적 정치관은 귀족 지주들을 지킬 수 없었다. 보리스 뱌젬스키Boris Vyazemsky 공과 아내 릴리Lili는 탐보프Tambov주에 있는 로타레보Lotarevo의 저택으로 돌아왔다. 뱌젬스키는 먼저 페트로그라드에서 일어난 소란 중 총에 맞아 숨진 동생 드미트리Dmitry를 묻어주려 했다. 드미트리는 1905년 혁명에서 지역 봉기를 진압해 농민들의 미움을 샀다. 반면 보리스는 너무 자유주의적이어서 전통적 사고방식을 가진 친척들은 탐탁잖게 여겼다.

모이세예프Moiseev라는 볼셰비키가 이 지역에 도착해 뱌젬스키 가문에 땅 대부분을 넘기도록 요구하라고 농민 위원회를 부추겼다. 보리스는 제헌의회가 선출되고 토지 개혁을 결정할 때까지 기다리라고 답했다. 얼마 후 모이세예프는 농민 수백 명을 이끌고 돌아와 뱌젬스키의 집을 에워쌌다. 보리스 뱌젬스키는 농민들을 설득하려 했지만 릴리와 함께 붙잡혀 학교에 갇혔다.

다음 날 보리스는 근처 역에 끌려가 구속된 채 페트로그라드로 이송될 예정이었다. 전선으로 보내질 것도 염두에 두고 있었다. 하지만 역을 가득 채운 탈영병들은 뱌젬스키 공이 거기 있다는 얘기를 듣고 그를 찾아내 쇠막대기로 때려죽였다. 병사들이 그의 눈을 도려냈다고도 하는데 죽인 후에 신체를 훼손한 듯하다.[14] 한편 아내 릴리는 시녀의 도움으로 도망쳤다. 릴리는 농민의 옷을 입고 역으로 향했다. 그녀는 빈 화물열차에서 보리스의 시체를 발견했고 모스크바에서 장례를 치렀다. 다른 곳과 마찬가지로 뱌젬스키 공의 저택은 가족들이 다시는 돌아올 수 없도록 폐허가 되었다. 군중들은 미움받던 동생 드미트리 뱌젬스키의 시체를 꺼내 훼손하고 공터에 아무렇게나 내던졌다.

농민들에게 토지를 전부 넘겨줘도 별 소용이 없었다. 이노젬카Inozemka라는 마을에서 어린 바투린Baturin 공녀는 아버지의 부재중에 무리지어 쳐들어온 농민들에게 그녀의 가문은 이미 토지 전체와 저택을 모두 농민들에게 넘겨주기로 했다고 말했다. "제발 부탁해요. 부수지 마세요."

그녀는 말했다. "이제 당신들의 것이니 부수지 마세요."

"농민들은 말없이 서 있었다. 그들은 막대기와 도끼, 부대를 가져왔고 어떤 이들은 수레를 가져왔다. 군중 속에서 누군가가 외쳤다. '지주 한 놈이 가도 또 다른 놈이 온다! 가져갈 수 있을 때 가져가!' 광란이 벌어졌다. 농민들은 아무도 사용할 수 없는데도 저택의 거대한 문을 뜯어냈다. 문은 너무 커서 어떤 이즈바에도 맞지 않았다. 그들은 손에 닿는 것은 닥치고 부대에 넣었다. 담배 마는 데 쓰려고 가죽 표지의 책을 뜯어내기도 했다. 헛간의 자물쇠를 뜯어내고 곡물을 실어 갔다. 세 시간도 안 지나서 저택은 텅 비었다."[15]

톨스토이 백작이 사망한 지 7년밖에 지나지 않은 야스나야폴랴나 Yasnaya Polyana는 간신히 아무 탈 없이 지나갔다. 톨스토이의 소작농들은 톨스토이가 정말로 자기들에게 땅을 넘겨주었다는 것을 믿을 수 없었다. 작가 이반 나지빈Ivan Nazhivin과 그의 아내는 이 지역에 들렀을 때 마지막일지 모른다 생각하며 야스나야폴랴나를 방문했고, 이와 같이 기록했다. "현재 매우 어려운 형편에서 살아가는 백작 부인은 우리를 환대해 주었고 많은 이야기를 들려주었다. 이야기를 나눈 후 톨스토이의 무덤으로 갔다. 가까이 가자 동네 젊은이들이 무덤 바로 옆의 울타리 뒤에 앉아 발랄라이카Balalaika(러시아의 민속 악기-옮긴이)를 연주하고 해바라기씨 껍질을 뱉고 괴성을 지르며 역겨운 노래를 부르고 있었다. … 울타리는 더러운 낙서로 덮여 있었다. … 우리는 무덤 가까이도 가지 못하고 멀리 떨어져서 있다가 되돌아왔다. 이곳에 오지 않는 게 나았다는 생각이 들었다. … 영지로 돌아오자 타티아나 르보브나Tatiana Lvovna(톨스토이의 딸)가 농민 무리 사이에 서 있는 것이 보였다. … 가까이 가지는 않았지만, 대화 내용이 드문드문 들렸다. 농민들은 영지 전체를 내놓으라 했고, 타티아나는 이미 아버지가 영지 전부를 무상으로 그들에게 주었다고 설명하고 있었다."[16]

임시정부의 첫 위기는 4월에 찾아왔다. 이 위기를 일으킨 것은 리보프 내각의 외무부 장관 밀류코프 교수였다. 군주제 유지를 주장할 때 보인 것처럼 판단력이 뛰어나고 얼음처럼 냉철한 밀류코프는 정치적 필요에 굴복하기를 거부했다. 파우스톱스키에 따르면 "이 격동의 시기에 밀류코프는 질서정연하고 학구적인 다른 별에서 온 외계인 같았다".[17]

연합국 편에서 동맹국과의 전쟁을 계속할 것인지는 까다로운 문제였다. 전선에서 가장 효과적인 독일의 선전은 러시아가 영국의 강요로 전쟁을 계속하고 있다는 것이었다. 한편 좌파는 이 전쟁이 '제국주의적'이고 '자본주의적'이라고 비난했다. 이 비난은 정부의 계약과 관련해 수도에서 만연한 부정부패에 대한 대중의 분노를 노린 것이었다. 소비에트는 심지어 '전 세계 인민들에게 호소'하기 시작하며 전쟁에 반대하고 '영토 할양이나 배상금' 없는 강화를 요구했다. 프랑스 정부는 이 요구에 특히 당황했는데, 전쟁의 주요 목표 중 하나가 1871년 독일에 빼앗긴 알자스와 로렌을 되찾는 것이었기 때문이다.*

프랑스의 사회주의자 알베르 토마Albert Thomas가 모스크바에 와서 "신성한 전쟁 동맹"을 지지하는 연설을 하자 볼셰비키 시위대는 "전쟁을 멈춰라!", "농민들에게 평화를! 지주들에게 전쟁을", "모든 권력을 소비에트로"라고 쓰인 현수막을 들고 트베르스코이Tverskoi 대로를 행진하며 맞대응했다.

하지만 밀류코프는 연합국이 승리할 때까지 러시아가 전쟁을 계속해야 한다고 굳게 믿었다. 프랑스가 러시아에 차관을 제공했기 때문만은

* 프랑스 외교관들은 많은 러시아인이 최후의 승리와 배상을 고집하는 연합국이 평화를 박탈하고 있다고 생각해 극심한 분노를 느끼고 있다고 파리에 경고했다. 빅토르 시클롭스키는 "연합국의 무자비한 네 가지 정책"을 절대 용서할 수 없었다. 시클롭스키는 이것 때문에 볼셰비키가 권력을 잡았다고 비난했다. "연합국들은 우리가 제안한 강화 조건에 동의하려 하지 않았다. 다른 누구도 아닌 연합국들이 러시아를 폭파했다. 연합국의 거부로 소위 말하는 인터내셔널이 권력을 잡았다."[18]

아니었다. 밀류코프는 오스만 제국이 패배하면 콘스탄티노플과 다르다넬스해협을 손에 넣을 수 있을지 모르는데 전쟁을 포기할 이유가 없다고 생각했다. 러시아가 흑해 항구를 통해 대량의 곡물을 수출하는 상황에서 다르다넬스해협을 차지하는 것이 향후 러시아의 안정적인 무역을 위해 꼭 필요하다고 보았다.

3월 27일 리보프가 이끄는 임시정부는 소비에트 집행위원회의 불만을 잠재우려 모든 국가의 항구적 평화와 자결권이 전쟁의 목표라고 선언했다. 영토 문제는 언급을 피했다. 소비에트 집행위원회는 이 선언을 연합국 정부에 전달하라고 주장했다. 밀류코프는 연합국에 전보를 보냈지만, 러시아가 마지막까지 싸울 것임을 밝히는 각서를 함께 보냈다.

4월 20일 밀류코프가 연합국에 보낸 각서가 마침내 밝혀지면서 대규모 시위가 일어났다. 이 각서에서 밀류코프는 러시아에 흑해의 해협들을 보장하는 "비밀 협약"을 지지한다고 밝혔다. 밀류코프와 그의 동료 카데트 당원들은 민심의 동향을 전혀 파악하지 못했다. 바실리 크랍코프 박사는 군단 사령부에서 이렇게 기록했다. "밀류코프처럼 최후의 승리를 거둘 때까지, 다르다넬스해협과 콘스탄티노플을 차지하고 프로이센의 전제정을 타도할 때까지 전쟁을 계속하겠다고 주장하는 이들은 현실을 전혀 파악하지 못하고 있는 듯하다."[19]

입헌군주제 성립에 실패한 밀류코프는 차르의 몰락이 적어도 병사들의 애국심과 전쟁에 승리하겠다는 결심을 부활시키기를 바랐다. 병사 대부분이 3월에는 전쟁이 계속된다는 것을 받아들이는 듯 보였지만, 임시정부가 깨닫지 못하는 사이 병사들의 태도가 변하기 시작했다. 4월이 되자 패전국은 배상금을 물고 영토를 빼앗기게 된다는 생각과 함께 전쟁에 대한 분노가 극에 달했다.

4월 20일 핀랸츠키 근위연대 소속 장교인 혁명가 표도르 린데Fedor Linde 중위는 핀랸츠키 근위연대와 근위대의 기타 예비 대대에 밀류코프

퇴진을 요구하며 임시정부가 사용하는 마린스키Mariinsky궁으로 행진하자고 설득했다. 이들은 밀류코프뿐 아니라 '부르주아' 각료 전체를 해임하고 혁명 정부로 대체하라고도 요구했다. 때마침 전쟁부 장관 구치코프가 몸이 좋지 않아 리보프와 각료들은 그날 오후 회의를 위해 전쟁부에 모였다. 페트로그라드 군관구 사령관 코르닐로프 장군이 회의 도중 군인들의 시위 소식을 전하고 반란 진압을 위해 군대 동원을 허가해 달라고 요청했다. 케렌스키에 따르면 각료 모두가 코르닐로프의 제안을 거부했다.

다음 날 볼셰비키 당원들과 지지자들이 밤새 준비한 "임시정부 타도!", "모든 권력을 소비에트로"라고 쓰인 현수막을 들고 합류하면서 시위 규모가 크게 불어났다. 레닌은 다시 찾아온 결정적인 순간에 볼셰비키가 제외되기를 원치 않았지만, 노동자 모두를 불러내지는 못했다. 볼셰비키의 요청에 응한 것은 크론시타트의 매우 과격한 수병들뿐이었다. 대규모 군중이 임시정부 지지 시위를 벌인 넵스키 대로에서는 유혈 충돌이 일어나 사망자가 여럿 발생했다.

코르닐로프 장군은 집행위원회로 가서 재차 군대 동원 허가를 요청했다. 집행위원회는 코르닐로프의 요청을 무시했고 굴욕스럽게도 앞으로 이런 군 관련 지시는 모두 집행위원회 위원 두 명의 서명과 도장을 받아야 한다고 통고했다. 무질서 앞에서 비겁한 모습들을 보인다고 여겨 넌더리가 난 코르닐로프는 페트로그라드 군관구 사령관직을 사임하고 전선으로 돌아갔다.

총체적 무질서와 내전 가능성에 겁먹은 소비에트 집행위원회가 린데의 추종자들에게 병영으로 돌아가라고 지시하자 린데는 크게 실망하고 어리둥절했다. 한편 볼셰비키는 페트로그라드와 모스크바에서 일어난 잠재적인 정권 전복 시도와 전혀 관계없는 척을 하려 했다. 카메네프는 비공개적으로 레닌의 '모험주의'를 신랄하게 비판했다. 하지만 레닌은 전혀 반성하지 않았다. 레닌은 4월 위기로 임시정부가 타격을 입었고 집행위원회 내 온건 사회주의자들의 신임이 떨어졌다고 생각했다. 레닌의 작은 반란은 15년 후 스페인 공산주의자들이 비웃은 것처럼 '혁명 체조'에 지나지 않았다. 레닌은 다음에는 볼셰비키가 더 조직적으로 준비되어 있기를 바랐다.

4월의 거리 투쟁과 소요 사태는 임시정부의 낙관론자와 임시정부를 지지하는 자유주의 지식인들에게 충격을 주었다. 리보프는 집행위원회에 도움을 요청했지만, 집행위원회는 밀류코프가 물러나지 않는 한 거리로 나선 시위대를 자극할 수 있다며 리보프의 요청을 거부했다. 그리고 4월 30일, 낙담한 알렉산드르 구치코프는 러시아는 통제 불능이라고 확신하며 사임했다. 밀류코프도 정부가 더는 자신을 지켜줄 수 없다고 판단했다. 두 명의 가장 '부르주아적'인 각료의 사임으로 상황은 급변했다. 다음 날 소비에트 집행위원회는 연립정부를 통해 혁명을 수호하는 것이 자신들의 의무라는 근거로 투표를 통해 소속 위원들이 리보프 내각에 참여하는 것을 허용하기로 했다. 가장 유명한 무정부주의자가 바쿠닌Bakunin '공'과 크로포트킨Kropotkin '공'인 나라에서 내각의 수장이 여전히 리보프 '공'이라는 사실은 그들에게 그다지 중요하지 않았던 듯했다. 어쨌든 소비에트와의 부분 합병으로 구성된 연립정부는 민주주의를 지지하는 중도 세력을 강화하기는커녕 분열을 심화시켰다. 밀류코프와 구치코프가 속한 카데트는 질서와 사유재산의 보호와 관련하여 우익으로 기운 반면, 부르주아 임시정부와 협력했다는 오명을 쓴 집행위원회의 중도 사회주의자들은 볼셰비키의 거센 공격을 받았다.

법무부 장관이었던 케렌스키는 내각 개편을 기회로 삼아 구치코프를 대신해 전쟁부 장관이 되었다. 이 변화를 통해 케렌스키는 카멜레온처럼 변신해야겠다고 마음먹었다. 사회주의 변호사 케렌스키는 갑자기 군인용 제복 상의에 군화를 신고 나타났다. 그리고 아이러니하게도 밀류코프와 연합국의 전쟁 목표를 둘러싼 대규모 소요 사태가 벌어진 후 곧 전선으로 떠나 누구보다 뛰어난 웅변술을 활용하여 복무에 복귀해 명령을 따르라고 병사들을 설득했다. 이것을 보고 조지아 출신 멘셰비키 이라클리 체레텔리Irakli Tsereteli(그 역시 유서 깊은 가문의 귀족이었다)는 매우 당혹스러웠다.

뛰어난 연설가였던 체레텔리는 남의 영토를 빼앗지 않고 자국 영토를 방어하는 '혁명적 방어주의'라는 개념을 만들어냈다. 체레텔리는 집행위원회 위원 다섯 명에게 강화를 앞당길 수 있도록 임시정부에 합류해 달라고 설득했다. 하지만 합류한 위원들은 케렌스키의 '혁명적 방어주의'가 서유럽의 연합국과 함께 대공세를 펼친다는 최고사령부의 계획을 지지한다는 사실을 알게 되었다. 케렌스키는 대공세로 전쟁을 더 빨리 끝낼 수 있다고 주장했다. 5월 14일 케렌스키는 군에 지시했다. "자유로운 러시아를 구원하기 위해 제군들은 사령관과 정부가 파견하는 곳으로 향할 것이다. 제군들의 총검 끝에 평화, 진실, 정의가 달려 있다. 제군들은 군의 기강과 혁명과 조국을 향한 지대한 사랑으로 하나로 단결된 밀집대형을 이루어 전진할 것이다."[20]

유감스럽게도, 군의 기강과 의무감은 크랍코프 박사가 5월 말 기록한 것처럼 빠르게 무너지고 있었다. "러시아군 주둔 지역에서 민간인을 대상으로 한 강도와 살인이 계속 증가하고 있다. 불운한 유대인 가정이 가장 고통받고 있다." 크랍코프는 "병사들은 사기가 매우 높고 의기양양하며 군 내에서 '건강한 성장'이 이루어지고 있다"고 주장하는 케렌스키를 "그저 허풍떠는 궤변가"로 여겼다.[21]

2월 혁명을 열렬히 반겼던 크랍코프는 크게 실망했다. "차리친Tsaritsyn(지금의 볼고그라드), 바르나울Barnaul, 예니세이스크Eniseisk와 그 외 어머니 러시아의 다른 지역에서는 좋은 소식이 전혀 들려오지 않고, 스테판 라진Stepan Razin(스텐카 라진이라고도 함-옮긴이)의 난과 푸가초프의 난처럼 피비린내 나는 반란이 시작되고 있다! 통제할 수 없이 광란하여 날뛰는 대중은 제멋대로 자유를 찬양한다." 갈리치아 전선에서도 상황은 다르지 않았다. "대체로 복귀하기로 한 병사는 부대 전체 병력의 반도 되지 않는다." 크랍코프는 썼다. "나머지는 무장한 채 역으로 가 열차에 태워달라고 요구한다. 누구는 키예프Kiev(지금의 우크라이나 키이우)로, 누구는 모스크바로 가려 한다. 가끔 악몽 같은 이 무정부 상태의 어두운 수렁에서 빠져나가고 싶을 때가 있다."[22]

참호에 남은 병사들도 적군인 독일군이나 오스트리아-헝가리 제국군과 가까워지기 시작했다. 적군이 러시아군에게 "러시아, 쏘지 마!"라고 외치면 양쪽 다 참호에서 기어 나와 방어선을 사이에 두고 만난다. 이를 막으려고 러시아 지휘관들은 포병에게 사격을 지시했지만, 보병들은 오히려 포병을 위협하며 전방 관측장교와 연락하는 야전 전화선을 끊었다. 부활절 기간에 비공식적 휴전을 시작한 병사들은 반대편의 적군과 자주 협상했다. 독일 동부전선사령부Ober Ost는 종전을 원하는 혁명 세력을 가장한 첩보원과 정보장교를 방어선 너머로 보내기 시작했다. 그해 봄에는 전투가 없어서 독일군은 동부 전선의 15개 사단을 서부 전선으로, 오스트리아 제국군은 6개 사단을 이탈리아 전선으로 옮겼다.[23] 병사들 간의 우호적인 관계는 전쟁포로에게도 확대되었다. 야로슬라블Yaroslavel, 예카테린부르크Yekaterinburg, 톰스크Tomsk 수용소의 전쟁포로들도 5월 1일 러시아 병사들과 함께 수용소 밖에서 전쟁 반대 시위 참여를 허가받았다. 독일 병사들은 "곧 고향으로 돌려보내 달라"[24]라고 요구했다.

"병사들은 오랫동안 꾸준히 친목을 다졌다." 갈리치아 전선에 정치위원(코미사르commisar)으로 파견된 빅토르 시클롭스키는 기록했다. "병사들은 방어선 사이에 있는 마을에서 같이 어울렸고 여기에 중립적인 전용 매춘업소를 열었다. 심지어 일부 장교들도 적과 어울렸다."[25] 정치위원 임명은 프랑스 혁명 후의 총재정부Directoire의 위원commissaires 제도를 베낀 것이었다. 케렌스키는 정치위원이 병사들이 다시 전투에 나서도록 격려할 것이라고 확신했지만 이것은 지나친 낙관론으로 드러났다.

크랍코프는 페트로그라드에서 온 정치위원 보리스 사빈코프Boris Savinkov가 부임했던 때를 회상했다. 수려한 외모와 카리스마를 갖춘 사빈코프는 혁명과 내전에서 가장 논란이 많은 인물이 되었다. 사빈코프는 사회혁명당 전투단을 이끌었고, 차르 정권에 대한 테러 공격에 가담했다. 체포되었다가 탈옥한 후 제1차 세계대전 기간 대부분을 프랑스군 소속으로 지냈다. 사빈코프는 파리에서 일리야 예렌부르크Ilya Ehrenburg, 디에고 리베라Diego Rivera, 모딜리아니Modigliani와 교류했다. 하지만 러시아로 돌아가 조국의 현실을 마주한 뒤 급진적 낙관주의에서 깨어나게 되었다.

크랍코프는 사빈코프가 전선에 복귀하도록 사단을 설득하는 장면을 묘사했다. "제45 및 제46연대와 제12시베리아 포병여단은 정치위원 사빈코프의 수많은 설득과 간청 끝에 전선으로 복귀하기로 했다. 제47연대는 복귀를 거부하고 자율적으로 행동하겠다고 선언했고, 제48 및 제49연대는 아직 결정을 내리지 못했다. 제51연대는 원하는 병사는 출발해도 좋다고 허락했지만, 무기를 모두 몰수했다. 연대장을 비롯해 장교 모두를 체포한 제52연대는 꿈쩍도 하지 않았다."[26]

이틀 후 크랍코프는 일기에 덧붙였다. "재무장관 플레베Plehve와 세르게이 알렉산드로비치Sergei Aleksandrovich 대공 암살에 참여한 전직 테러리스트였던 정치위원 사빈코프는 반항적인 노예들을 설득하려 애썼다. 그는 나중에 괴롭다는 듯 이런 상황에서 효과가 있는 것은 병사들을 겨눈 총뿐이라고 인정했다! 사빈코프는 상당히 우익으로 기울었다."[27]

케렌스키는 자신의 미사여구에 심취해 자신만이 러시아군을 승리와 평화로 이끌 수 있다고 확신했고, 많은 대중이 그렇게 믿게 했다. 케렌스키는 대개 지붕이 없는 차 뒷좌석에 선 채로 부대에 도착해 연설하곤 했다. "'안녕하십니까, 혁명군의 병사인 동지들!' 감정이 가득 담긴 우렁찬 목소리로 부르는 철저하게 계산된 호칭에 이어 우레와 같은 함성이 터졌다. 케렌스키는 웃으며 조용히 하라는 뜻으로 손을 들었다. 그리고 혁명, 자유, 밝은 미래, 혁명적 양심의 달성에 관해, 연합국과 연합국에 대한 의리에 관해, 강철과 같이 철저한 혁명의 규율에 관해 이야기했고, 마지막으로 병사들에게 사력을 다해달라고 호소했다."[28]

"케렌스키는 으르렁거리는 듯한 신경질적인 목소리로 군중에게 짧은 문장을 내뱉고는 목이 메었다." 파우스톱스키의 기록이다. "케렌스키는 허울뿐인 말을 좋아했고 믿었다. 그는 이런 말들이 절망적인 땅에 경종처럼 울려 퍼져 사람들이 위대한 희생정신을 발휘하고 성과를 이루게 할 것이라고 믿는 듯했다. 허울뿐인 말을 외친 후, 케렌스키는 몸을 떨고 흐느끼며 자리에 앉곤 했다. 그러면 그의 부관들이 그에게 진정제를 건넸다."[29] 오늘날에는 믿기 어렵지만, 케렌스키의 과장된 행동과 감정의 과잉 표출은 백전노장도 눈물짓게 했다. 병사들은 케렌스키가 명령을 내리기만 하면 곧바로 적의 참호를 기습하겠다고 맹세했다.

케렌스키는 순방 중 오데사에서 시민을 대상으로 한 연설에서도 비슷한 효과를 거두었다. 지식인 가문의 옐레나 라키에르는 일기에 이렇게 적었다. "나는 기쁨과 행복으로 충만하다. 어제는 내 생애 최고의 날이었다. 전 러시아의 희망 케렌스키가 이곳에 왔고 그를 보았다. 모두가 일종의 종교적 황홀경에 빠졌다. 군중은 야만인이 된 듯 미친 듯이 '우라!' 하고 함성을 질렀다. 케렌스키가 탄 차가 들어오자 수많은 인파가 줄지어 선 병사들을 밀치고 그에게 달려들었다. 사람들은 케렌스키를 정말 사랑했다! 흠모했다!" 사람들은 케렌스키의 손에 키스하고 그의 옷이라도 만져보려고 애절하게 손을 내밀었다. 옐레나는 "농민 가정에서는 그를 성인으로 여기고 그에게 기도를 올리기도 한다"[30]라고 확신했다.

06

케렌스키 공세와 7월 사태 1917년 6-7월

6월 대공세가 다가오면서 사람들의 태도는 낙관론과 비관론 사이를 오갔다. 케렌스키와 신임 총사령관 브루실로프 장군 모두 지난해에 유명한 브루실로프 공세로 승리를 거뒀던 갈리치아를 선택했다. 우아한 수염을 한 브루실로프는 뼛속까지 귀족 기병이었지만 오스트리아-헝가리군에게 거둔 승리에서 보여주듯 유능하고 혁신적인 지휘관이었다. 이제 막 남서부전선군을 맡게 된 구토르Gutor 장군과 제8군을 지휘하게 된 코르닐로프 장군은 자신들의 부대가 되도록 혁명의 영향을 받지 않았기를 바랐다.

로커-램프슨의 기갑사단이 공세 지원을 위해 이 지역에 배치되었다. 로커-램프슨의 보고에 따르면 "전선에 가까워질수록 기강이 잘 잡혀 있었고 참호에서는 병사들이 장교들에게 경례하기도 했다".[1] 로커-램프슨과 대화를 나눈 참모장교들은 적어도 일선 부대의 4분의 3은 전투에 나설 것이라고 생각했지만, 훨씬 정치화된 후방의 예비대에 대해서는 전혀 확신할 수 없었다. 로커-램프슨의 말대로 "이제까지에 비하면 준비가 잘 되어" 있었지만, 쏟아지는 뇌우로 땅이 질퍽한 진흙으로 변해 상황이 좋지 않았다. 로커-램프슨의 기갑사단은 코조바Kozova에 기지를 세워 제1차 세계대전에서 적군의 영토를 차지한 최초의 영국 부대가 되었다.

로커-램프슨은 또한 케렌스키의 말이 얼마나 대단한 위력을 발휘하는지 보았다. "어디서나 헌신적인 병사들, 부사관들, 장교들이 열렬하게 애국심에 호소하는 케렌스키의 말을 소리 내 읽었다. 전쟁에 지친 베테랑들은 모닥불 주위에 둘러앉아 모자를 벗고 어린애처럼 울곤 했다. 듣고 있던 병사들 모두 긴장이 풀린 듯 눈물을 흘렸고, 나는 어둠 속에서 고향을 생각하며 흐느껴 우는 병사들을 지나쳤다."[2]

반면 회의론자들은 특히 병사들에게 공세로 전쟁이 끝날 것이라는 약속을 해놓은 상황에서 이 거대한 도박의 실패가 어떤 결과를 초래할지 두려워했다. "코르닐로프마저도 상황이 얼마나 절망적인지 제대로 모르는 것 같다." 갈리치아 전선의 제8군에 배치된 정치위원 빅토르 시클롭스키는 기록했다. "코르닐로프는 뼛속까지 군인이었다. 권총을 들고 전투에 뛰어드는 장군이었다. 코르닐로프는 유능한 운전사가 자기 차를 보듯 군대를 보았다."[3]

남서부전선군의 군 검열부가 가로챈 편지들은 2월 혁명 직후보다 훨씬 과격했다. "장교들은 선동가이자 반혁명 분자예요." 한 편지는 선언했다. "그들은 권력을 되찾으려 하지만 그렇게는 안 될 겁니다. 그 개자식들은 모두 죽어야 해요. 그놈들은 지금껏 우리 피를 빨아먹었지만 이제 병사들이 군을 주도하고 있어요. … 저는 이제 소비에트의 일원입니다."[4]

시클롭스키는 부대원들이 공세 준비 중 연락호를 파라는 지시를 거부하자 당황했다. 점점 더 많은 연대에서 집회를 열고 공세에 반대하는 발의안을 통과시켰다. 선동과 비협조의 이른바 '참호 볼셰비즘'이 현실화되고 있었다. 이미 5월부터 혁명 세력의 선동가들이 분란을 일으키기 시작했다. 볼셰비키는 페트로그라드에서 전선으로 향하는 예비군을 통해 전선의 병사들에게 〈솔다츠카야 프라브다Soldatskaya Pravda(병사의 프라브다)〉를 무료로 배포했다.

6월 4일 제1차 전 러시아 소비에트 대회에 레닌이 참석했다. 레닌은 체레텔리가 러시아의 어떤 정당도 단독으로 정권을 잡을 준비가 되어 있지 않으므로 여러 정당이 참여한 연립정부를 구성해야 한다고 발언하자마자 언쟁을 벌였다. 레닌은 볼셰비키가 "당장이라도 정권을 잡을 준비가 되어 있다"[5]라고 반박했다. 볼셰비키가 아닌 청중 대부분은 그렇게 작은 정당이 단독으로 정권을 잡을 수 있다는 얘기에 조롱하듯 웃음을 터뜨렸다.

레닌이 폭로한 경악할 만한 의도를 다른 정당 지도자들은 간과했다. 레닌은 "모든 권력을 소비에트로"라는 구호를 냉소하고 멸시했다. 대신 소비에트를 권력을 잡기 위한 구실로 이용해 절대 권력을 추구했다. 그리고 자신의 완전 국유화 계획이 대중에게 인기가 별로 없다는 것을 잘 알고 있었기 때문에 토지를 농부에게, 공장을 노동자에게 넘기겠다는 입에 발린 말을 했다. 레닌의 동지와 적 모두 때때로 극도로 불쾌한 욕설을 동반한 레닌의 잦은 분노 폭발에 시달렸다. 레닌이 권력에 가까워질수록 그의 모든 도덕이나 타인의 권리에 대한 멸시는 심해졌고, 자신만이 자신이 추구하는 완전한 혁명을 이룰 수 있다는 강박적 믿음은 커졌다. 볼셰비키이든 볼셰비키가 아니든 러시아의 정치인 누구도 레닌의 강철 같은 의지와 자기 확신에 대적할 수 없었다.

엿새 후 볼셰비키는 연립정부에 반대하는 대규모 시위를 조직하는 과정에서 막판에 발을 뺐다. 나중에 수하노프를 비롯한 집행위원회의 사회혁명당원들은 마린스키궁을 직접 공격하려 그랬을 거라고 의심했다. 페트로그라드 수비대의 연대에 잠입한 볼셰비키의 비밀 군사조직은 은밀히 세력을 키우고 있었다. 4월 말에 볼셰비키 군사조직은 공장을 지키는 노동자 사병 조직 일부를 적위대Red Guards에 편입시켰고, 적위대는 1918년 4월 트로츠키가 창설한 적군Red Army, 赤軍이 되었다.

모길료프의 최고사령부는 여름 공세를 군의 기강을 바로잡는 기회로 삼기로 했다. 이 공세의 성공에 너무 많은 것이 달려 있어서 알렉세예프 장군에 이어 사령관에 임명된 브루실로프는 중곡사포여단을 포함해 포병대 대부분을 남서부전선군 지원에 집중시켰다. 적진을 돌파할 정예부대인 이른바 결사대대 또는 돌격대대는 자원병으로 구성되었다. 하지

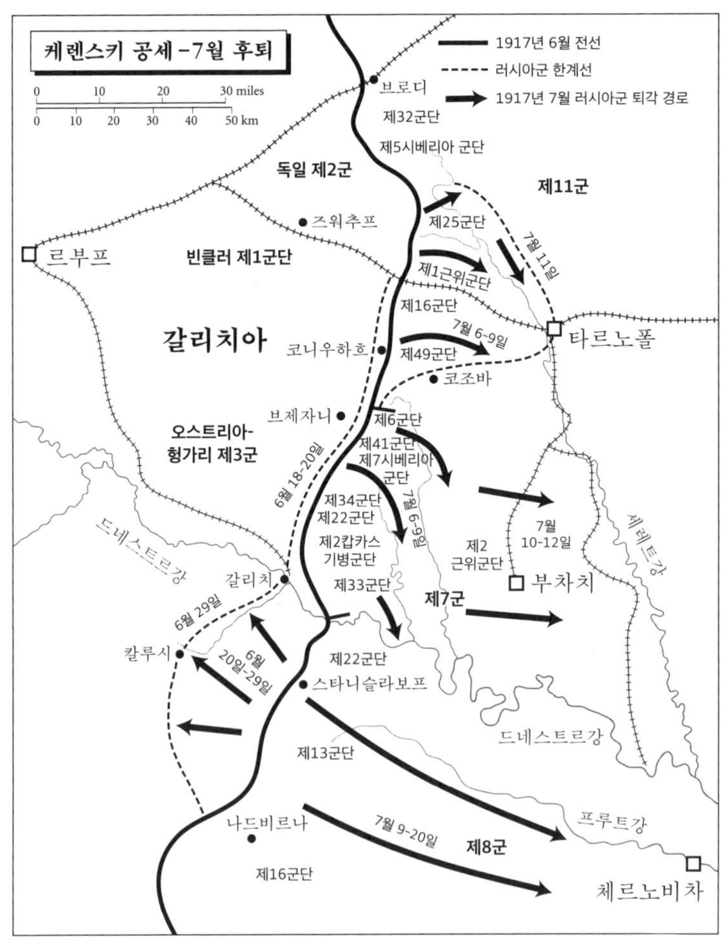

만 이 부대는 양날의 검이었는데 전선을 지키는 연대에서 가장 뛰어난 부사들과 병사들이 빠져나가 이 부대들을 더 신뢰하기 어렵게 만들었기 때문이다.

여성 결사대대도 있었다. 대대장인 '야시카' 보치카료바'Yashka' Bochkareva 중령은 1915년 차르의 허가를 받아 군에 입대해 몇 차례 부상을 당하고 무공훈장도 받았다. 지휘관들은 진격하는 대신 참호에 숨은 병사들이 보치카료바가 이끄는 머리를 빡빡 민 여성들의 다소 작은 '대대'를 보고 부끄러워하기를 바랐다. 하지만 병사들은 여군 배치를 그저 최후의 발악으로 보았다.

독일군과 오스트리아-헝가리군 사단들은 전혀 놀라지 않았다. 적의 정찰기와 정찰 열기구는 전선, 특히 제7군과 제11군 구역의 준비 상황을 철저히 감시하고 있었다. 그리고 적의 정보참모들도 방어선을 사이에 두고 벌어지는 병사들 간의 친목을 통해 러시아군의 사정에 밝았다.

6월 16일 포격이 시작됐다. 러시아군에서 이제껏 본 적 없는 집중 포격이 이틀간 계속되었다. 로커-램프슨은 수석 연락장교 프레더릭 풀Frederick Poole 소장의 지시로 효과를 극대화하기 위해 스토크스Stokes 박격포를 최전방 참호에 배치했다. 그리고 6월 18일 새벽 강습대대가 최전선 참호로 이동했다. 오전 10시, 이동 탄막 사격으로 포격이 "앞으로 나아갔고" 강습대대는 붉은 깃발을 들고 소총에 대검을 꽂고 참호에서 기어 나와 무인지대로 행진했다.

영국 해군항공대의 장갑차는 제7군의 제41군단에 배치되어 브제자니Brzezany(지금의 우크라이나 베레자니)를 향해 주축을 공격할 예정이었다. 그들은 오스트리아-헝가리 제국군이 아닌 독일군이 배치된 강력한 방어진지를 마주했다. 다른 영국군은 제41군단 주변에 포진해 그들을 "격려하고 강화했다". 로커-램프슨이 지휘하는 장갑차들은 양옆의 길을 따라 적의 참호를 종사縱射(앞뒤로 늘어선 목표를 직각 방향에서 사격-옮긴이)하며 앞으로 돌진했다. 케렌스키가 지켜보는 가운데 보병 대부분은 아주 적은 사상자만 내고 진격했다. 당혹스럽게도 제74사단의 연대 일부는 진격을 거부했다. "장교들은 몇 안 되는 병사를 이끌고 난간을 뛰어넘어 진격했고 모두 사망했다." 로커-램프슨은 보고했다. "맥심 기관총 한 정을 가지고 이 연대들과 함께 참호에서 복무 중이던 (호주인) 부사관은 이 장면을 가만히 지켜볼 수만은 없었다. 그는 소대로 달려가 방어벽에서 우물쭈물 하고 있는 스무 명 정도의 러시아 병사들을 강제로 올려보냈다."[6]

한편 제3 및 제5자아무르 사단은 '위대한 돌격'을 감행했고, 일부가 브제자니 외곽까지 닿았다.[7] 이들은 500명의 독일군을 포로로 잡아 자신들의 방어선으로 보냈다. 그런데 불행히도 다가오던 예비 부대가 이들을 적군으로 오해해 끔찍한 학살이 일어났다. 한편 아무르 부대의 2개 사단은 러시아군이 대승을 거뒀다고 생각하고 마을 옆 숲에 앉아 담배 피고, 식사하고, 카드 게임을 했다. 하지만 인근 부대가 진격에 실패하면서 양 측면이 뻥 뚫렸다. 영국군 장교들이 지원하겠다며 설득하는데도 병사들은 심지어 버려진 독일군 참호에도 들어가기를 꺼렸다. 모순되는 지시가 잇따라 내려와 혼란이 가중됐고, 러시아 참모장교들은 "믿을 수 없을 정도로 제정신이 아니었다".[8] 다음 날 독일군이 포격과 함께 반격에 나서자 아무르 부대는 그제야 자신들의 위치가 적의 공격에 취약하다는 것을 깨닫고 퇴각해 출발점으로 되돌아갔다.

로커-램프슨은 구토르 장군과 케렌스키를 만나러 열차의 참모본부로 갔다. "케렌스키 씨는 무언가에 정신이 팔려 있는 듯했다. 감정을 그대로 드러내는 깔끔하게 면도한 얼굴은 험악한 표정을 짓고 있다가 포격으로 적이 타격을 받았다는 소식에 밝아졌다. 하지만 그는 병사들 앞에서 너무 열성적으로 연설하느라 애써서 그런지 … 무척 지쳐 보였다."[9]

제7군의 북쪽에 인접해 있던 제11군은 오스트리아-헝가리 제국군을 상대로 전투를 성공적으로 이끌었다. 2만 명을 포로로 잡았는데 그중 다수였던 징집된 체코 병사들은 기꺼이 항복하고 러시아군에 있는 동포들과 합류했다. 의기양양한 케렌스키는 성급하게 페트로그라드로 전보를 보내 승리를 거둔 연대에 혁명의 깃발을 하사하라고 지시했다. 승전 소식에 페트로그라드는 축제 분위기였다. "6월 20일 페트로그라드의 거리는 요란하고 활기가 넘쳤다." 프로코피에프는 일기에 남겼다. "사람들은 깃발을 들고 다녔다. 러시아군이 진격하기 시작했다. 반가운 소식이다. 이제 프랑스인과 영국인 앞에서 부끄러워하지 않아도 될 것이다."[10] 사실 이 집회는 소비에트가 소집했지만 볼셰비키가 장악한, 40만 명이 참여한 이틀 전의 대규모 시위 후 임시정부 지지를 목적으로 조직된 것이었다.

남쪽의 제8군의 역할은 주공격의 양 측면 방어를 위해 진격하는 것뿐이었다. 시클롭스키는 오스트리아군의 참호가 러시아군보다 훨씬 나았다고 기록했다. "우리 병사들은 참호 안을 이리저리 헤집으며 설탕을 찾으러 다녔다. 다행히도 병사위원회가 포도주병을 미리 부쉈다. 부수지 않았다면 병사들은 술에 취했을 것이다." 시클롭스키는 일부 병사들이 "시체 위에 캔을 올려놓고 오스트리아군의 배급 식량으로 태연하게 아침을 먹고 있는" 것을 발견했다.[11] 그러고는 지원을 위해 나선 예비대를 확인하러 되돌아갔다. "숲을 지나는 동안 계속해서 소총을 든 채 길을 잃은 병사들을 마주쳤다. 대부분 어렸다. '어디 가는 건가?' 하고 물었다. '아픕니다.' 달리 말하면, 전선에서 이탈했다는 것이다."[12]

그 후 제7군의 나머지 병력이 후퇴하여 출발선으로 되돌아오는 동안 코르닐로프의 사단이 갑자기 방어선을 돌파해 갈리치Galich와 칼루시Kalush를 점령했다. 페트로그라드는 이 소식에 환호했고 코르닐로프의 평판은 높아졌다. 하지만 칼루시를 점령한 부대는 난동을 부리며 약탈하고 술을 마시고 강간을 저질렀다. 주로 유대인 가정이 피해를 당했다. 그 후 제23사단이 무너져 도망치기 시작했다. 사빈코프의 전폭적인 지원을 받은 코르닐로프는 저지선에 기관총을 배치하고 제23사단에 멈추라고 지시했다.[13]

주공격은 며칠 후 멈추었다. 독일군의 반격으로 모든 부대가 출발선으로 밀렸고 뇌우가 쏟아져 진격을 다시 시도할 수도 없었다. 로커-램프슨에 따르면 "참호는 물이 차 개울이 되었고 길은 진흙탕이 되었다". 진격 명령을 전부 무시한 한 사단은 카자크 기병대와 러시아군 장갑차에 둘러싸여 무기를 빼앗겼다. 부대원 다수가 전선 바로 너머에 고향을 둔 폴란드 연대는 집단으로 독일군에 투항했다. '결사'대대와 '돌격'대대에 자원한 우수한 장교들과 부사관들을 잃은 것은 러시아군에 치명적이었다. 설상가상으로 독일군의 기습 포격이 코조바역 근처의 포탄 더미에 떨어졌다. 대규모 폭발에 이은 화재로 제7군 보급품 대부분이 파괴되어 물자도 군의 사기도 바닥났다. 역과 마을 일부가 완전히 무너졌다. 카자크 기병대는 첩자의 짓이 분명하다고 확신하고 유대인을 닥치는 대로 학살하기 시작했고, 로커-램프슨은 질서 회복을 위해 영국군 장갑차를 보낼 수밖에 없었다.

최고사령부의 전체 계획에 따라 다른 곳에서도 이어서 공격이 벌어졌지만 그다지 성공적이지 않았다. 북쪽의 드빈스크Dvinsk(지금의 라트비아 다우가우필스) 근처에 있던 제5군 일부는 공격에 실패했다. 정오 무렵 본부는 제1선의 한 연대에서 반란이 일어났다는 보고를 받았다. 병사들은 참호에선 나섰지만, 더 이상의 진격은 거부했다. 그들은 포병대가 독일군의 대응 사격을 유도한다며 포격을 멈출 것을 요구하며 위협했다. 하지만 포병들은 이에 굴하지 않았다. 반란을 일으킨 보병들에게 산탄을 쏘겠다고 위협하며 포격을 계속했다.

"의심하던 자들이 옳았다." 군의 정치위원과 협력하던 카자크 장교 막심 쿨리크Maksim Kulik는 기록했다. "보병대가 이튿날 진격했고 그때까지 우리 포병대는 독일군의 장애물 대부분을 파괴했다. 제1선은 성공적으로 진격해 독일군의 참호를 차지했지만 예비대가 지원할 때가 되자 그들은 참호에서 꿈쩍도 하지 않았다. 장교의 지시도 항의도 위협도 이들을 앞으로 나아가게 하지 못했다. 그동안 독일 포병대는 병사들이 몰려 있는 참호를 정확하게 조준해 발사했고 끔찍한 대학살이 일어났다."[14]

대대적인 6월 공세는 최악의 결과로 끝났다. 단순히 연합국 앞에서 러시아의 체면을 살리는 데 실패한 것만이 아니었다. 케렌스키 공세는 전선에서 겪는 괴로움이 무의미하다는 병사들 대부분의 믿음을 확인시켜 주었다. 그 결과 레닌의 반전 주장에 엄청나게 힘이 실리면서 임시정부가 무너지고 4개월 후 볼셰비키가 정권을 잡게 되었다.

다가오는 위험을 전혀 보지 못한 케렌스키는 군에 사형제를 재도입하겠다고 결심하며 페트로그라드에 돌아왔다. 로커-램프슨은 "사형제가 없으면 대규모 탈영이 계속될 것이고 불복종이 지배할 것이다"라고 썼다. 그는 "카자크 기병대, 일부 기병대, 포병대, 군 엘리트"를 중심으로 반혁명이 일어날 것이라고 예상했다.[15] 반혁명을 이끌 만한 인물은 키는 매우 작지만 긍지가 높은 라브르 코르닐로프 장군이었다. 코르닐로프는 케렌스키보다 러시아 혁명의 나폴레옹 보나파르트에 훨씬 적합해 보였지만, 역사 속 유사 사례들이 대개 그렇듯 완전한 착각이었다.

페트로그라드에 있던 사회주의 정치인의 진술에 따르면 공세 실패는 연립정부에 관해 언쟁이 벌어지는 가운데 먼 곳에서 울린 희미한 메아리 같았다고 한다. 7월 3일 월요일 타브리체스키궁에서 소비에트 집행위원회가 한참 논쟁을 벌이는 도중 수하노프는 공장에서 걸려온 전화를 받았다. 볼셰비키가 불시에 공장 노동자와 병사들에게 대규모 무장 시위를 촉구하고 있다고 경고하는 전화였다.

레닌은 페트로그라드에서 열차로 두 시간 거리에 있는 핀란드의 네이볼라Neivola라는 마을 외곽의 다차dacha(러시아 시골 저택 또는 별장-옮긴이)에서 절실히 필요했던 휴식을 취하고 있었다. 그는 규율이 전혀 없는 볼셰비키 군사조직이 주제넘게 멋대로 행동에 나서리라고는 상상도 하지 못했다. 일설에 따르면 레닌이 핀란드로 떠난 이유는 방첩부의 니키틴Nikitin 대령이 7월 7일 볼셰비키의 대대적인 체포를 계획하고 있다고

보안 기관 내부의 동조자가 제보했기 때문이었다. 독일로부터 자금을 지원받았다는 반역죄 혐의였다.[16]

거의 볼셰비키의 친위대나 마찬가지인 제1기관총연대는 왜, 어디로 향하는지도 모른 채 행군 중이었다. 기관총 사수들은 공세 실패 후 붕괴 위기에 있는 전선을 보강하려는 명령에 반발했다. 볼셰비키 군사조직은 다른 병영의 병사들과 군수 공장 노동자들에게 지원을 요청했다. 반란 세력은 "모든 권력을 소비에트로!"와 "부르주아 각료 열 명은 물러나라!"라고 쓰인 현수막을 배포했다. 무기를 가지고 모인 병사들은 허공에 총을 발사하기 시작했다.

그제야 집행위원회는 기관총연대와 근위척탄병연대가 타브리체스키궁으로 향하고 있다는 소식을 들었다. 이 소식에 회의실에 있던 의원들은 경악했다. 갑자기 카메네프가 연단 위로 뛰어올라 외쳤다. "우리는 결코 시위를 촉구하지 않았습니다." 그의 말이 진실이라고 믿는 사람은 없었을 것이다. "하지만 수많은 대중이 뜻을 밝히러 거리로 나왔습니다. 그리고 일단 대중들이 나왔다면 우리는 그들과 함께해야 합니다."[17]

볼셰비키 소위가 이끄는 반란군 연대가 넵스키 대로를 따라 행진하다가 조금 떨어진 곳에서 들려오는 포성에 깜짝 놀랐다. 연대는 겁에 질려 도망쳤다. 볼셰비키 군사조직의 무모한 시도는 순조롭게 진행되지 않았지만, 집행위원회의 온건한 사회주의자들을 공격하는 볼셰비키의 선전은 분명 효과가 있었다. 그날 밤 타브리체스키궁을 에워싸고 위협하는 군중들은 외쳤다. "집행위원회를 체포하라, 집행위원회는 지주와 부르주아에 굴복했다!"[18] 성급한 선동자들은 집행위원회를 압박해 임시정부를 밀어내게 하면 지지율이 낮은 임시정부는 자멸할 것이라고 생각했다. 리보프와 각료들은 권한이 거의 없었지만 식량 부족, 수송 문제의 악화, 빈곤층에 특히 고통을 주는 식량값 상승으로 비난받았다.

임시정부는 군수 물자 때문에 연합국에 진 러시아 제국의 막대한 빚을 물려받았고, 거기에 더해 더 많은 빚을 졌다. 임시정부는 신임 총리의 이름을 딴 케렌스키 루블을 발행해 돈을 찍어내기 시작했지만, 케렌스키 루블은 신용이 거의 없었고 사람들은 제정 시기 지폐를 쌓아두기 시작했다. 인플레이션이 극심했다. 2월 혁명 이후 6개월 동안 임시정부는 지폐로 53억 루블을 발행했다. 여름과 초가을에는 물가가 네 배로 올랐다.[19]

소란이 일어난 그날 저녁 프로코피예프는 콘탄Kontan 레스토랑에서 근사한 저녁 식사를 했다. "물론, 물가는 미친 듯이 높지만 매일 화폐가치가 떨어지는데 저축해 뭐하겠는가?" 그러고 나서 덧붙였다. "우리는 저녁에 거리를 걷다가 예상치 못한 광경을 목격했다. 거리는 소총을 들고 행진하는 군인, 벽보를 든 군중들로 붐볐다. '자본주의 각료들을 타도하라!' 우리가 보는 앞에서 자동차들이 멈춰 세워졌다. 차에 탄 사람들이 나오라는 요구에 따라 내리는 즉시 자동차에는 기관총이 설치되었다."[20]

타브리체스키궁에서는 그날 밤새 토론이 벌어졌고 7월 4일 화요일 초여름의 새벽이 밝아 올 때까지 계속되었다. 수하노프에 따르면 카메네프가 떠난 뒤 자리에 남은 볼셰비키는 없었다. 레닌은 페트로그라드에서 벌어진 소동을 전혀 모르고 있었다. 4일 이른 오전 중앙위원회에서 보낸 심부름꾼이 레닌이 머무는 핀란드의 다차에 도착해 볼셰비키가 완벽한 실패 아니면 임시정부 타도로 향하고 있다고 알렸다. 레닌은 권력을 잡고 싶어 안달이었지만 혁명 세력이 수도를 장악한 후 외부의 반혁명으로 무너진 파리 코뮌의 전철을 밟게 될까 우려했다.

레닌과 동지들은 서둘러 짐을 쌌다. 페트로그라드로 가는 열차를 타고 3개월 전 스위스에서 도착했을 때보다 좋지 않은 상황에서 핀란츠키역에 도착했다. 니키틴 대령의 체포를 피해 핀란드로 피신해 있던 것이 맞다면, 레닌은 평소답지 않게 위험을 감수하고 페트로그라드에 복귀하기로 한 것이다. 레닌은 갇히는 신세가 되길 원하지 않았고, 투옥될 위험이 있을 때는 용감하게 나서지 않았다. 편집광인 레닌은 자신이 아닌 누구도 혁명을 이끌 수 없다고 믿었다. 그렇다면 레닌은 니키틴 대령이 자신을 체포하려고 한다는 걸 알면서 왜 돌아왔을까?

우선 레닌은 볼셰비키 군사조직의 과격파들이 이런 도박을 한 것에 격분했다. 설상가상으로 제1기관총연대가 그 전날 크론시타트에 수병을 대거 파견해 합류하게 해달라고 호소했다. 레닌은 소수파 무정부주의자의 영향력 아래 있는 발트 함대 수병들이 얼마나 통제하기 어려운지를 알고 있었다.

7월 4일 아침 레닌의 페트로그라드 도착과 거의 동시에 8천 명에 달하는 무장한 수병들이 크론시타트의 야카르느니(닻) 광장에 승선하기 위해 모였다. 이들의 우두머리는 스물다섯 살의 사관생도 표도르 일린Fyodor Ilyin으로 사제와 장군의 딸 사이에서 태어난 사생아였다. 볼셰비키에 가입한 표도르 일린은 도스토옙스키 소설의 주인공인 살인자의 이름, 라스콜니코프를 가명으로 사용했다. 수병들은 모두 무기를 소지하라는 지시를 받았지만, 표도르 라스콜니코프는 후에 그가 이끈 대규모 수병의 목적은 전적으로 평화를 위한 것이었다고 주장했다. 표도르는 수병의 지원을 요청한 기관총 사수들이 "명백하게 무정부주의자들의 영향을 받았다"[21]라고 덧붙이면서 그 결과 일어난 재앙에 대한 볼셰비키의 책임을 회피하려 했지만 사실 기관총 사수들을 이끈 주동자는 볼셰비키인 A.Y. 세마시코Semashko 소위였다.

라스콜니코프는 먼저 그리고리 지노비예프Grigory Zinoviev에게 전화를 걸어 크론시타트의 병사들도 지원에 나서야 하는가에 관해 볼셰비키 중앙위원회의 입장을 확인했다. 지노비예프는 확인하러 자리를 떴다가 돌아와서 "평화롭고 조직적인 무장 시위"여야 한다고 주장했다. 평화로운 무장 시위라는 이 기이한 단어의 조합은 "당은 항상 이 무장 시위가 무장봉기로 변할 가능성을 염두에 두고 있다"[22]라는 라스콜니코프의 발언으로 더 모순적인 말이 되었다.

호전적인 수병들은 각기 다른 선박으로 구성된 소형 선단으로 도착해 니콜라옙스키Nikolayevsky 다리 옆에서 내렸다. 라스콜니코프를 선두로 수병들은 붉은색 현수막을 휘날리며 군악대의 연주에 맞춰 크셰신스카야 저택까지 행진했다. 라스콜니코프는 분명 "크론시타트를 흉포한 공포의 상징"[23]으로 보는 페트로그라드의 부르주아가 느끼는 공포를 한껏 즐겼다.

라스콜니코프에 따르면 "수병들은 얼마 전까지 유명한 발레리나이자 차르의 정부情婦가 호화로운 연회를 열었지만 이제 우리 당의 본부가 된 크셰신스카야의 2층 저택 앞에 정렬했다".[24] 하지만 레닌은 보이지 않았다. 저택 안으로 들어간 라스콜니코프는 불안에 시달려 쓰러질 지경인 레닌을 발견했다. 레닌은 마지못해 발코니로 나가 연설했다. 그는 비폭력 시위를 촉구한 후 허둥지둥 안으로 들어가 수병들을 혼란스럽게 했다.

라스콜니코프가 이끄는 병사들은 타브리체스키궁을 향해 행진을 시작했고, 도심에서 임시정부에 충성하는 부대와 충돌을 벌였다. 누가 먼저 발포했는지는 알 수 없지만, 분노에 찬 수병들이 여기저기 난사하면서 교전은 혼돈 그 자체였다. 총격이 끝난 후에도 화가 가라앉지 않은 수병들은 가게 유리창을 부수고 약탈하고 '부르주이'로 보이는 잘 차려입은 시민들을 구타하기 시작했다. 이 장면을 목격한 고리키는 신랄하게 비판했다. "누군가가 아무 생각 없이 성급하게 '사회주의 혁명'을 향한 무시무시한 돌진을 시작했고, 바로 이 우둔함이 사람들이 완전 무장한 채 거리로 나서게 한 가장 중요한 요인이다. 갑자기 어딘가에서 총성이 들리고 겁에 질린 수백 명의 사람이 발작하듯 두려움에 떨며 사방으로 달아난다. … 서로의 발에 걸려 넘어지고 비명을 지르고 외친다. '부르주아가 총을 쏘고 있다!'"[25] 실제로 고리키가 목격한 것은 반란 세력끼리

서로를 향해 총을 쏘는 광경이었다.

타브리체스키궁에 도착해 소비에트가 권력을 잡도록 강요하려는 대규모 군중에 합류한 라스콜니코프는 보고하러 안으로 들어갔다. 라스콜니코프는 아직 볼셰비키에 가입하기 전인 트로츠키를 만나 대화를 나누기 시작했다. 갑자기 멘셰비키 당원이 이들에게 달려와 알렸다. "크론시타트에서 온 병사들이 체르노프를 체포해 차에 태우고 어딘가로 데려가려 하네."[26] 빅토르 체르노프Viktor Chernov는 사회혁명당의 당수이자 농림부 장관으로 제헌의회가 구성되기 전 농민이 토지를 장악하는 것에 반대했다. 일부 수병들은 궁을 향해 총격을 시작했고 다른 병사들은 창문을 통해 들어가기 시작했다. 엄청난 폭우로 군중 대부분이 흩어지지 않았다면 인명 피해는 훨씬 심했을 것이다. 트로츠키와 라스콜니코프는 잔뜩 겁에 질린 체르노프를 붙잡고 차에 태워 출발하려는 수병들을 겨우 말렸다.

트로츠키는 차 지붕 위로 올라가 자신을 알아보고 조용해진 수병들에게 연설했다. 트로츠키는 체르노프를 놓아주라고 말했고 병사들은 내키지 않았지만 놓아주었다. 구타당해 정신을 차리지 못하는 체르노프는 은발 머리가 흐트러진 채로 차에서 내려 부축받아 궁 안으로 들어갔다. 이즈마일롭스키 근위연대가 도착하자 상황이 정리되었다. 수병들은 무리를 이뤄 흩어졌다. 수병들은 그날 밤 페트로그라드에서 난동을 피웠다. 이 중 약 2천 명은 무의미하게 페트로파블롭스크 요새를 장악하고 빈 감방에서 비를 피하기도 했다. 소비에트 집행위원회가 정권을 찬탈하도록 강요할 수 없었기 때문에 봉기는 실패했지만, 그래도 계속해야 한다고 믿는 볼셰비키 당원들도 있었다.

7월 5일 오전, 밤새 이어진 논쟁 끝에 레닌은 마침내 중앙위원회를 설득해 시위를 끝냈다. 하지만 바로 그날 아침 '비열한 극우 언론'은 복수를 즐겼다. 군의 방첩대는 임시정부를 위해 볼셰비키의 자금 출처와 관련한 증거를 모아왔다. 방첩대는 정부의 허가 없이 가장 선정적인 조사 내용을 신문사에 전달했고, 신문사는 레닌이 "독일의 돈"을 받았다고 고발했다. 신문의 주장과 달리 레닌은 독일의 앞잡이가 아니었지만, 한편으로는 갈수록 강력해지는 볼셰비키 언론 제국의 발전을 위해 독일로부터 거액의 돈을 받는 데 전혀 거리낌이 없었다.*

경찰과 '융커junker' 사관생도 무리가 그날 아침 《프라브다》의 사무실을, 다음 날 아침 크셰신스카야 저택의 볼셰비키 본부를 급습했다. 라스콜니코프, 루나차르스키Lunacharsky, 카메네프, 트로츠키가 곧 체포되었지만, 레닌과 지노비예프는 빠져나갔다. 아이러니하게도 오흐라나의 전직 수장이자 이제 임시정부의 포로가 된 콘스탄틴 글로바체프는 같은 감옥으로 끌려온 일부 볼셰비키가 따로 수감되었다고 기록했다. 교도소장이 일부 교도관을 볼셰비키로 의심했기 때문이다. 체포된 볼셰비키를 몸수색하자 여럿에게서 독일 정부가 볼셰비키에 제공한 것으로 추정되는 10루블 위조지폐가 나왔다.[27]

놀랍게도 얼굴이 거의 알려지지 않은 레닌은 일찍이 도주했다. 레닌은 보리스 알릴루예프Boris Alliluev가 임대한 아파트에 숨어, 이후 그 집 딸 나데즈다와 결혼하게 되는 하숙인 이오시프 스탈린의 방으로 옮겨갔다. 얼마 후 스탈린이 돌아와 레닌의 수염과 콧수염을 밀어주었다. 러시아, 독일, 유대인, 스웨덴 혈통에 칼미크Kalmyk인 할머니에게서 물려받은 중앙아시아인의 특징이 담긴 외모의 레닌은 수염을 밀자 완전히 다른 사람 같았다. 레닌은 수염이 없으니 영락없는 핀란드 농부처럼 보인다며 흡족해했다.[28]

* 임시정부의 혐의 제기는 볼셰비키가 "독일의 돈"을 받았다는 확실한 증거라고 볼 수 없지만, 볼셰비키가 외부의 도움 없이 모든 신문을 운영했다고 보기는 어렵다.

당 지도자 레닌을 스탈린이 면도해 주는 순간은 매우 흥미롭다. 독학자인 스탈린은 다른 혁명가들이 자신의 지적 수준을 멸시하는 것을 너무 잘 알고 있었다. 트로츠키는 스탈린이 마맛자국이 있는 조지아 강도라고 여기며 대놓고 멸시했다. 스탈린을 과소평가했던 트로츠키는 스탈린의 책략으로 결국 목숨을 잃게 된다.

반역죄로 체포되는 것을 우려했던 레닌은 볼셰비키 혁명이 일어나기까지 3개월 동안 변장한 채 은신처를 옮겨 다니며 도망자로 지냈다. 그는 귀국길에 카를 라데크에게 6개월 내에 권력을 잡거나 교수대에 오를 거라고 말했던 순간을 회상했을 것이다. 레닌은 타협을 혐오하는 만큼이나 계획 없이 일을 벌이는 것을 경멸했다.

07

코르닐로프
1917년 7-9월

7월 7일, 도망 중인 볼셰비키 수색이 난항을 겪으며 계속되는 동안 리보프 공은 임시정부 총리직을 사임했고, 케렌스키가 리보프를 이어 총리가 되었다. 리보프의 사임은 7월 봉기나 공세 실패와는 전혀 관련이 없었다. 카데트의 각료들은 우크라이나에 자치권을 허용한다는 결정에 항의하며 며칠 전 사임했었다.

재구성된 임시정부의 자유주의자와 사회주의자 모두 러시아 제국의 영토를 분열 없이 유지하고자 했다. 그들은 이미 3월에 이제 독일 전선 너머에 놓인 폴란드가 전쟁 후에는 떨어져 나가 독립할 것이라는 사실을 받아들였지만 핀란드 대공국, 발트 지역, 우크라이나는 절대 놓을 수 없었다. 소수민족의 불만이나 독립 열망은 순전히 차르의 압제, 무엇보다도 니콜라이 2세 치세에 도입되어 문화나 언어의 다양성을 억압한 '러시아화' 정책의 산물이라고 보았다. 약간의 제한적인 자치권 양보로 충분히 그들의 불만을 누그러뜨릴 수 있다고 여겼다.

그 예로 4월 12일 러시아 임시정부가 에스토니아에 어느 정도의 자치를 허용했고, 그로부터 12일 후 최고사령부는 신설된 제1에스토니아 소총연대로 에스토니아인들이 옮겨가는 것을 허락했다. 당시에는 페트로그라드나 모길료프의 누구도 이 연대가 곧 신생 독립국의 매우 강력한 군대로 발전하게 되리라고는 상상도 하지 못했다.

핀란드는 스웨덴의 지배를 받다가 1809년 차르 알렉산드르 1세가 개인 영지로 삼으면서 핀란드 대공국이 되었다. 그 후 핀란드는 차르가 파견한 총독의 관리 하에 매우 제한적인 수준의 자치를 허용받았다. 하지만 1899년 니콜라이 2세가 핀란드 문화와 교육 체계에 있어 '러시아화' 정책을 폈다. 이 정책은 반감을 크게 샀고 핀란드 민족주의의 대두를 초래했다. 제1차 세계대전 동안 핀란드인들은 신뢰할 수 없다며 군에 징집되지 않았고, 민족주의적인 학생들 2천여 명이 독일로 도주해 경보병대인 왕립 프로이센 제27엽병(예거)대대에 합류했다.

제정 정부는 독일이 핀란드를 페트로그라드 공격 작전의 거점으로 이용할 것을 크게 우려해 제42독립 군단과 발트 함대의 인원을 총 12만 4천 명까지 증원했다. 당시 핀란드 인구가 325만 명에 불과한 것을 고려하면 엄청난 규모의 주둔군이었다. 2월 혁명 이후 핀란드어를 말하지도 이해하지도 못하는 핀란드의 러시아 병사들은 핀란드인들에게 복잡미묘한 감정을 느꼈다. 하지만 많은 좌익 인사가 핀란드의 독립 염원에 동조하기 시작했다. 1917년 초여름, 핀란드 남부 공업지대의 노동자들은 하루 8시간 근무 요구를 지지하는 러시아 병사 및 수병들과 어울리기 시작했다.

핀란드 대공인 차르가 퇴위하고 임시정부가 등장하자 핀란드 민족주의자들은 지금이 기회라고 생각했다. 핀란드 대공국 원로원Senate(행정부와 대법원 역할을 겸하던 기관-옮긴이)은 헌법위원회를 설치해 완전한 독립을 위한 토대를 마련했다. 하지만 러시아 임시정부는, 특히 케렌스키가 전쟁부 장관이었던 때는 독일이 이 상황을 이용할 것을 우려했다. 케렌스키는 후에 구성될 제헌의회의 승인이 있을 때까지 핀란드의 독립을 인정할 수 없다고 주장했다. 그러자 핀란드 의회Eduskunta는 페트로그라드의 7월 사태를 이용해 통치권을 쥐려 했다. 하지만 7월 18일 러시아 임시정부는 그에 대한 보복으로 핀란드 의회를 해산시켰다.

가장 소리 높여 독립을 지지했던 핀란드의 사회주의자들은 주둔군 내 러시아인 동지들에게 페트로그라드 정부의 '반동' 정책에 대항하도록 도와달라고 호소했다. 러시아 동지들은 요청에 응했지만, 케렌스키가 헬싱포르스로 보낸 카자크 기병대가 대신 의회를 폐회했다. 케렌스키는 핀란드의 러시아 주둔군이 새 선거를 감독하게 했다. 케렌스키의 지시대로 진행된 선거에서는 보수 정당들의 입지가 훨씬 강화되어 원로원을 장악했고, 핀란드의 좌파는 좌절에 빠졌다.

9월 13일 헬싱포르스 소비에트는 러시아 육군 및 해군 대표들과 임시정부를 비난하고 핀란드의 독립운동을 지지하는 볼셰비키 블라디미르 안토노프-오브세옌코Vladimir Antonov-Ovseenko의 발의에 압도적 지지를 보냈다. 아이러니하게도 러시아의 광신적 애국주의가 전제군주제와 함께 죽었다는 것을 보여주려 한 이 시도 덕분에 이후 핀란드는 모스크바의 공산주의 통치에서 벗어나게 된다.

6월과 7월에 임시정부가 당면한 위기의 도화선이 된 것은 키예프에 있는 우크라이나 중앙 라다Central Rada의 독립 선언이었다. 우크라이나 민족주의를 이끈 시몬 페틀류라Symon Petliura, 볼로디미르 빈니첸코Volodimir Vinnichenko, 중앙 라다 의장인 역사가 미하일로 흐루셰우스키Mykhailo Hrushevsky는 5월 리보프 정부와 협상을 통해 어느 정도 자치권을 얻어내려 했지만, 우크라이나 대표단은 사실상 무시당했다. 대표단의 모든 주장에 러시아 임시정부는 제헌의회가 구성되기 전까지는 어떤 결정도 내릴 수 없다고만 답했다. 리보프 정부의 이런 불명확한 태도로 우크라이나가 완전히 독립하겠다고 더욱 굳게 결심한 것은 당연한 결과였다. 우크라이나 중앙 라다는 하늘색과 황색 깃발을 국기로 채택하고, 흐루셰우스키가 조상 대대로 내려온 우크라이나의 권리로 규정한 17세기 자포리자 코자키 수장의 칙허장을 토대로 '우니베르살Universal'(1917~1918년 우크라이나 중앙 라다가 발표한 법령 혹은 포고령-옮긴이)을 공포했다. 왕성하게 활동하던 기자 페틀류라는 이후 우크라이나 인민공화국Ukrainian People's Republic의 상징적 국가원수이자 최고 아타만(코자키 또는 카자크의 수장-옮긴이)이 되었다.

뒤늦게 타협을 결심한 임시정부는 케렌스키와 체레텔리가 이끄는 대표단을 키예프로 보냈다. 임시정부는 상황을 진정시키기 위해 우크라이나의 요구를 일부 수용하겠다고 제안했다. 하지만 임시정부의 제안에 키예프의 러시아 민족주의자들은 격분해 난동을 부렸다. 임시정부에 남아 있던, 우경화되어 가는 카데트의 각료 세 명은 그들이 "작은 러시아"라고 부르는 우크라이나의 러시아인들을 지원해야 한다고 주장했다. 카데트는 체레텔리와 케렌스키가 가져온 협상안을 거부하고 7월 4일 사퇴했다. 볼셰비키 폭도들이 페트로그라드 소비에트가 임시정부를 밀어내기를 바라며 봉기를 일으킨 날이었다. 각지에서 대표자들이 합류하는 가운데 페트로그라드 소비에트는 '전 러시아 노동자·병사 대표 소비에트'를 자칭했다.

케렌스키는 자신이 사회주의자와 자유주의자 사이의 논쟁에 휘말리지 않았다고 생각했지만, 이들의 의견 차이가 얼마나 위험할 수 있는지는 알아차리지 못했다. 볼셰비키를 향해 퍼붓는 우익 언론의 공격에 놀란 사회주의자 대부분은 반혁명의 위험을 과대평가해 볼셰비키의 편에 서기 시작했다. 하지만 당시 러시아 전역에 걸친 사회적 혼란과 무질서로 장교뿐 아니라 중산층도 강력한 지도자를 원했다. 7월 7일 케렌스키가 황제 일가를 차르스코예셀로에서 시베리아의 토볼스크Tobolsk로 보내는 운명적 결정을 내린 것은 우연이 아니었을 것이다. 케렌스키는 지난 며칠간 벌어진 극좌 세력의 봉기로 군주제 지지자들이 반격에 나설까 봐 두려워했다.

2월 혁명을 기쁨과 희망으로 반겼던 많은 이들은 이제 혁명에 이은 사회적 혼란과 범죄로 환상에서 완전히 깨어났다. "이제 양심적인 사람이 거의 없다." 라키에르는 기록했다. "사람들은 자유는 분노와 권력 찬

탈이 아니라는 사실을 이해하지 못하고 있다. 오히려 대다수에게 자유는 노상강도와 동의어가 되었다. 러시아인들은 제멋대로 날뛰는 아이와 같다. 자제를 모른다." 크랍코프 박사는 자기 생각을 글로 남겼다. "강력한 세력의 권력 장악만이 고통받는 러시아를 구할 수 있다. 러시아인 다수는 여러 세대에 걸친 종속 끝에 여전히 무기력하고 무지해서 아무 최면술사나 휘두르는 통제 불능의 무기일 뿐이다. … 강도와 약탈이 어마어마하게 증가하고 있다. 상황이 갈수록 나빠진다. 아침에는 부대 지휘관이 강도를 당했고 저녁에는 참모장이 몸에 걸친 것을 모두 빼앗겼다. 그리고 이 모든 일이 보초병 앞에서 벌어졌다. 볼셰비즘은 얼마나 파렴치한가!"

7월 6일 갈리치아 전선에서 러시아의 공세가 흐지부지된 직후 아르놀트 폰 빈클러Arnold von Winckler가 이끄는 독일군 타격대는 지칠 대로 지친 제11군의 진영을 기습 돌파하고 타르노폴Tarnopol(지금의 우크라이나 테르노필)로 향했다. 타르노폴은 닷새 후 함락되었다. 광활한 우크라이나 초원이 노출되었다. 라키에르는 오데사에서 불안해하며 기록했다. "군은 달아나고 있다. 어마어마한 구멍이 생겼다. 120킬로미터가 뻥 뚫렸다." 케렌스키의 사형제 재도입은 군 기강에 아무런 영향을 미치지 않는 듯했다. "그토록 떠받들던 우상이 치명적인 결점을 드러내고 몰락하는 것을 지켜보는 심정은 참담하다." 라키에르는 이어서 기록했다. "맹목적으로 케렌스키를 믿었는데, 이제 케렌스키는 연이어 실수를 저지르고 있다." 오데사 주민들이 곧 피난을 떠날 것이고 은행들은 이미 짐을 싸고 있다는 소문까지 돌기 시작했다.

발트해 연안의 리가Riga로 독일군이 진격하자 수도인 페트로그라드를 버리고 피난할 수 있다는 소문도 돌기 시작했다. "페트로그라드는 무력에 의한 침략을 목전에 두고 있다." 프로코피예프는 일기에 썼다. "(리가는) 꽤 떨어져 있지만 혁명군이 독일군을 막을 수 있을까? 페트로그라드 시민 300만 명이 피난을 떠나면 어떻게 될까? 언제 독일군의 체펠린Zeppelin 비행선이 올지 모른다. 역은 사람들로 붐볐고, 겁에 질린 페트로그라드 시민들을 가득 태운 열차가 남쪽으로 향하고 있었다."

장교들에 대한 폭력은 산 채로 잔혹하게 신체를 훼손하기까지 하며 더 심해졌고 자살하는 장교도 늘어났다. '이제 우리가 주인'이라는 병사들의 태도는 지난날 실제로, 그리고 상상 속에서 당한 모든 굴욕과 부당함에 복수해야 한다는 충동을 불러일으키는 듯했다. "모든 게 무너지고 있고 장교들은 이 사회의 가장 밑바닥에 있다." 근위포병대의 한 젊은 장교는 기록했다. "우리는 계급의 적이다. 부사관들은 우리를 괄시하고 있다. 수천 명이 지켜보고 있어 조심해야 한다." 그리고 그는 덧붙였다. "우리는 끝장이다. … 우리에게 남은 것은 망명 아니면 죽음뿐이다." 장교들의 사기 저하는 분명 7월 남서부전선군 붕괴의 원인 중 하나였지만, 모든 장교가 겁에 질린 것은 아니었다.

블라디미르 폰 드라이어는 발트 지역 남작 가문 출신인 표트르 브란겔Pyotr Wrangel 소장이 후퇴 도중 지휘권을 인수한 제7기병사단으로 옮겨갔다. 장신에 마른 체형의 브란겔은 움푹 들어간 눈과 꿰뚫어 보는 듯한 눈빛으로 많은 병사가 두려워했지만 두터운 신망을 얻기도 했다. 드라이어의 기록에 따르면 브란겔은 기백이 넘쳤고, "아무것도 할 일이 없을 때도 항상 모두를 움직이게 했다". 브란겔은 말을 타고 사단의 연대마다 누비고 다니며 직접 상황을 확인했다. 다른 기병사단처럼 브란겔의 제7사단은 독일군의 진격에 맞서 후위대 역할을 해야 했다. 인접한 기병사단은 독일계와 스웨덴계 핀란드인이자 기사근위연대의 장교였던 육군 소장 구스타프 만네르헤임Gustaf Mannerheim 남작이 지휘하고 있었다.

"보병은 처음에는 때때로 반격하며 어느 정도 질서를 갖추고 퇴각했다." 드라이어는 기록했다. "그러다 나중에는 그냥 무기를 버리고 도주했다. 어떤 날은 러시아 국경으로 돌아가고픈 열망으로 하루에 60킬로미터를 행군했다. 퇴각하는 동안 병사들은 창고, 마을, 건초더미, 가옥 등 닥치는 대로 약탈하고 불을 질렀다. 어느 날 밤 사단 본부는 마지막 보병 무리가 지나가는 스타니슬라보프Stanislavov(지금의 우크라이나 이바노프란키우스크)에서 하룻밤을 보내기로 했다. 나는 거리에 서 있었고 브란겔은 보병들을 지켜보고 있었다. 갑자기 병사 몇 명이 무리에서 떨어져 5층 건물의 1층 가게 유리창을 깼다. 그리고 가게에 들어가 물건에 불을 지르려 했다. 브란겔과 지코프Zykov 대령은 즉시 그곳으로 달려갔고, 브란겔은 채찍으로 지코프는 주먹으로 쓰레기 같은 병사들을 때리기 시작했다." 더 규율이 잡혀 있을 것으로 기대된 카자크군도 보병처럼 사악한 짓을 저질렀다. "누가 민간인을 약탈하는가?" 한 보병이 집에 보낸 편지에 썼다. "카자크. 누가 민간인을 강간하고 살해하는가? 카자크."

코르닐로프가 지휘하는 제8군의 정치위원 빅토르 시클롭스키는 일반 병사들이 탈영병과 약탈자들에게 가한 가혹한 형벌을 묘사했다. "굳건히 전방을 지키는 부대에서는 임시 위원회가 탈영병을 잡았다. 볼히니아Volhynia(폴란드 남동부, 벨라루스 남서부, 우크라이나 서부에 걸친 역사적 지역-옮긴이)가 불타고 있는데 러시아 땅에서 탈영이 벌어진다는 것에 격분한 병사들은 탈영병을 태형으로 벌했다. … 탈영병은 총살이나 태형 중 하나를 선택할 수 있었다. 말도 안 되는 선서 같은 것이 생겨서 탈영병은 시민의 권리를 포기하고 자신에게 가해지는 모든 처벌에 동의한다고 선언해야 했다." 태형은 제국군의 오랜 관습대로 꽂을대로 행해졌다.

시클롭스키는 배에 부상을 당해 나드비르나Nadvirna의 임시 야전 병원으로 이송되었다. 코르닐로프가 수여한 성 게오르기 십자훈장을 받고 얼마 지나지 않아 시클롭스키는 독일군이 다가온다는 소식을 들었다. 러시아군의 3개 연대가 전선을 이탈해 방어선에 구멍이 뚫렸고 독일 기병대가 그 틈으로 줄지어 들어왔다. "보급창이 불타고 있다. 부상병들은 마지막 열차에 타려고 거의 주먹다짐을 하며 몸싸움을 벌이고 있었다. … 보병대는 이동 중이었다. … 포병대도 마찬가지였다. … 전선은 무너졌다. 아군의 장갑차만이 독일군을 막고 있었다."

7월 16일 케렌스키는 사태를 논하려 최고사령부에서 회의를 소집했다. 회의가 열린 곳은 신고전주의풍의 총독 관저로 니콜라이 2세가 모길료프에 있을 때 지내던 곳이었다. 브루실로프와 루즈스키 장군뿐 아니라 후에 남러시아 백군의 총사령관이 되는 안톤 데니킨Anton Denikin도 참석해 중요한 역할을 했다. 우파 사회혁명당원인 정치위원 보리스 사빈코프와 막시밀리안 필로넨코Maksimilian Filonenko도 참석했다. 케렌스키는 외무부 장관 미하일 테레셴코Mikhail Tereshchenko와 함께 모길료프역에 도착했을 때 총사령관이 아닌 부관이 맞으러 나온 것을 보고 격분했다. 케렌스키는 브루실로프가 직접 올 때까지 움직이지 않겠다고 우겼다.

회의가 시작되자 브루실로프는 거의 발언하지 않았고 케렌스키도 평소답지 않게 말수가 적었다. 장군들이 혁명 정치가 군대를 무너뜨렸다고 맹렬히 비난하자 케렌스키는 눈에 띄게 겁을 먹었다. 데니킨의 주도로 장군들은 군의 위계질서를 엉망으로 만들었다고 여겨지는 명령 제1호의 철회를 요구했다. 퇴각 계획을 설명하는 동안 케렌스키는 겁에 질려 말없이 고개를 숙이고 손으로 머리를 감싼 채 앉아 있었고, 테레셴코는 눈물을 보이고 말았다.

사령부를 떠날 수 없었던 코르닐로프는 데니킨이 했던 말을 나중에 전해 듣고 데니킨을 칭찬했다. 사빈코프와 필로넨코는 각료 두 명과 열차를 타고 페트로그라드로 돌아가는 길에 이미 지친 브루실로프의 후계자로 코르닐로프를 추천했다. 코르닐로프가 전선에서 정치위원의 역할을 지지하는 몇 안 되는 장군이었기 때문이다. 케렌스키는 동의했다. 자존심을 다치기 쉬운 케렌스키는 역에서 모욕받았다고 생각한 순간을 결코 잊을 수 없을 것이었다. 그날 케렌스키는 사빈코프를 전쟁부 차관에 임명했다.

남서부전선군이 무너졌다는 최고사령부의 보고는 즉시 군의 기강 문란을 7월 사태와 연관 짓는 우익 언론의 먹잇감이 되었다. 무질서를 끝낼 강력한 지도자를 요구하는 목소리가 높아졌다. 시베리아 카자크와 카자흐인 혈통에 부랴트Buryat인의 피도 섞인 것으로 보이는 코르닐로프가 유력한 후보자였다. 코르닐로프는 전형적인 러시아 제국 근위대의 장군과는 완전히 달랐지만, "카자크 농민의 아들"이라는 그의 겸허한 주장에 걸맞게 살지는 못했다. 나폴레옹의 맘루크 근위대를 떠올리게 하는 코르닐로프의 개인 호위대는 진홍색 망토를 두른 테킨치Tekintsy(테케 투르크멘인의 정예 기병대-옮긴이) 창기병 300명으로 구성되어 있었다. 군 내부에는 코르닐로프를 따르는 자들이 물론 많았지만, 코르닐로프가 지능보다 용맹이 앞선다고 생각하는 고위 장교도 많았다.

한편 케렌스키는 여전히 자신이 러시아 혁명의 나폴레옹이라고 자부했다. 공세 대실패에도 불구하고 케렌스키는 겨울궁전을 임시정부 청사로 삼고 차르 알렉산드르 3세의 방에 거주해 "알렉산드르 4세"[1]라는 별명을 얻었다. 이런 과대망상은 반혁명 여론이 강해지는 순간에 케렌스키의 판단력이 흐려졌다는 것을 의미했다. 2월에는 기존 차르 체제를 옹호하려 누구도 손가락 하나 까딱하지 않았지만, 이제 법질서의 붕괴에 경악한 장교, 지주, 자본가들은 7월 봉기 대실패 후 볼셰비키를 진압할 때가 됐다고 생각했다. 하지만 볼셰비키는 눈에 띄지 않게 준비를 계속했다. 제6차 당대회가 7월 26일부터 8월 2일까지 비밀리에 열렸다. 아직 핀란드에 숨어 있던 레닌은 〈국가와 혁명〉을 저술하기 시작했고, 사회혁명당과 멘셰비키가 케렌스키의 임시정부를 지지하는 것을 신랄하게 비판했다. 시클롭스키의 말대로 볼셰비키는 "완전히 짓밟혔는지도" 몰랐다. "하지만 그건 아무 의미가 없었다. 볼셰비키는 다시 일어설 준비를

라브르 코르닐로프 장군(왼쪽)과 보리스 사빈코프

하고 있었다."[2]

8월 초 케렌스키는 갈수록 독재자처럼 구는 코르닐로프를 총사령관으로 선임한 것이 현명한 선택이었는지 의문이 들기 시작했다. 코르닐로프는 야전군의 규율 강화를 위해 개혁을 요구했을 뿐 아니라 후방 병영에도 사형제가 확대되기를 바랐는데, 이것은 페트로그라드의 볼셰비키가 잠입한 예비 연대를 노린 것이 명백했다. 코르닐로프는 심지어 전국에 계엄령을 선포하고 파업을 막기 위해 교통과 방위 산업을 군사화하기를 원했다.

현재 밝혀진 증거에 따르면, 소련 역사가들이 줄곧 주장한 것과 달리 코르닐로프는 쿠데타를 모의하지 않았다. 코르닐로프의 주요 목표는 임시정부를 강화해 페트로그라드 소비에트의 손아귀에서 벗어나게 하고 질서를 회복하는 것이었다. 하지만 군 내외부의 많은 코르닐로프 지지자는 갈수록 불안정해지는 케렌스키를 몰아내고 그가 권력을 잡아야 한다고 확신했다. 한 은행가가 러시아 주재 영국 대사 뷰캐넌에게 다가와 "영국군 장갑차를 마음껏 쓸 수 있게 그들을 도와주고 거사가 실패로 돌아가면 도주를 도와달라"라고 부탁하기도 했다. 뷰캐넌은 정중하고도 단호하게 거절하며 "정부의 신임장을 받은 대사에게 정부에 대항한 음모에 공모해 달라고 하는 것"은 너무 순진한 발상이라고 답했다.[3]

케렌스키는 지지를 모으려 모스크바의 볼쇼이 극장에서 국가회의를 소집했다. 그는 이 기회에 러시아를 단결시킬 인물로 자리 잡고자 했다. 하지만 8월 12일 국가회의가 열렸을 때 아직 남아 있는 제정 시대의 화려한 기둥과 금박 사이에서 양 진영은 좌석 선택을 통해 정치적 분열을 극명하게 드러냈다.[4]

첫날에 굳이 참석하지 않은 코르닐로프의 모스크바 방문은 개선 행진이자 도발이 되었다. 알렉산드롭스키Aleksandrovsky역에 도착한 순간부터 코르닐로프는 그를 숭배하며 "러시아를 구원해 주세요!"라고 간청하는 숙녀들에게 수많은 꽃을 받았다. 장교들은 그를 손가마에 태워 역 밖에 있는 지붕이 없는 차까지 모셨다. 추종자들을 태운 많은 차들이 뒤따라오는 가운데 코르닐로프는 차르가 모스크바를 방문할 때면 들러 기도를 올리곤 했던 이베르스카야Iverskaya 예배당에 들렀다.

코르닐로프 장군이 이튿날 마침내 회의에 참석했을 때 프록코트(무릎까지 오는 남자용 서양식 예복-옮긴이)를 입은 기업가들로 주로 이루어진 우파는 벌떡 일어서 기립박수를 보내고 환호했다. 좌파는 모두 몹시 화가 난 얼굴로 미동도 하지 않았다. 과거로 회귀할 생각에 기뻐하는 우파는 중도 좌파와 마찬가지로 이런 정치 양극화가 볼셰비키만 이롭게 할 수 있어 위험하다는 것을 전혀 눈치 채지 못했다. 국가회의에서 코르닐로프의 연설은 짧았고 인상적이지도 않았지만 강당에 있는 그의 박수 부대는 요란하게 환호했다. 수하노프는 "우파의 졸부들은 '철권' 장군만이

1917년 8월 12일 케렌스키가 소집한 국가회의 참석을 위해 모스크바에 도착해 장교들과 우파에게 영웅으로 환영받는 코르닐로프 장군

의지할 수 있는 사람이라고 터무니없는 말을 외치고 있었다"라고 언급했다.[5] 반면 케렌스키의 두서없는 폐회사는 끝없이 계속되었고, 케렌스키는 갈수록 횡설수설했다. 청중들은 이제 그만하라는 표시로 박수를 치기 시작했고 그제야 비로소 갈수록 당혹스러운 연설이 끝났다. 여전히 감정적인 케렌스키는 실신했다. 상황을 통제할 수 없을 만큼 케렌스키의 권력이 쇠퇴하고 있음을 보여주는 순간이었다.

8월 20일 페트로그라드 시의회 선거가 열렸다. 결과는 놀라웠다.

"누가 유일한 승자인가?" 수하노프는 수사적 질문을 던졌다. "바로 얼마 전까지 진흙탕 속에서 짓밟히고, 반역과 뇌물수수 혐의를 받고, 정신적, 물질적으로 궤멸해 선거 당일까지 페트로그라드의 감옥을 채웠던 볼셰비키다."[6] 볼셰비키는 사회혁명당의 뒤를 이어 총득표의 3분의 1을 차지했다. 하지만 케렌스키의 연립정부와 우익 언론에 맞서 볼셰비키를 옹호했던 진정한 민주주의자인 중도 사회주의자 지도자들은 여전히 위험을 감지하지 못했다. 멘셰비키이자 국제공산주의자였던 수하노프는 중도파가 극우파와 극좌파가 제기하는 위협을 보지 못하는 것을 답답해하며 분노했다. "이제 볼셰비키가 보이는가? 이제야 알겠는가?" 수하노프는 역설했다. 그는 우파가 이제 상황을 제대로 파악하고 선제공격에 나설 것이라고 생각했다.

정치를 경멸하는 코르닐로프는 선거 결과에 거의 신경 쓰지 않았다. 그는 철도 수송과 방위 산업에 계엄을 실시하고 군의 규율과 상명하복의 명령 체계를 회복해 달라는 요구사항을 정부에 제출했다. 케렌스키의 전쟁부 차관 보리스 사빈코프가 내용을 다듬는 데 도움을 주었다. 코르닐로프는 케렌스키가 이미 이 사항에 모두 동의한 것을 알고 있었다. 하지만 몇 번의 시도에도 불구하고 결재가 나지 않았고, 총리가 사형제를 후방 부대에도 적용하는 것에 반대했다는 소식이 들렸다. 한편 전선의 일부 부대에서는 지휘관들이 권위를 회복하고 볼셰비키 선동가를 체포하기 시작했다. 공세에서 형편없는 전투력을 보였던 제5군에서는 "자그마치 병사 1만 2275명과 장교 37명이 체포되었다".[7]

케렌스키는 코르닐로프의 요구와 점점 커지는 그의 영향력 때문에 좌파와 우파 사이에서의 줄타기가 위태로워진 것을 깨닫고 놀랐다. 특히 소비에트가 어떤 형태로든 사형제 재도입을 극구 반대했기 때문이다. 반면 코르닐로프는 케렌스키가 7월 사태 이후 볼셰비키 수색에 실패했기 때문에 안심할 수 없었다. 또한 좌파 각료들이 비밀리에 볼셰비키와 협력하고 있다고 의심했다. 코르닐로프는 케렌스키를 압박해 입장을 분명히 밝히게 해야겠다고 생각했다. 그리고 볼셰비키가 크론시타트 수병의 지원으로 또다시 봉기를 일으킬 수도 있다고 생각해 대비하려 했다.

사빈코프에 따르면 케렌스키는 수석 정치위원 필로넨코로부터 장교들이 최고사령부에서 자신을 몰아내려는 음모를 꾸미고 있다는 이야기를 들었다. 케렌스키는 사빈코프를 모길료프로 보내 상황을 조사하고, 페트로그라드 군관구의 지휘권을 자신에게로 이전하도록 코르닐로프의 동의를 얻으라고 지시했다. 그리고 7월 사태 같은 봉기가 다시 일어날 것을 대비해 정부를 지킬 1개 기병군단을 수도로 이전하도록 부탁하라고 이야기했다. 코르닐로프는 케렌스키의 요청에 동의했다. 하지만 불행히도 이 중 어느 것도 기록으로 남지 않았다.

다른 설명에 따르면 코르닐로프는 크리모프Krymov 장군이 이끄는 제3기병군단을 루마니아 전선에서 페트로그라드와 모스크바에 훨씬 가까운 북쪽의 벨리키예루키Velikie Luki로 이동시킬 것을 지시했다고 사빈코프에게 말했다고 한다. 제3기병군단은 카자크 기병 2개 사단과 차르의 동생 미하일 대공이 지휘했던 캅카스의 '야만' 사단을 포함했다. 루콤스키 장군이 왜 부대를 이동시키는지 묻자 코르닐로프는 이유를 설명했고, 항상 경멸했던 구체제를 부활시킬 생각은 전혀 없다고 덧붙였다. 그는 정부의 권위를 회복해 러시아를 구하고 제헌의회 설립을 보장하기로 굳게 결심했다. 8월 21일 독일군이 리가를 점령하자 코르닐로프는 마음이 더 급해졌다.

하지만 국가회의에서 코르닐로프에게 쏟아진 요란한 환호를 잊지 못하는 케렌스키는 총사령관에게 전권을 위임하라는 우익 언론의 요구에 분개했다. 두 사람 사이의 불신과 경쟁은 이후 파멸을 초래하는 일련의 오해를 낳았는데, 이 오해는 모두 두 사람 사이의 특사를 자처했던 한 몽상가가 초래한 것이었다. 리보프 공과는 전혀 관계가 없는 블라디미르

니콜라예비치 리보프Vladimir Nikolaevich Lvov라는 전 두마 의원이 장군들이 케렌스키를 죽이려 한다는 내용을 덧붙여 각색한 최고사령부 관련 음모론을 가지고 케렌스키에게 접근했다. 피해망상에 시달리던 케렌스키는 그의 이야기에 귀 기울였다. 케렌스키는 아마도 리보프에게 코르닐로프와 협상할 권한을 부여하지는 않았겠지만, 더 알아보라고는 지시했을 것이다. 리보프는 자기가 나서서 총사령관 코르닐로프가 권력을 잡게 해야 한다고 믿었던 듯하다. 리보프는 8월 24일 모길료프로 가서 코르닐로프를 만났고, 코르닐로프는 순진하게도 리보프가 케렌스키를 대변한다는 증거를 요구하지 않았다.

리보프는 세 가지 대안을 제시하면서 이것이 이제 자신을 총재라고 칭하는 케렌스키가 제안한 것처럼 보이게 했다. 하나는 케렌스키의 독재, 또 하나는 프랑스 통령정부와 비슷한 공동 독재, 마지막은 케렌스키와 사빈코프를 핵심 각료로 하는 코르닐로프의 독재였다. 리보프가 권한을 위임받아 이 제안을 한다고 생각한 코르닐로프는 케렌스키가 자신에게 권력을 잡으라고 간접적으로 요청하고 있다고 생각했다. 잠시 생각한 후 코르닐로프는 상황을 고려하면 세 번째 안이 가장 좋겠지만 케렌스키의 수하로 남아도 좋다고 말했다. 코르닐로프는 케렌스키가 모길료프를 방문해 상세한 사항을 논의하자고 제안했다.

이틀 후 리보프는 페트로그라드로 돌아가 겨울궁전에서 매우 불안해하는 케렌스키를 만났다. 리보프는 총재에게 다가올 파멸을 이야기했다. 볼셰비키가 쿠데타를 일으킬 것이고 코르닐로프 장군이 통치권을 요구했다. 이미 불안에 떨던 케렌스키는 코르닐로프가 모길료프 방문을 제안했다는 이야기를 듣고 피해망상이 더 심해졌다. 케렌스키는 코르닐로프가 군 민주화에 반대하는 현역 및 퇴역 장교들의 비공식 조직인 '장교연합Union of Officers'의 도움으로 쿠데타를 준비하고 있다고 확신했다. 그 결과 우파가 위험하다고 여겨 좌파와의 관계 회복이 필요하다고 생각했다. 케렌스키는 자신의 라이벌을 무찌르고 자신을 혁명의 구원자로 내세우기로 결심했다.

리보프가 일으킨 오해로 점철된 총체적 난국은 그 이후 비극적 결과로 이어지지 않았다면 촌극에 그쳤을 것이다. 8월 26일 밤 코르닐로프가 루콤스키 장군과 각료 선임을 의논하는 동안 케렌스키는 자정에 비상 각료회의를 소집했다. 케렌스키는 코르닐로프가 반역자라고 고발하고 음모에 대응하기 위해 독재 권력을 요구했는데, 이는 모든 각료의 사임을 뜻했다.

사빈코프는 즉시 엄청난 오해가 생긴 것이라고 짐작하고 목소리를 냈다. 그는 8월 23일 최고사령부에서 코르닐로프와 제3기병군단의 이동을 논의했고 돌아오자마자 케렌스키에게 논의 내용을 보고했다. 사빈코프는 직접 코르닐로프에게 연락해 보라고 얘기했다. 케렌스키는 단호히 거절하며 이미 너무 늦었다고 말했지만, 이것은 전혀 사실이 아니었다. 코르닐로프는 정부를 전복하려 하지 않았다. 8월 27일 오전 2시 40분 이미 합의되었다고 생각한 내용을 확인하기 위해 코르닐로프는 전쟁부 장관을 겸하고 있는 케렌스키에게 전보 제6394호를 보냈다. "군단은 8월 28일 저녁 페트로그라드 지역에 집결할 것입니다. 8월 29일 페트로그라드에 계엄령 선포를 요청합니다. 코르닐로프 장군."[8]

의심으로 바싹 긴장한 케렌스키는 코르닐로프에게 전보를 보내 총사령관직에서 면직되었다고 알렸다. 케렌스키가 보낸 전보는 오전 7시에 최고사령부에 도달했다. 총사령관은 각료 전체의 동의 없이 해임할 수 없는 데다 사빈코프로부터 아무런 말도 없었기 때문에 코르닐로프는 볼셰비키가 쿠데타를 일으켜 각료들을 포로로 잡았다고 생각했다. 케렌스키가 포로가 아니라는 것이 명백해지자 코르닐로프는 케렌스키가 속은 것이 틀림없다고 믿었다. 그날 오후 코르닐로프는 케렌스키가 제기한 반역 혐의에 답하며 러시아 국민에게 성명을 발표했다. 성명은 다음과 같이 시작했다. "러시아 국민 여러분! 총리의 전보는 잘못된 정보를 담고 있습니다. … 조국의 운명을 위험에 빠뜨리는 엄청난 도발이 일어났습니다." 분노로 몹시 흥분한 코르닐로프는 "다수를 차지한 소비에트의 압박하에 있는 임시정부는 독일군 참모본부와 밀접하게 협력하여 움직이고 있습니다"라고 고발하기도 했다.[9]

분노한 코르닐로프는 이제 명백한 반란을 일으켰다. 전보로 군 사령관들의 도움을 요청했고 영국군에 기갑대대의 배치를 요청하기도 했다. "코르닐로프의 참모는 나중에 우리가 협력하지 않아 자신들이 실패했다고 탓했습니다." 로커-램프슨 중령은 해군 장관 에드워드 카슨Edward Carson 경에게 보고했다. "일주일도 안 돼서 케렌스키 씨도 같은 의견을 밝혔습니다."[10] 로커-램프슨은 덧붙였다. 다만 키예프에 주둔하는 영국 기갑 부대의 존재는 그곳에서 코르닐로프의 반란에 대응하는 볼셰비키의 봉기를 막았다고 여겨진다.

모길료프에서 보낸 코르닐로프의 전보를 받은 군 사령관들은 무슨 일이 일어나고 있고 누구를 믿어야 할지 알 수 없어 곤경에 처했다. 군단장으로 승진한 브란겔과 만네르헤임은 둘 다 코르닐로프를 강력히 지지했는데, 비겁한 군 지휘관을 체포하는 문제를 두고 사이가 틀어졌다. 브란겔은 코르닐로프 지지를 망설이고 있던 제8군의 신임 사령관 소코브닌Sokovnin을 처리하겠다고 말했지만, 브란겔이 만네르헤임에게 제9군 사령관 켈쳅스키Kelchevsky 장군을 체포하라고 촉구했을 때 "만네르헤임은 핀란드인답게 이 제안에 냉담한 반응을 보였다".[11]

야만 사단을 앞세운 크리모프 장군의 군단이 페트로그라드로 진군하는 동안 케렌스키가 소환한 알렉세예프 장군은 오로지 혼란을 수습하기 위해 총사령관직 긴급 복귀를 수락했다. 회의를 두 번이나 하고 8월 28일 겨울궁전에서 밤을 보냈는데도 알렉세예프는 "얼버무리고 넘어가려는"[12] 케렌스키가 미심쩍었다. 나중에 밝혀진 대로 케렌스키는 제3기병군단을 페트로그라드로 이동시켜 정부에 대한 공격을 방지하려는 계획을 잘 알고 있었다.

케렌스키가 코르닐로프를 혁명의 배반자라고 비난하자 이제 '전 러시아 소비에트'로 개명한 소비에트가 케렌스키의 편에 섰다. 첸트로발트Tsentrobalt(발트 함대 중앙위원회)는 "케렌스키 총리는 … 전 러시아 노동자·병사 대표 소비에트의 집행위원회와 긴밀히 협력하고 있다"[13]라고 보고했다. 해군 전체를 대표하는 첸트로플로트Tsentroflot(해군 중앙위원회)도 같은 보고를 했다. 당시 오고 간 전보는 케렌스키와 소비에트가 얼마나 긴밀하게 협력했는지 보여준다. "긴급. 해군장관 케렌스키 귀하. 첸트로플로트는 혁명 수호를 위해 구축함 두 척을 즉시 페트로그라드로 보내려 합니다. 회신 바랍니다."[14] 케렌스키는 구축함 네 척의 지원을 요청하면서 네바강으로 들어와 니콜라옙스키 다리 옆에 정박하라고 지시했다.[15]

첸트로발트는 케렌스키에게 "제2발트 근위대에 야만 사단에서 2년 반을 복무한 수병 1개 중대가 있습니다. 오랜 기간 함께 복무하며 병사들 간의 유대가 생겼고 일부 병사는 야만 사단에 친구가 있습니다. 수병들과 야만 사단 사이의 유대를 고려하여 첸트로발트는 두 부대의 긴급 회합 지시를 요청합니다. 첸트로발트는 이것이 매우 유용할 것이라고 생각합니다"[16]라고도 알렸다.

흑해 함대도 케렌스키에게 전보를 보내 "한심한 제정의 용병들이 우리의 소중한 자유를 피에 잠기게 하느니 죽는 게 낫다"[17]라고 선언했다. 극좌파가 케렌스키를 지지하며 보인 도덕적 분개는 그들의 동지들이 불과 한 달 전 케렌스키와 임시정부를 타도하려 했고 케렌스키는 7월 7일 첸트로발트를 해체하려 했던 것을 생각하면 놀라웠다.

케렌스키는 자신이 볼셰비키에 얼마나 큰 권력을 넘겨주고 있는지 전혀 모르는 듯했다. 7월 사태 이후 활동이 금지되었던 적위대는 재무장하고 재배치되었다. 첸트로발트는 소비에트를 지키기 위해 5천 명에 달하는 크론시타트의 수병을 페트로그라드에 배치하라고 지시했다. 케렌스키는 심지어 "혁명의 대의를 더 효율적으로 실천한다는 명목으로 첸트로플로트가 완전 무장한 우편 및 전신 담당관을 보내 페트로그라드 중앙우체국을 점거하는 데에도 동의했다".[18]

케렌스키가 좌파에 적극 협조하는 것을 보고 크론시타트 소비에트는 "혁명의 중추 기관의 신뢰를 높이기 위해 정예 병사이자 혁명의 아들인 동지들을 석방해 달라"고 요청했다. "지금 바로 이 순간 혁명의 가장 뛰어난 수호자 역할을 할 이들이 감옥에서 썩고 있다."[19]

철도 노동자들은 차르를 막았을 때처럼 군용열차를 막으러 이미 모였다. 케렌스키는 "코르닐로프의 이동 경로에 해당하는 발트선, 비나바Vinava선, 리빈스크Rybinsk선 선로가 해체되었고, 코르닐로프의 군대를 저지할 모든 조치를 취했다"[20]라는 소식을 받았다. 발트 함대의 정치위원 오닙코Onipko의 보고에 따르면 "코르닐로프의 지지자인 돈 카자크 병사들을 태운 열차 일곱 대가 탐부르크Tamburg에서 나르바Narva로 오던 도중 발이 묶였다. 기관총 사수조를 포함해 총 2천 명이 타고 있었다". 이들은 선로 일부가 제거되어 멈춰 섰다. "카자크 병사들은 진격하기 위해 선로를 고치려 애썼다."[21]

케렌스키가 코르닐로프를 비난하자 장교들을 향한 병사들의 공격이 급증했다. 병사들은 장교들이 모두 반혁명 분자라고 확신했다. 카자크 장교 막심 쿨리크의 증언에 따르면 핀란드에서는 제42독립 군단의 사령관 오가놉스키Oganovsky 장군과 그의 참모 대부분이 붙잡혔다. "흥분한 병사들이 무슨 이유에선지 비보르크의 두 지역을 잇는 다리 위에 무리지어 모여 있었다. 듣자 하니 병사들이 군단장과 장교들을 끌어와 그곳에 모인 병사 무리 앞에서 케렌스키의 임시정부와 '배반자' 코르닐로프 중 누구를 지지하는지 선언하게 했다고 한다. 그러고 나서 병사들은 포로들을 다리 밑으로 던졌다. 장교들이 헤엄치려 하자 총으로 쏘았다. 야수가 된 군중은 이 잔혹 행위를 보며 야유를 보내고 큰소리로 웃었다. 처형 직후 병사들은 병영으로 돌아갔고 다리에는 아무도 남아 있지 않았던 것을 보면 그들은 자신들의 잔혹성에 놀랐던 듯하다."[22]*

이 "마구잡이식 폭력"[24]의 일환으로 전함 페트로파블롭스크Petropavlovsk의 장교 네 명이 "핀란드 혁명위원회Revolutionary Committee of Finland의 처분에 맡겨져 육지로 내려갔다가 부둣가에서 감시병에게 살해되었다". 이들의 죄목은 노동자·병사 대표 소비에트의 집행위원회에 복종하겠냐는 질문에 "아니"라고 답한 것이었다.[25]

9월 1일 첸트로플로트는 "코르닐로프 장군, 루콤스키 장군, 로마놉스키Romanovsky 장군, 플류솁스키Plyushchevsky 대령이 모길료프 노동자·병사 대표 소비에트에 체포되었다"고 보고했다. 이들은 특별조사위원회에 넘겨질 예정이었고 "코르닐로프의 모반에 관련된 그 외 인물의 체포는 모길료프 노동자·병사 대표 소비에트가 맡기로 했다".[26] 크리모프 장군은 항복 후 겨울궁전에서 임시위원회의 심문을 받았다. 케렌스키는 크리모프와 이야기하기를 거부했다. "조국을 구할 마지막 기회였지만 패배했다. 더 살아 무엇하겠는가."[27] 크리모프는 종잇조각에 글을 남긴 후 자기 가슴에 총을 쐈다.

많은 이들이 가장 정직한 인물로 여겼던 알렉세예프 장군은 이 사건에서 케렌스키가 보인 부정직함에 염증을 느껴 사임했다. 9월 12일 알렉

* 첸트로플로트는 이 사건을 간략하게 기록했다. "군단장과 비보르크 요새의 지휘관 아라놉스키Aranovsky 장군, 튜레니우스Tyurenius 대령, 그 외 장교들은 코르닐로프를 지지하여 체포되었다. 군단장, 아라놉스키 장군, 튜레니우스 대령은 요새로 이송되는 과정에서 흥분한 군중에게 살해되었다."[23]

세예프는 파벨 밀류코프에게 다음과 같은 편지를 보냈다.

"존경하는 파벨 니콜라예비치! 8월 31일 페트로그라드를 떠나기 전 그대를 볼 수가 없었소. 이제 나는 사임했고 페트로그라드로 돌아올 수 없으니 이렇게 편지를 남길 수밖에 없게 되었소. 자네와 유명 인사들의 폭넓고 적극적인 도움이 시급히 필요하오. 사실 누구라도 도움을 주면 좋겠소. 내가 사임한 것은 코르닐로프 사태의 처리 방식에 강한 거부감이 들었기 때문이오.

정부 각료들은 러시아 전 국민에게 8월 27일부터 31일까지 일어난 사건은 기존 체제를 전복하고 자신들이 권력을 잡으려는 몇몇 장군과 장교들이 일으킨 반란일 뿐이라고 설득하는 데 엄청난 노력을 기울이고 있소. 이들은 이 사회에 조국을 배반한 소수의 반란 세력을 지지하는 이들이 전혀 없었다고 입증하려 하고 있소. 그래서 반란 세력이 혁명군사재판 같은 미개한 재판을 받고 사형을 구형받아야 한다고 주장하려 하오. 이 재판을 신속하게 진행하는 것은 모든 진실과 이 사건의 진짜 목적, 정부 인사의 참여를 은폐하기 위해서요.

코르닐로프는 정부 각료 모르게 움직이지 않았소. 사빈코프, 필로넨코와 상의했고 그들을 통해 케렌스키와도 상의했소. 초기 협상과 합의에 위의 공직자들이 관여했다는 사실을 숨길 방법은 야만적인 군사재판뿐이오. 분명히 케렌스키도 관여했소. 왜 코르닐로프가 움직이기 시작했을 때 이들이 모두 발을 뺐는지, 왜 약속을 어겼는지 알 수가 없소."[28]

다행히 케렌스키는 적어도 혁명재판을 열겠다는 계획은 접었다. 케렌스키의 임시위원회는 9월 2일 모길료프에 도착해 코르닐로프와 체포된 장군과 장교 30여 명을 비호프Bykhov(지금의 벨라루스 비하우)의 수도원에 가두기로 했다. 데니킨 장군과 마르코프Markov 장군은 남서부전선군 장교학교의 생도로 구성된 2개 중대가 비호프까지 호송했다. "죄수들이

끌려 나왔다.” 한 호송병이 남긴 글이다. “데니킨 장군과 마르코프 장군 뒤를 참모장교들이 따랐다. 우리 중대장이 명령했다. ‘받들어, 총!’ 죄수들은 부동자세를 한 중대 사이를 걸어갔다. 다시 명령이 내려졌다. ‘어깨총!’ 역겨운 광경이 이어졌다. 이것은 장군과 참모장교들을 위한 십자가의 길(비아 돌로로사. 예수가 십자가를 짊어지고 지나간 길-옮긴이)이었다. 고삐 풀린 병사들은 휘파람을 불고 욕을 하며 야유를 보냈다. 돌멩이들이 날아다니기 시작했다. 그중 하나가 마르코프 장군의 광대뼈에 맞았고 피가 흘렀다. 중대장들은 ‘조준!’이라고 지시했다.” 생도들은 소총을 견착시켰다. “군중들은 바로 움찔했다.”[29] 코르닐로프는 이런 모욕을 당하지 않았다. 테킨치 기병 호위대에 둘러싸여 임시 감옥으로 차를 타고 들어갈 수 있도록 허가받았다.

브란겔 장군은 코르닐로프를 지지했다는 것이 널리 알려져 군단장에서 해임되었다. 코르닐로프 체포 후 사태의 추이를 지켜본 브란겔은 아내가 있는 크림반도의 처가 영지로 떠났다. 두 달 후 볼셰비키가 정권을 장악하자 브란겔은 크림반도의 타타르인 친구들과 잠적했다.[30]

갑자기 많은 사람이 어떤 형태로든 망명을 고려하게 되었다. 코르닐로프 체포 후 앞날은 매우 험난해 보였다. 러시아는 감옥이 될 수 있었다. 전 러시아 노동자·병사 대표자 소비에트의 중앙위원회는 “배반자들이 러시아를 떠나게 내버려 둘 수 없다”[31]는 긴급 결정을 내리려 했다.

혁명의 구원자가 될 것이라는 케렌스키의 꿈은 금세 깨졌다. 케렌스키가 풀어준 볼셰비키의 주요 인사들은 그에게 조금도 고마워하지 않았다. 우파와 등지고 좌파의 비위를 맞췄지만, 좌파에게 케렌스키의 이용 가치는 떨어졌고, 케렌스키가 수장으로 있을 날은 얼마 남지 않았다. 레닌은 여전히 어쩔 수 없이 핀란드에 숨어 지냈음에도 이를 확신했다. 9월 14일 레닌은 볼셰비키 중앙위원회에 서신을 보냈다. “성공적인 반란의 조건이 모두 갖춰졌다.”[32]

08

10월 혁명
1917년 9-11월

코르닐로프의 패배는 케렌스키에게 피로스의 승리(승리했지만 득보다 실이 많은 경우. 상처뿐인 영광-옮긴이)보다도 훨씬 좋지 않았다. 9월 초 케렌스키는 방첩부를 폐지했다. 코르닐로프 사태 중 첸트로발트는 다음과 같이 보고했다. "방첩부 관련: 헬싱포르스 지부는 새로 설립된 혁명위원회의 엄격한 통제하에 있음."

9월 4일 코르닐로프 장군 체포 사흘 후 레프 트로츠키가 보석으로 석방되었다. 레닌이 몸을 숨기고 있는 동안 볼셰비키에 막 입당한 트로츠키는 당시 스탈린이 더 유리한 위치에 있었음에도 당의 지도자 역할을 맡았다. 트로츠키는 고압적인 태도 때문에 동료들, 특히 카리스마가 덜한 스탈린의 환심을 사지 못했다. 타고난 웅변가였던 트로츠키는 자기 능력을 마음껏 발휘하여 예리하고 재치 있는 연설로 거대한 시르크 모데른Cirque Moderne 같은 페트로그라드의 커다란 홀을 가득 메운 청중들을 흥분시켰다. 트로츠키는 군중 사이에 누가 봐도 부르주아 혹은 '부르주이' 같은 옷차림을 한 사람이 눈에 띄면 조롱하기를 즐겼다. 미국 언론인 존 리드John Reed에 따르면 "트로츠키의 길고 뾰족한 얼굴은 정말이지 사악하게 빈정대는 메피스토텔레스 같았다".[1]

레닌처럼 트로츠키도 민주주의를 참을 수 없었고 제헌의회 구성을 준비하는 당 대표들로 구성된 '임시 의회'를 비웃었다. 긴 논쟁 때문에 일의 진척이 늦었던 임시 의회는 볼셰비키의 손에 놀아나 임시 의회가 끝장나기 전까지 토지 개혁에 관한 어떤 결정도 내리지 못했다. 트로츠키는 민주주의자들이 인민에게 "지적인 체하고, 귀족 흉내를 내고, 비위

상한다는 듯한 태도"[2]를 보이는 것을 멸시했고, '우둔한 민중'을 불신하는 것을 경멸했다. 하지만 레닌도 비볼셰비키, 특히 그가 필요로 했던 기회를 맹목적으로 밀어붙여 만들어낸 '우둔한 민중'을 조금도 신뢰하지 않았다. 도시 공장의 파업과 지주 저택과 농장의 무차별 파괴는 매일같이 케렌스키 정권의 무능함을 드러냈다.

볼셰비키에는 절호의 기회였다. 이제 볼셰비키가 소비에트 위원회에 침투해 지배하고 통제할 수 있다고 본 레닌은 "모든 권력을 소비에트로!"라는 구호를 부활시키는 데에 동의했다. 코르닐로프 사태와 케렌스키의 애매한 사태 개입은 의회 민주주의에 대한 신뢰를 무너뜨렸다. 대부분 점잖은 지식인이었던 멘셰비키와 사회혁명당의 주요 인사들은 갈수록 현실을 인지하지 못하는 듯했다. 이들은 코르닐로프를 지지했던 카데트와 연합하는가 하면 7월 사태로 기회가 주어졌을 때 임시정부 대신 권력을 잡기를 거부했다.

'우둔한 민중'인 병사들은 장교를 모두 반혁명 세력으로 보는 경향이 있었는데, 이제 케렌스키와 정부 각료들이 자신들의 권력을 확고히 하기 위해 전쟁을 질질 끌려 한다고 의심했다. 많은 병사가 단순히 '제국주의 전쟁'에 반대한다는 이유만으로 볼셰비키에 가입했다. 전쟁을 정당화하려 한 사회혁명당은 신임을 잃었고, '방어주의'라는 설득력이 없는 타협안을 지지하는 멘셰비키도 마찬가지였다.

"볼셰비키의 주장이 훨씬 타당했다." 이반 세레브렌니코프Ivan Serebrennikov는 주장했다. "볼셰비키의 주장에 따르면 전쟁은 자본가들의 배만 불려주고 있으므로 끝나야 한다. 총검을 땅에 꽂고 고향으로 돌아가라. 이것은 회색 외투를 입은 농민들에게는 분명하고 단순하며 매우 솔깃한 주장이다. … 갈수록 무너져만 가는 전선은 적극적인 볼셰비키 선동가 수백만으로 이루어진 군대를 키우고 있다. 이 최전방 병사(프론토비크frontovik)들은 곧 러시아 전역을 가득 채울 것이다."[3]

민중이 정치에 무지한 이 시기에 볼셰비키의 최고 강점은 토론을 통해 청중을 설득하는 대신 연설가가 반복해서 구호를 외치는 것이었다(이 방법은 여전히 먹히는 듯하다). 작곡가 림스키-코르사코프Rimsky-Korsakov의 우파 친척은 오룔Orel로 향하는 열차에서 초보 선동가들과 같은 칸에 타게 되었다. 한두 명은 볼셰비키에게 유행하는 작은 콧수염을 하고 있었다. "그들은 구호를 외우려고 큰 소리로 여러 번 반복했다. '오두막에 평화를, 궁전에 전쟁을!' '영토 할양이나 배상 없는 강화를!' '노동자에게 토지를!' '공장 국유화!' '부르주이에게 죽음을!' 등등. 그들은 모스크바의 무슨 회의에 참석하는 대표단이었다."[4]

9월 중 페트로그라드의 공장 노동자와 수비대 병사들 중 볼셰비키 지지자가 급증했다. 볼셰비키는 이제 페트로그라드 소비에트와 모스크바 소비에트에서 모두 과반수를 차지했다. 레닌은 볼셰비키가 권력을 장악하러 나설 때가 됐다고 생각했다. 9월 둘째 주 레닌은 핀란드의 은신처에서 볼셰비키 중앙위원회로 두 통의 서신을 보냈다. "인민의 대다수가 우리 편이다"라는 과도한 낙관주의와 함께 레닌은 볼셰비키가 "정권을 잡을 수 있고 잡아야 하며 … 지금 우리가 할 일은 페트로그라드와 모스크바(그리고 두 도시의 인접 지역)에서 무장봉기를 일으켜 권력을 잡고 정부를 타도하는 것이다. 우리는 언론에 너무 많은 것을 명시적으로 밝히지 않으면서 선동할 방법을 고민해야 한다"[5]라고 주장했다.

하지만 중앙위원회는 몹시 당황스러웠다. 어설프게 봉기를 일으켰다가는 케렌스키가 볼셰비키를 무자비하게 탄압할 빌미가 될 수 있었다. 레닌은 이 주장을 뒤집어 탄압받을 수 있기 때문에 지금 바로 행동에 나서야 한다고 주장했다. 레닌이 정말로 우려한 것은 볼셰비키가 10월에 열릴 소비에트 대회까지 기다렸다가 그가 '타협주의자'라며 경멸한 멘셰비키와 사회혁명당과 권력을 공유하는 것이었다. 레닌은 그 어느 때보다도 볼셰비키가 단독으로 정권을 잡기를 원했다.

트로츠키마저도 당장 반란을 일으키지 못해 안달하는 레닌을 보고 불안해했다. "볼셰비키에 대한 불신은 지지로 아니면 최소한 중립적으로 지켜보겠다는 태도로 바뀌었다." 트로츠키는 기록했다. "하지만 적극적인 지지는 아니었다. 병영에서는 정치적 지지가 언제든 바뀔 수 있어 여전히 극도로 불안정하고 농민들만큼이나 미덥지 않았다."[6] 트로츠키는 "수동적인 부대들에서 … 혁명의 편에 서서 싸울 준비가 된"[7] 병사들이 1천 명도 안 될 것으로 추정했다. 트로츠키는 "이제 공장과 노동자 구역의 민병대가 아니라 미래의 반란군의 핵심인"[8] 적위대에 훨씬 큰 희망을 걸었다.*

장교들이 살기 위해 탈영하면서 군의 붕괴는 가속화되었다. 모길료프의 최고사령부에서 온 육군 대령 드미트리 게이덴Dmitry Geiden 백작은 즈메린카Zhmerinka에서 열차를 갈아타면서 병사들이 장교들을 괴롭히고 모욕하는 것을 보고 불안에 떨었다. 그는 의미심장한 글을 남겼다. "야수가 사슬에서 풀려난 것이 분명했다. 전장에서 3년을 보낸 후 그들은 피에 익숙해졌고 살인이 공기나 음식같이 우리에게 필요한 지극히 일상적인 것처럼 얘기하고 있었다." 파괴를 조금이라도 줄이기 위해 지방 당국이 할 수 있는 것이라곤 쌓여 있는 술병들을 깨는 것뿐이었다. "파도처럼 밀려오는 귀환 병사들이 우리가 있는 곳에서 17베르스트(베르스트는 러시아의 옛 거리 단위로 1베르스트는 1.067킬로미터-옮긴이) 떨어진 브라일로프Brailov에서 멈춰 양조장을 습격했다. 많은 이들이 증류주 저장통 안에서 죽었다."[9]

독일군이 발트해 연안을 넘어 페트로그라드로 계속 진격하자 러시

* 우리츠키는 10월 중순 페트로그라드 적위대가 4만 명에 달했다고 추정했지만, 트로츠키마저도 이 추정치는 과장이라고 인정했고 나중에는 적위대의 수는 2만 명이 채 되지 않았다고 이야기했다.

아는 큰 불안에 빠졌다. 케렌스키 정부는 수도를 버리고 피난해야 할 경우를 대비해 예방 조치를 취하기 시작했다. "예르미타시 미술관의 소장품이 담긴 상자들이 우리 박물관에 도착하기 시작했다."[10] 10월 1일 모스크바 역사박물관 관장 오레시니코프Oreshnikov가 기록했다. 하지만 정부는 10월 6일이 돼서야 페트로그라드 수비대 다수에게 서쪽 접근로를 막으라고 지시했다. 소비에트에서 트로츠키와 볼셰비키는 이 지시가 수도에서 혁명의 수호자들을 몰아내려는 음모라고 이야기했다. 볼셰비키는 실제 상황을 뒤집어 자신들의 쿠데타 계획으로 삼으면서 2월 혁명이 "코르닐로프를 지지하는 군인과 민간인들이 공공연하게 준비한 공격"[11] 때문에 여전히 위험에 처해 있는 척했다. 의도적인 전략이었다. 트로츠키는 이렇게 인정했다. "반란은 공세를 통해 성공할 수 있지만 정당방위처럼 보이면 더 수월하게 전개된다."[12]

한편 레닌은 헬싱포르스에서 비보르크의 핀란드 국경으로 이동했다. 그곳에서 다시 수염을 밀고 회색 가발을 쓰고 루터교 목사 복장을 한 채 비밀리에 페트로그라드로 복귀했다. 레닌은 직접 볼셰비키 중앙위원회의 앞에 나서 자신의 요구에 가능한 한 빨리 따르도록 강요할 생각이었다.

10월 10일 밤 레닌은 한 아파트에서 가발을 쓴 목사 차림으로 중앙위원회 위원 10여 명과 만났다. 이 아파트는 멘셰비키인 니콜라이 수하노프와 볼셰비키인 그의 아내의 집이었다. 피곤한데 집까지 오지 말고 일터 가까운 곳에서 밤을 보내라는 아내의 말을 들은 수하노프는 이 모임에 관해 전혀 모르고 있었다. 모임의 참석자는 트로츠키, 스탈린, 펠릭스 제르진스키Feliks Dzerzhinsky, 모이세이 우리츠키Moisei Uritsky(미래의 페트로그라드 체카 수장), 스베르들로프, 알렉산드라 콜론타이, 카메네프, 지노비예프였다.

레닌을 보자마자 다들 희한한 변장에 폭소를 터뜨렸지만, 분위기는 금세 심각해졌다. 무장봉기를 일으키겠다는 레닌의 결심은 확고했다. 레닌은 이제 말만 앞세우지 말고 행동에 나설 때라고 주장했다. 레닌은 또한 혁명이 전 세계는 아닐지라도 전 유럽에 즉시 퍼질 것이라고 확신했다. 레닌이 한 시간 얘기한 후 시작된 토론은 밤새 이어졌다. 결국 그 자리에 있던 중앙위원회 위원 대부분이 레닌의 주장대로 반란을 일으키는 것에 찬성했고 카메네프와 지노비예프는 반대했다. 카메네프와 지노비예프는 레닌이 당의 미래 전체를 위험에 빠뜨리고 있다고 주장했다. 지노비예프는 침착하게 만약 무장봉기가 실패하면 모두 총살될 것이라고 말했다. 레닌이 하루빨리 행동에 나서지 못해 안달한 것은 11월에 있을 제헌의회 선거와 관련해 곧 주요 정당 간 협상이 시작되기 때문이기도 했다. 레닌은 볼셰비키가 전국에서 과반수를 득표하지 못할 것이라고 생각했다. 농민들은 여전히 사회혁명당에 투표할 것이 뻔했다.

사흘 후 트로츠키의 재촉으로 전 러시아 소비에트는 '밀레브콤Mil-revkom'이라는 약칭으로 불리게 될 군사혁명위원회Military Revolutionary Committee를 설립했다. 군사혁명위원회는 봉기 준비라는 주요 목적을 숨기기 위해 다양한 임무를 맡았다. 트로츠키의 기록에 의하면 "이와 같은 위장 목적으로 볼셰비키가 아닌 사회혁명당원을 위원장으로 선임했다".[13] 트로츠키는 위원장인 파벨 예브게네비치 라지미르Pavel Evgenevich Lazimir가 "이미 볼셰비키와 같은 길을 걷고 있던 좌파 사회혁명당원"이라고 설명했다. 멘셰비키와 우파 사회혁명당은 군사혁명위원회가 베일을 쓴 볼셰비키 조직에 지나지 않는다는 것을 알고 놀랐다. 하지만 그들은 실현 가능성이 매우 큰 볼셰비키의 권력 장악 계획보다 존재하지도 않는 반혁명 세력의 쿠데타를 두려워하고 있었다.

10월 16일 볼셰비키 중앙위원회는 페트로그라드 외곽에서 또다시 회의를 열었다. 이번 회의도 밤새 이어졌고 언쟁은 더 격해졌다. 격분한 레닌은 인민이 볼셰비키를 지지하고 있고 유럽의 노동자들도 곧 러시아를 따라 혁명을 일으킬 것이라는 주장을 거듭 반복했다. 처음에는 대부분이 레닌의 주장에 반대했지만, 레닌은 순전히 자신의 카리스마로 러시아 노동자와 병사 다수는 아직 반란에 참여하려 하지 않는다고 주장하는 반대파를 꺾었다. 결국 레닌의 결의안이 채택되었다. 그 결과 원하는 대로 할 수 있게 되었는데도 레닌은 주변에 무능한 겁쟁이뿐이라고 확신하며 여전히 심기가 불편했다.

레닌의 곁에 거침없는 모략으로 무장봉기를 준비하는 트로츠키가 있던 것은 대단한 행운이었다. 페트로그라드 소비에트를 장악한 뒤 트로츠키는 군사혁명위원회를 설립하고 수비대의 행동을 제어할 그럴듯한 자격을 부여했다. 비록 레닌이 원하는 방식은 아니었지만, 볼셰비키의 무장봉기 계획은 이미 시작되었다. 레닌의 동료 대부분은 군사혁명위원회를 통해 반란을 진행하려는 트로츠키의 계획을 지지했다. 트로츠키는 군사혁명위원회 위원장의 지위를 이용하여 페트로그라드의 한 군수 공장에 소총 5천 정을 적위대에 지급할 것을 명령했다.

케렌스키는 볼셰비키의 봉기 준비를 잘 알고 있으면서도 지금 상태에 만족했다. 케렌스키는 영국 대사 조지 뷰캐넌 경에게 "볼셰비키가 나서기만 기다리고 있소. 그러면 진압할 것이오"[14]라고 말했다. 10월 20일 케렌스키는 블라디미르 나보코프에게 볼셰비키는 완전히 패할 것이기 때문에 볼셰비키의 반란을 환영한다고 큰소리쳤다. 같은 날 전쟁부 장관 알렉산드르 베르홉스키Aleksandr Verkhovsky 장군은 케렌스키에게 러시아군은 전투 능력이 없으므로 독일과 강화 협상을 시작하고 볼셰비키의 선수를 치는 것이 최선이라고 경고했다. 케렌스키는 격분하며 그의 의견을 거부하고 해고했다. 군 지휘관들도 대다수 수비대가 무장봉기에 반대했다는 이유로 볼셰비키의 위협을 진지하게 여기지 않았다. 하지만 그렇다고 해서 그들이 정부를 구하러 나설 준비가 되었다는 뜻은 전혀 아니었다. 케렌스키가 볼셰비키 조직이 불법이라고 선언하기를 거부했다는 소식을 듣고 카자크 병사들은 이 정부를 위해 목숨을 걸 필요가 없다는 것을 깨달았다. 카자크는 중립을 지키기로 했다.

극우 언론이 퍼뜨린 거짓 정보를 근거로 정부는 10월 17일, 10월 20일, 그리고 그로부터 이틀 후 다시 한번 반란에 대비했다. 10월 18일 고리키는 기록했다. "10월 20일 '볼셰비키가 행동에 나설 것'이라는 소문이 계속해서 퍼지고 있다. 7월 3일부터 5일까지 벌어졌던 역겨운 광경이 되풀이될 수 있다는 말이다."[15] "늑대다!"라고 외치는 양치기 소년의 거짓말은 볼셰비키에 유리하게 작용했다. 10월 22일 전쟁부는 군사혁명위원회에 최후통첩을 보내 연대를 주둔시키고 오직 군사혁명위원회의 지시에만 따르라는 트로츠키의 명령을 철회하라고 지시했다. 볼셰비키는 순전히 시간을 벌어 체포를 피하기 위해 협상을 제안했다. 이 전략이 먹혔다. 케렌스키는 볼셰비키가 7월처럼 다시 겁을 먹었다고 생각했다.

먹구름이 모여들면서 러시아 곳곳의 도시들에서는 긴장이 고조되었다. 모스크바 역사박물관은 국보를 받아 보관하기 시작했다. 과학아카데미는 가장 귀한 레르몬토프Lermontov와 푸시킨Pushkin의 원고와 푸시킨의 에메랄드 반지를 보내왔다.[16] 오데사의 옐레나 라키에르는 일기에 이렇게 적었다. "오늘 아무도 밖에 나가지 않았다. 볼셰비키가 무장봉기를 일으켰기 때문이다. 봉기에 나선 사람들의 수는 점점 늘어나고 있다. 그들은 쉼 없이 선동하고 놀라운 결과를 얻어낸다. 사람들을 자극해 습격과 폭동에 참여하도록 부추기고 있다. 끝이 좋지 않을 것 같다. 거리에는 강도들이 날뛴다. 사람들의 모자, 코트, 심지어 옷까지 약탈한다. 시민들은 해가 진 후에는 집에 머무를 수밖에 없다."[17]

카자크가 페트로그라드의 프롤레타리아 거주지 야간 순찰을 강화했고 겨울궁전을 지키는 병력이 보강되었다는 트로츠키의 말은 엄청난 과장이었다. 이런 과장은 군사혁명위원회가 먼저 일을 벌인 것이 아니고 우파의 위협에 대응했을 뿐이라는 볼셰비키의 거짓 서사 중 하나였다.

이 거짓말은 케렌스키가 혁명을 박살내기 위해 독일군에게 페트로그라드를 넘겨주려 한다는 헛소문과 함께 퍼졌다.

트로츠키는 크론시타트에서 불어온 발트해의 매서운 찬 바람[18]이 페트로그라드의 광장과 부두를 휩쓸고 있다고 이야기했다. 이런 식으로 트로츠키는 부르주아가 몹시 두려워하는 발트 함대의 수병들을 들먹이며 그들을 위협했다. 가을비로 거리는 진흙탕이 되었다. 대규모 집회에서는 흠뻑 젖은 양가죽 모자, 병사들의 회색 외투, 여인들의 머리를 덮은 모직 숄에서 나는 젖은 양털 냄새가 났다. 한편 알렉세예프 장군에 따르면 페트로그라드에는 무장봉기가 일어나더라도 충분히 저지할 수 있을 만큼 장교들이 많았지만, 이들은 사기가 땅에 떨어져 자포자기로 술독에 빠져 지냈다.*

화려한 페트로그라드의 이미지는 2월 이후 실추되었지만, 트로츠키는 이런 이미지가 여전히 유용하다고 생각했다. "근위대 장교들은 여전히 박차를 철컥이며 모험을 찾아다니고 있다." 트로츠키는 썼다. "고급 레스토랑의 개인실에서는 난잡한 파티가 벌어지고 있다. 자정이 넘으면 소등을 해야 하지만 샴페인이 촛불에 반짝이는 도박 클럽은 아랑곳도 없이 성행하고 있다. 여기서는 저명한 도박꾼들이 마찬가지로 저명한 독일 첩보원들에게 사기를 치고, 제정복고주의자들이 유대인 밀수업자의 내기에 돈을 건다. 이곳에서 오가는 천문학적인 금액의 판돈은 도시의 방탕과 인플레이션이 어느 정도인지 보여준다."[19]

대부분의 성공한 쿠데타와 마찬가지로 페트로그라드에서도 결과는 주로 대다수 국민의 무관심과 기존 정부의 신뢰 상실에 달려 있었다. 케

* 알렉세예프는 페트로그라드에 1만 5천 명의 장교가 있었고 그중 3분의 1은 전투에 나설 각오가 되어 있다고 생각했다.

렌스키를 신뢰하지 않는 귀족과 중산층은 체념이나 절망에 빠져 다가올 운명을 무력하게 기다릴 뿐이었다. 케렌스키는 아직도 현실을 파악하지 못하며 자신이 나폴레옹이 아니라는 것을 드러냈다.

한편 트로츠키는 기갑사단과 페트로파블롭스크 요새에 특히 관심을 기울이고 있었다. 10월 23일 월요일 오후 트로츠키는 안뜰에서 수비대 회의가 진행 중인 페트로파블롭스크 요새에 방문했다. 트로츠키는 병사 대부분이 볼셰비키를 지지할 준비가 되어 있었고 군사혁명위원회의 지시만 따르기로 맹세했다고 주장했다. 트로츠키가 이곳에 관심을 기울인 것은 (차르의 바스티유 감옥이라는) 상징성 때문만은 아니었다. 인접한 크론베르크스키Kronverksky 무기고는 소총 10만 정을 보유한 것으로 추정되었다. 그는 무장봉기에 반대할 가능성이 큰 페트로그라드의 카자크 연대들을 포섭하려고도 했지만, 지도부가 부재한 상태에서 카자크는 중립을 지켰다. 파블롭스키 근위연대와 제1기관총연대, 다른 예비 대대의 몇몇 부대를 제외하면 볼셰비키의 무장봉기를 지지한 수비대 병력은 지금까지 흔히 제시된 수치보다 훨씬 적었다.

다음 날인 10월 24일 화요일 이른 오전 페트로그라드의 군 참모는 젊은 '융커' 사관생도로 이루어진 1개 중대에 볼셰비키 인쇄소를 폐쇄하라고 지시했다. 트로츠키의 군사혁명위원회 위원을 체포하라고도 지시했지만, 이미 너무 늦었다. 정부가 해낸 것이라곤 네바강 위의 도개교들을 열어 페트로그라드 도심으로 시위대가 몰려드는 것을 막은 것뿐이었다. 이바놉스키Ivanovsky 군사학교에서 겨울궁전을 지키기 위해 사관생도 부대가 파견되었다.[20] 여기에 자전거중대, 소수의 카자크, 여성 결사대대의 2개 중대가 합세했지만, 총병력은 1500명이 채 되지 않았다.

10월 25일 수요일 새벽 3시, 크론시타트에서 파견된 경순양함 오로라Aurora가 네바강으로 들어와 니콜라옙스키 다리 바로 아래 닻을 내렸다. 날이 밝기 전 적위대는 주요 건물과 기차역을 점령했고 다리를 지키던 사관생도 경계병들의 무기를 빼앗았다. 트로츠키는 보병 1개 중대가 전투 없이 중앙전화국을 차지했고, 수병 부대가 국립은행을 점거했다고 주장했다.* 하지만 실제로는 사관생도 무리가 해군본부로 이어지는 고로호바야Gorokhovaya 거리의 전화국에 먼저 도착해 점거했다.

볼셰비키 미하일 라셰비치Mikhail Lashevich가 이끄는 라트비아 소총 연대를 태운 트럭 여러 대가 전화국 밖에 정차했다. 가장 먼저 트럭에서 내린 라트비아인 병사들은 보초들을 사살했다. 부대는 건물 안으로 들어가 위층의 사관생도들에게 사격을 개시했다. 여성 전화 교환원들은 겁에 질려 소리를 질렀다. 근처 골목에 숨어 이 광경을 목격한 모자 장수의 수습생이 기록한 바에 따르면, "라트비아 병사들과 사관생도들 양쪽 다 살해당하고 부상당하고 창밖으로 던져졌다. 시체가 땅에 떨어지며 뼈가 부러지는 소리가 들렸다. 내 옆에선 여인들이 성모님께 기도를 드리며 울고 있었다. 러시아어를 할 줄 아는 한 라트비아인 병사가 도시에서 봉기가 시작되었다고 설명해 주었다. 노동자와 병사들은 부르주아 러시아 정부에 대항해 반란을 일으켰다. 모든 것이 끝났을 때, 우리는 골목에서 나와 병사들의 시체를 보았다. 그들은 머리가 깨져 얼굴이 피에 물든 채 누워 있었다. 우리는 시체를 트럭에 싣는 것을 보았고 라셰비치가 시체를 네바강에 가져가 던지라고 지시하는 것을 들었다".[21]

케렌스키는 각료들을 겨울궁전의 공작석 방에 남겨두고 오전 9시 조금 넘어 세르비아 장교로 변장해 이미 빠져나간 뒤였다. 그는 성조기가 펄럭이는 미국 대사의 차를 타고 도시를 빠져나가 병력 증원을 요청하러 프스코프의 북부전선군 사령부로 향했다. 아이러니하게도 케렌스

* 트로츠키의 진술은 무장봉기 도중 및 이후에 저항이 거의 없었고, 페트로그라드의 거의 모든 연대가 볼셰비키로 넘어왔다는 인상을 주려 한다.

키가 볼셰비키에 대항해 동원할 수 있었던 유일한 부대는 이제 표트르 크라스노프Pyotr Krasnov 중장이 지휘하는 제3기병군단의 돈 카자크 기병뿐이었다.

이 중요한 날, 눈에 띄지 않게 몸을 숨기고 있던 레닌은 더는 아파트에 갇혀 있을 수 없었다. 가발과 안경을 쓰고 머리에 붕대까지 감은 레닌은 동지 한 명과 함께 전차를 타고 군사혁명위원회 본부로 향했다. 군사혁명위원회가 본부로 사용한 스몰니Smolny 학원은 팔라디오 양식의 거대하고 호화로운 건물로 귀족 영애들이 교육받던 곳이었다. 이곳은 이제 지붕에 맥심 기관총을 얹고 입구에 경포 몇 문이 놓여 요새처럼 보였다.

타브리체스키궁이 소비에트와 소비에트 집행위원회 본부가 된 것처럼, 스몰니 학원은 사회혁명당과 멘셰비키가 차지했다. 그래서 레닌은 변장한 채 아주 조심스럽게 안으로 들어갔다. 처음에는 누구도 회의실 탁자 끝에 앉은 레닌을 알아보지 못했다. 일설에 따르면 멘셰비키 대표로 참석한 표도르 단Fyodor Dan은 코트를 가지고 가려 두어 명의 친구와 방에 들어왔다가 변장한 레닌을 바로 알아보고 서둘러 방을 나섰다고 한다. 레닌은 폭소하며 단을 비웃었다.[22]

레닌은 지체하지 않고 〈러시아 인민들에게!〉라는 선언문을 작성했다. 이 선언문은 전형적인 시기상조의 발표로 시작한다. "임시정부는 물러났습니다. 국가권력은 페트로그라드 노동자·병사 대표 소비에트 기관, 그리고 페트로그라드 프롤레타리아와 수비대를 이끄는 군사혁명위원회의 손에 들어왔습니다."[23] 이 자신감 넘치는 선언에도 불구하고 바닥에 누워서 자는 체하던 레닌은 아직 안심할 수 없었다.

케렌스키의 각료들은 겨울궁전의 공작석 방에서 자신들의 수장이 기병 구원대를 이끌고 나타나기를 기다렸다. 하지만 세르게이 에이젠시테인Sergei Eisenstein의 선전 영화로 오늘날까지 전해지는 볼셰비키 신화의 유명한 겨울궁전 습격은 영웅적인 것과는 거리가 멀었다.

궁전 광장은 사관생도들이 기관총과 경포로 방어하고 있었다. 통나무와 모래주머니로 만든 작은 보루 위에 무기를 배치했다. 방어군의 첫 일제 사격에 적위대의 소심한 공격은 무너졌다. 수비대가 볼셰비키를 강력히 지지한다는 레닌의 주장은 거짓으로 드러났다. 이른 오후 누군가는 5천 명에 달했다고도 하는 발트 함대의 수많은 수병이 크론시타트에서 겨울궁전을 공격하러 각양각색의 선박을 타고 상륙했다. 하지만 이들도 역시 사관생도와 여성 결사대대의 총격 앞에 겁을 먹었다.

크론시타트 수병은 탁 트인 궁전 광장을 가로질러 공격할 준비가 되어 있지 않았기 때문에 겨울궁전 반대편 부두에 정박하고 있던 순양함 오로라가 지원 사격을 위해 152밀리미터 함포 포탑을 측면으로 돌렸다. 오후 6시 30분 트로츠키와 군사혁명위원회는 임시정부 각료들에게 최후통첩을 보냈다. 그들은 각료들이 항복하지 않으면 페트로파블롭스크 요새의 대포와 오로라의 함포를 발사하겠다고 경고했다. 궁 안의 각료들은 케렌스키가 충성스러운 부대를 이끌고 나타나기를 바랄 뿐이었다. 순양함은 사실 실탄이 하나도 없어서 밤 9시 발사를 지시받았을 때 공포 한 발을 쏘는 것 말고는 할 게 없었다. 요새의 대포는 실탄을 쏠 수 있었지만 목표물의 크기에 비해 사격 수준은 처참했다. 네바강 쪽에서 발포된 30발의 포탄 중 2발 만이 겨울궁전 정면을 타격했다. 네바강 반대편에서 발사된 요새 벽의 콜트 기관총도 별 타격을 주지 못했다.

곧 적위대 일부가 아무도 지키고 있지 않은 겨울궁전의 입구를 발견해 안으로 들어갔지만, 궁전 안의 사관생도들을 마주하자마자 항복했다. 하지만 약속된 지원 병력이 오지 않아 낙심한 수비병들은 슬며시 빠져나가기 시작했다. 방어가 약해지고 있다는 것이 명백해지자 일부 수병과 병사들이 접근했다. 반응이 별로 없자 과감해진 병사들은 창문을 통해 건물에 진입했다. 곧 한 무리가 포도주와 보드카를 찾으러 궁전 지하 저장고를 뒤지고, 의자와 소파의 가죽을 뜯어내 군화를 수선하고, 거울을 깼다. 명목상 사령관이었던 블라디미르 안토노프-오브세옌코는 포도주 창고를 지키고 서 있던 프레오브라젠스키 근위연대의 보초가 먼저 술을 마시기 시작했고 파블롭스키 근위연대의 보초가 합류해 같이 마시면서 만취했다고 설명했다. "저녁이 오자 과하다 싶을 정도로 광란의 술잔치가 벌어졌다. '로마노프의 유산을 마셔버리자.'" 병사들은 저장고를 침수시키려 하기도 했다. "이들을 말리라고 보낸 소방관들도 취했다."[24]

안토노프-오브세옌코에게 투항한 후 각료들은 페트로파블롭스크 요새로 호송되었다. 무차별 파괴 후 여성 결사대대의 일부 대원이 근위척탄병연대 병영에 끌려가 강간당했다는 이야기도 있었다. 하지만 안토노프-오브세옌코에게 여성 결사대대 대원들을 풀어주라고 설득했던 영국군 선임 연락장교 녹스Knox 소장은 이렇게 보고했다. "확인된 바에 의하면, 여성 결사대대 대원들은 파블롭스키 근위연대 병영에서 그리고 척탄병연대 병영으로 향하는 길에 구타당하고 갖은 모욕을 당했지만 실제로 다치지는 않았다."[25]

스몰니 학원의 볼셰비키 지도부는 투항 소식을 기다리며 안절부절못했다. 제2차 소비에트 대회는 흰 기둥이 줄지어 선 주랑이 딸린 화려한 무도회장에서 열렸다. 다수는 사회주의 정당의 연합 요구에 동조했고, 볼셰비키가 임시정부를 공격한 것은 내전 개시 선언과 다름없다는 비난이 일었다. 사회혁명당의 블라디미르 젠지노프는 기록했다. "정당들이 연이어 볼셰비키의 행동과 그들의 속임수 전략에 항의했다. 혁명 운동 대표들은 잇따라 연단에 올라 맹렬하게 볼셰비키를 비판하며 항의했고, 볼셰비키와는 공통점이 전혀 없다는 것을 보여주려 자리를 박차고 대회장을 떠났다."[26]

멘셰비키의 당수 마르토프는 볼셰비키에 그들의 행동이 초래할 결과를 경고했다. 볼셰비키는 "피할 수 없는 배고픔과 대중의 퇴보"[27]를 초래할 수 있었다. 트로츠키는 마르토프가 "거대한 사건 앞에 겁먹은 비열한 부르주아"[28]라며 그냥 무시했다. 그리고 항의의 표시로 대회장을 나가는 마르토프에게 트로츠키가 큰소리로 비아냥거린 말은 후에 널리 알려졌다. "당신은 비참한 파산자요. 당신의 역할은 끝났소. 이제 당신이 속한 곳으로 가시오. 역사의 쓰레기통으로 말이오!"[29]

항의의 표시로 대회장을 나가는 것은 모든 반대파와 경쟁자를 없애버리기 위해 내전을 원하는 레닌에게 주도권을 넘겨준 격이었다. 막심 고리키는 레닌과 꽤 친한 사이였지만 레닌의 성격을 제대로 파악하고 있었고 두려움 없이 자기 생각을 말했다. 고리키는 볼셰비키 혁명 후 11월 7일 일간지 《노바야 지즌Novaya Zhizn》('새로운 삶'이라는 뜻으로 멘셰비키 주도로 발간되었던 일간지-옮긴이)에 게재된 〈시의적절치 않은 생각들〉에 이렇게 썼다. "노동자 계급은 현실에서 기적은 일어나지 않을 것이고, 앞으로 굶주리고, 산업이 완전히 무너지고, 수송에 차질이 생길 것이며, 계속되는 피투성이 무정부 상태에 이에 못지않게 피투성이인 끔찍한 반동이 뒤따를 것을 알아야 한다. 지금의 지도자가 프롤레타리아를 끌고 가는 곳은 바로 이런 미래다. 레닌은 전능한 마법사가 아니라 명예도 프롤레타리아의 삶도 안중에 없는 냉혈한 사기꾼이라는 것을 명심해야 한다."[30]

09

소년 십자군-'융커'의 반란 1917년 10-11월

10월 26일과 27일 밤 레닌은 본래 귀족 영애의 교육기관이었던 스몰니 학원을 꽉 채운 청중 앞에서 연설했다. 제2차 전 러시아 소비에트 대회의 폐막 연설이었다. 마호르카 담배 연기에 실내를 가득 메운 땀 흘리는 사람들과 산소 부족으로 숨이 막힐 지경이었지만 청중은 매우 흥분했다. 레닌이 "우리는 이제 사회주의 질서를 수립해야 합니다!"[1]라고 선언하자 정말로 귀청이 떨어질 것 같은 환호성이 터졌다. 레닌은 전쟁 중인 모든 국가의 인민들에게 즉시 강화를 요구하는 것이 모순이라고 생각하지 않았기 때문에 다음과 같이 덧붙였다. "하지만 우리는 곧 혁명이 일어나길 바랍니다."[2]

레닌의 연설 후 몇 시간이 지난 10월 27일 새벽 2시 30분, 카메네프는 대규모 청중에게 제헌의회가 구성될 때까지 '노동자와 농민의 임시 정부'인 인민위원평의회Council of People's Commissars(Sovet Narodnykh Komissarov의 약어인 '소브나르콤'으로도 불린다.-옮긴이)가 국정을 운영할 것이라고 말했다. 카메네프는 이어 인민위원들의 이름을 불렀다. 인민위원에는 인민위원평의회 의장 블라디미르 일리치 울리야노프Vladimir Ilyich Ulyanov(레닌), 외무인민위원 레프 다비도비치 브론시테인Lev Davidovich Bronstein(트로츠키), 군사인민위원 블라디미르 안토노프-오브세옌코, 사회복지인민위원 알렉산드라 미하일로브나 콜론타이Aleksandra Mikhailovna Kollontai, 대중교육 및 계몽인민위원 아나톨리 바실리예비치 루나차르스키Anatoly Vasilyevich Lunacharsky, 민족인민위원 이오시프 비사리오노비치 주가시빌리Iosif Vissarionovich Dzhugashvili(스탈린)가 포함되었다. 하지만 이 정부는 임시가 아닌 영구적인 것이 되었고, 제헌의회는 정권을 잡을 수 없었다. 새벽 4시에 대회 대표들은 완전히 지친 채로 마침내 해산했다.

그날 오전 늦게 복엽기가 페트로그라드 도심 상공에, 이어서 넵스키 대로에 나타나 케렌스키의 성명서를 배포했다. 성명서는 케렌스키의 부대가 차르스코예셀로를 장악했고 다음 날 수도 페트로그라드를 장악할 것이라고 주장했다. 크라스노프 장군은 코르닐로프 사태 후 케렌스키를 경멸했지만, 자신이 이끄는 제3기병군단의 돈 카자크가 대부분인 병사 1천여 명과 장갑차 한 대, 장갑열차 한 대를 이끌고 프스코프에서 수도를 향해 진격했다. 적위대는 달아났고, 크라스노프 장군의 부대는 동이 트기 전 가치나를 점령한 후 다음 날 아침 차르스코예셀로로 계속 진격했다. 이 과정에서 총 1만 6천여 명의 병사를 무장해제한 후 쫓아 보냈다. 카자크들은 포로를 지키고 있을 인력이 부족했다.

트로츠키는 페트로그라드 밖으로 진군해 혁명을 수호하라고 적위대에 요청했다. 무기가 없는 이들은 삽을 들고 나서서 참호를 팠다. 간호사를 자원하는 여인들이 긴 행렬을 이루며 페트로그라드에서 남서쪽으로 행진했다. 이들을 이끈 것은 볼셰비키 군사혁명위원회의 니콜라이 포드보이스키Nikolai Podvoisky였다. 포드보이스키는 자신의 임무에 큰 부담을 느꼈는데, 레닌이 스몰니 학원에서 지시를 내리는 것도 부담감을 가중시켰다. 포드보이스키가 사임하겠다고 하자 "레닌은 자리를 지키라고 명령하면서 그러지 않으면 당 조사위원회에 넘겨져 총살당할 것이라고 말했다".[3]

레닌은 첸트로발트와 계속 연락을 주고받으며 헬싱포르스와 크론시타트에서 더 많은 수병과 군함을 보내달라고 요구했다. 라스콜니코프는 순양함 올레그Oleg와 구축함 포베디텔Pobeditel을 파견했다. 페트로그라드 수비대도 풀코보Pulkovo 언덕의 방어선으로 지원 병력을 파견했다. 볼린스키 근위연대는 두각을 나타내지 못했다. 정찰 지시를 받은 한 중위가 임무에 실패해 공격 전체가 혼돈에 빠졌다. 풀코보 언덕의 적위대는 지휘관이 군주제 지지자라고 비난하고 연대의 정치위원에게 사임을 강요했다.[4] 모두 합쳐 발트 함대에서 파견된 5천여 명의 수병과 적위대 1만 명이 풀코보에 모였다.

크라스노프는 전선 지휘관들에게 틈만 나면 전보를 보내 병력 증원을 간청했지만 소용없었다. 그는 소통이 되지 않고 비협조적인 고위 장교들에게 크게 실망했다. 프스코프의 체레미소프Cheremisov 장군은 페트로그라드에서 도주한 케렌스키를 돕기를 거부했다. 장군들은 볼셰비키를 자극하는 것도, 내전을 향한 첫걸음을 떼는 것도 두려웠다. 멘셰비키와 사회혁명당원으로 구성된 철도노조 비크젤Vikzhel('전 러시아 철도노조 집행위원회'의 약어-옮긴이)의 지도부는 양쪽 모두의 증원 병력이 도착하는 것을 막으려 다시 선로를 막았다. 비크젤은 휴전과 모든 사회주의 정당을 대표하는 연립정부를 요구했다.

적위대의 사격 실력은 형편없었지만, 풀코보 언덕을 향해 기병이 오르막길을 따라 진격하는 것은 폭우 때문에 불가능에 가까웠다. 크라스노프는 쌍안경으로 검은색 웃옷을 입고 챙이 없는 해군 모자를 쓴 발트 함대의 수병들이 양 측면을 지키고 있는 것을 보았다. 근위대 소속 카자크 소트니아는 공격을 시도했지만, 진창에 빠져 수많은 말을 잃었다.

10월 30일 월요일 크라스노프는 거의 20 대 1에 달하는 병력 차이 때문에 풀코보 언덕을 향한 추가 공세를 포기해야 했다. 크라스노프의 병사들은 볼셰비키와 접촉하면서 투지가 약해졌고, 설상가상으로 탄약도 식량도 말에게 먹일 건초도 떨어졌다. 휘하의 카자크 병사들이 휴전을 논의하러 수병들에게 대표를 보내도 크라스노프가 할 수 있는 일은 없었다. 카자크 대표는 수병 몇 명과 검은 수염의 지휘관 파벨 디벤코Pavel Dybenko와 함께 돌아왔다. 디벤코는 우크라이나 출신 볼셰비키로 사회복지인민위원인 알렉산드라 콜론타이의 연인이기도 했다. 그는 자신의 대단한 매력과 지략을 발휘하면서 볼셰비키 지도부가 비크젤의 연립정부 요청을 받아들일 것이기 때문에 싸울 필요가 없다고 거짓말을 했다.

카자크 병사들이 원한 것은 고향인 고요한 돈강으로 돌아가는 것뿐이었다. 그럴 수만 있다면 볼셰비키에게 케렌스키를 넘길 각오도 되어 있었다. 하지만 러시아의 전前 지도자 케렌스키가 이번에는 어울리지 않게 수병으로 변장해 제때 빠져나갔다. 모두의 지지를 잃은 2월 혁명의 영웅은 러시아를 떠나 파리로 갔다. 그 점에서 케렌스키는 자신이 토볼스크로 보낸 황제 일가보다 운이 좋았다.

크라스노프가 진격할 때 이른바 '구국혁명위원회Committee for the Salvation of the Country and the Revolution'(주로 우파 사회혁명당원으로 이루어진 조직)는 지지자들에게 볼셰비키 독재에 맞서 일어설 것을 촉구했다. 봉기에 합류한 제국군 장교는 놀라울 정도로 적었고, 반란군은 교관들에게 이끌려 나온 몇몇 사관학교의 사관생도들로 구성된 '소년 십자군'이었다. 일부는 갓 열네 살이었고 자기 키만 한 소총을 다뤘다. 자신을 증명하고, 대의를 위해 어린 목숨을 희생하려는 열망을 품은 소년병들은 스탕달의 소설 《파르마의 수도원》의 주인공 파브리스 델 동고를 떠올리게 했다.

10월 29일 일요일 페트로그라드 도심에는 아침부터 기관총 소리가 울렸다. 페트로그라드 시내와 외곽의 사관학교들 소속의 어린 사관생도들은 밤새 공격을 준비했다. 육군공병학교는 폰탄카강과 모이카강의 합류 지점에 있는 자신들의 학교인 미하일롭스키Mikhailovsky성을 요새화했다. 이곳을 지은 차르 파벨 1세는 이곳에서 살해당했는데, 이 거대하고 진기한 건물은 그의 사후 공병학교 건물로 사용되었다. 표도르 도스토옙스키Fyodor Dostoevsky가 중위가 되어 첫 소설을 쓰기 전인 1830년대 말 이곳에서 훈련을 받기도 했다.

반란 전날 밤, 사관생도들은 생도 중 볼셰비키 당원 한 명과 좌파 사회혁명당원 한 명, 총 두 명을 체포해 스몰니 학원의 군사혁명위원회에 경고하지 못하도록 막았다. 그러고 나서 한밤중에 일부 생도들은 기갑사단의 분견대가 주둔한 미하일롭스키 승마학교를 습격했다. "해가 뜨기 전 사관생도 무리가 갑자기 뒷문에 접근해 별 저항 없이 보초를 데려갔다." 다음 날 정치위원 지빈Zybin이 적위대의 기강 해이를 비난하며 보고했다. "근무 중이어야 할 기관총 사수는 그곳에 없었고 저항도 없었다. … 병사들을 신뢰할 수 없다. 강렬한 혁명 의지를 가진 병사는 얼마 되지 않는다."[5] 덕분에 사관생도들은 장갑차 세 대를 포함한 차량 몇 대를 훔쳐 의기양양하게 옆 건물 미하일롭스키성으로 돌아갔다.

해뜨기 직전, 교수들은 사관생도들에게 탄약을 지급했다. 곧 푸틸로프 공장에서 온 붉은 완장의 적위대 무리가 크론시타트 수병 몇 명과 경야포 한 문을 가지고 도착했다. 붉은색 표지를 모자에 단 부대도 합류했다. 한편 다른 사관생도들은 전화국에 이어 볼셰비키 관리들과 외신 기자들이 머물고 있던 아스토리아 호텔을 장악했다. 한 미국 여기자는 다음과 같이 보도했다. "갑자기 소년 장교 한 명이 무심하게 입에 담배를 물고 손에는 리볼버를 든 채 볼셰비키 보초들을 벽에 세우고 무기를 빼앗았다."[6] 케렌스키가 기병과 함께 도착할 때까지 각 건물을 점령하는 것이 생도들의 목표였다.

전화국을 점령한 생도들은 눈이 나쁜 신임 군사인민위원 안토노프-오브세엔코가 거리에 나온 틈을 타 붙잡았다. 반란에 관한 볼셰비키의 보고에 따르면 "위원회를 지지하는 장교들이 비밀리에 당도했다". 이 장교들은 사관생도들에게 "이즈마일롭스키 근위연대, 세묘놉스키 근위연대, 볼린스키 근위연대, 카자크를 포함한 수비대의 일부 부대"가 반란을 지지한다고 말했다. "이 정보는 거짓이자 역겨운 도발이었지만 정치를 모르는 생도들은 이 더러운 거짓말을 믿었다."[7]

러시아에서 오래 복무한 영국군 연락장교 녹스 소장은 전직 장교들이 사관생도를 지원하러 나서지 않는 것을 보고 실망했다. "총격이 이어지는 중 옆 거리에서 아는 장교를 만났다. 그는 여자 친구와 팔짱을 끼고 걸어가는 중이었다. 나는 그가 전투에 관심이 없는 것에 놀라움을 표했고, 그는 자신과는 상관없는 일이라고 말했다!"[8]

전화국을 둘러싼 볼셰비키 수병들은 사관생도들이 안토노프를 포로로 잡고 있다는 소식을 듣고 격분했다. 그들은 사관생도들이 볼셰비키의 통신을 엿듣고 있다는 것을 라스콜니코프 덕분에 이미 알고 있었다. 마침내 사관학교 교관은 페트로그라드 부근 어디에도 케렌스키의 부대는 없고, 페트로그라드 수비대 중 구국혁명위원회를 지지하는 부대는 단 하나도 없다고 생도들에게 실토했다. 사관생도들을 전투로 이끌었던 교관들은 견장을 뜯은 후 책임을 저버리고 가장 먼저 사라졌다.

압도적인 병력의 크론시타트 수병에 둘러싸여 구원대가 도착할 거라는 희망도 잃은 소년들은 겁에 질렸다. 수병들은 생도들을 모두 죽이고 싶어 했는데, 이 중 일부가 겨울궁전에서 잡혔을 때 투항하면 다시는 무기를 들지 않는 조건으로 가석방되었기 때문이다. 소년들은 인질인 안토노프에게 자신들을 살려주면 풀어주겠다고 제안했다. 적위대 병사들은 불만이었지만, 안토노프는 약속을 지켰고 생도들에게 어떤 위해도 가하지 않도록 했다.

어린 사관생도들의 반란은 저녁 5시 미하일롭스키성에서 막을 내렸다. "생도들은 항복했고, 페트로파블롭스크 요새까지 끌려갔다." 《맨체스터 가디언Manchester Guardian》지의 모건 필립스 프라이스Morgan Philips Price는 보도했다. "하지만 적위대는 그전에 그중 몇 명을 골라내 소총 개머리판으로 때려죽였다."[9]

모스크바에서는 볼셰비키의 혁명이 그다지 성공적이지 않았다. 가장 큰 이유는 모스크바의 볼셰비키 지도부가 페트로그라드의 카메네프나 지노비예프처럼 폭력을 통해 권력을 탈취하는 것에 반대했기 때문이다. 게다가 모스크바에는 상당한 혼란이 있었다. "'부르주아' 신문의 편집국을 볼셰비키가 장악했다." 10월 26일 금요일 역사박물관에 있던 오레시니코프는 일기에 썼다. "그래서 페트로그라드에서 무슨 일이 벌어졌는지 전혀 알 수 없었다."[10] 하지만 그는 또 모스크바의 한 사관학교에서 어린 생도들이 파견되어 크렘린Kremlin 바로 옆에 있는 역사박물관에서 비밀리에 밤을 보냈다고 밝혔다.

그날 늦은 오전 모스크바 혁명위원회 대표 두 명이 크렘린으로 와 제56연대에 그곳에 보관한 무기를 넘기라고 했지만 때는 너무 늦었다. 역사박물관에 숨어 있던 사관생도들이 나와 크렘린을 에워싸고 장악했다. 볼셰비키의 기록은 사관생도들이 병사들에게 항복하러 나오라고 설득하고는 그들에게 발포했다고 주장한다. 임시정부 지지자들이 크렘린과 모스크바 중심부를 점령한 이 무력 충돌을 시작으로 며칠간 모스크바 거리에서 전투가 벌어졌다. 크렘린에서 북서쪽으로 뻗어나가는 큰길 트베르스카야Tverskaya 거리의 전前 총독 관저에 자리한 노동자·병사 소비에트는 포위되었다. 격렬한 연속 사격에 도로를 내려다보는 아파트들의 주민들은 계단 뒤로 몸을 숨겼다.

여기저기서 참호가 파지고 방어벽이 세워졌다. 사관생도들은 루뱐카 광장 구석에 "장작, 가구, 온갖 쓰레기"[11]로 쌓은 방어벽 위로 기관총 두 정을 설치했다. 모스크바의 대학생들도 다수 자원해 생도들과 합류했지만, 페트로그라드와 마찬가지로 목숨을 걸 각오가 된 전직 장교들은 몇 되지 않았다.

생도들과 적위대 양쪽 모두 밤이면 끊임없이 순찰을 돌았다. 그들은 으스스한 유령도시 같은 곳에서 충돌했다. 주요 기차역에는 사람이 없었지만 모두 불이 켜져 있었다. 한 볼셰비키 노동자는 기록했다. "총성이 계속 울렸다. 마치 사방에서 총격이 벌어지는 듯했다." 볼셰비키는 처음에는 가로등 뒤에서 어둠에 대고 총을 마구 발사했다. 그러다 "차츰 어둠

에 눈이 익숙해지자 앞에 무엇이 있는지 알아보려 했다".[12]

10월 28일 밤 처음으로 포격 소리가 들렸고, 그다음 날에는 포격이 훨씬 심해졌다. 생도들은 크렘린에서 볼셰비키 본거지인 에이넴Einem 공장을 향해 포격하고, 볼셰비키는 참새 언덕(러시아어로는 보로비요비 고리Vorobyovy Gory-옮긴이)에서 크렘린을 향해 반격하면서 제2차 세계대전의 독일군보다 더 많은 문화유산을 파괴했다. 작가 이반 부닌Ivan Bunin은 아르바트Arbat 거리에서 약간 떨어진 장모의 아파트에 갇혀 있었다. "낮 동안 수많은 포탄이 날아다녔다. 수류탄과 유산탄이 계속 폭발했고 소총이 발사되는 소리도 끊이지 않았다. 조금 전 지붕에 우박이 퍼붓듯이 울리는 소리가 들렸는데 뭐가 떨어진 건지 모르겠다. … 곧 자정이다. 잠이 들기가 두렵다. 침실에 옷장으로 방어벽을 쳤다."[13] 모스크바에는 소식을 전해줄 신문이 없어 유언비어가 돌았고 그중에는 터무니없이 낙관적인 소문도 종종 있었다. 페트로그라드에서 모스크바로 온 한 기관사는 11월 1일 오레시니코프에게 케렌스키를 지지하는 부대가 수도를 장악했고 "레닌과 그의 무리는 순양함 오로라를 타고 크론시타트로 도주했다"[14]라고 말하기도 했다.

모스크바 전화국을 지키고 있던 사관생도는 300명 정도로 추정되었다. 적위대와 몇몇 병사들은 박격포 한 문을 가져와 박격포탄이 폭발할 때 밖에서 방어벽으로 돌격하기로 했다. 두 번째 포탄이 지붕에 떨어진 후 적위대는 전화국 안에 침투하는 데 성공했다. 적위대는 전화국을 지키는 병사들에게 투항하라고 외치고 소총 개머리판으로 문을 두들겼다. 마침내 3층 창문에서 백기가 나타났다. 총격이 약간 더 이어졌지만 결국 소년들은 항복하러 나왔다. 소년병들은 200명이 채 되지 않았다. "우리는 반란군이 모두 사관생도라고 들었지만, 이제 보니 챙이 달린 학생 모자를 쓴 사람들을 비롯한 민간인도 많았다. 다들 매우 겁에 질려 있었다."[15] 반란군이 나오자 병사들은 그들을 때리려 하고 큰소리로 욕하고 위협했다. 병사들은 크렘린의 제56연대가 투항했을 때 기관총으로 무참히 살해당했다는 이야기를 들었다. 적위대는 어린 사관생도들이 안타까웠지만, 병사들은 쏘아붙였다. "애들이면 뭐 어떻습니까. 쟤들은 여전히 '각하'가 되려 하는데요."

"생도들은 건물 벽 옆의 깃발 주변에 줄지어 서 있었다." 파우스톱스키는 11월 2일 생도들의 항복에 관해 기록했다. "모자는 구겨졌고 외투는 회색 석고 가루로 뒤덮여 있었다. 다수가 소총에 기대어 반쯤 졸고 있었다. 검은색 가죽 외투를 입고 무장하지 않은 한 남자가 적위대 몇 명의 호위를 받으며 다가왔다. 생도들을 지휘한 장교가 앞으로 한 발짝 나와 모자와 리볼버를 던졌다. 생도들은 장교를 따라했고, 소총과 탄띠가 수북이 쌓였다. 그러고 나서 그들은 천천히 떠나갔다. … 서리와 연기 속에 가지가 손상된 피나무가 서 있었다. 도로를 따라 놓인 깨진 가로등의 불빛이 밝게 빛나며 푸시킨의 동상까지 이어졌다. 거리에는 끊어진 전선들이 가득 쌓여 있었다. 전선들은 보도에 부딪혀 흔들리면서 불만스러운 듯 짤랑거렸다. 누런 이를 보이고 죽은 말 한 마리가 차도 위에 누워 있었다. … 아직은 이후 내전 중 찾아올 비통함은 찾아볼 수 없었다."[16]

볼셰비키 혁명에 반대하는 첫 봉기는 페트로그라드에서 멀리 떨어진 곳에서 일어났다. 겨울궁전이 함락된 다음 날인 10월 26일 알렉산드르 두토프Aleksandr Dutov 대령은 소수의 병사를 이끌고 우랄산맥 남쪽 끝에 자리한 도시 오렌부르크를 점령했다. 이 도시는 50만 명에 달하는 오렌부르크 카자크의 본거지였다. 두토프는 이 도시에 계엄령을 선포하고 볼셰비키와의 전쟁을 선언했다. 대부분 장교로 구성된 이 부대의 병력은 2천 명에 불과했지만, 시베리아와의 통신을 위협하는 위치에 있었다. 우랄산맥 동쪽에서 유일하게 이성적인 카자크의 수장이었던 두토프는 착실하게 제헌의회 선거를 준비했다.[17]

오렌부르크 동쪽에 있는 시베리아의 베르흐네우딘스크Verkhneudinsk(지금의 울란우데)에서는 그리고리 세묘노프Grigory Semyonov 대령이 11월 18일 볼셰비키에 대항해 반란을 일으켰다. 세묘노프는 일부 자바이칼 카자크와 자기보다 더 잔인한 로만 폰 운게른-시테른베르크Roman von Ungern-Sternberg 남작과 함께 훈련시킨 부랴트 기병연대의 지지를 받았다. 다부진 체격에 물소 뿔 모양 수염을 한 세묘노프는 무지하고 잔혹했지만, 의심이 가득한 눈은 약삭빠른 농민의 기지를 나타냈다. 반면 운게른-시테른베르크는 발트 지역의 귀족 출신으로 명석한 사이코패스였다.

1913년 몽골을 여행하던 러시아인 부르두코프Burdukov는 운게른-시테른베르크 남작을 만났다. 부르두코프는 남작이 금욕적이고 강박적인 전사라고 묘사했다. "그는 호리호리했고 행색이 초라하고 지저분했다. 누런 수염은 아무렇게나 자라 있었고, 광채 없고 냉담한 미치광이의 눈을 하고 있었다. 군복은 심하게 더러웠고 바지는 너덜너덜했고 군화에는 구멍이 뻥뻥 뚫려 있었다. … 러시아 장교가 침구나 여벌의 옷, 식량도 없이 말을 타고 아무르와 몽골 전역을 여행한다는 것은 보기 드문 일이었다."[18] 그를 만난 이들은 모두 흔히 얼음처럼 차갑고 마음속을 꿰뚫어 보는 듯하다는 남작의 눈이 인상 깊었던 듯했다. 운게른-시테른베르크는 얼굴은 굉장히 작았지만, 어깨는 넓고 팔은 길었다.

운게른-시테른베르크의 군사적 능력에 관한 보고서는 여러모로 꽤 호의적이지만, 그의 모든 결점이 하나의 중대한 잘못에서 기인했다고 보았다. "운게른-시테른베르크의 단 하나뿐인 심각한 결점은 끊임없는 음주이다. 술에 취하면 장교의 명예에 저촉되는 행동을 하기도 했다."[19] 운게른-시테른베르크는 또한 규제와 관료제를 경멸했다. 서류 작업을 너무 싫어해 모든 공식 서한을 그냥 난로에 던져 넣을 정도였다.

12월 31일 시베리아 횡단열차가 치타Chita에 접근하고 있었다. 자기 편이 선로를 통제하고 있다고 확신한 볼셰비키 몇 명이 전용 일등석 객실에서 술을 진탕 마셔대며 1918년 새해가 밝는 것을 축하했다. 이들을 이끄는 해군 출신 볼셰비키 정치위원은 쿠드랴셰프Kudryashev라는 수병으로 지역 조직을 위해 20만 루블을 가지고 블라디보스토크Vladivostok로 향하는 길이었다. 쿠드랴셰프는 잔뜩 취해 아무르 철도로 갈아타는 것을 깜빡했다. 그는 다우리아Dauria에서 열차가 멈출 때까지 위험을 전혀 감지하지 못했다. 호리호리한 옅은 머리색의 장교가 부하들을 이끌고 객실로 들어왔다. 그는 옅은 색 눈으로 쿠드랴셰프를 주시했다. "해군 정치위원, 그게 자네인가?" 쿠드랴셰프는 그렇다고 답하며 겁에 질려 벌벌 떨었다. 운게른 남작은 서류를 살펴본 후 부하들에게 목을 베는 손짓을 했다. 그리고 쿠드랴셰프 일당을 가리키며 덧붙였다. "이것들은 채찍질하고 내던져."[20] 목격자에 의하면 쿠드라셰프는 눈밭 위로 끌려 나와 목숨을 구걸하며 굽실거렸지만 운게른이 사살 명령을 내렸다고 한다. 운게른은 쿠드라셰프에게서 빼앗은 막대한 금액의 돈으로 병사들의 임금을 지급했다. 유럽 러시아(러시아 서부)로 향하는 모든 재화는 운게른의 지시로 압수해 경매에 부쳐졌다. 운게른은 절대 무엇 하나 자신을 위해 쓰지 않았고 여자들과 함께 있는 것을 피했다. 그는 대신 다우리아의 집에 늑대를 키웠다.

아타만시나atamanshchina로 알려진 카자크 아타만들의 테러terror(공포 정치) 아래 바이칼호 너머의 시베리아는 세묘노프, 운게른, 보리스 안넨코프Boris Annenkov 같은 군벌들이 주도한 믿기 힘들 정도의 잔혹 행위로 러시아의 그 어느 지역보다 극심한 고통을 당했다.

러시아 전체에서 볼셰비키 지배에 대한 저항의 중심지로 유력한 곳은 돈Don이었다. 1812년 나폴레옹의 군대에 맞선 '조국전쟁'에서 돈 카자크는 거의 5만 명에 달하는 26개 기병연대를 제공했다. 6월 기병 대장 알렉세이 칼레딘Aleksei Kaledin이 돈 카자크의 아타만으로 선출되었다. 그로부터 몇 주 후 칼레딘은 중도 우파 카데트와 연합했지만, 그들의 지도부가 더는 급료를 받지 못하는 모스크바와 페트로그라드의 장교들과 함께 돈의 수도 노보체르카스크Novocherkassk에 모여들자 곧 연합을 후회했다. 볼셰비키는 우크라이나 라다가 루마니아전선군에서 온 장교들, 칼레딘과 합류하려는 무장한 카자크 부대가 우크라이나 영토를 지나는 것은 허용하면서 소비에트 부대는 무장해제시키고 있다는 소식에 분개했다.

칼레딘은 물론 새로운 볼셰비키 정권 아래에서 자신들의 대우에 불만을 품은 카자크군의 귀환을 환영했다. 최고사령부에 있는 카자크 부대의 병참부는 이렇게 보고했다. "카자크, 특히 인민위원평의회의 통치를 인정하지 않는 전선의 카자크는 갑자기 반역자로 취급받게 되었다. 볼셰비키의 영향을 받은 많은 병사들이 카자크 병사들을 모욕하고 싫어한다. 카자크 부대는 필수 보급품을 가장 늦게 받고 때로는 전혀 받지 못하기도 한다. 게다가 카자크군은 식량 부족으로 자신들의 말 대부분을 잃었다. 핀란드와 페트로그라드의 카자크 연대는 그곳에 머물 것을 강요받고 있다. 트로츠키는 카자크 대표단에 그들이 인질이라고 선언했다. 각개격파 전술을 구사하는 새 정부는 카자크 부대가 결집하는 것을 막기 위해 총력을 기울이고 있다."[21]

돈 카자크군 내에서도 통합은 불안정했다. 장교와 병사 간에 갈등이 있었고, 젊은 카자크 병사들이 전선에서 귀환하면서 전통적인 '아버지' 세대와 혁명이 상징하는 것 대부분을 지지하는 '아들' 세대 사이에 갈등이 생겨났다. 카자크와 비카자크 농민 이주민 사이에도 적대감이 있었다. 이노고로드니예inogorodnye라고 불리는 이 이주민들은 토지가 부족했고 하층민 취급을 받았다. 그리고 당연히 타간로크Taganrog와 로스토프나도누Rostov Na Donu(로스토프)의 공장 노동자들과 돈바스Donbas의 광부들은 카자크를 제정복고주의자로 여겼다.

11월 20일 노보체르카스크에서 돈 크루그Krug(의회)가 독립을 선언하자, 지역 프롤레타리아로 구성된 적위대가 로스토프를 점령하고 돈 소비에트 공화국을 선언했다. 근처에 있는 타간로크의 공장 노동자들은 사관생도 50명에게 포위되어 목숨은 부지할 수 있다는 말에 항복했다. 하지만 그들은 금속 공장에 끌려가 팔다리가 묶인 채 한 명씩 용광로로 던져졌다.[22]

12월 2일 칼레딘과 그의 추종자들은 캅카스 지역으로 가는 관문인 로스토프나도누를 탈환했다. 볼셰비키는 즉각 대응했다. 해군공중전학교는 해군 혁명위원회에 전보를 보냈다. “칼레딘의 반란으로 해군공중전학교 위원회는 … 1푸드(16.38킬로그램) 포탄 20발과 1/2푸드 포탄 40발 지급을 긴급 요청한다.”[23] ‘고요한 돈강’은 내전의 격전지가 되었다.

볼셰비키의 권력 장악에 대항한 봉기는 그 외에도 많았지만, 독자적인 도시 국가들처럼 전혀 체계적인 협력이 이루어지지 않아 각개격파당했다. 11월 14일 페트로그라드의 핀란츠키 근위연대가 반혁명 봉기 진압을 위해 열차로 니즈니노브고로드Nizhny Novgorod에 파견되었다. 핀란츠키 근위연대 병사들은 계급 철폐를 원했고 정치위원의 진급 제안도 거부했다. 또한 그들은 집회에서 투표를 통해 장교식당의 은식기는 모두 국립은행에 보내기로 결정했고, 다른 근위대에도 이렇게 하라고 호소했다.[24] 볼셰비키 혁명 소식에 열흘 만에 달러 대비 가치가 반으로 하락한 루블[25]의 가치 상승에 도움이 되기 위해서였다.

시베리아에서 볼셰비키는 12월 8일에야 이르쿠츠크Irkutsk를 점령했다. 주민들은 아침에 일어나 무장한 볼셰비키 병사들이 거리를 순찰하는 것을 보았다. 볼셰비키는 반항의 여지조차 주지 않으려 도시 바로 외곽의 예루살렘 언덕에 기관총 몇 정을 설치했고, 기차역 뒤에 설치한 대포 몇 문은 도심을 겨누고 있었다. “볼셰비키는 피 한 방울 흘리지 않고 이르쿠츠크를 지배할 수 있었을 것이다.” 변호사이자 민족지학자인 모이세이 크롤Moisei Krol이 기록했다. “사관생도, 카자크, 장교, 정치인들 수십 명이 무기를 손에 들고 맞서지만 않았다면 말이다."[26]

"한 장교가 이끄는 사관생도들의 소규모 부대가 보였다." 세레브렌니코프는 기록했다. "그들은 완전군장을 하고 서 있었다. 시베리아의 러시아 전통 방한 장화 발렌키valenki를 신고, 외투 위에 양가죽 외투를 덧입고, 어깨에 소총을 메고, 벨트에 수류탄을 달고 있었다."[27] 생도들은 사관학교에 자리를 잡았다. 그들은 처음부터 주도권을 잡고 총독 관저에 있는 적위대를 포위했다. 볼셰비키 부대는 "장기전을 예상하지 못했고, 보급품이 넉넉지 않아 곧 굶주렸다. 마실 물도 없었다. 용감한 한 병사는 물을 얻으러 양동이를 들고 용감히 앙가라Angara강으로 달렸고 일부 병사가 안뜰의 눈이라도 퍼오려고 했지만 생도들이 정확히 조준한 총알에 맞아 쓰러졌다. 첫날부터 창문이 깨져 건물 안은 무척 추웠다. 적위대는 쪽모이 세공한 바닥을 뜯은 판자, 궁의 가구와 미술품 등 뭐든 난방을 위해 사용했다. 결국 적위대는 투항할 수밖에 없었다".[28]

거리에서 기관총이 발사되면서 민간인 사상자도 많이 발생했다. "가끔 창문을 내다보면 적십자 깃발이 달린 썰매가 지나가는 것이 보였다. 용감한 몇몇 사람들은 썰매를 타고 거리를 돌며 사망자와 부상자를 태웠다." 이 전투는 거의 열흘 동안 계속되었고, 크라스노야르스크의 볼셰비키가 이르쿠츠크로 대규모 지원 병력을 보내 생도들을 포위해 항복시킨 후에야 끝났다.

"승자는 패자에게 완전한 자유를 약속했다. 패자들은 이르쿠츠크에 머물거나 어떠한 보복 없이 이곳을 떠날 수 있었다. 양측 대표가 협정을 맺었고 이르쿠츠크의 볼셰비키는 정말로 협정을 충실히 이행했다."[29] 하지만 카자크 아타만 세묘노프에게 합류할 희망으로 동쪽으로 떠난 반볼셰비키파는 또 다른 적위대가 "반혁명 세력을 잡으려고 바이칼 순환철도를 따라 검문소를 설치한 것을 알지 못했고, 많은 이들이 검문소에서 목숨을 잃었다".[30]

◆

러시아 거의 전역에서 난동과 약탈이 보고되었다. "벨레츠Belets와 하리코프Kharkov(지금의 우크라이나 하르키우)는 광란의 도가니다." 라키에르는 기록했다. "하지만 폭동이 가장 심한 곳은 베사라비아Bessarabia(지금의 몰도바와 우크라이나에 걸친 지역의 옛 지명-옮긴이)다. 아직 포그롬pogrom(러시아를 비롯한 동유럽에서 유대인을 비롯한 특정 민족을 상대로 일어나는, 학살과 약탈을 동반하는 폭동-옮긴이)의 물결이 오데사까지 번지지는 않았지만 여기서도 폭동이 예상된다."[31]

우랄산맥의 이르비트Irbit에서는 11월 말부터 약탈이 시작되었다. 예상대로 첫 목표는 '시베리아 여관'이라고 불리는 증류주 공장이었는데, 이 공장은 하필 모스크 건너편에 있었다. 공장을 습격한 병사들은 양손에 3리터 보드카 병을 들고 비틀거리며 나왔다. 곧, 시장의 한 가게에 불이 붙었고 한 학생이 이렇게 기록을 남겼다. "동네 여인들은 빛을 밝히려 불을 질렀고 정신없이 물건들을 움켜잡았다. 열 명도 되지 않는 병사들이 약탈을 벌이고 있었고 대부분은 옆에서 구경하다 때때로 허공에 대고 소총을 발사했다. 모두 취해 있었다. 거리의 대각선 반대편에는 햄, 소시지, 브랜디, 여러 종류의 포도주를 파는 가게가 있었다. 병사들은 그 가게로 향했고 나도 뒤를 따랐다. 가게 앞에 서 있는 무리 중 중년의 여인이 계속 말했다. '열쇠 여기 있어요. 부수지 마세요.' 가게 주인이었다. 물론 병사들은 반대로 행동했다. 창문과 문을 부수고 가게로 들어갔다. 여인은 땅에다 열쇠를 던지고 자리를 떠났다."[32]

이 순간 니콜라이 두호닌Nikolai Dukhonin 장군만큼 보람 없는 일을 하는 사람은 없었다. 두호닌은 구 러시아군의 마지막 총사령관으로 코르닐로프 사태 후 빠르게 진급했다. 두호닌을 잘 알고 지냈던 웨이벌은 "꽤 능력 있는 좋은 사람이지만 그다지 인상적이지는 않다"[33]라고 언급했다.

11월 8일 레닌은 두호닌에게 독일군과 연락해 전투를 끝내고 강화 협상을 시작하라고 지시했다. 두호닌은 연합국에 먼저 연락해야 한다며 시간을 벌었지만, 결국 궁지에 몰려 인민위원평의회를 권위 있는 러시아의 중앙정부로 여기지 않는 것을 실토할 수밖에 없었다. 레닌은 즉시 두호닌을 해임하고 모든 부대에 전보를 보내 크릴렌코Krylenko 소위가 두호닌 장군을 대신한다고 발표했다.

11월 20일 볼셰비키 크릴렌코는 발트 함대 수병 3천 명, 핀란츠키 근위연대와 리톱스키 근위연대의 예비 대대 병사들을 이끌고 모길료프에 도착했다. 철도노조(비크젤)의 노조원들은 더는 볼셰비키 부대를 막지 않았다. 차로 도주하라는 제안을 거절한 두호닌은 역으로 가 크릴렌코에게 투항했다. 이것은 최악의 선택이었다. 두호닌은 자신이 코르닐로프, 알렉세예프, 데니킨, 루콤스키를 비롯해 비호프 수도원에 수감되었던 장군들을 풀어주었다는 것을 알게 되면 수병들이 분개할 것을 알았어야 했다.

크릴렌코는 자기 객차에 두호닌을 보호하려 했지만, 두호닌을 죽이려 나선 크론시타트 수병들이 객차를 습격했다. 수병들은 두호닌을 승강장으로 끌고 와 때리고 옷을 벗기고 "총검으로 찍어 올린"[34] 뒤 벌거벗은 그의 시신을 훼손했다. 볼셰비키는 그의 죽음을 은밀한 농담거리로 삼았다. "두호닌의 사령부에서 누군가의 서류를 확인한다"라는 말은 장교의 처형을 의미하는 은어가 되었다.

일주일 후 새로 구성된 최고사령부는 "칼레딘, 코르닐로프, 두토프 및 그 외 장군"에게 동조할 가능성이 있는 고위 장교 전원에게 적나라한 경고를 보냈다. "우리는 지휘관들에게 단독으로 그리고 앞서 언급된 장군들과 동조하여 벌이는 어떤 반혁명적 행위도 자비 없이 처단할 것을 경고한다. 유죄인 자는 직위에서 해임되고 군사혁명위원회의 재판에 회부될 것이다."[35] 크릴렌코는 또한 장교 모두에게 분노한 병사들의 눈에 혐오스러운 억압의 상징인 견장을 제거하라고 지시했다.

배고픈 겨울이 다가오면서, 분위기가 크게 변했다. 젊은 기자 콘스탄틴 파우스톱스키는 2월 혁명의 "모호한 낭만주의"와 "행복에의 보편적인 믿음"은 사라졌다고 썼다.[36] 파우스톱스키는 베테랑 작가 블라디미르 길랴롭스키Vladimir Gilyarovsky가 양가죽 모자를 쓰고 화려한 카자크 수염을 하고 쉰 목소리로 보도국에 들어오는 장면을 묘사했다. "이 젖먹이들아!" 길랴롭스키는 그 자리에 있는 모두에게 으르렁거렸다. "사회주의자들! 썩은 자유주의자들! 너희들은 어리석은 늙은이 마담 쿠르듀코바Kurdyukova보다도 러시아 사람들을 몰라.* 나는 러시아 사람들을 알아. 그리고 러시아 사람들이 이제 너희들에게 랍스터가 어디서 겨울을 나는지 보여줄 게다!"[37]

* 마담 쿠르듀코바는 러시아판 맬러프롭 부인Mrs Malaprop(리처드 셰리든의 〈연적〉에 등장하는 말을 오용하는 노부인. malaprop은 '잘못 쓴 말' 또는 '오용하는'이라는 뜻으로 쓰인다. - 옮긴이)으로 이반 먀틀레프Ivan Myatlev의 희극소설 〈이방인 마담 쿠르듀코바가 해외에서 보고 느낀 것〉의 주인공이다.

10

갓 태어난 민주주의의 살해 1917년 11-12월

레닌이 두호닌 장군에게 독일과 강화 협상을 시작하라고 지시하자 병사들은 즉각 반응을 보였다. 병사들은 또다시 전선을 버리고 귀향했다. 평화가 찾아올 거라면 어떤 농부도 지주와 교회로부터 빼앗은 토지의 분배를 놓치고 싶지 않았다.

"귀향하는 병사들의 물결이 러시아의 철로를 따라 쏟아져 나와 길을 가다 마주치는 것을 모두 닥치는 대로 파괴하고 있다. 타고 있던 열차에 가져가거나 부술 만한 게 있으면 뭐든 가져가거나 부쉈다. 차 지붕의 금속판도 비틀어 떼어냈다. 수하렙스키Sukharevsky 시장에서는 세면대, 거울, 좌석에서 뜯어낸 붉은색 벨벳 조각이 활발히 거래되었다." 역장들은 병사 무리가 "아코디언 연주와 함께 도적들처럼 고함을 치며 기관총을 들고 밀고 들어올" 때마다 도망쳤다.[1]

트로츠키는 병사들이 일등석 좌석의 벨벳을 뜯은 것은 다리에 붕대를 감기 위해서였다고 정당화하며 병사들도 삶에서 작은 사치를 누릴 권리가 있다고 말했다. 반면 레닌은 파괴 자체를 환영했다. 레닌은 오래전부터 볼셰비키가 러시아의 광활한 영토에 걸쳐 권력을 장악하고 유지할 방법은 전부 파괴하고 백지상태로 만들어 과거로 회귀할 수 없게 하는 것뿐이라고 생각했다.

9월에 레닌은 "내전은 가장 과격한 계급투쟁이다"라고 썼다. 이어 7월 사태 중 "프롤레타리아는 내전을 일으키기 직전이었지만", 코르닐로프의 반란은 "부르주아가 실제로 내전을 개시한 음모"였다고 주장했다. 볼셰비키 선전은 물론 반동분자들이 갈등을 시작했다고 주장해야 했다. 가장 중요한 것은 레닌이 매우 분명하게 알고 있었듯 "혁명적인 프롤레타리아는 대중을 선동하고 투쟁에 끌어들이는 데 있어 의회 내에서보다 의회 밖에서 투쟁할 때 비교도 안 될 정도로 훨씬 강하다"는 것이었다. "이것은 내전에 관한 아주 중요한 통찰이었다." 따라서 볼셰비키가 제헌의회 선거에서 압승을 거두지 못할 수도 있다는 것을 의식했던 레닌은 "내전에서 볼셰비키가 발휘할 힘"이 훨씬 크다는 것을 알고 있었다. 레닌은 처음부터 명백하게 정치권력 확장의 수단으로 내전을 염두에 두고 있었다. 하지만 그는 사회주의 정당 모두가 볼셰비키에 대항해 연합할 것을 우려하여 제헌의회 선거는 감히 건드리지 않았다. 볼셰비키가 확실히 권좌에 앉은 후 제헌의회를 해산시키는 것이 더 쉽다고 생각했다.[2]

11월, 볼셰비키가 페트로그라드에서 권력을 잡은 직후 레닌은 이미 '인민의 적'으로 규정한 '계급의 적'을 증오와 폭력의 대상으로 삼기 시작했다.[3] 레닌의 의도적인 '대규모 테러mass terror' 전략의 시작이었다. 한 프랑스 연구에서 언급한 대로 "'대규모 테러'는 단순히 사회적 폭력을 퍼뜨리는 것에 그치지 않고 훨씬 더 나아가 어떠한 제약도 없이 사회 조직 전체를 다시 만드는 행위로, 추측과 근거 없는 주장에 기초한 단호한 정책으로 확산되고 발전한다".[4]

레닌은 누가 자기 의견에 반대할 때마다 불같이 화를 내면서 반역이나 고의적 방해공작으로 여겼다. 10월 29일 레닌은 공무원들이 볼셰비키의 권력 장악에 반대하여 총파업을 선언했다는 소식을 듣고 격분했다. 모든 부처에서 서류를 보관하는 책장 또는 보관함을 자물쇠로 잠그고 열쇠를 없앴다. 게다가 사설 은행뿐 아니라 국립은행과 재무부도 화폐를 발행하거나 인민위원평의회의 권위를 인정하기를 거부했다. 결국 적위대가 파견되어 모든 은행 건물을 장악했다. 그날 오후 은행 국유화가 선언되었다. 다음 날에는 국가경제최고회의Supreme Council of National Economy가 설립되었다.

외무인민위원 트로츠키는 11월 9일에야 외무부에 방문해 관료 모두를 소환했다. "새 외무부 장관 트로츠키라고 하오."[5] 트로츠키가 말했다. 트로츠키의 발표에 실소가 터졌다. 트로츠키는 자리로 돌아가 일하라고 말했지만 모두 집에 가버렸다. 다른 부처와 마찬가지로 수위, 배달원, 일부 비서들만 다시 나타났다.

다음으로 트로츠키는 프랑스어로 러시아 해외 공관 전체에 전보를 보내 직원들에게 새 정권의 지시를 따르는 것에 동의하는지 즉시 응답하라고 지시했다. "이 정책을 따르기를 거부하는 모든 직원은 사직하고 인민위원평의회의 지시에 따르기로 동의하는 부하 직원에게 서류와 자료를 넘겨야 한다."[6] 전보에는 "외무인민위원 트로츠키"라는 서명이 있었다. 자리를 지키기로 한 고위 외교관은 거의 없었다.

결국 볼셰비키는 모든 부처와 주요 관청에 볼셰비키의 정치위원을 두어야 했다. 공무원들은 인민위원평의회에 충성한다는 서약에 서명하고 업무를 재개하지 않으면 혁명재판에 회부되었다. 차르 정권에서 일했던 고위 관료들은 젊은 출세주의자나 종종 무지하고 못 배운 야심 찬 외부자들로 교체되었다. 이런 일을 예상했던 레닌도 뒤이어 일어난 혼돈과 부패에 충격을 받았다. 기회주의자들은 종종 매우 유능했지만, 자신들이 일하는 정권에 전혀 충성하지 않았다. 비밀리에 정권에 반대하고 있던 한 관료에게 라데크는 털어놓았다. "알다시피 내 아랫사람들은 모두 믿을 수 없네. 다들 우익이야. 하지만 다 내 손안에 있지."[7]

레닌은 철도노조의 요구처럼 연립정부 형태로 타협을 보자는 어떠한 요청도, 심지어 볼셰비키 중앙위원회의 요청까지도 단호히 거부했다. 레닌은 인민위원평의회의 모든 회의를 완벽히 장악했고, "모든 권력을 소비에트로"라는 구호 아래 혁명을 일으켰음에도 불구하고 거리낌 없이 소비에트 집행위원회를 열외로 취급했다. 집행위원회 위원장 카메네프는 항의의 표시로 사임했지만 아무것도 달라지지 않았다. 레닌은 쇄빙선처럼 뚫고 나아갔다. 카메네프 대신 야코프 스베르들로프Yakov Sverdlov를 위원장에 앉혔고, 스베르들로프는 소비에트가 인민위원평의회의 꼭두각시에 지나지 않게 했다.

비볼셰비키 신문은 모두 금지되었고, 그다음 주 이름을 바꾸어 발행했지만 또다시 금지되었다. 유일한 예외는 《노바야 지즌》이었는데 레닌과 볼셰비키 독재에 대한 고리키의 거침없는 비판에도 불구하고 이듬해 7월까지 어찌어찌 살아남았다. 레닌은 내전 중 더는 "지식인의 비관론"[8]을 허용할 수 없다는 명분으로 《노바야 지즌》을 폐간시켰다.

11월 12일 제헌의회 선거가 시작되었고, 레닌도 입에 발린 소리를 할 수밖에 없었다. 볼셰비키는 이전에 자주 제헌의회 구성을 지연시키고 있다며 임시정부를 공격하곤 했는데, 볼셰비키의 온건파 다수는 그들의 주장을 그대로 믿고 있었다. 반대파에게 선거는 니콜라이 2세보다 더 전제군주 같은 지도자가 이끄는 최초의 일당독재 국가로 가는 길을 막을 마지막 기회였다. 마르크스와 대립한 미하일 바쿠닌Mikhail Bakunin은 "가장 열렬한 혁명가를 지도자로 선출해 절대 권력을 부여하면 1년도 되기 전에 차르보다 심한 독재자가 될 것이다"[9]라고 경고했다.

러시아 서부와 동부의 시베리아가 엄청나게 멀어서 투표는 오랜 시간이 걸렸다. 이 선거는 최초로 여성의 투표권이 허용되었다는 점에서도 이례적이었다. 하지만 일부 지역에서는 극좌파뿐 아니라 군주제를 지지하는 사제들까지 나서 여전히 선거를 조작하려 했다. 돈 지역에서 카자크군 중령이자 좌파 사회혁명당원이었던 필리프 미로노프Filipp Mironov가 11월 15일 지역 투표소에 갔다. "물론 사제가 감독관으로 선임되었다. 그는 긴 머리를 늘어뜨린 채 투표함 옆에 앉아 모두에게 네 번째 칸에 찍으라고 말했다(물론 칼레딘 장군과 그의 보좌관들이 사주한 것이다). 나는 말했다. '두 번째 칸에 찍으시오. 그게 사회혁명당이오.' 그러자 그들은 짐승처럼 내게 으르렁거렸다. 사람들은 그만큼이나 장발의 게으름뱅이(사제)를 두려워한 것이다. 이제 사람들은 내가 볼셰비키라고 생각한다!"[10]

이 전례 없는 선거에는 그렇게 많지는 않을지라도 어쨌든 부정과 왜곡이 있을 수밖에 없었다. 선거 결과는 지금까지도 논란거리다. 볼셰비키는 지지율이 급격히 상승하기는 했지만 총득표수의 4분의 1도 안 되는 1000만 표밖에 얻지 못해 크게 실망했다. 제1당인 사회혁명당은 총득표수의 38퍼센트인 1600만 표를 얻었다. 하지만 이 결과는 오해의 소지가 있었다. 사회혁명당이 우파와 좌파로 나뉘어 각각 별개의 당이나 마찬가지라는 사실을 고려하지 않았기 때문이다. 사회혁명당의 분열은 선거가 임박했을 때 일어나 대부분의 투표용지에 제대로 반영되지 않았다. 그리고 당시 좌파 사회혁명당 다수는 볼셰비키와 협력할 준비가 되어 있었기 때문에 이 결과는 정치권력의 분포를 정확히 반영하지 못했다. 하지만 한 가지 확실한 것은 볼셰비키가 북부 러시아 도시를 제외하고는 자신들의 주장과는 달리 큰 지지를 얻지 못했다는 것이다.

레닌은 카데트가 페트로그라드와 모스크바에서 예상보다 많은 표를 얻은 것이 탐탁지 않았다. 중산층뿐 아니라 사회적 혼란과 범죄 증가에 경악한 많은 빈곤층도 카데트를 지지했다. "많은 사람이, 심지어 서민들도 차르와 질서를 그리워한다." 투표가 시작되기 사흘 전 오데사에서 옐레나 라키에르가 쓴 글이다. "매일 밤 총성이 울리지만 이제는 너무 익숙해져서 그저 돌아누워 다시 잠이 든다. … 나는 점점 우파로 기울고 있다. 곧 군주제 지지자가 될지도 모른다. 지금은 순혈 카데트이지만 불과 얼마 전까지만 해도 사회혁명당이었다. 하녀와 요리사도 카데트에 투표하려고 선거인명부를 작성했다. 그들도 이것만이 질서를 회복할 유일한 방법이라고 확신하고 있다."[11]

정치 양극화로 멘셰비키와 다른 중도 좌파 정당의 지지율은 크게 떨어졌지만, 지지율 하락은 그들의 선거 공약이 모호한 탓도 있었다. "사회주의 정당들이 대체 무엇을 하려 하는지 제대로 아는 사람은 거의 없었다." 오흐라나의 수장이었던 글로바체프는 기록했다. "러시아 대중은 완전히 무지했다."[12]

볼셰비키는 바로 선거 결과에 이의를 제기하고 재선거를 요구했다. 국회의원 해임권도 주장했는데, 볼셰비키가 제헌의회 자체를 방해하려 한다는 더 명백한 징조가 나타났다. 11월 20일 인민위원평의회는 개회를 연기한다고 발표했다. 그리고 11월 23일 군사혁명위원회의 볼셰비키 위원들은 타브리체스키궁에서 열린 회의 중 선거관리위원 세 명을 체포했다. 체포된 이들은 스몰니 학원으로 연행되었고 인민위원평의회는 후에 페트로그라드의 비밀경찰 체카Cheka의 수장이 되는 볼셰비키 모이세이 우리츠키를 선거관리위원으로 선임했다.

이 파렴치한 개입에 반대하는 정당들은 타브리체스키궁 밖에서 시위를 일으켰고, 볼셰비키는 이 시위를 반혁명이라고 규정했다. 볼셰비키는 카데트에 혐의를 제기하며 불법화했고 '인민의 적'인 카데트 지도부를 페트로파블롭스크 요새에 투옥했다. 레닌은 또한 부르주아 투기꾼이 도시 대부분에서 나타난 심각한 빵 부족의 원인이라고 비난하려 했다. 빵 배급량은 4분의 1푼트(1푼트는 약 407그램-옮긴이)로 급감했다. 많은 이들이 보기에 배급된 것은 제대로 된 빵이라고 보기 어려웠다. 라키에르에 따르면 "그들은 짚과 겨로 끔찍한 빵을 만들기 시작했다. 빵 껍질은 너무 딱딱해 칼로 자르기 힘들 정도다. 게다가 지푸라기가 이 사이에 낀다".[13] 레닌은 도시를 먹여 살리지 못하는 새 정부는 존속할 수 없다는 것을 알고 있었다. 특히 정부가 도시 노동자들의 지지에 의존하고 있다면 더욱 그랬다.

12월 4일 방어벽을 세운 스몰니 학원의 집무실에서 라트비아인 소총병의 호위를 받으며 레닌은 펠릭스 제르진스키에게 부르주아의 방해 공작에 관해 불만을 토로하고 있었다. 바로 그다음 날, 볼셰비키 비밀경찰 체카(반혁명, 부당이득, 방해공작 퇴치를 위한 전 러시아 비상위원회)가 설립되어 군사혁명위원회를 대신하게 되었다. 레닌이 체카의 수장으로 임명한 제르진스키에게 보낸 지시는 다음과 같이 시작한다.

> 부르주아들은 언제든지 극악무도한 범죄를 저지를 것이다. 그들은 부랑자와 사회의 타락한 부류들을 술을 주고 매수해 반란에 이용하려 하고 있다. 부르주아의 옹호자들, 특히 고위 사무직, 은행 관리 등은 태업하고, 사회주의 개혁을 실현하려는 정부의 정책을 좌절시키려 파업을 조직하고 있다. 이들은 심지어 식량 배급을 방해해 수백 명의 인민을 굶주림으로 위협하려 한다.[14]

정확히 어떻게 부르주아가 식량 배급을 방해하는 데 성공했는지는 설명되지 않았지만, 같은 달 말 레닌의 전쟁 선언은 이보다 더 명확할 수 없었다. "부자와 그들의 추종자인 부르주아 지식인에 맞선 사투." 레닌이 부르주아를 "이", "벼룩", "해충", "기생충"[15]이라 부르며 인간 이하의 취급을 한 것은 계급 학살을 주장한 것이나 다름없었다.

장신의 수척한 펠릭스 제르진스키는 폴란드의 몰락 귀족으로 창백하고 수척한 엘 그레코El Greco(그리스 태생으로 16세기 스페인에서 활동한 화가-옮긴이) 풍의 얼굴에 성긴 마법사 수염, 눈꺼풀이 두꺼운 눈을 하고 있었다. 제르진스키는 혁명의 광신도로 신념이 투철했고, 그 신념을 위해서라면 무엇이든, 자신의 건강과 온전한 정신까지도 희생할 각오가 되어 있었다. 볼셰비키의 고위 인사들은 자부심, 두려움, 존경을 담아 "펠릭스는 혁명을 위해서라면 자기 어머니도 내놓을 것이다"[16]라고 언급했다. 이후 정치적 협력자가 되는 스탈린처럼 제르진스키는 기독교에 매정하게 등을 돌리기 전, 사제 수업을 받기도 했다. 제르진스키는 적과 반역자 모두를 적발하겠다는 무자비하고 강박적인 투지에 불탔지만, 몇몇 후계자들처럼 피에 굶주리지는 않았다. 그는 살해와 고문은 다른 이들에게 맡겼다. 청렴결백한 제르진스키는 어떤 형태의 특권도 거부하는 강직한 성품으로 금욕적으로 생활했다. 최소한의 배급량을 넘어서는 음식에는 손도 대지 않았고, 그가 외투를 입고 바닥에서 잠을 청하는 집무실은 그의 요구에 따라 난방이 되지 않았다.

흡연 외에 제르진스키의 약점은 시였다. 시는 슬라브 민족에게 가장 고결한 예술이었지만, 도널드 레이필드Donald Rayfield가 강조했듯 체카 요원과 세르게이 예세닌Sergei Esenin, 블라디미르 마야콥스키Vladimir Mayakovsky, 알렉산드르 블로크Aleksandr Blok 같은 시인들 사이에 급속히 형성된 서로에 관한 관심은 정말로 놀라웠다. 체카 요원들은 자기희생과 결부된 폭력의 낭만화에 도취해 있었다. 체카가 출판한 시 선집에 한 체카 처형인은 이런 시구를 남겼다.

> 부서진 삶과 뼈가 으스러지는 소리보다
> 더 큰 기쁨도 더 아름다운 음악도 없다.
> 이것이 바로 눈이 풀려 있다가도
> 가슴속에서 열정이 끓어오르는 이유다.
> 당신의 판결문 위에 쓰고 싶다.
> 흔들림 없는 한 가지를. "벽에 세워! 쏴!"[17]

체카는 자신들을 "혁명의 칼날이자 불꽃"이라고 자칭했다. 이것은 볼셰비키가 지향하는 무자비함을 압축해서 보여준다. 볼셰비키는 자신들의 대의를 자연적 정의나 생명 존중 같은 인도적 관심사보다 위에 놓았다. 제르진스키는 자신처럼 청렴한 인재를 채용해 볼셰비키의 엘리트로 키우려 했다. 영국군이 차르의 신생 공군에 제공한 검은 가죽 항공 점퍼를 부하들에게 지급하기도 했다. 가죽의 장점은 모직물과 달리 발진티푸스를 전염시키는 이가 들끓는 것을 막을 수 있다는 것이었다.

제르진스키는 이상적인 체카 요원은 “뜨거운 가슴, 차가운 머리, 깨끗한 손”[18]을 가진다고 주장했다. 하지만 레닌은 체카가 범죄자, 살인자, 사이코패스를 끌어들이게 마련이라는 것을 너무 잘 알고 있었다. 체카 요원 중에는 참호에서 잔학무도해진 이들도, 혁명 중 감옥에서 풀려난 이들도 있었지만, 대부분은 러시아 민족이 아닌 자캅카스인(아제르바이잔인, 아르메니아인, 조지아인), 폴란드인, 라트비아인, 유대인이었다. 제르진스키의 심복 야코프 페테르스Yakov Peters(라트비아어로는 예캅스 페테르스)와 마르틴 라치스Martin Latsis(라트비아어로는 마르팅시 라치스)도 둘 다 라트비아인이다. 제1차 세계대전 이전 런던에 망명했던 페테르스는 1911년 경찰 세 명의 살해와 시드니 거리 포위전으로 처음 주목을 받았다.(1910년 라트비아 이민자 갱단이 런던 하운즈디치의 보석상을 약탈하는 과정에서 경찰관 세 명을 살해했고 라트비아 갱단의 우두머리가 사망했다. 이후 2주간 시드니 거리에 숨은 두 명을 제외하고 갱단은 모두 체포되었고, 런던 경찰은 무장한 두 명의 조직원을 포위하여 군대에 도움을 청해 포위전을 벌였다. 페테르스는 경찰관을 살해했고 시드니 거리 포위전 후 체포되었으나 증거 부족으로 무죄 판결을 받고 러시아로 귀환했다.-옮긴이)

혁명 이후의 중요한 시기 동안 라트비아인들은 레닌의 친위대로서 매우 중요한 역할을 했다. 1915년 8월 독일과의 전쟁 중 차르의 최고사령부는 쿠를란트Courland(지금의 라트비아 쿠르제메)에서 온 라트비아 피난민들로 8개 소총대대를 구성했다. 이들은 리가와 다우가바Daugava강 전선 방어 임무를 맡아 큰 인명 손실에도 용맹하게 싸웠다. 하지만 러시아 지휘관들의 대우 때문에 라트비아인 병사 대다수와 몇몇 장교는 1917년 늦여름 러시아 제국군이 붕괴할 때 볼셰비키를 지지했다. 가을에 독일의 제8군이 진격하여 라트비아와 에스토니아를 점령하면서 라트비아인 병사들은 페트로그라드로 후퇴해야 했다. 볼셰비키에게 그들이 필요했던 바로 그곳이었다. 반볼셰비키파는 곧 “레닌은 유대인의 두뇌, 러시아인의 어리석음, 라트비아인의 총검으로 혁명을 일으켰다”[19]라고 말하게 되었다.

러시아에서 반유대주의는 계급과 지역을 막론하고 깊이 뿌리박혀 있었고 볼셰비키에도 침투해 있었다. 하지만 차르 시대의 검은 백인대의 포그롬과 같은 극단적인 반유대주의가 분노한 유대인 젊은이들을 볼셰비키의 품에 떠민 것은 전혀 놀랍지 않다. 그 결과 내전에서 우익 장교, 카자크, 우크라이나 민족주의자들은 더 많은 포그롬을 일으켰고 증오의 악순환이 계속되었다.

우파는 흔히 거의 모든 유대인이 볼셰비키라고 생각했지만, 이것은 심각한 오해였다. 예를 들어 스몰렌스크Smolensk에서는 선거를 앞두고 유대인 사회주의 정당들이 사회혁명당과 멘셰비키와 협력하여 볼셰비키에 대항하는 연합을 형성했다.[20] 유대인은 종종 지역에 주둔한 병사들뿐 아니라 볼셰비키를 자처하는 탈영병들에 의해 강도당할 확률이 비유대인보다 두 배나 더 높았다. 상인들뿐 아니라 빈곤한 유대인 시장 노점상도 ‘부르주이’라고 모욕받고 공격당했다.

임시정부가 3월 유대인의 시민권 제한을 철폐했지만, 벨라루스의 많은 농민은 여전히 유대인에게 편견을 갖고 있었다. 이들은 밀 부족과 가격 상승이 유대인의 사재기와 투기 때문이라고 비난했다. “소비에트 당국은 유대인에 대한 폭력을 묵인”[21]한 듯했다. 11월 말과 12월 초 병사들은 유대인 사회주의 정당들의 당사를 공격해 때려 부수고 회의를 해산시키고 남아 있는 자들을 “줄 세워 ‘부르주이’와 ‘유대인 놈들’이라고 부르며 양쪽에서 소총 개머리판으로 때렸다”. 식량 부족이 심해지고 대중의 분노가 커지자 볼셰비키 정부는 종종 유대인에게 비난의 화살을 돌렸다.

레닌은 철도노조의 연립정부 구성 계획을 막기는 했지만, 12월에는 생각을 바꿔 연합을 구실로 좌파 사회혁명당을 이용하기로 했다. 이로써 무자비한 결정의 책임을 나눌 수 있었다. 그리고 레닌은 좌파 사회혁명당이 '혁명의 보병'이라고 부르는 농민들로부터 유리되고 싶지 않았다.

좌파 사회혁명당은 우파 사회혁명당과 분열한 후 볼셰비키와의 연합이 "민중의 자발성"[22]을 지지하는 자신들의 의무라고 생각했다. 그들은 레닌이 뻔뻔하게 자신들의 토지 개혁 정책을 따라하는 것을 긍정적으로 받아들였다. 12월 10일 좌파 사회혁명당은 볼셰비키의 인민위원평의회에 합류해 그리 중요하지 않은 직책을 받았다. 다른 좌익 정당들의 격렬한 비판이 쏟아지자 좌파 사회혁명당은 볼셰비키와의 연합이 자신들의 공약을 추진하면서 볼셰비키 독재를 완화할 유일한 방법이라며 정당화했다. 좌파 사회혁명당은 볼셰비키가 항상 단독 통치를 주장해 왔다는 것을 간과했고, 볼셰비키 독재의 역학을 전혀 파악하지 못했다.

인민위원평의회가 임명에 동의한 몇 안 되는 좌파 사회혁명당 인민위원들은 대부분 무시당했다. 우크라이나에서 좌파 사회혁명당원 미하일 무라비요프Mikhail Muravyov는 레닌이 아무런 협의도 없이 안토노프-오브세옌코를 부추겨 '칼레딘 추종자들'과 '방해공작을 일삼는 자본가들'을 대규모 검거한 것에 격렬하게 불만을 표했다. 좌파 사회혁명당 지도부는 또한 볼셰비키가 완전 국유화를 추진하려 한다고 의심해 농민에게 토지를 분배하기 위해 싸웠다. 무엇보다도 그들은 제르진스키가 '계급의 적'을 대대적으로 검거하는 것을 제어하려 했다. 좌파 사회혁명당원 중 가장 고위직에 오른 것은 법무인민위원 이사크 시타인베르크Isaac Steinberg였다.

체카가 제헌의회 지지 운동을 벌이는 반대파 정치인들을 체포하자 시타인베르크는 그들을 풀어주었다. 다음 날인 12월 19일 아침 제르진스키는 스몰니 학원에서 열린 인민위원평의회 회의에서 시타인베르크를 공격했다. 제르진스키는 시타인베르크의 행위가 체카를 "모욕하고 사기를 꺾었다"[23]고 주장했다. 시타인베르크는 인민위원평의회의 결정에 반하는 행동을 했다고 질책받았고 인민위원평의회만이 체카의 지시를 번복할 수 있다는 말을 들었다.

시타인베르크는 계속 용감하게 싸웠고 좌파 사회혁명당원이 체카에 임명되어야 한다고 요구하기도 했다. 제르진스키는 이를 거부했지만, 인민위원평의회는 마침내 좌파 사회혁명당원 네 명의 체카 합류를 허락했다.[24] 그중 한 명인 표트르 '뱌체슬라프' 알렉산드로비치Petr 'Viacheslav' Aleksandrovich는 부위원장에 임명되었다. 제르진스키는 놀랍게도 알렉산드로비치를 꽤 마음에 들어 했다. 하지만 좌파 사회혁명당이 이듬해 마침내 볼셰비키에 대항해 반란을 일으키자 제르진스키는 마치 갑자기 흉폭해진 아끼던 개를 대하듯 자기 손으로 직접 알렉산드로비치를 사살했다.

1917년 12월에 일어난 주목할 만한 또 하나의 사건은 인민위원평의회가 우크라이나 라다와 돈에서 봉기를 일으킨 아타만 칼레딘에 전쟁을 선포하면서 이제 막 시작된 내전의 중심이 갑자기 남쪽으로 옮겨간 것이었다. 비호프 수도원에서 때맞춰 도주한 장군들도 돈의 수도 노보체르카스크로 향했다. 자랑스럽게 카자크 농민 출신이라고 선언한 코르닐로프는 어떤 변장도 거부했다. 게다가 열차로 이동하는 것도 거부했다. 믿기 힘들게도 코르닐로프는 견장이 달린 러시아 제국군의 제복을 입고 군마에 올라 테킨치 기병 호위대에 둘러싸여 출발했다. 거대한 털모자 파파하papakha(캅카스 지역에서 쓰던 전통 양털모자-옮긴이)를 쓴 그들은 바로 눈에 띄었다.

다른 장군들은 변장에 거리낌이 없었다. 루콤스키는 풍성한 콧수염과 뾰족한 턱수염을 밀고 독일 억양을 사용했다. 로마놉스키는 나이에 맞지 않게 소위 제복을 입었다. 마르코프는 건방진 당번병으로 행세했다. 이후 남부 백군의 총사령관이 되는 데니킨 장군은 삼등석에 타서 폴

란드 귀족인 척했다.[25]

1400킬로미터에 달하는 여정에서 코르닐로프와 테킨치 기병대는 흑해까지 탈출한 크세노폰처럼(고대 그리스의 군인 크세노폰은 페르시아의 왕위 다툼에 고용된 그리스 용병을 이끌고 퇴각하면서 페르시아군의 추격과 지역민들의 공격을 받았다.-옮긴이) 수많은 전투와 습격을 마주했다. 그들과 교전한 적위대는 승리를 거두지 못하고 다음 병영에 전보를 보냈다. 무수한 접전 끝에 코르닐로프의 테킨치 기병대는 마침내 장갑열차라는 적수를 만났다. 코르닐로프의 군마는 죽었고, 살아남은 호위대는 사기가 바닥나 코르닐로프가 카스피해를 넘어 각자 고향으로 돌아가라고 말했을 정도였다. 코르닐로프는 어쩔 수 없이 동료들처럼 농민으로 변장하고 노보체르카스크로 가는 열차를 탔다. 코르닐로프는 비호프 수감자 중 마지막으로 돈의 수도에 도착했다.

또 다른 여행자가 이 지역에서 노보체르카스크 훨씬 너머로 향하고 있었다. 제8군에서 코르닐로프의 정치위원이었던 빅트로 시클롭스키는 러시아군 철수와 동원 해제를 감독하러 페르시아의 자캅카스 전선에 파견되었다. "바쿠Baku 근처에서, 카스피해를 봤다. 여느 바다와는 다른 차가운 녹색이다. 그리고 낙타가 느긋한 걸음으로 걸어가고 있다."[26]

시클롭스키는 티플리스(트빌리시)까지 여행을 계속했다. "티플리스에 도착했다. 좋은 도시다. 가난뱅이의 모스크바 같은 곳이다. 거리에는 총성이 울리고 있었다. 미친 듯이 열광하는 조지아인 부대가 허공에 총을 쏘아대고 있었다. 그들은 총을 쏘지 않을 수 없었다. 조지아인이기 때문이다. 조지아의 미래파 예술가들과 하룻밤을 보냈다. 착한 애들이다. 체호프의 누이들보다도 모스크바를 그리워한다."[27] 시클롭스키는 티플리스에서 열차를 타고 이틀을 달려 타브리즈Tabriz로, 거기서 사막과 염습지 가운데 자리한 우르미아Urmia의 제7기병군단 분견대 본부로 여행을 계속했다.

군단의 약 6만 명에 달하는 병사들과 지원 인력은 한동안 식량을 전혀 받지 못했다. 대신 필요한 곡물과 양들을 전부 징발해 지역 주민들은 굶주림에 시달렸다. 페르시아 인구의 3분의 1이 제1차 세계대전 동안 기아와 질병으로 죽었는데, 이는 제2차 세계대전 당시의 어느 나라보다도 높은 비율이다.

시클롭스키는 10년간의 러시아 제국의 점령이 쿠르디스탄과 아제르바이잔에 걸친 이 지역에 미친 악영향에 경악했다. 이 지역에 거주하는 민족은 페르시아인, 아르메니아인, 타타르인, 쿠르드인, 네스토리우스파 아시리아인, 유대인으로 다양했다. "먼 옛날부터 이 중 어떤 민족도 사이좋게 지낸 적이 없었다. 러시아인들이 오자 상황이 달라졌다. 이들의 사이는 더 나빠졌다."[28] 시클롭스키는 징계와 처벌의 두려움에서 벗어난 러시아군 연대가 저지르는 범죄를 두 눈으로 직접 목격했다. 가장 심했던 것은 자바이칼 카자크였다. "군 위원회에서 자바이칼 카자크는 '황화yellow peril'(황인종 또는 동양인의 위협-옮긴이)라고 불렸는데 이는 바지의 줄무늬 색 때문만은 아니었다. 검게 그을린 넙데데한 얼굴을 한 그들은 풀뿌리를 먹고 사는 조랑말을 탔다. 자바이칼 카자크는 훈족처럼 용맹하고 잔인했다. … 하지만 자바이칼 카자크가 더 무아지경으로 칼을 휘두르는 듯했다. 한 페르시아인은 '저들은 아마 기병도로 베면서 자기들이 기병도를 사용하고 있다는 것도 모를 거요. 채찍을 쓰는 줄 알고 있소'라고 말했다."[29]

러시아 병사들은 열차를 전복시킨 후 객차를 공격하는 쿠르드인을 가장 혐오했고, 그래서 그들에게 가장 잔인했다. 끔찍한 복수가 자행되었다. 시클롭스키는 기록했다. "아는 이들이 말하기를 우리 병사들이 마을에 들이닥치면 여인들은 강간을 피하려고 얼굴, 가슴, 무릎부터 허리까지 배설물을 문지른다고 한다. 그런데도 병사들은 배설물을 누더기로 닦아내고 여인들을 강간했다."[30]

"길 위에서 계속 같은 광경을 보고 있다. 폐허가 된 마을과 시체들이다. 이제껏 많은 시체를 봐왔는데도 지금이 유독 충격적인 이유는 이것이 여기서는 일상이기 때문이다. 그들은 전쟁에서 살해된 것이 아니다. 아니, 그들은 소총을 시험하려는 누군가에게 개처럼 살해되었다. 한 시체의 얼굴 위에 고양이 한 마리가 털을 바짝 곤두세우고 앉아 작은 입으로 어설프게 빰을 뜯어먹고 있었다."[31]

페르시아에 주둔한 러시아 군대를 해산하고 귀환시키는 시클롭스키의 임무는 병사들이 총을 내려놓기를 거부해 쉽지 않았다. 병사들은 여자들이 전혀 인간 취급을 받지 못하는 사회에서 총으로 무엇을 얻어낼 수 있는지 알게 되었다. "소총, 특히 러시아 소총은 동쪽에서는 대단히 귀하다." 경악한 시클롭스키는 설명했다. "철수를 시작할 때 페르시아인들은 소총 하나에 2천에서 3천 루블을 지불했다. 탄창은 시장에서 3루블에 살 수 있었다. … 비교를 위해 우리 병사들이 페르시아에서 그리고 캅카스에서 납치한 여인의 몸값을 생각해 보자. 예를 들어 페오도시야Feodosia에서는 처녀가 아니면 15루블, 처녀면 40루블에 여자를 사서 평생 소유할 수 있다. 그러니 소총을 팔면 얼마나 이득인가!"[32] 고리키도 이 야만적인 인신매매를 묘사했다. 고리키에 따르면 페오도시야에서는 자캅카스 여인의 몸값이 25루블이었다.[33]

군대 내부의 부패는 철수에 필요한 카스피해의 러시아 함대에까지 퍼졌다. 하치코프Khatchikov라는 볼셰비키가 온갖 술책으로 동료들의 지지를 얻어 사령관이 되었다. 그 후 그는 군함을 포함해 철도에 속한 선박을 장악하고 말린 과일을 거래하기 시작했다. 시클롭스키는 나중에 발트 함대의 정치위원으로부터 "하치코프가 결국 우리 군의 카스피해 전단을 영국인에게 넘기는 데 일조했다"[34]는 얘기를 들었다.

◆

영국은 바쿠 유전과, 튀르키예를 견제하려 페르시아와 메소포타미아 전선에 배치된 자국 군대가 있어 이 지역에 상당한 이해관계가 있었다. 니콜라이 유데니치Nikolai Yudenich 장군이 이끄는 러시아군의 철수는 영국에 전략적 위협이 되었다. 오스만 제국군과 대치 중인 영국과 인도 사단들은 북쪽으로 향하는 우측면이 노출된 것을 깨달았다. 이제 유데니치의 20만 러시아군에 가로막히지 않은 오스만 제국군은 카스피해 남쪽을 통해 중앙아시아로 밀고 들어와 측면에서 영국군을 치고 영국령 인도까지 위협할 수 있었다.

바그다드 총사령부와의 상의 없이 런던의 육군부와 심라Simla의 인도군 사령부는 오스만 제국군의 진격을 막기 위해 세 개의 특수부대를 조직해 현지에서 소집한 부대의 훈련과 지휘를 맡기기로 했다. 하지만 이 계획을 실행에 옮기려면, 서로 혐오하는 아르메니아인, 아제르바이잔인, 아시리아인, 쿠르드인, 조지아인, 투르크멘인, 러시아인이 협력하게 해야 했다. 라이어널 던스터빌Lionel Dunsterville 소장의 군대는 바스라Basra에서 페르시아 동부를 거쳐 엔젤리Enzeli(지금의 이란 반다르에안잘리)로 진격한 후 카스피해 서쪽 해안에서 바쿠를 방어할 계획이었다. 윌프레드 맬러슨Wilfred Malleson 소장의 군대는 카스피해 동쪽, 특히 부하라Bukhara와 사마르칸트Samarkand로 향하는 중앙아시아 철도를 보호해 페르시아의 도시 메셰드Meshed(마슈하드라고도 함-옮긴이)를 방어해야 했다. 그리고 셋 중 가장 수가 적은 매카트니Macartney 소장의 군대는 러시아의 중앙아시아 지역 깊숙이 있는 타슈켄트Tashkent로 향할 계획이었다.

라이어널 던스터빌은 흔한 군인 콧수염을 한 당시의 전형적인 영국 소장처럼 보였지만 동시대인들보다 훨씬 독창적이었다. 러디어드 키플링Rudyard Kipling의 동창이자 키플링이 쓴 소설의 주인공 스토키Stalky의 모델이기도 한 던스터빌은 모험을 즐겼고 여러 언어에 능통했다. 그는 오스트레일리아, 뉴질랜드, 남아프리카, 캐나다 출신 장교와 부사관을 가능한 한 많이 뽑아야 한다고 주장했는데, 이들이 영국군보다 자립적이고 진취적이었기 때문이었다. 불행히도 서부 전선에서 이들을 차출하고 런던에서 바스라까지 수송하는 과정은 예상보다 훨씬 오래 걸렸다. 던스터빌 장군과 그의 병사들은 1918년 초여름까지 바쿠에 닿을 수 있을 것 같지 않았다. 바쿠에서 던스터 부대Dunsterforce[35](1917년 12월 오스트레일리아, 뉴질랜드, 영국, 캐나다 장교와 부사관으로 결성된 부대로 지휘관 라이어널 던스터빌의 이름을 땄다.-옮긴이)는 오스만 제국의 학살을 피해 온 아르메니아인이 볼셰비키, 카자크와 맺은 아주 기이한 동맹에 합류해 병력이 훨씬 우세한 오스만 제국군으로부터 바쿠를 지키기 위해 싸우게 된다.

제2부

1918년

11

거푸집 깨기
1918년 1-2월

새해가 밝은 후 며칠 동안 레닌은 갈수록 초조했다. 그는 불과 얼마 전인 1월 1일 저녁 두 명의 암살자가 그의 리무진을 향해 리볼버를 발사한 첫 암살 기도에서 살아남았다. 하지만 레닌이 가장 염려하고 있었던 것은 1월 5일 개회 예정인 제헌의회를 어떻게 방해할 것인가였다. 제헌의회가 열리기도 전에 금지시키기에는 위험이 너무 컸다. 레닌은 개회 행사를 위해 붉은색과 갈색으로 보기 흉하게 장식된 타브리체스키궁에서 열릴 개회식을 어떻게 처리해야 할지 여전히 알 수 없었다. 그는 평소답지 않게 계속 다른 이들의 의견을 물었고, 우리츠키와 세르게이 구세프Sergei Gusev는 개회식을 방해할 계획을 제안했다. 레닌은 처음에는 화를 내며 그들의 의견을 일축했지만, 후에 그들의 제안을 따르기로 했다.

매우 춥고 길가에 눈이 잔뜩 쌓이긴 했지만, 1월 5일은 날씨가 무척 좋았다. 연료 부족으로 공장들이 모두 멈춰 공기도 맑았다. 적위대의 순찰대와 발트 함대의 수병들은 단검과 총검을 꽂은 소총으로 무장하고 제헌의회를 지지하는 시위를 전부 막았다. "그날 그 자리에 참석한 사람은 모두 … 결코 잊을 수 없을 것이다."[1] 사회혁명당 의원 블라디미르 젠지노프는 기록했다. "먼저, 도시가 군영이 되었다." 공격에 대비해 스몰니 학원을 지키는 라트비아인 소총병들이 동원되었지만, 대다수가 제헌의회를 지지하는 수비대 소속 부대는 동원되지 않았다. 적위대와 수병들만이 시위 해산에 동원되었다. 인민위원평의회는 이제 "모든 권력을 제헌의회로"라는 구호가 반혁명적이라고 선언했다.

리테이니 대로에서 충돌이 일어났다. 작가이자 기자인 아서 랜섬은 그곳에서 15명 정도가 사망하고 100명 정도가 부상당했다고 추정했다. 사망자 중에는 선출된 의원도 있었다. 분노에 찬 고리키는 이들의 살해가 1905년 가폰 신부가 이끄는 시위대의 행진을 향해 차르 군대가 발포한 것과 다를 바 없다고 이야기했다. 타브리체스키궁을 에워싸는 방어벽이 설치되었고 입구에는 기관총 여러 정과 대포 두 문이 안으로 들어가기도 전에 의원들을 위협했다. 랜섬을 포함한 외신 기자 한두 명은 왜 선출된 카데트 의원 15명이 나타나지 않는지 의아해했다. 15명 전원이 우파 사회혁명당 의원 몇 명과 함께 체포되었다고는 아무도 생각하지 못했다.

한 젊은 볼셰비키는 구세프의 계획에서 자신이 맡은 역할을 설명했다. "구세프는 나같이 젊은 사람들을(비서, 타자원, 배달원, 청소부) 모아 호각과 딸랑이를 주었다. 그는 우리를 타브리체스키궁의 외교관용 발코니에 자리 잡게 하고는 커튼 뒤에 앉았다. 수병들이 속속 도착하는 의원들을 맞았다. 수병들은 모두 무장하고 탄띠를 몸에 두르고 있었다. 문지기를 대신해 이 수병들이 모두를 맞았다. 안으로 들어온 의원들은 외투 보관소로 갔고 거기서도 수병들이 외투를 받아주겠다고 나섰다. 의원들은 겁에 질려 외투를 입은 채 회의실로 갔다. 그들은 자리에 앉아 계속 주위를 두리번거렸다."[2]

레닌은 연단 뒤에 앉아 있었는데, 그의 벗겨진 머리가 너무나 눈에 띄었다. 그는 직접 나설 생각이 없었다. 레닌이 지명한 스베르들로프가 의회는 전 러시아 소비에트를 최고 권력으로 인정해야 한다고 요구하며 대신 개회사를 했다. 수병과 적위대뿐 아니라 참석한 모든 볼셰비키가 박수를 보내며 환호했고 우파 사회혁명당은 냉랭하게 침묵을 유지했다. 하지만 그들도 일어나 〈인터내셔널가〉를 함께 부를 수밖에 없었다.

기나긴 기다림 끝에 개표가 끝나고 우파 사회혁명당 당수 체르노프가 제헌의회 의장으로 선출되었다. 자정에 가까운 시각이었다. 레닌은 누가 봐도 눈에 띄게 쭉 뻗고 누워 자는 체를 했다. 체르노프의 당선 연설은 지나치게 신중했고 지나치게 길었는데, 전 러시아 소비에트가 제헌 의회에 우선한다는 스베르들로프의 주장을 인정하지 않으려 조심스럽게 말을 골랐기 때문이다. 이어 멘셰비키 당수 체레텔리가 다시 한번 매우 인상적인 연설을 했다.

구세프는 신호를 보냈다. 구세프가 고용한 이들과 수병들은 아수라장을 만들기 시작했다. 젠지노프는 기록했다. "야간 회기는 견디기 힘든 분위기에서 진행되었다. 미친 듯이 날뛰는 무리들이 우리 의원들을 둘러쌌다."[3] 구세프가 심은 방청객들은 "호각을 불고, 딸랑이를 흔들고, 소리를 질렀다. 그들은 의원들에게 '안탄타Antanta*에게서 얼마나 받았냐?', '전쟁을 끝내라!'라고 외쳤다." 체르노프는 그들을 조용히 시키려 큰소리로 대꾸했다. "발코니의 동지들! 조용히 하지 않으면 내보내라는 지시를 내리겠소!" 그들은 그저 체르노프를 비웃었다. "누구한테 지시를 내린다고? 수병들한테?"[4]

볼셰비키 의원 중 한 사람이 제헌의회는 전 러시아 소비에트의 최고 권한을 인정하지 않았기 때문에 반혁명 조직이라고 선언했다. 볼셰비키는 모두 회의실을 떠나라는 신호였다. 곧 좌파 사회혁명당원들이 뒤를 따랐다. 수병들은 대놓고 하품하기 시작하더니 소총을 든 채 의원들을 에워싸고 반혁명 분자라고 욕했다. 한 의원이 오후 5시까지 휴회하자고 서둘러 제안했다. 이 제안이 통과되어 의원들은 줄줄이 타브리체스키궁을 떠났다. 제헌의회는 폐회되었다. 레닌이 멸시한 '부르주아 민주주의'는 열두 시간 남짓밖에 지속되지 못하면서 자유주의와 사회주의 지식인의 종말을 고했다. 열린 사고는 무자비하게 오직 하나만 추구하는 볼셰비키에 승산이 없었다.

그날, 1월 6일 저녁, 임시정부 각료들은 페트로파블롭스크 요새로

* "안탄타Antanta" 러시아인들이 연합국(혹은 협상국)을 일컫는 말이었다.

이송되었다. 그곳에 먼저 투옥된 카데트 의원 신가료프Shingaryov와 코코시킨Kokoshkin은 몸이 아파 마린스키 병원의 죄수 병동으로 옮겨졌다. 다음 날 밤 수병 열 명이 찾아와 외치는 소리가 들렸다. "이놈들을 도축해서 배급할 빵을 조금이라도 아끼자!" 수병들은 후에 1905년 반란에 이은 탄압에 복수한 것뿐이라고 주장했다.

전장에서처럼 행운이나 불운은 순식간에 뒤바뀔 수 있었다. 체포된 제헌의회의 의원 중에는 임시정부 각료회의의 비서실장이었고 미하일 대공의 퇴위 성명을 작성한 변호사 블라디미르 드미트리예비치 나보코프Vladimir Dmitrievich Nabokov도 있었다. 정신없는 와중에 나보코프를 호송하던 적위대는 잠시 그를 복도에 남겨두었고 나보코프는 잠기지 않은 문으로 빠져나가 거리로 도주했다. 고상한 나보코프는 매우 빠르게 전부 정리했다. 그의 하인 오시프가 옷을 쌌고 주방장은 캐비아 샌드위치를 만들었다. 나보코프는 작가인 장남을 포함해 아들들이 적위대에 징용되는 것을 막으려 가족을 미리 크림반도에 보냈다. 그리고 열차를 타고 가족의 뒤를 따랐다.[5]

지난여름 케렌스키의 사형제 재도입에 격렬하게 항의했던 볼셰비키는 1월 8일 반혁명 선동가들과 강제노역을 거부하거나 피하는 부르주아를 사형에 처해야 한다고 주장했다. 사형에 해당하는 범죄에는 곧 전단 붙이기, 세금 미납, 통행금지 위반, 상인의 체포 거부가 추가되었다.[6] 볼셰비키의 전략은 프롤레타리아의 분노가 너무 커서 '정의를 요구하는 대중'의 목소리를 외면할 수 없다고 주장하는 것이었다.

그로부터 한 달 후 레닌은 체카에 재판이나 어떠한 사법 통제 없이 피의자를 고문하고 살해할 권리를 부여했다. 담당 건수가 산처럼 쌓인 상황에서 체카 요원은 수감자를 조사하는 것보다 사형선고를 내리는 것이 훨씬 쉽고 빨랐다. 야근이 잦은데도 고문하고 살해할 권한이 무제한 주어진다는 사실에 끌린 지원자가 끊이지 않았다. 2년 안에 제르진스키는 2만 명의 남녀 요원을 거느리게 되었다.

여기서 멀리 떨어진 곳에서는 그래도 살기 쉬울 것이라 기대하고 굶주림과 체포의 두려움을 피해 페트로그라드를 떠난 이들은 크게 실망했다. 마침내 사라토프Saratov에 도착한 보렐Borel 가문의 사람들은 지역 혁명위원회가 부르주아에게 엄청난 벌금 또는 '분담금'을 부과하는 것을 발견했다. 부과하지 않으면 모두 지역 체카에 잡혀갈 수 있었다.

"그들은 온갖 고문과 처형 수단을 만들어내고 있다. 사라토프는 당시 그리 큰 도시가 아니었는데도 매일같이 수백 명이 수감되었다. 도시 내 감옥이 꽉 차서 커다란 사설 건물 몇 곳이 징발되어 감옥으로 바뀌었다. 그들의 고문 방법에 비견될 만한 것은 중세 시대 고문뿐이었다. 그들은 사람들의 손을 끓는 물에 담근 후 손에서 '장갑' 즉, 살갗을 벗겨냈다. 사람들의 등가죽으로 벨트를 만들고 뼈를 부수고 불로 고문했다. 특별히 부르주이를 위해 준비된 커다란 구멍이 뚫린 바지선이 볼가강 한가운데에 정박해 있었다. 불운한 이들은 그곳으로 끌려가 아무것도 먹지 못하고 침몰을 막기 위해 계속 물을 퍼내야 했다. 사람들은 며칠을 버티지 못했다. 어떤 이들은 미쳐서 자살했고 다른 이들은 계속 물을 퍼냈지만 지쳐서 더는 퍼낼 힘이 없었다. 바지선은 점점 가라앉았고 마침내 수백 명을 태운 채 침몰했다."[7] 프랑스 혁명 시기의 바지선 침몰(익사형noyade)이 여기저기서 재현되었다. 크론시타트 수병들은 희생자들을 가시철사로 묶은 후 이들을 태운 바지선을 침몰시켰다. 희생자들의 시체는 나중에 핀란드 해안으로 쓸려 왔다.

발트 함대와 흑해 함대 수병의 적색 테러는 거의 통제 불능이었다. 반反투기 부대로 소집된 수병들은 기차역을 근거지로 삼아 아무 물건이나 무작위로 탈취했다. 항의는 없었다. 한 남자는 자기 상품을 압수한 부대의 우두머리를 묘사했다. "벨트에 마우저Mauser 총을 차고 한쪽 귀에

백랍으로 만든 귀걸이를 한 광대뼈가 높은 수병이었다. 그는 나무 숟가락으로 죽을 먹듯이 소금에 절인 생선을 떠먹었고 일절 말을 하지 않았다."[8] 그들이 가장 좋아하는 임무는 변장한 부르주이를 찾아내 복수하는 것이었다. 열차를 수색하던 한 무리는 노동자로 신분을 속이려다 발각된 아발레셰프Abaleshev 장군을 붙잡았다. 아발레셰프는 그들의 강요로 여행가방을 열었다. 맨 위에 제국의 휘장이 새겨진 견장이 있었다. 그들은 선로 옆에서 아발레셰프를 사살했다.[9]

무차별적인 계급 보복은 많은 수병의 임무였다. 1월 중순 흑해 함대의 볼셰비키는 오데사에서 사관생도, 장교, 우크라이나 민족주의자에 맞서 혼돈의 전투를 벌였다. 오데사에만 1만 1천여 명의 실직 장교들이 있는 것으로 추정되었다. "방금 체포된 장교 하나가 끌려갔다." 옐레나 라키에르는 일기에 적었다. "키가 크고 많이 어려 보였다. 가여워라. 부두에 정박한 순양함 알마즈Almaz로 끌려가고 있는 걸까? 그들은 장교들을 그리로 데려가 고문한 뒤 시체를 바다에 버린다." 다음 날 수병들이 라키에르의 아파트를 수색했고, 그중 한 명은 침대 아래와 벽장을 칼로 찌르고 다녔다. 그는 옐레나 라키에르에게 으스대며 말했다. "이 칼은 춤나야Chumnaya 언덕에서 한 장교에게서 뺏은 것이오. 그리고 그를 끝장냈지."

"죽이면서 안쓰럽지 않던가요? 그도 같은 러시아인인데."

"누가 반혁명 분자를 안쓰러워하겠소? 우리는 알마즈에서 수많은 반혁명 분자를 '세척'했소."[10]

남쪽에서 시작된 잔혹 행위는 곧 모스크바에도 퍼졌다. 작가 이반 부닌의 한 친구는 크림반도의 심페로폴Simferopol에서 막 돌아와 그곳에서 벌어지고 있는 "이루 말할 수 없는 참상"을 이야기했다. "병사들과 노동자들은 '무릎까지 차는 피를 헤치고 걸어가고 있다'. 한 나이 든 대령은 기관차 화실에 산 채로 던져져 불에 타 죽었다."[11] 1월 14일 흑해 함대의 볼셰비키 수병들은 옙파토리아Evpatoria(지금의 우크라이나 예우파토리야)

에서 약 300명을 팔과 다리를 부러뜨린 뒤 증기선 루마니아Romania에서 바다로 던져 살해했다. "부상당한 최고위 장교는 배의 화실에 머리부터 던져졌다. 수송선 트루예보르Truevor에서는 짐칸에서 장교들이 한 명씩 끌려 나와 산 채로 신체를 훼손당하고 배 밖으로 던져졌다."[12] 비슷한 일이 페오도시야와 세바스토폴에서도 벌어졌다. 얄타에서는 수병들이 체호프의 가장 유명한 단편 〈개를 데리고 다니는 부인〉의 무대가 된 부두에서 부르주이를 총살하고 있었다.[13]

페트로그라드와 모스크바에서는 무기나 장교를 찾아 아파트를 수색하는 것이 곧 공식적으로 허가된 약탈로 변했다. 페트로그라드에서 체카 수장 페테르스는 자원자들에게 부르주아의 집을 수색하라고 촉구하면서 "2만 명에 달하는 노동자, 수병, 적군赤軍 병사가 이미 참여했다"[14]고 주장했다. 적위대, 수병들, 병사들은 망설임 없이 잘 차려입은 시민을 거리에서 세워 옷을 내놓으라고 요구했다. 빳빳하게 옷깃에 풀을 먹인 셔츠를 입은 남자들과 모자를 쓴 여자들은 곧바로 부르주이로 규정되었다. 모든 주요 도시에서는 거리에서 안경만 쓰고 있어도 부르주이라고 욕먹고 강도당할 수 있었다. "이 폭력의 시대에 모두가 안경을 쓴 사람을 수상하게 여긴다"[15]라고 모스크바의 파우스톱스키는 기록했다. 중산층 가정은 출신을 숨기기 위해 농민처럼 보이려고 낡은 옷을 입고 수염이 아무렇게나 자라게 놔둔 가장과 함께 무리 지어 외출하곤 했다. 대부분 귀환 병사인 강도들 때문에 밤에 외출하는 것은 너무 위험했다. 페트로그라드 체카의 수장인 우리츠키도 총을 들이대는 강도에 옷을 강탈당했다.

볼셰비키 당국은 포도주 몰수를 지시했다. 때때로 부대 전체가 가정집에 쳐들어가 지하실을 뒤졌다. 알코올 공급원을 찾으면 그 자리에서 고주망태가 됐다. 때로는 소방관을 불러 술 취한 병사들에게 찬물을 끼얹어 깨우거나 서로 싸우는 병사들을 말려야 했다. 취중 폭동을 막기 위해 소방관들은 남은 술병을 깨뜨렸다.

장교들은 처음에는 급료는 받지 못했지만 군 구내식당에서 줄을 서서 음식을 얻을 수는 있었다. 여기서는 청어 머리와 가시로 끓인 수프나 말고기 스튜에 서리로 상한 감자를 주었다. 하지만 이 특권마저도 얼마 안 가 철회되었다. 일부 장교들은 정부에 고용되는 것이 금지되어 기차역에서 짐꾼으로 일해야 했다. 당시 볼셰비키 정권은 보리스 사빈코프가 지하조직을 구축하고 있다는 소식을 들었다. 장교 대다수가 적대적이라고 가정한 볼셰비키는 이중 작전으로 상대하기로 했다. 장교들은 지역 체카에 등록하지 않으면 처형된다는 명령을 받았고, 등록하러 나타나자마자 체포되었다. 감옥이 죄수들로 넘쳐나자 체카는 일부를 처형했다. 지구마다 건물과 세입자, 문지기와 수위의 명부가 생겼다. 각 구역을 적위대가 에워싸면 체카 요원들이 건물 안으로 돌격해 장교와 수상한 부르주아를 모두 수색하고 붙잡았다. "페트로파블롭스크 요새에서는 불길한 일제 사격 소리가 종종 들렸다." 탈출을 계획한 한 변호사가 기록했다. "수도의 주민들은 내일이 오는 것을 두려워했다. 굶주림이 긴 낫을 든 죽음의 신과 함께 다가오고 있었다."[16]

경제 파탄으로 약 3만 명의 매춘부가 거리로 나섰는데, 이 중 3분의 1에서 2분의 1은 좋은 가문 출신이었다. 미국 무정부주의자 엠마 골드만Emma Goldman은 넵스키 대로를 따라 "빵 한 조각이나 비누, 초콜릿 한 조각을 위해 몸을 파는"[17] 좋은 집안 출신의 어린 소녀들이 너무 많아 충격을 받았다. 어떤 매춘부들은 젊은 정치위원들의 하렘에 들어가기도 했다. 정치위원들은 현관에 루이 16세의 가구와 대조되는 거대한 박제 곰이 명함을 놓는 쟁반을 들고 있는, 상트페테르부르크의 거대한 상류층 궁전에서 코카인에 취해 난교를 벌였다.

주저하는 아마추어와 달리 직업 매춘부는 의기양양한 '혁명적' 태도로 금방 구별할 수 있었다. 1월 22일 오데사에서 옐레나 라키에르는 기록했다. "도심 한복판에서 짙게 화장한 끔찍하고 파렴치한 매춘부 세 명이 내 앞을 걷고 있었다. 잘 차려입은 젊고 아주 매력적인 아가씨가 물개 가죽 코트를 입고 이쪽으로 걸어오고 있었다. 매춘부 하나가 그녀의 얼굴에 침을 뱉었고, 셋은 큰 목소리로 계속 깔깔댔다."[18]

볼셰비키는 재산을 몰수당한 중류층과 상류층을 '구체제 사람들'이라고 불렀는데 이들은 프랑스 혁명 시기의 '구귀족'에 비해 비인간적인 생활을 했다. 거의 모두가 그저 식량을 사기 위해 벼룩시장에서 보석부터 차르에게 받은 훈장이나 예복까지 가진 것을 헐값에 팔거나 물물교환해야 했다. 모스크바에서 이반 부닌은 기록했다. "트베르스카야Tverskaya에서 은테 안경을 쓰고 검은색 털모자를 쓴 나이 든 가난한 장군이 무언가를 팔고 있었다. 그는 거지처럼 주뼛거리며 굴종적인 자세로 서 있었다."[19] 일부 귀족 가문은 운 좋게 시골 영지에서 몰래 식량을 들여온 하인들이나 공공식당에서 일하는 옛 요리사 덕분에 목숨을 부지했다. 러시아인의 필수품인 차가 구하기 어려워지자 사람들은 당근 껍질을 우린 물을 마셨다. 은행이 국유화되기 전에 돈 일부를 출금한 사람들도 다른 사람들처럼 끝없이 이어진 줄을 서야 했다. 봄까지 노동자가 배급받은 식량은 하루 300킬로칼로리를 겨우 넘기는 정도였다. 페트로그라드는 말 그대로 굶주리고 있었다.

건물 대표는 대개 수위나 관리인이었는데, 막강한 권력을 누리는 그들이 지명하면 강제 노역을 피하기 어려웠다. 강제 노역자들은 "삽이나 괭이를 받았고 근무 시작과 끝에 이름이 불렸다".[20] 적위대 감시병을 비롯한 구경꾼들은 거리에서 그들이 서투르게 눈과 얼음 또는 쓰레기를 치우며 수모를 겪는 모습을 무척이나 즐겼다. 구 상류층에게 이것은 자기 집에서 벌어지는 사생활 침해와 마찬가지로 레닌의 계급투쟁 아래 그들의 가혹한 앞날을 미리 보여주는 예고편이었다. 볼셰비키는 빈곤 가정을 주거 지역의 아파트로 이주시키는 정책을 폈는데, 단순히 주택을 더 공

모스크바의 거리에서 마지막 소지품을 파는 '구계급' 여인들

정하게 분배하기 위해서는 아니었다. 이것은 대중들에게 인기 있는 보복이자 계급의 적 부르주아를 감시하는 눈과 귀를 심는 방법이기도 했다.

페트로그라드의 많은 귀족과 부르주아는 볼셰비키 정권이 자신들이 초래한 무정부 상태 속에서 붕괴할 것이라고 계속 믿고 있었다. 하지만 제헌의회 폐회와 그 직후 병실에서 일어난 카데트 당원 두 명의 잔혹한 살해로 많은 이들은 도망쳐야 한다고 확신하게 되었다. 볼셰비키의 10월 혁명 직전 또는 직후에 재빠르게 떠난 이들은 수월하게 핀란드를 거쳐 스웨덴으로 갔고, 서유럽에서 전쟁이 끝난 후 베를린이나 파리에 정착했다. 하지만 페트로그라드와 모스크바를 떠나는 이들 대부분은 남쪽의 상황이 어떤지 정확히 모른 채 그저 살아남기를 바라면서 크림반도나 키예프 또는 노보체르카스크로 향했다. 코르닐로프와 알렉세예프 장군의 지휘 아래 돈에서 '의용군Volunteer Army'이 모이고 있다는 소문이 퍼

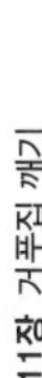

졌다. 구계급은 바로 이 의용군이 무정부 상태에 빠진 러시아를 구원할 것이라고 마음속으로 되뇌었다.

볼셰비키는 우크라이나와 러시아 남부 장악에 실패하면 위험하다는 것을 잘 알고 있었다. 안토노프-오브세옌코는 새로 조직된 남부전선군의 사령관에 임명되었다. 남부전선군 사령부는 라다를 대신하기 위해 급조된 '우크라이나 소비에트 인민공화국'과 마찬가지로 하리코프에 자리했다. 안토노프는 칼레딘 장군과의 전투 준비에 집중하면서 발트 함대 수병과 제국군에 징병되었던 보병으로 구성된 적위대를 키예프로 진격시켰다. 이들을 지휘하는 것은 좌파 사회혁명당원이자 직업 장교인 미하일 무라비요프 중령이었다. 무라비요프는 먼저 폴타바Poltava를 점령해 붙잡힌 장교와 사관생도를 모두 처형했다. 그리고 키예프로 진격하는 길에 크루티Kruty에서 500명이 조금 넘는 소규모 우크라이나군에 승리를 거뒀다.

키예프의 러시아인들은 우크라이나 군대가 잘 싸울 거라고는 전혀 생각하지 않았다. 러시아인들은 의도적으로 우크라이나의 실제 문화와 역사를 무시하며 우크라이나 민족주의가 우스갯소리에 지나지 않는다고 여겼다. 드미트리 게이덴 장군은 기록했다. "아주 세세한 부분까지 똑같이 펼쳐지는 서커스가 다시 시작되었다. 우크라이나군은 괴상한 제복을 입고 있었다. 흐루셰우스키가 소피아Sophia 광장에서 처음으로 열병식을 진행할 때 우크라이나군은 우크라이나 극장에서 〈다뉴브강의 자포리자 코자키〉라는 역사 오페라 상연에 사용된 의상을 가져왔다."[21] 작가 이반 나지빈은 "교수 흐루셰우스키와 작가 빈니첸코, 오스트리아 요원들이 여기서 상연하려는 역사를 주제로 한 호화로운 의상의 오페레타"를 즐기면서도 동시에 짜증스러웠다. "고골의 책에서 나온 듯한 자포리자 코자키나 민 머리에 가운데만 이제 막 자라기 시작한 용감한 전사가 슬쩍 보였다. 다들 비웃었다."[22]

1월 15일 총 4천 명에 달하는 무라비요프의 이른바 제1 및 제2혁명군은 드네프르Dnieper강(러시아어 이름, 우크라이나어로는 드니프로강)의 동쪽 둑까지 와서 열흘 동안 도시를 포격했다. 무라비요프는 레닌에게 보낸 전보에서 궁전과 교회, 특히 흐루셰우스키의 집을 파괴했다고 자랑스럽게 말했다. 우크라이나의 저항은 작은 포위망 안으로 쪼그라들었다. 1월 27일 아침 흐루셰우스키가 이끄는 중앙 라다가 서쪽의 지토미르Zhitomir로 피신하는 동안 우크라이나 인민공화국의 전쟁부 장관은 "키예프는 끄떡없고 두려워할 것은 아무것도 없다"[23]라고 선언했다.

키예프의 러시아 장교들은 전투에 참여하기를 거부했다. 적위대를 무척 싫어했지만, 라다의 친독일 성향 때문에 노란색과 푸른색의 우크라이나 국기 아래 싸울 생각도 없었다. 이들은 중립을 지켰지만, 목숨을 부지하지 못했다. 목격자의 증언에 따르면, 무라비요프의 적위대는 "호텔과 아파트에서 불운한 장교들을 '두호닌 사령부'로, 말 그대로 죽음으로 끌고 갔다('두호닌 사령부'는 마린스키 공원에 붙은 기이한 별명이었다). 이곳은 적위대가 가장 좋아하는 처형 장소였다".[24]

무라비요프의 적위대는 살인을 잠깐 쉴 때면 레닌의 "약탈자를 약탈하라"는 구호의 은총을 받아 한바탕 강도를 저질렀고, 강도는 대체로 살인과 강간으로 이어졌다.[25] 페트로그라드와 모스크바에서 온 저명한 사람들이 많아 부자를 노리는 도둑도 있었다. 지리학자 니콜라이 모길랸스키Nikolai Mogilyansky는 아파트에 든 강도 두 명을 묘사했다. 하나는 성실하고 품행 바른 소년이었는데 누가 봐도 처형 경력을 뽐내는 페트로그라드의 푸틸로프 공장 노동자였던 적위대 병사가 시키는 대로 하고 있었다. "탄띠를 십자로 교차해 둘러맨 그는 증오와 복수에 가득 차 있었다. 술 냄새가 풍기는 입에서 위협이 쏟아졌다. '아, 그놈들을 다 찾아낼 거야. 그놈들을 잘 알지, 반혁명 분자 장교 놈들.' 그는 중얼거리더니 리볼버를 들어 눈앞에 피해자가 있는 듯 허공에 대고 겨냥했다."[26]

"집단 처형이 가장 잔혹한 방식으로 진행되고 있다." 러시아 지리학회의 회원은 기록했다. "피해자들은 처형 전 옷이 벗겨져 머리 뒤에 총을 맞거나 총검에 찔려 죽었다. 물론 고문을 당한 뒤였다. 처형은 대개 무라비요프의 사령부가 자리한 궁전 앞 광장과 그 뒤의 마린스키 공원에서 이루어졌다. … 끔찍한 광경이었다. 옷을 입지 않은 시체들이 광장과 공원 길에 널려 있고 개들이 시체 사이를 돌아다녔다. 어딜 가도 눈밭 위에 피가 묻어 있다. 많은 시체가 입에 '붉은 표'를 물고 누워 있었고 몇몇은 십자가 모양으로 손가락이 접혀 있었다."[27] 우크라이나 적십자에 따르면 무라비요프의 병사들이 살해한 피해자 5천 명 중 3분의 2가 장교였다고 한다.

학살을 피한 게이덴 장군은 이렇게 썼다. "대학의 해부학 교실은 통나무처럼 쌓인 장교들의 시체로 가득했다. 사람들은 친척을 찾아 몰래 시체를 빼내어 묘지에 묻기도 했다. 물론 그중에는 내 지인도 있었다. 빅토르 이바노비치Viktor Ivanovich 장군은 아들과 함께 살해당했다. 구슬렙스키Guslevsky 장군은 딸들이 사령관 무라비요프에게 간청해 사면되었지만 사면받았을 땐 이미 죽어 있었다. 젊은 도만토비치Domantovich 대령도 살해되었고, 퇴역한 여든 살의 리다옙스키Rydaevsky 장군은 아파트에서 끌려 나와 거리에서 사살되었다."[28]

키예프 주민 모두는 공포에 떨었다. 한 시민은 이렇게 썼다. "밤이면 어둡고 텅 빈 도시는 무시무시했다. 부스스한 머리에 후줄근한 병사들은 여기저기 돌아다니며 큰 소리로 노래를 불렀다. 아주 가끔 무장한 순찰대가 지나갔다. 여기저기서 소총 발사나 경기관총 연사 소리가 들렸다. 겁먹은 민간인들은 집에서 잔뜩 긴장한 채 총성을 듣고 있었다."[29]

12

브레스트-리토프스크
1917년 12월-1918년 3월

11월 레닌이 강화를 요청하며 독일과 처음 접촉한 후 얼마 안 가 전통적인 외교 관행이 완전히 뒤집혔다. 독일 동부전선사령부가 위치한 브레스트-리토프스크Brest-Litovsk(지금의 벨라루스 브레스트)의 요새로 출발한 소비에트 대표단은 특이하다는 말로는 다 표현할 수 없었다.

대표단에는 모두를 노려보고 거의 입을 열지 않는 일반 병사 한 명, 발트 함대의 수병 한 명, 건방지고 자신감 넘치는 오부호프Obukhov라는 젊은 노동자, 1905년 러시아 제국군 장군을 암살한 전직 테러리스트인 좌파 사회혁명당원 아나스타샤 비첸코Anastasia Bitsenko가 포함되었다. 프로이센 장교들과 협상에 참여할 지도부는 유대인 세 명으로 구성되었다. 지적인 혁명 지식인 아돌프 이오페Adolf Yoffe, 트로츠키의 매제 레프 카메네프, 레닌과 스위스에서 '봉인 열차'를 함께 탄 그리고리 소콜니코프Grigory Sokolnikov였다.

바르샤바역으로 향하던 도중 이오페와 카메네프는 대표단에 농민이 포함되지 않았다는 사실을 문득 깨달았다. 그들은 징발해 타고 가던 차를 모퉁이에 세우고 농민 대표로 적합해 보이는 텁수룩한 머리의 로만 스타시코프Roman Stashkov라는 노인을 불러세웠다. 그들은 역으로 가는 스타시코프에게 차를 태워주겠다고 했다. 스타시코프가 그들을 "나리"라고 불러 "동지"로 호칭을 바로잡아주어야 했다. 이오페는 그의 정치 성향을 물었다. 스타시코프는 마을 사람들처럼 사회혁명당을 지지한다고 답했다.

"좌파요, 우파요?"

스타시코프는 무엇이 정답일지 생각하느라 잠시 뜸을 들였다가 답했다. "물론 좌파지요, 동지. 완전히 좌파요." 그러고 나서 스타시코프는 집으로 가는 길인 니콜라옙스키역으로 향하고 있지 않다는 것을 알고 안절부절못했다. 하지만 강화 협상을 위해 브레스트-리토프스크로 함께 가자는 끈질긴 권유에 설득된 후에는 편히 기대앉아 이 뜻밖의 행운을 즐겼다.[1]

볼셰비키는 동맹국과 전쟁 도중 남은 러시아 제국군을 무너뜨리는 무모한 도박을 했다. 하지만 레닌은 전쟁을 끝내야만 정치적 승리를 얻을 수 있다는 것을 잘 알고 있었다. 이제 숨 돌릴 틈을 얻고 권력을 공고히 하려면 볼셰비키는 공약을 지켜야 했다. 볼셰비키의 전략은 러시아 혁명과 강화 선언에 이어 유럽 전역에서 즉시 대격변이 일어나리라는 강한 확신에 근거하기도 했다.

레닌과 트로츠키는 프랑스와 영국 정부에 독일과의 강화 협상에 참여하기를 요청했다. 당연히 프랑스와 영국은 냉랭한 침묵으로 답했다. 그러자 레닌은 연합국의 입장을 곤란하게 하고 영국과 프랑스에서 파업과 반란을 촉발하기 위해 전 세계 청중을 겨냥한 '평화령'을 공표했다.

선로 상태가 좋지 않아 러시아 대표단이 브레스트-리토프스크에 도착하기까지 이틀이 걸렸다. 동부 전선의 명목상 총사령관은 육군 원수인 바이에른 공작 레오폴트Leopold였지만, 동부전선사령부의 실세는 덩치가 크고 탐욕스럽고 매끈한 피부에 코안경을 쓴 유능한 참모장 막스 호프만Max Hoffman이었다. 독일 대표단 단장은 매우 매력적이고 지적인 외무부 장관 리하르트 폰 퀼만Richard von Kühlmann 남작이었다. 퀼만은 진심으로 영구평화에 관심이 있었고, 승리에 집착하는 베를린의 장군들보다 훨씬 깨어 있었다.

동맹국의 오스트리아-헝가리 제국, 불가리아, 오스만 제국 대표단이 도착하기까지 며칠이 더 걸렸다. 마침내 휴전이 합의되었고, 이 휴전은 유럽 전역에서 혁명이 일어나 자신들을 구해주기를 기다리는 볼셰비키에 유리해 보였다. 볼셰비키는 무인지대 너머의 독일 부대와 브레스트-리토프스크에까지 혁명 선전 소책자를 배포했다. 호프만은 처음에는 재미있어 했지만, 나중에는 분노했다.

12월 7일 저녁 레오폴트 공은 대표단을 초대해 만찬을 열었다. 그는 완벽하게 예의를 갖추며 자신의 오른쪽에 "방금 시베리아 감옥에서 풀려난 유대인"[2] 이오페를 앉혔다. 이오페의 맞은편에는 오스트리아-헝가리 제국 황제 카를 1세의 외무부 장관인 오토카르 체르닌 폰 운트 추 후데니츠 백작Ottokar Graf Czernin von und zu Chudenitz이 앉았다. 이오페는 "친절한 말투로" 그에게 털어놓았다. "당신의 나라에서도 혁명이 일어나길 바라고 있소." 오스트리아-헝가리 제국의 절망적인 상황을 너무 잘 알고 있던 체르닌은 그날 밤 일기에 이렇게 적었다. "친절한 이오페의 도움은 필요하지 않을 것이다."

아무렇게나 뻗친 머리에 긴 수염 사이로 음식을 잔뜩 퍼 넣고 있던 나이 든 농부 스타시코프는 인생 최고의 시간을 보내고 있었다. 독일군 당번병이 적포도주와 백포도주 중 무엇을 마시겠냐고 묻자 스타시코프는 옆에 앉은 에른스트 폰 호엔로에Ernst von Hohenlohe 공작에게 물었다. "뭐가 더 세지요? 적포도줍니까, 백포도줍니까? 뭘 마시는지는 상관없습니다. 그저 세기만 하면 됩니다."[3] 이 기이한 만찬에서 호엔로에 공작의 맞은편에는 '조용하고 침착한 백발의 작은 암살자' 아나스타샤 비첸코가 앉아 있었다.

곧 협상이 시작되었고 이오페는 협상이 꽤 성공적이었다고 생각했다. 동맹국은 영토 할양 없는 강화라는 그의 제안에 동의하는 듯했지만, 독일이 발트해 연안과 폴란드를 포기할 생각이 없다는 것이 분명해졌다.

독일 대표들은 볼셰비키의 민족자결주의 선언을 언급했고, 나중에 이 지역에서 선거를 시행하겠다고 약속하면 독일군이 지금의 자리를 지킬 수 있다고 확신했다.

서유럽에서 기대했던 혁명의 기미가 거의 보이지 않자, 레닌은 유럽에서 정말로 혁명이 일어날지 매우 불안해졌다. 트로츠키는 영국과 프랑스를 협상에 끌어들이기 위해 더 진심을 담아 교섭을 제의했다. 볼셰비키는 무슨 수를 써서라도 시간을 벌어야 했기 때문에 레닌은 트로츠키에게 협상을 맡겼다. 트로츠키는 열차를 타고 브레스트-리토프스크에 도착했다. 동행한 '안경 쓴 혁명의 도깨비' 카를 라데크는 객실 창문으로 어리둥절해하는 독일 병사들에게 반란을 호소하며 그들의 도착을 알렸다.

트로츠키는 독일어를 비롯해 여러 언어로 어떤 쟁점이든 자유자재로 능수능란하게 논할 수 있는 뛰어난 연설가였다. 며칠 동안 트로츠키는 지연 전략의 하나로 퀼만을 추상적이고 철학적인 논의에 끌어들이는 데 성공했다. 퀼만의 장기 전략은 민족 자결을 구실로 발트해 연안 지역, 폴란드, 우크라이나를 독일의 위성 국가로 확보하는 것이었다. 하지만 그때 독일 최고사령부의 육군 원수 파울 폰 힌덴부르크Paul von Hindenburg와 에리히 루덴도르프Erich Ludendorff는 발을 굴렀다. 그들은 봄 공세 준비를 앞당기기 위해 독일군을 서부 전선으로 이동시키려 했다. 공세의 목표는 미국인들이 오기 전 영국군과 프랑스군을 격파하는 것이었다. 반면 불운한 체르닌 백작은 독일보다도 심한 기아에 시달리는 위태로운 오스트리아-헝가리 제국을 위해 오직 평화를 바랄 뿐이었다.

라다가 보낸 우크라이나 대표단이 예상치 못하게 나타나면서 볼셰비키의 입장은 더욱 불리해졌다. 당시 무라비요프의 키예프 공세가 임박해 있었고 우크라이나 민족주의자들은 페트로그라드에서 온 볼셰비키의 지배보다 독일 점령 아래 사는 것이 낫다고 판단했다. 1월 11일 '우크라이나와 동맹국의 강화 조약'이 체결되었다. 이 조약으로 우크라이나는 독일의 보호국이 되었다. 볼셰비키에는 엄청난 손실이었다. 독일은 협상에서 유리한 위치에 서게 되었고 필수 자원도 확보해 입지가 크게 강화되었다. 즉시 100만 톤의 식량이 독일의 손에 들어왔다. 덕분에 독일과 오스트리아-헝가리 정부는 국내에서 입지를 굳혔고 혁명이 일어날 가능성은 희박해졌다.

1월 5일 페트로그라드에서 볼셰비키가 제헌의회를 해산하기 직전, 호프만 소장은 독일 최고사령부가 요구하는 국경이 그려진 지도를 보여주었다. 이 지도는 발트해 연안 지역과, 폴란드, 핀란드, 우크라이나의 포기를 뜻해 러시아에는 엄청난 수모였다. 전쟁 후 독일이 베르사유에서 받아들여야 했던, 독일을 끝없는 수렁으로 몰아넣은 베르사유 조약보다도 훨씬 가혹했다. 트로츠키는 신생국들은 국민의 의사를 표현하려면 국민투표를 실시해야 한다고 주장했는데, 이것은 그날 저녁 타브리체스키 궁에서 계획된 민주주의의 파괴를 생각하면 어처구니없는 소리였다.

트로츠키는 독일이 제안한 국경이 그려진 지도를 가지고 페트로그라드로 돌아갔다. 중앙위원회는 엄청난 충격을 받았다. 레닌은 오로지 볼셰비키 권력의 생존을 확보하기 위해 아무리 수치스럽더라도 어떤 조건이든 받아들일 작정이었다. 부하린Bukharin이 이끄는 중앙위원회의 레닌 반대파는 이 조건을 수용하면 세계 혁명의 조그만 가능성조차 사라질 것이라고 생각했다. 그들은 협정을 맺는 대신 독일 점령에 게릴라 작전으로 대항하면 전 유럽의 동조자들이 틀림없이 들고일어나 지지할 것이라고 주장했다. 좌파 사회혁명당과 선동가인 그들의 수장 스피리도노바도 같은 의견이었다. 하지만 그들의 생각은 틀렸다.

한편 레닌은 적어도 한동안은 외부에서 어떤 도움도 없을 것이라고 짐작했다. 독일의 군대에 맞서는 것은 불가능했다. 저항했다가 발트해 연안뿐 아니라 페트로그라드와 러시아 중심부 대부분까지 잃을 수 있었다. 트로츠키가 돌아오자마자 중앙위원회가 모였다. 부하린과 혁명전쟁의 지지자들이 수적으로 우세했다. 레닌의 주장을 따를 수밖에 없었던 트로츠키는 아직 세계 혁명의 희망을 버리지 못해서 "전쟁도 강화도 하지 않는다"라는 듣도 보도 못한 주장과 구호를 내세웠다. 트로츠키의 전략은 브레스트로 돌아가 종전을 선언하고 독일이 제시하는 협정문에 서명하기를 거부하고 나와서 페트로그라드로 돌아오는 것이었다. 그는 이렇게 하면 독일이 평화로운 국가를 공격하는 파렴치한 침략자로 보일 것이라고 주장했다.

레닌은 그런 연극이 아무 소용없다는 것을 알고 있었다. 볼셰비키의 임무는 그들이 이뤄낸 이 혁명을 수호하고 자신들이 시작한 내전에서 승리해 혁명을 존속시키는 것이었다. 타의 추종을 불허하는 레닌의 문구에 따르면 "부르주아의 목을 졸라야 한다. 그러려면 우리의 양손이 비어 있어야 한다".[4] 하지만 부하린이 이끄는 다수파에 밀리지 않으려면 레닌과 몇 안 되는 그의 지지자들은 트로츠키와 그의 파벌을 지지하는 수밖에 없었다.

1월 15일 브레스트-리토프스크로 돌아간 트로츠키는 독일의 태도가 훨씬 강경해진 것을 알았다. 트로츠키는 볼셰비키의 키예프 점령으로 우크라이나 라다와의 협정이 무효가 되었다고 주장하며 반박했다. 동맹국 대표들은 곧바로 이 주장에 반대했다. 동맹국의 군대는 순식간에 무라비요프의 적위대와 수병을 쓸어버릴 수 있었다. 호프만 장군은 독일군과 오스트리아군에 소속된 폴란드인들의 독립운동을 허용해야 한다고 주장하며 제멋대로 구는 카를 라데크가 점점 거슬렸다. 라데크는 계속 탁자에 기대어 호프만의 얼굴에 대고 연기를 뿜어댔다. 이런 유치한 장난은 트로츠키가 우크라이나 라다와 동맹국의 조약을 인정하지 않는 것보다도 무의미한 짓이었다.

트로츠키는 페트로그라드의 매우 낙관적인 볼셰비키가 차르스코에 셀로의 라디오 방송국에서 독일로 방송을 보내고 있다는 것도 몰랐다.

쾨니히스베르크Königsberg(지금의 러시아 칼리닌그라드)의 독일 라디오 방송국은 "독일 군대에 반란을 일으키고, 빌헬름 황제와 사령부의 장군, 소속 연대 장교를 살해하고, 볼셰비키와의 독자적인 강화 조약을 체결하라고 선동"[5]하는 방송을 수신했다. 분노한 독일 황제는 더는 온건파인 퀼만의 주장을 듣지 않으려 했다. 라트비아 소총연대 없이는 레닌의 정권이 무너질 것이라는 알게 된 황제는 이제 강경파 힌덴부르크와 루덴도르프 쪽으로 완전히 돌아섰다.

2월 9일 빌헬름 2세는 퀼만에게 독일의 강화 조건에 24시간 이내에 응답을 요구하는 최후통첩을 트로츠키에게 제시하라는 명을 내렸다. 답이 없으면 휴전은 끝이었다. 베를린과 빈에서 일어난 파업의 물결은 독일의 결심을 약화하기는커녕 오히려 굳건하게 했다. 다음 날, 트로츠키는 스스로 기막힌 묘수라고 생각한 "전쟁도 강화도 하지 않는다"라는 노선을 내놓았다. 트로츠키는 먼저 볼셰비키 혁명에 반대하는 모두를 신랄하게 비난하며 시작했다. 그러고 나서 러시아는 동맹국과의 종전을 선언하지만 영토 할양 조약에는 서명할 수 없다고 말했다.

그곳에 앉아 있던 대표들은 할 말을 잃었고 갑자기 호프만이 소리를 버럭 질렀다. "금시초문이오!" 트로츠키는 자신이 일으킨 충격으로 어안이 벙벙해진 분위기를 만끽하며 러시아 대표단을 이끌고 나왔다. 하지만 트로츠키는 곧 레닌에게 "우리가 종전을 선언하면 독일은 우리를 공격할 수 없을 것"[6]이라고 자신만만하게 선언한 것이 얼마나 잘못되었는지 알게 되었다. 힌덴부르크와 루덴도르프는 호프만에게 동부전선사령부의 부대를 준비시키라고 지시했다.

트로츠키와 대표단은 페트로그라드로 돌아와 영웅 대접을 받았다. 하지만 그로부터 이틀 후인 2월 16일 퀼만은 정오에 교전이 재개된다고 발표했다. 소식을 듣자마자 레닌은 가능하다면 즉시 독일의 조건에 따라 협정을 맺으려 했지만, 트로츠키는 전 세계가 독일의 제국주의적 침략을 비난하도록 적어도 독일의 동부전선사령부가 공격을 시작할 때까지 기다리자고 주장했다. 트로츠키는 아직도 독일에서 혁명이 일어날 것이라는 희망을 버리지 못했다. 레닌은 지극히 당연하게도 납득할 수 없었지만, 소수 의견에 불과했다.

다음 날 내내 독일 항공기가 휴전선 동쪽을 정찰했다. 그리고 2월 18일 아침, 녹회색 군복을 입은 보병사단과 소형 사각모처럼 생긴 특유의 차프카czapka(러시아어, 폴란드어에서 모자를 의미하는 단어로 영어권에서는 흔히 19세기 폴란드 기병의 군모를 의미-옮긴이) 군모를 쓰고 창기槍旗가 펄럭이는 창을 든 창기병연대들이 발트해의 리가만부터 흑해의 다뉴브강 삼각주까지 이어지는 최전선에서 출발해 동쪽으로 진군했다. 독일군과 오스트리아-헝가리군 모두 우크라이나로 향했다. 가장 먼저 함락된 도시는 드빈스크였다. 드빈스크는 몇 시간 만에 함락되었다. 빈 거리에 독일군의 군화 소리가 울렸다. 저항은 완전히 무너졌다. 중위 하나와 병사 여섯 명에게 카자크군 600명이 항복했다.

다음 날 호프만은 브레스트-리토프스크의 요새에서 이전에 거부했던 조건을 받아들이겠다는 레닌과 트로츠키의 전보를 받았다. 이 전보를 최고사령부에 보고하자, 루덴도르프는 진군을 계속할 수 있게 최대한 천천히 대응하라고 지시했다. 거구인 호프만 소장은 지난 몇 주 동안 신경에 거슬리는 볼셰비키의 모든 계략과 모욕을 겪은 후 샤덴프로이데Schadenfreude(남의 불행을 보고 느끼는 기쁨-옮긴이)를 느끼고 있었다. 호프만은 유명한 기록을 남겼다. "이것은 내가 아는 가장 우스운 전쟁이다. 우리는 기관총과 대포 한 문과 함께 보병 몇 명을 열차에 태워 다음 역으로 보낸다. 병사들은 역을 장악해 볼셰비키를 포로로 잡고 몇몇 병사들을 더 태워 계속 나아간다. 이 방식은 어쨌든 신선하기는 하다."[7]

독일이 제시한 조건에 대한 인민위원평의회의 정식 승인은 2월 21일 베를린에 전달되었다. 하지만 이틀 후 독일군이 발트해 연안을 따라 페트로그라드 방향으로, 그리고 우크라이나 깊숙이 진군하면서 스몰니 학원의 인민위원평의회에 더 가혹한 강화 조건이 도착했다. 이제 독일은 그 시점에 독일군이 진출한 영토 전부를 원했다. 지금까지 독일의 조건을 즉시 수용해야 한다고 했던 레닌의 주장이 옳았다는 사실이 밝혀졌지만, 레닌에게는 그다지 위로가 되지 않았다. 레닌은 영국과 프랑스에 군사 지원을 요청해야 한다고 주장했다. 인민위원평의회는 모든 조약과 외채를 일방적으로 무효화하는 중이었기 때문에 어떻게 봐도 지원을 요청하기에는 시기가 좋지 않았다. 부하린과 그의 추종자들은 레닌을 비난하며 사임했고, 좌파 사회혁명당은 레닌을 "유다"라고 불렀다. 레닌은 계엄령을 선포해 노동자 부대에 참호를 파게 하고 페트로그라드를 떠날 준비를 하라고 지시했다. 사람들은 공황 상태에 빠져 서둘러 떠나려 했고 한동안 막바지 약탈이 벌어지기도 했다.

마침내 3월 3일 브레스트-리토프스크 조약이 체결되었다. 이 조약은 러시아에 엄청난 수모였지만 볼셰비키는 레닌의 뛰어난 현실정치realpolitik의 수완으로 권력을 지켰다. 이 조약으로 전쟁에서 가장 크고 값싼 승리를 거둔 독일은 기아에서 벗어나 전투를 계속할 수 있게 되었다. 조약 체결로 독일의 영토는 세 배로 늘어났다. 하지만 이 조약은 독일 민족주의자들에게 러시아 서부와 우크라이나를 다음 전쟁에서 독일의 식민지로 삼아야 한다는 생각을 심어주어 양국에 비극을 초래했다.

옛 핀란드 대공국에서는 케렌스키의 지시로 실시해 좌파가 패배한 10월 선거 이후 내전이 태동하고 있었다. 얼마 안 가 페트로그라드에서 일어난 볼셰비키의 혁명으로 핀란드는 빠르게 내전에 빠져들었다. 1917년 11월 2일 레닌은 러시아 내 다양한 민족의 자결권을 선언했다. 레닌은 이러지 않으면 "대大러시아(역사적으로 러시아의 영향력이 미쳤던 영토에 대한 실지회복주의 또는 팽창주의를 나타내는 말-옮긴이) 우월주의가 공산주의의 가

면 아래 있다"[8]는 비난을 받을 것이라며 볼셰비키 동지들에게 이 선언을 정당화했다. 사실 레닌은 다가오는 세계 혁명에서 국경과 민족 정체성은 중요하지 않다고 믿었다. 11월 15일(신력) 보수 원로원이 이끄는 핀란드 의회는 독립을 선언했다. 우파 민족주의자들은 볼셰비키가 만든 기회를 잡으려 했다.

원로원을 지지하는 민병대와 적위대 사이에 곧 충돌이 시작되었다. 1918년 1월 27일(신력), 지역 공산주의자들은 헬싱포르스에서 '핀란드 사회주의 노동자 공화국Finnish Socialist Workers' Republic'을 선포했다. 수도와 남부 핀란드의 공업지대에서 적위대 7만 명이 조직되었고 그중 2천여 명은 젊은 여성이었다. 적위대 무리는 중산층 집을 습격해 집주인의 사슴 사냥용 소총을 강탈하기도 했지만, 적위대의 무기 대부분은 러시아 병사들에게 받거나 페트로그라드에서 국경을 통해 조달된 것이었다.

보수 지도자들은 헬싱포르스에서 북쪽으로 도주해 오스트로보트니아Ostrobothnia(핀란드어로는 포흐얀마)의 서쪽 해안에 자리한 바사Vaasa에 원로원 의장 페르 에빈드 스빈후브드Pehr Evind Svinhufvud를 수반으로 하는 '백핀란드 임시정부White Provisional Goverment'를 설립했다. 임시정부의 지지 세력은 혁명의 혼돈을 두려워하는, 스웨덴어를 구사하는 지배계급과 중부와 북부 핀란드의 농부와 자영농이었다. 수빈후브드 내각은 육군 중장 칼 구스타프 만네르헤임 남작을 총사령관으로 임명했다. 만네르헤임은 기사근위연대에서 복무했고 전쟁 중 군단장으로 승진했다. 그는 민병대에 서부의 러시아 부대를 무장해제시키라고 지시하고 징병제를 도입했다.

스웨덴 정부는 확고한 중립을 유지하려 했지만, 스웨덴의 백군 지지자들은 미숙한 자원병 1천여 명으로 구성된 여단을 조직했다. 그리고 2월 27일 제27엽병대대가 독일에서 쇄빙선을 타고 얼어붙은 발트해를 건너 보트니아만에 당도했다. 독일군에 복무했던 핀란드 엽병들은 만네르헤임이 이끄는 백군의 전력을 강화했고 노련하게 병사들을 지휘했다. 남부 카렐리아Karelia에서는 전직 엽병대대 장교 두 명이 핀란드 적위대를 도우러 온 러시아 볼셰비키에 맞서기 위해 병력을 모았다. 백군은 숙련된 부대가 중추를 이루고 있었던 반면 적위대는 핀란드에서 징집이 이루어진 적이 없어 전투 경험이 거의 없는 병사들로 이루어졌기에 불리하였다.

◆

브레스트-리토프스크 조약 체결 6일 후 영국 해군은 전쟁 중 러시아 제국군에 전달된 군수물자와 보급창을 지키기 위해 영국 해병대의 소규모 분견대 하나를 최북단의 무르만스크Murmansk에 상륙시켰다. 국경 바로 너머에 있는 핀란드 백군의 공격을 우려한 무르만스크 소비에트의 요청에 따른 것이었다. 영국은 핀란드에 독일군 병력이 증가하는 것을 우려했다. 영국군의 무르만스크 상륙은 연합국의 러시아 내전 개입의 첫걸음이 되었다.

2월 둘째 주 러시아 제국군으로 파견되었던 영국군 군사 사절단은 마침내 페트로그라드를 떠나 귀환을 허가받았다. 약 1년 전 레닌이 도착했던 핀랸츠키역에서 출발한 사절단은 내전 중인 핀란드 적군赤軍과 백군의 전선을 마주했다. 영국군 사절단은 열차를 타고 스톡홀름까지 가기 위해 백군을 지원하는 독일 장교들에게 의지해야 하는 "다소 난처한"[9] 상황에 처했다. 마침내 그들은 노르웨이에서 배를 타고 애버딘Aberdeen에 도착했다.

핀란드 백군은 2월 적위대가 개시한 무모한 공세를 막아냈다. 그리고 3월 초 만네르헤임이 이끄는 1만 7천 명에 달하는 백위대는 바사 남쪽에서 수도 헬싱포르스를 향해 반격했다. 적군赤軍이 반드시 사수하겠다고 다짐한 공업 도시 탐페레Tampere에서 대규모 전투가 벌어졌다. 3월 말 만네르헤임이 도시를 포위했고 격렬한 전투가 계속되었다. 엽병대대와 스웨덴 의용군의 손실이 컸지만 백군은 3월 28일 목요일 탐페레 시내에 진입했다. 만네르헤임은 잠시 숨을 돌리고 재정비를 지시했고, 그동안 포병대는 피난민들로 가득 찬 도심을 포격했다. 그리고 4월 5일 마지막 공세가 시작되었다. 지도부 다수가 얼어붙은 호수를 건너 도주하는 동안 적위대는 남녀 할 것 없이 시청에서 최후의 저항을 벌였다.

만네르헤임 장군은 백군은 포로를 사살하지 않겠다고 약속했지만, 무자비한 보복이 가해졌다. 양쪽 모두 전투에서 800여 명의 사상자가 발생했지만 만네르헤임의 병사들이 투항한 핀란드인 1천여 명과 러시아인 200여 명을 사살해 사상자가 늘어났다. 1만 명 정도는 엉성한 포로수용소로 끌려갔고 저체온증, 질병, 영양실조로 1228명이 사망했다.

만네르헤임의 바람과 달리 원로원 수장 스빈후부드는 이미 독일에 지원을 요청했었다. 하지만 전 러시아 제국군 장군 만네르헤임은 자존심을 내려놓고 얼마 전까지 적이었던 독일의 도움을 받아들일 수밖에 없었다. "핀란드 정부의 요청에 따라" 그는 어쩔 수 없이 선언했다. "볼셰비키 악당과의 전투에서 우리를 돕기 위해 승리의 독일군 부대가 핀란드 땅에 도착했습니다. 이 전투에서 피로 맺어질 전우애는 핀란드가 독일 황제와 독일 국민에게 항상 보여왔던 우정과 믿음으로 앞으로 더 굳건해질 것이라고 확신합니다."[10]

백군의 빠른 승리를 보장할 1만 3천 명의 독일군은 육군 중장 뤼디거 폰 데어 골츠Rüdiger von der Goltz 백작이 이끄는 발트해 사단과 오토 폰 브란덴슈타인Otto von Brandenstein 대령의 부대로 구성되었다. 골츠는 자신들의 임무가 단순히 핀란드를 "적색 테러에서"[11] 해방하는 것이라고 주장했다. 하지만 "머리와 가슴으로"[12] 핀란드 내전 개입을 결정했다고 선언한 에리히 루덴도르프 장군에게는 다른 계획이 있었다. 루덴도르프는 남서쪽의 에스토니아 측면뿐 아니라 북쪽의 핀란드에서도 페트로그라드를 위협하려 했다. 그렇게 되면 확실히 루덴도르프가 서부 전선에서 영국군과 프랑스군을 상대로 한 춘계 공세를 준비하는 동안 동부 전선에서 불쾌한 기습이 일어나는 것을 확실히 방지할 수 있었다. 루덴도르프는 또한 이 기회에 핀란드만 북쪽과 남쪽 해안 모두에 독일의 영구 기지를 세우려 했다.

골츠와 브란덴슈타인의 부대는 헬싱포르스 서쪽의 핀란드 해안에 상륙해 수도로 진격했고 4월 13일 수도를 탈환했다. 백군의 승리는 페트로그라드 북쪽의 카렐리야지협에 있는 비보르크에서의 전투로 확정되었다. 헬싱포르스를 잃은 후 핀란드 적군赤軍의 수도가 된 비보르크도 이제 도주로를 잃은 좌파 난민들로 가득했다. 백군은 4월 23일 페트로그라드에서 볼셰비키의 병력과 무기 지원을 차단하려 비보르크를 포위했다. 탐페레 전투와 마찬가지로 백군에서 많은 사상자가 발생했는데 특히 제대로 훈련받지 않은 징집병이 많이 사망했다.

4월 29일 백군이 비보르크를 점령하기 직전, 술에 취한 적위대는 핀란드 의회의 보수파 의원 두 명을 비롯해 감옥에 있는 포로 서른 명을 사살했다. 그 외에도 많은 중산층이 집에서 학살된 채 발견되었다. 뒤이은 백군의 보복은 탐페레에서만큼 잔혹했다. 러시아인과 핀란드인 포로 1200여 명이 처형되었고 그 후 도시 외곽의 끔찍한 포로수용소에서 800명이 추가로 사망했다.

전체적으로 보면 적군赤軍의 잔혹 행위가 비교적 적어 보인다. 하지만 폰 데어 골츠 장군에 의하면 헬싱포르스 북동쪽의 코우볼라Kouvola에서는 우익들이 묶인 채 머리만 내놓은 채로 땅속에 묻혔다. 적군赤軍은 그들의 머리 위에 짚을 쌓고 불을 질렀다. 하지만 핀란드 내전이 보여주듯 결국 내전의 승자 쪽이 대개 더 많은 사람을 처형한다. 넉 달에 걸친 내전 중 총 4만여 명의 사망자가 발생했고 그중 약 1만 2500명은 포로로 잡힌 적군赤軍이었다.

같은 시기 일어난 브레스트-리토프스크 조약 체결과 핀란드 내전 후 발트 함대의 가장 뛰어난 작전과 볼셰비키의 사법 정의를 보여주는 가장 기괴한 사건이 이어졌다. 4월 초 독일 제국의 대양 함대Hochseeflotte(20세기 초 독일 제국의 해군을 일컫는 명칭-옮긴이) 일부는 핀란드 수도를 보호하고 얼음에 갇힌 발트 함대의 러시아 전단을 포획하러 헬싱포르스로 향했다. 페트로그라드의 영국 해군 무관 프랜시스 크로미Francis Cromie 대령은 발트 함대와 함께 갇힌 영국의 잠수함 승무원들의 관찰 내용을 토대로 러시아 승무원의 부패와 무관심을 보고했다. "누구도 도덕적인 체도 하지 않는다. 배에는 밤낮으로 여자들이 가득하고 장교들은 공금을 횡령하고 기근으로 물가가 폭등한 육지에 정부 상점의 물건을 팔아치운다. 우리 수병들은 각설탕 열 조각으로 기쁨(성매매를 뜻한다.-옮긴이)을 누렸다."[13]

지역 사령관 알렉세이 샤스트니Aleksei Schastny 대령은 군함들을 침몰시킬지 아니면 얼어붙은 핀란드만을 건너 크론시타트까지 끌고 가 어떻게든 살릴지 결정해야 했다. 샤스트니는 독일군이 오면 모두 교수형을 당할 것이라며 사기가 떨어진 선원들을 북돋웠다. 3월 12일 밤 샤스트니는 함대의 쇄빙선을 이용해 전함 6척을 빼냈다. 순양함 5척, 그리고 구축함 59척과 잠수함 12척이 뒤를 이었다.

샤스트니는 '빙해 순항'으로 알려진 이 수훈으로 '해군의 구세주'로 칭송받았지만, 거만한 신임 군사인민위원 트로츠키와 논쟁을 벌인 후 5월 27일 트로츠키의 명령으로 체포되었다. 트로츠키는 샤스트니가 오로지 자신의 명예를 위해 발트 함대와 인민위원평의회를 이간질하려 했다고 주장하며 반역죄 혐의로 직접 기소했다. "브레스트-리토프스크 조약은 인쇄되어 누구나 읽을 수 있다." 트로츠키는 진술했다. "해군과 관련된 모종의 비밀 협의가 있었다는 말은 모두 파렴치한 백군이 만들어낸 것이다. 브레스트-리토프스크 조약은 우리 함대가 항구에 머물러야 한다고 규정하고 있다."[14]

샤스트니는 유죄를 선고받았다. 혁명재판소의 기소장에는 이렇게 쓰여 있었다. "샤스트니는 영웅 행세하며 인기를 얻어 소비에트 정부에 맞서려 했다." 샤스트니는 6월 22일 총살당했다. 멘셰비키 당수 마르토프는 이것을 "비정한 살인이라는 피비린내 나는 희극"[15]이라고 불렀다. 발트 함대의 신임 총사령관은 트로츠키에게 전했다. "샤스트니의 처형으로 지휘관들이 우울해하고 있지만, 이 사기 저하는 아직 어떤 형태를 갖추고 있지는 않습니다. 선원들은 차분합니다. 그저 설명을 원할 뿐입니다."[16]

브레스트-리토프스크 조약이 체결된 3월 첫째 주, 발트해 남쪽의 독일군은 200킬로미터를 전진해 페트로그라드에서 겨우 150킬로미터 떨어진 에스토니아의 국경 도시 나르바에 도착했다. 일주일 후 볼셰비키 지도부는 페트로그라드에서 모스크바의 크렘린으로 행정부를 옮겼다. 레닌은 이 도시가 마음에 들지 않았지만, 루덴도르프의 계획대로 페트로그라드가 양쪽에서 위협을 받는 지금 옛 러시아 제국의 다른 지역과 소통하기에는 모스크바가 더 유리했다.

대략 비슷한 시기에 두 가지 변화가 나타났다. 같은 달 열린 제7차 당대회에서 볼셰비키라는 당명을 버리기로 했는데, 이는 사회주의 제2인터내셔널의 포기와 공산주의 인터내셔널Communist International, 즉 코민테른Comintern을 향한 첫걸음을 알리는 것이기도 했다. 볼셰비키는 이때부터 공산당으로 개칭했지만, 여전히 '볼셰비키'로 통용되었다. 그동안 인민위원평의회는 구력인 율리우스력의 사용을 중지했다. 러시아는 서구 세계가 사용하는 그레고리력에 맞추기 위해 13일을 건너뛰었다.

지도부에 버림받아 굶주리고 음울한 페트로그라드의 상태는 비참했다. "배급표로는 질이 최악인 빵, 최악의 기름, 썩고 냉해 입은 감자를 최소한의 양만 얻을 수 있다." 페트로그라드에 갇힌 한 폴란드인의 기록이다. "굶주리고 가난한 사람들은 먹을 것을 찾아 쓰레기를 뒤진다. 쓰레기통은 미친 듯이 증식하는 쥐들로 들끓지만 고양이와 개는 사라졌다. 말들은 굶주림과 탈진으로 거리에서, 광장에서, 다리 위에서 죽어가고 있었다."[17]

"우리는 죽은 도시에 살고 있다." 테피가 썼다. "거리에는 말들의 사체, 그리고 꽤 자주 사람들의 시체가 있다. … 밤이면 겁먹은 사람들이

독일군의 진군과 점령
1918년 3-11월
페차모
무르만스크
바렌츠해
백해
아르한겔스크
우랄산맥
스웨덴
노르웨이
보트니아만
핀란드
바사
라고다호
비보르크
오네가호
북드비나강
스톡홀름
헬싱키
핀란드만
코틀라스
레발
(탈린)
페트로그라드
차르스코예셀로
노브고로드
볼로그다
뱌트카
페름
예카테린부르크
발트해
리가
프스코프
쿠를란트
드비나강
벨리키예루키
야로슬라블
니즈니
노브고로드
독일
쾨니히스베르크
동프로이센
빌노
비텝스크
모스크바
카잔
우파
실레시아
폴란드
스몰렌스크
민스크
모길료프
툴라
심비르스크
바르샤바
브레스트-리토프스크
사마라
오룔
탐보프
고멜
오렌부르크
크라쿠프
체르니고프
보로네시
갈리치아
리보프
베르디체프
키예프
사라토프
하리코프
우랄강
오스트리아-
헝가리 제국
드네스트르강
폴타바
불가강
드네프르강
도네츠강
차리친
로스토프
돈강
오데사
루마니아
크림반도
아조프해
아스트라한
부쿠레슈티
쿠반강
스타브로폴
세바스토폴
소피아
불가리아
테레크강
흑해
콘스탄티노플
카스피해
티플리스
캅카스산맥
바쿠
크라스노보츠크
오스만 제국
엔젤리
페르시아
0 100 200 300 400 500 miles
0 200 400 600 800 km
1917년 12월 브레스트-리토프스크에서
휴전 회담이 시작되었을 당시의 전선
1918년 8월 독일군 최대 진격선

살며시 죽은 말에 다가가 고기를 한 조각 잘라낸다."[18] 페트로그라드는 소비에트가 권력을 잡은 지 단 두어 달 만에 완전히 변했다. 모든 개인 상점은 문을 닫았다. 가게 창문은 반은 깨졌고 반은 분필로 쓴 외상 판매 기록으로 뒤덮였다. 거리는 텅 빈 채 죽어 있었다. 당국은 광장의 동상을 철거하기 시작했다. 그리고 그 자리에 "오래된 받침대 위로 새로운 혁명의 별과 다양한 상징이 새겨진 흉한 석고 조각을 놓았다. 주택은 먼지가 자욱하고, 거리는 쓰레기로 가득 찼고, 자갈길은 여기저기 구멍이 나서 몇 안 되는 마차와 정치위원들의 차는 움직이는 데 애를 먹었다".[19]

공장은 연료도 없는 데다가 굶주린 노동자들이 원자재를 훔쳐서 파는 통에 문을 닫았다. 전기도, 등에 불을 붙일 가스나 기름도 없었다. 깨진 유리창을 통해 건물 안까지 침투한 매서운 서리 속에서 빛나는 것이라곤 깨끗한 눈에 비친 별빛뿐이었다. 빅토르 세르주Victor Serge는 이것을 "유사 이전의 어둠"[20]이라고 불렀다. "얼어붙은 주택 안에서 사람들은 마치 동물이 사는 굴 안처럼 구석진 곳을 찾아서 잠을 잤다. 해묵은 악취는 털가죽을 댄 덮개에까지 들러붙어 절대 떨어지지 않았다." 종종 배가 불룩한 모양 때문에 '부르주이'라고 불린 작은 무쇠 난로에 연료로 쓸 수 있는 것이라곤 책, 부서진 가구 또는 깨진 마룻장뿐이었다. 거의 모두가 울타리에서든 다 뜯긴 버려진 집에서든 나무를 훔치는 처지가 되었다. 빅토르 세르주는 썼다. "불은 목숨이다. 빵처럼."

난방도 없는 이 화강암 도시에서 수도관과 화장실은 꽁꽁 얼었다. 크론시타트에서 온 수병 일부는 옛 궁전의 2층을 점령하고 바닥에 둥근 구멍을 뚫어 배설물이 아래층으로 떨어지게 해 변소로 사용했다. 해빙기가 오자 오물의 끔찍한 악취뿐 아니라 질병도 풀려났다.

빅토르 세르주는 빈 대사관과 웅장한 건물을 장악한 무질서한 하층민들을 인상적으로 묘사했다. "도둑들은 안뜰로 들어와 자신들의 존재를 알리는 불빛이 바깥에서 보이지 않도록 조심하면서 산다. 그들은 큰 저택의 저장고에서 슬쩍한 오래된 코냑을 마시며 카드놀이를 한다. '작은 사과' 카트카, '뱀' 뒤냐, '들창코 작은 카자크' 마르파 같은 이름의, 입술을 새빨갛게 칠한 소녀들이 빈 아파트에서 훔친 유명 디자이너들의 화려하고 더러운 속옷과 드레스를 입고 어두운 창문 뒤에 몸을 숨긴 채 창문 밖을 내다보았다."[21] 제국의 수도는 죽었고 표트르 대제의 '유럽으로 열린 창'은 닫혔다. 체카가 임무를 끝내고 나면 여름이 끝날 무렵에는 문에 못이 박혀 폐쇄될 운명이었다.

13

의용군의 얼음 행군
1918년 1-3월

차르의 마지막 참모장 알렉세예프 장군은 모두의 존경을 받는 정직하고 겸손한 인물이었다. 브란겔 같은 눈에 띄는 장군들과 달리 알렉세예프는 말을 싫어하는 보병이었다. 알렉세예프는 군 내부에서 기병 사관생도들을 위한 학교에서 교관을 지냈을 때부터 유명했다. 훈련 중 말이 제공되면 그는 "됐네, 지금 바빠서"[1] 하고는 걸어서 자리를 떠났다.

코르닐로프 사태 이후 알렉세예프는 체포된 장교들과 그들의 가족을 돕기 위해 최선을 다했다. 다들 제 살 궁리에 여념 없던 시기에 알렉세예프는 자신의 지위와 정치인, 기업인들과의 관계를 이용해 기금을 모았다. 그는 볼셰비키 독재에 대항할 군대를 창설해야 한다고 설득해 일부 사람들의 후원을 받아냈다.

2월 혁명과 10월 볼셰비키 혁명 당시 거의 모든 장교가 무관심으로 일관했지만, 새 정권이 계급투쟁을 벌이는 새로운 현실이 닥치자 장교들은 태도를 바꾸기 시작했다. 페트로그라드와 모스크바의 젊은 장교들은 곧 정보망을 통해 돈에서 반혁명 군대를 창설한다는 소식을 들었다. 알렉세예프의 조직과 다른 반혁명 조직이 남쪽에 갈 수 있도록 위조 신분증, 돈, 기차표를 제공해 도움을 준다는 소문도 있었다. 대단히 용감하고 기지가 뛰어난 한 간호사가 장교 무리를 붕대로 칭칭 감아 의사의 권유로 남쪽으로 요양 가는 부상병처럼 보이게 해서 열차에 태워서 갔다.

11월 중순 알렉세예프가 노보체르카스크에 도착한 직후부터 코르닐로프와 비호프에 갇혔던 다른 장군들이 나타나기 전까지 모인 장교 수는 고작 40명이었다. 11월 말에도 '의용군'의 수는 300명이 겨우 넘는

미하일 바실리예비치 알렉세예프 장군

수준이었다. 처음에 알렉세예프는 그들에게 급료를 전혀 줄 수 없어 식량만 제공했다. 남는 돈은 모두 무기, 탄약, 장비 구매에 쓰였다.

칼레딘 장군은 처음에는 아타만으로서 알렉세예프의 의용군 창설을 환영했다. 하지만 전투에 질린 대부분의 일반 카자크는 돈으로 전쟁을 끌어올지 모르는 의용군의 주둔을 달가워하지 않았다. 적위대가 로스토프를 점령하고 노보체르카스크를 위협하자, 알렉세예프는 즉시 칼레딘에게 소규모 병력을 보내 지원했다. 12월 9일, 싸울 각오가 된 카자크 병사가 거의 없는 와중에 알렉세예프의 장교들은 로스토프 점령에 성공했다. 많은 이들이 이 순간을 내전의 시작으로 보았다.

보수주의자라는 평판에도 불구하고 칼레딘은 카자크 의회에서 이노

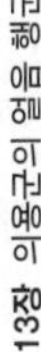

고로드니예(비非카자크인)도 돈의 정치와 정부에 참여할 수 있도록 개혁을 시행했다. 칼레딘은 돈의 독립 선언이 비카자크인의 권리를 박탈했고 이 부정의를 바로잡아야 한다고 생각했다. 하지만 이것은 비카자크인들의 적개심과, 전선에서 귀환하는 젊은 카자크들의 좌파 성향을 누그러뜨리기에는 부족했다.

돈 초원에서의 전투는 안토노프-오브세옌코의 2개 '군'이 로스토프와 노보체르카스크로 진격하면서 기이한 양상을 보였다. 좌파 사회혁명당원 유리 사블린Yuri Sablin이 지휘하는 제1군은 주로 모스크바에서 파병된 적위대 병사들로 이루어졌고 흑해 함대의 수병 일부가 합류했다. 이들의 임무는 북쪽에서 돈 초원을 봉쇄하고 노보체르카스크로 진군하는 것이었다. 그동안 루돌프 시베르스Rudolf Sivers의 제2군은 돈바스에서 아조프해 해안을 따라 서쪽에서 로스토프를 탈환하려 진군했다.

모스크바에서 사관생도들과의 충돌 외에는 전투 경험이 없는 적위대는 당연히 실전경험이 풍부한 카자크군에 맞서기가 두려웠지만, 라트비아인 에두아르드 두네Eduard Dune의 기록에 따르면 "많은 노동자에게는 1906년과 1907년의 탄압 후 갚아야 할 빚이 있었다".[2] 그들의 지휘관은 "절대 볼셰비키가 아닌" 순진한 중위였는데 반짝이는 군화를 신고 제복 상의에 견장을 달고 나타나 병사들을 놀라게 했다. 병사들은 지휘관에게 다시는 견장을 달고 나타나서는 안 된다고 단호하게 충고했다. 하지만 지휘관이 전투에서 용맹한 모습을 보이자 병사들은 그를 따르게 되었다.

두네와 그의 동지 300명의 첫 임무는 루마니아전선군으로부터 귀환하는 카자크에게서 무기를 뺏는 것이었다. 카자크는 각자 말과 무기를 가지고 있어 이 임무는 위험할 수 있었지만, 약간의 외교술과 철도 대피선에 카자크들을 분리시킨 철도 직원들의 도움으로 대개 성공적이었다.

'철도전쟁Railway War.' 적위대(무장한 노동자들)와 소집 해제된 병사들은 1917-1918년 겨울 볼셰비키가 중부 러시아 대부분을 장악하는 것을 도왔다.

돈바스의 광부들은 보충병으로 자원했다. 비카자크 농민들도 호의적이어서 가끔 음식을 가져다주었지만 전투 경험이 풍부한 장교들과 카자크군이 이길 거라고 생각해 선뜻 나서지는 못했다.

얼음에 뒤덮인 돈 초원이 너무도 광활하고 적위대에는 기병이 부족하다 보니 전투는 철로를 따라 벌어졌다. 교전은 소규모 충돌에 불과했다. 적위대를 태운 열차는 백군의 열차를 발견할 때까지 나아갔다. 병사들은 화물열차의 가축칸에서 내렸다. 초원은 평지여서 소총병들은 얼어붙은 땅 위에 엎드려 긴 줄을 이루었다. 두네는 백군과의 첫 조우를 기록했다. 그와 동지들은 다가오는 인영에 긴장했다. 누군가 외쳤다. "장교들이야. 견장이 빛나고 있어." 두네는 이미 그들이 장교라고 짐작하고 있었는데, 총을 발사하지 않고도 자신 있게 전진하고 적위대가 미친 듯이 소총을 쏘아대기 시작해도 몸을 숨기지 않았기 때문이다. 적위대의 기관총은 겨우 몇 번의 사격 후 작동을 멈췄다. "적을 그렇게 가까이서 본 건 처음이었다." 두네는 기록했다. "날아가는 총알 소리에 오싹하는 전율을 느꼈다."[3] 그때 기차의 기적이 세 번 울리더니 기차가 물러나는 것이 보였다. 초원에 버려진다는 생각에 겁에 질린 병사들은 지휘관이 격노하며 욕을 하는데도 기차를 향해 달렸다.

두네는 그로부터 얼마 후 적위대가 진군 중인 걸 모르고 썰매를 타고 도착한 젊은 장교 두 명과 간호사 한 명을 잡은 이야기를 기록했다. 다들 점잖게 처신했다. 그들이 권총을 넘기자 두네는 그들을 풀어주었다. "입장이 반대였다면 그들도 나를 이렇게 대우했을까?" 그는 후에 궁금해했다. "리하야Likhaya 전투에서 부상당한 아군에게 무슨 일어났는지 기억한다." 주민들은 멀리 있는 작은 언덕을 가리켰다. "저기에 당신 동지들의 공동묘지가 있소." 부상자도 포로도 없었다. 사망자뿐이었다. "장교들은 포로를 남겨두지 않지."[4] 적위대 병사들은 기억해냈다. 실제로 그랬다. 코르닐로프 장군은 단 한 명의 포로도 남기지 말라고 분명하게 지시했다.

"한 번은", 두네는 기록했다. "두 역 사이에서 열차가 멈춰서 창밖을 보니 전신주에 묶인 세 사람의 시체가 보였다. 속옷과 해군의 줄무늬 티셔츠만 입은 시체는 피에 뒤덮여 있었다. 군화도 없었다. 한 시체의 피로 뒤덮인 숙인 머리 위에는 수병의 모자가 얹혀 있었다." 두네와 적위대 병사들은 시체를 전신주에서 풀어주고 선로 옆 비탈면에 묻어주었다.

"물론 우리는 구계급을 증오한다." 두네는 썼다. "하지만 그것은 인간을 잔인한 야만인이자 학살자로 만드는 격렬한 개인의 분노가 아니다.

… 적에 비해 우리에게는 커다란 이점이 있다. 우리는 개인의 계급적 특권이 아닌 보편적 정의라는 대의를 믿는다."[5] 두네는 자신에 관한 한 분명 진실을 말하고 있었지만, 살인은 한쪽에서만 일어나는 것은 결코 아니었다.

1월 14일 타간로크의 노동자들은 의용군 전선 뒤에서 반란을 일으켰다. 격렬한 시가전이 이어졌고, 제대로 무장하지 않은 노동자들의 수가 의용군보다 압도적으로 많았다. 격분한 일부 사관생도는 노동자 10여 명을 포로로 잡았다. 들리는 이야기에 따르면 사관생도들은 포로들의 코를 베고 눈을 파내고 산 채로 죽은 개와 함께 묻었다. 시베르스의 적위대와 수병들은 1월 20일 타간로크를 탈환해 보복을 가했다. 장교들과 사관생도들은 무사히 도시 밖으로 나가게 해주겠다는 조건으로 투항했지만, 부상당하거나 아픈 이들은 병원에서 끌려 나와 거리에서 살해되었다. 일설에 따르면 50명 정도의 장교가 묶인 채 발트 제철소의 용광로에 던져졌다. 적위대는 탄약을 아끼려고 혹은 분풀이를 위해 희생자들을 기병도로 난도질해 죽였다.[6]

1월 말에도 여전히 알렉세예프의 의용군은 실망스러울 정도로 얼마 되지 않았다. 참가한 장교, 사관생도, 학생은 3천 명이 채 되지 않았고, 남쪽으로 피난 온 장교 수천 명은 의용군에 합류하지 않았다. 의용군 병사들은 대체로 가문의 저택이 파괴된 후 복수심에 불탄 젊은이들이었다. 다수가 반동적인 제정복고주의자였고 전제군주정으로의 회귀를 원했다. 그들은 제헌의회를 믿었던 소수파가 '빨갱이'라고 생각했다.

지도부에서도 격렬한 논쟁이 벌어졌다. 알렉세예프가 의용군 모집을 시작하기는 했지만, 코르닐로프는 자신이 총사령관이 되어야 한다고 주장하며 그러지 않으면 시베리아로 떠나겠다고 했다. 알렉세예프는 그저 비극적인 상황을 진정시키고 관련된 고위 장교들을 혁명재판소로부터 보호하려고 했을 뿐인데도, 코르닐로프는 여전히 알렉세예프가 케렌스키의 명령으로 자신을 체포한 것을 용서할 수 없었다. 결국 코르닐로프가 의용군의 야전사령관을 맡고 이미 암에 걸려 살날이 얼마 남지 않은 알렉세예프는 정치적, 재정적, 행정적 수반이 되기로 합의했다. 러시아 외부와 연락은 전혀 주고받지 않았지만, 알렉세예프는 보리스 사빈코프에게 외국 정부와의 관계를 맡겼다.

코르닐로프와 알렉세예프의 관계는 끝까지 개선되지 않았다. 코르닐로프는 알렉세예프뿐 아니라 자신이 경멸하는 밀류코프를 포함한 카데트 당원들을 의도적으로 도발하며 거만하게 굴었다. 거의 모든 백군 장군이 저지른 가장 큰 실수는 적군赤軍뿐 아니라 독일과의 긴 전쟁도 계속해야 한다고 굳건히 믿은 것이었다. 이 믿음 때문에 대다수 농민과 카자크를 포함한 전직 병사들이 백군에 등을 돌렸다.

돈 카자크의 아타만 칼레딘도 사블린과 시베르스 부대의 진격에 맞서려는 카자크 병사들이 거의 없어 수심에 차 있었다. 카자크의 압도적 다수는 그저 평화롭게 농사를 짓고 싶을 뿐이었다. 1월 28일 알렉세예프는 칼레딘에게 서신을 보내 그의 병사들만으로는 돈 지역을 계속 지켜낼 수 없을 거라고 경고했다. "돈 카자크가 자신들의 유산을 지키려는 마음이 전혀 없어 의용군은 견딜 수 없는 부담을 지고 있고 투쟁을 계속하기가 매우 어려워졌소."[7] 볼셰비키 제39사단은 쿠반에서 북으로 이동하면서 의용군의 도주로를 차단하려 했다. 칼레딘은 알렉세예프에게 머물러 달라고 간청했지만, 코르닐로프와 알렉세예프 모두 반볼셰비키 운동을 이어나가려면 의용군이 탈출해야 한다는 데 동의했다.

칼레딘은 볼셰비키에 저항하는 것을 대놓고 반대하는 카자크 장교 때문에 더욱 어려움을 겪었다. 좌파 사회혁명당원 필리프 미로노프 중령은 1월 25일 이렇게 썼다. "칼레딘 장군과 그를 보좌하는 보가옙스키Bogaevsky를 비롯한 군사 정부는 기반이 불안정하다. 그들은 최전방 병사들을 끌어들이는 데 실패했다! 카자크 마을 우스티메드베디츠카야Ust-Medveditskaya(지금의 세라피모비치), 카멘스카야Kamenskaya(지금의 카멘스크샤흐틴스키), 우류핀스카야Uryupinskaya(지금의 우류핀스크)에는 이미 군사혁명위원회가 설립되어 칼레딘 장군과 군사 정부의 지배를 인정하지 않고 이들의 사임을 요구하고 있다."[8]

1월 말이 되자 의용군의 거점인 로스토프와 돈 카자크의 수도 노보체르카스크 모두 위협에 직면했다. 카자크 빨치산 대장 체르네초프Chernetsov는 난도질당해 죽었고 그의 부대는 카자크 장교 골루보프Golubov 중령이 수백 명의 병사와 함께 적군赤軍으로 넘어간 후 괴멸되었다. 노보체르카스크는 무방비 상태였다. 칼레딘은 용기를 잃었다. 1월 29일(구력) 칼레딘은 돈 정부에 선언했다. "충분히 논의했다."[9] 그는 옆방으로 가 심장에 총을 쏴 자살했다. 새 아타만으로 아나톨리 나자로프Anatoly Nazarov 장군이 선출되었지만 돈을 지켜낼 가능성은 희박했다.

미하일 스베친Mikhail Svechin 장군은 참모학교에서 만난 나자로프와 아는 사이였다. "나는 그에게 그 자리를 받아들인 용기가 대단하다고 칭찬했다. 나자로프는 씁쓸하게 웃으며 답했다. '거절할 수 없었네. 아무리 작은 카자크 땅이라도 남아 있는 한 누군가 아타만의 철퇴(아타만의 권위를 상징하는 물건-옮긴이)을 이어받아 지켜야 하기 때문이네.'" 스베친은 어떻게 할 건지 나자로프에게 물었다. "야전 아타만 포포프Popov 장군에게 얼마 안 되는 카자크 무리를 모아 돈 너머의 지모프니키Zimovniki로 이동하라고 지시했네." 스베친은 이제 막 1500명의 병사와 떠나려 하는 포포프와 합류하겠다고 자원했지만, 나자로프는 환경이 매우 열악하다고 경고했다. "보급품 수레도, 운반원도 없이 안장주머니에 모든 물건을 담고 말과 카자크 안장만 가지고 가야 하네."[10] 그러고 나서 나자로프는 의용군에 저항은 끝났다고 말했다. 이제 그들이 떠날 때였다.

2월 23일(신력) 시베르스의 부대는 로스토프에 진입했고 이틀 후 사블린의 적위대는 마지막으로 노보체르카스크로 진격했다. 적위대는 열차에서 내리면서 야전 취사장까지 내렸다. 그들은 긴 줄로 늘어서 눈 덮인 초원을 가로질러 행진하며 주변을 둘러보았다. "적은 어디에도 보이지 않았다." 두네는 기록했다. "멀리에 작은 카자크 마을들이 보였다. 마을 사람들이 조심스럽게 우리를 지켜보고 있었다. 노보체르카스크 성당의 둥근 금색 지붕이 보였고 다음으로 노보체르카스크가 보였다. 고요한 가운데 기대감이 있었다."[11] 앞서서 도시 외곽에 닿은 정찰대가 손을 흔들며 계속 진군하라는 신호를 보내고 있었다.

그날 아침 스베친 장군이 무슨 일이 일어났는지 알아보러 나갔을 때 거리는 텅 비어 있었다. 성당 쪽에 언덕을 올라가는 기병 부대가 보였다. 볼셰비키에 합류한 골루보프 중령의 기병대였다. 스베친은 집으로 달려가 제복을 숨겼고 아내는 보석을 숨겼다. 노보체르카스크를 포기하지 않은 아타만 나자로프는 돈 크루그(의회) 회의에 참석했다. 골루보프는 추종자들과 회의실에 들이닥쳐 자리에 앉아 있는 나자로프에게 외쳤다.

"국가 관료가 들어오면 일어서라!"

"나는 모든 돈 카자크가 선출한 돈 아타만이오."[12] 나자로프가 답했다. 골루보프는 성큼성큼 다가가 나자로프의 견장을 뜯어내고 그를 체포했다. 이틀 후 골루보프는 나자로프를 사살했다.

스베친은 그로부터 며칠간 적위대 무리가 어떻게 아파트를 약탈하기 시작했는지 기록했다. 도시에는 많은 카자크 장군, 장교, 지방 공무원이 남아 있었고, 많은 이들이 처형되었다. 연로한 이반 오를로프Ivan Orlov 장군은 양가죽 외투를 입고 견장을 달고 있지 않았는데도 거리에서 붙잡혔다. "적위대는 누구냐고 묻지도 않고 그를 그 자리에서 바로 살해했다. 여기저기서 끊임없이 총성이 들렸다. 그들은 병원에서 부상자들을 붙잡아 통나무처럼 트럭에 싣고 차를 몰아 쓰레기 폐기장에 버려두고 왔다. 일부는 사살하고 일부는 죽게 내버려 두었다."

노보체르카스크를 잃은 의용군은 쿠반 카자크의 지원을 바라며 로스토프를 떠나 돈강 남쪽으로 후퇴할 수밖에 없었다. 캅카스에서 굶주림, 혹한, 제39사단을 비롯해 훨씬 우세한 적군赤軍을 마주할 것을 알았지만 다른 도주로가 없었다.

알렉세예프 장군은 떠나기 전 로스토프에서 아내에게 편지를 썼다. "사랑하는 뉴타Nyuta! 카자크인들의 어떤 지원도 받지 못한 몇 안 되는 우리 병사들은 모두에게 버림받은 듯하오. … 돈을 떠나면 매우 어려운 상황에 놓이게 될 거요. 아마도 아주 먼 길을 행군해야 할 것 같소. 우리가 어디로 갈지는 오직 하느님만이 알고 계시오. 이 사실을 숨기고 이 어지러운 상황에서 침착함을 유지해야 하지만, 당신은 내가 어떤 상태인지 알 거요. 당신과 아이들의 소식을 전혀 들을 수 없어서 더 힘드오. 당신과 키스하며 인사를 나누지도 못하고, 가족 모두를 보지도 못한 채 미지의 세계로 떠나야 하오. 가장 소중하고 사랑하는 당신을 다시는 볼 수 없게 된다면 내가 항상 당신과 아이들을 생각하고 있다는 것을 알아주시오. 내가 지금 죽을 운명이라면 마지막 순간에도 당신을 생각할 거요."[13]

2월 23일(신력), 시베르스의 적위대가 노보체르카스크에 진입할 때 의용군은 적위대 항공기 두 대의 효과 없는 공격을 피해 얼어붙은 돈강을 무사히 건넜다. 카자크 마을인 올긴스카야Olginskaya에 도착한 의용군은 당면한 위협에서 겨우 벗어났다. 볼셰비키의 보복을 두려워하는 주변 마을들은 이 지역에 의용군이 있다는 소식에 매우 불안해했다.

코르닐로프는 아마도 전쟁 역사상 가장 불균형한 군대를 지휘했다. 약 3700명으로 이루어진 의용군 중 장군은 코르닐로프, 알렉세예프, 데니킨, 로마놉스키, 루콤스키, 마르코프를 포함해 36명, 대령 199명, 중령 50명, 대위, 중위, 소위는 2083명, 사관생도는 437명이었다. 장교나 장교 후보생이 아닌 병사는 880명뿐이었다. 코르닐로프는 수많은 작은 부대를 마르코프가 지휘하는 장교연대, '코르닐로프' 연대, 주로 돈 카자크

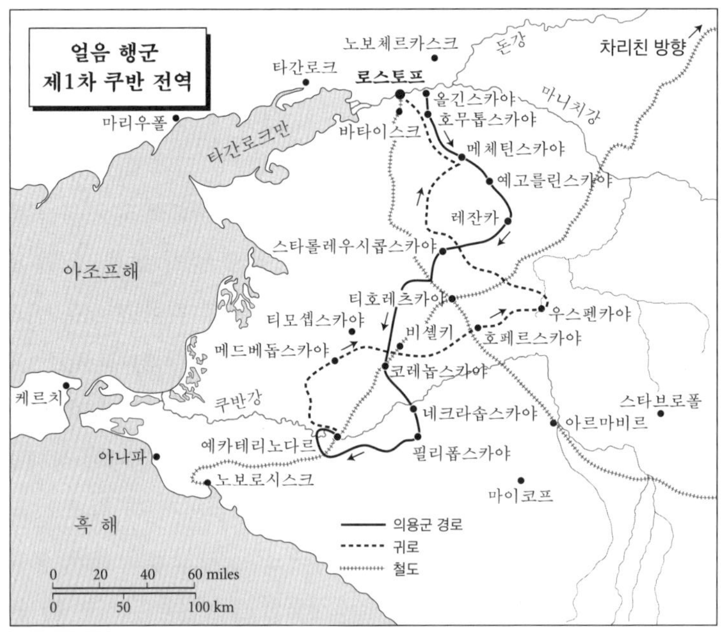

로 이루어졌고 보가옙스키가 지휘하는 빨치산 연대, 생도(융커)대대로 재편성했다.[14] 적위대에게서 보드카와 맞바꿔 구한 것들을 포함해 대포 여덟 문을 보유한 포병대도 있었다. 하지만 로스토프에 남겨둘 수 없었던 정치인들과 그들의 아내로 주로 이루어진 1천여 명의 비전투원이 의용군의 발목을 잡았다. 수많은 민간인이 포함된 긴 대열은 걸어서 하루에 30킬로미터 이상을 나아갈 수 없었고, 그해 겨울은 대개 그보다 훨씬 짧은 거리밖에 나아가지 못했다. 부상자나 심각하게 아픈 사람만 바퀴가 두 개인 짐마차에 호송되었다.

의용군의 가장 큰 약점은 기병이었다. 포포프 장군은 2월 26일 돈 카자크 병사들을 이끌고 올긴스카야에 나타났다. 의용군 장군들은 포포프 장군에게 합류를 간청했지만, 포포프는 돈에서 너무 멀리 벗어나면 병사들을 통솔할 수 없다는 것을 알고 있었다. 다음 날 의용군은 올긴스카야를 떠나 캅카스 깊숙이 자리한 스타브로폴Stavropol 지역으로 향했다. 어디로 갈지 무엇을 할지에 합의하지 못하는 장군들이 타협한 결과였다. 데니킨, 알렉세예프 및 그 외 장군들은 쿠반 카자크의 수도 예카테리노다르Yekaterinodar(지금의 크라스노다르)를 본거지이자 반볼셰비키 세력의 중심지로 만들려 했다.

의용군은 미지의 세계로의 여정을 영웅적인 행위로 여겼지만, 앞으로 겪게 될 고난을 알았다면 잔뜩 겁에 질렸을 것이다. 어쨌든 의용군이 아직 살아남아 있다는 것은 볼셰비키가 의용군과 포포프의 카자크 부대 모두가 적대적인 황야로 도주하는 것을 막지 못한 큰 실수를 저질렀다는 것을 의미했다. 의용군의 행군이 느렸는데도, 적위대는 3월 6일(신력) 레잔카Lezhanka에서 마주칠 때까지 의용군의 구불구불한 긴 행렬을 가로막지 못했다. 적위대와 제39사단 소속 병사들은 마르코프의 장교연대가 작은 강을 건너 측면에서 공격해 오자 깜짝 놀랐다. 일단 도주했지만 사단의 장교 몇 명이 포로로 잡혔다. 코르닐로프는 그들을 군사재판에 회부하라고 지시했지만, 측근들의 설득으로 의용군에 합류하면 살려주기로 했다. 하지만 악에 받친 젊은 장교들은 농민 60여 명을 채찍질하고 학살했다. 사흘 후 서쪽으로 방향을 돌린 의용군은 쿠반 지역에 들어갔다. 이 지역에 적군赤軍이 있는데도 쿠반 카자크는 의용군에 훨씬 우호적이었다. 때때로 가난한 카자크와 비카자크 무리가 달려들어 물리칠 수밖에 없었지만, 지역의 일부 촌락에서 신병이 들어오기도 했다.

의용군이 소규모 적군을 예상했지만 총 1만여 명의 적위대와 수병을 마주한 코레놉스카야에서 가장 큰 전투가 벌어졌다. 탄약이 부족한 코르닐로프는 적의 보급품을 빼앗을 요량으로 철수하는 대신 싸우자는 위험한 결정을 내렸다. 나흘간 계속된 전투 끝에 의용군은 400명을 잃었지만 불리한 상황에서 승리를 거뒀고, 3월 17일 코레놉스카야역을 점령해 필요한 물자를 모두 얻었다. 사상자가 적었을 때도 몇 안 되는 귀한 수레를 부상자에게 내주어야 해서 부담이었는데, 사상자가 많다 보니 부상이 심한 병사들을 수레에 겹겹이 쌓아야만 했다. 완충 장치가 전혀 없는 수레가 움푹 팬 곳을 드나들면서 덜컹거려 부상병들의 고통이 더 심했다.

페트로그라드에서 볼셰비키가 혁명을 일으킨 후의 중요한 시기에 쿠반 지역에는 이렇다 할 지도자가 없었다. 게다가 페르시아와 튀르키예 전선에서 이곳을 지나 퇴각하는 볼셰비키파 병사 수만 명에게 시달리고 있었다. 빅토르 시클롭스키가 파견되어 해산시킨 병사들이었다. 의용군 장군들은 쿠반 카자크가 밀려오는 적군赤軍 때문에 수도 예카테리노다르를 포기했다는 소식을 듣고 어떻게 해야 할지 합의하지 못했다. 알렉세예프와 데니킨은 예카테리노다르를 공격하자고 했지만, 코르닐로프는 의용군이 그만큼 강하지 않다고 주장했다.

코르닐로프는 적군赤軍 병력이 얼마나 있는지도 모른 채 남쪽의 마이코프로 향하라고 지시했다. 의용군은 잠시 쉬면서 회복하고 재편성할 기회를 얻지 못한 채 연이어 전투를 치렀다. 지치고 굶주린 데다 병자와 부상자 수가 늘어가는 가운데 병사들과 민간인들의 고생은 이루 말할 수 없었다. 군화와 신발은 망가졌고 구릉지대의 맹렬한 추위 속에서 양가죽으로 버티기엔 턱없이 부족했다. 많은 이들이 물이 불어난 강을 걸어서 건넌 후 옷이나 발에 감은 붕대를 말리지 못해 동상에 걸렸다.

의용군은 절망의 문턱에 서 있었지만 마침내 3월 22일(신력) 멀리서 틀림없는 대포 소리가 들렸다. 그들은 우회하던 중 우연히 쿠반군을 마주쳤다. 쿠반군의 유능한 지휘관 빅토르 포크롭스키Viktor Pokrovsky 대령은 독일과의 전쟁에서는 전투기 조종사였고 이제 백군의 가장 뛰어난 기병 지휘관 중 하나로 떠오르고 있었다. 포크롭스키가 최근 거둔 승리는 모병에 매우 큰 도움이 되었다. 적군赤軍과, 해산되어 자신들의 영토를 지나는 병사들이 저지른 강도와 잔혹 행위에 질린 카자크들이 포크롭스키의 군에 합류하기 위해 곳간과 외양간에 숨겨놓은 소총을 꺼내 말에 안장을 얹고 말을 타고 마을을 떠나는 일이 점점 더 많아졌다.

의용군이 포크롭스키의 쿠반 카자크군을 만났을 때 양측의 수는 거의 비슷했다. 코르닐로프는 마침내 필요로 했던 기병을 얻었지만, 자신이 러시아의 미래 지도자라고 너무 확신한 나머지 포크롭스키와 쿠반 라다 의원들을 멸시에 가까운 오만한 태도로 대했다. 배후에서 미친 듯이 외교적 노력을 펼치지 않았다면 다음 회의를 잡고 합의를 이끌어낼 수 없었을 것이다.

코르닐로프는 연합군을 이끌고 백군의 추정치에 따르면 1만 8천 명이 넘는 적군赤軍이 있는 예카테리노다르로 빠르게 진격했다. 탁 트인 초원이 아닌 고정된 위치에서 방어하고 있는 수병과 적위대의 공장 노동자들은 이번에는 불안감이 덜했다. 공격이 개시된 4월 11일 아침, 코르닐로프는 마르코프의 여단이 강을 건너기를 기다리지 않고 공격에 나서는 실수를 저질렀고, 제대로 의사소통이 이루어지지 않아 생긴 혼란으로 사태가 더 악화되었다. 격렬한 전투에서 적군赤軍이 물러서지 않고 용감히 맞서면서 양쪽 모두 많은 사상자가 발생했다. 맹공격 후 지친 의용군은 코르닐로프의 계획대로 다음 공격 전 하루 휴식을 받았다. 코르닐로프는 피 튀기는 전투 후 제대로 쉴 수 있도록 군을 후퇴시키자는 알렉세예프와 데니킨의 요청을 거부했다. 이미 너무 많은 탄약을 사용했으니 승리해 도시를 장악해야 한다고 주장했다. 코르닐로프는 완강했다.

코르닐로프의 용기는 어떤 적도 감히 자신을 죽일 수 없을 거라는 거만함에서 나왔다. 알렉세예프는 코르닐로프가 사자의 용맹과 양의 두뇌를 가지고 있다고 말한 적이 있는데, 이것이 코르닐로프의 묘비명이 되었다. 코르닐로프는 반대에도 불구하고 적군赤軍 포병대가 관측할 수 있는 흰색 농가를 전투 사령부로 삼았다. 다음 날 4월 13일 아침 공격을 재개하기 직전 이곳에 포탄이 명중했다. 코르닐로프는 참모들과 함께 잔해에 깔려 사망했다. 데니킨은 부대에 이 소식을 알리지 않았지만, 그날 늦게 소문이 퍼지자 의용군은 거의 사분오열이 되었다.

알렉세예프는 즉시 데니킨을 코르닐로프의 후임으로 지명했다. 그는 친구에게 보낸 편지에서 그 결과 상황이 훨씬 나아졌다고 전했다. "나는 데니킨과 완전히 하나가 되어 움직이고 있네. 우리는 모두를 위해 함께 문제를 해결하고 있네." 알렉세예프는 코르닐로프가 계속 지휘했다면 "우리에게 남은 모든 것을 위험에 빠뜨리고 대의 전체를 위협해 무너지게 했을 것"[15]이라고 덧붙였다. 두 사람은 정말 잘 협력했지만, 덩치 큰 친척 아저씨 같은 안톤 데니킨은 결코 코르닐로프의 위협적인 카리스마를 대체할 수 없었다.

데니킨은 충격으로 사기가 떨어진 병사들이 회복할 시간이 필요하다고 판단해 북쪽으로 빠른 철수를 지시했다. 적군赤軍은 예카테리노다르에서 모두가 지켜보는 가운데 코르닐로프의 시체를 파내 공개적으로 불태우고 승리를 자축했지만 기세를 이어가지는 못했다. "절반에 가까운 병력을 잃은 군은", 코르닐로프의 충성스러운 한 장교가 기록했다. "적에게 에워싸여 시달리는 끊임없는 위험 속에서 오랜 시간을 방황했다. 어딜 가나 의용군은 피투성이인 끔찍한 후미를 질질 끌고 다녔다. 부상자를 태운 수레 행렬이 수 킬로미터에 달했다. 부상자를 두고 갈 수는 없었다. 전쟁은 양쪽 모두에 동등하게 잔혹했다. 의용군은 포로들을 사살하고 부상자들을 너무 잔혹하게 죽여왔기 때문에 자비를 바랄 수 없었다. 하지만 상황은 최악이었고, 이 끔찍한 수레 행렬이 지칠 대로 지친 군대에 너무 큰 짐이 되어 결국 부상이 심한 수백 명의 병사가 이곳저곳에 버려졌다. 대부분은 사망했고 소수만 살아남았다. 이 가혹한 희생과 믿기지 않는 노력 덕분에 의용군은 겨우 적의 포위에서 벗어나 돈에 닿을 수 있었다."[16]

돈 카자크와 쿠반 카자크가 들고 일어나 저항할 때까지만 해도 쿠반 확보 실패는 의용군에게 자신들의 생존만큼 중요하지는 않았다. 승리를 확신한 적군赤軍이 저지르는 복수는 반작용이라기에는 너무 끔찍했다. 군도롭스카야Gundorovskaya의 카자크 마을에 도착한 적군赤軍 부대는 무슨 짓을 해도 처벌받지 않는다는 생각에 약탈하고, 소녀들과 여인들을 강간하고, 큰 집과 가게에 불을 질렀다. 몇몇 학생과 장교가 있는 카자크 무리는 보복 공격을 계획했고, 이것이 군도롭스키 연대의 창설로도 이어지는 군도롭스키 봉기가 되었다.

필연적으로 폭력의 악순환이 자리 잡았다. “양쪽 모두 포로를 잡지 않았다.” 의용군의 신병은 곧 알게 되었다. “포로를 사살하는 것은 금지되어 있다. 기병도나 총검으로 죽인다. 탄약이 너무 귀해서 전투를 위해 아껴두어야 하기 때문이다.”[17] 그리고 오데사에서 옐레나 라키에르는 의용군에 있는 친구에게서 이런 전언을 들었다. “볼셰비키는 붙잡힌 장교들을 산 채로 묻고, 장교들은 붙잡힌 볼셰비키를 화형시키고 있어.”[18]

톨스토이와 절친한 사이였던 작가 이반 나지빈은 의용군의 고위 장교들에게 러시아 남부의 전투에 관해 이야기했다. “저쪽에서 수병은 최고의 전사들이오, 죽을힘을 다해 싸우지.” 한 백군 지휘관이 말했다. “중국인들은 맹렬하게 달려드는데, 적군赤軍 병사들은 약하오.” 적위대를 위해 싸우는 중국인 ‘국제공산주의자’들은 차르 정부가 전쟁 중 참호를 파고 물자를 수송하는 데 이용했던 이들이다. 러시아 남부에서는 볼셰비키 이오나 야키르Iona Yakir가 중국인 600명으로 이루어진 대대를 이끌고 있었다.

“양쪽 모두”, 나지빈의 기록은 계속된다. “앙심이 너무 깊어 극도로 잔인해졌다. 적군赤軍은 카자크 마을을 점령하면 닥치는 대로 약탈하고 나이와 상관없이 여자들을 강간하고 총탄을 아끼지 않는다. … 카자크군도 적군赤軍, 특히 수병과 중국인들에 대한 원한이 극에 달해 있다. 꽂을

대로 때려죽이고 목까지 땅속에 묻은 다음 기병도로 머리를 자르거나 거세하고 수십 명을 나무에 매단다. … 투항하고 싶은 이들조차도 투항하지 못한다. 적군赤軍을 이런 식으로 몰살시킴으로써 백군은 종종 적군赤軍에 강제로 합류한 친구들이나 잠재적 조력자를 죽이고 있다."[19]

알렉세예프 장군은 아내에게 보낸 편지에 썼다. "내전은 항상 잔인하오. 특히 우리나라 같은 곳에서는. 볼셰비키는 노동자나 농민 위에 있는 모든 것을 파괴하고 있소. 이 하층민들 위에 있는 모두에 대한 그들의 적개심은 놀라울 정도요. 우리 쪽 사람들이 복수하고 앙갚음하는 것을 막기는 어렵소. 그리고 이런 참혹한 전쟁은 외부와의 전쟁보다 더 많은 증오를 불러일으키는 법이오. 괴롭지만 그게 현실이오."[20]

다른 이유로 젊은 카자크군의 태도도 변했다. 전선에서 마을로 돌아온 많은 카자크가 볼셰비키의 선전에 흔들렸는데, 고향에 돌아오자 구세대는 가부장적 가치를 다시 주장했다. 조금이나마 남아 있는 볼셰비키에 대한 지지는 더 큰 도시에서 곡물과 가축을 빼앗기 위해 몰려오는 적군赤軍의 식량 징발대 때문에 흔들렸다. 징발대를 먼 거리까지 보내기는 너무 성가시고 비용이 많이 들어 도시에 가까운 마을들이 가장 피해가 컸다. 카자크인들은 빼앗길 것을 우려하여 농산물을 시장에 가져가지 않았다. 카자크 마을은 당국을 위해 일하는 척하는 패거리들의 공격도 받았다.

세바스토폴에서 의용군에 합류할 기회를 기다리던 전 포병대 장교 알렉산드르 마호닌Aleksandr Makhonin은 귀향한 당번병으로부터 편지를 받았다. 그는 볼셰비키 무리가 나타나 소를 내놓으라고 했다고 이야기했다. "저는 제게 남은 것은 소뿐이고 우리 막내한테 우유를 먹여야 해서 넘겨줄 수 없다고 했어요. 그들은 '좋아'라고 답하고 '애새끼가 더는 우유가 필요하지 않게 해주지'라 하고는 몸부림치는 제게서 우리 막내를 떼어내 아이 머리를 벽에다 세게 쳤고, 죽은 아이를 남겨두고 제 소를 가져갔어요."[21]

볼셰비키의 강탈은 카자크에게 격한 분노를 일으켰다. 노보체르카스크에서 겨우 5킬로미터 거리에 있는 크리뱐스카야Krivyanskaya라는 마을에서도 군도롭스카야에서처럼 반란이 터졌다. 3월 말, 카자크인들은 식량 징발대를 물리쳤다. 카자크의 우두머리 페티스토프Fetistov는 300명에서 400명의 카자크를 모아 노보체르카스크로 향했고 그곳에 있던 적군赤軍은 깜짝 놀랐다. 공산당 지도자들과 적위대 모두 도주했다.

"도시는 기쁨에 넘쳤지만, 이 기쁨을 지켜내야 했다." 스베친 장군은 몸을 숨겨 살아남은 일부 카자크 지휘관과 장교들을 만난 후 썼다. 아타만의 궁전은 카자크군의 방어 본부가 되었고 도시를 방어할 자원병을 모집하는 포스터가 거리에 붙었다. "우리에게는 5천 명의 보병과 수백 명의 기병이 있어서 1500명에 불과한 포포프 장군의 부대보다 병력이 많지만, 포포프가 야전 아타만으로서 우위에 섰다."[22] 곧 돈 크루그가 새 아타만을 선출하기 위해 모였고 가치나에서 제3기병군단의 사령관을 맡았던 표트르 크라스노프 장군이 선출되었다. 크라스노프의 거만함과 기회주의는 의용군 지도자들의 분노를 샀고, 특히 우크라이나를 점령한 독일군에 교섭을 제의했을 때 더욱 그러했다.

캅카스 북부에서 의용군이 얼음 행군으로 고통받는 동안, 미하일 드로즈돕스키Mikhail Drozdovsky 장군이 또 다른 영웅으로 떠올랐다. 12월 루마니아전선군에 속해 있던 드로즈돕스키는 알렉세예프가 군을 일으키려 한다는 소식을 들었다. 드로즈돕스키는 가능한 많은 장교와 병사를 모집해 우크라이나를 거쳐 합류하겠다는 전갈을 보냈다. 2월 26일 드로즈돕스키는 대부분 장교로 이루어진 1100명의 병력과 함께 출발했고 무기를 빼앗으려는 루마니아군의 시도를 가볍게 물리쳤다. 4월 21일 1200킬로미터의 행군 끝에 로스토프에 도착한 드로즈돕스키는 그곳을 점령했다. 타이밍이 완벽했다. 드로즈돕스키의 군대는 그 후 크리뱐스카야의 돈 카

알렉세예프 장군의 이름을 딴 연대의 지휘관 V.G. 부이진Buizin 대령과 그의 부관으로 복무한 아내 V.I. 부이지나Buizina

자크와 합류해 그들의 수도 노보체르카스크를 방어했다. 의용군의 얼음 행군과 드로즈돕스키의 여정은 러시아 남부에서 백군 신화의 토대를 형성했다.

14

독일군이 들어오다
1918년 3-4월

3월 3일 브레스트-리토프스크 조약 체결 후 독일과 오스트리아-헝가리 군대는 나라가 절실히 필요로 하는 식량을 확보하기 위해 동쪽으로 진군하기 시작했다. 독일군이 오데사에서 18킬로미터 떨어진 곳까지 도달한 3월 7일 오데사 시민들은 무라비요프의 적위대와 수병들이 떠나기 전 저지른 잔혹한 보복에 떨어야 했다.

"우리는 토요일부터 잠을 자지 못했다." 옐레나 라키에르는 기록했다. "'혁명세'를 내지 못하는 부르주이는 체포되고 있다." 장교들과 다른 용의자들은 항구의 순양함 알마즈에서 여전히 살해당하고 있었다. 적군赤軍은 군함으로 도시를 포격하겠다고 위협했다. 항구에서 군중들은 알마즈로 끌려간 나이 든 흰 수염의 철도 노동자와 겁먹은 젊은 병사 하나를 풀어달라고 적위대를 향해 외치기 시작했다. "갑자기 귀가 먹먹할 정도의 일제 사격이 벌어졌다. 수병을 가득 채운 트럭이 도착했고 수병들은 군중을 향해 총을 쐈다. 사람들이 쓰러지는 것이 보였다. 한 신사가 땅에 넘어진 소녀를 밟자 소녀가 미친 듯이 악을 썼다."[1]

3월 12일 독일 장교 무리가 도시에 진입해 적군赤軍은 모두 떠나야 한다고 공산당 중앙집행위원회에 경고했다. 피켈하우베Pickelhaube(뿔이 달린 독일군의 철모-옮긴이)를 쓴 장교들이 위원회와 얘기를 끝내고 나오자 그곳에 모인 많은 사람이 환호하기 시작했다. "그들은 꼿꼿한 자세로 계단을 내려왔다. 갑자기 군중들이 목청껏 '우라!' 하고 외치고는 모자를 위로 던지고 열렬한 박수를 보냈다. 놀란 독일군은 돌아서 인사한 뒤, 차를 타고 떠났다. … 갑자기 볼셰비키 몇 명이 발코니에서 나왔고 그중 한 명이 권총을 휘두르며 외쳤다. '당장 해산하지 않으면 쏘겠다!' 군중은 겁에 질려 사방으로 흩어지기 시작했다." 이틀 후 독일군이 행군해 들어왔다. "독일군이 오데사에 들어왔다. 그들은 집에 돌아오듯 침착하게 도시에 진입해 대로에 야포를 설치했다."[2]

키예프에서 드미트리 게이덴은 많은 사람 틈에 섞여 "투구를 쓰고 승자의 자랑스러운 표정을 한 질서정연하고 강철 같은 독일군 무리를 보았다. 군림하던 볼셰비키를 몰아낸 건 물론 좋았지만, 우리가 3년 동안 싸워온 독일군이 이제 국가 두마 근처의 소피아 광장에서 자기네 안방처럼 편안히 있는 것을 보고 소름이 끼쳤다."[3] 젊은 작가 블라디미르 나보코프도 많은 이들의 복잡한 심경을 표현했다. "볼셰비키는 사라졌고 이상할 정도로 조용한 독일군이 그들을 대신했다. 애국심 넘치는 러시아인들은 본국의 처형자들에게서 벗어난 본능적인 안도감과, 위기를 모면하기 위해 외국의 침략자(특히 독일인)에게 신세를 져야 하는 필요성 사이에서 갈피를 잡지 못했다."[4]

공산당 영토에서 벗어나 검거를 피한 이들은 오르샤Orsha에서 독일이 점령한 우크라이나로 국경을 넘는 순간 감정이 북받쳤다. "기차가 방벽을 넘자마자 모든 화물칸에서 크게 '우라!' 하고 외치는 소리가 들렸다" 라고 블라디미르 폰 드라이어는 기록했다. 많은 사람이 눈물을 흘리며 서로 껴안았고 석탄통 같은 투구를 쓰고 무표정하게 쳐다보는 독일 병사들에게 손수건을 흔들었다. "그들은 독일 병사들이 자신들의 구원자라고 생각했다."[5]

모스크바와 페트로그라드가 피폐한 무법지대가 된 상황에서 평온하고 번화한 도시의 분위기는 북쪽에서 온 피난민을 들뜨게 하는 묘약과도 같았다. 테피는 키예프의 북적이는 거리를 보고 이렇게 감상을 남겼다. "어느새 잊힌 삶의 꿈처럼 놀랍고 새로운 장면이다. 현실 같지 않을 정도로 너무 신나고 경이롭기까지 하다. 견장을 단 장교가 빵집 앞에 서서 케

1918년 3월, 브레스트-리토프스크 조약에 따른 발트 지역, 벨라루스, 우크라이나 점령의 일환으로 키예프로 진입하는 독일군 동부전선사령부 예하 사단들

이크를 먹고 있다니!"[6]

키예프는 중산층과 상류층으로 넘쳐나 어떤 가격이든 방 구하기가 하늘의 별 따기였다. 차르의 궁전을 드나들던 이들이 몸을 누일 안락의자 하나에도 감지덕지했다. "당시 키예프에서의 생활은 전염병이 도는 가운데 열리는 연회와 같았다." 파우스톱스키는 썼다. "많은 커피하우스(프랑스의 살롱과 비슷한 개념으로 사람들이 문학, 예술, 정치 등을 논하던 장소-옮긴이)와 레스토랑이 문을 열었다. 겉으로 보기에 키예프는 천박한 부의 도시 같았다. … 큰 눈의 키예프 미녀들은 롤러스케이트장에서 장교들과 롤러스케이트를 탔다. 하루아침에 도박장과 매음굴이 생겨났다. 베사라브카Bessarabka(키예프의 시장, 광장이 있는 지역-옮긴이)에서는 코카인이 공공연하게 팔렸고, 열 살밖에 안 되는 창녀들이 행인들에게 몸을 팔았다."[7]

또다시, 장교들은 의용군에 합류하기보다는 술과 도박에 빠져들길 선호했다. 장교들은 꽤 뻔뻔하게 돈을 빌려서는, 강도당할 위험 없이 밤

늦게까지 클럽과 카페에서 즐기는 시인, 작가, 가수, 배우 같은 지식층과 비슷하면서도 완전히 다른 삶을 살았다.

한편 매일 아침 지리학자 모길랸스키는 자신들의 구세주인 독일군이 "배급표 없이 싼 값에 살 수 있는 튀긴 새끼돼지고기, 거위고기, 오리고기, 닭고기, 베이컨 기름, 버터, 설탕, 다양한 단 것들이 진열된 식료품점 창문 앞에 모여 있었다"라고 기록했다. "독일군은 특히 아침에 시장에서 베이컨을 사는 것을 아주 좋아했다. 그들은 맛있는 우크라이나산 베이컨을 크게 잘라 게걸스럽게 먹었다. 그들의 몸은 기름에 굶주려 있는 것이 분명했다."[8]

독일 군부는 약속한 물자를 제공하지 못하는 우크라이나 라다와의 협정을 파기하기로 했다. 4월 18일 곡물생산자협회의 코추베이Kochubei 공의 도움을 받아 조작된 쿠데타에서 그들은 헤트만Hetman(자포리자 코자키의 수장-옮긴이) 파블로 스코로파즈키Pavlo Skoropadsky를 자신들의 루리타니아(앤서니 호프의 소설에 나오는 중부 유럽의 가상 소국으로 왕좌를 둘러싼 계략과 음모가 존재한다.-옮긴이)의 허수아비로 삼았다. "이 모든 것은 치밀하게 준비하고 아주 수월하게 진행된 코미디다."[9] 그 자신도 곡물 생산자였던 드미트리 게이덴 백작은 기록했다. 독일군이 우크라이나 민족지도사 페틀류라, 빈니첸코, 골루보비치를 체포하는 그 순간 코자키 수장의 예복을 입은 스코로파즈키는 환호를 받았다.

파울로 스코로파즈키는 1708년 이반 마제파Ivan Mazepa의 뒤를 이어 자포리자 코자키의 헤트만이 된 스코로파즈키의 후손이었다. 혈통을 매우 중요시했던 "어린 파울로는 유모의 무릎 위에 앉아 있을 때부터 '헤트만'이라고 불렸다".[10] 고위 귀족의 전형적인 진로를 따라 스코로파즈키는 상트페테르부르크의 견습기사군단(귀족 또는 고위 관료 자제가 다니던 군사학교-옮긴이)을 거친 후 스베친 장군과 만네르헤임 장군과 함께 기사근위연대에 장교로 복무했다. 스코로파즈키는 품위 있고 매우 점잖은 인물이었지만 그리 총명하지는 않아서 독일의 꼭두각시로는 적격이었다. 매우 부유한 집안 출신인 스코로파즈키의 아내 두르노바Durnova는 소비에트 영토에 갇혀 있었는데 독일의 압박을 받은 인민위원평의회가 그녀를 풀어주었다. 스코로파즈키는 드네프르 강가에 있는 궁전 대신 전前 우크라이나 총독 관저를 선택했지만, 그의 측근은 여전히 그를 "헤트만 각하"[11]라고 불렀다.

의용군의 비공식 대사 역할을 맡았던 스베친 장군은 옛 동료 스코로파즈키를 만나러 갔다. 스베친은 독일군 보초들이 받들어 총 자세를 하자 그가 불편해하는 것을 눈치챘다. "경호가 철통같구먼." 스베친이 말했다.

"나는 포로일 뿐이네." 스코로파즈키가 슬프게 답했다. "부유한 농민과 지주들의 '곡물생산자협회'라는 데서 나를 선출했지만, 페틀류라의 사회주의 실험보다 헤트만이 이끄는 나라를 선호하는 독일이 나를 선택했다는 것도 부인할 수 없네. 독일군이 우리를 지배할 수 있게 한 것은 볼셰비키지. 전쟁은 독일군의 완승으로 끝날 것 같네." 그는 병사와 무기를 대서양 너머로 보내기에는 미국이 너무 멀리 있다고 생각했다.

스베친은 오랜 친구로서 키예프의 많은 러시아 장교가 스코로파즈키에게 반역죄 혐의를 제기하고 있다고 말해주었다. "그들도 똑같이 독일군의 지배로 보호받고 있으면서 그걸로 나를 비난하지." 스코로파즈키가 답했다. "그들은 여기 있는 것만으로도 독일에 자신을 팔아넘긴 게 아닌가? 그리고 왜 그들의 양심은 러시아를 위해 싸우라고 말하지 않는가?"

그들은 독일의 곡물과 지방脂肪 요구에 관해 이야기했다. "물론 값은 지불하고 있네." 스코로파즈키는 말했다. "하지만 이제 돈은 곡물보다 가치가 없네. 독일군은 각 병사가 가족을 위해 매주 3킬로의 소포를 보내는 것을 허용하고 있네. 농민들은 우리 돈보다 독일 마르크를 더 좋아하네."[12]

스코로파즈키는 키예프 밖의 실제 상황을 거의 알지 못하는 것이 분명했지만, 브레스트-리토프스크에 있는 독일군 참모장 호프만 소장은 현실을 제대로 보고 있었다. "우크라이나는 다음 수확기까지만 관심의 대상이다." 그는 말했다. "그때가 지나면 우크라이나를 어떻게 하든 상관없다."[13] 문제는 독일 병사들이 자신과 가족들을 위해 곡물을 약탈하면서 독일에 식량을 공급하기 위한 독일군의 곡물 징발이 훨씬 어려워졌다는 것이었다. 지리학자 모길랸스키는 증언했다. "많은 지주가 독일 부대를 이용해 약탈당한 자기 영지를 되찾으려 했다. 가끔은 이것이 심각한 충돌로 이어져 독일군이 대포를 동원하기도 했다." 대체로 농민들은 어찌할 수 없는 것을 깨닫고 순종했다. "뭘 어쩌겠습니까, 나리?" 한 농민은 그에게 말했다. "독일인들은 8루블인 건초 1푸드를 1루블에 달라고 요구하고 있어요. 베이컨 기름을 가져가면서 1푼트에 1루블을 줍니다. 체르니고프Chernigov(지금의 우크라이나 체르니히우)에서는 5루블인데 말입니다."[14] 모길랸스키는 폭력에 의존할 때는 오스트리아-헝가리 제국군이 독일군보다도 더하다는 이야기를 들었다.

키예프의 평온한 분위기와 윤택한 생활은 오래갈 수 없었다. 스코로파즈키 정권이 전적으로 외국의 총검에 기대고 있었기 때문이다. "독일군이 떠나면 스코로파즈키 정부는 카드로 만든 집처럼 무너져 내릴 수밖에 없다." 오흐라나의 옛 수장 글로바체프는 말했다. 마침내 키예프로 도주한 글로바체프는 다시 옛 오흐라나 요원들과 함께 일하기 시작했다. 글로바체프는 도시의 지하 볼셰비키들이 독일군이 철수할 날을 준비하고 있다는 것을 알았다. 그러면 우크라이나도 내전에 삼켜질 것이다. 백군이 지배하는 지역이 그대로 유지될 가능성은 거의 없었다.

독일의 보호국 우크라이나는 비현실적인 분위기 속에서 러시아 남부로 세력을 확장하겠다는 터무니없는 꿈을 꾸고 있었다. 스베친은 헤트만의 궁에 있는 우크라이나산 대리석에 새겨진 지도에 돈과 쿠반 지역이 모두 포함된 것을 발견했다. 그는 놀라움을 표했다. 스코로파즈키는 쿠반에서도 우크라이나어를 사용한다고 주장했다. 스베친은 우크라이나어를 구사하는 사람은 극히 소수라고 지적했다. 한편, 노보체르카스크에서 아타만 크라스노프는 카자크군을 한데 모아 돈 카자크가 이끄는 카자크 연맹을 결성하려는 환상에 젖어 있었다.

크라스노프는 국가 두마의 전 의장 로드쟌코와 의용군 지도자들의 분노에도 아랑곳하지 않고 독일의 비위를 맞췄다. 독일군이 우크라이나를 가로질러 로스토프나도누를 향해 진군하자 안토노프-오브세옌코가 이끄는 적군赤軍은 우크라이나 동부와 돈바스에서 카자크 영토로 밀려났다. 크라스노프는 적군赤軍에 맞서기 위해 전쟁 중 루마니아와 남서부 전선 지급용으로 우크라이나에 설치한 러시아 무기고를 노렸다. 그는 노획물을 기꺼이 의용군과 나누려 했고, 보낸 무기들은 돈강의 물로 정화되었기 때문에 자기가 데니킨을 오염으로부터 구했다고 재미있다는 듯 말했다. 크라스노프는 마치 군주인 듯 행세하며 독일 황제 빌헬름 2세에게 서신을 보내 볼셰비키와의 투쟁에 지원을 요청했다.

> 황제 폐하,
>
> 오늘 위대한 돈군Great Don Army의 땅 10분의 9가 적군赤軍 패거리에게서 벗어났습니다. … 우리는 아스트라한군 및 쿠반군과 동맹을 맺었습니다. … 이들이 자기 영토에서 볼셰비키를 몰아내면, 우리는 위대한 돈군, 스타브로폴의 칼미크인을 포함한 아스트라한군, 쿠반군, 그리고 영토에서 적을 몰아내는 대로 합류할 테레크군과 북부 캅카스 사람들까지 포함한 안정적인 연맹 국가를 수립할 수 있습니다. 아타만 지모보이Zimovoi를 통해 폐하께 위대한 돈군을 독립 국가로 인정해 주시고, 마찬가지로 아스트라한군, 쿠반군, 테레크군과

> 함께 북부 캅카스 영토도 해방되는 즉시 독립을 인정해 주시기를 부탁드립니다. 연맹국의 국호는 '돈과 캅카스 연방'이 될 것입니다. 저희는 폐하께 사라토프 지역의 카미신Kamyshin과 차리친, 그리고 보로네시Voronezh를 위대한 돈군에게 소속시켜 주시기를 부탁드립니다. 전략적 이유 때문입니다. … 위대한 돈군은 지역의 수요를 채우고 남은 빵, 곡물, 밀가루뿐 아니라 수산물, 양모, 식물성 및 동물성 지방, 담배, 가축, 포도주를 독일에 우선 공급할 것이고, 그 대신 독일이 농기계, 농약, 가죽 가공에 필요한 추출물, 화학제품 공장과 지폐 발행 공장을 포함한 기타 공장의 장비를 공급하기를 바랍니다.[15]

수염 난 육중한 몸집만큼이나 자존심이 센 로드쟌코는 이 서신을 보고 도저히 견딜 수가 없었다. 로드쟌코는 이렇게 서신을 보냈다. "위대한 돈군의 아타만 각하. 독일 황제에게 보낸 서신 사본을 받았습니다. 이 사본을 저에게 전달한 익명의 제보자는 원본은 리히텐슈타인 공이 베를린으로 가지고 갔다고 확인해 주었습니다. 만약 독일 황제에게 보낸 이 편지가 정말 각하가 쓰고 보낸 것이라면, 헤트만 스코로파즈키처럼 독일의 속국을 자처하는 것이고, 이는 결코 러시아를 위하는 것이 아닙니다."[16]

이틀 후 답변이 왔다. "러시아 민주공화국 시민 미하일 블라디미로비치 로드쟌코 귀하. 돈 카자크 아타만의 지시에 따라 귀하는 사흘 내에 위대한 돈군의 영토를 떠나야 합니다."[17]*

모스크바에 있던 영국 요원 로버트 브루스 록하트Robert Bruce Lockhart는 오히려 크라스노프가 현실적인 인물이라고 평가했다. "러시아의 부유층 대부분처럼, 크라스노프는 기회주의자이다. 지금은 친독파, 내일

* 크라스노프와 로드쟌코 사이에 오간 흥미로운 서신을 모두 싣고 싶은 마음은 굴뚝같지만, 분량이 너무 방대해 생략한다.

은 친연합국파이다."[18] 키예프에서 우크라이나의 독일군 총사령관인 헤르만 폰 아이히호른Hermann von Eichhorn 원수는 스코로파즈키가 크라스노프에게 러시아군 무기고에서 무기를 가져가는 것을 허용하는 데에 반대하지 않았지만, 그 무기를 의용군에게 전달하는 것은 강력히 반대했는데 "그들이 독일과의 강화를 일절 거부하기 때문"[19]이었다.

레닌과 동맹을 맺었던 좌파 사회혁명당도 독일과의 거래를 일체 거부했다. "좌파 사회혁명당원을 제외한 모든 적군赤軍 부대가 소비에트 정부의 지시를 따른다." 사블린의 군과 함께 있던 에두아르드 두네는 썼다. "그들은 동의하지 않는다. 우리 사령관 유리 사블린Yury Sablin도 그중 하나다."[20] 하지만 좌파 사회혁명당은 당연히 독일과 충돌할 때마다 패배했다.

좌파 사회혁명당원이자 적군赤軍 카자크 대령 미로노프는 로드잔코만큼이나 강력하게 크라스노프를 비판했다. "영원한 어제의 적 오스트리아인과 독일인들이 돈 지역에 들어왔다. … 독일의 장군 지휘봉과 독일의 규율은 그들의 농노 제도와 함께 이제 카자크인들을 지배하고 있다." 하지만 미로노프는 적군赤軍 지도부에 "재산과 사람들의 집에 대한, 그리고 결과적으로 여성과 아이들에 대한 혁명군의 행동"을 경고하기도 했다. "작은 마을들은 종종 양심의 가책과 죄책감을 모르는 일부 동지들의 변덕에 따라 불타고 있다."[21] 미로노프는 이것이야말로 반동분자들의 손에 놀아나는 것이라고 생각했다.

미로노프는 이어서 차리친의 북캅카스 군관구에 연락해 트로츠키 동지에게 자신의 질문을 전달해 달라고 요구했다. "나는 군사인민위원이 돈 지역을 정치적으로 어떻게 보고 있는지 알아야겠습니다. 사실 모스크바는 계속 돈주Don Oblast의 일상이나 주민들의 사고방식을 전혀 이해하지 못하는 정치위원을 보내고 있습니다. … 돈의 절반이 지금 반혁명 세력의 손에 넘어간 것은 아마도 이 정치위원들 때문일 겁니다. 그래서 나는 트로츠키 동지에게 돈에서 무엇을 하려 하는지, 카자크인들에게 자신들의 군을 창설하고 중앙정부의 지원으로 반혁명 세력을 몰아낼 권한을 부여할 것인지 묻고 확실한 대답을 듣고 싶습니다. 그것이 인민위원평의회의 결정이라면, 나는 당신들에게 이 '특임 정치위원'들을 소환하고 우리의 중앙집행위원회에 독자적으로 행동할 권한을 줄 것을 요구합니다."[22]

모스크바에서 좌파 사회혁명당원들은 브레스트-리토프스크 조약 체결과 독일에 맞선 '혁명전쟁'을 레닌이 거부한 것에 항의하여 인민위원평의회에서 사임했다. 하지만 당원 다수는 체카와 기타 기관에서의 직위는 유지했다. 좌파 사회혁명당은 독일에 의한 점령을 극도로 혐오했지만, 이른바 '잉여' 곡물을 농민들에게서 빼앗기 위해 점점 더 많은 식량 징발대가 마을에 파견되는 것도 불만이었다. 농민들의 대변자로서 좌파 사회혁명당은 레닌의 토지 국유화를 열렬히 환영했다. 그들은 이것이 이후 토지를 국가의 통제하에 두기 위한 순전히 전술적인 계략이라는 것을 전혀 알아채지 못했다. 하지만 마을 내 빈곤한 농민과 부농 '쿨라크kulak'가 계급투쟁을 벌인다는 공산주의의 주장이 복잡한 현실을 지나치게 단순화하고 있다는 것은 알고 있었다. 그리고 그들은 적위대와 마을 사람들 사이에 점점 심각한 충돌이 많아지고 있다는 소식을 듣고 무자비한 투쟁과 가차 없는 처벌이라는 레닌의 구호를 점점 더 경계하게 되었다.

독일군의 진격 위협으로 페트로그라드에서 모스크바로 수도를 옮기면서 두 도시의 차이가 확연히 드러났다. 레닌은 모스크바의 오래된 러시아 정교회와 친슬라브적인 면을 좋아하지 않았다. 무자비한 근대주의자였던 레닌은 금박을 입은 양파 모양 돔과 오래된 총안이 있는 흉벽의 크렘린을 관저로 삼아야 한다는 생각에 몸서리쳤다. 트로츠키도 혁명의 독재자가 크렘린에서 지내는 것이 모순이라고 생각했다.

1년간 완벽히 방치되고 지난 가을 전투까지 벌어진 크렘린의 상태가 매우 좋지 않아서 레닌은 당분간 근처의 나치오날 호텔에 묵으면서 집무를 보았다. 인민위원평의회가 사용할 크렘린의 원로원 궁전과 레닌과 아내 크룹스카야, 그의 누이가 지낼 근처의 아파트가 입주 준비를 마치자 그들은 다시 라트비아 소총병의 호위를 받으며 이사했다. 레닌은 크렘린에 들어간 후에도 연인 이네사 아르망을, 크렘린과 아르바트 거리에서 떨어져 있어 방해받지 않고 이야기를 나눌 수 있는 그녀의 아파트에서 만났다. 아르망은 부하린을 비롯한 좌파 공산주의자처럼 브레스트-리토프스크 조약에 강력히 반대했지만 레닌은 이 일로 그녀를 책망하지는 않았다. 레닌은 이네사의 생각과 판단력을 무척이나 존중했다.

크렘린의 아파트에서 레닌은 구체제의 하인이 그에게 야채수프와 카샤kasha(잡곡, 특히 메밀로 만든 죽-옮긴이)를 쌍두독수리가 정교하게 정렬된 로마노프 황가의 식기에 담아 내놓는 것을 보며 조금 재미있다고 생각했지만, 음악적으로는 엄격했다. 레닌은 스파스카야탑의 시계가 〈하느님, 차르를 지켜주소서〉 대신 〈인터내셔널가〉를 타종해야 한다고 주장했다.

레닌과 트로츠키 모두 이론가이자 실용주의자였다. 그들은 이미 무능한 광신도보다는 충성심이 의심스러운 '전문가'를 고용해야 한다고 생각하고 있었다. 인민위원 다수도 가장 똑똑하고 유능한 인재를 뽑는 것만이 체제가 살아남을 유일한 길이라고 생각했다. 새로 임명된 공산주의 고위 관료 중에는 비밀리에 백군을 지지하는 보르만Borman이라는 자가 있었다. 보르만은 1918년 3월부터 드미트리 마누일스키Dmitry Manuilsky, 흐리스티안 라콥스키Khristian Rakovsky(러시아 이름, 불가리아 이름은 크라스티오 라콥스키-옮긴이), 라데크 등과 함께 일했다.

마누일스키는 많은 고위 관료들처럼 볼셰비키의 지배가 오래 지속되리라고 생각하지 않았다. 그는 여러 차례 보르만에게 말했다고 한다. "그들은 우리 모두를 학살하겠지만, 떠나기 전에 우리는 제대로 문을 닫고 부르주이를 괴롭힐 걸세." 보르만이 왜 부르주이를 몰살해야 하는지 묻자 마누일스키는 답했다. "그래야 나중에 다시 권력을 잡기 쉽고, 어쨌든 세상엔 부르주이가 적을수록 좋기 때문이지."[23]

보르만은 크렘린 가까이 있는 메트로폴Metropole 호텔에 자리 잡은 '완전히 새로운 관료 계급'을 언급했다. "그들은 값싼 방과 아래층의 저렴한 호텔 식당 때문에 모여들었다. 식당의 요리는 형편없지만 도시 내 다른 곳보다는 훨씬 낫다."[24] 대부분의 정치위원은 크렘린에서 정신없이 이어지며 때로는 거의 밤새도록 계속되는 회의에 참석하느라 꽤 검소하게 살았지만, 경제학자 유리 라린Yuri Larin은 305호실에서 유복한 생활을 누렸다. "라린은 전혀 달랐다." 보르만은 기록했다. "라린이 먹는 음식은 푸짐하고 우아했다. 검은 눈의 두 숙녀가 손이 마비되고 입이 심하게 비뚤어진 이 혐오스러운 남자를 아름답고 헌신적으로 돌봤다."(신임 독일 대사의 보좌관 쿠르트 리츨러가 "공산당 관리의 만연한 부패와 문란한 습관, 특히 여성에 대한 끝없는 욕망"[25]을 언급할 때 떠올린 사람이 아마도 라린이었을 것이다.)

보르만은 메트로폴 호텔에서 만난 공산당원 대부분이 러시아인이 아니라는 사실에 매우 놀랐다. "그들은 타국 혹은 어쨌든 아무런 애정도 없는 국가에 사회주의 실험을 하러 왔다. 사람들을 물질로, 실험실의 토끼로 봤다. 이들은 누가 봐도 현실과는 완전히 동떨어져 있었다. 당시 공산당의 주요 인사들은 자신들의 실험이 오래 지속되리라고 생각하지 않았다. 나는 그들이 '아직 여기 있는 동안 이것저것 시도해 봐야지'라고 말하는 것을 여러 번 들었다."[26]

보르만은 적어도 두어 번 인민위원평의회 회의에 참석할 기회가 있었다. "녹색 모직 천으로 덮인 탁자는 가운데가 빈 사각형 모양이었다.

16명에서 20명이 거기 앉아 있었다. 다른 이들은 벽을 따라 놓인 의자와 벤치에 앉아 있었다. 레닌은 상석에 혼자 앉아 있고, 트로츠키는 그 뒤에서 벽 옆에 서 있었다. 치체린은 창턱에 기대 저녁 햇살에 빛나는 교회의 돔을 멍하니 바라보고 있었다. … 레닌은 자신이 무엇을 하고 있는지, 무엇을 원하는지 분명히 아는 사람처럼 보였다. 그의 눈은 교활하게 웃고 있었다. 레닌은 왠지 러시아 북부의 상인을 떠올리게 했다. 그는 자신 있게 회의를 진행하고, 사안을 설명하고, 참석한 이들에게 질문을 던진 후 서기에게 자신의 해결책을 받아쓰게 했다."[27]

볼셰비키는 러시아에서 규율이 유지되는 유일한 정당이었지만, 때로는 즉흥적인 임시변통으로 일을 처리하기도 했다. 3월 중순 보르만은 메트로폴 호텔에서 불가리아인 흐리스티안 라콥스키를 우연히 만났다. 라콥스키는 그에게 마누일스키와 민족인민위원 스탈린과 함께 "우크라이나와의 강화 협상을 위해 쿠르스크Kursk로"[28] 향하는 대표단에 합류하겠냐고 물었다. 독일 점령 직후여서 아직 우크라이나 라다가 인정을 받고 있던 때였다.

보르만은 지시받은 대로 그들이 출발을 준비 중인 쿠르스크역에 나타났다. "스탈린의 얼굴은 평범했다." 그는 기록했다. "그의 눈은 불쾌하고 화난 듯 보였다. 뺨에는 마맛자국이 가득했다. 그는 외투 아래 짙은 푸른색의 벨벳 셔츠를 입고 있었다. 스탈린은 움직이지 않고 조용히 앉아만 있었다. 마누일스키는 작은 키에 짙은 색 머리를 한 민첩한 남자다. 러시아인이고, 계속 내게 자신이 키예프현의 농민 출신이라고 이야기했다. … '전문가들'은 상당히 혼란스러워 보였다. 어떻게 행동할지를 몰랐다. 다수가 중년인 듯했다. 유대인 젊은이 하나가 라콥스키 주변을 서성거리고 있었다. 그는 짧은 제복 상의에 반바지를 입고 장화를 신고 있었다. 대표단의 서기인 체카 요원 자이체프Zaitsev였다."

그들은 앉아서 기다리고 있다가 누구도 철도국에 통지하지 않아 특별 열차가 준비되지 않았다는 사실을 알게 되었다. "결국, 스탈린이 크렘린에 전화를 걸었다. 그는 무슨 이유에선지 라트비아 소총부대의 지휘관과 통화했다. 크렘린의 압박에도 불구하고 우리는 두 시간을 더 기다려야 했다. 포드보이스키(볼셰비키 군사조직의 전 수장)가 쿠르스크역에 있는 우리 열차로 와서 올라탔다. 그는 독일군과 하이다마키Haidemak와 대치한 전선의 지역 관구 사령관이었다.* 포드보이스키는 부대의 기강을 바로잡기 위해 다시 사형제를 도입해야 했다고 이야기했다. 무시무시한 외모와 거대한 몸집의 붉은 머리 수병이 그와 동행하고 있었다. 우리는 여전히 과거의 깔끔한 외관을 유지한 식당칸에 앉았다. 수병은 즉시 우리에게 흰 식탁보에 대해 훈계하며 단호하게 말했다. '이제 이런 부르주아 방식을 버릴 때요. 예를 들어 포드보이스키 동지와 나는 프롤레타리아처럼 살고 있소. 당신들도 소비에트 정부에서 일한다면 식탁보에 차린 음식을 먹어서는 안 되오.' 나는 이때 처음으로 수병들을 보았다. 하지만 곧 상황은 더 심각해졌다. 어떠한 권위도 인정하지 않는, 차라리 강도 무리라 해야 할 수병 부대가 우리를 보고 매우 불쾌해했다. '대체 어떤 강화 조약을 맺는다는 거요?' 그들은 따졌다. '우리는 여기서 싸우며 부르주이와 하이다마키를 죽이고 있는데 당신들은 방해하려 하고 있소. 당신들의 신원을 확인해야겠소.'"[29]

수병들의 분노와 의심은 가라앉지 않았다. "도착한 바로 첫날 마누일스키는 일부 해군 부대가 대표단을 공격할 것이라는 보고를 받았다. 도시에는 수백 명의 수병이 있었지만 마누일스키는 물러서지 않았다. 마누일스키는 즉시 호위대 중 라트비아 병사 20명을 데리고 본부로 떠났다. 아마도 마누일스키는 수병들을 꽤 가혹하게 대했던 듯하다. 몇몇 수

* 하이다마키는 우크라이나 병사들을 뜻한다. 원래는 18세기 폴란드 지배자에 대항해 봉기를 일으킨 농민을 의미했다. 이들은 우크라이나의 전통에 따라 머리를 반만 삭발했고 양가죽 모자 밖으로 긴 머리 다발이 나와 있었다.

병이 그 자리에서 사살되었다는 소문이 있었다. … 확실히, 이 사건 후 어떤 수병 부대도 대표단의 임무에 개입하려 하지 않았다."[30]

결국 대표단은 쿠르스크에 오래 머물지 않았는데 독일이 페틀류라와 라다를 체포하고 그들의 꼭두각시로 스코로파즈키를 세웠다는 소식을 들었기 때문이다. 모스크바의 쿠르스크역으로 돌아오는 길에 대표단은 그들의 짐을 철저히 수색하겠다고 주장하는 적군赤軍 식량 징발대에 가로막혔다. 라트비아 호위대는 대열을 좁히고 외쳤다. "우리가 무슨 허락을 받아야 한다는 거지? 바로 우리가 혁명을 시작했는데!" 병사들이 그들의 지휘관에게 도움을 요청했지만 "라트비아 병사들은 지배자처럼 굴었다". 보르만은 재미있다는 듯 기록했다. "크렘린에 얼마든지 불평하게!" 그들은 식량 징발대의 지휘관을 밀치며 말했다.[31]

15

변방의 적들
1918년 봄과 여름

여기저기서 반대 세력이 생겨나는 가운데 처참하게 동맹국에 영토까지 빼앗긴 모스크바의 공산당 간부들이 불안해한 것은 당연한 일이었다. 특히 도시의 극심한 식량 부족으로 프롤레타리아 내부에서마저 공산당의 지지가 약화되었다. 하지만 공산당은 자신들의 실수를 인정하지 않고 이 문제를 전적으로 "대중의 굶주림과 무지"[1]의 탓으로 돌리려 했다.

연합국이 앞으로의 정책을 고려하기도 훨씬 전에 레닌은 종전 후 국호를 바꾼 '러시아 사회주의 소비에트 공화국Russian Socialist Soviet Republic' 앞에 무엇이 기다리고 있는지 아주 현실적으로 보고 있었다. 레닌은 자본주의적이고 제국주의적인 연합국이 이제 막 태어난 공산국가가 자신을 스스로 지킬 수 있을 만큼 세력이 커지기 전에 옥죌 것이 틀림없다고 확신했다. 하지만 라트비아 소총사단 2만 명을 제외하면 훈련된 군대가 없어서 인민위원평의회는 잠재적인 외국의 적에 맞서기는커녕 거대한 국가 주변부의 수많은 곳에서 일어나는 봉기에도 대처할 수 없었다.

앞서 언급한 대로 영국 해군은 러시아 제국군에 전달했던 군수물자 재고를 지키기 위해 무르만스크에 해병대를 상륙시켰다. 하지만 5월에 해병 370명 그리고 보병 600명이 합류해 주둔군의 병력이 대폭 증원되자 레닌과 트로츠키는 소비에트 영토 내 외국군 주둔에 반발했다. 아이러니하게도, 영국 해병대의 첫 작전은 적위대를 도와 무르만스크와 핀란드 국경 사이의 일부 영토를 장악한 핀란드 백군 부대를 격퇴하는 것이었다.

무르만스크와 아르한겔스크Arkhangelsk를 모두 포함한 러시아 북부의 영국군은 마침내 1만 8400명까지 증가했다. 1년 동안 영국군에 미국, 캐나다, 프랑스, 세르비아, 이탈리아를 포함한 다른 연합국 부대가 합류했다. 우드로 윌슨Woodrow Wilson 대통령은 1918년 초에는 러시아 개입에 단호히 반대했지만, 국무장관 로버트 랜싱Robert Lansing의 설득으로 무르만스크 방어에 나서기로 생각을 바꾸었다. 영국군 참모총장인 육군 원수 헨리 윌슨Henry Wilson 경은 미리 개입의 위험을 분명하고 상세하게 명시했다. 윌슨은 평가서에 "군대가 육지에서의 작전에 개입하면, 개입 규모를 통제하는 것은 거의 불가능하다"[2]라고 기록했다. 그리고 내전에 개입한 지 1년도 더 지난 후에, 윌슨은 이 지역의 러시아인 협력자들이 볼셰비키에 당하게 내버려 둘 수는 없다는 이유로 군 철수 연기를 정당화했다. 그 이후로는 거의 변화가 없었다. 윌슨은 아일랜드 얼스터인(얼스터에는 영국에서 온 이주민들이 많았고, 헨리 윌슨 또한 그런 집안 출신이다.-옮긴이)이었지만, 아일랜드인으로서의 자부심이 있어 런던에서도 아일랜드 억양을 사용했다. 윌슨은 자신이 영국인이라고 생각하지 않았다. 버마(지금의 미얀마)에서 입은 흉터 때문에 군에서 가장 못생긴 장교로 알려진 윌슨은 정치인에게 아첨하는 것에도, 허영에도 관심이 없었다.

처음 무르만스크에 상륙했을 때도, 그 후 메이너드Maynard 소장이 지휘하는 부대가 합류해 병력이 강화되었을 때도 영국군의 목적은 순전히 방어였다. 하지만 8월 아르한겔스크 점령과 반공산주의 쿠데타 후 영국군은 훨씬 공격적인 전략을 폈다. 영국군 사령관 풀 소장은 매우 오만하게 지시를 내렸다. 그는 계엄령을 선포하고, 북부 지역의 독립 정부 수장들을 함부로 대하고, 볼로그다 방향으로 남쪽을 침략할 준비를 했다. 순전히 지도만 보고 공상한 이 계획은 이후 우랄산맥에서 서쪽을 공격하는 반볼셰비키 세력이 아르한겔스크에서 온 연합국 군대와 볼로그다에서 연결될 수 있다는 생각으로 발전했다.

무르만스크와 아르한겔스크의 지방 정부는 모스크바로부터 어떠한

지원도 받지 못해 급료를 지급할 돈이 없었다. 광업과 어업으로만 연명하는 무르만Murman 지역은 살아남으려면 5천만 루블이 필요하다고 크렘린에 알렸다. 인민위원평의회는 이 요청을 무시하고 무기도 군대도 없는 이들에게 그저 연합국에 저항하라고 지시했다. 그들은 모스크바에 전했다. "지원이 없으면 우리는 연합국에 지원을 요청해야 합니다."[3]

◆

레닌 정권의 약점은 4월 모스크바 주재 독일 대사 빌헬름 폰 미르바흐-하프Wilhelm von Mirbach-Harff 백작의 보고에서 명백하게 드러났다. 그는 베를린에 볼셰비키가 전적으로 라트비아 소총연대들에 의지해 수도를 통제하고 있다고 전했다. 한편 브레스트-리토프스크에서 볼셰비키 대표단을 이끌었던 이오페는 '대사' 자격으로 베를린 운터덴린덴Unter den Linden의 옛 러시아 제국 대사관으로 옮겼는데, 전통 질서를 전복하길 바라는 유대인 볼셰비키인 그는 거기서 웃음거리였다.

레닌은 독일에 매료되었는데, 단지 전 세계적 혁명의 확산에서 독일이 핵심 국가라고 보았기 때문만은 아니었다. 의외로 레닌은 제1차 세계대전 중 빌헬름 2세의 독일이 채택한 국가자본주의를 선망하고 칭송하기까지 했다(영국인들은 반면 독일에서 장화 두 켤레 이상을 소유하는 것이 금지되었다고 듣고 국가자본주의를 '전시사회주의'로 보았다). 레닌은 독일의 체제가 국가사회주의의 모범 답안이라고 보았다. 독일의 "규율과 체계, 가장 근대적인 기계 산업을 바탕으로 한 견고한 협력, 정밀한 회계와 통제"[4]를 칭송했다. 이것들은 모두 혼돈의 러시아에서는 꿈에서나 가능한 이야기였지만, 레닌은 강제로라도 도입해야겠다고 결심했다.

1년 전, 리보프 공이 수장이었던 러시아 임시정부는 에스토니아의 국경과 지방 의회 마패에브Maapäev를 인정하며 에스토니아가 독립 국가로 나아가는 첫걸음을 허용했다. 하지만 여전히 에스토니아에 주둔한 러시아 병사들이 많아 볼셰비키가 실질적인 권력을 쥐고 있었다. 그런데도 1917년 말부터 볼셰비즘 지지는 약화하기 시작했다. 볼셰비키는 선거 때가 되면 결과가 "수많은 노동자의 이익"[5]과 일치하지 않는다며 간단히 파기했다. 이 구실은 독일인 지주와 에스토니아인 부르주아가 음모를 꾸민다는 의혹에 가려지기도 했다. 수많은 이들이 체포되었지만, 독일군이

라트비아에서 에스토니아로 진군하자 적군赤軍은 철수해 나르바의 러시아 국경으로 향할 수밖에 없었다.

독일의 에스토니아 군사 점령은 발트 지역의 부호들에게 물론 환영받았지만, 에스토니아인들의 마음속에 애국심과 분노를 불러일으켰다. 대개 중세 시대 튜턴 기사단(독일 기사단이라고도 함-옮긴이)의 혈통인 '발트 귀족'은 전체 경작지의 거의 절반을 소유하고 있었다.

에스토니아는 1918년 2월 23일 독립을 선언했고 임시 정부가 정권을 장악했다. 볼셰비키에 맞서기 위해 비밀리에 조직된 에스토니아 국민사단Estonian National Division이 임시 정부를 지원했다. 독일의 제8군이 그 달 말 에스토니아 대부분을 점령하자 에스토니아 부대는 수도 탈린Tallinn(옛 이름 레발)의 자위대와 함께 처음에는 중립을 유지하는 조건으로 존속을 허가받았지만, 4월에 무장해제되었다. 한편 에스토니아 임시정부는 세 개 주를 묶어 독일계 발트 공국 설립을 꿈꾸는 '발트 귀족' 정부로 교체되었다. 하지만 폰 데어 골츠 장군과 루덴도르프 장군이 부추긴 이 환상은 서부에서 독일군이 패배하면서 핀란드에 독일인 군주를 앉히려는 그들의 꿈과 함께 곧 물거품이 되었다.

4월 5일 동쪽으로 9천 킬로미터 이상 떨어진 옛 러시아 제국의 반대편 끝에서 일본 제국 해군이 블라디보스토크에 해병대 보병 1개 대대를 상륙시켰다. 공식적으로는 일본인 민간인 세 명의 사망에 따른 조치였다. 사실 이들의 죽음은 이 지역에 대한 일본의 야욕을 실행에 옮길 구실을 제공했다. 2개 보병사단이 이미 한반도에 파견되었고 더 많은 해병대 보병을 빽빽하게 태운 순양함 두 척이 블라디보스토크 항구에서 기다리고 있었다. 영국 해군 순양함 HMS(His Majesty Ship의 약자. 영국 군함임을 나타낸다.-옮긴이) 서퍽Suffolk은 당시 동맹을 지원하기 위해 50명의 해병대원과 수병들을 상륙시켰다. USS(United States Ship의 약자. 미국 군함임을 나타낸다.-옮긴이) 브루클린Brooklyn을 타고 온 미군 해병대도 상륙했다. 태평양에서 일본과 경쟁하던 미국은 리보프 공의 임시정부에 기술 지원을 제공하면서 이미 러시아에 주둔군을 두었고, 철도 근무단Railway Service Corps의 기술자들과 함께 시베리아 횡단철도 개선에 일조했다.

빠르게 국제적 내전으로 변한 러시아 내전에서 시베리아 횡단철도는 완전히 예상 밖의 전개에 중요한 역할을 했다. 러시아 제국은 오스트리아-헝가리 제국처럼 다민족 국가였다. 1914년 러시아의 체코인들은 같은 슬라브족인 러시아군과 함께 오스트리아군에 대항해 싸우기 위해 자원입대했다. 오스트리아군에는 마지못해 끌려가 기회가 있을 때마다 항복하려 하는 체코인 징집병이 많았다. 이들은 포로가 되면 자원해서 러시아 제복을 입고 우크라이나에 사령부를 둔 체코 부대에 합류했다.

1917년 가을, 구 러시아 제국군이 해체되는 동안 체코군은 단결과 규율을 유지했다. 오스트리아-헝가리 제국의 붕괴가 임박해 오자 체코인들은 연합국의 승리로 전쟁이 끝나면 체코가 독립할 수 있을 거라는 큰 희망을 품게 되었다. 하지만 연합국은 총 4만 명 규모의 체코슬로바키아 군단Czechoslovak Legion(엄밀히는 슬로바키아인들도 포함되어 있어 '체코슬로바키아 군단'이 정확한 표현이지만, 편의를 위해 이후 '체코 군단'으로 표기한다.-옮긴이)을 어떻게 할지 합의할 수 없었다. 프랑스는 그들을 소환해 프랑스의 서부 전선을 강화하려 했지만, 영국은 독일에 맞선 동부 전선의 부활 가능성 때문에 러시아에 두려 했다. 이르쿠츠크의 미국 총영사는 영국의 입장에 전적으로 동의하며 워싱턴에 다음과 같이 보고했다. "체코슬로바키아 부대는 반드시 러시아에 머물러야 한다. 그리고 원래 의도대로 프랑스에 파견되어서는 안 된다. … 그들은 모두 러시아어를 할 줄 알고, 부대가 지금처럼 유지된다면 연합국 개입의 중추가 되어 다시 한번 러시아에서 독일에 대항한 전선을 구축할 수 있을 것이다."[6]

이후 시베리아의 프랑스 군사 사절단의 단장이 되는 피에르 자냉

Pierre Janin 장군은 나중에 체코의 지도자 토마시 마사리크Tomáš Masaryk에게서 알렉세예프 장군이 체코 부대를 돈 지역으로 파견할 것을 요청했다는 이야기를 들었다. 하지만 마사리크는 "제정복고에 조금도 협력하고 싶지 않아"[7] 거절했다. 마사리크는 어쨌든 오스만 제국이 전쟁에 참여하고 있는 한 흑해를 통해 탈출하는 것이 매우 어려울 수 있다고 우려했다.

3월 독일군이 아무런 저항 없이 진격한 후 레닌과 인민위원평의회는 자신들의 군사적 약점을 뼈저리게 인식했다. 체코 군단을 러시아 밖으로 내보내고 싶었던 인민위원평의회는 그들이 시베리아 횡단열차를 타고 블라디보스토크로 가서 연합국의 선박을 타고 서유럽으로 돌아가는 것을 허용하기로 했다. 열차가 그들을 태우고 동쪽으로 이동하기 시작했고, 체코 부대는 선로를 따라 퍼져나갔다. 그런데 체코 측은 지역 소비에트가 의도적으로 열차 운행을 지연시키고 있다는 것을 알게 되었다. 공산주의에 포섭하려는 목적으로 독일인과 오스트리아인 전쟁포로를 지원하고 있는 듯했다. 이르쿠츠크 총영사 해리스Harris에 따르면, 신임 외무인민위원 게오르기 치체린Georgy Chicherin은 4월 20일 다음과 같은 전갈을 보냈다. "독일 포로들을 가능한 한 빨리 서쪽으로 수송하라. 체코슬로바키아 부대들은 대기시켜라."[8]

소비에트 당국은 체코군이 무장을 해제하길 바랐지만, 체코 측은 볼셰비키와 연합국의 관계를 의심했다. 그들은 오스트리아에 넘겨져 반역자 취급받을까 두려워했다. 이제 군사인민위원이 된 트로츠키는 무기를 버리지 않는 체코 병사를 모두 체포하라는 지시를 내리는 어처구니없는 실수를 저질렀다. 이는 내전의 양상 자체를 바꾸어 광활한 유라시아 대륙 전체로 확대했다.

적군赤軍은 돈과 북부 캅카스에서 압박에 시달리고 있었다. 미로노프가 트로츠키에게 경고했듯이 적위대와 해군 보병 부대의 카자크 마을

차리친에서 제10군 정치위원이었던 이오시프 스탈린

약탈은 돈군과 쿠반군의 분노를 불러일으켰다.

더 큰 카자크 연맹을 꿈꾸는 아타만 크라스노프는 4만 명의 병사를 모았다. 로스토프나도누로 이어지는 서쪽 측면을 독일군이 지키고 있어, 크라스노프의 부대는 보로네시를 향해 북쪽으로 진군했고, 콘스탄틴 마몬토프Konstantin Mamontov 장군이 지휘하는 강력한 부대는 차리친을 공격하기 위해 북동쪽으로 초원을 가로질러 볼가로 향했다. 마몬토프는 뛰어난 지휘관(그리고 유데니치 이후로 백군 사령관 중 가장 큰 빅토리아풍 수염의 소유자)이었지만, 경기병은 대개 도시를 공격하기에 최적의 부대가 아니어서 그의 부대는 타격을 입고 후퇴해야 했다. 영국 군사 사절단은 보고서에서 영국 신사가 할 수 있는 최고의 칭찬으로 마몬토프를 언급했다. "마몬토프는 운동 능력이 뛰어나고 모스크바에 있을 때 사냥개 여러 마리를 키웠다."[9] 차리친 점령 시도는 이후에도 계속되었고, 이오시프 스탈린이 선임 정치위원으로 나선, 미래의 스탈린그라드인 차리친에서의 전투는 이후 소비에트 선전원들에게 영웅 설화가 되었다.

6월 22일 여전히 9천 명이 넘지 않는 데니킨 휘하의 의용군은 쿠반으로 되돌아가 다시 한번 코르닐로프가 전사한 쿠반의 수도 예카테리노다르 공략에 나섰다. 알렉세예프 장군과 다른 이들은 볼가강을 따라 북쪽 사마라Samara로 행군해 체코 군단과 연합하라고 데니킨을 설득하려 했지만, 데니킨은 단호했다. 데니킨은 쿠반에 의용군의 확실한 거점을 만들고 카자크 연대들과 긴밀히 연합하려 했다. "의용군이 자신들의 지도자이자 영웅인 코르닐로프 장군의 시신과 함께 전력의 4분의 3을 뒤로 하고 떠나야 했던, 예카테리노다르 진입로에서 벌어진 잔혹한 5일간의 전투"[10]의 결과를 뒤집고 싶기도 했을 것이다. 어쨌든 많은 이들은 백군이 1918년 알렉세예프가 권고한 대로 볼가강 중류에 병력을 집중시키지 않아 엄청난 기회를 놓쳤다고 보고 있다.

공업도시 아르마비르Armavir에서 공산주의자들은 백군뿐 아니라 아르메니아인과 페르시아인 난민도 학살했다. 데니킨은 모험을 즐기는 장군은 아니었고 북캅카스에 남아 있는 8만 명의 적위대와 수병에 정신이 팔려 있었다. 비록 전력은 상대가 되지 않았지만, 의용군은 데니킨의 바람대로 쿠반 카자크가 합류해 병력이 강화되었고 8월 중순에는 예카테리노다르를 공격할 수 있는 거리에 있었다. 한 장교가 언급한 대로 "볼셰비키 점령 후 의용군에 대한 태도가 크게 달라진 지역 주민들이 이번에는 백군을 지지했다".[11]

오합지졸인 적군赤軍은 연이은 패배 후 혼비백산이 되어 예카테리노다르에서 퇴각했다. 쿠반강의 다리 근처 감옥에 포로로 잡혀 있던 백군 장교 여섯 명은 불안과 흥분에 휩싸여 그들이 도주하는 것을 지켜보았다. 이 포로들은 얼음 행군 중 버려진 부상자들이었다. 아군이 부상당하고 포로로 잡힌 적군赤軍을 모두 죽인 것을 생각하면, 이들이 잘 치료받은 것은 기적이었다. 그런데 일부 수병이 감옥 안에 있는 그들은 발견했다. "끝없는 수레의 행렬에서 모든 게 뒤죽박죽이었다." 포로 중 한 명인 파벨 콘스탄티노프Pavel Konstantinov는 기록했다. "야포, 깃털 이불과 사모바르samovar(러시아인들이 사용하는 큰 주전자-옮긴이)가 담긴 수레, 야전 취사장, 호화로운 자동차, 포탄 상자와 물자 더미가 있었다. 어디에나 혼돈과 절망이 있었다. 이 무리를 이끄는 유일한 원동력은 의용군은 무자비하다는 확신이었다. 물론, 백군을 지지했던 이들은 적군赤軍이 점점 커져가는 두려움에 괴로워하는 것을 내심 즐거워하며 지켜보았고 그 순간을 기다리며 숨을 죽였다. … 간절한 희망을 품고 우리는 이제 아주 가까워진 포격 소리에 귀를 기울였다."[12]

퇴각 행렬의 후미가 보이자, 마침내 여섯 장교는 이제 안전하다고 안도했다. 하지만 그때 수병들이 다시 나타났다. 수병들은 그들을 잊지 않고 있었다. 그들을 끌어내 다리 위로 호송했고 어둠이 내리자 처형하기 위해 길 밖으로 이끌었다. 콘스탄티노프는 어깨에 총을 맞고 쓰러졌다. 극심한 고통으로 감각이 마비된 그는 수병들이 죽었는지 확인하기 위해 희생자들의 엉덩이를 총검으로 찌르고 다녀도 꿈쩍도 하지 않았다. 콘스탄티노프는 수병들이 떠날 때까지 거기 누워 있다가 이른 오전 한 농가의 헛간으로 기어갔다. 마침 그때 데니킨의 군대가 예카테리노다르에 진입했다. 얼음 행군을 함께한 동료 장교들과 지휘관은 숱한 수난을 겪은 그를 알아보지 못했다.

적군赤軍을 캅카스 깊숙이 있는 스타브로폴과 퍄티고르스크Pyatigorsk로 몰아낸 데니킨의 승리는 적군赤軍의 전선 뒤에서 활약한 안드레이 시쿠로Andrei Shkuro 대령의 기병 유격대의 도움을 받았다. 교활하고 잔혹한

안드레이 시쿠로 대령과 늑대 가죽으로 만든 파파하

서른한 살의 시쿠로에게는 충직한 추종자들이 있었다. 그의 개인 호위대는 늑대 가죽으로 만든 파파하와 기병대의 삼각기에 그려진 늑대 머리 때문에 '늑대 소트니아'로 알려져 있었다. 시쿠로는 뛰어난 모병관이었다. "시쿠로는 대여섯 명의 믿을 만한 카자크 병사와 트럼펫 연주자 한 명을 데리고 카자크 마을에 나타나 지역민들을 모았다. 그리고 선언했다. '카자크인들이여, 나는 이 마을에서 징집을 선언할 것이다. 두 시간 내로 모든 카자크인은 교회 옆에 말을 타고 나타나야 한다.'"[13]

데니킨은 자신의 전략을 비난하는 이들에게 9월에 제2차 쿠반 전역이 끝날 때면 의용군 수는 네 배로 증가하고 적군赤軍은 캅카스의 지배권을 잃을 것이라고 답했다. 데니킨이 남쪽 대신 북쪽으로 향했다면 전쟁의 결과가 달라졌을지 알 수는 없지만, 아마도 결과는 마찬가지였을 것이다.

막판에 다다른 제1차 세계대전은 러시아 제국 주변부에 엄청난 파문을 일으켰고, 오스만 제국의 몰락으로 중동에도 지대한 영향을 미쳤다. 서유럽의 참호전에만 집중하면 메소포타미아 전선의 이라크에서 벌어진 전투와 튀르키예, 러시아, 영국의 페르시아 점령을 간과하기 쉽다.

영국이 캅카스 남부와 자카스피('카스피해 너머'라는 뜻으로 카스피해 동쪽 지역을 가리킨다.-옮긴이) 지역에 파견한 세 개의 특수부대 중 한 부대의 지휘관이었던 라이어널 던스터빌 소장은 겨울 동안 자신의 부대를 앞서 갔다. 던스터빌은 메소포타미아 원정군에서 소규모 선발대를 모아 포드 자동차와 화물차를 타고 페르시아 동부의 눈 덮인 산악지대를 가로질렀다. 60명도 안 되는 선발대는 1918년 2월 하순 카스피해 연안의 엔젤리에 도착했다. 주민들은 영국군에 적대적이었다. 엔젤리는 페르시아의 마을이었지만 4천 명 규모의 볼셰비키 주둔군이 있었고, 이들을 지휘하는 지휘관은 브레스트-리토프스크 조약 이후 소비에트 국가는 튀르키예 및 독일과 전쟁을 벌이고 있지 않다고 주장했다. 영국 제국주의자들은 환영받지 못했다. 던스터빌은 하는 수 없이 하마단Hamadan으로 후퇴해 지원군을 기다렸다. 영국의 금과 페르시아의 은을 넉넉하게 공급받은 던스터빌은 하릴없이 지원군을 기다리면서 지역의 기근 완화와 도로 재건에 크게 공헌했다.

던스터 부대의 본대가 바스라에서 오는 데 3개월이 넘게 걸려서 영국군은 6월 27일에야 엔젤리를 점령할 수 있었다. 그즈음 오스만 제국군의 선봉은 오합지졸에 불과한 아르메니아인 적위대가 주로 지키고 있는 바쿠로부터 60킬로미터밖에 안 되는 거리에 있었다.

볼셰비키가 여전히 바쿠를 점령하고 있었지만, 던스터빌은 7월 중순 바쿠로 선발대를 보냈다. 오스만 제국군의 진격으로 심각한 위협을 느낀 볼셰비키는 바쿠 방어를 위해 영국 제국주의자들과 '라자르 비체라호프Lazar Bicherakhov 대령'이라고 불리는 지역 카자크 아타만과 협력하기로 했다. 던스터 부대에는 롤스로이스 장갑차중대가 있었는데, 그중 네 대가 카자크 부대에 파견되었다.

스테판 샤우먄Stepan Shahumyan(아르메니아어로는 스테판 샤후만)이 이끄는 바쿠 소비에트의 지배는 다른 곳에 비해 훨씬 덜 잔혹했다. 체카마저도 놀라울 정도로 자제해 처형된 자는 단 둘뿐이었는데, 둘 다 횡령꾼이었다. 바쿠의 군사 정치위원 중에는 젊은 아나스타스 미코얀Anastas Mikoyan이 있었는데, 그는 향후 60년간 지도자가 바뀔 때마다 살아남아 평안하게 제명에 죽은 극소수의 공산당 지도자 중 한 명이 되었다.

바쿠 코뮌Baku Commune은 변변찮은 식량 공급을 개선할 수도, 아르메니아 병사들이 술을 마시고 지역 무슬림을 학대하는 것을 막을 수도 없었다. 마침내 7월 25일 우파 사회혁명당원, 멘셰비키, 다슈나크Dashnak('아르메니아 혁명 연맹 당원'의 약칭-옮긴이)로 구성된 무리가 '중부 카스피해 독재정권Centro-Caspian Dictatorship'이라고 자칭하며 볼셰비키에 대항해 무혈 쿠데타를 일으켰다. 비체라호프와 장갑차들이 이 쿠데타를 지원했다. 볼셰비키들은 권력을 빼앗겼지만 체포되지는 않았다.

이즈음 카스피해 동쪽 연안에서는 독일군이 볼셰비키와 협력하여 크라스노보츠크Krasnovodsk(지금의 투르크메니스탄 투르크멘바시) 항구에서 투르키스탄Turkestan(중앙아시아를 일컫는 말-옮긴이)에서 생산된 면을 전부 사재기하고 있었다. 영국군 정보장교 레지널드 티그-존스Reginald Teague-Jones 대위는 일부 지역 주민의 도움으로 사재기한 면의 반출을 막아냈다. 티그-존스는 면을 실은 선박에 암호로 가짜 전보를 보내 면 뭉치를 내리라고 지시하고 빈 선박을 아스트라한Astrakhan에 돌려보냈다. 그러고

나서 즉시 송신기를 파괴해 명령 철회를 방지했다.[14]

아랄해 너머 더 동쪽에서는 우랄산맥 남쪽에서 벌어진 전투로 고립된 우즈베크Uzbek인과 키르기즈Kirghiz인이 크게 고통을 받았다. 이르쿠츠크 총영사 해리스는 한 보좌관에게서 들었다. "빈곤한 원주민들은 살아남기 위해 고양이와 개를 먹는 지경에 이르렀다. 브레스트-리토프스크 조약 후 볼셰비키가 풀어준 독일군과 오스트리아군 포로도 굶주렸다. 식량난이 심각해 시르다리야Syr-Daraya사막의 키르기즈인 유목민은 타슈켄트에서 노예 매매를 시작했다. 무려 열다섯 명의 소녀들이 매매를 위해 전시된 것을 보았다. 한 명은 1500루블에 팔렸다."[15] 소녀들은 한 입이라도 덜려는 가족들이 판 듯하다.

영국군이 카스피해 서부 연안에 모이면서 바그다드 총사령부는 영국 해군이 카스피해에 개입해야 할지 고민했다. 총사령부는 해군에 4인치 포로 무장한 플라이Fly급 포함을 분해해 육로로 수송할 수 있는지 물었지만, 이 방안을 포기하고 대신 대포만 가져가 선박에 싣는 방안을 고려했다. 하지만 낙타 한 마리당 옮길 수 있는 4.7인치 포탄이 여덟 개밖에 되지 않아 낙타 행렬로 탄약을 재보급하는 데 한계가 있었다. 7월, 영국군은 무장상선 순양함을 만들고 엔젤리에 수상비행기 기지를 설립하기로 했다. 던스터 부대가 오스만 제국군과 독일군으로부터 바쿠의 유전을 보호하면서 "타국의 제해권을 허용하지 않는 것"[16]이 목표였다.

7월 말 데이비드 노리스David Norris 해군 준장은 티그리스Tigris강의 영국 해군 전단의 장교들과 수병들을 데리고 바그다드를 떠났다. 그의 타수인 딕커슨Dickason 부사관은 스콧Scott의 남극 탐험대 출신이었다. 봄베이Bombay(지금의 인도 뭄바이)에서 바스라로 트럭에 실어 보내는 대포가 뒤따를 예정이었다. 노리스는 카즈빈Kasvin에서 던스터빌 장군과 탐험가 거트루드 벨Gertrude Bell을 만났다.

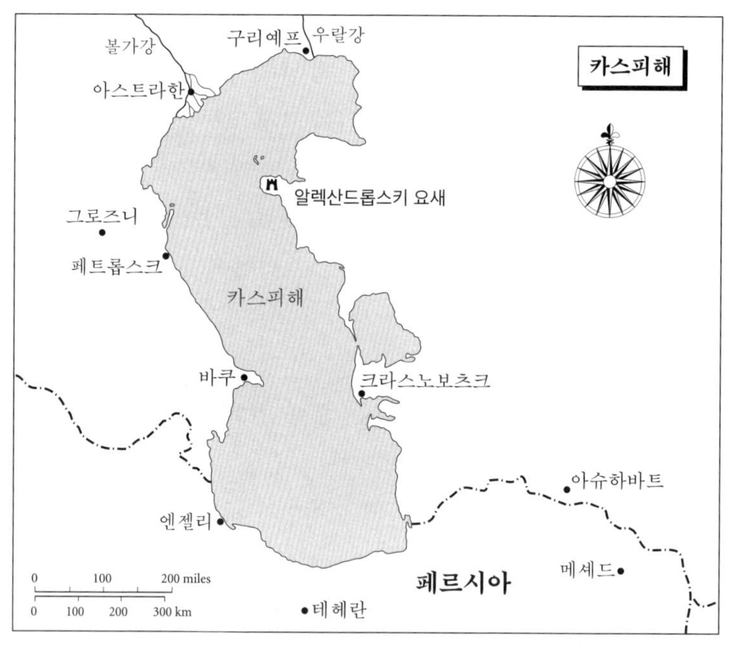

7월 26일 타타르 부족의 합류로 병력을 약 1만 4천 명까지 강화한 오스만 제국군은 바쿠반도를 에워쌌다. 닷새 후 오스만 제국군이 다시 진군하면서 마을은 공포에 질렸다. 아르메니아군은 대부분 도주했고 카자크군이 남아서 전선을 지켰다. 바쿠에 있는 아르메니아인 수천 명이 오스만 제국군의 보복이 두려워 증기선에 타려고 싸우는 것을 본 비체라호프는 자기 병사들만으로는 승산이 없다는 것을 깨달았다. 비체라호프도 퇴각을 준비했는데, 예상치 않게 상황이 호전되었다.

볼셰비키는 야포를 부두로 철수시켜 아스트라한으로 보내려 했는데, 그때 정치위원 그리고리 페트로프Grigory Petrov는 적의 부대가 마을을 향해 진군해 오고 있다는 경고를 받았다. 변덕스러운 페트로프는 계획을 바꾸었다. 병사들에게 야포를 배에 싣지 말고 포격하라고 지시했다. 결과는 놀라웠다. 오스만 제국군은 꽁무니를 빼고 달아났다. 비체라호프는 카자크 병사들을 모아 후퇴하는 적을 쫓았다.

일주일도 되기 전에 던스터빌의 선발대가 바쿠에 도착했다. 영연방 자치령과 영국의 장교와 부사관은 주로 아르메니아인으로 이루어진 적위대를 병력이 두 배인 적에 맞서는 전투 부대로 만드는 데 공들였다. 그들은 참호에서 아르메니아 여인들을 발견하고 놀랐다. "여인들은 아무런 보호 없이 뒤에 남겨지기보다는 남편의 곁에서 운명에 맡기기로 했다."[17] 국경군 소총연대(인도 제국군 소속으로 대부분 시크 병사로 이루어졌다.-옮긴이)의 윌리엄 리스-로스William Leith-Ross 대위는 기록했다. 이 여인들은 여러 번 남자들보다 훨씬 용감한 모습을 보였다. "이 도시는 여기 거주하는 러시아인, 타타르인, 아르메니아인의 특성이 섞인 기묘한 혼합체다." 한 해군 장교가 기록했다. "만들다 만 도시 같다. 런던의 스트랜드가에 못지않은 건물 옆으로 가축우리 같은 집들이 죽 늘어서 있다."[18]

제39보병여단의 지원 부대가 도착하면서 던스터 부대의 병력은 1천 명 가까이로 증원되었다. 증원 병력은 아르메니아 부대를 보강했다. 스테판 샤우먄과 페트로프를 포함한 볼셰비키 지도부는 어느 날 밤 선박 여러 척을 타고 아스트라한으로 도주하려 했지만, 무장증기선 아스타라바드Astarabad가 그들을 가로막고 최후통첩을 보냈다. 회신이 없자, 아스타라바드는 발포했고 한 선박에 명중했다. 선단은 바쿠로 돌아갔다. 부둣가에서 배를 수색하자 전리품과 함께 절실히 필요한 총기와 탄약이 가득 쌓여 있었다. 이번에는 대부분의 볼셰비키 지도부가 투옥되었는데, 무슨 이유에선지 미코얀은 예외였다.

8월 17일 던스터빌 소장은 한 달 후 영국군 카스피해 전단의 기함이 되는 무장증기선 크루거Kruger를 타고 바쿠의 항구에 입항했다. 던스터빌은 전통적인 러시아의 흰색, 푸른색, 붉은색 삼색기를 높이 달았다. 하지만 데니킨 장군이 이끄는 백군이 이 삼색기를 사용하고 있어 반혁명기로 보일 수도 있다는 지적에 던스터빌은 붉은색이 위로 가도록 거꾸로 달았다. 당시 그는 아무에게도 거꾸로 달린 깃발이 세르비아 국기가 되었다고 말하지 않았다. 던스터빌은 자신이 처한 모순적인 상황을 즐기고 있었다. 그는 이렇게 기록했다. "이제까지 영국군 선박이 가른 적이 없는 유일한 바다 카스피해에서 (옛) 적인 남아프리카 대통령의 이름을 딴 배를 타고 페르시아 항구를 떠나 세르비아 국기를 달고 혁명 러시아 마을에 있는 수많은 아르메니아인을 오스만 제국군으로부터 구하러 가는 영국 장군."[19]

9월 1일 일요일, 던스터빌은 바쿠를 통치하는 중부 카스피해 위원회Centro-Caspian Committee에 말했다. "아르메니아인들이 더 방어에 진력하고, 더 용기를 보이지 않으면, 오스만 제국군이 언제고 이 도시에 들이닥칠 겁니다. … 그리고 주민들이 도시를 지킬 의지나 능력이 없다면, 타협이 최선이고 영국군은 떠날 겁니다."[20] 위원회는 던스터빌의 비판에 불쾌해했다. 그들은 영국군의 잘못이 틀림없다고 우기려 했는데, "아르메니아인들은 용자 중에 용자"였기 때문이다.

9월 14일 전투 6주차가 막 지났을 때 던스터 부대는 급히 편성한 대대를 결집시키려 애썼지만, 타타르와 연합한 오스만 제국군이 마침내 바쿠의 방어선을 무너뜨렸다. 병력의 5분의 1에 해당하는 총 180명이 전투에서 사망했다. 던스터빌 장군은 항구가 직접 포격을 받게 되면 병사들을 탈출시키라는 지시를 받았다. 이에 따라 던스터빌의 참모가 노스스태퍼드셔 연대 제7대대에서 파견된 후위대 뒤에서 수천 명의 아르메니아 피난민을 이끌고 철수해 배를 타고 엔젤리로 대피했다.

혼돈 속에서 미코얀이 이끄는 아르메니아 병사들이 바쿠에 포로로 잡혀 있던 볼셰비키 정치위원들을 제때 풀어주었다. 그들은 증기선 투르크멘Turkmen을 타고 선장에게 공산당 본거지인 아스트라한을 향해 북쪽으로 항해하라고 말했지만, 체포될 것을 우려한 선장은 아무 말 없이 자카스피의 크라스노보츠크를 향해 동쪽으로 항로를 잡았다. 이 결정은 악명 높은 '정치위원 26명'의 학살로 이어졌는데, 이들 중 두 명은 레닌의 친구였다. 이 학살이 '영국의 전쟁 범죄'라는 모스크바의 비난은 터무니없지만, 이후 오랜 시간 동안 공산당은 이것을 전적으로 믿었다.

바쿠 약탈 중 끔찍한 강간과 살인이 벌어졌다. 티그-존스 대위는 일기에 썼다. "오스만 제국군과 타타르군은 무방비 상태의 마을에 들어섰다. 그리고 그들의 야만성을 가련한 아르메니아 주민들에게 발휘했다. … 남자, 여자, 아이를 가리지 않았다."[21] 대학살의 피해자는 5천 명에서 2만 명까지 다양하게 추정되지만 실제로는 7천 명에 가까울 것으로 보인다. 타타르인은 복수심에 불탔다. 그해 초 바쿠의 아르메니아군은 무슬림 타타르인 대부분을 학살했고, 튀르키예인들은 그들에게 정확히 세 배로 돌려줄 수 있다고 말했다. 한편 비체라호프가 이끄는 카자크는 해안을 따라 북쪽의 페트롭스크Petrovsk(지금의 다게스탄 공화국의 수도 마하치칼라)로 도주해 선박 대부분을 모으는 데 성공했다.

대부분의 고위 장교를 좋아하지 않았던 티그-존스 대위는 바쿠에서의 패배에도 불구하고 던스터빌과 그의 병사들이 수적으로 훨씬 우세한 부대에 대항해 가능한 한 오래 버텨낸 것에 최고의 찬사를 보냈다. 그들은 병력에 비해 너무 과중한 임무를 떠맡았다.

바쿠에서 오스만 제국군의 승리는 어쨌든 오래가지 않았다. 일주일 후 앨런비Allenby 장군이 팔레스타인의 메기도Megiddo에서 대승을 거두면서 오스만 제국군의 유전 확보를 막았고, 그로부터 한 달 뒤 중동에서의 전쟁은 휴전으로 끝났다. 바쿠에서 오스만 제국군이 떠나자 지역 지도자들은 다시 영국군에 도움을 요청했다. 곧 제27인도 사단이 유전을 지키기 위해 바쿠에 기지를 두었고, 급조한 군함들이 아스트라한 인근 볼가강 하구에 기지를 둔 적군赤軍 전단과 싸우러 나설 때는 영국 해군의 군함기가 높이 걸렸다.

16

체코 군단과 좌파 사회혁명당의 반란 1918년 5-7월

1월 페트로그라드에서 볼셰비키가 제헌의회를 해산한 후 우파 사회혁명당은 동쪽, 특히 볼가강 유역의 자신들의 본거지로 떠났다. 그들은 농민들이 우파 사회혁명당에 투표하기는 했지만, 봉기를 일으킬 생각은 없는 걸 알고 실망했다. 5월 초 시베리아 횡단철도를 따라 체코 군단이 이동하면서 비로소 세력 균형이 공산당에 불리하게 변화하기 시작했다.

5월 14일 우랄산맥 부근의 첼랴빈스크Chelyabinsk에서는 헝가리군 전쟁포로와 체코군 사이에 험악한 충돌이 일어나 사망자가 여럿 발생했다. 독일군과 오스트리아-헝가리군의 전쟁포로들은 분노했는데, 브레스트-리토프스크 조약에 이어 자신들도 고향으로 돌아가야 한다고 생각했기 때문이다. 그리고 시베리아 횡단철도 전체에 걸쳐 열차에 타고 있는 체코인들이 자신들의 귀환을 막고 있는 듯했다. 체코군 몇 명이 첼랴빈스크 소비에트에 의해 체포되었지만, 체포된 병사들의 전우들이 총으로 위협해 풀어주고 도시를 장악했다.

트로츠키는 격분했다. 먼저 모스크바에 있는 체코슬로바키아 국민회의Czechoslovak National Council 대표단을 체포하라고 명령하고, 열차에 탄 체코 군단을 멈춰 세우라고 지시했다. 체코 군단은 적군赤軍에 합류하거나 노동 부대에 징집되어야 한다는 명령이 떨어졌다. 5월 22일 체코 군단은 무장해제 요구를 거부했다. 트로츠키는 5월 25일 결정적인 전보를 보냈다. "철로상의 모든 소비에트는 체코 군단을 무장해제시키지 못하면 중대한 책임을 지게 될 것이다. 철로에서 무기를 소지한 체코군이 발견되면 즉결 처형하라. 무기를 소지한 자가 한 명이라도 있으면 부대 전체를 객차에서 하차시키고, 무기 소지자는 포로수용소에 수감하라. 지역 군사 인민위원회는 이 명령을 즉시 시행하라. … 폭도들에게 교훈을 주기 위해 신뢰할 수 있는 부대가 체코 부대를 뒤쫓게 할 것이다. 무기를 내려놓는 체코군은 형제로 대할 것이다. 트로츠키."[1] 체코군은 이제 막다른 골목에 몰렸다. 그들은 트로츠키가 말하는 형제애를 믿지 않았다.*

트로츠키가 전보를 보낸 다음 날 시베리아 중부의 노보니콜라옙스크Novonikolaevsk(지금의 노보시비르스크)를 시작으로 시베리아 횡단철도가 지나는 도시들이 차례차례 체코 군단에 함락되었다. 5월 말에는 공산주의자들이 볼가강 서안의 펜자Penza, 볼가강 유역의 시즈란Syzran, 시베리아 서부의 톰스크에서 쫓겨났다.

철도 전보 덕분에 소문은 삽시간에 퍼졌고 우파 사회혁명당과 장교들의 무리들도 협력을 도모하려 체코 군단에 접촉하기 시작했다. 체코 군단의 반란 소식을 들은 모스크바와 페트로그라드의 많은 우파 사회혁명당원과 반볼셰비키파는 수립될 수 있는 어떤 정부에든 참여하려 볼가강 유역과 우랄산맥으로 향하기도 했다.

서쪽에서 체코 군단을 태우고 달려온 열차 두 대가 첼랴빈스크와 옴스크Omsk 사이에 있는 조용한 마을 쿠르간Kurgan에 도착했다. "키가 크고 잘생긴 젊은 병사들이 거리에 나타났다. 단정한 회색 외투를 입고 붉은색과 흰색 띠로 장식된 모자를 쓴 그들은 허름하고 지저분한 제복을 입은 소비에트의 보안 부대와 극명하게 대조되었다." 반볼셰비키의 기록이다. 공산주의자들을 몰아내고 싶어 하는 지역민들 120여 명이 즉시 체코군에 접근했다. 체코군은 그들에게 무기를 주었다. "우리는 15명에서 20명 단위로 무리를 나누어 적군赤軍의 진지로 빠르게 진격하기 시작했

* 1년이 더 지난 후 미국 "영사는 매우 상세하게" 워싱턴에 있는 랜싱에게 다음과 같이 보고했다. "독일 정부는 대사 미르바흐를 통해 트로츠키에게 체코 군단을 무장해제시키라고 촉구해 위기를 앞당겼다."[2]

다. 토볼Tobol강 위의 철교와 이미 적군赤軍에게 호의적이지 않은 이들을 꽤 많이 모아둔 감옥을 방어하는 병사들을 제외하면, 불의의 습격을 받은 적군赤軍의 저항은 크지 않았다."[3]

볼가강 유역에서 해방되어야 하는 가장 중요한 도시는 사마라였다. "펜자와 시즈란에서 체코 군단이 개입했다는 소식이 빛의 속도로 퍼졌다." 저명한 사회혁명당원 야코프 드보르제츠Yakov Dvorzhets는 기록했다. 체코 군단은 6월 8일 오전 5시에 진군해 들어왔다. 그들은 곧 자신들이 지목한 공산당원들을 모두 사살했다. 드보르제츠는 기록했다. "도시 곳곳에 시체가 널려 있었다. 잘 알려진 볼셰비키의 시체들이 성당 정원에 놓여 있었다. … 누군가 이 잔혹 행위를 끝내야 했다. 기진맥진한 채로 사령부로 갔더니 체코군은 체코 지도부와 교신하고 있었다."[4] 첫날부터 반동 장교들과 철도 노동자들의 전폭적인 지지를 받는 반군주제 우파 사회혁명당 사이의 심각한 분열이 명백하게 드러났다. 우파 사회혁명당의 구호는 "제헌의회의 이름으로 볼셰비키를 몰아내자!"였다. 더 반동적인 장교들은 민주주의를 전혀 믿지 않았고 그저 군사 독재를 원했다.

사마라의 두마 밖에서 드보르제츠는 장교들과 부유한 시민들이 해방을 축하하며 적군赤軍이 차르 알렉산드르 2세의 동상에 둘러친 판자를 뜯어내는 것을 보았다. 군중은 "우라!" 하고 함성을 질렀다. 포로로 잡힌 볼셰비키가 두마로 끌려갈 때 드보르제츠는 그들에게 쏟아지는 위협과 욕설을 들으며 포로들이 폭행당하지 않을까 우려했다. "나는 문을 열고 체코 병사들에게 포로들을 안으로 호송하라고 지시하고, 계단 맨 위에서서 우리가 법과 질서를 수립하고 있는 이 순간 도를 넘는 행위는 허용되지 않는다고 군중에게 연설했다."[5] 이 연설은 반동주의자들에게는 잘 먹히지 않았는데, 그 이유 중 하나는 드보르제츠가 유대인이었기 때문이다.

"지빈Zybin 중위가 이끄는 장교 무리가 홀에서 나를 둘러쌌다. 무슨 이유에선지 그가 지휘관으로 선임되었다는 것을 알게 되었다. 지빈은 위협적인 큰 목소리로 내게 왜 연설했는지 설명하라고 했다. 그리고 이제 여기는 유대인 놈들을 위한 곳이 아니라고 귀띔했다. 나는 충격과 분노에 휩싸여 우파 사회혁명당의 고위 당원이자 위원회의 위원으로서 그가 끼어들게 내버려 두지 않겠다고 큰 소리로 선언했다. 지빈은 그들이 아닌 나에게 발언권이 있다는 것을 알아야 했다. … 이 일을 계기로 장교들을 신뢰해선 안 된다는 것을 확신하게 되었다."[6]

우파 사회혁명당은 사마라에 제헌의회 의원위원회Committee of Members of the Constituent Assembly(약칭은 Komitet chlenov Uchreditelnogo sobra-niya를 줄인 코무치Komuch)라는 이름의 정부를 설립했다. 하지만 드보르제츠가 우려한 대로 군부가 곧 정부를 장악했다. 드보르제츠는 군인들의 화려한 제복과 제헌의회 의원위원회 대표들의 "허름한 윗옷과 무릎이 늘어난 바지"의 대조가 의미심장하다는 것을 발견했다. "쿠데타 바로 다음 날, 장교들은 제국군의 정복에 훈장과 견장을 달고 정모를 쓰고 거리에 나타났다."[7]

6월 10일, 또 다른 장교 무리가 나타나 고작 350명의 병사로 '인민군People's Army'의 모태를 창설하기 시작했다. 이 중에는 제헌의회 의원평의회에 그들의 계획이 무엇인지 알리지 않으려 하는 갈킨Galkin 대령이라는 수상쩍은 모사꾼도 있었지만, 내전에서 가장 인상적인 지도자 중 한 명인 블라디미르 카펠Vladimir Kappel 대령도 있었다. 드보르제츠에 의하면, 인민군에서 "일반 병사들은 지휘관들에게 분노했다. 징집병뿐 아니라 많은 자원병도 마찬가지였다. 많은 이들이 적군赤軍과 볼셰비키에게 동조했는데, 장교들이 태형을 재도입했기 때문이었다".

카펠은 다른 장교들과는 완전히 달랐다. 겸손하고 기꺼이 위험을 무릅쓰고 뛰어들어 병사들이 진심으로 따르는 극소수의 백군 지휘관 중 하나였다. 빈곤한 젊은 기병장교였던 카펠은 주의회 의원이 딸과의 결혼을 허락하지 않자 연인 올가Olga와 달아났다. 카펠의 장인은 곧 자신의 실수를 인정했다. 제1차 세계대전 중 젊은 장교였던 카펠은 빠르게 승진했고, 참모 대위로 복무하며 많은 전략을 배워 전선으로 돌아와 이를 활용해 좋은 결과를 끌어냈다. 카펠은 심리전에 탁월했고, 이는 그의 이름을 따 카펠렙치Kappelevtsy로 알려졌다. 예를 들면, 카펠은 발포 없이 적에게 조용히 진격하는 것이 상대를 훨씬 불안하게 만들어 효과적이라고 생각했다. 1919년 시베리아에서 장군이 되었을 때도, 카펠은 여전히 소총 하나만 들고 병사들과 같은 식사를 했다.

제헌의회 의원위원회는 당연히 러시아 전역의 반볼셰비키 단체들에 관한 정보를 얻고 그들과 연합하기를 열망했다. 오렌부르크 카자크의 아타만 두토프가 방문하자 군부는 그를 환영하며 역에서 열병식을 하고 사령부에서 경축 만찬을 대접했다. "인민군 사령부는 이것이 '볼셰비키에 대항한 용맹한 전사'를 위한 그들의 신성한 의무라고 생각했지만", 드보르제츠는 그들이 두토프가 "나폴레옹 같은 미래의 독재자"가 되어주길 바라고 있다고 의심했다. 사실 오렌부르크 정부의 수장으로 선출된 두토프는 카자크 지도자 중 아마도 가장 덜 잔혹한 인물이었다. 모습을 드러낸 두토프는 "은색 대령의 견장을 단 푸른색 초하chokha(카자크 전통의상-옮긴이)를 입은 작고 통통한 인물로 카자크의 기병도를 들고 고개를 숙인 채 눈썹 아래 분노에 찬 눈을 치켜뜨고 있었다". 두토프의 첫 요구는 돈과 무기였다. "두토프는 자신과 동료 카자크가 한 모든 일이 제헌의회를 위한 것이고, 카자크야말로 혁명의 진정한 수호자라고 주장했다."[8]

가장 먼저 블라디보스토크에 도착한 1만 2천 명의 체코군은 러시아 장군 미하일 디테리흐스Mikhail Diterikhs의 지휘를 따르기로 했다.[9] 그들은 연합국이 블라디보스토크 외곽에서 버린 포병대의 탄약을 적군赤軍이 획득해 라돌라 가이다Radola Gajda 장군이 이끄는 체코 부대를 공격하는 데

사용하고 있다고 주장했다.

연합국의 병력 보강에도 속도가 붙었다. 총 3개 일본 사단과 마닐라에서 파견된 2개 미국 보병연대, 인도차이나에서 파견된 프랑스의 1개 식민지 대대, 2개 영국 부대(홍콩에서 파견된 미들섹스 연대 제25대대와 퀘타에서 파견된 햄프셔 연대 제9대대)가 상륙했다. 캐나다 여단이 뒤를 이었다. 반볼셰비키 군대가 극동 지방에 모여들자 만주 횡단철도(동청철도로도 불린다.-옮긴이)를 책임지는 하얼빈Harbin의 드미트리 호르바트Dmitry Horvat 장군은 용기를 얻었다. 호르바트는 우수리Ussuri 카자크의 아타만 이반 칼미코프Ivan Kalmykov의 지지를 받아 자신이 또 다른 '전全 러시아 임시정부Provisional All-Russia Government'의 수장이라고 선언했다. 이 정부는 표트르 데르베르Pyotr Derber라는 사회혁명당원이 이끄는 이른바 '시베리아 임시정부'와 경쟁했다.

연합군은 비밀리에 쿠데타를 일으켜 블라디보스토크를 장악했다. 체코 군단이 블라디보스토크에 모여드는 한편 시베리아 횡단철도를 따라 볼셰비키에 대항해 작전을 벌이자 연합국 대표들은 블라디보스토크의 소비에트 정부를 제거했다. 6월 29일 단 몇 시간 만에 끝난 전투에서 "체코 군단은 블라디보스토크에서 탈출하지 못한 소비에트 간부들이 숨어 있는 본부를 습격했다".[10] 일주일 후 "연합국은 오스트리아와 독일의 전쟁포로, 첩자, 밀사가 블라디보스토크와 여기 모인 연합국 부대에 끼치는 위협 때문에 블라디보스토크를 자신들의 보호 아래 두기로 했다고 선언했다". 실제로는 어떤 위협도 없었기 때문에 허튼수작이 분명했다. 연합국은 이 선언에서 작전의 진짜 표적인 볼셰비키를 전혀 언급하지 않았다.

칼미코프의 카자크군은 디테리흐스 장군이 이끄는 체코군에 합류했다. 그들은 함께 블라디보스토크 지역에 남은 적군赤軍을 몰아내고 서쪽으로 계속 진격해 이르쿠츠크에 접근 중인 가이다의 군대에 합류했다.

체코군 제복을 입은 디테리흐스는 신앙심이 매우 깊어 자신의 사령부 열차에 성상과 촛불을 둔 자신만의 예배당을 두었다. 영국군 연락장교 레오 스테베니Leo Steveni 소령은 자기 객차가 디테리흐스 장군의 객차와 연결되어 임무도 신앙생활도 그와 함께했다.

바이칼호 남서단에 인접한 시베리아의 대도시 이르쿠츠크의 공산주의자들은 체코군이 양쪽에서 다가오자 불안에 떨었다. 믿을 만한 부대는 헝가리인 전쟁포로로 구성된 1개 대대뿐이었다. "지역 주민들은 그들의 주둔을 매우 언짢아했다. 주민들은 옛 전쟁포로들이 도시의 주인 행세를 하는 것을 견딜 수 없었다."[11]

이르쿠츠크는 치타에 거점을 둔 아타만 세묘노프를 공격하기 위한 적군赤軍의 기지이기도 했다. "이르쿠츠크의 볼셰비키는 아타만이 만주에서 성공적으로 공격을 개시하고 자바이칼 철도의 보르자Borzya역을 장악하자 깜짝 놀랐다. 당시 볼셰비키 신문은 '고개를 든 반혁명의 히드라'에 관한 기사로 가득했다. 그들은 금세 겁에 질려 허둥지둥했고 … 서쪽에서 오는 열차를 전부 수색해 승객을 모두 확인했다. 차르와 황태자가 토볼스크의 유배지에서 도망쳐 극동으로 향하고 있다는 소문이 돌았다."[12]

이르쿠츠크에서 장교들의 비밀 조직이 6월 14일 쿠데타를 시도했다. 그들이 도시 남쪽 끝에 있는 철교를 공격하는 척하며 주의를 끄는 동안 다른 무리가 북쪽의 감옥을 장악해 러시아 장교 100명과 정치범을 석방했다. "공장에서 노동자들의 무장을 요구하는 사이렌이 울렸지만, 백군 무리가 나타나자마자 모두 무장해제당했다."[13] 하지만 볼셰비키가 기관총을 실은 자동차를 이용해 반격하고 헝가리인과 독일인 전쟁포로가 합류하면서 반란은 실패했다. 이 반란을 진압한 후 볼셰비키는 식량을 몰수하기 시작했다. 독일인과 오스트리아인 전쟁포로를 위해 덴마크가 제공한 식량도 몰수되었다. 덴마크 부영사는 격렬히 항의했지만, 포로수용소에 남은 이들은 이제 볼셰비키 적위대에 합류하기를 거부해 굶

라돌라 가이다 장군

주리도록 버려진 포로들뿐이었다.

7월 11일 가이다의 체코군과 카자크군 부대는 사실상 저항 없이 이르쿠츠크를 점령했다. "주로 독일군과 오스트리아군 제복을 입은 무장한 전쟁포로로 구성된"[14] 적위대는 전날 도시를 약탈하고 이르쿠트Irkut강 위에 놓인 다리를 폭파한 뒤 도시를 떠났다. 라돌라 가이다는 신생 체코 군단의 제복을 입고 있었지만, 오스트리아-헝가리 제국 내 여러 민족이 섞인 혈통을 이어받았다. 달마티아 왕국에서 프란츠 요제프Franz Josef 황제의 오스트리아-헝가리 이중제국의 장교의 아들인 루돌프 가이들Rudolf

Geidl로 태어나 아버지의 뒤를 이어 군인이 되었고, 1915년 보스니아에서 포로로 잡혔다. 가이다는 즉시 편을 바꿔 몬테네그로군에 대위로 합류했다. 1년 후 몬테네그로군이 무너지자 러시아로 도주해 세르비아 대대에 들어갔다. 세르비아 대대마저 무너지자 가이다는 3년 사이 네 번째 군대인 체코 군단의 장교가 되었다. 빠르게 진급한 가이다는 우수한 지휘관이었지만 전쟁 후 그의 파시즘 찬양이 보여주듯 민주주의자는 아니었다.

당시 반볼셰비키파에게 가장 큰 재앙은 7월 6일 모스크바 북동쪽 볼가강 상류에 위치한 야로슬라블에서 보리스 사빈코프가 일으킨 봉기였다.[15] 야로슬라블은 이미 전해에 볼셰비키에 저항했고 최근에는 모스크바에서 많은 수의 장교가 몰려왔다. 그들은 근처의 리빈스크Rybinsk와 코스트로마Kostroma에서 일어난 봉기와 힘을 합할 수 있었지만, 체코 군단의 지원을 받기에는 너무 북쪽이었다. 사빈코프가 이끄는 '조국과 자유 수호 연합Union for the Defence of the Motherland and Freedom'도 곧 아르한겔스크에 상륙 예정인 프랑스군의 지원을 바라고 있었다. 사빈코프는 비밀리에 로버트 브루스 록하트와 접촉하여 그의 조직이 연합국의 개입이 시작되는 즉시 볼셰비키 지도부를 살해할 준비가 되어 있다고 말했지만, 프랑스는 사빈코프가 먼저 행동에 나서기를 바랐다. 브루스 록하트는 이 모든 상황을 런던에 보고했다. "(사빈코프는) 기근으로 인한 주민들의 불만 때문에 반란이 성공할 것이라고 생각한다. 그는 모든 정부 간에 자유무역을 선언하고 인기 없는 빵 전매를 없애 농민들의 지지를 얻자고 제안한다. 그의 농업 정책은 농민들에게 땅을 주고 지주들에게 보상을 주는 것이다."[16]

약 6천 명의 병사가 알렉산드르 페르후로프Aleksandr Perkhurov 대령[17]이 이끄는 7월 봉기에 자원하여 합류했지만, 무기를 지급받은 것은 1천여 명뿐이었다. 철도 노동자들이 작업장에서 장갑열차를 제작했지만, 라트비아인 체카 요원 마르틴 라치스가 훨씬 강력한 장갑열차를 가져와 도시를 포격하고 불을 질렀다. 겨우 두 주간의 전투가 불러온 파괴는 무시무시했다. 물 공급이 끊기자 방어군은 절망에 빠졌다. 공산당 지도부는 이 기회를 본보기로 삼으려 했다. 7월 21일 반란군은 보복이 없을 거라는 확약을 받고 독일 전쟁포로 위원회의 발크Balk 중령에게 투항했으나, 후에 체카가 자랑했듯 살아남은 자는 거의 없었다.

이번에는 수도 훨씬 가까이에서 또 다른 반란이 일어나 크렘린을 놀라게 했다.

좌파 사회혁명당이 브레스트-리토프스크 조약에 항의하여 인민위원평의회를 떠난 후 레닌은 이상할 정도로 조금도 동요하지 않았다. 레닌은 의례적인 행위에 불과하다고 생각했고, 많은 좌파 사회혁명당원이 여전히 주요 요직에 남아 있었다. 1월 키예프를 점령한 후 독일군이 들이닥치기 전 오데사를 점령한 무라비요프는 볼가강 유역의 동부집단군의 총사령관이 되었다. 랴잔Riazan의 농민이었다가 제르진스키의 부관이 된 서른세 살의 표트르 '뱌체슬라프' 알렉산드로비치는 분노하는 기색이 전혀 없었고, 좌파 사회혁명당원 다수가 체카, 특히 체카의 준군사 전투부서에 여전히 남아 있었다.

하지만 많은 좌파 사회혁명당원의 분노는 갈수록 커졌는데, 독일의 점령 때문만은 아니었다. 그들은 레닌의 오만한 독재, 적의 처형, 공산당 식량 징발대가 농민의 곡물을 몰수할 때 보이는 잔혹성에 반대했다. 좌파 사회혁명당의 수장 마리야 스피리도노바Maria Spiridonova는 작고 연약할지 몰라도 강철 같은 의지가 있었다. 스피리도노바는 지난 10월 자신들이 권력을 얻도록 도운 현 정권이 그들이 타도한 케렌스키의 정부보다 더 나쁘다고 생각했다. 좌파 사회혁명당은 인민위원평의회와 독일 제국

러시아의 여성 혁명가들. 후에 좌파 사회혁명당의 두려움을 모르는 수장이 되는 마리야 스피리도노바(가장 왼쪽)가 1907년 제정 러시아의 네르친스크Nerchinsk 감옥에서 다섯 명의 동지들과 사진을 찍었다.

주의자들의 협력을 깨뜨리고 필요하다면 전쟁을 촉발할 극적인 도발을 꾀했다. 하지만 자신들이 정권을 잡으려 하지는 않았다. 사실 그들은 이제 부하린의 좌익 반대파Left Opposition보다는 무정부주의자에 가까웠다. 이것은 19세기 러시아 제국군 장교들을 암살한 그들의 정치적 뿌리 나로드니키Narodnik로의 회귀였다. 그들의 목표는 모스크바 주재 독일 대사 폰 미르바흐 백작이었다.

체카는 이 계획을 전혀 눈치 채지 못했는데, 암살을 수행할 세 명이 체카 소속 좌파 사회혁명당원이었기 때문이다. 제5차 소비에트 대회가 유명한 볼쇼이 극장에서 열렸을 때, 무대 위에는 〈보리스 고두노프〉(푸시킨의 희곡을 원작으로 한 무소륵스키의 오페라-옮긴이)의 한 장면의 세트가 여전히 설치되어 있었다. 오케스트라석을 가득 채운 기자들은 레닌이 말하면서 무대 조명을 따라서 오가며 "때로는 바지 주머니 깊숙이 손을 넣고,

때로는 양손으로 검은색 조끼의 암홀을 붙잡는 것"[18]을 지켜보았다.

폰 미르바흐 백작은 측면의 박스석에 참관인으로 자리했다. 큰 키에 머리가 벗겨진 그는 콧수염과 지나치게 높고 빳빳한 옷깃 때문에 거만해 보였다. 좌파 사회혁명당원 캄코프Kamkov가 독일군이 우크라이나에서 농민 반란을 진압한 것을 비난하자 미르바흐는 신문을 집어 들고 읽는 척을 했다. 캄코프는 미르바흐가 자리한 박스석 쪽으로 걸어가 독일 점령에 대항해 전쟁을 벌일 것을 요구했다. "우크라이나 반란 만세! 독일 점령 반대! 미르바흐 타도!"[19] 자리한 좌파 사회혁명당원 모두가 일어서 소리 지르고 환호하며 공중에 주먹을 휘둘렀다. 아수라장 속에서 미르바흐는 자리에서 일어나 박스석 앞의 황동 난간에 신문을 내려놓고 보란 듯이 느긋하게 떠났다.

트로츠키는 우크라이나의 노동자들이 독일 점령에 저항할 수 있도록 지원해 달라는 좌파 사회혁명당의 요청을 단호히 거부하고, 어떤 좌파 사회혁명당원이든 이것을 시도한다면, "선동가"[20]로 비난받을 것이라고 선언했다. 볼셰비키가 수를 써서 다수를 차지한 소비에트 대회는 "전쟁과 평화와 관련된 모든 문제는 인민위원평의회와 소비에트 중앙집행위원회가 단독으로 결정한다"[21]는 발의안을 통과시켰다. 좌파 사회혁명당은 바로 이것 때문에 자신들이 행동에 나설 수밖에 없었다고 주장했다.

다음 날인 7월 6일, 볼쇼이 극장은 이른 시간부터 꽉 찼다. 오케스트라석의 기자들은 들떠 있었다. 다들 어떤 식으로든 뭔가가 터질 것이라고 예상했지만, 놀랍게도 음모의 주모자 외에는 그게 무엇일지 아무도 예측하지 못했다. 개회는 계속해서 지연되었다. 아무도 무슨 일이 벌어지고 있는지 몰랐다. 좌파 사회혁명당 대표들은 수장 스피리도노바와 그녀의 측근들이 자리에 없다는 것을 알아챘다.

오후 2시 15분이 조금 지나 체카의 자동차 한 대가 독일 대사관 밖에 섰다. 좌파 사회혁명당원인 젊은 체카 요원 두 명 야코프 블륨킨Yakov

Bliumkin과 니콜라이 안드레예프Nikolai Andreev가 차에서 내렸다. 정문 바로 안에서 두 사람은 긴급히 대사를 만나야 한다고 말하고 좌파 사회혁명당 소속 체카 부위원장 알렉산드로비치가 작성하고 위조한 제르진스키의 서명이 있는 통행증을 꺼내 보였다. 미르바흐의 보좌관 리츨러는 현관에서 필요한 것이라면 무엇이든 자기가 대응할 수 있다고 말했지만, 그들은 대사의 친척이 체포되었다고 이야기하며 대사를 만나야 한다고 계속 주장했다. 미르바흐가 계단을 내려오자, 두 명의 암살자가 권총을 꺼내 총을 쏘기 시작했다. 암살자들은 너무 긴장한 나머지 가까운 거리에 있는 미르바흐와 리츨러 모두 맞추지 못했다. 미르바흐는 위층으로 달아났지만, 안드레예프가 그를 따라가 뒤통수에 총을 쏘았다. 그 후 그와 블륨킨은 창문에서 뛰어내려 정원에 착지했다. 두 사람은 보안벽을 타고 넘어가 기다리고 있는 운전사를 발견하고 무사히 빠져나갔다.

미르바흐가 사망하기 전, 총에 맞은 지 채 한 시간이 되지 않았을 때, 독일 대사관 소속 무관은 외무인민위원 치체린에게 사태를 알리기 위해 메트로폴 호텔로 달려갔다. 레닌은 크렘린에서 전화로 소식을 전해 들었다. 레닌의 비서 블라디미르 본치-브루예비치Vladimir Bonch-Bruevich에 따르면, "레닌의 얼굴은 창백해진 정도가 아니었다. 새하얗게 질렸다".[22]

암살로 충격을 받은 공산당 지도부는 조의를 표하러 대사관으로 향했다. 가장 먼저 라데크가 도착했고 치체린과 제르진스키가 뒤를 이었다. 레닌은 라트비아 호위대의 호위가 있어도 크렘린에서 나서고 싶지 않았지만, 리츨러가 강력히 레닌의 조문을 주장하자 이 상황에서 거절할 수 없었다. 리츨러에게서 좌파 사회혁명당원 체카 요원이 관련되었다는 이야기를 듣고 제르진스키는 곧바로 체카 전투 부서의 본부인 포크롭스키 병영으로 향했다. 좌파 사회혁명당 중앙위원회는 여기에 모여 있었다. 제르진스키의 갑작스러운 등장은 승산을 고려하면 무모한 행동이었지만, 제르진스키는 아랑곳하지 않고 즉시 암살자를 넘기지 않으면 그들

다수를 사살하겠다고 위협했다. 대신, 그는 볼쇼이 극장으로 출발한 스피리도노바의 신변 보호를 보장하기 위해 볼모로 잡혔다.

볼쇼이 극장에 도착하자마자 스피리도노바는 무대로 난입해 머리 위로 권총을 휘두르며 "반란 만세!"[23]를 외쳤다. 이 외침과 뒤이은 그녀의 두서없는 연설은 아무런 효과가 없었다. 라트비아인 소총병들이 곧 볼쇼이 극장을 포위해 좌파 사회혁명당원들을 안에 가두었기 때문이다. 그들이 이룬 것이라곤 전신국을 장악해 독일의 점령에 반대하는 자신들의 입장을 전 세계에 널리 알린 것뿐이었다.

권력 장악 의도가 전혀 없는 스피리도노바의 반란은 많은 사람이 아무 이유 없이 살해되고 희생되는 가장 쓸모없는 형태의 제스처 정치(개인이나 단체가 정치적 목적으로 대중의 관심을 끌려고 하지만 실질적인 효과는 거의 없는 행위-옮긴이)였다. 라트비아 소총연대장 이오아킴 바체티스Ioakim Vatsetis(라트비아어로는 유쿰스 바치에티스)의 주장대로, 좌파 사회혁명당은 쉽게 수도를 장악할 수도 있었다. 그들은 비밀리에 "화포 8문, 기관총 64정, 장갑차 4~6대"[24]로 무장한 병력 2천 여 명을 모았다. 주로 발트 함대 수병이었다. 반면 도시 내에 주둔하고 있던 바체티스의 군대는 그 절반도 되지 않았고, 거기에 쿤 벨러Kun Béla가 지휘하는 몇 안 되는 헝가리인 전쟁포로 부대가 있을 뿐이었다. 한편 모스크바 수비대는 좌파 사회혁명당에 맞서기를 꺼렸다. 전 법무인민위원 시타인베르크에 따르면 레닌은 라트비아 병사들이 모스크바를 지켜내지 못할까 봐 매우 불안해했다고 한다. 레닌은 바체티스를 불러 곧바로 물었다. "동지, 아침까지 버틸 수 있겠는가?"[25] 레닌은 이제 바체티스까지 의심했고 정치위원을 더 붙여 그를 감시해야 한다고 주장했다. 머리가 벗겨지고 대단히 성격이 거친 바체티스는 정치인도 반역자도 아니었지만, 어쩐지 레닌과 스탈린 모두의 불신을 샀다.

다음 날인 7월 7일 아침, 안개가 자욱한 가운데 라트비아 소총중대는 포크롭스키 병영 주변에 진을 쳤다.[26] 그들은 근처 포병훈련학교에서 야포 한 문을 300미터 이내 거리까지 끌고 왔다. 포수들은 17차례 발포했다. 한 방은 좌파 사회혁명당 중앙위원회의 회의실 바로 옆 방에서 폭발했다. 포격을 견뎌내며, 당 지도부는 명예롭게 투항할 수 있을 거라는 결론을 내렸다.

뒤이어 좌파 사회혁명당원들이 줄줄이 체포됐지만, 두 암살자는 발견되지 않았다. 10여 명이 처형되었고, 제르진스키는 신임하던 부위원장 알렉산드로비치를 직접 사살했다. 레닌은 심지어 제르진스키가 비밀리에 좌파 사회혁명당의 음모에 가담했다고 의심하기 시작했다. 체포자 일부는 체카 본부 건물 루뱐카Lubyanka로 끌려갔다. 빛이 거의 들지 않는 복도와 철컹거리는 철제 감옥 문은 거대한 함선의 내부 같았다. 수감자들은 루뱐카를 "죽음의 배"라고 불렀다. 루뱐카에는 철제 사다리를 타고 내려가야 하는 지하실도 있었는데, '기관실'로 알려진 이곳에서는 무릎을 꿇은 피해자의 후두부에 총을 쏘아 처형했다. 하지만 대체로 보복은 예상보다 훨씬 덜 잔인했다. 수많은 반란을 마주하고 있는 공산당이 좌파 사회혁명당 소속인 일반 사병들을 자극할까 우려했기 때문이다.

볼가강 전선의 적군赤軍 사령관 무라비요프는 즉시 좌파 사회혁명당에서 탈퇴했다. 다들 그를 의심했지만, 레닌은 그걸로 충분히 만족한 듯했다. 그저 적군赤軍이 계속 "그의 뛰어난 전투 능력을 활용할 수 있게"[27] 무라비요프를 주시하라고 정치위원들에게 지시했을 뿐이었다. 하지만 모스크바에서 스피리도노바의 반란이 진압된 지 고작 사흘 후인 7월 10일, 무라비요프와 그의 충성스러운 병사 1천여 명은 스피리도노바의 불운한 운명을 따랐다. 그들은 카잔에서 레닌의 출생지인 하류의 심비르스크Simbirsk(지금의 울리야놉스크)로 항해했다. 무라비요프는 독일과의 전쟁 재개를 요구하고 체코 군단에 참전을 요청했다. 하지만 그는 매복에 걸려 권총을 꺼내기도 전에 총에 맞아 쓰러졌다. "무라비요프가 자살했다고 보고되었다." 에번 모즐리Evan Mawdsley는 언급했다. "하지만 그의 시체에 다섯 발의 총상과 총검에 여러 차례 찔린 흔적이 있는 것으로 보아 자살일 가능성은 매우 낮아 보인다."[28] 레닌과 트로츠키는 즉시 볼가강 전선에 무라비요프를 대신할 사령관을 파견하기로 했다. 그들은 소비에트 정권을 구한 라트비아인 부대의 지휘관 바체티스를 임명했다.

스피리도노바의 모스크바 봉기가 실패했지만, 좌파 사회혁명당은 굴하지 않고 독일의 반발을 일으키기 위해 활동을 계속했다. 7월 30일 키예프에서 좌파 사회혁명당원 보리스 돈스코이Boris Donskoy는 나이 많은 프로이센의 육군 원수이자 우크라이나의 총사령관인 헤르만 폰 아이히호른을 폭탄으로 암살했다. 아이히호른은 공격적인 장군이라고 할 수 없었다. 그는 집무실에서 담배를 피우며 옛날 얘기하는 것을 즐겼다. 스베친에게 이렇게 한탄하기도 했다. "전쟁이 너무 많이 변해서 참 안타깝지 않나. 예전에는 군인들이 예복을 입고 전투에 나섰는데 말이네."[29]

좌파 사회혁명당은 해체되기 시작했지만, 나로드니키의 오랜 전통에 따른 테러 행위는 아이히호른 암살로 끝나지 않았다. 대부분은 공산당에 합류했지만, 그것도 미래의 스탈린의 편집증적 정권 아래서 그들의 안전을 보장해 주지는 못했다.

같은 달, 미르바흐와 아이히호른의 암살보다 훨씬 유명한 암살 사건이 일어났다. 4월의 마지막 날, 전 차르와 황후는 유럽과 아시아의 상징적 경계인 우랄산맥의 예카테린부르크에 도착했다. 이곳은 로마노프 체제 아래 죄수들이 시베리아 유배지까지 터덜터덜 고난의 길을 걷는 중 머무는 곳이기도 했다. 토볼스크에서 예카테린부르크로 가는 길에 황제 일가는 라스푸틴의 출생지 포크롭스코예Pokrovskoe를 지났다. 전 황후는 엄중한 감시 속에서도 라스푸틴의 집을 봐야겠다고 우기며 오랫동안 멈춰서 바라봤다. 라스푸틴의 가족들은 감히 밖으로 나가지 못하고 창가에서 그녀를 지켜봤다.

볼셰비키의 계획은 트로츠키가 주재하는 여론 조작용 재판을 위해 니콜라이와 알렉산드라를 토볼스크에서 모스크바로 데려오는 것이었지만, 그해 봄 제정복고 단체들이 구출을 계획하고 있다는 소문이 들려오는 것과 함께 갑자기 정권에 대한 내부 위협이 커졌다. 가장 큰 위협은 예카테린부르크에서 남쪽으로 200킬로미터 정도 떨어진 첼랴빈스크에서 5월 말 시작된 체코 군단의 반란이었다.

황제 부부와 그들의 아이들 다섯 명은 한 철도 기술자의 다소 음침한 집인 이파티예프Ipatiev 주택에 갇혀 있었다. 불길한 느낌을 주는 불특정 명칭인 '특수 용도 주택'으로 이름이 바뀐 이곳은 사방에 나무 울타리를 둘러 안팎에서 모두 시야를 차단한 임시 감옥이 되었다. 토볼스크에서 견딘 가택 연금과 비교하며 격분한 전 차르는 일기에 기록했다. "이건 명백한 수감이다!"[30] 그래도 실제 체카 감옥에 비하면 훨씬 안락했다. 각자 방이 있었고, 전 차르는 저녁 식사 아내와 딸들에게 책을 읽어주거나 다 같이 카드 게임을 하기도 했다. 이파티예프 주택에서 차르는 살티코프-셰드린의 풍자 소설을 발견했다. 그는 여덟 편을 연이어 읽고 너무 흥미롭게 즐긴 것에 스스로도 놀랐다. 니콜라이가 훨씬 어릴 때 이 소설들을 만나지 못한 것은 안타까운 일이었다.

봄의 햇살과 소낙눈이 지나가고 황가는 곧 시베리아의 더운 여름과 습한 밤을 경험하게 되었다. 물 부족으로 도시에는 발진티푸스가 유행했다. 황가는 적대적인 분위기를 눈치 챘지만, 5월 말 도착한 크론시타트 수병들이 지역 정교회 사제 45명을 죽였다는 소식은 듣지 못했다. 수병들은 또한 "여인들을 폭행하고 강간하고, 부르주아를 공격하고 살해하고, 지역의 보드카 양조장에 들이닥쳐 폭도들에게 나누어주었다".[31] 전 차르는 명목상 황위를 양위 받은 동생 미하일 대공이 6월 12일 페름Perm의 감옥에서 체카에게 끌려 나와 숲에서 총살된 사실도 몰랐다. 대공의 시체는 용광로에 버려졌다. 체카는 대공이 '백위대'에 납치되었다는 소문을 퍼뜨렸다.

6월 말 무렵 체코 군단이 예카테린부르크로 진군하자 멀리서 총성이 들려왔다. 6월 29일 전 차르는 최근 "연이어 두 통의 서신을 받았다. 우리에게 헌신적인 사람들이 구하러 갈 테니 준비하라고 쓰여 있었다. 하지만 아무런 일 없이 며칠이 지나갔다. 불확실한 분위기에서 기다리고만 있는 것은 고문이었다"[32]라고 적었다.*

체코 군단의 진격으로 이 지역 전체가 공황 상태에 빠졌다. 북동쪽으로 200킬로미터도 되지 않는 거리에 있는 이르비트에서는 군사혁명위원회가 7월 6일 부유한 주민들을 인질로 잡아 반란 시도가 있으면 총살하겠다고 선언했다. 군사혁명위원회의 한 전단의 내용은 다음과 같았다. "반혁명이 모든 전선에서 커지고 있는데, 공장주, 지주, 상인 및 다른 기생충들은 우리 도시를 버젓이 활보하고 있다. 반역자들은 우리 중 하나가 죽을 때마다 자기편 백 명이 살해될 것이라는 사실을 명심해야 한다."[33]

니콜라이가 마지막으로 일기를 쓴 것은 7월 13일이었다. 매우 괴로워하는 아들에 관한 내용이었다. "알렉시스는 토볼스크에서 떠난 후 처음으로 목욕을 했다. 무릎 통증은 나아졌지만, 아직도 완전히 구부리지 못한다. 날씨는 온화하고 쾌적하다. 외부에서는 아무 소식도 없다."[34]

황제 일가와 그 지역에 수감된 황실 친척들의 운명은 이미 정해져 있었다. 레닌, 제르진스키, 스베르들로프는 크렘린에서 열린 회의에서 체코 군단이 진격하는 상황에서 백군의 '상징'이 존재해서는 안 된다는 데 동의했다. 그들은 로마노프 황가가 살해되면 적에게 순교자로 훨씬 유용할 거라는 사실은 전혀 보지 못했다. 레닌은 이 결정, 특히 아이들의 살

* 볼셰비키가 최근 그레고리력으로 바꾼 것을 의도적으로 무시한 니콜라이는 조상들이 사용한 율리우스력을 고수해 날짜를 6월 16일로 적었다.

해에 어떤 책임도 지고 싶지 않아 우랄 소비에트의 탓으로 돌렸다. 7월 17일 이른 시각, 이파티에프 주택에서 자고 있던 황제 일가를 감시병이 깨워 지하실로 끌고 갔다. 감시병의 반 이상은 헝가리 국제공산주의자였고 지휘관은 야코프 유롭스키Yakov Yurovsky였다. 전 차르는 계단을 내려가지 못하는 아들을 안고 가야 했다. 유롭스키가 사형선고장을 읽은 후 일제히 총이 발사되었다. 전 황태자 알렉세이는 피 웅덩이에 누워 아직 숨이 붙어 있었고, 유롭스키는 콜트 권총으로 알렉세이의 머리에 두 발을 더 쏘았다.

다음 날 밤 예카테린부르크에서 북쪽으로 130킬로미터 떨어진 알라파옙스크Alapaevsk에서 황후의 언니 엘리자베타 표도로브나Elizaveta Fedorovna 대공비를 비롯한 다른 로마노프 황실의 포로들도 임시 감옥에서 끌려나왔다. 이번에는 오스트리아 국제공산주의자가 절반을 차지한 감시병들이 그들을 물에 잠긴 광산으로 호송했다. 세르게이 대공은 저항하다 호송 중 사살되었다. 동행들은 모두 수직 갱도에 던져졌다. 잠시 후 첨벙이는 소리와 찬송가를 부르는 소리가 들려오자 감시병들은 그들을 끝장내기 위해 수류탄을 던졌다. 또다시 이들이 '백위대'에 납치되었다는 터무니없는 소문이 유포되었다. 친척과 측근을 포함한 로마노프 황가의 몰살은 유죄와 무죄라는 개념과 함께 "인간 생명의 존엄성"[35]이 아무 의미가 없는 전면 전쟁의 선포를 상징했다.

17

적색 테러
1918년 여름

내전의 기원과 잔혹 행위에 대한 책임을 둘러싼 피할 수 없는 논쟁에서 공산주의자들은 선택의 여지가 없었다고 주장했다. 적색 테러가 불가피했다는 것이다. 그들은 다양한 방식으로 반혁명 세력과 외세의 개입을 탓했다. 이들의 정의에 따르면, 반혁명 세력은 공산당을 지지하지 않고 공산당 지도부의 목숨을 노리는 모든 이들을 의미했다. 하지만 내전에서 테러라는 방침은 거의 항상 자신들이 소수라는 사실을 가장 의식하는 이들의 반응으로 나타난다. 테러는 무조건반사로 시작되지만, 위협 세력이 패배하고 한참이 지난 후에도 정권은 그것을 고수한다. 레닌의 경우, 내전이 명백하게 눈에 띄는 형태로 시작되기 훨씬 전인 1917년 12월 체카를 창설하면서 처음부터 이런 사고방식을 갖고 있었다. 따라서 공산당의 테러를 통한 강압은 선제 조치였는데, 1918년 8월 말 공산당의 두 지도자가 같은 날 공격당하면서 국가가 휘두르는 폭력은 폭발적으로 증가했다.

8월 30일 금요일 아침 미하일롭스키 포병학교의 사관생도인 스물두 살의 레오니드 칸네기세르Leonid Kannegiser는 페트로그라드 체카의 수장 모이세이 우리츠키를 사살했다. 칸네기세르는 그날 우리츠키가 맹렬한 비난을 받을 예정이었던 체카 본부의 대기실로 갔다. 우리츠키가 한 시간 반 후 도착해 대기실에 들어서자 칸네기세르는 아주 가까이에서 콜트 권총으로 우리츠키의 후두부를 쏘았다. 그의 아버지에 따르면 칸네기세르는 그저 우리츠키의 명령으로 죽은 절친한 친구 페렐츠베이그Pereltsveig의 복수를 하려던 것뿐이었다. 하지만 소비에트 당국은 이 암살이 음모의 일부라고 확신했다.

칸네기세르는 건물 밖으로 뛰쳐나가 자전거에 올라타 페달을 밟았고, 체카 요원들이 맹렬하게 뒤를 쫓았다. 칸네기세르는 밀리온나야 거리에서 자전거를 버리고 17번가의 정원으로 뛰어들어 계단을 올라갔다. 가장 먼저 보이는 문을 열고 멜리호프Melikhov 공이 살았던 아파트로 밀고 들어가 걸려 있는 외투를 집어 걸치고 층계참으로 돌아갔다. 그리고 1층에 추격자들이 있는 것이 보여 총을 쏘았다. 그 자리에 있던 고위 체카 요원 산가일로Sangaylo는 이 음모에 누가 가담했는지 알아내기 위해 칸네기세르를 생포하려 했다. 그는 승강기에 자기 외투를 건 마네킹을 넣고 2층으로 올려 보냈다. 암살자가 마네킹에 총알을 낭비하게 할 계획이었다. 하지만 젊은이는 마네킹에서 코트를 벗겨내 입고 아래층으로 내려가 그들이 쫓는 사람이 위층으로 올라갔다고 주장했다. 자기 코트를 알아본 산가일로는 칸네기세르를 붙잡아 심문을 위해 끌고 갔다.

레닌은 수도에서조차 공산당이 얼마나 취약한지를 보여준 7월의 좌파 사회혁명당 반란으로 불안해하고 있었다. 레닌이 평소 얼마나 자신의 안전에 신경 썼는지를 생각하면, 특히 페트로그라드에서 우리츠키가 암살되었다는 소식을 들은 직후임에도 모스크바의 한 공장 방문을 강행한 것은 그답지 않은 행보였다. 크룹스카야와 레닌의 누이는 가지 말라고 간청했다. 곡물 거래소에서의 집회 후 레닌은 차를 타고 모스크바 남쪽의 미헬손Mikhelson 공장으로 향했다. 안에서 레닌이 평소처럼 연설하는 중 젊은 여자가 운전사에게 다가와 레닌이 정말 있냐고 물었다. 이 여인은 유대인 교사의 딸 파니 카플란Fanny Kaplan이었다. 카플란은 감옥에서 스피리도노바와 함께 복역한 후 좌파 사회혁명당에 가입했다. 무정부주의자였고 열여섯 살에 폭탄 테러로 종신 강제 노동을 선고받았다. 볼셰비키의 혁명과 제헌의회 해산 후 카플란은 레닌을 사살하기로 결심하고 사회혁명당 전투 조직에 자원했다.

연설이 끝나고 청중들이 나오자 카플란은 레닌의 뒤를 바싹 쫓았다. 레닌은 차에 오르기 전 어떤 여인이 역에서의 식량 몰수에 관해 물어 멈춰 섰다. 카플란은 브라우닝 권총으로 레닌을 향해 세 발을 쏘았다. 레닌은 팔과 턱 근처 목에 두 발을 맞았다. 세 번째 총알은 레닌에게 말을 건 여인이 맞았다. 카플란은 달아났지만 나무에 가로막혀 체포되었다.[1]

의식 불명인 레닌이 전속력으로 크렘린으로 이송되는 동안, 카플란은 곧장 루뱐카로 끌려가 라트비아인 체카 요원 야코프 페테르스의 심문을 받았다. 카플란은 레닌을 쐈다고 인정했지만, 누구에게 총을 받았는지는 밝히지 않았고 공모자가 없다고 주장했다. 이것이 영국의 음모라고 확신한 체카는 그날 밤 영국 대표 로버트 브루스 록하트를 체포해 루뱐카의 감방으로 끌고 왔다. 그리고 카플란과 같은 감방에 넣어 두 사람이 서로를 아는지 알아내려 했다. 두 사람은 모르는 사이가 분명했고, 카플란은 곧 끌려 나와 크렘린 지하에 갇혔다. 카플란은 9월 3일 옆 마당에서 총살되었다. 형 집행 소리는 자동차 엔진 소리에 묻혔다.

페트로그라드에서는 8월 31일 토요일 칸네기세르가 여전히 심문받는 동안, 막강한 체카 부대가 영국 대사관에 들이닥쳤다. 실제로 레닌 정부를 타도할 계획을 꾸민 해군 정보부의 프랜시스 크로미 대령을 체포하기 위해서였다. 크로미는 자신의 러시아인 첩보원을 도주시키기 위해 권총 총탄이 떨어질 때까지 싸웠고, 웅장한 대리석 계단에서 총에 맞아 쓰러졌다. 대사관의 다른 장교들과 직원들은 체포되어 끌려갔고 한참 후 포로 교환으로 풀려났다.

그날 제르진스키는 페트로그라드에 도착해 칸네기세르를 직접 심문했다. 칸네기세르는 여전히 공모자가 있는지, 어떻게 권총을 입수했는지 말하지 않았다. 체카는 그의 아파트에서 케렌스키 임시정부의 요인들, 러시아 제국군 장군, 우파 사회혁명당원의 주소 467건을 발견했다고 주장했지만, 칸네기세르는 아주 작은 당인 인민사회당Popular Socialist Party의 당원이었다. 그는 12월 21일에야 마침내 '납 9그램'을 받았다. 그가 심문 기간 견뎌야 했던 고문은 상상에 맡길 뿐이다.

레닌은 주치의들의 우려에도 불구하고 총을 맞고도 살아남았고, 이 '기적'으로 그의 주변에서 우상화가 시작되었다. 레닌은 세속 성인, 심지어 그리스도와 같은 존재로 추앙받았고, 카플란은 실패한 샤를로트 코르데Charlotte Corday(프랑스 혁명 당시 과격파 혁명가 장폴 마라를 암살한 인물-옮긴이)라며 조롱받았다. 정권과 지지자들의 도덕적 분노는 완전히 병적인 흥분으로 바뀌었다. "우리는 전 세계 프롤레타리아의 위대한 지도자 레닌 동지가 입은 부상에 복수해야 한다."[2]

사악한 비밀경찰 우리츠키마저도 순교자 대우를 받았다. 한 목격자의 기록이다. "우리츠키의 장례식은 호화로웠다. 호화로운 관 뚜껑 아래 놓인 그의 시신은 몇 시간 동안 거리를 돌았다."[3] 행렬 속 볼셰비키는 다양한 제복을 입고 "우리 지도부 한 명이 죽을 때마다 너희 수천 명의 목이 날아갈 것이다", "노동자의 적 모두의 가슴을 관통하는 총알", "영국과 프랑스 자본가의 용병에게 죽음을"[4] 같은 위협적인 포스터를 엄청나게 들고 있었다. 당 신문들도 모두 같은 복수심을 표현했다.[5]

이 위협들은 빈말이 아니었다. 페트로그라드에서 체카는 수장의 사망에 대한 복수에 눈이 멀어 500여 명의 인질을 즉시 총살했고,[6] 인질들을 가득 태운 바지선 두 척을 핀란드만까지 끌고 가 침몰시켰다. 해변에 쓸려 온 몇몇 시신은 가시철사로 손이 묶여 있었다. 일부 주장에 따르면 크론시타트와 페트로파블롭스크 요새에서 벌어진 살인을 비롯해 보복으로 1300여 명이 목숨을 잃었고 6229명이 체포되었다. 지역 체카는 야로슬라블, 수미, 퍄티고르스크, 프스코프, 스몰렌스크에서 자신들의 보복을 자랑했다. 그들은 사회혁명당원뿐 아니라 반볼셰비키로 여겨지는 자는 누구든 사살했다. 니즈니노브고로드에서는 41명을 총살하고 700여 명을 체포했다.

체카는 야간의 공포에 대한 자신들의 평판을 한껏 즐기는 듯했다. 유대인 역사가 그리고리 아론손Grigory Aronson은 기록했다. "제르진스키는 밤에만 일한다. 페테르스도 마찬가지다. 일반 요원들은 상관을 따라 한다. 다들 아는 것처럼 사형 집행인들도 마찬가지다. 그들은 밤에 사람들을 불러내 심문한다. 협의회도 밤에 열린다. 최종 선고도 밤에 내린다. 모스크바 시내 곳곳과 체카 지하실, 헛간에서 밤에 사람들을 총살한다."[7] 이미 감옥에 갇힌 이들은 '밤에 찾아오는 죽음의 정치위원'을 언급하곤 했다.

약 20년 후 러시아에 찾아올 나치 학살 부대를 예고하듯 체카 수감자들은 옷을 재사용할 수 있게 벌거벗었다. 그 후 그들은 집행인들이 목제 개머리판이 달린 무거운 마우저 권총을 들어 머리 뒤를 쏘기만 하면 되도록 지하실 안 또는 파놓은 무덤 옆에 무릎을 꿇었다. 일부는 학살을 대단히 즐겼지만, 후에 나치 독일의 힘러Himmler가 자신의 아인자츠그루펜Einsatzgruppen(나치의 학살 전문부대-옮긴이)에서 발견한 것처럼 다른 집행인들은 끊임없는 학살로 미쳐갔다.

적색 테러는 당연히 체포와 여러 도시의 체카 건물 안으로 국한되지는 않았다. 돈 지역의 반혁명 카자크인에 대한 두려움과 혐오는 훨씬 무자비했고 거의 인종 청소에 가까운 양상을 띠었다. 전前 체카 요원이 차리친에서 서쪽으로 220킬로미터 거리에 있는 모로좁스키Morozovsky 지구에서 일어난 사건을 보고했다. "지구의 주민들은 믿을 수 없을 정도로 피비린내 나는 시기를 보내고 있다. 대개 45세 이상인 카자크인들은 상한선 없이 몰살되었다. '몰살하라!' 그것이 보구슬랍스키Boguslavsky라는 자가 우두머리인 카자크 마을 모로좁스카야Morozovskaya 혁명위원회의 결의였다. … 기관에서 하루를 마친 후 혁명위원회의 일부 위원은 … 저녁에 보구슬랍스키의 거처에 모여 거하게 술을 마시고 믿기 어려울 정도로 난잡하게 논 뒤 지역 감옥에서 카자크인을 한 명씩 데려와 연습했다. 그들은 카자크인을 대상으로 사격 연습을 하고 칼로 공격하고 단검으로 찌르고 하는 등의 행위를 즐겼다. … 나중에 밝혀진 바로는 어떤 재판도 없었다. 후에 보구슬랍스키의 정원에서 67구의 시신이 발견되었다."[8]

모스크바의 한 공산당원은 보고했다. "때로 그들은 매일 50명에서 60명을 사살했다. 카자크의 자손을 더 많이 사살할수록 돈에서 소비에트의 권력이 더 강해진다는 논리였다. 카자크인과 합의하려는 어떠한 시도도 없었다. … 거의 매일 수감자들이 잇따라 처형당하러 끌려가는 미친 광경을 볼 수 있었다. 건강한 사람들은 아픈 자들을 옮기도록 강요받았다. 소총으로 무장한 감시병들은 행인들을 몰아내 길을 비키게 했다. 다들 이들이 죽으러 끌려간다는 사실을 알고 있었다. 소비에트 정권을 지지했던 카자크인들이 이런 광경을 보며 우는 모습을 종종 마주하곤 했다. 그들은 분개하며 물었다. '이럴 수가 있나, 소비에트 정권이 이런 끔찍한 일을 저지를 수 있단 말인가? 믿을 수가 없다.' … 혁명재판소의 관리들은 수색 중 종종 안경, 식기, 그릇을 자기 몫으로 몰수했다. … 어떤 이들은 모스크바에서 사찰이 나오기를 바랐고, 물론 어떤 이들은 카자크인들이 봉기하기를 기다리고 있었다."[9]

사실 지방에서는 너도나도 체카를 자칭해서 지역 체카는 사실상 제르진스키의 통제 밖에 있었다. 1918년 8월 체카의 한 보고서는 쿠르스크에서 일어난 혼돈과 부패를 밝혔다. "쿠르스크에서 주민들은 3주간 빵을 배급받지 못했다. 곡물 징발을 진행하는 식량 순찰대들 사이에 충돌이 일어난다. 이러다 총격으로 이어져 사망자가 발생하고 한 순찰대가 다른 순찰대를 무장해제하기도 한다. 특정 순찰대 무리와 곡물 징발 순찰대 전체가 역에서 곡물을 팔아 대중들 사이에 불만이 커지고 있다. 쿠르스크에 주둔한 적군赤軍은 기강이 해이하다. 지역민들과 어울리고 음주와 방탕에 빠져 있다. 마을에서 가장 좋은 집들을 빼앗고 자동차를 몰고 돌아다닌다."[10] 쿠르스크에서 온 다른 많은 보고에서도 체카 요원과 식량 순찰대 모두 권력을 이용해 개인적 소비나 재판매를 위해 곡물을 훔친다는 사실이 확인되었다.

키예프에서 페테르스는 가짜 브라질 영사관을 만들었다. 이곳에서 체카 정보원들은 절실하게 탈출을 바라는 망명자들에게 거금을 받고 비자를 판 다음, 그들을 체포했다. 백군은 키예프를 점령한 후 시신 5천여 구를 발견했다고 주장했고, 실종자가 7천여 명에 달하는 것으로 추산했다. 체카의 우선순위는 두 가지였다. 적군赤軍에 자금을 대기 위해 희생자들의 돈과 귀중품을 몰수하고, 무자비한 계급투쟁으로 잠재적 반대파를 모두 궤멸하는 것이었다. 라치스는 체카 요원들을 교육할 때 이 점을 분명히 했다. "심문할 때 물질적 증거를 찾거나 소비에트 정권에 반대하는 용의자의 말이나 행동에서 증거를 찾으려 하지 마라. 가장 먼저 해야 할 질문은 다음과 같다. 용의자는 어떤 계급에 속하며, 어떤 교육을 받고, 어떻게 양육되었고, 어떤 출신이나 직업을 가지고 있는가? 이 질문들이 용의자의 운명을 결정해야 한다. 이것이 적색 테러의 의미이자 본질이다."[11] 수색에서 발견된 증거는 유죄를 입증하는 데만 사용되었고, 무죄를 입증하는 법이 없었다.

적색 테러는 굶주리는 도시를 위해 시골을 복종하게 할 목적으로 가장 많이 사용되었다. 1918년 여름 페트로그라드와 모스크바에서는 육체노동자, 기타 노동자, 부르주아에게 4:3:1의 비율로 식량을 차등 배급하는 제도가 도입되었다. '절대 변하지 않는' 최고 수준의 배급량은 적군赤軍 병사와 공장 노동자를 위한 것이었다. 고의든 아니든 부르주이 비노동자에게 주어진 배급량만으로는 연명하기 어려웠다. 그들의 유일한 희망은 수하렙스카야Sukharevskaya 광장에서 가장 귀중한 물건을 식량과 교환하는 것이었고, 이 암시장은 수하렙카Sukharevka로 알려지게 되었다. 당의 중진 의원들, 간부들, 특히 정치위원들은 곧 전용 구내식당이라는 특권을 누리게 되었다. 여기에 '지적 노동자'와 '부르주아 전문가'도 우선권을 받으면서 계층화는 훨씬 복잡해졌다.

1918년 5월 푸틸로프 공장의 노동자 대표단은 페트로그라드의 처참한 식량 사정을 호소하기 위해 레닌을 만나러 갔다. 레닌은 그들에게 혁명 수호를 위해 식량 징발대에 들어가라고 촉구했다. 그는 굶주림을 해결하기 위해 지금보다 열 배의 식량 징발대가 필요하다고 말했지만, 상황을 훨씬 악화시키고 있는 것이 바로 이 식량 징발대였다. 식량 징발대는 다음 추수에 필요한 곡물 씨앗까지 징발하기 시작했고 겁을 먹은 농민들은 빼앗기기 전에 곡물을 숨기거나 소비했다.

농민들은 그다지 교육의 혜택을 받지는 못했지만, 곧 볼셰비키가 자신들을 산업 프롤레타리아의 농노로 만들고 있다고 의심하게 되었다. "시장은 금지되었고 시장에서 물건을 사는 이들은 박해당했다. 그 결과 도시 주민들은 굶주렸고, 농민들은 자신들이 아는 최고의 방법대로 가축에게 먹이거나 술을 만들어 남는 곡물을 처리했다."[12]

모든 경제 집단의 의도적 반항은 악순환을 낳았다. 1918년에 밀 1푸드는 볼가강 유역에서는 25루블에서 30루블이었지만, 페트로그라드에서는 1천 루블까지 가격이 치솟았다. 공산당 식량 징발대는 불명확한 '잉여' 생산물을 비롯해 모든 곡물을 몰수하기 시작했다. 레닌은 강제 징발이 재난 수준으로 식량 생산을 감소시킨다는 사실을 인정하려 하지 않았다. 저항에 분노한 레닌의 대응은 탄압을 강화하는 것이었다. 식량 징발대는 빈농을 부농 '쿨라크'를 감시하는 정보원으로 고용하라는 지시를 받았다. 도시와 마을의 공산주의자로 주로 이루어진 식량 징발대는 빈농, '중농'과 부유하다고 추정되는 '계급의 적'을 구별할 수 없었다. 다음해 추수를 위해 종자용 씨앗을 남겨둬야 한다는 사실도 전혀 고려하지 않았다. 그들의 관심은 오직 주어진 목표량을 뜯어내는 것뿐이었다. 그 결과 농민들은 이듬해 자기들이 필요한 만큼만 곡물을 기르기로 했다. 곡물을 거대한 도기에 담아 밀봉하고 땅에 묻었다. 그러자 식량 징발대는 가족 구성원을 고문해 어디에 숨겼는지 말하게 했다. 폭력은 폭력을 낳아 농민들은 징발대원을 공격했고, 때에 따라서는 징발대원을 죽이고 경고의 표시로 배를 갈라 곡물로 채우기도 했다.

유럽에서 종교 전쟁 이후 이렇게 노골적인 잔혹 행위가 테러의 무기로 사용된 적은 없었다. 이는 과거의 종교 전쟁만큼 잔혹한 현대의 정치적 내전이 예측 가능한 사태였는가 하는 질문을 제기한다. 카플란의 레닌 암살 시도 전인 8월 23일 이미 체카 요원 라치스는 《이즈베스티야Izvestia》에 기고한 글에서 "확립된 전쟁 관행"은 쓸모없다고 밝혔다. "당신과 싸운 모든 부상자를 학살하는 것. 이것이 바로 내전의 법칙이다." 하지만 기병도로 난도질하고, 칼로 베고, 산 채로 끓이고 태우고, 머리 가죽을 벗겨내고, 견장을 못으로 어깨에 박고, 눈을 파내고, 겨울에 피해자들을 흠뻑 적셔 얼려 죽이고, 거세하고, 장기를 적출하고, 신체를 훼손하는 이 극단적인 잔학성은 어디에서 왔는가? 이 모든 것은 그저 푸시킨이 묘사한 "무분별하고 무자비한"* 러시아 반란의 본질적인 부분일 뿐이었을까? 아니면 복수의 광란이 정치적 증오의 수사 때문에 차원이 다를 정도로 심각해진 것일까?

* "신이시여, 무분별하고 무자비한 러시아의 반란으로부터 저희를 구해주소서. 저희 중 불가능한 격변을 꾸미는 자들은 젊고 우리 사람들을 모르거나 자신과 타인의 목숨에 조금도 개의치 않는 냉혹한 자들입니다." 푸시킨은 〈대위의 딸〉에서 믿을 수 없을 정도로 폭력적인 예멜리얀 푸가초프의 반란(1773~1774년)을 다룬다(London, 2009, p.203).

18

볼가강에서의 전투와 적군赤軍 1918년 여름

7월은 적군赤軍에게 힘든 달이었다. 야로슬라블에서 사빈코프의 반란을 무찌른 것을 제외하고 적군赤軍은 연이어 패배했다. 황제 일가가 살해되고 나흘 후인 7월 21일 체코군은 예카테린부르크를 점령했다. 그리고 바로 다음 날 카펠 대령은 자기 병사와 체코 군단의 1개 연대가 레닌의 출생지인 심비르스크(울리야놉스크)를 점령했다고 보고했다. 140킬로미터의 접적행군 후 적군赤軍 부대를 기습한 결과였다. 7월 22일 카펠은 전보로 다음과 같이 알렸다. “오전 8시, 이 지역에서 전투를 벌인 후 제1사마라 분견대의 부대가 심비르스크에 진입했다. 대량의 군사 장비와 포병 장비를 획득했고, 증기기관차 다수, 장갑열차 한 대, 아직 다 세지 못한 다양한 물품도 획득했다.”[1]

모스크바는 또다시 공포에 휩싸였다. 볼가강에서는 적군赤軍의 사기가 무너져 새로 사령관에 취임한 바체티스는 할 수 있는 것이 거의 없었다. 이제 해군 담당 부인민위원이 된 표도르 라스콜니코프는 니즈니노브고로드에서 포함과 경군함을 이끌고 볼가강을 따라 내려와 체코군에 맞서 사면초가에 몰린 적군赤軍을 지원하라는 명령을 받았다. 라스콜니코프는 그의 “여전사 디아나”,[2] 아내 라리사 레이스네르Larisa Reisner와 며칠 동안만 동행했다. 이 아름다운 스물두 살의 시인은 여성으로서는 최초로 전선의 정치위원이 되었다. 작은 브라우닝 권총으로만 무장한 레이스네르는 가장 거친 발트 함대 수병들의 정치적 교관 역할은 물론이고 무모할 정도로 대담하게 정찰자이자 간첩으로서도 활동했다. 10여 년이 지난 후 레이스네르가 티푸스로 사망하자, 트로츠키도 이 전설적인 영웅을

표도르 라스콜니코프가 정치위원이자 작가인 아내 라리사 레이스네르와 함께 지휘한 적군赤軍 볼가 전단

"예리하고 풍자적인 재치와 전사의 용맹함을 두루 갖춘 올림포스의 여신"[3]이라고 일컬었다.

라스콜니코프의 볼가 전단은 무엇이 기다리고 있는지 제대로 모른 채 남쪽의 카잔으로 향했다. 그들은 적위대의 사기가 완전히 꺾여 있는 것을 발견했다. "도시는 아직 함락되지 않았다." 레이스네르는 언급했다. "하지만 패배는 확실하다. 버려진 방의 문이 쾅 하고 닫히고 있다. 바닥은 종이와 흩어진 물건들로 어질러져 있다. 후퇴만큼 끔찍한 것은 없다."[4] 8월 5일 볼가강에서 포격 소리가 들려올 때 블라디미르 젠지노프는 막 도시를 떠나려던 참이었다. "갑자기 반볼셰비키 부대와 체코 군단이 사마라에서 증기선을 타고 도착했다는 소문이 퍼졌다. … 볼셰비키는 기습 공격에 허를 찔렸다. 도시에 첫 유산탄이 폭발하기 시작하자 그제야 모두 사태를 파악했다. 벌써 소총의 총성과 기관총이 두두두두 발사되는 소리가 들렸다."[5] 적군赤軍 최고사령부의 보고에 따르면 제5라트비아 소총연대가 도시를 방어하는 동안 "카잔 요새를 점령하고 있던 세르비아 국제대대는 적의 편으로 돌아섰다".[6] 혼돈의 도주 중 적군赤軍 총사령관 바체티스는 거의 잡힐 뻔했다. 바체티스는 병사 무리가 피난민들을 헤치고 나아가게 해준 덕분에 겨우 탈출했다.

카펠 대령은 반볼셰비키 인민군의 사마라 분견대를 무장증기선 여섯 척에 태우고 다시 선봉에 섰다. "우리 선두 부대가 정오에 도시에 진입했다. 중심가에서 적군赤軍의 보병과 기갑차량과 전투를 벌였다. 우리에게는 장갑관통탄도, 지원에 나설 포병대도 없었다."[7] 보급품이 타고 온 강 위의 증기선에 있어 제대로 먹지 못한 병사들의 피로에 더위까지 더해져 카펠은 도시 외곽으로 군대를 철수해야 했다. 그리고 다음 날 새벽 4시 다시 돌아갔다. "도시에서 볼셰비키를 퇴치했다." 하루가 끝날 무렵 카펠은 제헌의회 의원위원회에 보고했다. "우리 부대는 6억 4500만의 금 보유고 전체뿐 아니라 소비에트 부대의 돈궤에 든 많은 양의 현금을 몰수했다."*

케렌스키 내각의 해양부 장관이자 드보르제츠가 "코무치(제헌의회 의원위원회)의 사악한 천재"[8]라고 묘사한 블라디미르 레베데프Vladimir Lebedev는 다음 날 밤 금 보유고를 가지고 증기선에 올라 볼가강을 따라 사마라로 향했다. 프로코피예프도 레베데프를 싫어했다. 몇 달 후 "고급 창녀를 방문"하라며 친구들에게 떠밀린 프로코피예프는 음악회에서 레베데프를 만났다. "나는 그에게 카잔을 점령한 후 교수형을 집행한 적이 있냐고 물었다." 프로코피예프는 일기에 썼다. "그는 답했다. '이백을 총살했소.' 나는 외쳤다. '이백이오?' 그러자 그가 덧붙였다. '불한당들을.' 그러고 나서 그는 (주최자) 신들러Shindler에게 칼린니코프Kalinnikov의 곡을 연주해 달라고 요청했다. 그는 부드러운 음악을 좋아했다."[9]

* 많은 이들이 금 보유고를 노획한 것이 체코군이라고 추정하지만, 사실은 카펠의 병사들이 노획한 것으로 보인다. 어쨌든 이것은 케렌스키의 몰락 직전에 비해 루블의 가치가 5분의 1로 급락한 시기에 인민위원평의회에는 엄청난 타격이 되었다.

◆

체코 군단의 군사적 우위로 더 커진 브레스트-리토프스크 조약의 치욕은 공산당 지도부에 쓰라린 교훈을 남겼다. 부하린의 추종자인 '좌익 반대파'들과 독일에 저항하는 혁명전쟁을 지지했던 좌파 사회혁명당은 여전히 전문적인 군대를 창설하려는 계획에 전부 강력하게 반대했다. 이념적으로 그들은 적위대의 무장한 공장 노동자를 토대로 한 민병대 외에는 어떤 군대도 받아들일 수 없었다.

우선, 공산주의자들은 유능한 부사관들을 승진시켰다. 몇몇, 특히 차리친에서 스탈린과 클리멘트 보로실로프Kliment Voroshilov와 연관된 이들은 제2차 세계대전에서 최고사령부에까지 올라갔다. 이 중에는 용기병대 부사관 출신 게오르기 주코프Georgy Zhukov와 세묜 부됸니Semyon Budyonny, 포병 출신 세묜 티모셴코Semyon Timoshenko와 이반 코네프Ivan Konev도 있었다.** 레닌과 트로츠키 모두 공산주의가 살아남으려면 조직과 규율뿐 아니라 강력하게 저항하는 농민들을 격퇴할 수 있도록 적군赤軍을 효과적으로 훈련할 전문가가 필요하다는 것을 잘 알고 있었다. 따라서 그들은 계급의 적을 절대 믿지 말라는 자신들의 연설에도 불구하고 제국군의 장교들을 모집했다. 이미 경제 및 상업 전문가를 고용하면서 이 방향으로 첫걸음을 떼었지만, 지지층이 '장교'라면 워낙 질색해서 전직 장교들은 '군사 전문가'라는 완곡한 직함을 받았다. 스탈린은 제르진스키의 지지를 받아 이 정책에 전력으로 저항했다.

트로츠키는 스탈린이 군사 문제에 개입하는 것에 몹시 분노했다. 레닌은 스탈린을 차리친으로 보내 볼가강 하구 지역에서 곡물 징발을 늘리려 했지만, 정치위원 역할을 맡은 스탈린은 전선 사령관인 양 행세하며 행

** 부됸니는 허영심으로 유명했다. 부됸니의 기병 수염은 그가 진급할수록 계속 커졌고, 그는 은색 줄무늬가 있는 붉은색 반바지를 입었다. 티모셴코는 이사크 바벨의 단편 〈나의 첫 거위〉의 등장인물 사비츠키의 모델이다.

동에 나섰다. 또한 차리친에서 체카를 키우고 끔찍한 대학살을 지시했다.

당시 임명된 적군赤軍 사령관 일부는 미하일 투하쳅스키Mikhail Tukhachevsky와 알렉산드르 바실렙스키Aleksandr Vasilevsky처럼 전쟁 중 초급 장교 또는 중간 간부급 장교였던 이들이었다. 몇몇은 이미 장군이었다. 일례로 미하일 스베친 장군의 동생 알렉산드르는 제국군 장군이었다. 그는 이후 1920년대 적군赤軍의 저명한 군사 이론가이자 소비에트 '작전술'의 아버지가 되었지만, 약 20년 후 스탈린의 대숙청에서 투하쳅스키*와 함께 처형되었다. 내전이 끝날 때쯤 적군赤軍에 복무하는 옛 제국군 장교는 7만 5천 명이 넘었다. 다수는 다른 일이 없거나 가족이 인질로 잡혀 강제로 적군赤軍에 합류할 수밖에 없었지만, 상당수가 충성을 다했고 정치위원과도 잘 협력했다.

노농적군에 자원해 입대한 인원은 트로츠키의 목표치의 3분의 1도 되지 않았다. 내전이 진행되면서 전선에 배치해야 할 병력이 급증하자 징병제를 도입해야 했다. 하지만 기회가 닿는 대로 탈영하는 것을 막으려면 징집병에게도 유인을 제공할 필요가 있었다. 당국이 시도한 방법은 배급 식량과 옷에 추가 특전을 제공하는 것이었다. 특히 프롤레타리아뿐 아니라 농민도 모집하기 위해서였다. 이에 따라 당국은 적군赤軍 병사의 가족을 위해 식량 징발대가 "땅도 가축도 종자도 몰수할 수 없다"라고 규정한 "보호 문서"[11]를 발급했다. 이 문서는 인쇄에 쓰인 종이만큼의 가치도 없었을 것이다.

적군赤軍은 특히 러시아 남부와 시베리아 서부의 광활한 초원에서 백군에 맞서기 위해 기병이 필요했다. 트로츠키는 말을 탄 기병대가 귀족

* 웨이벌은 투하쳅스키를 좋아하지 않았다. "어느 날 투하쳅스키와 점심식사를 했는데, 그는 질 나쁜 인간이었다. 나는 즉시 그를 싫어하게 되었다. 하지만 그는 확실히 유능하고, 야심차고, 활동적이었다."[10]

미하일 니콜라예비치 투하쳅스키. 25세에 군 사령관이 되었고 이후 원수에 올랐으나 1937년 적군赤軍 숙청 당시 스탈린의 지시로 처형되었다.

들의 구식 놀이에 불과하다고 생각했지만, 필요성을 인정해 생각을 바꾸었다. 붉은 별이 그려진 모자를 쓴 소비에트 노동자가 손에 칼을 빼 들고 말 위에 올라 전속력으로 달리는 모습이 그려진 벽보가 사방에 붙었다. 벽보에는 큰 글씨로 "프롤레타리아여, 말을 타라!"[12]라고 쓰여 있었다. 이 권유를 받아들인 노동자는 많지 않았다. 적군赤軍 기병대의 모병은 가난한 카자크 혹은 이노고로드니예를 대상으로 했을 때 더 성공적이었다.

당시에는 제복이 거의 존재하지 않아 병사들이 직접 자기 제복을 만들어냈다. 그들은 붉은색에 집착했다. 노련한 지휘관들도 여성용 붉은색 외투를 입고 나타나는 것을 부끄러워하지 않았다. 병사들은 셔츠나 제복

상의를 만들 붉은색 천을 구했다. 일부 부대는 병사들이 온통 붉은색인 제복을 입었다고 한다.[13]

트로츠키는 또한 아직 러시아 포로수용소에 있는 약 200만 명의 독일군, 오스트리아-헝가리군, 불가리아군 전쟁포로가 적군赤軍 병사로 삼기에 적합하다는 사실을 일찍이 알고 있었다. 그들은 이미 훈련받은 병사였고, 다수는 공산주의자가 될 가능성이 있어 전쟁 후에는 본국으로 돌아가 혁명을 퍼뜨릴 수도 있었다. 몇몇은 골Gall, 클레베르Kléber(만프레트 슈테른Manfred Stern 외 여러 이름으로 알려져 있음-옮긴이), 루카치Lukács, 요시프 브로즈 티토Josip Broz Tito처럼 이후 벌어진 스페인 내전에서 국제여단의 지휘관이나 조직자가 되어 나타났다. 1918년 송환된 전쟁포로는 독일에서 배포할 공산당 선전 소책자를 받았다. 빈의 오스트리아-헝가리군의 사령부는 경악했다. "병사들이 러시아에서 흡수했을지 모르는 '볼셰비키의 독'이 오스트리아에 유입되지 않도록 반드시 '도덕적 격리'를 해야 한다."[14]

독일 공산주의자 전쟁포로 루돌프 로스케겔Rudolf Rothkegel은 1918년 1월 말 모스크바에 소환되었다. 그는 포로수용소를 방문해 독일군 전쟁포로들이 적위대로 합류하도록 설득하라는 지시를 받았다. 로스케겔 같은 이들은 "사회주의의 조국이 위험하다!", "러시아 혁명은 우리의 혁명이자 우리의 희망이기도 하다!" 같은 구호를 사용했다. 전쟁포로를 세뇌하려는 노력은 끈질기게 계속되었다. 오스트리아군 소령의 보고에 따르면 "(하바롭스크Khabarovsk) 수용소에서 격렬한 항의에도 불구하고 공산주의 확산을 도우려는 선동과 선전 연설, 볼셰비즘으로의 전향이 유행하고 있다. 병사들은 선동에 넘어가기 쉽다. 장교 다수가 박해가 두려워 선동가들에게 반대 의사를 감히 밝히지 못하기 때문이다."[15]

공산당 징병관들은 전쟁포로들이 모국으로 귀환하지 않고 러시아에 머물도록 최선을 다해 설득했다. 빈의 전쟁부는 다음과 같은 정보를 접했다. "러시아에 있는 전쟁포로 사이에서 귀환하는 즉시 현역 복무에 소집될 것이라는 유언비어가 퍼지고 있다. 따라서 병사들은 침울해하고 귀환할 마음이 별로 없다."[16] 적군赤軍은 식량 배급을 압박 수단으로 사용하기도 했는데, 이르쿠츠크와 투르키스탄에서의 경우처럼 포로수용소에 남은 이들은 굶주리고 있었기 때문이다. 차리친의 포로수용소에서는 적위대가 포로들이 식량을 사는 것조차 허용하지 않아 오스트리아-헝가리군 포로 4천여 명이 몇 주 만에 굶주림으로 사망했다.[17]

공산당이 정권을 잡기 전에도 포로수용소의 환경은 매우 열악했다. 크라스노야르스크 인근의 포로수용소에서는 수감자의 54퍼센트가 사망했다. 노보니콜라옙스크에서는 1915년 겨울, 수감자의 80퍼센트가 티푸스에 걸렸고, 옴스크에서는 전쟁 시작 후 열 달 만에 1만 6천 명이 사망했다.[18] 당연히 동맹국의 포로 다수가 안도하며 혁명을 반겼고 차르 정권을 싫어했다. 독일 황제가 러시아군 전쟁포로를 굶겨 죽이려 했었다는 사실도 기억할 필요가 있다. 이는 2차 세계대전의 바르바로사 작전 중 벌어질 잔혹 행위의 예고편이었다.

백군과 몇몇 역사가들은 그런데도 국제공산주의자들이 용병이었다거나, 소비에트 정권이 본질적으로 "외세의 침략"[19]이나 "국제공산주의자의 점령"[20]이었다고 주장했다. 이미 적군赤軍이 전향을 강요하기 이전인 1918년 봄에 시베리아, 볼가강 연안, 러시아 남부에서 급조된 부대에 독일군과 오스트리아-헝가리군 전쟁포로들이 있었다. 카잔에는 체카에 소속된 독일 공산주의자가 160명이나 있었다. 적군赤軍의 '국제공산주의자Internationalisten'가 된 전쟁포로의 추정치는 4만 명에서 25만 명까지 다양하다. 게다가 2만 5천 명의 라트비아 소총병이 있었고, 적군赤軍과 체카에서 복무하는 중국인도 있었다.

1914년 제1차 세계대전이 발발한 후 러시아 제국 정부는 전선과 후방에서 제국군을 지원하기 위해 15만 명 이상의 중국인 노동자들을 모집하거나 징집했다.[21] 1만 명에 가까운 중국인이 북극권까지 닿는 무르만스크 철도에서 일했고, 더 많은 중국인이 러시아, 특히 극동 지역에 불법 거주하고 있었다. 중국인들은 러시아 제국군 때문에 학대받고 끔찍한 환경에서 고통받았는데, 볼셰비키는 이것을 기회로 삼아 중국인들을 모집하기 시작했다. 러시아어를 조금이라도 할 줄 알거나 볼셰비키의 이념을 이해하는 중국인은 드물었지만, 다수가 그저 식량과 옷을 받기 위해 적군赤軍에 복무할 각오가 되어 있었다. 하지만 시베리아에 정착한 중국인들은 볼셰비키를 지지하지 않았다. "소비에트 정권은 이 지역에 도착하자마자 이주민들을 포섭하기 위해 정치적 선전 활동을 시작해야 했다."[22]

볼셰비키 혁명 이후 중국인 대다수가 일자리를 잃었다. 1918년 5월 모스크바에 모병소가 생겼고 볼셰비키 정치위원 셴첸호Shen Chenho가 모병을 이끌었다. 중국인을 적군赤軍에 끌어들이는 것도 트로츠키의 생각이었다. 트로츠키의 희생양 알렉세이 샤스트니를 사살한 처형대도 전부 중국인이었다. 그들은 곧 "전선에서 믿을 만한 병사"로 드러났을 뿐 아니라 "반체제적인 적군赤軍 부대 진압, 인질 처형, 후방에서의 농민 봉기 진압, 농민의 식량 강제 몰수 등의 처벌에 대규모로 이용되었다".[23] 또한 명령 없이 퇴각하는 적군赤軍 병사를 체포하거나 사살하는 독전대에도 배치되었다.

러시아 자료에는 내전 기간 볼셰비키 측에서 싸운 중국인이 약 3만 명에서 4만 명이라고 명시하고 있지만, 중국 외교관들의 추정치는 그 두 배다. 셴첸호는 실제 중국인 병사가 10만 명에 가까웠다고 주장했다. '중국인 국제공산주의자'로만 이루어진 부대도 몇 있었다. 그리고 내전이 절정에 달했을 때 키예프 체카에는 리쉬량Li Xu-Liang이 지휘하고 중국인으로만 구성된 '특수부대'도 있었다. 많은 중국인이 체카에 고용되었는데 러시아 요원들이 더는 피를 보는 것을 견딜 수 없어 괴로워할 때 중국인들은 아무렇지 않은 듯 백군 포로를 죽이거나 고문했기 때문이었다. 포로로 잡힌 장교의 어깨에 못으로 견장을 박는 등의 방식을 고안한 것은 중국인 고문자였다고 한다. 전부 사실이든 아니든, 카자크와 백군이 불행하게 생포된 중국인에게 보복하면서 끔찍한 잔혹 행위의 악순환이 생겨났다. "죽는 것보다 붙잡히는 것이 두려웠다." 기관총 사수 야오신청姚信诚은 회상했다. "백군 강도들이 특히 중국인 병사들을 혐오했기 때문이다. 중국인 병사가 손에 들어오는 즉시 그들은 고문을 자행했다. 귀와 코를 베고 눈을 뽑아낸 후에야 죽였다."[24] 1918년 4월 중국 대사관은 베이징에 보고했다. "돈군이 지배하는 지역에서 카자크는 중국인을 예외 없이 모두 체포해 어딘지 모르는 곳으로 보냈다. 의용군이 장악한 지역에서도 같은 일이 벌어지고 있다."[25]

볼셰비키 지휘관 이오나 야키르는 약 500명의 병사로 구성된 중국인 대대를 창설했다. 그는 중국인의 규율과 용맹함을 칭찬하며 칼을 빼든 기병의 진격만이 이들의 평정을 잃게 할 수 있을 것이라고 말했다. 또한 그는 "중국인은 급료에 아주 진지했다. 쉽게 목숨을 내놓았지만, 제때 급료를 받고 잘 먹기를 원했다"[26]라고 언급했다. 중국인들은 게다가 전사자의 급료를 가족들이 받을 수 있도록 손실과 관계없이 대대 전체가 급료를 받아야 한다고 요구했다. 야키르는 이에 동의했지만, 중국인들은 러시아 병사들이 자신들보다 최소 30배가 넘는 급료를 받는다는 사실을 몰랐다.[27]

소비에트 정부의 약점이 너무 크다 보니 그해 여름 독일군은 정권 붕괴를 막기 위해 소비에트 정권을 지지할 수밖에 없었다. 독일은 소비에트 정권이 무너지면 연합국이 동부 전선에서 전투를 재개할 수도 있다고 우려했다. 독일군은 프랑스에서 새로 배치된 미군을 마주했고, 8월 8일에는 백일 공세로 알려진 연합국의 대규모 총공세가 시작되었다. 독일 정부는 미르바흐와 아이히호른의 암살을 놀라울 정도로 조용히 넘겼을 뿐 아니라 러시아를 공격하지 않겠다고 확약했다. 덕분에 트로츠키는 남은 라트비아 대대들을 서부에서 볼가강으로 옮기고, 특히 카잔 수복을 위한 전투에 배치할 수 있었다.

8월 7일 백군이 카잔을 점령한 직후 라리사 레이스네르를 포함한 적군赤軍은 기차역이 있는 스비야시스크Sviazhsk에서 서쪽으로 약 20킬로미터 물러났다. 라스콜니코프는 잡혔지만 탈출했다. 트로츠키는 카잔의 함락 소식을 듣자마자 미친 듯이 움직였다. 카잔 함락 48시간 이내에 장갑열차를 준비해 전선으로 끌고 갔다. 페트로그라드의 공산당 의용군 200명을 태우고 라디오 방송국, 발전기, 인쇄기, 자동차 다섯 대와 대량의 예비 연료를 실은 이 장갑열차는 바퀴 달린 전투 지휘소 그 이상이었다. 다른 객차들은 여분의 무기, 포탄, 장화, 제복을 실었다. 한 객차는 탈영병과 비겁자를 처리할 혁명재판소로 따로 두었다. 가축칸에 기병대를 태우고 재조립 준비가 된 비행기 한 대까지 실은 열차가 뒤를 이었다. 전선에서 부대와 함께 머물겠다는 의도를 명백하게 보여주기 위해 트로츠키는 기관차를 모스크바로 돌려보냈다.

카잔을 잃고 며칠 후 트로츠키와 바체티스는 페름에서 예카테린부르크로 이어지는 철로를 따라 진군하라고 제3군에 지시했다. 트로츠키의 사령부는 섣부르게 승리를 보고했다. "적이 퇴각하면서 철로를 폭파하고 있다. 프롤레타리아의 적에게 죽음을!"[28] 북우랄 전선의 제3군은 레인골드 베르진Reingold Berzin이 지휘하고 있었다. 베르진은 발트 함대 제1원정대의 오합지졸에 불과한 수병들 때문에 큰 어려움을 겪고 있었다. 사르가Sarga에 진지를 구축하기 위해 페름에서 보낸 병사들이었다. 하지만 부대원들은 식량과 처우에 항의하는 집회를 여는 데 대부분의 시간을 보냈다. 사실, 그들은 자신들이 탄 열차에서 나오지 않으려 했고, 그중 다수가 성병을 앓는 것으로 보고되었다. 그들은 백군의 공격 위협 때문에 인근 부대에 도움을 요청했다고 주장했다. “하지만 벨리키예루키Velikiye Luki 부대는 이렇게 말했다. ‘우리는 굶주렸고, 일주일간 싸웠으나 아무런 도움도 받지 못했다. 누구도 빈손으로 누군가를 도우러 갈 수는 없는 법인데 우리에게는 탄약이 없다.’ 수병들은 지휘관들이 서류와 돈을 모두 가지고 달아났다고 설명하기 시작했다. 그러자 벨리키예루키 부대는 그것은 명백한 반역이기 때문에 도우러 가지 않겠다고 말했다.”[29]

발트 함대의 수병들은 또 다른 항의 집회를 열어 재훈련을 위해 페트로그라드로 돌아가야 한다는 결의를 통과시켰다. “이것은 제3군 사령관인 베르진 동지에게 보고되었고, 베르진은 수병들을 모두 모아 전투 병력으로서가 아니라 전선에서 도망치려는 자들을 막는 독전대로 전선에 남도록 설득했다. 수병들은 동의하지 않았고 베르진에게 재훈련을 받으러 돌아갔다가 다시 싸우러 돌아오겠다고 말했다. 그러자 베르진 동지가 말했다. ‘나는 자네들 수병들을 강제로 잡아둘 수 없네. 내가 할 수 있는 것이라곤 페트로그라드에 있는 동지들에게 알리는 것뿐이네.’”[30]

적군赤軍 부대와 수병을 전선에 계속 묶어두는 것이 북우랄 전선만의 문제가 아니라는 사실을 트로츠키도 곧 깨닫게 되었다. 라리사 레이스네르는 절망적인 상황에서 구세주처럼 스비야시스크에 나타난 트로츠키를 숭배했다. “트로츠키 곁에서 우리는 상처도 잊고 마지막 탄창을 비울 때까지 싸우다 장렬히 전사할 수 있다. 트로츠키가 프랑스 혁명사의 가장 영웅적인 순간을 구현하는 말과 몸짓으로 거룩한 전투 의지를 불러일으켰기 때문이다.”[31] 레이스네르가 느낀 강렬한 감정은 트로츠키가 사기를 올리기 위해 가져온 무기와 보급품만이 아니라 그의 강력한 통솔력과 천재적인 체계화 능력에서 기인하기도 했다. ‘강력한 통솔력’은 지휘관과 연대의 정치위원뿐 아니라 전선에서 도주하다 잡힌 병사를 모두 처형하는 것을 의미했다.

카펠 대령이 적군赤軍 진지 후방에서 기습 공격을 벌였고, "적군赤軍은 이제 공포에 사로잡혔다"[32]라고 빅토르 세르주는 기록했다. 트로츠키는 거의 1만 명에 가까운 바체티스의 병력 중 남아서 싸운 것은 겨우 500명에 불과했다는 사실에 경악했다. 도주한 많은 병사는 필사적으로 볼가 전단의 선박에 오르려 했다. 트로츠키가 데려온 공산당 의용군 200명 중 최소 27명이 비겁했다는 이유로 총살당했다. 트로츠키는 명백히 본보기로 삼을 목적으로 공산당 간부들을 처형했다. 또한 카펠 대령의 목에 5만 루블의 현상금을 걸었다.[33] 하지만 레이스네르는 기록에 그 시절의 영광스러운 이미지를 해칠 만한 것은 전혀 언급하지 않았다.

트로츠키는 이제 전선 뒤의 기관총 배치를 포함해 케렌스키 공세 중 볼셰비키가 비판했던 코르닐로프의 조치를 지지했다. 무단 철수를 막기 위해 공산당 장교로 이루어진 '독전대'를 배치하는 것이 적군赤軍의 일반적인 관행이 되었다. 이 가혹한 조치와 라스콜니코프의 볼가 전단에 도착한 더 많은 포함과 추가 대포, 폭격기 몇 대의 지원에 힘입어 카잔을 공격하는 부대의 전투력이 강화되었다. 하지만 그렇다고 해서 전선에 파견된 수병에 대한 신뢰가 커진 것은 아니었다. 발트 함대의 총사령관은 제5군 사령부의 라스콜니코프에게 전보를 보냈다. "오늘, 8월 26일 20시 기뢰전대의 해군 공산당원 500명이 스비야시스크로 출발할 예정이다. 장교 열 명도 오늘 파견될 예정이지만, 해군 사령관도 크론시타트 해군 정치위원도 그들을 보증할 수 없다. 그들을 엄격한 통제하에 둘 것을 권고한다. 우리의 지시사항은 반역자 한 명당 적어도 다섯 명의 장교를 사살하라는 것뿐이다."[34]

군사인민위원 트로츠키는 자신의 호위 기병대에 대해 잘 알았다면 경악했을 것이다. 라친스키Raczyński 중령은 체카 감옥에서 '자유로 가는 길은 볼셰비키군에 있다'[35]고 결심하고 다른 폴란드 부대원들과 함께 자원입대했다. 소비에트 당국은 기꺼이 이 '양심적인 동지들'을 적군赤軍의 공산주의 폴란드인 마조비아 창기병연대에 파견해 합류시켰다. 노련한 기병장교인 라친스키는 곧 진급했고 비밀리에 폴란드 귀환을 꿈꾸는 부대원들이 그의 부대로 옮겨왔다. 그들은 모두 고국으로 돌아갈 기회가 생기는 즉시 '폴란드로 휴가'를 떠나기로 했다. 그리고 트로츠키를 호위하는 임무를 맡게 되자 무모한 계획을 세웠다. "'싸우는 총사령관'이라는 인상을 주려 했던 트로츠키는 종종 개인 호위와 함께 전선을 따라 수색 정찰에 나서고, 적의 후방의 틈을 노려 급습하기도 했다." 하지만 폴란드 병사들이 트로츠키를 납치하기로 한 날 적군赤軍이 예상하지 못한 진격에 나서면서 계획이 모두 어긋났다. 라친스키는 겨우 화를 면했고 그들은 납치 시도 흔적을 숨기는 데 성공했다. '폴란드 휴가' 기회는 나중에 찾아왔고, 마침내 그들은 제1코시치우슈코 연대에 합류했다.

광활한 유라시아 영토에서 펼쳐진 내전의 전체 양상은 한 방향에서 다른 방향으로 크게 변동하는 경향이 있었다. 엄청난 거리 때문에 한쪽이 계속 진군해 나가며 지나치게 확장하고, 그러다 갑자기 후퇴해야 한다는 것을 깨닫는다. 5월, 6월, 7월에 놀라운 성공을 거둔 체코 군단은 이제 지치고 사기가 떨어졌다. 반동적인 백군 장교들과 동맹을 맺고 있다는 것이 병사들에게 영 내키지 않았던 것도 사기 저하의 원인 중 하나였다. 체코 군단은 사회혁명당을 선호했지만, 농민의 지지가 부족한 제헌의회 의원위원회의 종말이 얼마 남지 않았다는 것이 명백해지자 다시 고국으로의 귀환을 고려하기 시작했다.

동시에 침착하고 흔들림 없는 바체티스는 볼가강 유역의 사령부를 재정비하고 부대를 재배치했다. 제5군이 다시 장비를 갖추자 트로츠키는 보복을 촉구하는 선동적인 연설로 병사들의 분노와 투지를 불러일으켰다. 그들은 볼가강에 적을 익사시켜야 했다. "카잔으로 진군하라!" 9월

4일 도시 외곽에서 전투가 벌어지자 카잔의 무기 공장 노동자들은 백군에 반란을 일으켰다. 다수는 학살되었다. 엿새 후 최후의 일격 끝에 적군赤軍이 도시에 진입했고 남은 백군은 증기선을 타고 볼가강을 따라 도주했다.

적군赤軍이 카잔을 탈환한 다음 날인 9월 11일, 트로츠키는 카잔에서 가장 큰 극장을 가득 메운 어마어마한 군중 앞에서 연설했다. 그는 자신을 삼인칭으로 지칭하며 체코 군단의 반란과 볼가강에서의 봉기가 전적으로 영국과 프랑스의 음모라는 생각에 병적으로 집착했다. "연합군 사령부와 카잔에 있는 연합군의 계획은 이것이었습니다. 레닌을 죽이고 당시 스비야시스크에 있던 트로츠키를 열차와 함께 생포하라. 사빈코프가 레베데프와 함께 트로츠키를 생포하는 임무를 맡았습니다."[36] 사실 튜를레마Tyurlema에서 적군赤軍의 탄약 열차를 파괴하는 데 성공하고 바로 옆에서 전투를 벌이면서 트로츠키를 거의 생포할 뻔한 것은 사빈코프가 아니라 카펠 대령이었다. 하지만 트로츠키는 자신이 생각하는 내전의 전환점을 자신의 살해 또는 생포 실패와 연관 짓지 않을 수 없었다.

"당시 트로츠키 동지는 의심의 여지없이 죽기 일보 직전이었습니다." 트로츠키는 연설을 계속했다. "그리고 트로츠키 동지만이 아니라 … 제 생각엔 우리가 튜를레마 근처에서 패배했다면 러시아인뿐 아니라 사회 혁명도 파멸했을 것입니다. 튜를레마 인근에서 벌어진 전투에서 적이 승리했다면 적의 병력은 열 배로 증가했을 것입니다. 그리고 카잔을 시작으로 수많은 도시를 점령하고 모스크바와 페트로그라드에서 반란을 조직했을 것입니다. … 우리는 튜를레마에서 많은 것을 잃었지만, 백위대는 모든 것을 잃었습니다."

다음 날인 9월 12일 투하첸스키의 제1군은 심비르스크의 볼가강 동안에 교두보를 확보했다. 집중포화 속에서 폭 1킬로미터의 다리를 건너면서 많은 사상자가 발생했다. 하지만 덕분에 양쪽 제방을 따라 사마라로 진군하는 길이 열렸다. 제헌의회 의원위원회의 종말의 시작이었다. 인민군의 탈영병들은 이제 일제히 적군赤軍으로 넘어가기 시작했다.

강에서 벌어진 적군赤軍과 백군 전단의 전투도 육지에서처럼 일진일퇴의 접전이었다. 9월 18일 병력을 보강한 라스콜니코프의 볼가 전단은 카잔을 지나 볼가강과 카마강의 합류 지점까지 60킬로미터를 내려갔다. 카마강에 있던 백군 전단 병사는 기록했다. "우리보다 무기와 조직력이 뛰어난 볼셰비키 전단은 발트 함대에서 파견된 장갑 쾌속정으로 이루어져 있었지만 작은 강에서 기동하는 데 어려움이 있어 거리를 두는 것을 선호했다. 그들은 항상 우리보다 하류에 있었기 때문에 우리가 사용하는 부유 기뢰를 두려워했다."[37]

백군 선박은 대부분 앞 갑판에 임시 장갑을 두르고 대포 한 문으로 무장한 예인선이었다. 조준수와 함께 갑판에 있는 제국군 해군 장교들이 예인선을 지휘했고, 그 아래 있는 화부와 기관사는 지역민들이었다. 그들은 카마강 상류의 페름에서 연료를 보급한 뒤 "전선으로 남하해 아군을 돕고 붉은 함대가 카마를 장악하는 것을 막으려"[38] 했다. 하지만 아군의 지상군에도 별 도움을 줄 수 없다는 것을 인정해야 했다. 소통이 원활하지 않아 매일 전선이 어딘지도 제대로 파악하지 못했기 때문이다.

카마강에서의 전투 중 라리사 레이스네르는 틈틈이 자신의 가장 유명한 책이 될 《전선The Front》을 계속 집필했다. 카신Kashin에서 온 적군赤軍 수병의 육전대는 종마 사육장이 있는 카마강 하류의 마을 치스토폴Chistopol을 점령하는 데 성공했다. 승마 실력까지 뛰어난 놀라운 여성 레이스네르는 말 몇 마리를 징발해 수병 일부를 훈련시켜 기병 정찰대를 구성했다.

내전에서 가장 중요한 순간이 지났고 적군赤軍은 살아남았다. 적군赤軍의 평가서는 명시했다. "적에게 함락된 가장 중요한 장소들을 가을까지 전부 탈환했다. 볼가강 중류 유역을 수복하자 소비에트 국가는 안도의 한숨을 내쉬었다." 적군赤軍의 가장 큰 강점은 그들이 확보한 전략적 요충지였고, 이것은 백군이 다시 기세등등해진 1919년에도 적군赤軍에게 유리하게 작용했다. "중앙에서 주변부까지 잘 연결된 철도망을 이용해 우리 지도부는 한 전선에서 다른 전선으로 부대를 이동시킬 수 있었다. 그들은 모든 전력을 특정 장소에 집중시켜 적을 무찌르고 합류를 막는 나폴레옹식 전술을 사용했다."[39]

19

볼가강에서 시베리아까지
1918년 가을

8월 7일 체코 군단과 카펠의 군대가 카잔을 점령한 직후 페름 방향인 북동쪽에서도 반볼셰비키 반란이 일어났다. 이젭스크Izhevsk와 봇킨스크Votkinsk의 군수 공장 노동자들이 반기를 들었고 적군赤軍은 당황했다. 노동자들은 적군赤軍 병사들과 함께 출근하라는 지시를 받았지만, 같이 근무하는 것은 허용되지 않았다. 대부분 사회혁명당원과 멘셰비키로 이루어진 노동자들은 지역의 제국군 장교들과 합류했다. 두 도시에 있던 소수의 볼셰비키는 달아났다.

카마강 북쪽에 있던 베르진의 제3군이 반란을 진압하는 임무를 맡았지만, 적군赤軍이 수세에 몰린 이 시기에 그가 할 수 있는 일은 별로 없었다. 카마 지역의 제헌의회 의원위원회는 사마라의 제헌의회 의원위원회와의 연합을 염두에 두고 설립되었다. 9월 둘째 주 바체티스가 카잔을 수복한 뒤, 베르진은 이젭스크 및 이젭스크와 연합한 군수산업 도시 봇킨스크를 처리하라는 지시를 받았다. 트로츠키는 자신들의 공장을 백군이 장악해서는 안 된다고 결의를 다졌다.

베르진은 적위대, 발트 수병, 중국인 국제공산주의자들을 그러모은 부대를 파견했다. 이들을 지휘한 것은 라트비아인 유리 아플로크Yuri Aplok였다. 적위대와 수병들은 카마강 북안 상륙 작전에 실패해 많은 병사들을 잃고 퇴각해야 했다. 아플로크는 지원 병력을 요청했다. 베르진은 즉시 병사 80명을 보내고 다음 날 중국인 350명을 추가로 보내겠다고 답했다. 그들은 봇킨스크보다 약간 상류에 있는 마을 밥키Babki에 상륙했다. 이 병사들은 훨씬 훈련이 잘되어 있었지만, 반란 세력이 교회 종탑에 기관총을 설치한 것을 발견한 중국인들은 배를 타고 도주할 수밖에 없었다.

볼가강 중류 너머의 적군赤軍 부대가 강화되자 이젭스크와 봇킨스크의 반란군이 카마 지역에서 버티기가 어려워졌다. 자원병만으로는 부족해 징집을 통해 병사를 모집해야 했는데, 그중 다수가 적군赤軍으로 전향했다. 핵심 원자재 수급이 끊긴 공장은 그들이 사용할 탄약도 충분히 제조하지 못했다. 10월 초 적군赤軍은 이젭스크 남쪽에 있는 카마강 유역의 도시 사라풀Sarapul을 점령했다. 11월 7일 벌어진 중요한 전투에서 반란군은, 전하는 말로는 군악대가 연주하는 가운데 장전되지 않은 소총을 들고 열병식 대형으로 행진했다. 적군赤軍 일부가 겁먹고 달아나기는 했지만 결과는 뻔했다. 이젭스크는 그다음 날 함락되었다. 반란군은 봇킨스크로 퇴각했지만, 서유럽에서 총성이 멎은 11월 11일에 봇킨스크도 함락되었다.

베르진을 비롯한 시베리아-볼가강 전선의 공산당 지휘관들은 지원 병력으로 파견된 수병들 때문에 여전히 골머리를 앓았다. "300명이 넘는 수병들이 도착했습니다." 한 지휘관은 모스크바에 보고했다. "이 병사들 대부분이 형편없어 부대에 배치할 수 없습니다. 뿐만 아니라 수병 다수가 병에 걸렸거나 건강하지 않습니다. … 현장의 담당자들에게 파견 전 신체검사를 시행하라는 지시를 내릴 수 있겠습니까?"[1] 40명으로 구성된 어느 조에서는 28명 넘게 병원에 보내야 했다.

공산당 관료들은 증원 병력의 수준은 거의 신경 쓰지 않고 수를 맞추는 데에만 급급했다. 발트 함대 사령관 플레롭스키Flerovsky는 모스크바의 안토노프-오브세옌코에게 이렇게 경고할 수밖에 없었다. "4천 명이 넘는 병사들이 도착했소. 병사들이 매일 오고 있소. 흑해와 백해 해군은 특히 좋지 않아 보이고, 모스크바에서 파견된 무장 부대도 마찬가지요.

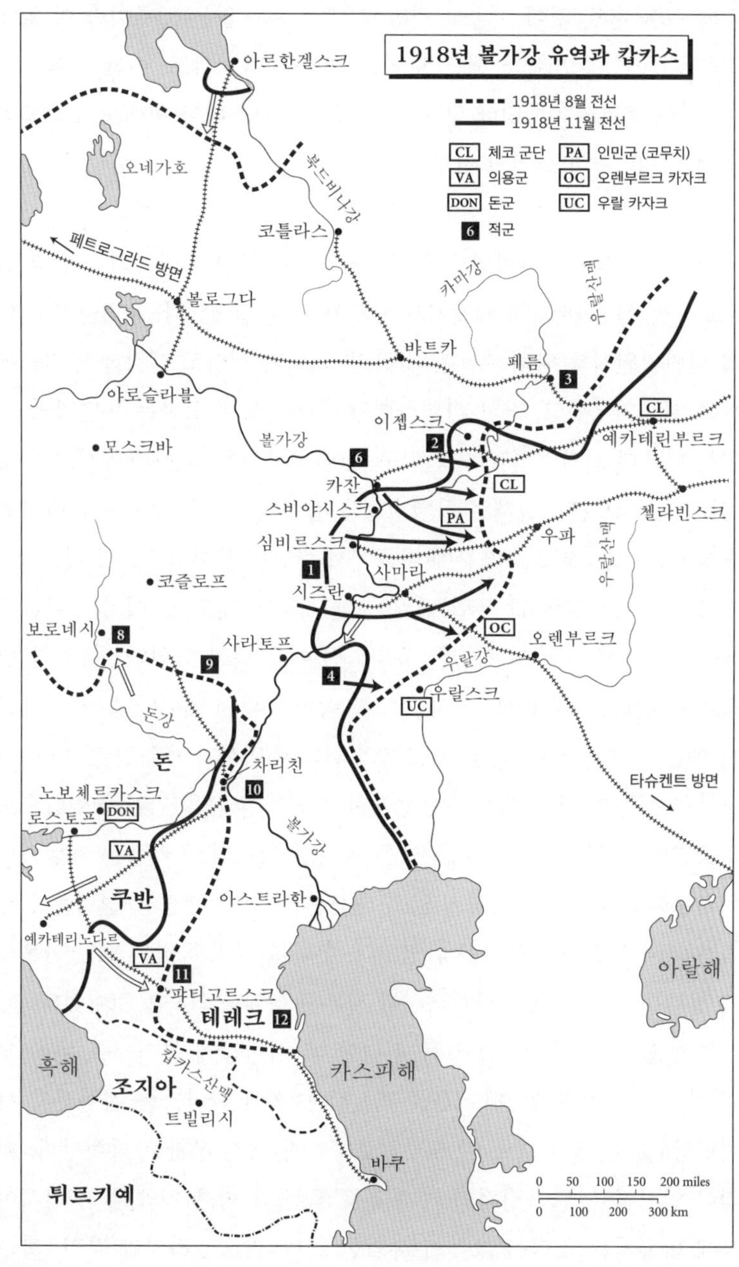
1918년 볼가강 유역과 캅카스
1918년 8월 전선
1918년 11월 전선
CL 체코 군단
PA 인민군 (코무치)
VA 의용군
OC 오렌부르크 카자크
DON 돈군
UC 우랄 카자크
6 적군
아르한겔스크
오네가호
북드비나강
코틀라스
페트로그라드 방면
볼로그다
카마강
우랄산맥
뱌트카
페름
야로슬라블
이젭스크
예카테린부르크
모스크바
볼가강
카잔
스비야시스크
첼랴빈스크
심비르스크
우파
사마라
코즐로프
시즈란
보로네시
오렌부르크
사라토프
우랄강
우랄스크
돈강
돈
차리친
타슈켄트 방면
노보체르카스크
로스토프
볼가강
쿠반
아스트라한
예카테리노다르
파티고르스크
테레크
아랄해
흑해
카스피해
조지아
캅카스산맥
트빌리시
바쿠
튀르키예
0 50 100 150 200 miles
0 100 200 300 km

정치와 규율 훈련 없이 이들을 전방에 보낼 수는 없는 노릇이라 이 일에 전력을 기울이고 있소."[2] 해군 보병의 결점은 차치하고, 어쨌든 볼가강 전선의 적군赤軍은 7만 명에 달했다. 여기에는 라트비아 연대도 포함되어 서부전선군은 병력을 거의 전부 빼앗겼다.

제헌의회 의원위원회의 사회혁명당원들은 볼가강 중류의 카잔과 심비르스크를 적군赤軍에게 빼앗기자 사기가 크게 떨어졌다. 농민들은 제헌의회 의원위원회를 위해 싸우는 것이 별 의미가 없다고 생각해 인민군에 합류하기를 거부했고, 좌파 사회혁명당이 아직도 주장하는 독일과의 전쟁에는 더욱더 회의적이었다. 인민군 내에서 탈영은 적군赤軍에서보다 훨씬 심각한 문제였다. 실제로 탈영병들을 잡아들이려고 갈수록 극단적인 잔혹성을 보이는 장교들 때문에 마을에서 반란이 일어나기도 했다.

카펠 대령은 9월 말 무렵 병력이 한 개 사단에도 못 미치는 이른바 '연합 군단United Corps'의 사기를 유지하려 애를 먹고 있었다. "용맹한 병사들이여! 위대한 러시아는 커다란 고통 속에서 다시 태어나고 있다. 제군들이 쏟은 노력과 흘린 피 위에 모국의 위대한 역사가 세워질 것이다. … 제군들의 성공은 러시아의 모든 정직한 시민의 마음을 기쁨과 희망으로 채우고 있다. 지금의 작은 불운은 곧 지나갈 것이다."[3] 카펠은 제헌의회 의원위원회의 붕괴를 언급하지 않고 대신 '러시아 연합정부' 설립을 위해 우파Ufa에서 열린 국가회의를 환영했다. 우파 회의의 목적은 모든 반볼셰비키 정부를 하나로 모은 전全 러시아 정부 구성에 합의하는 것이었다.

투하첸스키가 심비르스크를 점령한 후 사마라에 본거지를 둔 코무치의 몰락은 시간문제였다. 10월 7일 적군赤軍이 사마라를 점령하자 사회혁명당원들은 동쪽으로 약 500킬로미터 떨어진 우파로 달아났다. 시베리아 임시정부, 반독립적인 카자크 '칸국'들과 함께 미래의 전 러시아 정부에 합류하는 것만이 그들의 유일한 희망이었다. 하지만 갈킨 '장군'

처럼 장군을 자칭하는 반동주의자들이 제헌의회 의원위원회에 침투해 장악한 것을 생각하면 사회혁명당이 사태를 제어하는 것은 불가능에 가까웠다. 사회혁명당원 야코프 드보르제츠는 "잔인무도하고 파렴치한 장교들과 검은 백인대"[4]를 통제할 수 있을 거라는 환상은 조금도 가지고 있지 않았다. 그는 우파로 떠나 "불명예스러운 모험의 끝"을 지켜보느니 적군赤軍과 사마라에 남을까 생각하기도 했다. 하지만 그랬다가는 무슨 일이 벌어질지 불 보듯 뻔했기 때문에 그는 우파로 떠났고, 그곳에서 "코무치(제헌의회 의원위원회)의 부끄러운 사생아의 몸부림을 목격했다".[5]

'우파 국가회의Ufa State Conference'는 대표 다수가 도착하기 전인 9월 8일 열렸다. 사마라 인민군의 의장대와 아타만 두토프가 보낸 오렌부르크 카자크의 의장대가 일부 열차를 맞았다. 시베리아 호텔에서 열린 회의는 "볼셰비키로부터 해방된 영토에서 우후죽순으로 생겨난 각종 정부, 당, 국가, 공공단체"[6]의 200명이 넘는 대표들이 모여 소란스러웠다. 회의에 참여하지는 않았지만, 체코 군단도 참관했다.

세레브렌니코프는 어떠한 합의라도 이루기 위해서는 먼저 극복해야 할 갈등이 있다는 것을 너무 잘 알고 있었다. 좌익에는 사마라와 볼가강 유역을 잃었지만 금 보유고와 체코 군단의 지원이 있는 사회혁명당이 있었다. "우익에는 시베리아 정부와 카자크의 일곱 군대(시베리아, 우랄, 오렌부르크, 세미레첸스크Semirechensk, 아스트라한, 예니세이, 이르쿠츠크)의 군사 정부들이 있었다."[7] 그들은 물론 자신들의 회사와 토지를 돌려받고 싶어 하는 상인과 지주의 지지를 받았다. "코무치 인민군 사령관 갈킨 장군의 방 앞에서 칼을 빼들고 차렷 자세로 문을 지키던 보초 두 명을 결코 잊지 못할 것이다. 독설가들은 코무치 사회혁명당은 시베리아 사회혁명당이 그리신-알마조프를 두려워했던 것만큼 갈킨을 두려워해서 그렇게 엄중하게 감시하고 있는 거라고 주장했다."

알렉세이 그리신-알마조프Aleksei Grishin Almazov 장군은 옴스크의 시베리아 정부에서 가장 젊고 유능한 지도자였다. 사회혁명당원들은 그가 군사 독재자가 될 수 있다고 두려워했다. 또한 그리신-알마조프가 자신들을 편리하게 이용해 지금의 자리를 차지하고는 버렸기 때문에 그를 싫어했다. 그래서 사회혁명당원들은 자신들의 강력한 지지자인 체코 군단과 그리신-알마조프를 이간질했다. 백군 장교들은 이미 체코군에 분노하기 시작했는데, 체코군이 시베리아에서 정복자처럼 굴고 전리품을 나누기를 거부했기 때문이다. 다른 많은 백군 러시아인과 마찬가지로 그리신-알마조프는 체코군과 백군을 가르치려 드는 서유럽의 연합국을 모두 싫어했다.

첼랴빈스크에서 포도주를 과음한 뒤 그리신-알마조프는 현명하지 못할 뿐 아니라 사실과는 매우 다른 발표를 했다. "러시아는 연합국이 러시아를 필요로 하는 만큼 연합국을 필요로 하지 않는다. 현재 러시아만이 이 전쟁의 운명을 결정할 새로운 군대를 모집할 수 있기 때문이다." 그는 또한 시베리아의 체코 군단 수석 대표에게 말했다. "당신들 체코인들은 여기가 맘에 들지 않는다면 떠나면 된다."[8] 결국 체코군과 연합국의 압박, 그리고 사회혁명당의 지지로 그리신-알마조프는 해임되었지만, 러시아 백군의 군사 정치가 흔히 그랬듯 훨씬 더 반동적인 장교가 그의 뒤를 이었다.

우파 회의는 사마라와 옴스크의 양극단 사이에서 갈수록 분열되었는데, 이것은 제헌의회의 이상과 군사 독재의 본능 사이의 분열을 의미하기도 했다. 회의는 9월 23일 납득하기 어려운 타협 끝에 다섯 명의 대표(시베리아 자유주의자 볼로고드스키Vologodsky와 비노그라도프Vinogradov, 사회혁명당원 압크센티예프Avksentyev와 젠지노프, 사회혁명당 지지자로 여겨지는 볼디레프Boldyrev 장군)로 이루어진 '전全 러시아 임시정부'의 집정부Directorate를 설립하며 막을 내렸다. 겉으로는 사회혁명당의 승리로 보였지만, 이는 오래가지 않았다.

볼로고드스키는 전全 러시아 정부의 새 내각을 구성하는 임무를 맡았다. 내각 구성은 끝없는 갈등과 음모 때문에 거의 보름이나 걸렸다. 다시 한번 팽팽한 긴장감이 돌았다. 시베리아 정부 측은 사회혁명당이 얻은 명목상 이익에 분노했다. 이바노프-리노프Ivanov-Rinov 장군은 그리신-알마조프에 이어 시베리아군의 사령관이 되자마자 새 정부와 상의 없이 장교들의 견장을 복구하라는 지시를 내렸다. 더 많은 지시가 이어졌는데, "그중 다수는 군사적일 뿐 아니라 정치적 함의가 있었다".[9]

견장 복구는 백군의 군사력 향상에 별 도움이 되지 않았다. 11월 첫째 주, 적군赤軍은 사마라에서 우파와 100킬로미터 좀 떨어진 마을 볼샤야우스튜바Bolshaya Ustyuba까지 진군했다. 퇴각 중인 백군은 아주 작은 성과라도 얻기 위해 필사적이었다. 오렌부르크 카자크의 예사울(대위) 셰인Shein이 지휘하는 소트니아는 진군하는 적의 후방을 급습해 "서둘러 후퇴"[10]하고는 엄청난 승리를 거둔 것처럼 함성을 질렀다. 카펠 대령마저도 축하할 만한 공적을 찾느라 애를 먹었다. 그중 하나는 "맥심 기관총 한 정과 소총 다섯 정을 노획하고 돌아온"[11] 제1카잔 소총연대의 정찰 임무였다. 시베리아군은 급조된 덤덤탄 사용을 두고 적군赤軍에게 경고했다. "시베리아 정부의 병사들은 여러 조각으로 터지는 탄알로 부상을 입고 있는데, 적군赤軍 병사들에게서 탄두 끝을 자른 탄알과 탄창을 발견했다. 이런 탄약을 소지한 포로는 자비 없이 사살될 것이다."[12] 시베리아에서는 적군赤軍과 백군 모두 길 양쪽의 가로수 가지에 희생자의 시체를 매달았다. 개체수가 늘어가는 늑대들이 시체들의 발을 먹기 시작했다.

전쟁의 참혹함은 훨씬 끔찍한 모습으로 찾아오고 있었다. 시베리아 카자크는 입대하자마자 대개 학살부터 시작하며 잔혹 행위를 훈련받았다. "저는 1918년 10월 아타만 안넨코프의 부대에 동원되었습니다." 9년 후 S.A. 자보르스키Zaborsky는 증언했다. "신병들은 소트니아에 배치되었습니다. … 우리 연대는 세미팔라틴스크Semipalatinsk 지역에 파견되었습니다. 트로이츠코예Troitskoe로 향하는 길에 작은 전투가 벌어졌습니다. 전투 후 부대 지휘관인 예사울 조티크Zotik는 한 명도 남기지 말고 난도질해 사살한 후 마을에 불을 지르라고 지시했고, 병사들은 명령을 이행했습니다."[13]

제1시베리아카자크 연대에서 복무했던 아타만 안넨코프는 내전 중 옴스크 부근에서 작은 부대를 조직하면서 경력을 쌓기 시작했다. 1918년 가을 안넨코프는 남쪽을 향해 떠났고 도중에 저항하는 마을을 잔인무도하게 공격하며 주민들을 살해하고 약탈했다. 안넨코프는 형식에 얽매이지 않았다. 손을 흔드는 것으로 경례를 대신했고 장교들은 "동료 장교와 아타만을 'vy(вы 당신 또는 귀하, 러시아어에서 상대방을 높여 부를 때 사용-옮긴이)' 대신 'ty(ты 너 또는 자네, 러시아어에서 가까운 사이인 상대방을 편하게 부를 때 사용-옮긴이)'라고 불렀다".[14] 하지만 안넨코프는 확실히 과대망상에 빠져 있었고, '죽음의 경기병(후사르)연대', '푸른 창기병(울란)연대', '아타만 호위대' 같은 거창한 이름으로 연대를 창설했다. 장교들은 "한쪽 눈에만 닿는 앞머리를 한 아타만의 머리 모양"을 따라 했다.

"안넨코프는 젊고 호리호리하고 잘생긴 우수한 기병이었고, 소총과 권총 사격술이 뛰어난 데다 검술의 달인이고 체력도 대단했다. 한마디로 머리부터 발끝까지 군인이었다." 후에 한 장교가 남긴 기록이다. "그는 항상 차분하게 평정심을 유지했다. 그에게 매혹된 방문객은 자신의 요구사항을 귀 기울여 듣는 아타만이 즉시 암살자에게 자신을 따라가 해치우라는 명령을 내릴 거라고는 상상도 하지 못했을 것이다. 하지만 안넨코프는 뛰어난 지략가는 아니었다."[15] 이 장교는 그의 뒤이은 행보가 밝히듯 안넨코프가 무시무시한 사이코패스라고 덧붙였다.

거대한 수염과 의심 가득한 눈을 한 아타만 세묘노프는 안넨코프의 잘생긴 외모가 마음에 들지 않았다. 세묘노프는 바이칼호 남쪽 기슭에서 500킬로미터 정도 떨어진 시베리아 횡단철도 위의 치타에 본부를 설립했다. 세묘노프 정권은 무제한의 샴페인, 오스트리아-헝가리 제국군 전쟁포로로 이루어진 오케스트라, 많은 정부情婦들이 있는 쾌락주의적인 부패 정권이었다. 세묘노프가 가장 좋아한 정부 마샤Masha는 하얼빈 나이트클럽의 가수로 유대인이었는데, 이것은 세묘노프가 가까운 동지인 폰 운게른-시테른베르크 남작의 광적인 반유대주의에 동조하지 않았을 수도 있다는 것을 암시한다.

볼셰비키를 피해 온 피난민 여성들은 치타에 갇혔다. 자랑스러운 제국군 장교의 아내나 딸들도 창부로 전락했고 종종 아편이나 코카인에 중독되었다. 세묘노프는 본질적으로 전통적인 강도였기 때문에 철도를 따라 수송되는 물건 일부를 약탈해 정권의 자금을 댔다. 세묘노프는 혼자서는 결코 이것을 해낼 수 없다는 걸 알고 일본 제국군과 동맹을 맺었다. 일본군은 1945년 만주에서 패퇴하고 세묘노프가 전쟁에 승리한 소련군에게 처형당할 때까지 그를 도와주었다.

시베리아 카자크는 반동적이었고 그것을 자랑스러워했다. 그들은 민간인 그리고 무엇보다도 유대인을 경멸했다. 사회혁명당의 젠지노프가 "무지하고 흉포한 사람"[16]이라고 묘사한 아타만 크라실니코프Krashilnikov는 저녁 식사 중 술에 취하면 〈하느님, 차르를 지켜주소서〉를 부르곤 했다. (영국, 프랑스, 체코의) 연합군 장교들은 공식적으로 제헌의회의 복구를 약속한 정부가 어떻게 군주제 지지 표명을 용인할 수 있냐며 집정부에 해명을 요구했다.

적군赤軍이 서쪽에서 진군해 오자, 집정부는 전선 도시가 될 위험에 처한 우파를 떠날 수밖에 없었다. 미래의 전 러시아 정부의 근거지가 될 만한 곳은 예카테린부르크와 옴스크뿐이었다. 10월 7일 그들은 옴스크를 선택했고 이틀 후 도착했다.

"옴스크의 환영 행사는 특별히 축제 분위기는 아니었다." 세레브렌니코프는 회상했다. "역 옆에 간단한 아치형 장식이 있었던 것 같다. 몇 안 되는 사람들이 열차가 멈추는 선로 근처에 모여 있었고 의장대도 있었다. 나는 시베리아 정부를 대표해 집정부를 맞았다. 이들은 당분간 역에 있는 열차에서 지내야 했다. 갑자기 수도가 된 옴스크는 당시 사람들이 너무 많아 아파트나 방 한 칸 구하기가 하늘의 별 따기였다. 난민들이 쏟아져 들어오는 와중에 연합국의 외교 사절과 군사 사절단도 끊임없이 밀려 들어와 거대한 부지를 요구했다."[17]

집정부 내 파벌 간의 음모와 책략은 균열을 일으켰다. 사회혁명당은 제헌의회의 불씨를 살리려 했지만, 시베리아 사람들과 군부는 독재만이 효과가 있다고 믿었다. 국방부 장관으로 가장 많이 거론된 것은 체코 군단의 수장 가이다 장군의 열차를 타고 블라디보스토크에서 오고 있는 콜차크 제독이었다. 보리스 사빈코프도 후보에 올랐다. 동에 번쩍 서에 번쩍하는 사빈코프는 때마침 옴스크에 있었지만 "위험한 인물"[18]로 여겨졌고, 집정부는 연합국과의 외교 임무를 구실로 그를 유럽으로 보내기로 했다.

콜차크 제독은 도착하자마자 시베리아 정부에 자신을 소개하기로 했고, 세레브렌니코프는 각료회의에서 그를 정식으로 맞았다. 콜차크는 군복이 아닌 일반 정장을 입고 비서를 대동해 나타났다. 그는 간결하고 무뚝뚝하게 말했다. 세레브렌니코프는 전체적으로 좋은 인상을 받았다. 하지만 콜차크 호위대의 우두머리가 된 발렌틴 페둘렌코는 제독이 자기에게 주어진 원대한 역할에 적합하지 않다는 것을 스스로 알고 있었다고 짐작했다. "콜차크는 뛰어난 해군이자 위대한 탐험가이고 보기 드문 재능을 가지고 있었다. … 그는 (또한) 화를 잘 내고, 인내심이 부족하고, 부하들이 자신을 이해하지 못하면 불쾌해했다."[19]

콜차크는 집정부의 다음 각료회의에 참관인 자격으로 참석했다. 따라서 그는 볼로고드스키가 "지친 목소리로 새 통치 기구를 구성하려는 모든 노력에도 불구하고 어떠한 긍정적 결과도 내지 못했고, 이제 몸도 마음도 완전히 지쳐 더는 협상이나 임무를 계속할 수 없다고 선언했을 때"도 자리했다. 볼로고드스키는 말을 마친 후 일어나 의장직을 세레브렌니코프에게 넘기고 회의실을 떠났다. "불길한 침묵이 깔렸다." 집정부는 그즈음에는 웃음거리가 되었고 '궤적'이라는 별명을 얻었다.

"그 후 모두의 눈이 콜차크 제독에게 쏠렸다. 마치 '여기 아직도 굴하지 않는 단 한 사람이 있다. 이제 모든 것이 그에게 달렸다'라고 말하는 듯했다. 나는 모두를 대변해 제독에게 각료회의의 일원이 되어 난국을 타개해 달라고 제안했다. … 몇 분의 숨 막히는 기다림 끝에 제독은 마침내 제안을 받아들였다. 위기는 해결되었다."[20]

11월 17일에서 18일로 넘어가는 밤 카자크 순찰대가 옴스크의 거리에 나타나 집정부가 보기에 지나치게 자유주의적인 사람들을 체포했다. 세레브렌니코프도 체포되었지만 다른 순찰대의 장교가 풀어주었다. 세레브렌니코프는 무사히 집에 돌아갈 수 있는 암호를 받았다. 암호 "예르마크Yermak"는 16세기 이반 뇌제(이반 4세)를 위해 시베리아 정복에 앞장선 카자크 아타만 티모페예비치Timofeyevich의 이름이었다. 다음 날 아침 콜차크는 '최고지도자'로 임명되었다. 이 "불법 쿠데타"[21] 후 제헌의회 의원위원회 장관들은 전보로 비난과 위협을 보내며 연합국에 알리겠다고 경고했다.

전날 밤 총구를 들이미는 크라실니코프의 카자크 장교들에 의해 체포된 사회혁명당원들은 분노했지만 그리 놀라지는 않았다. "옴스크에 도착한 바로 그날부터 전前 시베리아 정부의 반동적 영향력을 느꼈다." 블라디미르 젠지노프는 기록했다. "마치 정치 음모와 소문의 숲에서 사는 것 같았다. 시베리아의 군부는 명백히 반민주주의적이었고 일부는 심지어 제정복고주의자였다."[22] 이틀 후 카자크 감시병들이 젠지노프를 비롯한 사회혁명당원들을 열차에 태워 중국 국경으로 데려가 풀어주면서 다시는 돌아오지 말라고 말했다.

◆

권모술수가 난무하는 시베리아의 정치 때문에 우드로 윌슨 대통령은 매우 신중을 기할 수밖에 없었다. 미국 전쟁부 장관은 미국 원정군American Expeditionary Forces 사령관 윌리엄 시드니 그레이브스William Sidney Graves 소장에게 당부했다. "발밑을 조심하게. 다이너마이트로 채운 달걀 위를 걷게 될 걸세. 건승을 비네."[23] 대통령이 직접 작성한 비망록에 따르면 그레이브스가 받은 지령은 러시아에서 체코 군단이 무사히 빠져나가도록 돕고, 블라디보스토크와 무르만스크에 비축된 10억 달러어치의 미국 군사 장비를 보호하고, '민주적인' 러시아인들이 새 정부를 조직하는 것을 돕는 것으로 제한되었다.

네모난 콧수염과 무테안경 때문에 옛날 교사처럼 보이는 그레이브스는 첫 미국 부대가 온 지 한 달이 지난 9월 1일 블라디보스토크에 도착했다. 하지만 11월 유럽에서 전쟁이 끝난 후에도 시베리아의 미국 원정군은 귀향하지 않았다. 윌슨은 파리 강화 회의가 마무리될 때까지 사태를 '관망'한 후 여러 러시아 정부 중 어디를 승인할지, 블라디보스토크에서 미국 원정군을 철수할지를 결정하기로 했다.[24]

악화되는 군사적 상황 외에 콜차크가 해결해야 할 가장 큰 문제는 시베리아 횡단철도와 체코 군단이 탄 열차였다. 콜차크는 "바이칼 철도 노동자들이 넉 달 동안 임금을 받지 못해"[25] 파업했다는 사실을 간과했다. 대신 시베리아에 있는 연합국 고위 관료, 프랑스 장군 피에르 자냉, 녹스 소장, 총영사 해리스, 일본인들에게 이렇게 불만을 표했다. "체코 군단의 열차가 철도 운행을 방해해 체계적인 수송에 어려움을 겪고 있소. 체코군은 자신들이 탄 열차만 통행을 허가해야 한다고 요구하오. … 이런 상황이 계속되면 러시아 열차는 완전히 멈출 것이오. 이렇게 되면 최후의 수단을 취할 수밖에 없소."[26] 콜차크는 체코 장군 가이다의 열차

블라디보스토크에 상륙한 미군

를 빌려 타고 옴스크에 도착했지만, 시베리아 횡단철도의 통제권을 둘러싸고 체코 군단과 다투면서 결국 배신과 처형을 자초했다.

치타의 아타만 세묘노프는 또 다른 골칫거리였다. “나는 콜차크 제독을 최고지도자로 인정하지 않는다.” 세묘노프는 11월 25일 옴스크에 전보를 보내 선언했다. “책임이 막중한 이 자리를 내가 제안하는 다음의 후보들이 맡는다면 인정할 수 있다. 바로 데니킨 장군, 호르바트 장군, 두토프 장군이다.”[27] 도쿄 주재 미국 대사 모리스와 이르쿠츠크의 총영사 해리스 모두 이 도발 뒤에 누가 있는지 짐작했다. 그들은 이미 “시베리아에 일본군 병력이 지나치게 많은 것”을 우려하고 있었다. 모리스는 일본이 “기본적으로 시베리아에 어떠한 통합되고 정연한 국가도 성립되지 않도록 하는 정책을 추구하는 듯하다”[28]라고 평가했다. 그는 일본의 구로키 다메모토黒木為楨 장군이 세묘노프를 비롯한 아타만에게 콜차크와 협력하지 말라고 조언했다는 말을 들었다. 게다가 일본군은 만주 횡단철도도 장악하기 시작했다.

혐오하는 아타만 세묘노프(앞줄 왼쪽)를 만난 그레이브스 소장(앞줄 중앙)

영국군 대표 녹스 장군은 세묘노프에게 가서 왜 콜차크를 인정하지 않는지 알아보라고 스테베니 소령에게 지시했다. 스테베니는 세묘노프가 "시베리아 횡단철도에 걸쳐 앉아 군수품 수송 열차의 이동을 방해하고 있는 것을 발견했다. 당시 이미 옴스크 너머 시베리아 서부에서 활동하고 있는 콜차크 제독의 군대에 군수품을 수송하는 열차였다".[29] 폭탄 공격으로 부상을 입은 세묘노프는 마샤와 함께 침대에 누워 있었다. 세묘노프는 수송 열차를 방해하지 않겠다고 약속했지만 스테베니는 그의 말을 믿지 않았다. 그래서 스테베니는 치타에 본부를 둔 제3나고야 보병사단의 사단장 오바 지로大庭二郎 장군을 만나러 갔다. 그들은 앞으로 군수품 수송 열차는 영국군의 호위하에 통과시키기로 합의했다.

세레브렌니코프는 콜차크가 세묘노프의 전보에 격분하는 것을 보고 깜짝 놀랐다. "아타만 세묘노프가 지금 그의 수중에 있었다면 제독은 그 자리에서 망설임 없이 그를 사살했을 것이다."[30] 콜차크에게 아첨하는 측근들은 그의 분노를 부추겨 세묘노프의 모든 지위를 박탈하는 지시를 내리게 했다. 암묵적으로 일본의 원조를 받는 세묘노프는 여전히 지시를 따르지 않았고 옴스크와 연락을 끊었다. 이 신중하지 못한 조치는 콜차크의 권위를 훼손할 뿐이었다.

시베리아의 백군 사령관과 카자크 군벌 모두와 마찬가지로 콜차크가 명목상 동맹인 일본이나 남쪽에 맞닿아 있는 중국 정부를 어떻게 대해야 할지 전혀 모른다는 사실도 명백해졌다. 중국은 시베리아 동부(자바이칼, 아무르, 연해주) 전역에 매우 중요한 식량과 원자재 공급원이었다. 치타의 세묘노프, 하바롭스크의 칼미코프Kalmykov와 우수리 카자크, 블라디보스토크의 로조노프, 몽골 국경의 운게른-시테른베르크 같은 백군 군벌들은 제국주의적 행동으로 중국인들의 깊은 분노를 샀다. "혼란과 파괴의 흔적"을 남기는 그들의 "무질서한 군국주의"[31]는 중국인들에게는 19세기 말 쇠퇴한 청 제국에 '불평등 조약'을 강요하고 굴욕을 준 러시아 제국주의자의 귀환으로 보였다. 반면 적군赤軍은 자신들의 반제국주의 이념을 강조하며 훨씬 영리하게 중국 정부에 접근했다.

최고지도자 콜차크가 당면한 가장 시급한 문제는 병력 부족이었다. 그의 참모장은 70만 명의 군대를 예상했다. 콜차크의 부관 페둘렌코는 시베리아 농민들이 "대단히 부유했지만" 볼셰비키에 대항해 싸우는 것은 매우 꺼렸다고 기록했다. "나는 그들이 누리는 부에 놀랐지만, 이 모든 부에도 불구하고 그들은 마치 우리의 투쟁이 자기들과는 상관없다는 듯 완전히 소극적이었다."[32] 콜차크는 어쩔 수 없이 징병제를 도입했지만, 이렇게 모집한 신병 대부분은 기회만 닿으면 탈주했다.

폴란드 군단Polish Legion이 소장으로 진급한 카펠의 '연합 군단'에 합류하면서 예상치 못한 병력 증원이 있었다. 카펠 소장은 "용맹한 부대,

우리의 폴란드 형제들!"이라고 말하며 그들을 반겼다. "여러분이 우리 전선에 와준 덕에 닷새 동안 이어진 힘든 전투에서 중요한 승리를 거두었습니다. 여러분은 전투에서 기사의 용맹과 강인한 정신력을 보여주었습니다."[33] 폴란드의 독립 선언으로 활성화된 시베리아의 폴란드 공동체는 공산당 정부를 믿지 않았다. 그들은 "볼셰비키 언론은 잔뜩 빈정거리며 폴란드인이 외국인이라고 말한다"[34]라고 언급했다. 곧 '시베리아 폴란드군'으로 불리게 되는 이들은 신생 독립국의 국경을 지키러 고국으로 돌아가게 해달라고 요구했다.[35]

피에르 자냉 장군은 "모길료프의 최고사령부에서 대위로 만났고 당시에도 진급이 너무 빠르다고 여겼던" 콜차크의 참모장이 탐탁지 않았다. 콜차크 주변의 다른 인물들도 마찬가지였다. "그렇게 많은 곳에서 여러 경험을 쌓은 나도 놀랄 정도로 믿을 만한 사람이 없다."[36] 그리고 자냉은 최고지도자가 "지상군 전술에 능한 듯이 과시하는 허세"에 넘어가지 않았다.

12월 22일 밤, 옴스크에서 볼셰비키 세력이 반란을 일으켰다. 볼셰비키 선전에 넘어간 한 부대를 비롯한 무장 노동자들이 쿠데타를 시도했다. 반란 세력은 감옥을 장악하고 죄수를 모두 풀어주었다. 그들은 역을 점령하고 철도 경찰의 무기도 빼앗았다. 카자크는 예상대로 이 봉기를 잔혹하게 진압했고 반란을 일으킨 노동자 거의 모두가 살해되었다.

감옥에서 풀려난 정치범 중에는 볼셰비키뿐 아니라 최근 콜차크를 최고지도자로 받아들이지 않은 저명한 사회주의자 몇 명도 있었다. 수비대 사령관 브르제좁스키Brzhezovsky는 명령했다. "불법으로 감옥에서 풀려난 이들은 모두 즉시 복귀하라. 돌아오지 않는 자들은 체포되는 즉시 사살할 것이다."[37] 풀려난 이들은 이 명령에 깜짝 놀랐다. 이 중 다수가 집정부에서 일하던 자들이어서 그중 몇 명이 친구들에게 콜차크 정부의 법무부 장관에게 어떻게 해야 할지 물어봐 달라고 간청했다. 그들은 감옥으로 돌아가는 것이 가장 안전하다는 법무부 장관의 조언에 따라 다음 날 돌아갔다. 하지만 그날 밤 술에 취한 장교 몇 명이 그들의 감방으로 향했고, 열두 명을 끌어내 얼어붙은 이르티시Irtysh강으로 데려가 얼음 위에서 기병도로 난도질했다. 일곱 명은 우파 사회혁명당의 제헌의회 의원이었다. 그중 한 명인 이반 포민Ivan Fomin의 시체에는 열세 개의 자상이 있었는데, 그중 다섯 개는 아직 숨이 붙어 있을 때 생긴 것이었다. 만취한 살인자들의 우두머리는 체포되었지만 곧 풀려났다. 그는 옴스크를 떠나 아타만 안넨코프의 시베리아 카자크군에 합류했다.

이 끔찍한 사건은 민주주의를 옹호한다고 영국과 프랑스를 설득하려 애쓰던 콜차크에게는 매우 당황스러운 일이었다. 자냉 장군은 사건 직후 자리를 비우고 예카테린부르크의 가이다 장군을 만나러 갔고, 가이다는 체코 의장대와 함께 역에서 그를 맞았다. 프랑스 장군의 적색과 금색 군모 케피képi를 쓰고 거대한 곰 가죽 코트 위에 의장용 검을 찬 장신의 자냉은 도시가 너무도 누추해 별 감흥을 받지 못했다. 그는 "사방에 말 거름과 염소 똥이다"[38]라고 일기에 적었고, 티푸스가 퍼지고 있다는 얘기에도 놀라지 않았다. 그는 가이다가 눈에 띄게 코가 크고 놀랄 정도로 젊다고 평가했다. 자냉은 가이다가 비위를 맞추기 어렵지만, 군사적 재능이 뛰어나다고 들었다. 예카테린부르크 함락 후 불길한 이파티예프 주택을 사령부로 삼은 가이다는 눈 속에서 대규모 행진을 벌였다. 12월 8일 수도원 벽 바깥에서 군악대, 기수단, 군사들의 횡렬 앞에 바퀴 위에 얹은 맥심 기관총을 세운 채 행진이 시작되었다. 체코슬로바키아 병사들의 제복은 통일되어 있지 않았다. 대부분은 러시아군의 외투에 카자크의 높은 양가죽 파파하를 쓰고 있었지만, 여전히 오스트리아-헝가리 제국군의 높은 케피를 쓴 병사도 많았다.

군사적 재능을 타고난 시베리아의 또 다른 사령관은 스물일곱 살인

아나톨리 페펠랴예프Anatoly Pepelyayev 장군이었다. 콜차크의 총리이자 후에 콜차크와 함께 처형되는 빅토르 페펠랴예프의 동생이다. 볼셰비키가 10월 혁명을 일으키기 전 제국군 중령이었던 페펠랴예프는 그 후 고향 톰스크에서 대규모 의용군을 일으켰다. 여름에는 크라스노야르스크에서 치타까지 서쪽으로 빠르게 진군했고 치타에서 아타만 세묘노프와 연합했다. 그 후 페펠랴예프는 자신의 시베리아 군단을 서쪽의 우랄 전선으로 이끌었다. 시베리아 군단은 런푸천任辅臣이 지휘하는 중국 연대를 포함한 베르진의 제3군과 대치하게 되었다. 중국 연대의 기관총 부대는 맥심, 콜트, 루이스 기관총을 갖춰 무장이 잘 되어 있었다. 주인이 여러 번 바뀐 예카테린부르크에서 북쪽으로 250킬로미터 떨어진 니즈냐야투라Nizhnyaya Tura에서 눈이 높이 쌓인 가운데 치열한 전투가 벌어졌다. "탄약을 아껴야 해서 한 차례씩 짧게 사격을 퍼부었다." 한 기관총 사수의 기록이다. "중국 소총소대가 측면을 엄호하고 있었다. 정확히 30분 후 우리는 수레에 기관총을 싣고 숲속으로 철수했다. 지휘관 리지형李子恆이 말했다. '우리는 죽고 싶지 않네. 하지만 우리는 백군을 이겨야 하네. 그러니 제17페트로그라드 연대와 합류할 수 있게 숲을 통과해 우리를 알렉산드롭카Aleksandrovka로 데려다주게.'"[39]

우랄 전선 북쪽 측면에 있던 베르진의 제3군은 12월 패배해 페름으로 철수해야 했는데 이는 동부 전선에서 백군이 거둔 몇 안 되는 승리 중 하나였다. 게다가 적군赤軍은 방한복, 특히 펠트로 만든 발렌키가 부족해 고통받았다. 연대 전체가 "동상과 질병"[40] 때문에 120명 남짓으로 줄어들었다. 핀란드 적군赤軍 자원병의 한 중대도 160명 중 70명을 잃었다. 적군赤軍 포병대는 포탄이 떨어졌고 후퇴는 대혼란이었다. 여단의 정치위원은 지휘관에게 본부로 돌아오게 한 뒤 그 자리에서 해임했다. 그는 부대가 도로를 따라 페름으로 줄지어 퇴각하고 있는 것을 발견했다. 후에 소련의 육군 원수가 되는 빨치산 지휘관 바실리 블류헤르Vasily Blyukher

가 지휘권을 인수해 제5여단에게 재배치를 위해 페름으로 철수하라고 지시했다. 여단이 블류헤르의 지시를 따르지 않으려 하자 그는 여단장을 체포하고 참모장에게 여단을 맡겼다.

중국 연대도 페름으로 퇴각하는 과정에서 많은 사상자가 생겨 병력 보강을 위해 인근 지역에서 신병을 모집해야 했고, '중국 국제공산주의자 대대'로 개칭했다. 시베리아 군단과 체코 부대들은 여전히 진군을 계속했다. "백위대 포병은 거리에 유산탄을 발포하고 있었고, 지역 주민으로 이루어진 혁명의 적들은 소총을 발사하기 시작했다. … 적군赤軍에 복무하는 옛 제국군 장교 일부가 우리를 배신하고 자신들의 부대를 이끌고 적의 군대로 전향했다. 반역자들은 도시의 무기고를 장악했고, 높은 건물에 설치한 기관총으로 적군赤軍에 발포했다. 제3군은 페름을 떠났고 적은 퇴각하는 부대를 즉각 공격했다. 피해가 막심했다. 수백, 수천 명의 적군赤軍 병사들이 카마강을 건너다 사망했다."[41]

시베리아 군단은 베르진의 제3군의 가련한 잔존 병력 중 사기가 떨어진 징집병 2만 명을 포로로 잡았다. 모스크바의 공산당 지도부를 충격에 빠뜨린 백군의 이 승리는 시기적절하게 페펠랴예프를 옴스크의 위대한 영웅으로 만들었다. 콜차크와 그의 행정부는 사회혁명당 의원들의 학살과 남부 지역에서의 우파 상실로부터 주의를 돌리고 싶었다. 한편 페펠랴예프는 아르한겔스크에서 남쪽으로 진군하는 영국군이 상황을 지나치게 낙관적으로 보고 목표로 삼은 뱌트카Viatka(지금의 키로프)까지 계속 진군하려 했지만, 갑자기 기온이 뚝 떨어져 도저히 진군을 강행할 수 없었다. 다른 사람들처럼 페펠랴예프도 다가오는 새해에는 전前 러시아 제국의 운명을 결정짓는 전투가 벌어질 것이라고 예상했다.

20

동맹군의 철수
1918년 가을-겨울

1918년 11월 11일, 4년 넘도록 진흙 속 참호전과 학살이 계속되던 서부 전선 전체에 으스스한 침묵이 깔렸다. 콩피에뉴Compiègne의 숲에서 연합국이 요구한 강화 조건에 따라 독일은 브레스트-리토프스크 조약을 폐기하고 동쪽의 점령군 모두를 1914년 이전 국경으로 철수시켜야 했다. 발트 지역만은 유일한 예외로 허용되어 에스토니아, 라트비아, 리투아니아는 볼셰비키의 지배하에 들어가지 않았다. 이틀 후 인민위원평의회는 조약 폐기를 선언하면서 발트 지역에 대한 권한을 되찾겠다고 주장했다.

딱 일주일 전 브루스 록하트는 외무부 장관 아서 밸푸어Arthur Balfour에게 서신을 보냈다. "현재 두 가지는 분명합니다. 첫째, 레닌은 독일 정부로부터 돈을 받았더라도 독일의 이익이 아닌 자신의 이익을 위해 사용했고, 둘째, 볼셰비즘은 이제 외부의 통제를 한참 벗어난 단계에 있다는 것입니다. 이제 볼셰비즘이 독일의 군국주의보다 유럽에 훨씬 위험하다는 말은 과장이 아닐 겁니다."[1]

공산당 지도부는 발트해 연안이 킬Kiel과 빌헬름스하펜Wilhelmshaven의 독일 제국 대양 함대를 시작으로 베를린과 뮌헨까지 혁명을 퍼뜨려 독일 혁명에 이르는 필수적인 경로라고 보았다. 브레스트-리토프스크 조약은 제1차 세계대전 중 독일이 거둔 가장 큰 승리였지만, 단 8개월 만에 흑해에서 발트해 연안에 이르는 동부 제국의 꿈은 물거품이 되었다. 23년 후 아돌프 히틀러Adolf Hitler가 이 꿈을 부활시키려 열의를 불태우게 된다.

우크라이나와 크림반도에 걸쳐 불안한 권력의 공백기가 시작되었다. 가장 먼저 철수한 독일군 부대는 동쪽 끝, 아조프해 방향으로 튀어

나온 타만Taman반도에서 물러났다. 독일의 지원을 받은 백군 타만 연대의 막심 쿨리크에 의하면 "그들은 처음부터 여기 없었던 것처럼 밤사이 조용히 사라졌다".[2] "어느 날 아침", 크림반도의 나데즈다 두바키나Nadezhda Dubakina는 기록했다. "우리에게 사모바르를 가져다준 하녀가 독일군이 사라졌다고 말했다. 밖에 나가보니 불길할 정도로 고요했다. 심페로폴은 2~3일 간 완전히 평온했지만, 볼셰비키가 다가오고 있어 이제 떠나야 한다는 소문이 돌기 시작했다."[3] 오데사에서 시민들은 독일군이 철수하기 전 틀림없이 사무실 바닥을 쓸고 갔을 거라고 농담했지만, 이런 농담은 닥쳐올 것에 대한 두려움을 애써 감추려는 것이었다.

남쪽에서 독일군이 갑자기 철수하면서 우크라이나의 많은 지역이 다시 페틀류라의 우크라이나 민족주의자에, 그다음으로 적군赤軍에 노출되었다. 독일 군대를 이용해 자신들의 토지를 몰수한 농민들에게 복수했던 지주들에게는 이제 보복이 기다리고 있었다. 카자크 기병 무리를 데리고 정찰 중이었던 백군 장교들이 보복을 행하는 경우도 많았다. 사흘간 자리를 비운 후 그동안 뭘 했냐는 질문을 받은 한 사람은 이렇게 대답했다. "음, 우리는 대위와 그의 영지로 가서 그의 땅을 경작한 무지크(농민)들을 채찍으로 때렸네."[4] 처벌은 제국군의 관습대로 꽂을대로 매를 때리는 방식으로 시행되었다.

12월 14일 페틀류라의 부대가 키예프에 접근하자 헤트만 스코로파즈키는 부상당한 독일군 장교로 위장해 도주했다. 그는 베를린에 정착해 반제Wannsee의 저택을 매입했다. 저택은 그의 헤트만 조상 모두의 초상을 걸 수 있을 만큼 컸다. 스코로파즈키는 큰 채소밭을 일구며 매우 자랑스러워했다. 하지만 독일에 몸을 숨긴 다른 백군 러시아 장군과 달리 스코로파즈키는 나치와는 아무것도 하려 하지 않았다. 1945년 봄, 스코로파즈키는 진군하는 소비에트 군대를 피해 다시 도주하다 연합국의 폭격에 치명상을 입었다.[5]

◆

영국과 프랑스의 군함이 연안에 도착하자 오데사는 잔뜩 기대했지만, 처음에는 어떤 부대도 상륙하지 않았다. 페틀류라의 군대는 12월 18일 오데사를 공격했다. 의용군 장교들과 오데사에 갇힌 폴란드 군단의 부대가 맞서 싸웠다. 우크라이나 포병대는 파사즈 호텔, 공원, 항구를 포격했다. 프랑스가 최후통첩을 보냈고 밤이 오자 전투는 종료되었다.

다음 날 옐레나 라키에르는 할머니와 함께 전투로 인한 피해를 확인하러 나갔다. "갑자기 우리는 시체로 반쯤 찬 영구차를 보았다." 라키에르는 일기에 썼다. "맨다리가 삐져나온 것이 보였다. 영안실로 가는 페틀류라의 병사들이었다."[6] 그 후 줄무늬 셔츠에 붉은색 방울이 달린 남색 베레모를 쓴 수병, 주아브Zouave병(원래 알제리인으로 편성된 프랑스 보병-옮긴이), 제156사단의 보병 일부로 이루어진 프랑스군이 상륙했다. 오데사에는 우크라이나가 프랑스의 데파르트망département(프랑스의 행정구역-옮긴이)이 될 것이고 프랑스 대통령 푸앵카레Poincaré가 직접 편입을 선언하러 올 것이라는 소문이 퍼졌다.

당초 프랑스는 러시아 내정에 그다지 간섭하지 않았지만, 더 많은 부대와 본부가 도착하자 프랑스 사령관 필리프 당셀름Philippe d'Anselme 장군은 프랑스군 주둔 지역을 가능한 한 확대하려 했다. 오데사의 의용군은 옴스크에서 온 그리신-알마조프가 지휘했다.[7] 의용군과 프랑스군의 관계는 당셀름이 페틀류라의 대표와 협상을 시도하면서 틀어졌다. 그리스군의 2개 대대도 오데사에 상륙했다.

백군 첩보기관을 운영하고 있던 전 오흐라나의 수장 글로바체프는 프랑스 군대를 겨냥한 볼셰비키 선전의 효과를 무척 우려했다. "오데사의 프랑스 주둔군은 기강이 해이하다. 병사들은 유대인과 유대인 여자와 술을 마시며 시간을 보낸다. 프랑스어를 하는 볼셰비키 선동가도 많다. 2월에는 전쟁에 지쳐 고향에 돌아가고 싶어 하는 연합국 병사들과 수병들 사이에서 소요 사태가 있었다. 공공연하게 볼셰비키 편을 드는 이들도 있었지만, 프랑스 방첩대는 볼셰비키 선전에 대항하려는 노력을 거의 하지 않았다."[8]

범죄 행위도 "어마어마한 규모"에 달했다. 식량 가격이 치솟으면서 폭리를 취하는 설탕 상인은 "오데사의 경제 독재자"가 되었다.[9] 의용군은 극단적인 조치를 취하기로 했다. 현행범으로 붙잡힌 강도들은 자비없이 사살했고, 경찰은 도둑을 우연히 발견하면 개처럼 살해하라는 명령을 받았다. '일본인 미시카'라는 뜻의 이름을 가진 미시카 야폰치크Mischka Yaponchik(실명은 모이세이 빈니츠키)와 그의 거대한 갱단은 마을을 공포에 떨게 하면서 한편으로는 숨어 있는 적군赤軍과 긴밀하게 협조했다. 공산당은 후에 그가 오데사 점령을 도울 때 그에게 연대의 지휘권을 주었지만, 쓸모가 없어지자마자 체카가 기습해 살해했다.

더 동쪽에서 적군赤軍은 보로네시와 사라토프 사이에 병력을 모아 콜차크가 데니킨과 합류할 기회를 완벽히 차단하려 했다. 모스크바에서 온 젊은 라트비아인 적위대원 에두아르드 두네는 사라토프의 정서방에 있는 발라쇼프Balashov의 남부 전선 제9군 사령부에 정치위원으로 파견되었다. 두네는 제9군이 전혀 프롤레타리아 군대 같지 않아 놀랐다. "본부 인원들은 수염 하나 없이 깔끔하게 면도하고 잘 차려입고 있었다. 그들은 서로를 이름과 성으로 불렀고 나 같은 방문객에게 철저하게 예의를 차렸다. 마호르카 담배를 찾아볼 수 없었고 쪽모이 세공한 바닥에는 담배꽁초 하나 없었다."[10]

구내식당에서 식사하는 동안 두네는 제1니즈니노브고로드 연대에 배치되었다는 이야기를 들었다. 다음 날 오후 그는 마침내 수레와 야전 취사장 수송대를 따라잡았다. "수송대는 열병식 하듯 행진하고 있었다. 연대장이 내게 대대장들을 소개해 주었다." 두네는 "적군赤軍 병사들이 소비에트 방식으로 말하지 않는" 것도 발견했다. "병사들은 연대장을 '연대장님'이라고 부르고 다른 사람에게 칭할 때는 '우리 대장님'이라고 불렀다. 제국군의 군인들이 이곳을 장악하고 있는 것이 명백했고, 우애라고는 찾아볼 수 없었다." 병사들은 고향 얘기만 하거나 자기가 있는 지역의 토양이 얼마나 비옥한지 감탄하는 농민들이었다. "백군이든 적군赤軍이든, 혁명이든 반혁명이든, 국유화든 공유화든, 이 모든 것은 그들에게는 영문 모를 얘기였고 교회의 설교만큼 지루하고 이해할 수 없는 것이었다. 외부인인 나는 매우 불편해지기 시작했다. 병사들과 논의할 수 있는 것은 전혀 없었고 본래 장교였던 지휘관들과는 더더욱 말이 통하지 않았다."[11]

두네는 곧 제9군 사령부에서 도는, 제15사단에 배반자가 있다는 소문을 들었다. 전 근위대 장교인 사단장 구사르스키Gusarsky가 트로츠키의 명령으로 처형되었지만, 그를 아는 이들은 그가 무고하다고 확신했다. "트로츠키는 엉뚱한 사람을 죄인으로 몰았다." 두네는 후에 기록했다. 두네는 배반자가 제9군 사령관 크냐그니츠키Knyagnitsky라고 확신했다. 크냐그니츠키는 "1919년 가을 부대를 버리고 진격하는 데니킨 군에 합류했다".[12]

11월 독일군 철수 후 의용군이 돈바스로 진격하는 동안 블라디미르 마이-마옙스키Vladimir Mai-Maevsky 장군은 서쪽 측면을 지휘하고 있었다. 마이-마옙스키는 너무 뚱뚱해서 제복이 맞지 않았다. 비대한 턱살, 거대한 "자두 같은 코",[13] 텁수룩한 수염에 코안경을 쓴 그는 볼셰비키가 권력을 잡기 직전 제국군의 제1근위군단을 지휘했지만 방탕한 서커스 단장처럼 보였다. 마이-마옙스키는 대식가였을 뿐 아니라 매춘부들을 데리고 다니는 방탕한 파샤였다. 그는 이 철도 전쟁에서 보기 드물게 효과적인 전술을 펴는 용맹한 장군이기도 했는데, 콘스탄티놉카Konstantinovka역

블라디미르 마이-마옙스키 장군

은 주인이 스물여덟 번 바뀌었다. 육중한 몸으로 잔뜩 땀을 흘리는 마이-마옙스키는 계속 전선에 있었고 절대 피하지 않았으나 총탄은 이런 거대하고 솔깃한 목표물을 기이하게도 빗나갔다. 그는 항공기를 정찰에 이용해 훨씬 적은 병력을 돈바스 철도망을 따라 이리저리 재빠르게 옮기는 뛰어난 전술을 폈다.

마이-마옙스키의 지휘하에 있는, 제83보병연대를 기원으로 한 사무르Samur 연대는 병사 거의 모두가 백군을 위해 용감하게 싸우는 적군赤軍 포로였다. 마이-마옙스키는 또한 건방지고 잔혹한 쿠반 카자크 안드레이 시쿠로와도 긴밀히 협력했다. 하지만 그는 유좁카Hughesovka(소련 시대의

네스토르 마흐노

스탈리노, 지금의 도네츠크) 인근에서 아나키스트 유격대를 이끄는 네스토르 마흐노Nestor Makhno와의 전투에 관한 시쿠로의 보고는 납득할 수 없었다. 시쿠로는 "마흐노의 병사들은 무기, 털코트, 군화까지 버리고 허둥지둥 달아났습니다"[14]라고 보고했다. "안드레이가 조금 과장한 게 틀림없는 것 같구먼." 마이-마옙스키는 통신감 에라스트 체브다르Erast Chevdar에게 냉담하게 말했다.

그의 일직 장교 중 한 명이었던 파벨 마카로프Pavel Makarov라는 위장 볼셰비키에 따르면 마이-마옙스키는 적군赤軍보다 마흐노를 두려워했다고 한다. "마흐노는 항상 예상 못하게 나타나 마이-마옙스키의 공격을 방해했다. 마이-마옙스키 장군은 레비신Revishin 장군이 이끄는 특수부대를 편성해 마흐노와의 전투를 맡겼다. 레비신의 본부는 볼노바하Volno-vakha역에 있었고, 마이-마옙스키는 여러 번 그를 방문했다. 마이-마옙스키 장군은 웃으며 말했다. '자네의 능력을 믿지만, 자네가 그를 잡을 가능성은 크지 않아. 그의 작전을 면밀하게 지켜보고 있는데 이렇게 노련한 지휘관을 우리 편에 두는 것도 괜찮을 것 같네.'"[15]

네스트로 마흐노는 내전의 가장 뛰어난 지도자 중 하나였다. 마흐노는 키가 무척 작고 나이에 비해 동안이었지만 병사들과 남부 우크라이나 농민들에게 '바티코Batko' 또는 '아버지'로 알려져 있었다. 어떤 이들은 그를 무정부주의자들의 아타만으로, 어떤 이들은 말을 탄 폭력배로, 많은 이들은 초원의 로빈 후드로 보았다. 마흐노는 예카테리노슬라프Yekat-erinoslav현(지금의 우크라이나 드니프로)의 큰 마을 굴랴이폴레Gulyai-Polye(우크라이나어로 훌랴이폴레)에서 빈농의 아들로 태어났다. 1917년 마흐노가 지역 소비에트 의장으로 선출되었던 굴랴이폴레는 이후 그가 백군, 페틀류라군, 적군赤軍에 맞서는 작전 기지가 되었다.

1918년 여름, 시골에서 독일군과 오스트리아군의 약탈에 저항하는 봉기가 시작되었다. 말을 탄 유격대가 점령군과 헤트만 스코로파즈키가 이끄는 곡물생산자협회의 지주들을 공격했다. 모스크바에 있다가 7월에 돌아온 마흐노는 여러 무리를 모아 상당한 병력을 확보하고 금세 사람들의 마음을 끄는 탁월한 능력을 보였다. 그는 곧 앞뒤 가리지 않는 용기와 영리한 전술로 전설적 인물이 되었다. 복수와 탄압의 악순환이 가속화되었다. 장교들은 독일인, 오스트리아인, 우크라이나인 가릴 것 없이 살해되었지만, 일반 병사나 바르타Varta 민병대원은 잔혹 행위를 저지르지 않았다면 무장해제 후 풀어주었다.

11월, 마흐노의 군대는 그의 지략으로 페틀류라의 부대를 물리치고 예카테리노슬라프를 빼앗았다. 마흐노는 열차에 노동자로 변장한 병사들을 가득 태우고 역으로 보냈고, 병사들은 열차 밖으로 돌격해 도심을 장악했다. 사흘 후 마흐노의 군은 다시 철수했다. 마흐노는 병사들을 먼 거리로 이동시킬 때면 종종 철도를 이용했다. 역 승강장에 있던 파우스톱스키는 그들이 지나가는 것을 묘사했다. "웃고 있는 젊은이들의 얼굴과 곡도, 커틀러스(해군용 도검), 은자루 단검, 권총, 소총, 방수포로 만든 탄약합 등 무기가 가득 실린 것이 보였다. 거대한 검은색과 붉은색 리본이 온갖 종류의 모자와 양가죽 모자에서 날리고 있었다."[16]

우크라이나 혁명반역군Revolutionary Insurgent Army of Ukraine은 무시할 수 없는 세력이었다. 무정부주의자의 검은색 깃발을 들고 다녀 많은 이들에게 '흑군'이라고 불렸다. 빠른 속도로 곳곳을 누비고 다녀 '유격군'이라고도 불렸는데 습격 후 이어지는 추격을 기병과, 이동 중 쏠 수 있는 무기를 이용해 방어했다. 이 무기는 타찬카tachanka라는 지붕 없는 사륜마차로 말 세 마리가 끌고 뒤에는 중重기관총을 실었다. 혁명반역군은 타찬카를 마부, 소총수, 기관총 사수를 태운 고대 전차처럼 사용했다. 그들의 적은 (적군赤軍이든 백군이든 우크라이나 민족주의자든) 경고를 받았다.

마흐노와 그의 추종자들은 처음에는 적군赤軍과 연합했지만, 나중에는 그들의 독재 공산주의에 등을 돌렸다. 전쟁의 방향이 바뀌면서 백군과 적군赤軍 모두 전설적인 반역자를 잡으려 굴랴이폴레에 군대를 보냈지만, 이들은 급작스러운 야습을 당하곤 했다.

마흐노의 부인 갈리나 쿠즈멘코Galina Kuzmenko는 이런 반격 중 하나를 일기에 기록했다. "적군赤軍 병사들은 크게 저항하지 않았다. 재빨리 무기를 내려놓았다. 반면 지휘관은 결사 항전하다 전사했다. 아침이 밝았을 때 제6연대의 4분의 3 정도가 무기를 내려놓았다. 연대의 일부 병사는 용감하게 우리와 총격전을 벌였지만, 동지들이 이미 무기를 내려놓았다는 것을 알자 무기를 내려놓고 투항했다. 우리 동료들은 혹독한 추위에 시달리고 지쳤지만, 모두가 새롭게 얻은 깨달음으로 보상받았다. 몸은 약할지라도 정신력이 강하다면 작은 무리도 위대한 생각의 영향을 받아 위대한 업적을 이룰 수 있다는 것이다. 몇 시간 만에 70명에서 75명 정도의 우리 동료들이 450명에서 500명이나 되는 적군赤軍을 포로로 잡고, 지휘관 거의 모두를 죽이고, 많은 소총, 탄약, 기관총, 수레, 말을 노획했다."[17]*

마흐노를 잡기 위해 편성된 특수부대의 백군 기마포병대 장교는 "주민 전체가 마흐노의 편이었다"라고 인정했다.** 그는 혼자서 한참 달린 끝에 마침내 무사히 포대에 귀환한 후, 마흐노비스트Makhnovist(마흐노 추종자)에게 잡힐까 봐 매우 두려웠다고 인정했다. "다리가 후들거려 안장에서 떨어질 뻔했다."[18]

한 번은 마을에 진입할 때 장교가 농부에게 어느 편인지 물었다. "누구의 편도 아니오." 농부가 대답했다. "백군도 약탈하고 적군赤軍도 약탈하고 마흐노비스트도 약탈하는데 누구를 지지하겠소?" 마몬토프Mamontov라는 이 백군 장교는 병사들이 그저 먹을 것을 얻기 위해 약탈하는 게 아니라는 사실을 알게 되었다. 어느 날 동료 몇 명이 경험 삼아 약탈하러 같이 가자고 그를 설득했다. 마몬토프는 질색이었지만 "다른 불길한 느낌에 조금씩 침식당하고 있었다. 절대 권력의 도취감이었다. 이 겁에 질린 사람들은 네 수중에 있다. 뭐든 네 맘대로 할 수 있다".[19]

남동쪽 멀리에서는 던스터 부대가 캅카스에서 철수하고 오스만 제국과의 휴전 협정에 따라 해산했다. 하지만 자카스피(후일 투르크메니스탄으로 알려지게 될)의 내해 너머에 있던 영국의 두 군사 사절단은 적군赤軍과

* 쿠즈멘코가 쓴 일기의 신빙성에 관해 의혹이 제기되었다. 실제로 일기에 미심쩍은 부분이 일부 있지만 그렇다고 일기 내용 모두가 거짓이라고 볼 수는 없다.

** 특수부대는 제2장교기마연대의 3개 대대, 드로즈돕스키 보병연대와 러시아 제국군의 잔재인 제11인게르만란디야 경기병연대의 2개 중대로 이루어졌다.

맞서게 되었다. 7월 아슈하바트Ashkhabad(지금의 투르크메니스탄 아시가바트)의 사회혁명당 조직은 메셰드의 맬러슨 소장과 군사원조 협정을 체결했다. 정부 설립을 주장하는 아슈하바트 위원회는 중앙아시아 철도의 기관사 표도르 푼티코프Fyodor Funtikov가 이끌고 있었다. 티그-존스 대위에 따르면 푼티코프는 감정이 훤히 들여다보이고 장황하게 말이 많고(말더듬증은 이 결함을 더 악화시켰다) 술을 너무 많이 마시는 경향이 있었다(아마도 말더듬증을 극복하기 위해서였을 것이다). 푼티코프의 부관인 철도 노동자 쿠릴리예프Kurilev는 더 호들갑 떠는 성격으로 어딜 가든 매우 큰 권총과 가죽 서류 가방을 가지고 다녔다. 이 희한한 사회혁명당 행정부의 구성원 중에는 알렉세이 이오세포비치 도레르Aleksei Iosepovich Dorrer 백작, 도호프Dokhov라는 중혼자, 아슈하바트에 나타난 지 얼마 안 되는 세묜 르보비치 드루시킨Semeon Lvovich Drushkin이라는 수상한 이방인도 있었다. 푼티코프는 그가 같은 사회혁명당원이자 변호사라고 믿고 보안 경찰의 우두머리로 선임했다. 전문가가 하나도 없는 아슈하바트 위원회의 재정 상태는 엉망이었다. 얼마 안 가 연료가 떨어졌고 철도 노동자들은 임금을 받지 못한 채 떠났다.

자카스피의 아주 작은 군대의 사령관은 "오라즈 사르다르Oraz Sardar라는 잘생기고 나이 지긋한 투르크멘인이었다".[20] 그의 동료 투르크멘인 다수는 근위병의 곰 가죽 모자만큼 큰 아스트라한 파파하를 쓰고 있었다. 북쪽에서 진격해 온 볼셰비키 군대는 이들보다 수적으로 훨씬 우세했고 오스트리아-헝가리 제국군의 헝가리인 전쟁포로가 합류해 전력이 크게 강화되었다. 8월 25일 아슈하바트 남동쪽의 카흐카Kaahka에서 치열한 전투가 벌어졌다. 적군赤軍이 공격에 나섰지만, 오라즈 사르다르의 병사를 지원하는 제19펀자브 연대 기관총소대의 공격으로 많은 사상자가 발생했다. 나머지 대대와 제28창기병연대의 1개 대대가 급히 현장으로 향했다. 장교들은 모두 강렬한 햇볕 아래 규정에 따라 토피topi(햇빛을 가리기 위해 쓰는 헬멧 모양 모자-옮긴이)를 썼다. 특유의 카키색 터번을 쓴 인도인들은 처음에 양쪽 모두 많은 병사가 비슷한 염소 가죽 모자를 쓰고 있어 조금 혼란스러워했다. 하지만 그들은 잘 싸웠고, 적군赤軍은 전열 재정비를 위해 퇴각했다. 전투는 소강상태에 들어갔다.

9월 15일 새벽 바쿠가 함락되자 증기선 투르크멘호를 타고 도주한 미코얀, 샤우먄, 페트로프를 비롯한 볼셰비키 지도자들은 선장에게 적군赤軍의 본거지인 아스트라한으로 향하라고 지시했지만, 지시와 달리 자카스피의 크라스노보츠크 항구에 도착했다. 선장은 항구에 가까워지자 가까이 다가온 경비함에 경보 신호를 보내려 사이렌을 울렸다. 배에 탄 볼셰비키는 투항할 수밖에 없었고, 모두 체포되어 지역 감옥으로 끌려갔다.

사령관은 아슈하바트 위원회에 전보를 보내 이들을 어떻게 처리할지 물었다. 아슈하바트 위원회는 메셰드에 있는 위원회 대표인 중혼자 도호프에게 연락해 맬러슨 소장에게 영국군이 포로를 인도로 데려갈 수 있는지 물어보라고 말했다. 티그-존스에 따르면 맬러슨은 9월 18일 호위대나 수송 수단이 없어 그럴 수 없다고 답했다. 맬러슨과 심라의 참모총장은 정치위원들이 볼셰비키에 붙잡힌 영국군 포로와 교환할 유용한 인질이 될 수 있다고 생각했지만, 티그-존스는 일기나 후에 외무부에 보낸 공식 보고서에 이 사실을 언급하지 않았다.

그날 오후, 티그-존스는 푼티코프, "외무부 장관" 행세를 하는 교사 지민Zimin과 함께 도레르 백작의 집에서 열린 회의에 참석했다. 카흐카의 전투에서 허벅지에 부상을 당해 목발을 짚고 있던 티그-존스는 매우 지쳐 있었다. 정보장교이자 정치장교 역할을 맡고 있던 그는 영국인과 인도인 부상병을 다루는 것부터 병원에서 통역사 역할을 하는 것까지 그 지역에서 일어나는 모든 일을 다뤘던 듯하고, 영국과 러시아 간의 모든 거래에도 관여했다. 그는 자신이 무슨 말을 했는지 "어렴풋이 기억"[21]날 뿐이라고 주장했지만, 푼티코프와 쿠릴리에프가 그들을 사살하는 게 어떻겠냐고 제안하고 지민과 도레르가 반대할 때 개입하지 않았다고 인정했다. 티그-존스는 "나는 엄격하게 중립적인 입장을 견지했고 논의에 전혀 참여하지 않았다"라고 기록했다.[22]

다음 날 9월 19일 저녁 티그-존스는 푼티코프로부터 곧 알려질 것처럼 "정치위원 26명"을 사살하기로 했다는 말을 들었다. 아슈하바트 위원회는 영국에 의존하고 있었기 때문에 티그-존스가 강력히 주장했다면 거의 확실하게 처형을 막을 수 있었다. 그다음 날인 9월 20일 저녁 쿠릴리에프는 레닌의 친구 샤우먄을 포함한 26명의 정치위원을 무개화차에 태웠다. 이상하게도 아나스타스 미코얀은 여기에 포함되지 않았다. 정치위원들은 철로를 따라 크라스노보츠크에서 60킬로미터 떨어진 곳까지 끌려가 선로 옆에서 일괄 처형되었다.[23]

이들의 살해 소식이 모스크바에 닿자 볼셰비키의 분노가 폭발했다. 트로츠키는 티그-존스가 직접 살인을 지시했다는 혐의를 제기했고, 스탈린은 1919년 4월 영국인을 "식인종"이라고 비난했다. 바쿠의 정치위원들은 소비에트의 순교자가 되었다. 그들의 죽음은 기념물, 우표와 기타 상징물, 세르게이 예세닌의 시 〈26인의 발라드〉, 한낮에 맬러슨 장군과 티그-존스가 처형을 지켜보는 장면을 풍부한 상상력으로 묘사한 이사크 브로츠키Isaak Brodsky의 그림으로 기념되었다. 사실 티그-존스는 처형지에서 300킬로미터가 훨씬 넘는 거리에 있었고 맬러슨은 페르시아의 메셰드에 있었다. 2004년까지만 해도 러시아 역사가들은 포로 모두가 투르크멘인 거한이 휘두르는 커다란 기병도에 참수당했다고 주장했다.

한편 카스피해의 영국 해군 전단은 이 살인이 다소 흥미로운 지방색을 띤다고 생각했다. 그들은 총살형 집행대의 우두머리가 푼티코프에게 불만을 토로했다고 들었다. "지시대로 이행했지만, 삽 다섯 자루는 일을 처리하기에 턱없이 부족했습니다."[24] 그 이후 영국군은 푼티코프를 "삽 다섯 자루"라고 불렀다.

◆

자카스피 전선은 다시 소강상태에 들어갔는데 가장 큰 이유는 중앙아시아 철도 북쪽에 있는 볼셰비키가 이 지역의 영국 인도군 병력이 실제보다 훨씬 많다고 확신했기 때문이다. 양쪽 모두 장갑열차가 있어서, 열차를 타고 선로를 따라 공격에 유리하게 언덕을 깎아낸 선로까지 진격해 포격한 후 즉시 되돌아오는 "치고 빠지기"[25] 전술을 사용했다. 영국군은 바이람알리Bairam Ali(지금의 투르크메니스탄 바이라말리) 너머로 진격해서는 안 되고, 자카스피 주민들이 원하는 대로 옥수스Oxus강(현재 명칭은 아무다리야강)을 넘어서는 절대 안 된다는 지시를 받았다. 영국이 비밀리에 자카스피 지역 전체를 점령하려 한다는 모스크바의 확신은 사실과는 거리가 매우 멀었다.

맬러슨 소장은 메셰드의 본부에 머물렀고 1년에 한 번, 11월 중순에 며칠간 국경 너머의 아슈하바트를 방문했다. 바그다드, 메셰드, 엔젤리의 영국군 본부 사이의 소통은 원활했던 적이 없었다. 영국 해군이 오스만 제국군으로부터 바쿠와 자카스피를 방어하고, 아스트라한과 볼가강 삼각주에서 작전을 벌이는 적군赤軍 전단에 저항하는 것을 돕기 위해 카스피해 전단을 조직했을 때도 본부 간 소통은 나아지지 않았다. 사령관 데이비드 노리스David Norris 준장은 카스피해의 군함에 실으려고 바그다드에서 육로를 통해 4인치 함포 몇 문을 가져왔다. 증기선 크루거는 이제 기함이 되어 'HMS 크루거'가 되었다. 영국군 전단에는 영국 군함기를 달고 보조 순양함 역할을 하는 무장상선 다섯 척이 포함되어 있었다. 나중에 매우 속도가 빠른 해군의 모터보트 10여 척이 바투미에서 열차에 실려 흑해에 도착했다. 오스만 제국군이 떠난 후 카스피해에는 작전 중인 전단이 셋이었다. 적군赤軍 전단, 백군 전단, 그리고 그 무렵엔 제27인도 사단이 방어하고 있던 바쿠에 기지를 둔 영국 해군 전단이었다.

카스피해 연안에서 일어난 일은 때로 짧은 희극 오페라 같은 가벼운 사건처럼 보이지만, 비극과 무자비한 폭력은 결코 멀리 있지 않았다. 오랫동안 페르시아 국경지대를 습격해 주로 여자 포로를 노예로 팔던 투르크멘인은 이제 미래가 두려웠다. 티그-존스의 말처럼, 그들은 영국군이 철수하는 대로 "자신들의 운명이 적군赤軍의 손에 넘어갈 거라는 현실을 직시하고 있었다".[26]

21

발트해 연안과 러시아 북부 1918년 가을-겨울

페트로그라드 남서쪽에서 독일이 철수하면서 알렉산드르 로드쟌코Aleksandr Rodzyanko가 이끄는 소규모의 백군 북부군단은 페이프시Peipsi호(러시아어로는 추트스코예호) 남단 근처의 도시 프스코프에서 무방비 상태가 되었다. 적군赤軍 제7군이 프스코프 외곽에 도착하자 제국군 장교와 주저하는 징집병 약 5천 명으로 이루어진 로드쟌코의 부대는 허둥지둥 국경을 넘어 에스토니아에 진입했다. 전 국가 두마 의장의 조카 로드쟌코는 기사근위연대에서 복무했고 올림픽 승마 종목에 출전하기도 했는데, 에스토니아인들이 좋아할 만한 경력은 아니었다. 로드쟌코는 대부분의 제국군 장교처럼 에스토니아를 러시아 영토로 여겼지만, 당시 에스토니아는 공격에 몹시 취약했고 도움이 필요했다. 독일군 제405보병연대가 철수했고 경무장한 에스토니아의 제4보병연대는 승산이 없었다.

11월 18일 에스토니아 임시정부가 다시 등장해 국군 창설을 발표했다. 사흘 후에는 러시아의 침략에 대비해 총동원령을 내렸다. 에스토니아 방위연맹Estonian Defence League이 민병대 예비군으로 부활했고 대표들은 바다 건너 런던으로 가 영국 정부에 군사원조를 요청했다.

11월 22일 레닌은 제7군에 지역 볼셰비키 단체를 지원해 에스토니아의 수도 탈린을 공격하라고 지시했다. 적군赤軍이 외국 침략자로 보일 수 있다는 사실을 의식한 레닌은 군대에 가능한 한 많은 에스토니아인을 포함시키려 했지만 2300명밖에 모을 수 없었다. 적군赤軍의 계획은 먼저 나르바를 점령하고 에스토니아를 장악한 후 리가를 점령하는 것이었다. 독일의 혁명 세력과 연합하기 위한 첫 단계였다. 일부 에스토니아인 볼셰비키 자원병을 포함한 적군赤軍의 제6소총사단은 거의 일주일간 전투를 벌인 끝에 11월 28일 나르바를 점령했다.

에스토니아 임시정부의 적법성은 의회(마패에브)에서 독립에 관한 결정적 투표를 거쳐 확인되었다. 모스크바에 충성하는 에스토니아의 볼셰비키는 항의의 표시로 총파업을 요구하며 맞섰다. 총파업에 참여한 노동자는 4천 명이 채 되지 않았지만, 크렘린은 자신들이 만들어낸 '에스토니아 소비에트 공화국Estonian Soviet Republic'을 승인했다. 하지만 에스토니아 민족이 볼 때 이것은 "외부로부터의 내전 선포나 마찬가지"[1]였다. 적군赤軍 제7군이 다가오는 가운데 12월 17일 탈린의 볼셰비키가 코뮌 성립을 선언하자 에스토니아 정부는 주저 없이 그들의 반란을 진압했다.

대부분 중산층으로 구성된 에스토니아 정부가 처음 자원병 모집을 호소한 후 학생들이 대거 입대했지만, 농민들은 주저했다. 12월 20일 의회가 토지 개혁안을 발표하자 거의 모두가 환호했다. 독일인 '발트 귀족'이 소유한 넓은 토지가 분배될 예정이었고, 모든 병사가 복무의 대가로 작은 토지 지급을 약속받았다. 이제 농민들도 떼 지어 군대에 자원했다.

반독일 정서에도 불구하고 소수민족인 독일인 학생과 기타 반볼셰비키 자원자로 구성된 부대가 창설되었다. 이 부대는 후에 발트 연대가 되었다. 모범적인 지도자로 입증된 자유주의자 제국군 장교 요한 라이도네르Johan Laidoner의 지휘 아래 매우 효과적인 지휘 체계가 발달했다. 라이도네르는 리보니아Livonia현의 소박한 농장 노동자의 아들로 태어나 순전히 재능과 노력만으로 출세해 사단 참모장이 되었다. 말끔한 차림에 단정한 작은 콧수염을 한 라이도네르는 타고난 위엄이 있었다. 누가 봐도 독립 전쟁 중 에스토니아군의 총사령관으로 적임이었다.

라이도네르는 3개 연대를 더 창설해 독일군 무기고에서 얻은 무기를 지급했다. 핀란드에서도 소총 5천 정, 야포 20문과 함께 나중에 '북방의 아들들' 핀란드 연대에 포함될 의용군을 보내왔다. 덴마크에서는 후에 덴마크-발트 중대를 형성할 자원병이, 스웨덴에서는 핀란드 내전의 베테랑 칼 악셀 모탄데르Carl Axel Mothander 소장이 지휘하는 자원병이 도착했다.

런던의 전시 내각은 11월 영국 지상군 파병을 요청하는 에스토니아의 긴급 호소를 거절했다. 대신 영국 해군의 제6경순양함전대를 탈린에 보내 새로 창설된 군대에 소총, 루이스 경기관총, 야포를 전달했다. 전대를 지휘한 것은 존경받는 스코틀랜드인이자 유틀란트 해전에서 독일 대양 함대를 처음 발견한 배를 지휘했던 해군 소장 에드윈 알렉산더-싱클레어Edwyn Alexander-Sinclair였다. 그는 함포가 닿는 데까지 볼셰비키를 공격하겠다고 에스토니아에 약속했다.

1918년 12월 하순, 영국 해군 전대가 에스토니아의 수도 탈린 인근에 나타났다는 소식이 페트로그라드에 닿았다. 발트 함대의 잠수함은 모두 "기술적 결함 때문에"[2] 핀란드만 너머를 정찰할 수 없었다. 사령관 표도르 라스콜니코프의 지시로 전함 안드레이페르보즈반니Andrei Pervozvanny, 순양함 올레그, 구축함 세 척(스파르타크Spartak, 아브트로일Avtroil, 아자르드Azard)을 포함한 전대가 파견되었다. 라스콜니코프의 뒤에는 그의 볼가 전단과 라리사 레이스네르가 있었다. 라스콜니코프는 영국 해군의 전파 신호 차단이 소비에트 함대를 크론시타트에 봉쇄하려는 영국의 책략일 뿐이라고 확신했다. 그래서 커다란 쇄빙선으로 길을 열며 에스토니아 해안으로 향했다. 구축함 아자르드는 출발 전 석탄을 싣는 것을 깜빡해 되돌아가야 했다. 라스콜니코프는 "이렇게 터무니없을 정도로 허술한 체계는 1918년의 혼돈 속에서나 가능하다!"[3]라고 언급했다.

남은 구축함 두 척은 계속 나아가 에스토니아 해안에 발포하고 반응을 유도해 에스토니아의 해안 포대를 시험하려 했으나 포대는 없었다. 이에 용기를 얻어 라스콜니코프가 탄 스파르타크와 아브트로일은 탈린 항구까지 계속 항해했지만, 접근 중 증기기관을 시동 중인 배가 내뿜는 연기를 발견했다. 그제야 크론시타트로 돌아가려고 방향을 돌렸지만, 영국

경순양함과 구축함이 너무 빨랐다. 설상가상으로 스파르타크는 좌초했다. 라스콜니코프에 따르면 함장은 분개하며 몇 번이고 말했다. "다들 여기가 얕다는 걸 압니다. 모든 해도에 나와 있어요. 정말 답답합니다!"[4]

구축함 HMS 웨이크풀Wakeful에 탑승한 병사들은 스파르타크의 선원들을 포로로 잡았고 포로들은 감금되어 곧 비스킷을 먹고 진한 차를 마셨다. 그들은 나중에 갑판으로 끌려와 아브트로일이 포획되는 것을 지켜보았다. 라스콜니코프는 "우리의 혁명적 자긍심을 해치려"[5] 한 짓이라고 항의했다. 소비에트 군함 두 척은 그 후 에스토니아에 넘겨져 에스토니아 해군의 주축이 되었고, 라스콜니코프는 이후 적군赤軍에 잡힌 영국 장교와의 포로 교환을 위해 런던에 끌려갔다.

하지만 육지에서는 우세한 적군赤軍에 대항해 영국 해군이 할 수 있는 것이 거의 없었다. 12월 22일 적군赤軍 라트비아 소총사단은 에스토니아 제2의 도시 타르투Tartu를 장악했다. 12월 31일 병력 7천여 명의 제7군은 에스토니아의 동쪽 절반을 점령했지만, 에스토니아는 백군 북부군단보다 훨씬 결연하고 유능한 상대였다. 에스토니아 남부에서 라이도네르는 새로 창설된 연대들의 병사를 모아 사단 하나를 더 구성했고, 모자에 해골 표지가 그려진 빨치산 대대를 창설했다.

에스토니아 애국주의의 상징은 푸른색, 검은색, 흰색으로 이루어진 코케이드(모자에 붙이는 표지)였다. 이 표지는 에스토니아군 제복에서 거의 유일하게 표준화된 것이었다. 학생들과 농민들 모두 양가죽 윗옷, 큰 외투, 독일군 철모, 러시아 보병의 약모나 양가죽 샤프카, 승마화나 각반을 아무렇게나 섞어 입었다. 크리스마스와 연말에 에스토니아는 재빨리 개조한 장갑열차를 이용해 반격을 준비하고 같은 언어를 사용하는 핀란드 백군 의용군 3800명을 배치했다. 적군赤軍 제7군이 접근해 오자 에스토니아 정부는 해안을 따라 공공연하게 지원하는 영국 해군의 순양함전대에 힘입어 탈린에서 소비에트를 불법으로 선언했다. 1919년 1월 6일 에스토니아는 반격을 시작했다.

1918년 12월 1일 적군赤軍의 침공으로 라트비아 내전이 시작되었다. 볼셰비키의 3개 라트비아 소총연대는 남쪽에서 다우가우필스를 점령했고 그동안 또 다른 3개 연대가 프스코프에서 에스토니아 남동부를 통과해 방향을 돌렸다. 적군赤軍이 리가로 향하는 가운데 모스크바는 12월 17일 라트비아 소비에트 사회주의 공화국Lativian Soviet Socialist Republic을 선포했다. 18일 후 적군赤軍은 리가에 진입했다. 라트비아 임시정부는 국민 민병대를 창설했다. 그 외에 라트비아 임시정부의 유일한 희망은 독일인이 주축인, 이 지역에서 게르만족의 지배권 확립을 목표로 하는 발트 지역방위군Baltische Landeswehr뿐이었다. 독일인과 라트비아인 부대가 반격을 준비할 때 아직 점령되지 않은 것은 쿠를란트 지역의 서쪽 절반뿐이었다.

최종적으로는 러시아, 독일, 폴란드의 군대가 개입한 리투아니아 내전은 심지어 더 복잡했다. 빠르게 병력을 강화한 적군赤軍의 2개 소총사단이 1918년 12월 12일 벨라루스에서 침공을 시작했다. 1919년 1월 중순 적군赤軍은 라트비아의 3분의 2를 점령했지만, 곧 예상보다 훨씬 거센 저항을 마주하게 되었다. 발트 3국은 여전히 러시아의 지배 아래에 있다는 크렘린의 주장은 누가 봐도 시기상조였고, '내전'이라는 말은 갈수록 적합하지 않아 보였다. 발트 3국은 자신들의 국가 정체성과 모스크바로부터의 독립을 위해 싸우고 있었다.

11월 자카스피 전선의 제국군 총사령관 니콜라이 유데니치 장군이 핀란드에 도착했다. 유데니치는 핀란드로 도주한 러시아 장교 2500명으로 군대를 일으키기로 결심하고 만네르헤임 장군을 만나러 갔다. 그리고

니콜라이 유데니치 장군(가운데에 모자를 들고 있는 사람)이 북서군에서 그를 가장 따르지 않는 부하 알렉산드르 로드쟌코 장군 옆에 서서 왜소해 보인다.

콜차크 제독에게 연락해 100만 루블을 지원받았고, 발트 지역의 부유한 러시아인들에게서 200만 루블을 추가로 받았다. 콜차크가 유데니치를 북서군Northwestern Army의 총사령관으로 인정했고 유데니치가 돈줄을 쥐고 있었기 때문에 로드쟌코 장군은 정말 내키지 않았지만 그를 상관으로 받아들여야 했다. 만네르헤임도 유데니치가 탐탁지 않았다.

에스토니아가 서둘러 독일의 군대와 볼셰비키의 습격을 방어하는 동안, 매우 복잡하고 골치 아픈 상황에도 불구하고 갑자기 영국 정부뿐 아니라 프랑스도 발트 지역에 관심을 보였다. 발트 지역 전체에 주둔한 독일군은 볼셰비키의 세력 확장을 막는 가장 강력한 장벽이었는데, 콩피에뉴 휴전 협정 제12조에 따라 당분간 주둔이 허용되었다. 발트 3국이 자력 방어가 가능한지 확실하지 않은 상황에서 백군은 페트로그라드 공격 계획을 세웠다. 하지만 핀란드도 에스토니아도 그들의 독립을 인정하지 않는 반볼셰비키 러시아 우월주의자들을 환영하지 않았다. 소비에트 영토를 침략하려는 백군의 시도는 결국 실패해 러시아의 반격을 초래할 가능성이 컸다. 게다가 유데니치가 영국과 프랑스에 군사원조를 요청하는 동안 파벨 베르몬트-아발로프Pavel Bermondt-Avalov 대령이 이끄는 또 다른 러시아 백군 부대가 베를린의 재정 지원을 받고 있어 어지럽게 뒤얽힌 발트 지역의 상황은 더 복잡해졌다.

전선 반대편의 페트로그라드는 여전히 기아에 허덕이고 다시 찾아온 겨울 추위로 고통받고 있었다. 떠날 수 있는 이들은 이미 떠났고 남은 이들은 한 세대 후 나치의 레닌그라드Leningrad(1924년 이후 페트로그라드가 개칭된 이름. 1991년까지 쓰였다.-옮긴이) 공방전이 가져올 끔찍한 잔혹함의 예고편을 보고 있었다. 책과 가구를 난로에 태웠지만 동사를 막기에는 역부족이었다. 많은 사람이 바닥 가운데에 오래된 카펫이나 방수포를 의자 위로 씌워 아이들이 노는 은신처 같은 텐트를 만들었다. 그들은 절박하게 먹을 것을 찾아다니며 하루를 보냈다. 공식 배급량은 턱없이 부족했고 지방이 부족해 상처가 나면 아물지 않았다. 시체를 썰매에 태워 묘지까지 끌고 갈 기력도 없어서 많은 시체가 봄이 되어 해빙기가 올 때까지 침대 위에 방치되었다. "밖은 너무 추웠다." 빅토르 시클롭스키는 기록했다. "속눈썹에는 성에가 끼고 콧구멍은 얼어붙었다. 추위는 물처럼 옷 속으로 스며들었다. 빛은 어디에도 없었다. 우리는 오랫동안 어둠 속에 앉아 있었다."[6]

북부 전선은 전쟁터 중 가장 안정적인 지역이었는데 북극권의 기후가 매우 험악한 데다 울창한 숲과 늪지 때문에 철도나 강을 따라 이동하는 것이 쉽지 않기 때문이었다. 여기서 사모일로Samoilo 장군이 지휘하는 소비에트 제6군은 무르만스크와 아르한겔스크에 기지를 둔 연합국 군대를 마주했고 영국군이 지휘하는 다국적군의 지상군과 교전을 벌였다.

브레스트-리토프스크 조약 협상 중 트로츠키가 제안했던 "전쟁도 강화도 하지 않는다"라는 의도적으로 모호한 정책 이후 무르만스크와 아르한겔스크 지역 정부는 소비에트 정부로부터 어떤 지원도 없을 것을 알아챘다. 7월 무르만스크 소비에트는 "모스크바의 소비에트 정부에 대한 충성을 저버렸고", 8월 1일 "아르한겔스크에서 쿠데타가 일어나 북러시아 임시정부가 설립되었다".[7] 백해 앞바다에 있는 영국 해군 함포의 지원과 지상의 영국 해병대 경보병대의 지원 없이 무혈 쿠데타는 성공할 수 없었을 것이다. 온건 우파 사회혁명당원 니콜라이 차이콥스키Nikolai Chaikovsky가 총리로 선출되었지만, 영국군 풀 소장의 엄격한 감독 아래 있었다.

볼셰비키는 독일의 공격에 대비한 방벽으로 삼기 위해 연합국 군대의 첫 상륙을 묵인했지만, 이제 모스크바는 연합군 주둔에 적개심을 보였다. 낙관적인 풀은 이 지역에서 대규모 군대를 일으켜 남쪽의 볼로그다로 진격해 우랄산맥의 체코 군단과 연결하려 했다. 그는 볼로그다가 사모일로가 이끄는 제6군의 사령부라는 사실을 몰랐다. 게다가 볼로그다는 볼셰비키가 페트로그라드를 버리고 떠난 후 연합국 대사와 사절단이 머무는 곳이었다. 7월 25일에야 공산당 정부는 외교 사절단이 아르한겔스크로 떠나는 것을 허용했고 이들은 여기서 배를 타고 고국으로 돌아갔다.

동쪽에서 독일에 대항한 전선을 부활시키려는 연합국의 노력은 볼셰비키가 1918년에 다시 베를린으로부터 상당한 지원을 받으면서 정당화될 수 있었다. 덕분에 러시아 북부에 주둔한 영국군을 증강하기 위해 미군 보병연대를 파견하도록 우드로 윌슨 대통령을 설득해 냈지만, 11월 휴전 협정 이후에는 연합군 주둔이 타당성을 잃었다. 베르사유의 연합국 최고사령부는 혼란스러운 시기에 공산당 정권을 타도할 명확한 계획을 짜는 대신 선택을 보류했다. 그것은 결국 제1차 세계대전의 어수선한 뒷수습이자 유럽을 '선한' 승자와 '악한' 패자로 재형성하려는 시도

이기도 했다.

프랑스, 캐나다, 폴란드, 이탈리아에서 보낸 지원 병력까지 도착해 무르만스크의 연합국 병력은 6천 명, 풀이 지휘하는 병력은 거의 1만 명에 달했다. 풀은 이미 한 달 전에 진군을 시작했다. 수상군이 해군의 모니터함, 포함, 구식 수상비행기, 공군 폭격기의 지원으로 북드비나강을 장악하는 동안 풀의 군대 일부는 장갑열차의 지원을 받으며 볼로그다선 선로를 따라 진군했다.

적군赤軍은 강을 따라 영국 선박에 기뢰를 흘려보낼 수는 있었지만, 화력에서 크게 밀린다고 생각했다. 제4발트 해군원정대는 강 위의 적군赤軍 증기선에 장착하기 위해 크론시타트에 "배에 싣기 충분한 만큼의" 120밀리미터 포를 긴급 요청했다. "우리 대표들에 따르면, 이렇게만 된다면 아르한겔스크는 늦어도 2주 이내에 우리 손에 들어올 것이다."[8]

여단 규모의 북러시아 원정군 C부대에는 제2/10왕립스코틀랜드 연대와 러시아 부대 하나가 포함되어 있었다. 8월 18일 트로이트카Troitka에서 벌어진 교전에서 그들은 밤새 이어진 접적행군 끝에 적군赤軍 포대를 기습해 장악했고 이 포대로 지나가는 적군赤軍 전단을 공격했다.

9월 13일 금요일, 미군 2개 중대와 함께 드비나강의 강둑을 따라 진격하던 영국군은 운이 꽤 좋았다. 영국군 신임 사령관이 아무런 발표 없이 수상비행기를 타고 전선을 점검하러 도착했고, 드비나강의 모니터함을 비롯해 모두가 비행기를 향해 발포했다. 한 장교는 기록했다. "정말 놀랍게도 핀레이슨Finlayson 장군이 비행기에서 내렸고, 우리는 사수들이 비행기를 맞추지 못한 행운에 감사했다."[9] 나흘 후에는 훨씬 심각한 사건이 발생했다. 포로로 잡힌 왕립스코틀랜드 연대의 젊은 병사 세 명이 "볼셰비키에 의해 잔혹하게 살해되었다".

가을 우기 동안 영국군에 이질이 유행해 피마자유가 처방되었다. 겨울을 날 곳을 찾아야 할 시기였다. 영국군은 북드비나강의 지류인 바가

Vaga강 상류의 한 수녀원을 병영으로 삼기로 했다. 10월 21일 월요일 윌리엄 서비William Serby 대위는 일기에 기록했다. "겨울이 본격적으로 시작되었다. 땅 대부분이 첫눈에 덮였고 날씨는 훨씬 추워졌다." C부대는 "털모자, 양가죽 안감을 댄 코트, 양모로 덮인 '섀클턴Shackleton' 부츠" 등의 방한복을 받았다. 이제 막 영국군을 지원하러 도착한 캐나다 포병대는 앞으로 기다릴 혹한과 기나긴 밤에 대비한 장비를 훨씬 잘 갖추고 있었다. 12월 중순이 되자 해가 떠 있는 시간은 네 시간도 되지 않았고 병사들의 사기가 떨어지기 시작했다. 연합국 부대와 수병들은 자연히 여기서 무얼 하고 있는지 자문하기 시작했다. 이제 전쟁이 끝났으니 그들은 제대해 고향으로 돌아가야 했다.

록하트는 전시 내각의 밸푸어에게 보고했다. "독일의 패배로 우리의 러시아 개입이 대단히 위험한 단계에 들어선 것이 분명합니다. 우리가 독일을 상대로 승리한 덕에 당초 개입의 명분이 사라졌습니다. 동시에 볼셰비키는 오스트리아와 독일에서의 혁명에 대한 기대가 커지고 우크라이나, 폴란드, 그 외 독일이 점령한 지역에서 세력을 키운 덕에 입지가 강화되었습니다."[10]

록하트는 밸푸어에게 보낸 또 하나의 긴급 보고에서 이렇게 덧붙였다. "러시아의 반혁명군은 외국군의 적극적인 지원 없이 볼셰비키를 이길 만큼 강하지 않습니다. 우리는 이들에게 재정적 지원을 제공하지만 적극적인 지원은 하지 않으면서 무력 개입을 한 것처럼 비난받는 동시에 러시아에서 내전과 불필요한 유혈 사태를 연장시키고 있을 뿐입니다."[11]

록하트는 이 주장을 이용해 소극적인 내전 개입에 반대하며 지상군을 포함한 전면 개입을 요구했다. "즉시 러시아 내 질서를 회복함으로써 볼셰비즘이 정치적 위험으로 퍼지는 것을 막을 수 있을 뿐 아니라 유럽 대륙을 위해 넓고 비옥한 유럽의 우크라이나 곡창지대를 지킬 수 있습니다. 어중간한 조치를 취하거나 아무런 조치도 취하지 않으면 우크라이나는 무질서와 혁명으로 불모지가 될 것입니다. 전쟁 후 유럽은 가능한 한 많은 곡물을 필요로 할 것이므로 러시아 남부와 루마니아의 안정은 매우 중요한 문제입니다."[12]

록하트는 일부 문제, 특히 몇 년간 대규모 병력이 필요하다는 것은 알고 있었지만, 본국 시민들의 저항과 파견 부대의 반란이라는 대단히 현실적인 위험은 과소평가한 듯했다. 신임 육군부 장관 처칠도 1919년 1월과 2월에 육군 원수 헨리 윌슨 경이 영국 육군의 "전반적 반란의 초기 상태"[13]라고 정의한 사태에 동요했다.

칼레Calais에서 4천 명의 영국군이 반란을 일으켜 진압에 2개 보병 사단이 투입되었다. 글래스고Glasgow와 리버풀Liverpool에서도 폭동이 일어났고 제대하지 못하는 것에 격분한 많은 병사들이 반란을 일으키고 육군부에 침입하기도 했다. "당시 영국 사회의 기반은 어느 때보다도 불안정했다."[14] 직후 처칠은 기록했다. 처칠은 무슨 일이 있더라도 볼셰비즘을 패배시키겠다고 더욱 결심을 굳혔다.

제3부

1919년

22

치명적인 절충
1919년 1-3월

크렘린에서 1919년 새해는 기이한 장면으로 시작되었다. 평소 강철 같은 자제력의 소유자인 펠릭스 제르진스키는 술에 만취했다. 그는 레닌과 카메네프에게 자신을 쏴달라고 애원했다. "저는 너무 많은 피를 흘렸습니다." 제르진스키는 말했다. "그래서 이제 더는 살 자격이 없습니다."[1] 하지만 레닌과 체카가 위협한 계급 학살은 이제 시작일 뿐이었다.

공산주의자들은 레닌의 주장대로 그들이 장악한 지역 내부의 내전에서 이미 승리했지만, 독일의 휴전 이후 연합국의 반동 세력을 우려했다. 하지만 파리의 연합국 최고사령부는 이 주제에 관해 의견의 일치를 보지 못하고 있었다. 콘스탄티노플로부터 20킬로미터도 안 되는 거리에 있는 마르마라Marmara해의 프린키포Prinkipo섬(그리스어 이름, 튀르키예어로는 뷔위카다섬)에서 내전을 끝내기 위한 강회 회의를 열자는 제안이 있었다. 여러 이해관계가 얽혀 있었다. 인민위원평의회와 여러 반볼셰비키 정부에 초대장을 보낸 우드로 윌슨은 순수하게 내전의 종식을 바랐다. 다른 이들은 이런 시늉을 통해 러시아의 난국에서 발을 뺄 수 있기를 기대했다. 하지만 프랑스 총리 조르주 클레망소는 볼셰비즘을 싫어했고 그들의 권력을 짓밟기를 염원했다. 클레망소는 브레스트-리토프스크 조약 체결이 연합국에 대한 중대한 배신 행위이기 때문에 소비에트 정부는 회담에 참여할 자격이 없다고까지 생각했다. 영국 육군부 장관 윈스턴 처칠도 레닌이 제안을 거부하길 바랐다. 그러면 백군을 지원하려는 그의 계획에 정당성이 부여되기 때문이다.

백군은 볼셰비키를 불법 강탈자로 보았기 때문에 강회 회의 제안에 경악하고 분노했다. 차르의 전 외무부 장관 사조노프는 영국 외교관에게 어떻게 자기 가족을 죽인 이들과 같은 자리에 앉기를 기대할 수 있냐고 물었다. 보리스 사빈코프는 프린키포 회의 제안을 방해하기 위해 사력을 다했다. 사빈코프는 연합국이 러시아 인민보다는 러시아의 천연자원에 더 관심이 많다고 의심했다. 후에 그는 연합국의 계획에서 "석유 냄새가 났다"[2]라고 회고했다.

강화의 가능성은 조금도 없었다. 인민위원평의회는 참석하겠다고 답했지만 휴전은 거부했다. 윌슨 대통령은 몸이 좋지 않아 미국으로 돌아가기로 하면서 이 계획을 거의 방치했다. 처칠은 기쁨을 미처 감추지 못하며 기록했다. "금요일 떠나기 전에 윌슨은 마지막으로 러시아 문제를 두고 떠나는 것이 매우 우려스럽지만, 기꺼이 '프린키포에서 볼셰비키와 단독 회담'을 하려 했고, 협상이 실패했다면 '연합국과 함께 필요하다고 여겨지는 어떤 군사적 조치에도 함께했을 것'이라고 말했다".[3]

회담 논의 기간이 끝난 다음 날인 2월 16일 처칠은 총리 로이드 조지Lloyd George에게 서신을 보냈다. "우리가 즉시 패를 보여야 한다고는 생각하지 않습니다. 전체 상황을 검토할 군사 위원회를 즉시 설립하고 볼셰비키와의 전쟁 계획에 이용할 수 있는 자원을 준비하는 편이 더 신중한 방침이 될 것입니다."[4]

"전쟁 계획"이라는 두 단어에 로이드 조지는 깜짝 놀라 반응했다. "총리의 전언. 볼셰비키와의 전쟁 계획을 말하는 자네의 전보에 매우 놀랐네. 내각은 그런 제의를 승인한 적이 없네. … 러시아가 정말로 반볼셰비키라면 장비 공급만으로도 충분히 자신들을 볼셰비키로부터 구원할 수 있을 걸세. 러시아가 친볼셰비키라면 우리에게는 러시아 내정에 개입할 권리가 없고, 개입한다면 볼셰비키 지지 여론을 강화하고 단결시켜 분명히 해를 끼칠 것이네. 값비싼 러시아 침략 전쟁은 러시아에서 볼셰비즘을 강화하고 본국에도 생겨나게 할 뿐이네. … 이 문제에서 프랑스의 의견을 따르는 것은 안전하지 않네. 러시아 차관에 투자했다가 이젠 그 돈을 되돌려 받긴 글렀다고 생각하는 소규모 투자자 다수가 프랑스의 판단을 왜곡시키고 있네. 그들은 우리가 자기들을 위해 위험한 일을 대신하는 것을 무엇보다도 반길 걸세."[5]

로이드 조지는 우드로 윌슨처럼 구 제정의 붕괴가 자업자득이라고 보았다. '웨일스의 마법사' 로이드 조지는 처칠에 관해 "그에게 흐르는 공작가의 피가 러시아 대공들에 대한 학살에 깊은 증오를 느끼고 있다"[6]라고 언급하기도 했다. 하지만 처칠의 다음 주장은 틀리지 않았다. "연합국의 어떤 계획에도 '승리하려는 의지'가 없다. 모든 면에서 우리는 진정한 성공을 거둘 수 없는 상황에 있다. … 파리의 연합국은 볼셰비키와 전쟁을 벌일지 평화롭게 지낼지 아직 결정하지 못했다. 그들은 이 두 선택지를 똑같이 싫어하면서 갈림길에 멈춰 서 있다."[7]

처칠마저도 연합국의 정책이 전면 개입으로 바뀔 기회가 오기를 바라며 따를 수밖에 없었던 치명적인 절충은 고통을 연장시킬 뿐이었다. 오데사에서 일어난 사건들은 이 점을 극명하게 드러냈다. 3월 무렵 프랑스 사령관들은 의용군과 거리를 두고 오데사에 슈바르츠Schwarz 장군을 총사령관으로 하는 새 행정부를 수립했다.

그리신-알마조프의 참모장 알렉산드르 산니코프Aleksandr Sannikov 장군이 데니킨 장군의 지시를 받아 필리프 당셀름 장군을 만나러 갔다. 당셀름은 스컬캡(테가 없는 모자로 성직자가 많이 쓴다.-옮긴이)을 쓰고 목에 레지옹 도뇌르 훈장을 두르고 있었다. "당셀름은 매우 정중했지만 내가 온 이유를 이해하지 못했다. 그는 이 도시가 프랑스의 지배 아래에 있다고 생각하고 있었다."[8] 그리신-알마조프 장군은 프랑스와의 관계를 개선하려는 노력을 거의 하지 않았다. 그를 잘 아는 작가 테피는 그를 "작은 나폴레옹"[9]이라고 불렀다. 대담하고 활동적이고 거만하며 대규모 수행단과 개인 호위대를 거느리고 다닌 그리신-알마조프는 징집제를 도입하고 오데사 안팎의 무기고를 장악하도록 허용해 의용군을 도와달라고 당셀름을 설득해 내지 못했다. 당셀름의 거부는 군 보급품이 전부 볼셰비키의 손에 들어간다는 것을 의미했다.

2월 오데사에 도착한 앙리 베르틀로Henri Berthelot 장군은 의용군에 더 관대해 보였지만, 프랑스 장교들은 여전히 자신들의 병사들과 수병들이 볼셰비키에 동조하는 것을 우려해 백군을 지지하기를 두려워하는 듯했다. 특히 1917년 니벨Nivelle 공세의 참극 이후 프랑스군 내부에서 반란이 일어난 적이 있어 우려하는 게 당연했다. 오데사에서 철수 후 4월 하순 전함 장바르Jean Bart를 포함한 흑해 전대의 프랑스 군함에 반란이 퍼졌다. 루마니아의 항구 갈라치Galați에서 후에 스페인 내전에서 국제여단을 조직한 프랑스의 공산주의자 앙드레 마르티André Marty의 주도로 반란이 시작되었다. 세바스토폴에서는 프랑스 전함 선원들이 〈인터내셔널가〉를 부르며 근무를 거부했다.

적군赤軍은 1919년 1월 하리코프와 키예프를 모두 탈환했다. 적군赤軍에 합류한 아타만 그리고리예프Grigoriev가 3월 헤르손Kherson을 장악하자 프랑스군과 그리스군은 철수할 수밖에 없었다. 그리스군은 용맹하게 싸웠다고 전하지만, 주아브병을 비롯한 프랑스 병사들은 싸울 마음이 없었다. 보즈네센스크Voznesensk 방어전에서는 주아브병까지 단호하게 전투를 거부했다. 베레좁카Berezovka(지금의 우크라이나 베레지우카)에서 프랑스군은 르노Renault 전차 다섯 대와 야포를 버리고 도주했다. 당황한 프랑스 사령관들은 군 붕괴에 망연자실해 불과 얼마 전 자신들이 무기와 탄약 보급 요청을 거부했던 의용군에게 전선으로 병력을 보내달라고 요청했다. 그 후 그리고리예프는 니콜라예프Nikolayev(우크라이나어로는 미콜라이우)를 점령했고, 3월 말 프랑스군은 가장 먼 점령지인 아조프해 연안의 마리우폴Mariupol에서 철수해야 했다.

우크라이나에서 전투를 벌이면서 그리고리예프의 부대와 페틀류라가 이끄는 우크라이나인들은 전례 없는 반유대주의 포그롬을 일으켰다. 작가 이반 나지빈은 페틀류라의 군대가 지토미르와 베르디체프Berdichev에서 얼마나 미쳐 날뛰었는지 기록했다. “기관총뿐 아니라 장갑차와 대포를 동원해 전문적인 포그롬을 일으켰다. … 뒤이어 유대인뿐 아니라 부유한 주민들까지 미친 듯이 약탈했다. 유대인 수백 명이 살해되었다.” 나지빈은 모스크바의 편집실에서 있었던 논쟁을 떠올리지 않을 수 없었다. “당시 어느 똑똑한 냉소주의자가 우리에게 말했다. ‘우리의 혁명이 어떻게 전개될지 간단히 말해보겠네. … 한동안, 이 어리석고 피비린내 나는 혼돈이 계속될 거야. 그러고 나서 위대한 러시아의 혁명은 역사상 유례없는 규모의 유대인 포그롬으로 끝날 거네.’”[10]

오데사에 도착하자마자 나지빈은 이반 부닌을 방문해 그간 겪은 일에 관해 이야기를 나누었다. “내가 가장 좋아하던 작가 부닌은 결과가 어떨지 상상도 못 한 채 차르 정권의 몰락을 반겼던 날을 회상했다. ‘이반 표도로비치Ivan Fyodorovich,’ 부닌은 말했다. ‘우리는 너무나 생각이 없었네! 마을에서 스톨리핀의 암살 소식을 들었을 때가 기억나. 지금은 믿을 수 없지만, 그때 나는 기쁨에 차 소리를 지르며 발코니를 뛰어다녔다네!’”[11]

프랑스 점령 지역이 오데사와 그 주변밖에 남지 않게 되자 클레망소는 매우 회의적이었지만 수비대에 무슨 수를 써서라도 버티라고 지시했다. 3월 1일 영국 육군 윌슨은 프랑스 육군 원수 포슈Foch와 논의 후 포슈도 “콜차크과 데니킨 어느 쪽도 믿지 않으며”, “프랑스 사단이 매우 약하고 병사들의 사기도 그리 높지 않으며 그리스군도 별 도움이 될 것 같지 않아 오데사의 상황을 우려하고 있다”[12]라고 보고했다. 같은 날 로이드 조지는 처칠에게 서신을 보내 흑해 지역의 프랑스 총사령관 프랑셰 데스페레Franchet d'Espèrey 장군에 대해 불만을 표했다. “프랑스인들은 갈수록 참아줄 수가 없네. 그들은 국력으로는 3위이면서 지휘권에서는 가장 우위에 있는 것처럼 보이려 하네. 세계 어느 지역보다 우리의 위세가 중요한 동쪽에서 우리 병사들이 타국의 지시를 따르게 할 수는 없네."[13]

3월 20일 프랑셰 데스페레는 상황을 직접 확인하러 콘스탄티노플에서 군함을 타고 오데사로 향했다. 오데사 주둔군의 사기가 바닥을 쳤고, 식량이 없어 도시가 혼돈 상태에 빠진 것을 발견한 데스페레는 철수 허가를 요청했다. 클레망소는 4월 1일 마지못해 철수를 승낙했다. 데스페레는 항구에 정박한 배에 사람들이 몰려드는 것을 막기 위해 철수 사실을 민간인이나 의용군에 미리 알리지 않았다. 선박 부족으로 프랑스군과 그리스군 대부분은 베사라비아를 지나 루마니아를 향해 서쪽으로 행군했다. 군함과 다른 선박들은 남은 연합군을 태우기 시작했다.

다음 날 프랑스군 철수 소식이 알려지자 어마어마한 대탈출이 시작되었다. 여권 발급 사무소는 출국 비자를 받으려고 줄을 선 수천 명의 사람들로 발 디딜 틈도 없었다. 다른 이들은 은행으로 달려가 건물을 에워쌌지만 아무 소용없었다. 오데사 노동자 대표 소비에트가 출금을 일체 금지했다. 옐레나 라키에르와 그녀의 할머니는 돈 없이 외국에서 살아남을 수 없을 게 뻔해 오데사에 남기로 했다. 5시가 되자 적군赤軍이 도시에 진입했다는 소식이 들려왔다.

볼셰비키 수병들이 피난민들을 싣고 콘스탄티노플로 향하려는 배에 올라타 기관실을 막아서고 항행을 거부해서 일주일이 되도록 선박들은 항구 밖에서 오도 가도 못하고 있었다. 사람들은 볼셰비키의 손에 넘겨질 것을 두려워하며 불안에 떨었다. 투기꾼들은 파렴치했다. 빵 한 쪽은 200루블, 물 한 잔은 300루블이었다.

4월 6일 적군赤軍 부대가 페레코프Perekop지협을 지나 크림반도까지 밀고 들어와 혼란을 일으켰다. 다음 날 조지 5세의 명령에 따라 아이언듀크Iron Duke급 전함 HMS 말버러Marlborough가 얄타에 정박했다. 이 전함의 임무는 살해당한 차르의 어머니이자 영국의 알렉산드라 왕대비의 동생인 마리야 표도로브나Maria Feodorovna 황태후 그리고 로마노프 황족 17명을 구출하는 것이었다.

"오늘 얄타에서 철수할 것이다." 호위구축함 HMS 몬트로즈Montrose의 함장 골드스미스Goldsmith 중령이 기록했다. "그리고 동화의 나라 같은 러시아 마을은 러시아의 옛 황족들이 마지막으로 마물렀던 곳이 되었다. 나이 든 가여운 황태후와 사람 좋은 니콜라이 대공은 오늘 오후 말버러에 승선했다. 그들은 나라를 잃었을 뿐이니 운이 좋다. 하지만 다른 이들은 어찌 되는가?"[14]

몬트로즈는 세바스토폴까지 항해를 계속했다. 거기서 골드스미스는 휴전기를 든 볼셰비키 몇 명이 프랑스군의 기함인 전함 장바르로 들어가는 것을 흥미진진하게 지켜보았다. "대표단은 꽤 의뭉스러워 보이는 남자 두어 명이었다. 하나는 카키색 옷을 입은 작은 쥐처럼 생긴 남자였고, 또 하나는 짙은 푸른색 제복에 아스트라한 지역의 높은 검은색 털모자를 쓰고 은으로 장식한 언월도를 찬 검은 눈의 작은 기병이었다. 프랑스군은 적군赤軍이 도시에 진입하는 것을 허용하지 않았고 볼셰비키는 이에 반발했다. 그래서 다음 날 오후 4시 장바르는 엄청난 소리를 울리며 305밀리미터 함포와 138밀리미터 함포를 쏘았고, 그 위력에 세바스토폴의 유리창이 전부 깨졌다."[15] HMS 아이언듀크의 웹-보웬Webb-Bowen 중위는 강도 높은 화기 훈련 계획을 기록했다. "오후 동안 전함의 수병 모두가 소총 사격 훈련을 했고, 해병대 사수는 모두 루이스 경기관총을 해체하고 발사하는 훈련을 했다."[16]

이틀 후 웹-보웬은 만에 위치한 드레드노트급 전함 장바르와 프랑스France를 비롯한 프랑스군 전함이 "뱃머리의 이물 깃대에 붉은 깃발을 높이 올렸다"라고 보고했다. "병사들은 다들 몹시 흥분해 환호하며 배에서 내려 기뻐하는 도시 주민들과 시내를 행진했다. 물론 이즈음 주민 대부분이 볼셰비키였다. 이들이 그리스군 병영에 도착하자마자 그리스군이 나타나 군중들에게 발포했고, 군중들은 즉시 전함으로 도망쳐 그 회전 포탑을 항구에 정박해 있는 작은 그리스 군함에 돌리는 것으로 응수했다." 반란을 일으킨 프랑스 수병들을 믿을 수 없어서 아이언듀크에서는 "밤새 두 장교가 번갈아 당직을 서고, 6인치 함포와 탐조등에 병사를 배치하고, 정찰선이 함선 주변을 순찰했다".[17]

작가 블라디미르 나보코프의 가족은 그날 구조되었다. "반볼셰비키 무리의 혼돈의 탈출이 시작되었다." 나보코프는 기록했다. "세바스토폴만의 투명한 바다 위에서 해안에서 퍼붓는 격렬한 기관총 사격 아래 나는 가족들과 말린 과일을 실은 작고 조잡한 그리스 배 나데즈다Nadezhda(희망)호를 타고 콘스탄티노플과 피레우스Piraeus로 출발했다."[18]

HMS 몬트로즈는 센토Centaur와 엠퍼러오브인디아Emperor of India의 호위를 받으며 크림반도를 돌아 의용군이 케르치Kerch반도로 퇴각한 아조프해로 들어갔다. 골드스미스는 가족에게 편지를 썼다. "림스키-코르사코프 백작 대령이 방문했어요." 그는 근위기병연대의 남은 병사들을 지휘하고 있었다. "우리 군의 제1근위기병연대 연대장에게 찬사를 전해달라고 하더군요. 불쌍한 친구예요. 식탁으로 사용하는 더러운 탁자를 지저분한 작은 창문이 희미하게 비추는 낮은 오두막집 거실에 앉아 있는 모습이 영락없는 깡패들처럼 보이는 것도 무리는 아니에요. … 전쟁은 무식하고 아둔하고 미신을 믿는 러시아 농민을 잔인무도한 자들로 만들었고, 그들이 몰살하려 하는, 술에 절어 쾌락을 좇는 무모한 귀족들을 악마로 만들었어요. … 양쪽 모두 똑같이 잔혹하고 포로에게 가해지는 고문은 너무 끔찍해서 여기 적을 수도 없을 정도예요. 병사들은 다들 제복 상의 단추에 수류탄을 매달아 지니고 다녀요. 혹시라도 붙잡히면 자기 머리를 날려버리기 위해서죠."[19]

1919년 초는 운명이 엇갈리는 시기였다. 적군赤軍은 수적으로 열세인 크라스노프의 돈 카자크군을 차리친에서 밀어내고 우크라이나를 빠르게 가로질러 진격하다가 갑자기 캅카스에서 대패했다. 데니킨은 다시 한번 의용군의 본대를 남쪽으로 돌려 북부 캅카스를 확실한 본거지로 확보하려 했다. 이미 티푸스 유행으로 전력이 약화되고 고립된 제11군은 1월 명령에 따라 북쪽의 로스토프로 진군하다 브란겔 장군에게 격파당했다. 냉혹하고 빈틈없는 브란겔은 무자비했다.

페트롭스코예Petrovskoye 부근에 브란겔이 기병 8천 명 중 최정예를 배치하면서 대규모 전투가 벌어졌다. 적군赤軍 제11군은 근처 능선의 난공불락의 위치에 있다고 생각했지만, 카자크 연대가 불규칙한 적군赤軍의 발포에 대응하지 않고 조용히 가파른 경사를 올라오자 크게 동요했다. 오합지졸인 적군赤軍의 징집병들은 달아났고, 쿠반 카자크가 18킬로미터를 추격해 스피첸카Spitzevka라는 마을 부근에서 퇴로를 차단했다. 그들은 5천여 명의 포로를 데리고 페트롭스코예로 돌아왔다. 기마포병대의 한 젊은 장교가 기록했다. "내전 이후 처음으로 포로가 사살되지 않았다. 수가 너무 많았다."[20]

연대는 멈춰서 커다란 열린 정사각형 대형을 만들었다. 갑자기 누군가가 "차렷!" 하고 외쳤다. 쿠반 기병과 기마포병은 자기 말 옆에서 차렷 자세를 취했다. 의기양양한 브란겔이 멋진 군마를 타고 가운데로 질주했다. 브란겔은 카자크군 제복을 입고 있었다. 가슴 위에 탄피를 대각선을 꿰맨 체르케스카cherkesska(초하)를 입고 검은색 파파하를 거의 뒤통수에 걸치다시피 해서 옆으로 쓰고 모직으로 만든 부르카burka(캅카스 지역의 남성 외투-옮긴이) 망토를 걸쳤다. "고맙네, 나의 독수리들이여!"[21] 그는 외쳤다. 병사들은 귀가 먹먹할 정도의 "우라!"로 답했다. 한두 명은 일부 포로들도 감격스러운 장면에 흥분해 환호했다고 주장했다.

브란겔의 승리로 제12군은 아스트라한으로 철수할 수밖에 없었고 그 덕에 의용군은 2월에 산맥까지 있는 모든 주요 도시를 장악하고 테레크 카자크와 합류했다. 트로츠키는 카스피-캅카스 전선에서 수적으로 훨씬 열세인 백군에 참패한 것에 대단히 충격을 받았다. 적군赤軍 징집병은 카자크를 몹시 두려워했다.

이 참패를 제외하면 적군赤軍은 캅카스 북부에서 잘 버티고 있었다. 우크라이나로 진격한 소비에트 군대는 주로 약 3만여 명의 특수군[22]과 최정예 기병연대 하나로 구성되어 있었다. 러시아 남부의 적군赤軍은 또한 보로네시의 제8군, 발라쇼프의 제9군, 차리친의 제10군을 포함하고 있었다. 모두 합해 병력은 16만 명으로 추산되었고, 이것은 대략 돈 카자크군과 의용군을 합친 것과 비슷했다. 그중 거의 2만 명이 중국인이었다고 한다.

제1모스크바노동자 사단의 1개 중국인 대대가 1919년 1월 루간스크Lugansk(지금의 우크라이나 루한스크)를 둘러싼 전투에서 큰 역할을 했다. 카자크 마을 루간스카야Luganskaya에 갇혀 있던 이 대대는 탄약이 떨어졌고, 의용군은 생존자를 포로로 잡았다. 사흘 후 적군赤軍이 이곳을 탈환했을 때 그들은 중국인 포로 200명이 모두 처형된 것을 발견했다. 의용군은 이들의 배를 가르고 눈을 파내고 혀를 자른 후 가로등 기둥과 나무에 시체를 매달았다. 중국인 적위대는 4월 오데사에 진입했을 때 의용군 장교들에게 피비린내 나는 잔인한 보복을 가하며 이 잔혹 행위를 되갚았다.

제23사단을 지휘한 좌파 사회혁명당원 카자크 필리프 미로노프는 돈 지역에서 적군赤軍이 벌이는 잔혹 행위의 어리석음을 계속 비판했다. 1월 18일 미로노프는 이에 관해 또다시 트로츠키에게 전보를 보내 소비에트 당국이 카자크의 "생활 방식, 신념, 전통"[23]을 존중해야 한다고 촉구했다. 사흘 후 그는 병사들에게 명령을 내렸다. "혁명의 이름으로 지금부터 주민들의 가축, 말, 기타 사유재산을 승인 없이 징발하는 것을 금지한다. … 적군赤軍에 강도가 있을 곳은 없다! 이 명령 후에도 악행이 계속되면 더 극단적인 조치를 취할 수밖에 없고 나는 주저하지 않겠다."[24]

중앙위원회는 며칠 후 완전히 다른 지시로 답했다. "카자크 엘리트에 대항한 가차 없는 투쟁과 그들의 완전한 몰살만이 올바른 행동 방식으로 간주되어야 한다. 어떠한 타협도, 어중간한 조치도 허용되지 않는다."[25] 카자크는 완전히 무장해제되어야 했다. 무기는 "비카자크인 중 믿을 만한 부류"에게만 지급되어야 했다. 카자크의 곡물은 몰수하고 그들의 땅은 가난한 비카자크인에게 넘겨야 했다. 카자크 중 미로노프를 따르는 이들이 있다는 것을 잘 알고 있는 트로츠키는 "야전 사령부와 내가 그를 더 잘 알 수 있게"[26] 미로노프를 모스크바로부터 100킬로미터 남쪽에 있는 세르푸호프Serpukhov로 소환했다.

몇 주 안에 미로노프가 이전에 경고한 '카자크 말살 정책'의 억압적 조치에 대항한 반발이 현실이 되었다. 3월 16일 남부전선군은 제8군, 제9군, 제10군에 명령을 내렸다. "반란을 지지하는 마을에는 가장 강경한 조치를 취하라. (a) 마을에 불을 지를 것 (b) 반란에 직접적 또는 간접적으로 참가한 모두를 무자비하게 사살할 것 (c) 성인 남성의 5분의 1 또는 10분의 1을 사살할 것 (d) 반란을 일으킨 마을의 이웃 마을에서 대규모 인질을 잡을 것 (e) 반란을 돕는다고 알려진 마을은 성인 남성이 무자비하게 처형될 것이고 거주지는 불에 탈 것이라고 모든 카자크 마을에 알릴 것."[27]

이런 전쟁의 결과는 짐작하기 어렵지 않았다. 골드스미스 중령은 집에 보낸 편지에서 이렇게 예상했다. "올해 심각한 기근이 일어날 것 같다. 농민들은 뭘 경작하든 가장 가까이 있는 군대에 사실상 강탈당할 게 너무 뻔해서 아예 힘들여 경작하지 않고 있다."[28]

스탈린은 계속 돈 카자크가 주요 목표로 삼는 차리친으로의 병력 증원을 요청했다. 적군赤軍 전단이 주둔하는 볼셰비키 근거지 아스트라한까지 볼가강을 열어두어야 했기 때문이다. 하지만 3월 10일 제45보병연대 병사 일부의 도움으로 아스트라한에서 노동자 시위가 시작되었다. 완전한 비폭력 시위였지만 지역 공산당 당국은 가차 없이 진압하라는 지시를 받았다. 바오칭샨包清山이 이끄는 제1독립중국 체카 분견대가 소총으로, 이어서 기관총으로 사격을 시작했고 마지막으로 군중에게 수류탄을 던졌다. "노동자 수십 명이 죽었지만, 이제 시작일 뿐이었다. 중국인들은 온종일 사람들을 쫓았다."[29]

세르게이 키로프Sergei Kirov가 이끄는 혁명위원회가 모스크바에 전보를 보내 지시사항을 물었다. 3월 12일 툴라, 브랸스크Briansk, 페트로그라드를 비롯한 다른 도시에서 진행 중인 파업에 아마도 격분하고 있었을 트로츠키는 이렇게 답했다. "가차 없이 처벌하라."[30] 처음에는 포로들을 총살했지만, 나중에는 탄약이 모자라 중국인들이 익사시키기 시작했다. 목격자들은 포로들이 손과 발이 묶이고 목에는 돌이 매달려 있었다고 회상했다. 포로들은 이대로 바지선에서 볼가강으로 던져졌다. 한 노동자는 선창에 숨어 살아남았다. 그는 후에 하룻밤 사이에 증기선 고골Gogol호에서 약 180명이 강으로 던져졌다고 말했다. 아스트라한에서도 체카 사무실에서 너무 많은 사람을 총살해 체카 부대가 시체를 전부 묘지까지 옮기는 데 애를 먹었다. 체카 부대는 이들이 장티푸스 희생자인 체하며 시체들을 큰 구덩이에 던졌다. 사망자 수는 2천 명에서 4천 명으로 추산된다. 같은 3월 또 다른 볼셰비키의 보루인 페트로그라드 푸틸로프 공장에서 시위가 일어나자 레닌의 지시에 따라 체카가 잔혹하게 진압에 나서 900명이 체포되고 200명이 사살되었다.

발트 3국에서는 1919년 1월 약 8천 명 병력의 소비에트 제7군에 대한 반격이 시작되었다. 1월 첫째 주 에스토니아 총사령관 라이도네르 장군은 새로 창설한 연대를 내세워 볼셰비키 군대의 진군을 막았다. 그리고 1월 7일 북쪽의 제1에스토니아 사단이 핀란드 의용군과 새 장갑열차 부대

1919년 붉은광장에서의 블라디미르 레닌과 (거수경례하는) 레프 트로츠키

의 지원을 받아 반격했고, 이틀 후 타파Tafa를 탈환했다. 에스토니아군이 포획한 구축함 두 척을 이용해 해안에 상륙하자 적군赤軍은 허를 찔렸고 1월 19일 핀란드인 부대와 학생 의용군이 이들을 나르바에서 쫓아냈다.

남쪽에서는 1월 14일 에스토니아 장갑열차와 쿠페랴노프Kuperjanov 빨치산 대대가 적군赤軍을 타르투에서 몰아냈고, 제2사단은 다음 2주 동안 반격에 나서 터르바Tõrva와 발가Valga를 탈환했다. 2월 중순이 되자 에스토니아 영토에는 적군赤軍이 존재하지 않았다.

12월 31일에야 총동원령을 내린 라트비아 임시정부는 휴전에 불만을 품은 독일인 지역방위군과 제46작센 사단 출신 장교와 병사들로 주로 구성된 자유군단Freikorps에 거의 전적으로 의존하고 있었다. 1월 2일 정부 각료들은 영국 군함의 보호를 바라며 리가에서 해안의 쿠를란트로 도주했다. 1월 16일 제1독립라트비아 대대, 독일 자유군단의 '강철 여단'

과 러시아 백군 1개 대대가 적군赤軍 라트비아 소총사단을 물리쳤다. 덕분에 라트비아는 총사령관 야니스 발로디스Jānis Balodis의 지휘 아래 병력을 증원할 시간을 벌었다.

알렉산더-싱클레어의 제6순양함전대는 월터 카원Walter Cowan 소장의 제1경순양함전대로 교체되었다. 제1경순양함전대의 구축함 HMS 시파이어Seafire의 함장은 제2차 세계대전에서 해군 사령관으로 뛰어난 활약을 펼칠 앤드류 커닝엄Andrew Cunningham 중령이었다. 카원의 함대는 금세 해안지대를 장악해 적군赤軍의 발트 함대를 크론시타트 해군기지에 가두고 이 지역에서 반볼셰비키 군대의 측면을 지켰다.

소비에트-에스토니아 국경 옆의 프스코프를 수복한 후 적군赤軍은 "모든 반혁명 세력과 인민의 적을 철저하게 청소"[31]했는데도 페트로그라드에서 예상 못한 문제가 발생했다는 보고를 받았다. 그들은 기관사들이 '반역자'였고 의도적으로 적군赤軍의 기관차 운행을 방해했다는 것을 알게 되었다. "다수는 침대 밑에서 끌려 나와 강제로 일터로 보내졌다. 기관사들의 방해공작은 비어 있거나 화물이 차 있는 화차 1천 대뿐 아니라 기관차 98대의 손실을 가져와 소비에트 정권에 엄청난 타격이었다." 이 철도 노동자들은 체카로 넘겨졌다. "사악한 기관사 패거리는 공산주의자들이 반혁명 세력에 무자비하다는 것을 알고 있었다."

더 심각한 문제는 적군赤軍 부대가 농민들의 곡물을 약탈한 결과 루가 지역에서 세 번째로 반란이 일어난 것이었다. 전해 6월 "지휘관의 과격한 조치로 유명한 발라호비치의 기병대가 반란 진압에 특히 활약했다. 일례로 발라호비치와 그의 병사들은 마을 사람 모두를 기병도로 난도질해 죽였다. 소수만이 판결 뒤 총살되었다".[32] 반란의 원인으로 지목된 것은 "지역 농민들의 낮은 문화 수준"을 이용해 "다양한 기회를 만들어낸" "탈영병과 수상한 인물들"이었다. "문화적 계몽 부족과 소비에트 정부의 정책에 관한 농민들의 완전한 무지"도 원인이었다. 반란 진압을 마치는 데는 대포가 필요했다. 체카가 발라호비치가 지시한 잔인한 보복을 강력히 지지한 것은 어쩌면 당연했다.* 체카는 보고했다. "루가 지역에서 쿨라크(부농) 백위대의 반란은 발라호비치 동지가 지휘하는 독립 연합 혁명 부대의 단호한 조치 덕분에 제거되었다."[33]

제7군의 수석 정치위원은 핀란드만과 라도가Ladoga호 지역 전체에서 마주한 농민의 분노에 불안했다. 그는 중앙위원회의 옐레나 스타소바Yelena Stasova에게 "약탈을 일삼고 강도질하려는 욕구를 억누르고 영국과 미국 자본가들의 꼬임에 넘어간 피에 굶주린 핀란드 부르주아의 음모에 맞설" 필요가 있다고 서신을 보냈다. "증오를 조장하고 주민들이 소비에트 사회주의 러시아에 충성하게 할 필요가 있다."[34] 카렐리야 전선의 군사 위원회는 또한 "지역민에게 살해된 적군赤軍 병사들이 많다"[35]라고 보고하고 있었다.

테러는 테러를 낳았고, 훨씬 노골적인 잔혹 행위로 이어졌다. 영국과 프랑스에서 자신들이 후원하는 백군을 운명에 맡기기를 주저하는 이들은 이런 참상이 내전에서는 불가피하다며 대수롭지 않게 넘겨야 했다. 반면 로이드 조지는 반볼셰비키 대의에 대한 처칠의 열의가 몹시 의심스러웠다. 그는 파리 강화 회의에 참석하는 동안 처칠에게 서신을 보냈다. "차이콥스키Chaikovsky**와 파데레프스키Paderewski***와 함께 러시아에

* 스타니슬라우 불라크-발라호비치Stanislaw Bulak-Balachovich(폴란드어로는 스타니스와프 부와크-바와호비치Stanisław Bułak-Bałachowicz)는 제1차 세계대전 중 독일군 전선 뒤에서 작전을 펼치는 기병 유격대를 지휘했고 트로츠키의 승인으로 적군에 합류했으나 얼마 안 가 전향해 유데니치 장군의 백군에 합류했다.

** 니콜라이 차이콥스키Nikolai Chaikovsky는 아르한겔스크의 사회혁명당 지도자였다.

*** 이그나치 얀 파데레프스키Ignacy Jan Paderewski. 베르사유에서 열린 파리 강화 회의에서 클레망소는 그의 측근 중 한 명에게 누구냐고 물었고 그가 유명한 피아니스트 파데레프스키이며 지금은 폴란드의 총리가 되었다는 말을 들었다. 클레망소는 매우 독특한 반응을 보였다. "이 무슨 추락인가!Quelle chute!"

관해 오랫동안 면담했네. 유감스럽게도 둘 다 콜차크와 데니킨, 그들의 측근에 관해 자네와 의견이 다르더군. 오히려 그들은 백군의 성공이 반동 세력의 승리로 이어질까 봐 진심으로 불안해했네. … 우리의 노력이 러시아에서 반동적인 군사 정권을 성립하는 것으로 끝난다면 영국의 민주주의는 절대 우리를 용서하지 않을 걸세."[36]

23

시베리아
1919년 1-5월

블라디보스토크부터 우랄산맥까지 끝없이 펼쳐지는 광활한 시베리아에는 내전 중 러시아의 어느 지역보다 훨씬 다양한 국적의 연합군 부대들이 주둔하고 있었다. 연해주 지역에 야욕을 품은 일본은 치타, 하얼빈, 아무르, 노보니콜라옙스크에 외국군 중 가장 대규모 주둔군을 두었다. 일본군은 파리 최고사령부에서 선임한 연합국 총사령관, 프랑스의 피에르 자냉 장군의 지휘를 받지 않는 유일한 외국 파견대였다.

자냉의 지휘 아래 있는 가장 큰 부대는 이제 러시아의 '체코슬로바키아군'이 된 체코 군단(1918년 10월 프라하에서 체코슬로바키아 정부가 수립되었기 때문이다.-옮긴이)이었다.[1] 콜차크 제독은 가이다를 우랄 전선의 사령관으로 선임하며 중장으로 진급시켰다. 영국군 2개 대대도 있었는데, 예카테린부르크에 있는 햄프셔 연대 1/9 대대와 옴스크, 크라스노야르스크, 블라디보스토크에 나누어 배치된 미들섹스 연대 제25대대였다. 햄프셔 연대는 콜차크의 장교들과 그들의 수많은 여자친구가 탐탁지 않았다. 한 대위는 "대부분 간략히 '순회 매음굴'이라고 부르는 참모 열차"[2]에 관해 썼다. 캐나다군의 1개 대대와 1600명의 이탈리아군 일부도 블라디보스토크에 주둔했고, 프랑스 식민대대는 첼랴빈스크에, 3천 명의 루마니아 병사들은 이르쿠츠크에 파견되었다. 블라디보스토크와 아무르 지역에는 그레이브스 장군이 이끄는 8500명의 미국 부대가 주둔하고 있었다.

시베리아는 미국인에게 경이로운 경험을 제공했다. 제27보병연대의 윌리엄 S. 배럿William S. Barrett 대위는 블라디보스토크에서 1천 킬로미터 떨어진 하바롭스크의 얼어붙은 툰드라지대에서 부대를 지휘했다. 영하 30도의 추위에서 그들은 털모자와 양가죽 코트, 장갑에 감사했다. 배럿은 같은 마을에 기지를 둔 일본 부대가 "그들의 요시와라(유곽)와 함께 온 것"을 알고 놀랐다. "각 병사는 요시와라 사용권을 받아 원하는 대로 사용하거나 거래하거나 도박할 수 있다. 이 제도 덕분에 일본군의 성병 발병률이 낮게 유지되고 있는 듯하다. 우리 군의 성병 발병률은 매우 높았다."[3]

이 지역의 군벌은 우수리 카자크의 아타만 칼미코프 대령이었다. 칼미코프는 갱단 두목처럼 굴면서 "자기 기분을 나쁘게 하는 불운한 시민"[4]을 죽이고 은행에 보호비를 내라고 강요했다. 그가 소유한 카자크 악대는 그가 방에 들어가자마자 가장 좋아하는 행진곡을 연주했고, 그러면 모두가 벌떡 일어서야 했다.

시베리아에 온 첫 미국인들은 러시아 철도 근무단이라고 불린 300명 남짓한 미군의 철도 기술자들로 1918년 초 이곳에 도착했다. 우드로 윌슨 행정부가 케렌스키 정부에 제공한 지원이었다. 그들의 임무는 시베리아 횡단철도를 재편해 독일과 전쟁 중인 러시아군에 계속 보급품이 제공되도록 돕는 것이었다. 이제 내전의 혼돈 속에서 철도 운행에서 어느 때보다도 중요해진 그들을 제31보병연대의 1개 중대가 밀착 보호했다. 미국은 러시아에 미국 적십자도 파견했다. 미국 적십자는 연합군 병사들의 치료뿐 아니라 끔찍한 상태의 전쟁포로 병원 개선에 착수했고, 지역민을 간호사와 의료 인력으로 훈련시키고 페트로그라드에서 기아를 피해 보호자 없이 시베리아에 오게 된 아동들을 돌봤다.

미국과 일본 간의 갈등이 갑자기 고조되었다. 2월 25일 하바롭스크에서 파견된 한 일본 부대가 기습 공격을 당해 난도질당했다. 장교와 병사 311명 중 302명이 죽었고 나머지 중 7명은 심한 부상을 당했다. 일본 지휘관들은 그레이브스 장군이 제27보병연대를 파견해 달라는 지원 요청을 거부한 것에 격분했다. 그레이브스는 "일본군이 여자와 아이를

서부 시베리아의 미국 적십자 병원열차. 티푸스 감염자를 치료한 '대백열차Great White Train'의 일부는 아닌 듯하다.

사살했고, 자신은 일본군이 대항하는 러시아인들을 진정한 적으로 인지하지 않았다"[5]는 이유로 이를 정당화했다.

러시아에서 프랑스와 미국의 관계도 나을 것이 없었다. "냉담과 불만"[6]이 이 관계의 특징이었는데, 가장 큰 이유는 프랑스 장교들이 보기에 프랑스가 "전쟁에서 가장 큰 부담을 졌다는 것"을 연합군이 잊고 있는 듯했기 때문이었다.

1919년 초 젊은 아나톨리 페펠랴예프 장군이 페름에서 거둔 승리로 이미 사기충천해 있던 옴스크의 콜차크 사령부는 많은 외국 군대와 군사 사절단의 주둔으로 낙관론에 빠져 있었다. 콜차크의 총리 볼로고드스키는 국내 및 국제적 입지에 기뻐하고 있었던 것이 분명하다. 하지만 정작 콜차크는 스페인독감이 일으킨 것으로 보이는 폐렴에 여전히 시달리고 있었고 과음하는 버릇은 증상 완화에 도움이 되지 않았다.

"군은 약 3주 안에 우파를 탈환할 것이라고 자신하고 있소." 볼로고드스키는 1월 23일 이르쿠츠크 주지사와의 전화 통화에서 말했다. “국제 무대에서 우리 정부의 중요성이 눈에 띄게 커졌소. 데니킨이 콜차크 제독을 러시아 최고지도자로, 사조노프를 외무부 장관으로 인정한 것이 연합국에 매우 호의적인 인상을 주고 있소. 압크센티예프(강제 추방당한 우파 사회혁명당의 일원)가 일본인과 미국인 기자들과 한 인터뷰를 통해 소식을 들은 파리 시민들은 우리를 반동 정부로 여겼지만, 이 견해도 명백히 바뀌었소. 우리가 보리스 사빈코프와 차이콥스키에게 리보프 공과 함께 러시아에게 필요한 것을 규정할 권한을 주어 강화 회의에 대표로 파견한 것도 긍정적인 영향을 미쳤소.”[7]

볼로고드스키는 또한 지휘 계통을 둘러싼 다툼이 마침내 해결된 것에 안도했다. “러시아군 최고사령관인 최고지도자와 연합국이 연합군 사령관으로 선임한 자냉 장군의 관계를 규정하느라 엄청난 에너지를 소모했소. 전보에서 전한 대로 이 문제는 이제 원만하게 해결되었소.”[8] 봄이 다가오면서 곧 또 다른 고무적인 발전이 있었다. 북쪽에서는 가이다의 군이 카잔으로 진격했고, 뒤이어 코틀라스로 향할 계획을 세웠다. 아르한겔스크에서 온 연합군과 북드비나강에서 연결하겠다는 절박한 희망에서였다. 하지만 병사들의 군화가 봄의 해빙기와 라스푸티차rasputitsa라고 불리는 해빙기의 비와 진흙으로 썩기 시작했다. 가이다에게 반발한 백군 러시아 장교들은 카잔에서 격퇴당한 후에도 여전히 야전 지휘관이었는데, 카잔에서의 패배는 적군赤軍이 내선 작전을 펼치기에 유리하고 소통이 더 원활했기 때문이기도 했다. 게다가 적군赤軍은 강에 전단이 있어 백군만큼 철로에 매여 있지 않았기 때문에 측면으로 우회해 백군을 공격하기가 비교적 쉬웠다. 어쨌든 아르한겔스크를 통해 체코군을 탈출시키면서 동시에 모스크바를 위협하겠다는 처칠의 공상은 수포로 돌아갔다.

백군은 우랄과 시베리아에 이론적으로 22만 명의 병사가 있었지만,

그중 반 이상은 전선 근처에도 가지 않았다. 카자크 아타만들의 자존심 싸움으로 단결력도 부족했다. 많은 부대가 예비대로 남거나 시베리아 횡단철도에서 갈수록 규모가 커지고 과감해지는 적군赤軍 빨치산의 공격을 막는 데 이용되었다.

적군赤軍 빨치산은 숲에서 나타나 주로 목조 다리를 부수고 선로를 파괴하고 열차를 공격했다. 5월 20일, 약 400명 정도의 무리가 치타 남동쪽의 안드리아놉카Andrianovka 인근 다리를 불태워 무너뜨렸다. 그들은 기관총으로 일본 부대를 물리쳤다. 5월 내내 일본의 제14사단은 계속해서 공격받았다. 사단장 구리타 나오하치로栗田直八郞 중장은 "결연히 적을 섬멸하기로 했다"[9]라고 선언했다.

빨치산은 또한 마을 사람들을 위협해 은신처와 식량을 제공하게 했다. 벨레베이Belebey에서는 눈이 녹으면서 적군赤軍이 마을을 점령한 겨울 동안 벌인 학살이 드러났다. 시체에서 "머리뼈 골절, 크게 벌어진 상처, 고문의 흔적"[10]이 발견되었다. 희생자 중에는 "정치위원의 사랑을 거부해 살해당한" 것으로 보이는 열여섯 살 소녀도 있었다. 한 무리는 수찬Suchan(지금의 러시아 파르티잔스크)의 탄광에 잠입해 파업을 유발하고 광부들을 위협했다. "볼셰비키의 조직적인 공격으로 아무르 지역의 금광 대부분에서" 작업이 중단되었다.

세묘노프가 이끄는 1만 4천 명의 병사는 절대 치타에서 멀리 이동하지 않았고, 아타만도 성벽으로 에워싸고 중기관총이 지키는 주둔지에 몸을 숨기고 있었다. 그의 병사 다수는 가학적인 사이코패스 시파일로프Sipailov 대령이 이끄는 방첩대 소속이었다. 5월에만 안드리아놉카 인근에 있는 그의 처형장에서 포로 350명이 학살되었다고 한다.[11]

아프가니스탄, 위구르, 중국인 용병을 포함한 안넨코프의 사단은 적군赤軍 빨치산을 수색하기보다는 지역민들을 공포에 떨게 하는 데 더 많은 시간을 보냈다. 백군의 정규 장교들은 그들이 일으킨 증오에 격노했다. 장교들은 또한 안넨코프가 스텝 전선의 사령관이면서도 적군赤軍과의 전투를 위해 병사들을 서쪽으로 이동시키라는 명령을 거부한 것에 분노했다. 안넨코프는 "세미레첸스크 카자크가 자신들의 마을이 보호받지 않는 한 떠나지 않으려 하니 사단의 키르기스인과 중국인 병사도 러시아-중국 국경을 벗어나지 않으려 한다"[12]라고 주장했다. 그가 전선에 파견한 흑黑경기병 연대와 청靑창기병 연대 등 몇 안 되는 연대는 기강이 심각하게 해이했다. 그들은 페트로파블롭스크(지금의 카자흐스탄 페트로파블)에서 도를 넘은 약탈을 벌였고, 야전 군사법원은 그중 16명의 처형을 지시했다.

2월 25일 세묘노프는 티베트와 몽골의 대표단과 함께 치타에서 범몽골의회Pan-Mongol Congress를 열었다. 세묘노프는 인근 산의 이름을 따 다우르스키Daurskii라는 독립 국가를 수립하려 했다.[13] 그의 주장은 중국의 큰 의혹을 샀다. 세묘노프는 자신에게 대공이라는 칭호를 부여했지만, 중국 언론은 그를 "한 시간만 칼리프 행세하는 일본인의 장난감"[14]이라고 불렀다. 세묘노프는 자신만의 군대와 인민민병대People's Militia를 창설하고 싶어 했다. 애초에 그는 자신의 계획을 지지하는 폰 운게른-시테른베르크 남작과 함께 자바이칼 카자크, 부랴트인, 몽골인을 포함한 몽골-부랴트 기병사단을 창설할 생각으로 치타로 옮겨왔다. 문제는 부랴트인 다수가 국경을 넘어 중국 지배하에 있는 외몽골에 살고 있다는 것이었다. 하지만 장교훈련학교를 설립하면서 그들은 곧 기병 4500명으로 구성된 기병 여단을 갖게 되었다.

옴스크의 콜차크 사령부도 방첩 활동에 몰두하고 있었다. 때로는 좌파 사회혁명당원이 합류하기도 한 지하 볼셰비키 조직은 우랄산맥과 시베리아 전역에 퍼져 있었다. 3월, 백군 특별조사부는 "첼랴빈스크, 예카테린부르크, 쿠르간, 페트로파블롭스크, 옴스크에서 대대적인 공산주의자 체포"[15]에 나섰다. 백군 방첩부가 4월 3일 밤 첼랴빈스크에서 체포한 공산주의자만 66명이었다. 이들은 얼마 전 백군이 탈환한 우파로 끌려가 혹독한 심문을 받았다. "군사법원은 이 중 34명에게 사형을 선고했고, 일부는 교수형, 일부는 총살형으로 처형할 계획이었다. 하지만 결국 모두 같은 방식으로 죽였다. 4월 16일에서 17일로 넘어가는 밤 이들 모두가 술에 취한 카자크에게 난도질당해 사망했다."[16] 이는 좌파 사회혁명당원 다수를 비롯한 포로 670명이 살해된 대학살의 일부였던 것으로 보인다.

옴스크의 지하 공산당 위원회는 배신하고 조직망을 누설한 것이 3월 제3차 시베리아 지하 당회의 대표로 첼랴빈스크에서 옴스크로 온 "카를로비치Karlovich"(가명 스타니슬라프 로고진스키Stanislav Rogozinsky)[17]라는 이중첩자라고 생각했다. 그는 혐의를 받자마자 빠르게 제거되었지만, 사실 "카를로비치"는 배신자가 아니었다. 백군은 지역 공산당 위원회가 승인하지 않은 '몰수'를 하고 있던 공산주의자 세 명을 붙잡았다. 세 명 모두 "튀겨졌고",[18] 그중 한 명인 오브라즈초프Obraztsov가 "아마도 구타로 강요당해 조직 전체를 불어버렸다".

미하일 한진Mikhail Khanzin 장군이 지휘하는 서부군은 얼어붙은 벨라야Belaya강을 건너 블룸베르그스의 제5군을 급습한 후 3월 13일 우파를 탈환했다. 장갑열차에 타고 있던 트로츠키는 포로로 붙잡히는 것을 겨우 면했다. 4월 17일 한진은 부구루슬란Buguruslan을 점령했지만, 아타만 두토프와 그의 오렌부르크 카자크를 구하러 1개 사단을 투르키스탄에 파견하는 바람에 더 진격할 수 없었다. 막 오렌부르크를 탈환한 투하첸스키의 제1군 1만 4천 명이 한진의 후방을 위협하려는 참이었다. 우랄 전선 최남단에서 전력이 약한 두토프의 오렌부르크 카자크가 곧 치명적인 약점이 되었다.[19]

양쪽에서 모두 징집병들은 자신들의 목숨을 괜히 희생할 생각이 없었다. 옴스크에서 콜차크의 참모장 레베데프 소장은 "작전 부대의 신병 일부가 지역 당국에 자신이 군에 자원한 것이 아니라 징집되었다는 것을 입증하는 서류를 요청했다"라는 소식을 듣고 격분했다. "포로로 잡힐 때를 대비해 볼셰비키의 박해를 피하려 한 것이다. 이에 나는 이런 서류는 절대 발급하지 말 것을 명령한다. 지휘관과 장교들은 이런 요구가 당당하고 명예롭게 조국을 지키는 러시아 전사라는 긍지 높은 이름에 걸맞지 않는다고 병사들에게 설명하라."[20]

얼마 지나지 않아 최고지도자도 사령부의 커져가는 불안을 암시하는 명령을 내렸다. "최근 징집된 우리 군의 젊은 병사들이 적에게 투항하거나 전투가 시작하기도 전에 적군赤軍에게 넘어가고 있다. 전투 중 지역 주민들의 적대 행위도 보고되고 있다." 관련자 가족의 재산과 토지는 국가의 이익을 위해 몰수되어야 했다. "작전 수행 중 앞서 언급한 반역자들을 포로로 잡지 마라. 그 자리에서 즉결 처형하라."[21]

적군赤軍도 민간인들의 지지를 거의 받지 못했다. 우랄 전선의 적군赤軍 정치위원은 스타소바에게 "거의 모든 기관에서 방해공작"[22]이 있다며 난색을 표했다. 지역민들은 소비에트 정부에 부정적이어서 당 선동가들을 싫어했고 "악어"라고 불렀다. 머지않아 혁명재판소에서 유죄 판결을 받은 민간인들을 수감할 강제 노동 수용소가 생겼다.[23]

오렌부르크의 남쪽은 훨씬 취약했다. 새 아타만 블라디미르 톨스토프Vladimir Tolstov 장군이 이끄는 우랄 카자크군은 우랄스크Uralsk(지금의 카자흐스탄 오랄) 탈환을 시도했다. 우랄 카자크군은 우파에서 재배치된 바실리 차파예프Vasily Chapaev의 제25사단의 습격으로 격퇴되었지만, 르비셴스크Lbishchensk(지금의 카자흐스탄 차파예프)에서 갑자기 반격에 나서 차파예프의 병사들의 허를 찔렀다. 차파예프는 이 전투에서 전사했다.* 우

* 바실리 차파예프는 내전에서 가장 유명한 적군赤軍 영웅 중 한 명이다. 1934년 그의 일생과 사망을 다룬 영화가 제작되었다.

랄 카자크 대부분은 집과 가족을 지키기 위해 촌락으로 서둘러 돌아갔다. 2월 5일 톨스토프는 일어서 싸우라는 명령을 내렸다. "군대를 재결성할 것이다. 겁에 질려 후퇴하는 것은 즉시 그만두어야 한다. 전투를 포기하고 주거지로 돌아간 카자크는 모두 전선에 있는 부대로 복귀하라. 그러지 않으면 가장 엄격한 처벌을 내릴 것이다. 카자크 마을은 카자크의 부대 복귀를 도와야 한다."[24]

전투로 너무 많은 말을 잃어서 톨스토프는 말이 없는 카자크는 썰매 또는 수레 한 대당 다섯 명씩 태워 수송하라고 지시했다. 50세 이상 카자크는 모두 카바예프Kabaev 장로의 성십자가 민병대Holy Cross Militia에 입대해야 했다. "비록 지금은 병사들이 멋대로 이탈하면서 부대가 와해되어 고통받고 있지만, 모두가 떠나더라도 장교들은 자리를 지켜야 한다. 장교들은 가능한 한 빨리 부대로 복귀하라. 탈영병과 이들이 마을에 가져간 무기를 수색할 특수부가 설립될 것이다."[25] 하지만 톨스토프 장군이 가장 혐오한 것은 "카자크가 소총과 기관총을 파는 수치스러운 현상"이었다.

3월 둘째 주 점점 줄어드는 톨스토프의 부대는 카스피해 연안의 구리예프Guryev(지금의 카자흐스탄 아티라우)를 향해 남쪽으로 퇴각했다.[26] 그들은 콜차크 군과 다시 합류하기 위해 그곳에 부상병과 티푸스를 앓는 병자들을 버려두고 북동쪽으로 떠나 지역 주민들의 분노를 샀다. 투르키스탄의 황무지에서 우랄군의 잔존 병력이 겪은 수난은 잘 알려지지 않은 내전의 참상 중 하나였다.

거대한 띠 모양의 유라시아 땅이 너무 광활해서 소통이 원활하지 않았던 탓에 연합국 지도자들은, 특히 전황이 백군에게 불리하게 돌아갈 때, 현장에서 무슨 일이 일어나는지 제대로 파악하지 못했다. 종종 자국 군사 사절단도 보고서에서 상황이 얼마나 심각한지 인정하기를 꺼렸다.

내전이 이른 시일 내에 종결될 가능성은 거의 없는 듯했지만, 파리의 연합국은 5월 말 "러시아 국민의 자유, 자치, 평화에 정말 도움이 된다고 확신한다면"[27] 콜차크 군에 대한 지원을 계속할 의향이 있다고 표명했다. 따라서 탄약, 보급품, 식량의 지속적인 지원 조건에는 백군이 "러시아의 최고 입법부로서 자유, 비밀, 민주주의 선거를 통해 선출한 제헌의회를 소집"하고 "혁명으로 파괴된 체제의 재도입을 시도하지 않겠다는" 확약 요구가 포함되었다.

기타 조건은 다음과 같았다. 러시아의 외채 상환을 이행하겠다는 콜차크 제독의 선언을 지킬 것. 발트 3국 및 자캅카스와 자카스피 국가들과 함께 "핀란드와 폴란드의 독립을 인정"하고 영토 분쟁은 국제연맹을 통해 해결할 것. 연합국은 또한 "이전 토지제로 회귀할 의도가 없다는 콜차크 제독과 그의 동료들의 엄숙한 선언에 만족을 표했다." 프랑스 총리 조르주 클레망소, 영국 총리 데이비드 로이드 조지, 이탈리아 총리 비토리오 에마누엘레 오를란도Vittorio Emanuele Orlando, 미국 대통령 우드로 윌슨, 일본 총리 사이온지 긴모치西園寺公望가 서신에 서명했다.

6월 4일 옴스크의 프랑스 대표 다미앵 드 마르텔Damien de Martel 백작은 가능한 한 빨리 제헌의회 선거를 실시하겠다는 콜차크 제독의 확약을 전달했다. 콜차크는 "보통선거의 원칙을 바탕으로 위원회가 현재 선거 준비를 진행하고 있다"[28]라는 다소 믿기 힘든 주장을 했다. 그리고는 국경에 관한 최종 결정은 제헌의회에 맡기는 것이 민주적이라며 러시아 제국에서 떨어져 나간 이웃 국가들의 국경과 독립 승인 책임을 회피했다. 6월 12일 연합국 지도자들은 콜차크가 자신들의 조건을 전적으로 수용한 것에 만족을 표하는 전보를 보냈다. 하지만 백군과 함께한 어떤 연합국 대표도 백군 정부에 합의한 의무사항을 이행하라고 압박했던 것 같지는 않다.

처칠은 영국 정부가 콜차크를 "러시아 정부"[29]의 수반으로 인정하지 않은 것이 불만이었지만, 외무부 장관 커즌Curzon 경은 "콜차크가 제국주의 성향이라는 의혹이 짙다"고 그에게 경고했다. 콜차크는 시베리아 임시정부의 "적당한 방식"을 넘어설 준비가 되어 있지 않았다. 낙관적인 처칠은 상황이 빠르게 악화될 수 있다는 것을 조금도 생각하지 못했다.

적군赤軍의 병력은 계속 증강되었고 5월 무렵엔 비교적 훈련이 잘된 카펠의 부대도 막을 수 없는 돌파구를 마련했다. 한진의 서부군은 급히 후퇴해야 했지만, 진격을 재개하기로 결심한 가이다는 후퇴를 거부했다. 정치적 상황도 악화되고 있었다. 5월 20일 반동적인 사하로프 장군은 사회혁명당원을 모두 탄압한다는 조건으로 서부군의 참모장이 되는 데 합의했다. 이것은 물론 공산당의 손에 놀아나는 꼴이었다. 사흘 후 적군赤軍은 우파로 진격했다. 두토프의 오렌부르크 카자크는 스테를리타마크Sterlitamak 부근에서 패배해 더 남쪽으로 후퇴했다. 카펠은 적군赤軍에 기병이 부족한 점을 이용해 반격을 개시했고 그들을 물리쳤다. 하지만 시간을 버는 것에 지나지 않았다. 볼코프Volkov의 기병은 말에서 내려 우파를 방어하는 보병을 도우라는 지시를 받았지만 아무 소용없었다. 백군은 6월 8일 우파를 포기했다.

24

돈과 우크라이나
1919년 4월-6월

돈 카자크의 차리친 공격이 큰 희생만 내고 연이어 실패하자 2월 크라스노프 장군은 물러날 수밖에 없었다. 캅카스에서 데니킨의 작전이 성공하고 영국이 의용군 지원을 약속하면서 이제 돈군은 의용군에 종속적 지위로 합류해야 했다. 주로 쿠반 카자크로 구성해 세 번째로 편성된 캅카스군도 캅카스의 영웅인 브란겔 남작의 지휘하에 들어가게 되었다. 데니킨은 이제 남러시아군Armed Forces of Southern Russia의 총사령관이 되어 쿠반의 수도 예카테리노다르에 사령부를 두었다.

의용군과 돈 카자크의 관계는 애초에 편의보다는 필요에 의한 연합이었다. 돈군은 와해 직전이었고 크라스노프는 2월 중순 사임했다. 전 제국군 제1근위기병군단의 사령관이었던 돈 카자크의 새 아타만 보가옙스키 중장은 전임자와 달리 의용군과 잘 협력했다. 하지만 두 군의 견해는 여전히 전적으로 달랐다. 의용군은 여전히 자신들이 연합국의 일부이고 동맹국과 전쟁 중이라고 생각했다. 의용군의 지도자와 장교들은 여전히 돈 카자크가 독일의 점령에 협력한 것에 분노하고 '독립 카자크 연맹'이라는 크라스노프의 바람을 러시아 민족주의에 대한 분리주의자의 저항이라고 보았다.

1919년 봄에 가장 시급한 문제는 돈 지역을 되찾는 것이었다. 크라스노프의 군이 부분적으로 붕괴하면서 로스토프나도누까지 적군赤軍의 반격 위협을 받았다. 하지만 기이하고 육중한 마이-마옙스키 장군이 그의 무시무시한 제자 안드레이 시쿠로의 도움을 받아 도네츠분지(돈바스. 돈바스는 도네츠분지에서 유래한 혼성어다.-옮긴이)에서 적군赤軍의 허를 찔러 승리를 거두고 로스토프를 지키고 있었다.

시쿠로는 용맹하고 노련한 지휘관으로 병사들의 숭배를 받았지만 거만하고 난폭하고 권위를 조금도 존중하지 않았다. 그는 파렴치하게 데니킨과 마이-마옙스키를 모두 협박해 서른두 살의 나이에 중장으로 진급했다. 그를 만난 사람 다수는 그의 정치 성향에 치를 떨었다. 시쿠로는 그저 격렬한 반공산주의자가 아니라 반유대주의자이자 사디스트였다. 태형을 지켜보는 것을 좋아했고 매춘부들과 난잡한 술잔치를 벌이는 것을 즐겼다. 영국 군사 사절단과 후에 도착한 한 장교에 의하면 "시쿠로는 약탈을 허용했기 때문에 병사들에게 매우 인기가 높았고 매우 방탕해서 첩 열 명을 둔 하렘도 있었다".[1]

로스토프의 부유한 시민들은 해방을 가져다준 시쿠로군에 인사를 하러 모여 감사의 표시로 상당한 금액을 선물했다. 시쿠로는 한 카자크 호위대원에게 지폐 뭉치를 넘겼다. "자, 매춘부들한테 가게."[2] 시쿠로는 그에게 큰 소리로 말했다. 그러고 나서 부르주아들에게 말했다. "나는 당신들의 평온한 삶을 위해 여기서 피를 흘리고 있소. 정말 이걸로 충분하다고 생각하오?" 그는 1000만 루블을 요구했다.

작가 이반 나지빈은 시쿠로가 자신의 의심쩍은 진급을 어떻게 축하했는지 회상했다. "시쿠로의 열차는 좋은 객차 여러 대로 구성되어 있었고, 악단도 심포니오케스트라와 브라스밴드, 둘이나 있었다. 시쿠로의 객실에는 화려하게 치장한 카바레 가수들이 가득했고 밤낮으로 주지육림이 계속되었다."[3] 수복한 도네츠 탄광 지역의 역에 열차가 속도를 늦추며 접근하자 술에 취한 시쿠로는 열린 창을 통해 가장 좋아하는 구절을 노래했다.

내 패거리와 백 개의 도시를 약탈하리라!
흘러라, 흘러라, 내 보드카,

네가 나의 기쁨이다!

나지빈의 회상은 이어진다. "분진을 뒤집어쓰고 거기 서 있던 지저분한 광부들은 술 취한 장교들, 분리될 수 없는 통합된 러시아를 위해 싸우는 전사들의 노랫소리를 듣고 있을 수밖에 없었다. 시쿠로는 잔을 들고 외쳤다. '노동자와 농민! 위대한 러시아 만세! 여러분의 건강을 위해 건배, 우라!' 그는 남김없이 비운 술잔을 플랫폼에 던져 깨뜨렸다. 시쿠로의 늑대 소트니아가 '우라! 우라! 우라!'를 외치는 동안 노동자들은 우울하게 침묵을 지키고 있었다."

4월 마이-마옙스키의 의용군은 파블로그라드Pavlograd(지금의 우크라이나 파울로흐라드) 주변에서 전투에 승리한 후 하리코프를 향해 북쪽으로 빠르게 진군했다. 직업 군인으로 이루어진 그의 부대는 도중에 별 어려움 없이 마흐노의 게릴라 기병대를 쫓아버렸다. 이즘Izyum을 점령한 시쿠로 장군은 잠시 머물렀다. 승자들은 우레와 같은 환호를 받았다. 시쿠로의 통신장교는 기록했다. "소녀와 숙녀들이 의용군의 가슴에 꽃을 꽂았고 나는 곧 걸어 다니는 꽃다발이 되었다."[4]

머지않아 볼셰비키의 요새 하리코프에서도 멀리서 백군의 포격 소리가 들려오기 시작했다. "가죽 재킷을 입고 황급히 도시를 돌아다니는 공산당원들은 넋이 나간 얼굴을 하고 있었다."[5] 하리코프 두마의 카데트 의원인 변호사 발렌틴 레흐노Valentin Lekhno는 만족스러워하며 기록했다. "누가 봐도 그들이 당장 하리코프를 떠날 것이 뻔했다."

그 전날 밤 레흐노는 붙잡혀 인질이 되거나 도시 남쪽에 참호를 파는 강제 노동에 동원되는 것을 피하려 무성하게 우거진 정원에 숨어 있었다. 한낮 무렵 정남쪽 메레파Merefa 주변에서 벌어진 전투로 포격 소리가 들려왔다. 곧 드로즈돕스키 연대의 공격으로부터 도주하는 적군赤軍 병사들이 보였다. "그들은 도망치면서 소총, 탄창 주머니, 그 외 군사 장

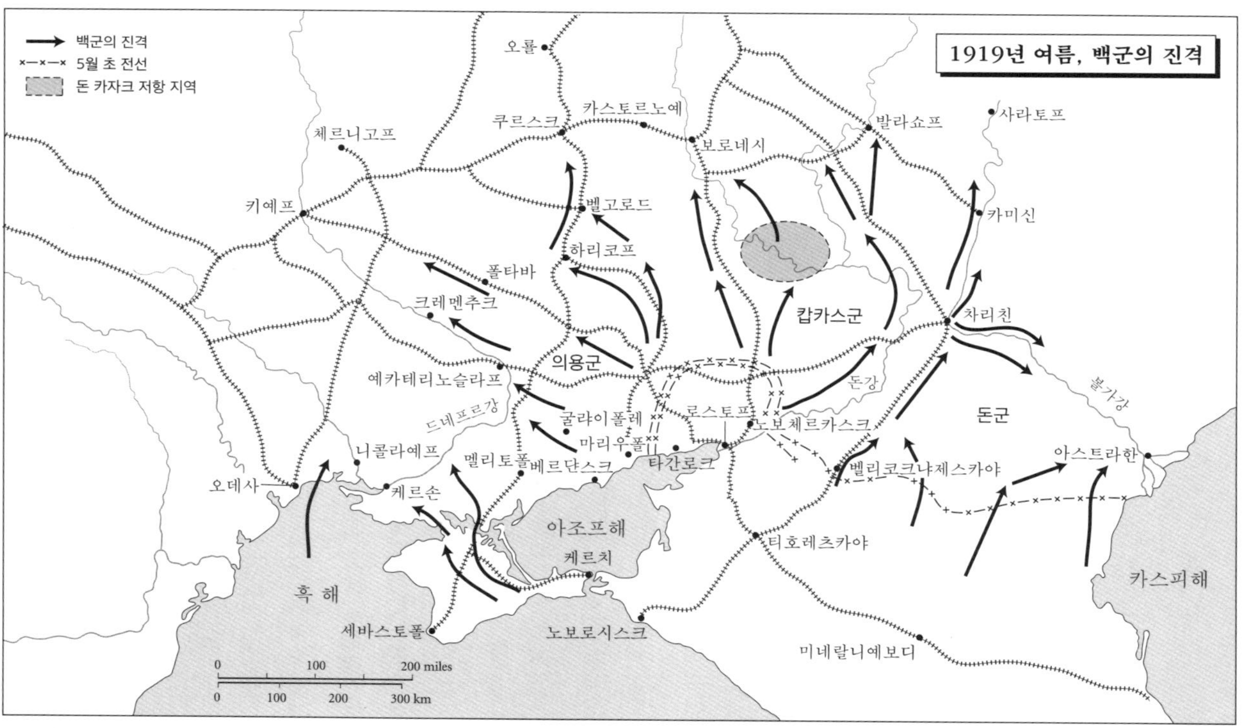
1919년 여름, 백군의 진격
백군의 진격
5월 초 전선
돈 카자크 저항 지역
오룔
쿠르스크
카스토르노예
보로네시
발라쇼프
사라토프
체르니고프
키예프
벨고로드
하리코프
카미신
폴타바
크레멘추크
캅카스군
차리친
의용군
예카테리노슬라프
돈강
드네프르강
굴랴이폴레
로스토프
노보체르카스크
돈군
볼가강
마리우폴
니콜라예프
멜리토폴
베르댠스크
타간로크
벨리코크냐제스카야
아스트라한
오데사
케르손
아조프해
티호레츠카야
케르치
카스피해
흑 해
세바스토폴
노보로시스크
미네랄니예보디
0 100 200 miles
0 100 200 300 km

비를 담장 너머 누군가의 정원에 던져 버리고 갔다."

레흐노는 지역 두마 의원 자격으로 위원회에 합류해 홀로드노고르스카야Kholodnogorskaya 감옥에 인질로 붙잡힌 무고한 사람들을 풀어주고 인터뷰했다. "프레오브라젠스키Preobrazhensky라는 이름이 불렸다. (혁명) '반대자'로 체포된 사람이었다. 군복을 일부만 입은 젊은이가 방으로 들어왔다. 머리는 완전히 허옇게 세어 있었다. 알고 보니 볼셰비키가 그 전날 밤 수많은 인질과 반혁명주의자들을 사살했다고 한다. 새벽 2시 하리코프 주민 모두가 아는 체카의 도살자 사엔코Saenko가 감옥에 나타났다. 평소처럼 그는 만취해 있었다. 그는 감옥을 돌아다니며 목록에 있는 이름을 불렀다. 그리고 사람들을 데리고 나가 감옥 뒤뜰에서 즉시 사살했다. 그는 프레오브라젠스키의 감방에서 두 명을 부르고 난 후 그의 이름을 불렀다. 프레오브라젠스키가 매우 침착하게 답했다. '그 사람은 어제 사살했어요.' 감방 안의 모두가 침묵했다. '아.' 사엔코는 웅얼거렸다. 프레오브라젠스키의 감방 동료들은 그를 배신하지 않았지만, 그날 밤 그의 머리는 완전히 하얗게 세었다."[6]*

레흐노는 그 후 두마 위원회의 병리학자들과 체카의 범죄를 조사했다. 그는 차이콥스키 거리의 공과대학교(지금의 하르키우 공과대학교) 옆에서 발견된 인질들의 시체로 가득 찬 세 개의 큰 구덩이로 안내되었다. "우리는 현장을 살펴보았다. 정말로 소름 끼치는 광경이었다. 다층 건물 곳곳에서 볼셰비키가 저지른 잔혹 행위의 흔적이 발견되었다. 거의 사방에 핏자국이 있었다. 사람들은 벽에, 창턱에, 쓸 수 있는 곳 어디든 글을 남겼다. 많은 희생자가 자신의 죽음을 가족에게 알리려 집 주소를 적었

* 하리코프 체카의 수장 사엔코는 알코올 중독자이자 코카인 중독자였다. 그는 병적인 가학성으로 악명 높았다. 사람을 칼로 얕게 찌른 후 칼날을 비틀고, 산 채로 죄수들의 머리 가죽을 벗겨내고, 그들에게 '장갑 처치'를 하는 것을 즐겼다. 살아남은 한 좌파 사회혁명당원은 그가 "단신에 빛나는 눈과 광인처럼 실룩거리는 얼굴"을 하고 있었다고 묘사했다.[7]

다. 이 글들을 보면 다수가 전혀 부르주이가 아닌 것이 명백했다. 볼셰비키가 사람들을 처형한 지하실 벽은 피, 살점, 머리카락, 뇌 파편으로 뒤덮여 있었다. 이 지하실 옆방에서는 산 채로 손가죽을 벗겨낸 '장갑'이 발견되었다. 온전한 장갑이 한 짝, 찢어진 장갑이 두 짝 있었다. … 이어서 그곳에서 발견한 300구가 넘는 시신을 보았을 때는 머리카락이 쭈뼛 섰다. 시신들은 나이, 성별, 사회적 지위, 민족과 관계없이 포개져 쌓여 있었고, 모두가 '새 정권'의 희생자들이었다."[8] 다른 구덩이에서는 고문당한 희생자들이 발견되었다. "모두 어깨에서 견장이 잘려 나가고 등에는 가죽끈, 다리에는 채찍 자국을 남긴 채 발가벗겨져 있었다. 우리는 이 불행한 이들이 누군지 알아낼 수 없었다."

아스토리아 호텔에서 호사를 누리는 마이-마옙스키 장군은 도시 주민들을 수입원으로만 보았고 그들의 삶에 전혀 관심이 없었다. 공산당의 지배에서 해방되자 경제는 즉시 되살아났다. "상인들은 물건을 가지고 시장에 돌아왔다. 며칠 전만 해도 상상도 할 수 없는 일이었다."[9] 많은 상인이 적군赤軍에게 징발되어 여전히 창고에 수용되어 있는 자신의 물건들을 돌려달라고 의용군에 청원했다. 발렌틴 레흐노가 마이-마옙스키의 참모진 중 관련 장교에게 접근하자 그는 답했다. "그렇소, 우리는 당신들의 재산을 지켰소. 그리고 찾아가려면 돈을 내야 하오." 레흐노는 얼마냐고 물었고 그는 "눈이 휘둥그레질 정도의 금액"을 말했다. "나는 협상해야 했고 우리는 합의에 이르렀다."

5월 우크라이나에서 아타만 그리고리예프가 적군赤軍을 저버리고 반유대주의 포그롬과 약탈에 착수하면서 백군은 큰 도움을 받았다. 카자크가 돈강 너머의 땅을 되찾으려는 동쪽 측면에서는 전투가 더 치열해졌다. 제15돈카자크 연대는 건너편에 첩자를 보내고 중요한 정보를 얻어오면 보상하라는 지시를 받았다.[10] 적군赤軍 제9군은 후방에서 일어난 카자크의 반란으로 어려움을 겪고 있었다. 이 반란의 원인은 사제와 교회를 향한 공격과 미로노프가 트로츠키에게 비판했던 카자크의 전통문화를 파괴하는 잔혹한 '카자크 말살' 정책이었다.* 어느 반란에 관해 돈 지부는 크렘린에 다음과 같이 보고했다. "카자크는 (예를 들면, 강이나 묘지의 관 속에) 숨겨 두었던 무기로 무장하고 혁명위원회를 공격했다. 일부 위원이 살해되었지만, 나머지 위원은 소수의 수비대와 함께 빠져나와 우리 부대와 합류했다."[13]

카자크 말살 정책으로 인한 손실을 인식한 레닌은 남부전선군 군사혁명위원회에 전보를 보냈다. "제반 정책에 어떠한 도움도 되지 않으면서 지역 주민들을 자극하는, 사소한 일상적인 것들을 파괴할 때는 특별히 신중을 기하는 것이 매우 중요하다는 사실을 염두에 두길 바란다. 중요한 문제에는 방침을 확고히 유지하고 주민들에게 익숙한 구시대의 유물에는 타협하라."[14]

사실상 인종 청소 작전을 조장하고 있던 정치위원들은 이런 지시를 무시했다. 제8군 군사혁명위원회로 옮긴 이오나 야키르도 확실히 이 지시를 따르지 않았다. "우리는 썩어 악취가 고약한 크라스노프 부대의 괴물을 전투에서 물리쳤는데, 이제 차르의 영원한 종 카자크를 용서하고 배신의 뱀을 가슴에 품어야 한다."[15] 또 다른 위험에 대한 분노도 있었다. 제12군의 정치위원은 보고했다. "마흐노는 불안정한 제8군과 제13군의 병사들을 위험할 정도로 끌어들이고 있다. 탈영병들이 마흐노 군에 합류하러 넘어가고 있다."[16]

제9군 좌측면의 제14사단은 차리친에 사령부를 둔 제10군과 합류할 예정이었다. 정치위원 에두아르드 두네는 다음과 같이 적었다. "이 제

* 3월 16일 적군赤軍 총사령관 바체티스는 미로노프에게 적군赤軍 카자크 사단을 창설할 권한을 주었다.[11] 바로 다음 날 돈 지부는 당 중앙위원회에 미로노프가 문제아여서 "미로노프를 돈에서 제거하기로 했다"라고 알렸다.[12]

10군은 20년 후 이오시프 주가시빌리(스탈린)가 제10군 혁명위원회 위원이었기 때문에 유명해졌지만, 동시에 제10군이 집단 처형으로 차리친을 공포에 떨게 했다는 이유만으로도 유명하다."[17] 한때는 "제9군 사령부가 꼴사납게 달아났다".[18] "제10군이 차리친에서 멀리 떨어지는 것을 두려워해"[19] 300킬로미터에 이르는 돈강 좌안 전체가 뻥 뚫려 있었기 때문이었다.

제10군의 기마 부대는 주로 적군赤軍 카자크로 구성되어 있었고, "프롤레타리아여, 말을 타라!"라는 전해의 모병 운동으로 모인 기병은 여전히 얼마 되지 않았다. 제국군 출신 카자크 부사관 보리스 두멘코Boris Dumenko는 제10군 내에 제1기병여단을 만들고 세묜 부됸니Semyon Budyonny를 부사령관에 임명했다. 갈수록 느는 음주만큼이나 커지는 기병 수염, 농민의 잔꾀와 용맹함으로 유명했던 부됸니는 비카자크인, 즉 이노고로드니inogorodny였다. 스탈린이 지지하는 부됸니와 트로츠키가 지지하는 두멘코는 충돌했다. 두멘코의 병사들은 부됸니를 숭배했다. 한 병사가 기록했다. "병사들은 경건한 목소리로 그에 관해 이야기하고 자랑스럽게 그의 용맹함을 칭송했다."[20] 캅카스에서 브란겔의 작전으로 부대와 함께 고립된 두멘코는 병사들을 이끌고 영웅적인 행군으로 제10군에 합류했고 그 도중에 로스토프를 위협했지만 결국 자신이 없는 동안 아내와 딸이 백군에게 살해되었다는 소식을 들었다.

불화 후 각기 다른 부대를 지휘하게 된 두멘코와 부됸니는 적군赤軍의 기병을 키워갔지만, 두멘코는 공산당 내부에서 벌어진 권력 투쟁의 수라장에서 살아남지 못했다. 그의 기병군단이 이듬해 1월 돈의 수도 노보체르카스크를 점령한 후 두멘코는 그를 조사하러 보낸 정치위원을 살해했다는 죄로 기소되어 몇 달 후 총살되었다.

5월 중 적군赤軍 제9군은 밀레로보Millerovo선 선로를 따라 소규모 집단들로 나뉘었다. "거센 공격에서 살아남은 제14사단과 제23사단, 카미신

Kamishin 여단의 남은 병력은 카자크 마을 우스티메드베디츠카야로 퇴각하고 있다."[21] 제1돈카자크 보병사단이 보고했다. "소규모 적군赤軍 전투부대와 후방 부대가 돈과 차리친 선로 사이에 있는 지역을 지키고 있다." 사단은 계속해서 "이 지역 전체에서 적군赤軍을 몰아내고, 18세에서 48세까지의 카자크 주민을 대규모로 동원하고, 적군赤軍에게 협조하는 자는 누구든 체포하라"는 지시를 받았다. 제9군 후방에서 일어난 돈 카자크의 반란은 적군赤軍에 심각한 타격이었다. 제9군의 병사, 장교, 심지어 사령관까지 백군에 투항했다.

전황은 갑자기 백군에 유리하게 돌아갔다. 그리고리예프가 적군赤軍을 떠나자 우크라이나가 노출되었다. 돈군의 서쪽에서는 시쿠로의 기병군단을 앞세운 마이-마엡스키의 의용군이 도네츠에서 적군赤軍을 소탕하고 하리코프로 빠르게 진격한 후 폴타바와 예카테리노슬라프를 차례로 점령했다. 마흐노의 게릴라 외에는 소수 병력만이 계속 남아서 싸웠다. 백군에 의해 크림반도가 봉쇄당할 위기에 놓이자 적군赤軍은 다급히 철수했다. 한편, 우랄과 시베리아 전선에서 백군이 우파를 수복하고 가이다의 군이 카잔에 명백한 위협이 되자 크렘린은 남부 전선에서 시베리아 전선으로 주의를 돌렸고 대대적인 이동이 일어났다. 약 8만 명의 지원 병력과 대량의 보급품이 우랄 방면으로 향했다.

5월 셋째 주 제10군은 차리친 서남쪽에서 브란겔 장군이 지휘하는 쿠반 카자크에 대패했다. 거침없는 언행의 적군赤軍의 골칫거리 필리프 미로노프는 차리친역에서 패배의 결과를 보았다. "버려져 도움을 구걸하며 신음하는 적군赤軍 병사들이 역 담장 옆과 역 안에 누워 있었다. 그다음 병원열차를 발견했다. 이틀 동안 화물칸에 방치된 시신 바로 옆에 부상자들이 있었다. 파리가 사망한 동지들의 몸을 뒤덮고는 살아 있는 동지들에게로 갔다. 나는 상급 의사 드미트롭스키Dmitrovsky와 이야기를 나눴고 그는 부상자를 돌볼 사람이 없다고 말했다. 하지만 사실 열차는 완

볼가강 유역의 차리친 점령을 도운 백군의 장갑열차 '통합 러시아United Russia'

장을 찬 인원으로 가득했다. 이래서는 안 된다. 이대로 가다가는 혁명이 노동자의 피에 익사할 것이다."[22]

한 달 후 브란겔의 부대는 차리친 외곽에서 크라스노프가 실패한 위업을 달성할 준비를 하고 있었다. 브란겔의 캅카스군에 제공하는 영국의 지원은 보급품에 한정되지 않았다. 영국 공군의 제47비행대대가 DH.9 폭격기와 솝위드캐멀Sopwith Camel 전투기와 함께 베케톱카Beketovka 외곽의 임시 활주로에 배치되어 있었다. 어느 날 이른 아침 전투기는 부툔니의 기병이 공격을 준비하고 있다는 경고를 받고 이륙했다. 그들은 전투기에서 식별할 수 있도록 적군赤軍을 마주할 브란겔의 쿠반 카자크군이 지상에서 X자 대형을 이룰 것이라는 이야기를 들었다. 솝위드캐멀 전투기는 북쪽을 날아서 열린 광장에서 X자 대형을 이룬 백군 기병 일부를 확인했다. 그 너머로 적군赤軍 기병이 쿠반 카자크를 함정에 빠뜨리려 준비하고 있는 것이 보였다. 소규모 병력이 백군을 향해 진격해 반격을 유도하는 동안 본대는 그 너머의 저지대에 매복하고 있었다. 조종사들은 전투기에 탑재된 비커스Vickers 기관총 한 쌍의 발사 준비를 마치고 공격에 들어갔다. 저공 사격에 적군赤軍 기병은 금세 도주했다.

솝위드캐멀은 차리친을 방어하는 적군赤軍에 주공격을 개시하기 직전, 주변을 정찰했고 줄지어 있는 영국 전차 여섯 대를 발견할 뻔한 적군赤軍의 관측기구를 격추했다. 다음 날 공격 개시 직전에 연료가 전차 한 대분밖에 없다는 것이 확인되었다. 그래서 2년 전 메신Messines 전투에서 팔 한쪽을 잃은 전차군단의 유언 캐머런-브루스Ewen Cameron- Bruce 소령이 마크V 전차 한 대에 직접 타고 공격을 이끌었다. 가시철조망과 제1선 참호를 가볍게 해치운 이 고독한 강철 괴물은 방어하는 적군赤軍을 도주하게 하기에 충분했다. 전리품은 상당했다. 백군은 차리친의 탄약 공장과 대량의 야포와 기관총에 더해 장갑열차와 절실히 필요했던 기관차, 화차를 노획했다.

드미트리 게이덴 백작은 함락 직후 차리친에 도착했다. 그는 도시가 완전히 죽어 있어서 놀랐다. "거리는 텅 비었고 주민들은 볼셰비키 지배로 너무 겁에 질려 집을 나서기를 두려워했다. 시장에는 사람이 거의 없었고, 집은 판자를 덧대 창문을 막았고, 가판대는 영업하지 않았고, 역에도 도시에도 문을 연 식당이 없었고, 볼가강은 배 한 척 없이 텅 비어 있었다."[23]

데니킨은 게이덴에게 다른 군의 보급품과 장비 상황을 알아보라고 지시했다. 카키색 군복을 포함한 영국의 군수품이 대량으로 노보로시스크Novorossiysk 항구에 도착하여 배분해야 했기 때문이다. 게이덴은 1917년 부코비나Bukovina에서 퇴각한 후 처음 만난 브란겔에게 곧바로 보고했다. "브란겔 장군은 지난 2년 동안 거의 변하지 않았다. 여전히 쾌활하고 충동적으로 보였지만 동시에 권력자에 걸맞은 인상을 풍겼다."[24]

1919년 8월 차리친(후의 스탈린그라드)에 있는 영국 장갑차

브란겔의 군은 제1 및 제2쿠반 군단과 제4기병군단에다 3개의 독립 사단(아스트라한카자크 사단, 제6 및 제7보병사단)으로 이루어져 있었다. 브란겔은 게이덴에게 아스트라한카자크 사단의 상황을 주시하라고 경고하면서 차리친에서 적군赤軍으로부터 획득한 식량 덕분에 적어도 식량 보급은 예전만큼 나쁘지 않다고 설명했다.

게이덴은 때때로 적군赤軍 볼가-카스피해 전단의 습격을 받고 있던 50킬로미터 하류의 라이고로드Raigorod에 주둔한 아스트라한카자크 사단을 방문하고 큰 충격을 받았다. "부대원들은 완전히 거지꼴을 하고 있었다. 다수가 맨발이거나 슬리퍼를 신고 있었다. 장화나 끈 달린 군화를 신고 있는 이들은 반도 되지 않았다. 다수는 포로로 붙잡힌 적군赤軍 병사처럼 셔츠와 바지가 너덜너덜했다."[25] 갑자기 게이덴은 "내전이 벌어지는 동안 전선과 후방 간의 기존의 관계가 완전히 뒤집혔다는 생각이 들었다. 과거에는 후방이 전선에 필요한 것을 제공했다. 이제 역할이 뒤바뀌었다. 병력을 포함해 모든 물자 보급은 적에게서 노획한 것을 바탕으로 이루어진다". 실제로 그랬다. 양쪽 모두 적어도 내전의 일부 시기 동안 전투 후 적의 포로를 강제 징집해 병사 수를 채웠다. 부상이나 병 때문에 징집에 적합하지 않으면 제복과 군화를 가져갔다. 게이덴은 "옷에 뚫린 구멍으로 살"이 너무 많이 보이는 것에 낙담했지만 두 보병사단에 지급할 영국군 제복은 3천 벌밖에 없었다.

HMS 몬트로즈의 골드스미스 중령은 노보로시스크의 백군이 너무 "무관심하고 게으르다"[26]는 이야기를 들어서 데니킨의 병력에 지급할 보급품의 하역 작업에 튀르키예 전쟁포로를 동원해야 했다. 하지만 하역은 수많은 문제 중 하나일 뿐이었다. 모든 단계에서 절도와 부패가 일어나 보급품이 샜다. 야전 병원으로 전달된 침대와 침구는 즉시 사라졌고, 민간인들도 옷이 부족해 마을 남자들뿐 아니라 여자들도 카키색 군복을 개량해 입었다.

게이덴과 나눈 대화에서처럼 브란겔은 데니킨의 전략과 그가 캅카스의 견고한 본거지에 의존하는 것을 맹렬히 비난했다. 브란겔의 캅카스군은 대부분 쿠반과 테레크 카자크로 이루어져 있었지만, 브란겔은 데니킨의 카자크 지역에 대한 밀착 방어가 러시아를 건 전쟁에서 승리할 단 한 번의 기회를 방해했다고 생각했다. 그는 콜차크의 군대와 연합하는 것만이 그들의 유일한 희망이라고 보았다. 두 사람은 성격과 체격이 완전히 달랐다. 통통하고 부드러운 성격의 데니킨은 미천한 태생이었다. 반면 키가 장대처럼 크고 움푹 팬 눈에 강렬한 눈빛의 브란겔 남작은 발트 귀족이었고 냉철한 결단력의 소유자였다.

데니킨은 브란겔에게 캅카스군을 맡겼는데 그의 지지를 얻기 위해서가 아니라 순전히 그가 백군에서 탁월한 기병 지휘관이기 때문이었다. 데니킨은 평판에 신경 쓰는 겁쟁이는 아니었지만, 터무니없는 요구를 하는 시쿠로에게 양보한 것이 보여주듯 동료 고위 장교들과의 갈등을 피하

안톤 데니킨 장군

표트르 브란겔 장군

려 했다. 그의 참모장 로마놉스키 장군은 다른 장군들과의 회의에서 데니킨에게 이렇게 말한 적이 있다. "안톤 이바노비치Anton Ivanovich(데니킨), 시쿠로 장군의 군단에서 약탈, 음주, 불복종, 끔찍한 무절제가 벌어지고 있소! 이대로 두고 볼 수는 없소!"[27] 데니킨은 당황했지만, 약탈과 반유대주의 포그롬을 금하는 그의 지시를 시쿠로가 전부 무시하는 것을 알고도 아무것도 하지 않으려 했다.

데니킨은 정복한 도시에서의 승전 행진과 행사를 그다지 좋아하지 않았다. 폴타바에서는 부르주아들이 대단히 감사해 하며 그가 탄 지붕 없는 차에 꽃다발을 퍼부었다. 그는 옆에 앉은 마이-마옙스키 장군에게 중얼거렸다. "블라디미르 제노노비치Vladimir Zenonovich(마이-마옙스키), 나는 이들이 꽃다발 대신 우리에게 폭탄을 던질까 걱정이네."[28] 하지만 그의 우려와는 달리 사제들이 마치 차르가 방문한 것처럼 모두 성당 밖으

1919년 7월 3일 데니킨이 차리친에서 '모스크바 작전 명령'을 발표하고 있다.
브란겔이 찍은 사진이다.

로 나와 데니킨을 맞았다.

7월 3일 차리친에서 가장 중요한 승전 행진이 있었다. 데니킨은 성당 앞에서 '모스크바 작전 명령'을 발표하며 "우리의 최종 목표인 러시아의 중심부를 점령하겠다"[29]라고 선언했다. 그의 계획은 각각의 군이 주요 철도 노선을 따라 모스크바로 향하는 것이었다. 서쪽 측면의 마이-마옙스키의 의용군은 거대한 드네프르강을 좌측에 두고 북쪽으로 진격한다. 시도린Sidorin 장군의 돈군은 중앙에서 보로네시로 계속 진격하고, 동쪽 측면의 브란겔의 캅카스군은 니즈니노보고르드까지 볼가강과 거의 평행하게 진격한 후 모스크바를 향해 서쪽으로 방향을 돌린다. 브란겔은 병력을 분산시킬 뿐 아니라 지나친 낙관론에 기대고 있다며 작전에 강력하게 반대했다. 그는 적군赤軍의 거점인 아스트라한을 먼저 점령하는 것이 매우 중요하다고 생각했다. 후방에 아스트라한의 적군赤軍을 볼가-카스피해 전단과 함께 온전하게 남겨두는 것은 치명적인 실수가 될 듯했다.[30]

사실 영국 해군은 무장상선 여덟 척, 모터보트 열두 척과 수상비행기들로 카스피해를 잘 장악하고 있었다. 그들은 북동쪽 연안 구리예프에 있는 우랄 카자크에 물자를 공급하고 볼가강 어귀에서 적군赤軍 함대를 봉쇄하고 있었다. 3월에는 보스케렌스키Voskerensky라는 전 기병장교이자 지독한 악당이 지휘하는, 신뢰할 수 없는 중부-카스피해 전단을 무장해제했다. 그리고 북쪽의 얼음이 마침내 녹기 시작하자 구리예프 남쪽 만에 있는 알렉산드롭스키Aleksandrovskii 항구에 기지를 둔 적군赤軍 군함들을 공격하기 시작했다. 적군赤軍 전단은 구축함 여덟 척, 무장상선 최소 여섯 척, 잠수함 세 척을 비롯한 여러 선박으로 이루어져 있었다.

5월 20일 노리스 준장은 군함을 집합시켰고, 마침내 안개가 걷힌 다음 날 상황을 살펴보려 V자 모양의 항구 입구에서 나아가 항해했다. "그런 순간을 놓쳐서는 안 된다"[31]는 존 저비스John Jervis 경의 격언을 염두에 두고 HMS 크루거에 승선한 노리스는 정오가 지나자마자 군함 다섯 척으로 이루어진 전대를 이끌고 6인치와 4인치 함포를 발사하며 전투를 개시했다. 볼셰비키의 해안 포대가 가까운 거리에서 발포했지만 정확도가 크게 떨어져 영국 함선 두 척밖에 맞히지 못했다. 적군赤軍 함선이 입은 피해에 비하면 영국군의 피해는 놀라울 정도로 적었다. "대형 어뢰정 구축함 하나를 포함한 선박 아홉 척이 침몰 또는 폭파되었고, 적의 피해는 상당하다고 말할 수 있다."[32] 그들은 잠수함모함 레발Reval을 격침한 것에 특히 만족했다. 며칠 후 적군赤軍 함대는 알렉산드롭스키 항구를 떠났다. 남은 선박은 모두 큰 영국 함선이 추격할 수 없는 얕은 볼가강 어귀로 철수했다. 적군赤軍 최고사령부의 말대로 그들의 카스피해 전단은 "불리한 조건에서의 교전을 피했다".[33]

뒤이어 구리예프의 우랄 카자크를 방문하면서 노리스 준장은 상대편인 적군赤軍 함대의 사령관이 알렉산드롭스키 항구에서의 패배로 처형되었다는 소식을 들었다. 후임자는 브란겔이 차리친을 점령하자마자 볼가 전단을 이끌고 강 하류로 내려와 남은 카스피해 전단까지 맡게 된 표도르 라스콜니코프였다. 영국 장교들은 라스콜니코프 부인(라리사 레이스네르)이 포함들을 지휘하고 있다는 소식도 들었다. 얼마 후 예카테리노다르에 있는 데니킨 사령부의 백군 러시아 장교들은 영국군을 방문해 함포 사격 지원을 요청했다. 그들은 브란겔 장군과 마찬가지로 북쪽으로 진격하기 전에 아스트라한을 점령하려 했다. 하지만 카스피해의 해도가 없고 배와 흘수(배가 물 위에 떠 있을 때 물에 잠겨 있는 부분의 깊이)에 관한 지식도 없는 그들은 왜 영국 해군이 얕은 볼가강 삼각주에서 자신들을 지원해줄 수 없는지 이해하지 못했다. 처칠이 해군부에 영국 해군을 계속 주둔시켜 달라고 간청했지만,[34] 노리스는 7월 20일 모든 인원을 바쿠와 바투미를 통해 철수시키라는 명령을 받았다. 영국군 선박은 자격 미달인 데니킨의 해군이 넘겨받았다. 영국 군함기가 카스피해에서 마지막으로 펄럭였다.

25

무르만스크와 아르한겔스크 1919년 봄과 여름

병사들의 사기를 높이기 위해 예술 단체 프롤렛쿨트Proletkult(프롤레타리아 문화 조직)의 배우, 가수, 무용수들이 북부 전선의 소비에트 제6군을 방문해 위문공연을 했다. 애초 예술가 51명으로 이루어진 공연단이 페름으로 향하고 있었는데, 제3군이 대패하고 12월 백군이 페름을 장악하면서 계획이 취소되었다. 1월 공연단은 방향을 돌려 볼로그다로, 그다음엔 플레세츠카야Plesetskaya로 향했다. “합창단은 분노하며 항의했다.”[1] 담당 정치위원은 화가 나서 페트로그라드에 보고했다. 그들은 적군赤軍 배급 식량을 먹는 것과 뜨거운 음식 부족에 “징징거리며” 불평했다. “합창단 여성 몇몇은 그저 시시덕거리기만 했다.”

플레세츠카야에서 공연단은 교회에서 공연을 두 번 했고, 노래를 부르기 어려운 추위에 불평했다. 보고는 이어졌다. “전투에서 전사한 동지의 장례식 날 우리의 영예로운 프롤렛쿨트 합창단의 젊은 숙녀 몇몇이 밤새 춤을 추며 파티를 벌였다. 그들은 적군赤軍 병사 앞에서 사령부 인원의 목에 매달리기 시작했다. 나는 결국 그들에게 매우 엄격한 조치를 취하기 시작했고, 그들이 프롤렛쿨트의 이름을 더럽히고 있고, 부패했으며, 여기와 맞지 않는다고 말했다. 그리고 개심하지 않으면 그들을 페트로그라드로 보내겠다고 단언했다.” 그는 공연단에 그들이 “혹한 속에서 제국주의 국가 넷을 저지하고 있는 적군赤軍 병사들”의 수치라고 말했다.

제국주의자들은 아르한겔스크에서 스페인독감 감염자가 1만 명 가까이 발생하기는 했지만, 위생 상태가 더 나아 적군赤軍처럼 이질, 콜레라, 괴혈병, 장티푸스, 천연두 유행으로 고통받지 않았다. 하지만 연합군 부대의 사기는 적군赤軍보다 나을 것이 없었다. 무르만스크에서 프랑스와 미국 부대가 반란을 일으켰지만, 백군 러시아 부대에서 일어난 반란은 더 많았다. "그리고 우리 군의 경우 네다섯 건의 불쾌한 사건이 있었습니다."[2] 처칠은 총리에게 보고했다.

24시간 중 해가 뜨는 시간이 서너 시간에 불과하고 마비될 듯한 추위, 뜨거운 음식 부족으로 고통받는 병사들은 다들 다른 국가 병사들은 모두 귀환하는 와중에 북러시아에서의 임무를 정당화하는 장교들의 말을 이해할 수 없었다. 얼어붙은 고요함 속에서 전선 너머로 러시아에서 무얼 하고 있냐고 묻는 적군赤軍의 목소리는 쉽게 병사들에게 닿았다. 같은 질문이 영국 언론에서도 점점 더 제기되었다. 보급창을 지키러 러시아 북부에 파견된 부대의 병사 대부분은 "신체 등급이 낮았다".

1월 19일 적군赤軍은 아르한겔스크에서 200킬로미터 남쪽에 있는 바가강 유역의 셴쿠르스크Shenkursk에서 파상 공격을 개시했다. 방어하던 미국 부대는 많은 사상자를 내고 마을을 포기해야 했다. 3월 8일 여전히 무르만스크와 아르한겔스크에 주둔한 연합군과 콜차크의 군대가 연결되길 내심 바랐던 처칠은 최종 철수를 엄호하기 위해 사기가 떨어진 영국군 수비대를 병력 각 4천의 2개 여단으로 대체해야 한다고 전시 내각을 설득했다. 대체 병력은 "재고용된 자원병으로 구성"[3]할 예정이었다. 처칠은 필요한 준비를 진행할 권한을 부여받았다.

처칠은 자신의 비현실적인 꿈에 집착했고, 기회가 생기면 그 기회를 이용할 수 있게 해달라고 로이드 조지 총리를 끈질기게 졸랐다. 육군 원수 윌슨은 "뱌트카와 코틀라스에서의 가이다의 움직임과 관련하여"[4] 파리에 보고했다. "총리는 가이다가 뱌트카에 도착해 확실히 장악하고 선로를 따라 코틀라스까지 올라온다면 육군 준장 윌리엄 아이언사이드William Ironside가 북드비나강을 통해 코틀라스로 향하는 준비를 마치는 데

이의가 없겠지만, 행동에 옮기기 전 내각에 논의해야 한다는 것 외에는 말이 없었다." 하지만 이르쿠츠크의 미국 총영사 해리스가 지적했듯 "사실 남서쪽으로 진군해 한진의 측면을 보호해야 할 가이다는 연합국의 부추김 때문에 북서쪽으로 진군을 계속하려 했다. 일부는 모스크바 진입을 노리는 그의 터무니없는 야망을 비난했다".[5]

페름에서 북쪽으로 850킬로미터 떨어진 페초라Pechora강에서 순전히 상징적인 연결이 이루어졌다.[6] 아르한겔스크의 소규모 부대가 가이다의 북부군에 속한 중대 규모의 부대를 만났다. 하지만 험난한 지형과 엄청나게 먼 거리 탓에 이성적으로 봤을 때 이 연결 자체가 비현실적이었다. 육군 원수 헨리 윌슨 경은 처칠보다 훨씬 실용적이었다. 그는 2월 24일 기록했다. "이 나라의 광활한 영토와 주민들의 빈곤, 통신수단 부족, 개탄스러운 철도 상태, 연합군의 피로를 고려할 때 현재 러시아 침략과 점령은 현실적인 군사 계획이라고 볼 수 없다."[7]

3월 말과 4월 초, 볼셰비즘에 승리할 효과적인 백러시아군을 만들려는 처칠의 희망은 전망이 그리 좋지 않아 보였다. 제3북러시아 소총연대의 제1대대와 제8러시아 소총연대 전체가 공산주의자들에게 투항해 적군赤軍에 합류했다. 러시아 장교뿐 아니라 영국 장교들도 탄환을 장전한 리볼버를 손에 들고 잠을 잤다. 다행히도 5월 26일 그로건Grogan 준장의 여단이 도착하고, 6월 10일 새들러-잭슨Sadleir-Jackson 준장의 여단이 상륙했다. 북극의 겨울에 시달린 불행한 부대의 철수는 미국과 프랑스 부대가 캐나다 포병 2개 중대와 함께 첫 배를 타고 떠나는 것으로 시작되었다. 한편 새로 도착한 영국 장교들은 그림 같은 녹색 돔의 흰 교회를 좋아했고 드비나강 어귀에서 도요새와 오리 사냥을 즐겼다.

적군赤軍은 드비나강과 볼가강 수계에서 한 달 간격으로 공격해 왔다. 드비나강은 북쪽의 북극권으로 흘러서 상류가 하류보다 먼저 녹았는데, 덕분에 적군赤軍 전단은 영국 선박들이 5월 13일까지 아르한겔스크에서 얼음에 갇혀 있는 동안 작전을 펼칠 수 있었다. 영국 해군 전단은 포함砲艦 콕셰이퍼Cockchafer(왕풍뎅이), 시카다Cicada(매미), 크리켓Cricket(귀뚜라미), 글로우웜Glow-worm(반딧불이) 네 척과 수상 포대 역할을 할 모니터함 두 척으로 이루어져 있었다. 전단은 5월 하순 단단한 얼음이 깨지자마자 강 상류로 나아갔다. 룬드Lund 소령은 "러시아인들이 코틀라스에 도달해 콜차크와 손을 잡도록 도울 거라는 희망을 품고 있었다"[8]라고 기록하며 윈스턴 처칠의 놀라울 정도로 집요한 환상을 되풀이했다.

6월 19일 벌어진 격렬한 교전 중 영국 전단은 트로이츠카야Troitskaya(지금의 제를리긴스카야)에서 그로건의 여단을 지원했다. 영국 전단의 모니터함이 포격을 개시했고 포함들이 적군赤軍 전단을 물리쳤다. 다음 날 햄프셔 연대 제2대대와 제3북러시아 연대는 드비나강 우안에 자리한 마을 로체그다Rochegda와 톱사Topsa를 공격했다. 그들은 긴밀하게 협력한 영국 해군 전단과 영국 공군 수상비행기의 큰 도움으로 400명을 포로로 잡고 야포 세 문, 기관총 다수를 노획했다.

그 무렵 이미 콜차크의 시베리아군이 절대 성공하지 못할 것이 명백했는데도 아이언사이드 준장은 전시 내각으로부터 남쪽의 코틀라스 공격을 허가받았다. 7개 언어에 능통한 아이언사이드는 키가 무척 커서 군중 사이에서도 쉽게 눈에 띄었다. 이 큰 키 때문에 그는 학교에서 아이러니하게도 '꼬맹이Tiny'라는 별명을 얻었고 이 별명은 죽을 때까지 그와 함께했다. 새 계획은 코틀라스의 적군赤軍 전단 기지를 파괴해 적군赤軍이 철수하는 연합국 군대를 추격하지 못하게 하는 것이었다. 런던에서 로이드 조지는 아이언사이드가 코틀라스 남쪽으로 공격을 계속할 것을 우려했다. 그는 아이언사이드가 어떠한 상황에서도 "남쪽에 휘말려 들어 (그를) 탈출시키려 영국에서 구원대를 파견하게 해서는 안 된다는 것을"[9] 명심하길 바랐다. "그런 부대를 파견할 수도, 파견하지도 않을 것이기 때문이다." 그는 또한 "얼음이 얼기 전에" 철수할 수 있도록 부대가 반드시 제자리를 지킬 것을 단단히 일렀다.

6월 말 무렵, 아이언사이드는 영국 장교와 부사관이 볼셰비키의 탈영병과 포로를 지휘하는 슬라브-영국 군단을 포함해 2만 2천 명의 러시아 부대를 휘하에 두고 있었다. 이 병력 증원은 은총이자 저주라는 말로는 다 표현할 수 없었다. 7월 7일 밤 전前 적군赤軍 병사로 구성된 슬라브-영국 군단의 다이어 대대와 제4북러시아 소총연대를 비롯한 백군 부대에서 또다시 반란이 일어났다. 영국인 장교 세 명과 러시아인 장교 네 명이 살해당했고 다른 이들은 부상을 당했다. 룬드 소령은 기록했다. "명백하게 상황을 완벽히 파악하고 있던 적군赤軍은 이 기회를 틈타 공격했다."[10] 적군赤軍은 "함대 정박지와 수상비행기 기지로부터 약 1100미터" 이내로 진입했다.

영국 지원군이 도착할 때까지 진지를 지키려 수병과 해병 부대가 상륙했다. 수상비행기도 폭격으로 도왔고, 모니터함과 HMS 험버Humber는 6인치 쌍열포탑으로 적군赤軍 전단을 철수시켰다. 하지만 소해정 소드댄스Sword Dance와 판당고Fandango 두 척은 '볼로스Bolos'(영국인과 미국인들이 볼셰비키를 일컫던 말)가 강에 띄워 하류로 내려 보낸 기뢰에 침몰했다. 해군 연안 부대는 후에 더 많은 기뢰를 막기 위해 강에 그물을 쳐야 했다. 반란자 일부는 군사재판에 회부되어 총살되었지만, 주모자들은 도주했다.

7월 19일 이탈리아군 파견대가 철수했다. 사흘 후 오네가호 근처에서 러시아 연대가 반란을 일으켜 볼셰비키에 전선을 열어주었다. 볼로그다선 전선에서도 러시아 부대가 반란을 일으켰지만, 폴란드 군단과 영국 부대의 파견대가 재빨리 진압했다. 전염병이 거의 모든 러시아 부대로 퍼져 그들은 철수해야 했다. 영국 언론 보도에 의해 연합군의 완전 철수 소식이 확인되자, 영국군은 전선에서 볼셰비키의 선전을 막을 도리가 없었다. 전선의 백군 연대에서 복무하는 러시아인들은 자신들의 운명이 공산주의자들에 손에 넘어갈까 봐 두려워했다. 영국의 철수는 드비나강이 얼기 직전인 10월 15일부터 11월 10일 사이에 진행될 예정이었지만, 러시아 부대의 상태를 고려할 때 기다리지 않는 것이 좋을 듯했다.[11]

8월 롤린슨Rawlinson 경이 러시아 북부의 총사령관직을 인계받았다. 새로 투입된 2개 보병대대, 몇몇 야포와 전차 다섯 대와 함께 영국군의 철수를 감독할 예정이었다. 해병대 1개 대대도 무르만스크에 파견되었다. 영국 영해로 돌아가는 여정에 대비해 전단이 수리할 시간을 벌어야 해서 무르만스크를 조금 더 오래 점유할 필요가 있었다. 영국군은 드비나강 상류에서 적군赤軍 부대에 날카로운 일격을 가해 밀어내고 숨 쉴 틈을 마련할 계획을 세웠다.

8월 10일 새들러-잭슨이 지휘하는 여단은 북드비나강 유역의 푸체가와 보로크Borok의 적군赤軍 진지를 공격했다. 바지선에서 띄운 관측기구가 포격의 사거리 수정을 도왔다. 승리한 영국군은 총 2천 명의 포로와 야포 18문을 획득했다. 이 진격으로 영국 해군은 철수가 시작될 때 적군赤軍 전단이 강에 진입하지 못하게 막는 기뢰 작전을 준비할 수 있었다. 롤린슨과 아이언사이드는 북러시아 정부North Russian Government의 지도자 예브게니 밀레르Yevgeny Miller 장군에게 아르한겔스크를 포기하고 무르만스크에 집중하라고 설득하려 했지만, 밀레르는 "마지막까지 아르한겔스크를 사수하라"[12]는 콜차크 제독의 지시를 언급하며 거부했다. 밀레르의 요청에 따라 영국군은 8월 29일 볼로그다선 선로에서 마지막 공격을 벌였다.

9월 6일 새들러-잭슨의 부대는 적군赤軍의 반격을 격퇴했고, 엿새 후 강 하류로 철수했다. 열흘 후 롤린슨의 보좌관 룬드 소령은 일기에 썼다. "춥고 바람이 많이 분다. 겨울이 시작된 것 같다."[13] 같은 날 육군 원수 윌슨은 롤린슨에게서 들은 소식을 처칠에게 전했다. 러시아 장군 밀레르는 마지막까지 아르한겔스크를 지키겠다고 말했지만, 롤린슨은 그가 "그럴 의도도 용기도 없다"[14]고 보았다. "그의 병사들의 인내심은 한계에 다다랐다. 지난밤 제4북러시아 연대의 한 대대는 철도 전선으로 향했고, 증기선에서 열차로 갈아타야 했다. 열차가 출발할 때 장교들은 하나도 없었고 병사 250명만이 나타났다. 장교들은 모두 마을에서 술에 취해 있다가 헌병 지휘관에게 끌려갔다." 밀레르는 그 후 영국 측에 남은 전차 다섯 대를 넘겨달라고 요구했지만, 롤린슨은 런던에 이렇게 경고했다. "만약 밀레르가 요구하는 것을 그에게 넘긴다면 볼로스에게 넘기는 것이나 다름없습니다." 결국 적군赤軍에 손에 들어가는 것을 막으려 영국이 두 대만 남기고 나머지 전차를 모두 파괴하자 백군 러시아인들은 격분했다.

9월 23일, 거의 모든 영국 인원이 아르한겔스크 주변의 방어선 안으로 들어왔다. "9월 27일 최종 철수가 일사불란하게 진행되었고 모니터함은 아르한겔스크에서 조금 떨어진 곳에 정박한 순양함 HMS 폭스Fox로 철수했다." 승선을 완료한 후 아이언사이드 장군과 참모들은 출항했다. 연합군으로서 지원한다는 표시로 프랑스 순양함 콩데Condé도 출항했다.

한편 무르만스크의 영국군은 성공적인 공격 후 철수를 시작했다. 잭슨 준장이 심근경색을 일으킨 메이너드의 뒤를 이었다. 10월 4일 영국군은 모두 칸달라크샤Kandalaksha 북쪽에 있었다. 무르만스크에서의 최종 철수는 10월 12일 완료되었다. 예상보다 훨씬 적은 6535명에 불과한 반볼셰비키 러시아 시민들이 발트 3국이나 남러시아로 이동하기 위해 영국 배에 올랐다. 부상자와 질병으로 인한 사망자를 포함한 영국군의 총사상자는 장교 106명, 기타 직급 877명에 달했고, 그중 장교 41명과 기타 직급 286명이 전사했다.

육군 원수 윌슨이 내린 다음 결론은 의심의 여지없이 옳았다. "어떤 연합국에서도 볼셰비키에 맞서 결정적인 승리를 거둘 대규모의 무력 개입을 정당화하는 여론이 충분하지 않았고, 그 결과 필연적으로 군사 작전은 단결력과 목적의식이 부족했다."[15]

26

시베리아
1919년 6-9월

3월 우파 탈환 이후 팽배했던 콜차크 사령부의 낙관론은 곧 재가 되어 사그라졌다. 크렘린이 시베리아 백군의 위협에 대응하면서 남러시아의 적군赤軍은 약화되었지만 동부전선군의 상황은 완전히 뒤바뀌었다. 제4군의 미하일 프룬제Mikhail Frunze는 우랄산맥 남부의 지휘권을 인계받아 4월 둘째 주 우파로 진격하기 시작했다. 1903년 볼셰비키에 가입한 프룬제는 매우 유능한 지휘관이었다. 크렘린에서 동부전선군으로 보낸 지원 병력은 적군赤軍 병사들, 특히 크게 타격을 받은 북쪽의 제3군의 결의를 다지기 위해 공산당 간부가 대거 포함되어 있었다. 병력 지원으로 적군赤軍의 병사는 8만 1천 명이 되어 7만 500명의 백군에 비해 수적으로 우위에 있었다.[1]

카펠의 부대가 목숨을 걸고 용감하게 지켰지만, 6월 9일 프룬제의 군대는 우파를 점령했다. 프룬제의 부대는 백군 포로와 탈영병은 총 2만 5500명이고 적군赤軍 사상자는 1만 6천 명이라고 보고했다.[2] 투하쳅스키의 제5군은 첼랴빈스크를 향해 진격을 계속하면서 도중에 즐라토우스트Zlatoust를 점령했다. 데니킨이 차리친에서 모스크바 공세를 발표하기 불과 이틀 전인 7월 1일, 콜차크의 각료들은 북쪽의 가이다의 군도 철수하고 있다는 소식을 들었다.

시베리아의 콜차크 군, 남부의 데니킨 군, 발트의 유데니치 군은 단 한 번도 협동 작전을 펼치지 못했다. 이들 사이에는 소통이 거의 없었고, 어쩌다 소통하려면 파리를 거쳐 도착하는 데 몇 주가 걸렸다. 백군은 공산당이 점령한 중앙의 핵심 지역 주변부에 퍼져 있어 매우 불리했다. 반면 적군

赤軍은 내부의 통신선으로 크게 이득을 봤고, 지휘 체계도 더 집중되어 있었다. 하지만 적군赤軍 지도부도 격렬한 권력 다툼으로 분열되고 있었다.

1년 전 트로츠키가 차리친에서의 스탈린의 역할을 신랄히 비판하고, 스탈린이 적군赤軍의 전문화를 위한 트로츠키의 전前 제국군 장교 임용을 비난한 후 적군赤軍 지도부 내에는 이미 파벌이 형성되어 있었다. 이제 전략을 둘러싸고 근본적인 견해 차이로 충돌이 벌어졌다. 동부전선군의 사령관 세르게이 카메네프Sergei Kamenev는 콜차크 군에 승리한 후 여세를 몰아 곧바로 이들을 완전히 절멸시켜야 한다고 강력히 주장했다. 스탈린은 전 제국군 장교 카메네프를 지지했다. 트로츠키가 지지하는 적군赤軍 총사령관 바체티스는 데니킨 군이 더 큰 위협이기 때문에 동부전선군의 공격을 멈추고 남쪽의 부대를 증강해야 한다고 주장했다. 레닌이 카메네프와 스탈린의 주장을 지지하자 트로츠키는 혁명군사평의회Revolutionary Military Council(1918년 9월 설치된 최고 군사기구로, 각 전선마다 하위 조직이 설치되었다.-옮긴이) 의장직을 사임했다. 레닌은 트로츠키를 달래려 그에게 어떤 명령이든 단독으로 내릴 수 있는 권한을 주고 무조건 지지하겠다고 약속했다. 누그러진 트로츠키는 사임 의사를 철회했지만, 이 일로 스탈린은 평의회 내에 더 많은 지지자를 확보하게 되었다.

북쪽의 가이다는 한진의 서부군이 후퇴하자 철수할 수밖에 없었다. 하지만 콜차크의 외무부 장관 빅토르 페펠랴예프가 기록한 대로 체코군에 대한 백군 러시아 장교들의 강렬한 적의도 여기에 한몫했다. "여기서 그들은 가이다를 없애버리고 싶어 한다. 그런 나머지 현실 전체를 왜곡하고 있다. 이것을 끝내야 한다."[3] 콜차크도 가이다의 면전에 대고 "민주주의 성향을 가지고 있어 사회혁명당을 선호하고, 군 내부와 참모들을 진보적 성향의 사람들로 채우고 있다"[4]라며 비난했다.

가이다는 반동적 견해가 훨씬 위험하다며 연합국에 민주주의를 약속하지 않았느냐고 응수했다. 그러자 콜차크는 군사학 지식이 부족하다며 가이다를 비난했다. 가이다는 흑해에서 배 세 척을 지휘하는 사람이 군사학 지식을 보여줄 기회가 뭐가 있겠냐며 쏘아붙였다. 콜차크는 군사재판에 회부하겠다고 위협했고 가이다는 자신은 체코인이라며 콜차크의 지시에 따르지 않았다. 체포될 수도 있다고 생각한 가이다는 바로 자냉에게 도움을 요청했고, 프랑스 장군 자냉은 가이다에게 전적인 지지를 약속했다. 체코군은 골수 제정주의자를 지키는 자신들의 역할에 분노했고 러시아에 더 남아 있을 이유가 없다고 생각했다. 그들은 고향으로 돌아가고 싶었다.

7월 초 페펠랴예프는 지난 12월 동생 아나톨리가 점령해 칭송받은 도시 페름을 적군赤軍이 점령했다는 소식을 듣고 특히 비통해했다. "오늘 저녁 군대는 페름을 포기했다. 우리 함대가 불에 탔다. 강에 석유가 유출되어 불이 붙었다. 그 결과 함선 25척이 파괴되었다."[5] 지난 12월 페름에서 후퇴하면서 피해가 컸던 중국 연대[6]는 이제 리푸칭李富清을 지휘관으로, 스피리도노프Spiridonov 동지를 정치위원으로 하여 재편되었다. 그들은 페름 탈환에 크게 기뻐했다.

7월 14일 자냉 장군은 옴스크에서 일기를 썼다. "갈수록 전선이 무너지고 있다. 이 징후를 보이는 사건이 연달아 일어나고 있다. 너무 많은 장교가 (병사들에 의해) 살해되었다. 한 대령은 장교 중 하나가 그의 대대 하나를 이끌고 적에 넘어가려는 걸 막으려 했다. 그러자 장교가 대령을 권총으로 사살했다."[7] 제1보병사단에서도 3개 연대가 적에게 투항했다.

페펠랴예프는 "체코 문제"[8]가 콜차크 정부에 매우 중요한 사안이었다고 기록했다. "그들은 싸울 생각이 없다. 그래서 일본인들에게 바이칼호 서쪽 방어를 요청하자는 제안이 있었다." 핀란드와 발트 3국의 독립 승인을 꺼리는 이 민족주의 정부가 야심 가득한 일본군을 러시아 한가운데로 끌어들이는 계획을 구상하는 것은 이상해 보였다. 일본군은 자신들의 야심을 굳이 숨기려 하지도 않았다. 블라디보스토크의 백군 신문《블

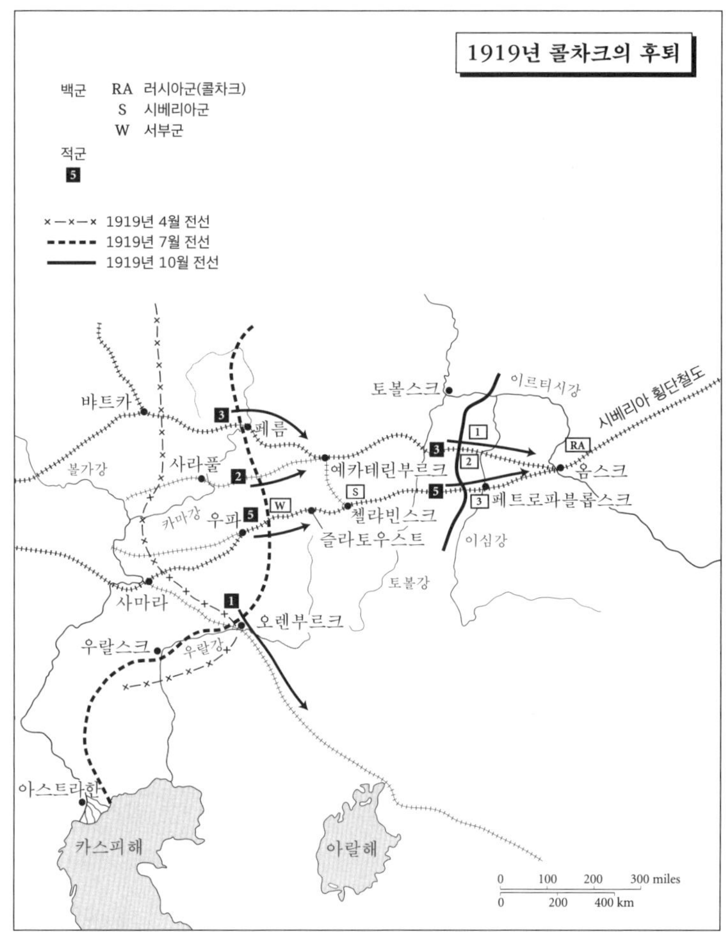

라디보-니포Vladivo-Nippo》는 일본군의 우랄 전선 배치 가능성을 논하면서 주장했다. "우리 부대를 우랄 전선으로 바로 보내 전 러시아 국민의 자긍심을 높이는 편이 훨씬 낫다. 그럼으로써 동시에 시베리아와 극동에서 우리의 특별한 권리를 확보할 수 있다."[9] 한 미국인 장교는 일본인 정보장교 야마모토 대위의 선언을 듣고 입을 다물지 못했다. "10년 혹은

15년 이내에 전 세계가 일본어를 하게 될 것이오. 일본에 전진에 발맞추려면 그래야 할 거요."

미국 정보부는 시베리아 지역의 일본군이 적어도 병사 8만 5천 명 이상, 말 1만 4550필을 보유하고 있다고 추산했다.[10] 모든 전투와 소규모 접전에서 발생한 일본군 사망자는 831명, 부상자는 376명이었는데, 놀랍게도 보통 사망자 한 명당 부상자 세 명이 발생하는 것과는 정반대였다. 7월 초 일본군과 미군은 함께 싸우며 수찬의 광산을 적군赤軍의 공격으로부터 지켜냈다. 미군 지휘관은 욱일장을 포함해 일본의 훈장을 여러 개 받은 로버트 로런스 아이첼버거Robert Lawrence Eichelberger 대령이었다. 아이첼버거는 26년 후 필리핀에서 제8군을 지휘해 일본군을 최종적으로 무찌르게 된다.

'체코 문제'뿐 아니라 폴란드 문제도 있었다. 시베리아의 폴란드 제5사단은 스스로 무장하고 1천 킬로미터나 되는 선로를 지키고 있었지만, 러시아 백군은 이들이 전선에서의 전투를 거부하자 분노했다.[11] 그들은 자신들의 임무는 폴란드로 돌아가 조국을 지키는 것이라 주장했다. 자냉은 폴란드군을 "이스라엘 자손의 모든 죄"[12]라고 비난하는 제독과 그의 각료들의 격렬한 비판에 맞서 폴란드군의 편을 들어야 하는 처지가 되었다. 콜차크의 한 보좌관은 자냉에게 폴란드인들이 전선으로 가지 않는다면 무장해제해야 한다고 말했다. 그는 폴란드군은 폴란드 정부가 지시해야만 전선에서 싸울 수 있다고 응수했다. 백군은 이 사실을 인정하기를 꺼렸다.

7월 9일 콜차크는 북부군을 방문하고 돌아왔다. "최고지도자가 전선에서 돌아왔다."[13] 페펠랴예프는 그날 저녁 일기에 적었다. "우리는 그의 객차에서 그의 소감을 들었다. 상황은 절박하다." 디테리흐스 장군은

최고지도자, 콜차크 제독

"아마도 예카테린부르크와 첼랴빈스크를 내어주게 될 것 같다"라고 경고했다. 페펠랴예프도 콜차크의 불안감이 커지고 있는 것을 눈치 챘다. 7월 20일 그는 이렇게 기록했다. "지도자가 갑자기 말했다. '이보게, 독재는 정말 독재여야 한다고 생각하지 않나?' 그는 더 설명하지 않았다." 콜차크는 특히 누군가 진보적 개혁을 단행하면 민간인들의 지지를 조금이라도 얻을 수 있을 거라고 제안할 때마다 노발대발했다. 또한 연합군 사령관 피에르 자냉 장군과의 끝없는 논쟁에서도 벌컥 성을 냈다. 이 논쟁은 대부분 콜차크가 "무례한 요구"를 한다고 비난하는 체코군에 관한 것이었다. 전형적인 언쟁 후 자냉은 일기에 적었다. "자제할 줄 모르는 사람을 논리적으로 설득하려 애쓰면서 침착함을 유지하는 것은 의미 없는 정신력 소모다."

영국 군사 사절단장 녹스 소장은 그 무렵 시베리아에서 백군이 돌이킬 수 없을 정도로 명분을 잃었다고 확신했다. 육군 원수 윌슨은 7월 23일 전시 내각에 녹스의 보고서를 그대로 인용했다. "어떤 외국의 조언도 받아들이지 못하는 그들의 허영, 자만에나 필적할 만한 러시아군 참모와 연대장들의 무능함 때문에 병사와 물자가 예상보다 빠르게 낭비되고 있고, 여기에 신중하지 못한 계획이 더해져 나중에 쓸 것이 실질적으로 전혀 남아 있지 않습니다. 콜차크에게 군사 작전에 관해 조언하는 책임을 멋대로 짊어진 자냉 장군은 사태에 조금도 영향을 미치지 못하는 보잘것없는 사람에 불과한 것으로 드러났습니다. … 러시아 참모진은 아무것도 배우지도 잊지도 않았던 듯 보입니다."[14]

이런 평가를 한 것은 녹스만이 아니었다. 7월 25일 아나톨리 페펠랴예프 장군은 외무부 장관인 형에게 전화를 걸었다. 형 빅토르는 기록했다. "아나톨리는 다시 태어나야 하는 '군대'가 민심에 귀 기울이고 싸우기로 합의하지 않는 한 상황은 거의 절망적이라고 보았다. 그는 떠나고 싶어 한다." 그날 저녁 빅토르 페펠랴예프는 적군赤軍이 첼랴빈스크를 수복했다는 소식을 들었다. "사기 저하로 군이 와해되었다. … 최고지도자는 정말로 기력이 다한 것처럼 보인다." 첼랴빈스크에서 일어난 재앙의 원인은 전투 경험이 없는 사하로프 장군이 적군赤軍 제5군을 포위한다는 신중하지 못한 계획을 세운 것이었다.[15] 콜차크와 참모장 레베데프 장군 모두 이 작전은 그곳의 백군 부대가 수행하기에는 너무 복잡하다는 경고에 귀 기울이지 않았다. 이 작전은 완전히 실패했고, 안 그래도 병력이 모자란 백군은 포로로만 1만 5천 명을 잃고 중요한 산업 도시 첼랴빈스크를 내주었다. 적군赤軍은 확실하게 우랄산맥을 넘었다.

공산주의자들은 시베리아 도시를 점령할 때마다 지체하지 않았다. 그들은 "이 지역 출신이거나 현재 거주하고 있는 50세까지의 전직 백군 장교, 55세까지의 참모 장교, 60세까지의 장군"[16] 모두에게 징집령을 내렸다. 이것은 백군 쪽으로 향하는 장교 수가 크게 줄어들면서 적군赤軍의 자신감이 충만해졌음을 나타냈다.

백군 병사들의 낮은 사기는 가이다 군의 썩은 장화를 교체하거나 반동적인 백군 장교들의 행동을 바꾸는 데 실패한 옴스크의 전쟁부의 무능 때문이기도 했다. 페름을 잃고 비난받은 가이다는 병사들이 잘못을 저지른 경우 태형을 가하거나 병사들의 얼굴을 주먹으로 때리는 등의 제국군의 관행을 백군 장교들이 시베리아에 재도입한 것을 비난해 백군 지도부에서 평판이 나빠졌다.

가장 치명적인 문제는 아마도 데니킨 군의 후방 부패를 넘어서는, 후방의 심각한 부패였다. 참모직 또는 관리직 장교 다수가 자기 이익을 채우려 배급 식량, 장비, 심지어 총까지 팔아 혁명으로 잃은 것을 메우거나 망명 자금으로 삼았다. 많은 장교가 아내 및 가족과 함께였고, 가족들은 군의 수송, 배급 식량, 보급품으로 특별 대우를 받았다. "바로 후방에 수많은 장교 가족들이 군 수레를 몰고 다니고 부대는 이에 항의하고 있다. … 병자와 부상자를 후송할 수레가 없다."[17] 장교 가족이 "군 사령부 지역보다" 전방으로 나서서는 안 된다는 명령이 내려졌다. 백군이 퇴각하기 시작하자 열차표가 거래되는 악성적인 암시장이 발달했다.

연합국에 잘 보이려는 콜차크에 대한 미국인들의 냉소는 통신 부대의 우두머리 카사트킨Kasatkin 장군이 옴스크에서 체포되었다는 소식이 언론에 보도되자 더 커졌다. 카사트킨이 체포된 것은 "보급품과 병력 수송을 위한 철도 차량이 칸당 2만 5천에서 5만 루블에 개인에게 지급된"[18] 후였다. "체포된 이들은 군사재판에 회부되었다. 아마도 사형을 선고받을 것이다"라고 보도되었다. 하지만 두 달 후 카사트킨이 처형은커녕 병참부장에 임명되었다는 소식을 듣고도 아무도 놀라지 않았다.

후방 지역의 많은 장교가 판단력을 흐리게 하는 술과 약물의 지속적인 섭취에 의존하고 있었다(옴스크에서는 엄청난 양의 코카인이 소비되었다고 하는데, 코카인이 시베리아 깊숙이까지 공급되었다는 것이 놀랍다). 하지만 이른바 자유 러시아의 인구 과잉 수도에서는 일상 식량이 부족했다. 노동자와 철도 노동자들에게 지급할 돈이 없는 상황에 식량 부족까지 겹치면서 도시에는 걷잡을 수 없는 인플레이션이 일어났다. 정부 인사들은 연합국의 루블화 투기 때문에 생겨난 문제라고 굳게 믿었다. 경제 체계 전체가 무너지지 않은 것은 오로지 카잔에서 카펠의 병사들이 노획한 금 보유고 덕분이었지만, 콜차크는 이것을 사용하기를 거부했다.

후방 지역에서 볼셰비키는 지하에 숨어 시베리아 횡단철도 운행을 방해하고 목조 다리를 불태우고 전화선을 끊는 빨치산을 더 많이 조직했다. 동시에 적군赤軍 빨치산 소탕에 나선 카자크 부대의 야만 행위로 대개 보수적인 농민들도 백군에 등을 돌렸다. 콜차크에게 "러시아 정부의 수장은 각하임을 인정하고, 각하의 명을 따르겠다"[19]라고 다시 한번 선언했던 아타만 세묘노프는 당연히 콜차크 정부와 농민 모두를 계속해서 무시했다. 시베리아에서 적군赤軍의 최종 승리가 확실해진 것은 아타만시나(세묘노프, 운게른-시테른베르크, 칼미코프, 크라실니코프, 안넨코프 같은 무뢰한 아타만과 이바노프-리노프와 로조노프 장군의 공포정치와 고문) 덕분이었다. 아무르 지역을 지휘하는 세르게이 로조노프Sergei Rozonov 중장은 그러지 말라는 콜차크의 명령에도 불구하고 인질을 처형하고 시베리아 횡단철도를 따라 전신주에 희생자들을 매달아 놓기로 악명 높았다.[20]

6월 1일까지만 해도 콜차크의 총리 볼로고드스키는 "최고지도자께서 곧 예카테린부르크로 이동할 것"[21]이라고 발표했다. 옴스크의 미들섹스 연대와 교대한 햄프셔 연대 1/9대대는 아직 옴스크에 남아 있는 콜차크 사령부의 경계 부대로서 먼저 예카테린부르크로 옮겼다. 처칠은 이것은 전투 목적이 아니라고 로이드 조지 총리를 안심시켜야 했지만 "그

들은 존재만으로도 옴스크 정부에 정신적 지원을 제공했다".[22]

예카테린부르크에는 다수가 군화가 없는 징집병 2500명으로 이루어진 영국-러시아 여단 창설을 위해 장교와 부사관들로 이루어진 영국군 훈련반도 있었다. 젊은 브라이언 호록스Brian Horrocks 대위는 이 여단의 부지휘관이었다. 그는 러시아어를 조금 할 줄 알았지만, 문맹인 농민들을 극소수의 통역사와 함께 훈련시키는 것은 불가능했다. 가이다 장군은 그의 부사관 몇 명을 보내주겠다고 약속했지만, 그들은 끝까지 나타나지 않았다. 명백하게 영국군의 주둔이나 원조를 전부 거부했던 백군 러시아 장교의 핵심 세력이 가장 분노했다. 그리고 훈련이 결과를 보이기 시작하자마자 옴스크의 녹스 소장을 통해 영국군 인원은 햄프셔 대대와 함께 예카테린부르크에서 철수하라는 지시가 전달되었다.

영국군의 철수는 예카테린부르크를 향한 적군赤軍 제2군의 빠른 진격과 시기가 겹쳤고, 백군 러시아 장교들은 영국군을 비겁하다고 비난했다. 자냉 장군조차도 충격을 받았다. 하지만 영국군이 제때 탈출한 것은 두 배로 다행이었을지도 모른다. 영국군은 적군赤軍이 7월 15일 예카테린부르크를 점령하기 닷새 전, 백군이 끔찍한 포그롬을 저지르기 직전에 떠났다. 주로 복수심에 눈이 먼 극우파가 유대인은 모두 볼셰비키가 틀림없다는 미신에 근거해 일으킨 이 잔혹 행위로 2200여 명이 살해되었다. 백군은 적군赤軍이 도시를 장악한 후 예카테린부르크 주민 3천 명 이상이 살해되었다고 주장했지만, 이것은 아마 포그롬을 감추려는 시도였을 것이다.

7월 11일 예카테린부르크가 함락되기 직전, 콜차크는 가이다를 대신할 북쪽의 시베리아군 사령관으로 디테리흐스를 임명했다. 2주 후 추가 개편이 이어졌다. 7월 26일 시베리아군은 아나톨리 페펠랴예프 중장이 지휘하는 제1군과 니콜라이 알렉산드로비치 로흐비츠키Nikolai Aleksandrovich Lokhvitsky가 지휘하는 제2군으로 나뉘었고, 서부군은 제3군이 되어 사하로프 장군이 사령관으로 임명되었다. 한 지역 교사가 기록한 것처럼 후퇴 중 탈영률이 치솟으면서 군, 군단, 사단이라는 명칭은 갈수록 의미가 없어졌다. "강제로 징집된 콜차크 군의 일반 병사들은 혁명군과 싸우고 싶어 하지 않았다. 숲속에서, 습지에서, 호수 옆에서, 높이 자란 밀밭 속에서… 어디에서나 탈영병을 찾을 수 있다. 콜차크는 탈영병을 찾으려 토벌대를 조직했지만, 지역 민간인에 대한 가혹한 대우는 군의 와해를 막기는커녕 가속화했다."[23]

심지어 카펠의 시베리아 소총연대에서도 전투를 피하려고 자해하는 병사들이 나타나기 시작했다. "몇 건의 수치스러운 사건이 보고되고 있다. 병사들이 전투를 피하려 상처를 내고 있다. 가장 눈에 띄는 것은 손가락에 스스로 낸 상처다. 유감스럽게도 손가락에 상처가 난 병사가 가장 많은 부대는 공격 부대와 훈련반처럼 다른 부대에 모범을 보여야 할 부대들이라는 사실을 언급하지 않을 수 없다. '시베리아 부대원'이라는 말은 '손가락 총상'이라는 말과 양립할 수 없다."[24] 의사가 보고한 병사들은 군사재판에 회부되었다. 시베리아 횡단철도를 지키는 미군 대위 윌리엄 배럿은 지나가는 병원열차에 그저 전투에서 빠져나가고 싶어 자해한 병사들이 가득해 보였다고 기록했다. "그들은 화약 가루로 상처가 오염되지 않도록 빵 한 쪽을 대고 자기 몸에 총을 쏘았다."[25] 이런 노골적인 시도에도 불구하고 병사들은 운 좋게 처형되지 않았다.

남러시아군에서는 오스트리아인과 독일인 포로를 계속 이용하는 것이 위험하다는 우려도 있었다. "포로들과의 이런 공동생활과 협력은 병사들을 타락시켜 간첩 행위와 국제공산주의 사상의 확산을 촉진하고 있다."[26] 한편 서부군은 이렇게 경고했다. "적에게 자발적으로 투항하거나 전향하는 자들은 모두 반역자로서 모든 재산을 빼앗기고 토지는 몰수당해 빈곤에 빠질 것이다. 이 반역자들은 모두 볼셰비키로부터 해방된 후 고향에서 살 수 없게 될 것이고, 군사재판에 회부되어 최악의 범죄를 저지른 인간으로서 처형될 것이다. 투항이나 반역이라는 범죄적이거나 비겁한 생각을 키우고 있을지 모르는 자들에게 되돌릴 수 없는 모든 재산과 토지 소유권의 상실 또는 피할 수 없는 처형 같은 결과가 뒤따른다는 것을 고려하게 하라."[27]

8월 초 무렵, 콜차크 부대 사이로 수레를 탄 난민의 행렬이 늘어나는 것이 눈에 띄었다. 8월 10일 제독은 사태의 심각성을 숨기려 다음과 같이 선언했지만, 그 말을 곧이곧대로 믿는 이는 별로 없었다. "우리 군은 3월부터 전투 중입니다. 병사들은 휴식이 필요합니다. 따라서 제 지시에 따라 우리 군은 적과 큰 전투를 벌이지 않고 퇴각하고 있습니다. … 군대와 저는 최종 승리를 확신합니다."[28]

철수 직전 앙심을 품은 일부 백군은 비밀리에 볼셰비키에 동조하는 자들에게 교훈을 주려 적군赤軍으로 위장했다. "어느 맑은 날 말로벨로에Malo Beloe로 가는 길 위에 소규모 병사 무리가 나타났다."[29] 교사 아스타피예프Astafiev가 기록했다. "그중 네 명은 사륜마차에 타고 있었고 한 명은 붉은 깃발을 들고 있었다. 나중에 이들이 위장한 콜차크 병사들이었다는 것이 밝혀졌다. … 페스테레바Pestereva라는 마을에서 미하일 이바노프Mikhail Ivanov라는 자가 나와 그들을 반겼다. '안녕하시오, 동지들!' 그들은 그를 자작나무에 묶고 고문했다. 총검으로 가슴을 찌르고 기병도로 코를 벤 후 머리를 잘랐다. 그러고는 누군지 알아볼 수 없게 된 시체 위에 썼다. '볼셰비키에게 죽음을!' 사흘 후 적군赤軍 병사들이 시체를 발견했다."

바이칼호 남쪽 기슭의 미소바야Mysovaya(지금의 바부시킨)에 있던 배럿 대위는 8월 4일 자신이 극악한 임무를 마주하고 있음을 알게 되었다. 전선에서 잡힌 볼셰비키 포로 2200명을 태운 열차 한 대가 도착했다. "포로 대부분은 티푸스에 걸린 듯했고 굶주려 있었다. 몇몇 시체가 열차에서 제거되었다. 역에 정차할 때마다 치워야 할 시신들이 있는 듯했다."[30] 배럿의 중대는 세묘노프의 병사들이 포로들을 처리할 치타까지 열차를 호위해야 했다. 포로들은 치타에서 안드리아놉카로 호송되어 자신들의 무덤을 파도록 강요받고 군화를 벗은 뒤 총살당했다.

8월, 남쪽에서도 우랄산맥에서의 철수와 맞먹는 상황이 발생했다. 브란겔은 차리친을 점령한 직후 남쪽의 카스피해 연안의 구리예프에 있는 우랄 카자크군의 아타만 톨스토프에게 연락장교 이제르긴Izergin 대령을 보냈다. 하지만 이제르긴이 도착했을 때 우랄 카자크는 두토프의 오렌부르크 카자크나 콜차크 군의 다른 부대와 합류하길 바라며 투르키스탄의 사막을 거쳐 동쪽을 향해 떠난 뒤였다. 카자크 가족들은 적군赤軍의 보복을 두려워해 뒤에 남아 있으라는 아타만 톨스토프의 호소에 따르지 않았다. 많은 이들이 티푸스를 앓고 있었지만, 그들은 주거지를 버리고 재산과 가축을 가지고 떠났다.

톨스토프의 부대는 계속 동으로 나아가다 아랄해 북단에서 적군赤軍에 포위되었다. 시베리아 횡단철도를 향한 도주로는 투르가이Turgai 사막으로 이어지는 좁은 길뿐이었다. 낙타가 이들의 대포뿐 아니라 줄어가는 보급품, 병자와 부상자를 태운 이륜마차를 끌었다. 여름이 지난 후 그들은 칼바람과 모래가 얼굴을 후려치는 모래폭풍을 견뎠다. 자동차가 포함된 행렬을 지휘한 세르게이 히툰Sergei Hitoon의 기록에 따르면, 운전자들은 모래폭풍 속에서 고글을 써야 했다. "말, 낙타, 가축, 구할 수 있는 모든 식량을 근처 마을의 소작농에게서 징발했다."[31] 접근해 오는 이 질병이 들끓는 부대에 대한 두려움 때문에 마을은 텅 비어 있었다. 이들은 식량과 물이 부족해 지역민들이 키운 수박을 훔쳐서 먹었는데, 이것 때문에 콜레라와 장티푸스 감염이 확산되었다.

곧 대포, 병자와 부상자 수천 명을 비롯해 이동을 지연시키는 것을 전부 버려야 했다. "몇 안 되는 자동차가 알코올을 연료로 모래 속에서 버둥거렸다.” 아침이면 얼어붙은 엔진을 녹이는 데만 한 시간이 걸렸다. 가장 믿을 만한 차량은 ‘호텔 벤츠Hotel Benz’라고 알려진 병원 트럭이었다. 소수의 카자크 부대만이 뒤를 쫓는 적군赤軍에 맞서 싸울 수 있었다.

콜차크 군의 후퇴가 가속화되고 있다는 소식이 전해지자 우랄 카자크는 북동쪽의 시베리아 횡단철도를 향해 대각선으로 진군해도 그들을 따라잡을 수 없다는 것을 깨닫고 동쪽으로 계속 나아갔다. 그들과 철도 사이에는 강력한 적군赤軍 부대가 있어서 이제 그들에게 남겨진 길은 중앙아시아 대부분을 거쳐 중국 국경에 닿는 것뿐이었다. “다급한 후퇴 뒤로 얼어붙은 시체들의 섬뜩한 행렬이 남았다. 과중한 짐을 끈 낙타들은 지칠 대로 지쳐 혹을 늘어뜨리고 여기저기 누워 있었다.”[32]

8월 토볼강과 페트로파블롭스크 사이에서 큰 전투가 벌어졌다. 시베리아 횡단철도가 토볼강을 건너는 지점에서 벌어진 격렬한 교전으로 전투가 시작되었다. 그 후 8월 말 무렵에는 아나톨리 페펠랴예프가 이끄는 백군이 반격을 준비하는 사이 적군赤軍 제5군이 강을 건넜다. 후에 적군赤軍의 평가서는 이렇게 기록했다. “(그들의 선봉) 역할을 맡은 것은 기병 7천 명의 시베리아 카자크의 1개 군단이었다.”[33] 그들이 제5군의 측면을 공격하는 동안, 백군 제3군이 정면으로 공격할 계획이었다. 하지만 기병을 모으고 배치하는 데 예상보다 많은 시간이 걸려 페트로파블롭스크에서의 반격은 9월 1일에야 시작되었다. 한 달 넘게 이어진 전투 중 제5군은 토볼강 뒤로 거의 100킬로미터 후퇴해야 했고, 양쪽 모두 몹시 지쳐 있어 한동안 여기서 전선이 유지되었다. 백군의 병력 손실은 감당할 수 있는 수준을 넘어선 반면, 적군赤軍은 계속 병력 지원을 받았다.[34]

뒤늦게 이 반격 소식을 들은 처칠은 희망에 부풀었다. 그는 녹스 소장을 통해 콜차크에게 전보를 보냈다. “각하의 군대가 지대한 노력으로 마침내 엄청난 성공을 이루어냈다는 소식에 이루 말할 수 없이 기쁩니다.”[35]

처칠은 이어서 영국군이 남부의 데니킨 군 지원에 집중하는 것은 접근이 더 쉽기 때문이고, 미국 정부가 시베리아의 콜차크 제독을 지원할 것이라 기대한다고 설명했다. "우리는 여러 경로를 통해 미국에 우리가 남쪽에서 임무를 다하는 동안 미국이 시베리아에서 우리의 부담을 나눠주기를 기대하고 있다고 언급해 왔습니다." 그레이브스 장군과 그에게 지시를 내리는 워싱턴의 고위 정치인들은 그럴 의도가 전혀 없었다.

처칠의 축하 전갈은 너무 늦게 도착했다. 잠깐 반짝했던 희망이 계속된 후퇴에 묻혀버렸기 때문이다. 적군赤軍의 계속된 진군에 힘입어 빨치산의 공격이 눈에 띄게 증가했다. 콜차크 호위대장 페둘렌코에 따르면 "카자크 장군 이바노프-리노프는 제독에게 카자크 모두를 동원하여 후퇴를 멈추겠다고 약속했다. 이 약속은 전혀 실현되지 않았다".[36] 디테리흐스가 거만한 이바노프-리노프를 해임하자 그는 볼셰비키로 전향했다. 콜차크는 옴스크를 포기하고 바이칼호 근처 이르쿠츠크까지 후퇴해야 한다는 디테리흐스 장군의 충고를 듣지 않는, 후에 자신의 목숨을 앗아가게 될 치명적인 실수를 저질렀다.

콜차크보다 이성적인 빅토르 페펠랴예프마저도 콜차크 사령부에 만연한 미국에 대한 분노를 공유하고 있었다. "미국의 행위는 언어도단이다."[37] 그는 9월 22일 기록했다. "미국은 우리에게 세묘노프와 칼미코프를 쫓아내라고 요구했다. 우리가 이미 금으로 지불해 우리에게 오고 있던 무기를 그레이브스 장군이 막았다." 사실 미국은 모르는 척 눈감은 옴스크의 콜차크 정부보다 카자크 아타만들이 저지르는 잔혹 행위를 훨씬 정확하게 파악하고 있었다. 녹스 장군도 가이다를 파면한 데 대한 체코군의 분노가 여전히 크다고 페펠랴예프에게 경고했다. 블라디보스토크에서는 "9월 18일에서 19일 밤 일어난 쿠데타 시도"와 함께 콜차크에 대항한 반란이 일어나고 있었다. 연합국 군사통제위원회Military Inter-Allied Commission of Control는 로조노프 장군의 부대가 블라디보스토크에서 철수할 것을 요구했지만, 콜차크와 각료들은 단호히 거부했다.

녹스 소장은 콜차크 군에 어떤 환상도 없었다. 그는 영국군이 지급한 제복과 장비를 받은 백군 징집병의 80퍼센트가 기회만 닿으면 적군赤軍에 투항하는 것에 격분했다. 자냉 장군에게 제복 20만 벌을 낭비했다고 씁쓸하게 토로하기도 했다.[38] 설상가상으로 트로츠키는 녹스에게 그가 베풀어 준 것에 감사하다는 편지를 보냈다. 녹스는 10월 첫째 주 토볼스크가 적군赤軍에게 함락되었을 때 놀라지 않았다. 얼마 안 가 옴스크도 함락되었다.

시베리아에 다가오는 위협은 적군赤軍만이 아니었다. 하얼빈에서부터 콜레라가 퍼지기 시작했고, 블라디보스토크에는 콜레라뿐 아니라 천연두 감염자도 대거 발생했다. 흑사병이 퍼진다는 소문이 돌았고 톰스크에서는 발진티푸스가 대유행했다. 미국 원정군은 보고했다. "인구 밀집 때문에 겨울에 전염병 유행이 무시무시한 국면으로 접어들 것으로 보인다. 난민들이 계속해서 밀려오고 있다."[39]

미군 장교들은 러시아 신문들이 다가오는 재앙을 "미군 보병"의 곁에서 피하려는 젊은 러시아 여성들의 품행에 더 몰두하는 듯 보여 어리둥절했다. 미군 정보부는 "달러 긁이Dollar Scraper"와 미군 병사와 어울리는 "수치스러운 러시아 여성"을 비난하는 기사를 오려내 모았다. "정거장마다 러시아 여성들이 적절치 못한 행동을 하는 이런 혐오스러운 사례를 볼 수 있다." "쓰레기 같은 이들은 아직 굴욕을 다 삼키지 않았다. 무자비한 운명의 손이 러시아 여성들의 명예를 위협하고 있다." "이 여자들은 전선에서 오는 병들고 부상당한 병사들도, 끔찍한 '재앙'으로 우랄산맥 너머에서 도망쳐 온 이들도 보지 않는다."[40] 블라디보스토크에서 9월 6일 《달니 보스토크Dalny Vostok》는 졸로토이야코르Zolotoy Yakor(황금 닻) 레스토랑에서 벌어진 장면을 묘사했다. "반쯤 헐벗은 술에 취한 여성들과 미국 신사들이 창문을 열고 전구가 타오르는 가운데 마음껏 즐기며 난잡하게 놀고 있었다."[41] 블라디보스토크는 또한 적군赤軍을 위해 일하는 젊은 여성들이 장교들을 유혹해 시베리아 횡단철도의 수송 정보를 알아내는 첩자들의 도시로 여겨지기도 했다.

9월 6일 이만Iman역에서 아타만 칼미코프의 장교 한 명이 미군 부사관이 러시아 여성에게 못된 짓을 한다고 비난하면서 총격전이 벌어질 뻔했다. 그는 권총을 들고 미군 병사를 위협하며 카자크는 "아내와 딸의 강간자를 친구로 대할 수 없다"[42]라고 선언했다. 부사관도 자신의 콜트 권총을 꺼냈고 숨 막히는 대치가 한동안 이어졌다. 미군 부대는 서둘러 부사관을 구하러 나섰고 "아타만은 카자크에게 산개 대형을 펴고, 대포를 설치해서 무력에는 무력으로 맞서라고 지시했다". 장갑열차 두 대의 호위를 받아 이동하겠다고 우긴 칼미코프는 당장이라도 중포를 동원할 수 있었기 때문에 사태를 진정시키려면 확실하고 진심 어린 외교술이 필요했다.

러시아군의 시기와 불신은 미국 적십자에까지 향했다. 한 고위 인사는 다음과 같이 기록했다. "전투가 진행되는 중에 부상당한 수많은 러시아 병사들이 끔찍한 상태로 실려 왔다. 응급처치도 받지 못한 상태였다. 적십자는 이들을 돌보려 했지만 거부당했다. 우리는 이 감사할 줄 모르는 사람들에게 수백만 달러를 썼다. 그들은 우리의 선물을 의심의 눈초리로 바라본다. 그들은 우리의 동기가 무엇일지 의심한다."[43]

미군 장교 대부분은 어차피 러시아는 볼셰비키의 손에 넘어가게 되어 있으니 더 머무를 필요가 없다고 여겼다. 미군이 단 한 번 정말로 전투 의지를 보였던 때는 로마놉카에서 새벽이 밝기 직전 미군 부대의 텐트가 기습을 당한 후였다. 19명이 사망하고 40명이 부상당했다. 하지만 미군은 적군赤軍과 백군 간의 내전에 관해서는 낙담했다. "콜차크 군의 기강은 해이하고 병사들은 너무 어리다. 사실, 그냥 소년들이다. 그들은 소총, 제복, 검은 빵 한 쪽과 소금을 받고 전선에 파견된다. … 하지만 미국 병사들은 모두 이 전투가 사나이들의 싸움이 아니어서 피하려 한다."[44]

27

발트해의 여름
1919년 5-8월

페트로그라드는 볼셰비키가 수도를 모스크바로 옮기면서 중요성이 줄어들 수밖에 없었지만 지리적, 전략적으로 여전히 중요했다. 발트해 동쪽 끝은 이제 크렘린이 부분적으로는 독일을 향한 교두보로 이용하기 위해 다시 지배하에 두려 하는, 잠재적으로 적대적인 국가들이 측면을 차지했다. 혁명을 유럽 전역으로 확산시키려는 볼셰비키의 꿈은 차질이 생겼는데도 불구하고 꺾이지 않았다. 1월 베를린에서 스파르타쿠스단이 일으킨 봉기가 진압되고 주동자 로자 룩셈부르크Rosa Luxemburg와 카를 리프크네히트Karl Liebknecht가 근위기병 출신 자유군단 소속 군인들에게 살해당한 후, 혁명에 대한 크렘린의 희망은 대신 바이에른과 헝가리에 집중되었다.

쿤 벨러가 이끄는 헝가리 소비에트 공화국은 처음에는 전쟁의 패배라는 쓰라린 결과와 오랜 제국 체제에 대한 혐오 덕분에 1919년 3월 무혈 쿠데타로 성립되었다. 이미 열성적인 사회주의자였던 쿤은 러시아 포로수용소에서 급진적인 성향으로 바뀌어 모스크바에서 헝가리 공산당의 원형을 만들었다. 그는 1918년 국제공산주의자로서 러시아 내전에서 볼셰비키를 위해 싸웠고 그해 말 레닌이 제공한 자금을 가지고 부다페스트로 돌아왔다. 쿤은 훨씬 규모가 큰 사회민주당의 허를 찔러 권력을 장악했다.

4월 초, 뮌헨에서는 바이에른 인민국People's State of Bavaria의 총리이자 대통령인 사회주의자 쿠르트 아이스너Kurt Eisner가 암살된 후 평의회 공화국Räterepublik이 생겨났다. 성립 초기에는 주로 자유분방한 무정부주의자들의 환상에 가까웠지만, 엿새를 채 넘기지 못하고 훨씬 강경한 공산주의 정권이 장악했다. 자유군단을 비롯한 반혁명 세력이 4월 말 뮌헨을 향해 진군하자 공산주의자들은 인질 열 명을 살해했고 그중에는 투른 운트 탁시스Thurn und Taxis 공작도 있었다. 미래의 나치를 다수 포함하고 있던 반혁명 세력은 이 살해를 구실로 자신들이 잡아들인 좌파를 거의 모두 학살했다.

한편 헝가리 영토의 상당 부분을 루마니아에 할양하기로 하기로 한 파리 강화 회의의 결정에 헝가리 국민이 크게 분노하면서 쿤과 공산주의자들의 입지가 크게 강화되었다. 루마니아 군대가 트란실바니아Transylvania로 행진해 들어오자 국제공산주의는 애국주의적 분노의 수혜자가 되었다. 전직 장교를 비롯한 의용군이 헝가리 적군赤軍에 합류하기 위해 몰려들었다. 프랑스와 영국 정부는 볼셰비즘이라는 재앙이 중부 유럽 전체와 발칸반도에까지 퍼질 수 있다는 사실에 매우 놀랐다. 6월 무렵 경제적 혼란 속에서 부르주아와 농민 모두를 향한 잔혹한 적색 테러가 일어났다. 이를 계기로 호르티 미클로시Horthy Miklós 제독이 이끄는 헝가리 국민군이 결성되었다. 8월 쿤 벨러의 정권은 사회기반시설 붕괴와 기아로 더 심각해진 인도주의적 재난 속에서 무너졌다. 쿤은 모스크바로 달아났다. 이어진 백색 테러에서는 반볼셰비키 암살단이 적을 끝까지 쫓으면서 이전의 적색 테러보다 더 많은 사람이 죽었다. 호르티 제독은 자신을 '섭정'에 임명했고, 1944년 '최종 해결책'에 충분히 협조하지 않았다는 이유로 히틀러가 물러나게 할 때까지 헝가리를 통치했다.

5월 헬싱키에 있던 유데니치 장군은 에스토니아에 있는 자신의 군대에 막대한 양의 무기, 심지어 비행기까지 지원할 것을 연합국에 요구했다. 마지못해 동행한 전직 올림픽 승마 선수이자 유데니치의 부사령관인 알렉산드르 로드잔코 장군은 라이도네르 장군의 지휘하에 에스토니

1919년 5월 31일 에스토니아 총사령관 요한 라이도네르 장군이 프스코프 점령 직후 불라크-발라호비치(왼쪽)를 방문하고 있다.

아군과 합동 공격을 개시했다. 하지만 러시아 영토를 급습하는 중 프스코프를 점령한 것은 이제 적군赤軍을 떠난 불라크-발라호비치의 게릴라 기병대였다. 불라크-발라호비치는 적군赤軍 시절 루가의 봉기를 진압했을 때처럼 포악하게 굴었고, 로드쟌코는 그를 제어할 수 없었다. 불라크-발라호비치는 포그롬을 개시했고 돈을 내놓지 않으면 적군赤軍으로 의심해 도시의 가로등 기둥에 목을 매달았다.

라이도네르는 러시아 백군 북부군단과 잉그리아Ingria 대대의 지원을 받아 페트로그라드를 향해 계속 진격했다. 그는 소비에트 영토에 완충지대를 만들 계획이었는데, 에스토니아와 러시아 국경지대인 잉그리아(인게르만란디야)의 루터교도 중에는 자신을 러시아인보다는 핀란드인과 에스토니아인으로 규정하는 사람이 훨씬 많았기 때문이었다. 10년도 안 돼서 그들은 스탈린의 통치 아래 소련에서 가장 먼저 강제 이주된 민족이 되었다. 라이도네르는 북서군이 로드쟌코의 반동적이고 거만한 장교들이 러시아 제국의 일부라고 주장하는 에스토니아에 계속 거점을 두기보다 완충지대에 자리 잡는 것이 낫다고 생각했다. 북서군은 탈린의 식당과 거리에서 만취해 〈하느님, 차르를 지켜주소서〉[1]를 부르고 다녀 오랫동안 고통받은 에스토니아인들의 호감을 얻지 못했다.

레닌은 스탈린에게 페트로그라드를 책임지고 지켜내 혁명의 신성한 상징이 절대 함락되지 않게 하라고 지시했다. 스탈린은 차리친에서 공포정치를 펼친 이후 12월 아나톨리 페펠랴예프에게 페름을 내준 것을 조사하러 파견되었었다. 그의 다음 행선지인 페트로그라드는 도시 전체가 군대화되고 공포에 빠졌다. 노동자들은 기본적인 무기 사용 기술을 연습하고 훈련했고 잠재적인 적은 체포되었다. 스탈린은 적군赤軍 병력 증강을 요청했지만, 그해 여름 페트로그라드를 향한 진짜 위협은 크론시타트의 발트 함대의 막대한 방어 전력에도 불구하고 바다로부터 왔다.

5월 13일 제1에스토니아 사단과 북서군은 나르바에서 동쪽을 공격했고, 카원이 지휘하는 경순양함의 6인치 함포가 틈틈이 지원했다. 에스토니아 해병대 보병은 라스콜니코프로부터 노획한 구축함 두 척을 이용해 적군赤軍 전선 뒤로 상륙했다. 볼셰비키 지도부는 도시 내에 아직 숨어 있는 백군의 도움으로 페트로그라드가 함락될지도 모른다며 두려움과 공포에 사로잡혔다. 6월 12일에서 13일로 넘어가는 밤, 스탈린과 체카 수장 야코프 페테르스는 비밀리에 1만 5천 명의 병력을 모아 페트로그라드에서 적군赤軍 탈영병뿐 아니라 전前 장교와 그들의 가족을 대대적으로 체포했다. 수백 명이 사살되었다.[2]

반역에 대한 스탈린의 두려움은 커졌다. 방어 부대 일부가 일으킨 반란의 도움으로 잉그리아 대대는 크론시타트 해군기지의 남쪽 진입로를 지키는 크라스나야고르카Krasnaya Gorka의 거대한 요새를 장악했다. 수비대 대부분은 지역에서 징집된 잉그리아인들이었다. 스탈린의 지시에 따라 기지를 지키는 해안 포대는 대규모 포격으로 보복하기 시작했고,

전함 페트로파블롭스크와 안드레이페르보즈반니 두 척도 305밀리미터 주포로 포격했다. 거의 30킬로미터 떨어진 나르바강 어귀 북안에 있는 라흐타Lakhta의 다차에서 글을 쓰고 있던 빅토르 시클롭스키는 강 너머로 둔탁하게 쾅 하고 울리는 포격 소리에 창문이 계속 덜컹거려 집중할 수 없었다.[3]

그날, 발트 함대는 페트로그라드에 보고했다. "오전 8시 50분 크라스나야고르카는 우리의 포격에 대응하기 시작했다. 그들이 발포한 포탄이 (크론시타트 해군기지의) 작은 항구에 떨어졌다. 지금까지 그들은 아무것도 파괴하지 못했다. 우리 군의 사기는 높다. 안드레이함과 페트로파블롭스크함이 계속해서 우리를 엄호하고 있다."[4]

크라스나야고르카에서 일어난 잉그리아인들의 봉기로 스탈린은 발트 함대에서 즉시 장교들을 마녀사냥하라는 지시를 내리기도 했다. "참고를 위해 전함 강구트Gangut와 순양함 오로라의 장교 목록을 보내드립니다." 혁명군사평의회의 한 보고서는 명시했다. "겐모르Genmor(해군참모부)의 정치위원 간Gan 동지에게 전 러시아 체카의 반혁명 조직원 목록에 오른 함대 지도부 목록을 전달받았음을 알려드립니다."[5] 약 70명의 장교가 처형되었다. 용의자 중에는 핀란드만에 숨어 있던 장갑순양함 올레그의 함장도 있었는데, 올레그는 곧 영국 해군의 모터보트를 지휘하는 오거스터스 에이거Augustus Agar 중위의 목표물이 되었다.

6월 18일 수요일 승무원 세 명과 고속 모터보트에 탄 에이거는 크라스나야고르카를 포격하고 있는 올레그를 침몰시키는 데 성공했다. 하지만 변한 것은 거의 없었다. 해안 포대와 전함이 퍼붓는 연속 포격의 위력이 굉장해서 잉그리아 대대와 반역자들은 요새를 버릴 수밖에 없었다.

올레그를 침몰시켰는데도 불구하고 백군은 여전히 영국 군함의 지원 부족이 불만이었다. 그들은 핀란드만에 있는 카원 제독의 순양함전대가 크론시타트 주변의 기뢰밭에 침투할 수 없다는 사실을 받아들이지 않으려 했다. 로드쟌코는 영국 군함이 지원하지 않아 자신의 북부군단이 가치나 점령 후 페트로그라드로 진격하지 못했다고 핑계를 댔다. 로드쟌코의 장교들도 작전이 성공하지 못한 것은 영국군 전차의 고장 때문이라며 탓했다. 그들은 심지어 이 전차들의 엔진에 모래를 넣는 방해공작이 있었다고 주장하기까지 했다. 이 기이한 생각은 아마도 에스토니아는 항상 러시아 제국의 영토여야 한다고 공공연하게 주장하는 전 제국군 장교들에게 영국이 불만을 표한 것 때문에 생겨난 듯하다. 진실이 어떻든 그들은 가치나에서 다급히 후퇴해 에스토니아인들의 멸시를 받았다.

한편 제2에스토니아 사단은 적군赤軍 에스토니아 소총사단에 승리했고, 적군赤軍 에스토니아 소총사단의 제1소총연대는 에스토니아 편에 섰다. 하지만 에스토니아를 위협하는 것은 볼셰비키만이 아니었다. 적군赤軍을 물리치자마자 독일 민족주의자들이 야심을 드러냈다. 그들은 1193년 교황 첼레스티노 3세가 북방 십자군을 창설한 때부터 독일이 이 지역에 권리를 갖는다고 믿었다. 발트 독일인을 대표하는 리보니아, 쿠를란트, 에스틀란트Estland(에스토니아의 독일어 이름) 연합 의회는 브레스트-리토프스크 조약에서 이 지역들의 독립을 인정했다. 하지만 독일 민족주의자들은 여전히 북방 십자군으로 거슬러 올라가는 이 지역에 대한 권리를 주장했다. 1918년 9월 빌헬름 2세는 발트 3국을 발트 연합공국United Baltic Duchy으로 합병했다. 신생 공국의 공작은 독일군이 서부에서 패하면서 취임하지 못했지만, 공국의 군대인 발트 지역방위군은 여전히 독일의 권력을 행사하려 했다.

1919년 2월 초 핀란드 백군의 승리에 매우 중요한 역할을 한 뤼디거 폰 데어 골츠 중장이 쿠를란트에 상륙해 자유군단에 근위예비사단을 보강해 제6예비군단으로 재편성했다. 4월 16일 독일군은 카를리스 울마니스Kārlis Ulmanis의 라트비아 정부를 전복하고 괴뢰정부를 세웠다. 리가를 적군赤軍으로부터 탈환한 후 증편된 '강철 사단'과 발트 지역방위군은 파리의 연합국 최고사령부의 경고를 무시하고 북동쪽의 리보니아로 진격했다. 리보니아에서 그들은 6월 튜턴 기사단의 거대한 요새가 보이는 체시스Cēsis에서 제3에스토니아 사단, 라트비아 여단과 맞섰다. 라이도네르 장군의 뛰어난 통솔력과 제때 개입한 에스토니아 장갑열차 세 대가 큰 역할을 하면서 발트 지역방위군은 대패했다. 에스토니아군과 라트비아군은 리가를 향해 계속 진군했고, 연합국 최고사령부의 전폭적인 지지를 받으며 울마니스의 정부를 다시 세웠다. 이 승리 후 에스토니아인들의 사기와 국가적 자부심이 솟구쳤다.

이때 라트비아에서 러시아 백군이 파벨 베르몬트-아발로프 소장의 지휘하에 '서부 의용군'을 창설하면서 발트 지역의 관계가 더 복잡해졌다. 그의 병사들은 대부분 독일 포로수용소에서 모병한 러시아군이었다. 폰 데어 골츠 장군은 이들에게 무기와 장비를 지급하면서, 1만 명도 안 되는 이 병력을 이용해 연합국 군사통제위원회의 지시에 따라 발트 지역에서 철수해야 하는 강철 사단과 독일 군단German Legion을 비롯한 자신의 부대를 가능한 한 많이 숨기려 했다.

체시스에서의 패배 후 발트 지역방위군은 후에 제2차 세계대전의 주요 인물이 될 아일랜드 근위병 해럴드 알렉산더Harold Alexander 중령의 감독 아래 놓이게 되었다. 그는 발트해 연안 출신이 아닌 장교들은 모두 독일로 돌아가라고 지시했지만, 다수가 베르몬트-아발로프가 지휘하는 독일 군단에 합류했다. 지역방위군의 나머지 병사들은 야니스 발로디스가 지휘하는 라트비아군에 합류했다. 따라서 라트비아의 독립은 적어도 스탈린이 히틀러의 도움으로 나치-소비에트 조약(독소 불가침 조약)에 의해 1940년 6월 강제로 발트 3국을 굴복시키기 전까지 보장되었다.

발트해 연안에서 일종의 법과 질서를 확립하는 누구도 부러워하지 않는 임무를 맡은 것은 5월 파리의 연합국 최고사령부가 군사 사절단 단장으로 선임한 휴버트 고프Hubert Gough 장군이었다. 고프는 논란이 많은 인물이었다. 영국 정치인들은 제1차 세계대전 발발 직전 군 장교들이 얼스터 연합당원Ulster Unionists을 공격하라는 지시에 따르지 않고 대거 사임한 커러Curragh 사건에 연루된 고프를 불신했다. 또한 그는 1918년 3월 루덴도르프 공세 당시 휘하의 제5군이 전면 공격받아 무너진 걸로 부당하게 비난받기도 했다. 하지만 로이드 조지는 파리에서 결정을 내린 고프의 임명을 막을 도리가 없었다. 반면 처칠과 (고프와 같은 얼스터 출신인) 윌슨 장군은 그를 지지했다.

고프는 실현 불가능한 연합국의 모순적인 정책을 마주했다. 그의 역할은 발트해 연안에 독일 부대를 유지해 볼셰비키를 막으면서 그를 지원할 연합국의 지상군도 없이 독일 부대를 통제한 후 본국으로 송환하는 것이었다. 설상가상으로 외무부 장관 커즌 경은 출발 직전 고프를 소환해 처칠에게 떠밀려 러시아 내전에 개입하지 말고 영국이 지원하는 부대가 페트로그라드를 점령하지 않도록 저지하라고 말했다.

고프는 체시스 전투에서 발트 지역방위군을 비롯한 독일 부대에 승리를 거둔 에스토니아 총사령관 라이도네르 장군에게 깊은 감명을 받았다. 라이도네르의 승리로 자신감을 얻은 에스토니아인들은 자신들의 오랜 압제자 발트 귀족과 그들의 반갑지 않은 동맹 북서군에 노골적으로 반감을 드러냈다.

6월, 북서군의 총사령관에 내정된 유데니치 장군은 핀란드의 만네르헤임 장군과 맺은 합의 초안을 콜차크 정부에 제출했다. 윌슨 장군의 조언에 따라 처칠은 유데니치에게 콜차크와 이 문제를 상의하라고 설득했다. 처칠은 이 지역에서 카원의 제1경순양함전대가 지원할 수 있는 반볼셰비키 연합이 수립되기를 열망했다. 처칠은 해군 지원과 달리 공공연한 지상군 배치는 불가능하다는 것을 알고 있었다. 국내 여론이 지지하지 않을 것이었다.

옴스크의 각료회의에서는 핀란드와의 협의를 논의했다. 빅토르 페펠랴에프는 기록했다. "핀란드인들은 페트로그라드 점령을 지원하는 대신 카렐리야와 올로네츠Olonets의 완전한 독립 승인을 요구하고 있다."[6] 이것은 라도가호부터 백해에 이르는 러시아 북서부의 방대한 지역이 핀란드에 병합되는 것을 의미했다. 사흘 후, 콜차크와 각료들은 이 제안을 "절대 받아들일 수 없다"[7]며 거부했고 처칠은 낙담했다.

수치스러운 퇴각에 이어 로드쟌코의 부대는 잉그리아(인게르만란디야)의 완충지대에서 끔찍한 짓을 자행했다. 반유대주의 포그롬과 약탈을 벌이고 볼셰비키에 동조한다고 의심되는 사람은 누구든 가차 없이 잔혹하게 대하면서 북서군이 해방자라는 환상을 전부 파괴했다. 병사들은 급료도 받지 못하고 굶주려 사기가 떨어져 있었다. 여름 동안 백야로 눈에 띄지 않게 몰래 달아나는 게 어려워졌는데도 불구하고 적에 투항하는 병사들이 점점 늘어만 갔다.

한편 스탈린은 제5군과 제7군의 병력을 총 4만여 명까지 증강하는 데 성공했다. 8월 1일 그들은 북서군과 남의 땅에서 희생할 이유가 없다고 생각하는 2개 에스토니아 사단을 공격해 밀어내기 시작했다. 북서군과 에스토니아 사단은 국경을 넘어 에스토니아로 철수했고, 8월 5일 얌부르크Yamburg(지금의 킨기세프)가 적군赤軍에 넘어갔다. 백군에게 남은 것은 프스코프뿐이었다.

백군의 행실을 역겨워하고 에스토니아의 모든 것에 무아지경으로 열광한 고프 장군은 에스토니아의 독립을 인정하지 않으면 영국 군사 사절단이 보급을 중단하겠다고 유데니치에게 경고했다. 고프와 그의 참모장 마시Marsh는 에스토니아의 '프스코프 공화국' 성립을 방조했다. 프스코프 공화국은 에스토니아 국경 동쪽에서 볼셰비키에게서 빼앗은 지역을 통치할 가상의 북서부 정부의 본거지가 될 예정이었다. 로이드 조지와 커즌은 고프의 월권행위에 격분했다. 외무부 장관 커즌은 이를 두고 "루리타니아식 실험"[8]이라고 비난했지만, 그들이 할 수 있는 것은 거의 없었다.

헬싱키에 본부를 둔 고프는 만네르헤임이 페트로그라드 장악을 원할 거라고 확신했다. 그는 만네르헤임의 반자유주의적인 입장에 대한 환상이 없었다.[9] 로이드 조지와 커즌은 훨씬 우려가 컸다. 페트로그라드 점령과 관련해 만네르헤임과 유데니치 중 누가 일을 저지를지 알 수 없었다.[10] 처칠은 콜차크가 임명했다는 이유만으로 유데니치가 페트로그라드를 점령하고, 백군의 승리가 더 가까워지길 바랐다. 그는 최고지도자가 계속해서 국경을 맞댄 지역의 확실한 독립 승인을 회피하고 있는데도 불구하고 연합국이 콜차크를 명백한 러시아의 수장으로 인정하기를 바랐다. 콜차크는 백군 장교 대다수가 그런 민주적인 기관의 존재를 허용할 생각이 없다는 걸 너무 잘 알면서도 러시아의 국경은 미래의 제헌의회가 결정해야 한다는 이중 거짓 주장을 다시 내세웠다.

7월 4일 런던의 전시 내각은 적개심을 드러내길 피하면서 은밀하게 소비에트 러시아와 영국이 교전 상태라고 인정했다. 윌슨 장군은 소비에트 러시아를 세 방면에서 공격한다는 처칠의 구상에 동의하지 않았다. "우리는 이용할 수 있는 자원을 모두 데니킨에 대한 원조에 집중하기 위해 러시아 남부를 제외한 모든 전선에서 군사 지원을 종료해야 한다."[11] 그는 주장했다. "바로 그곳에서 우리의 힘을 더 쉽게 발휘할 수 있다."

로이드 조지는 처칠의 열광적인 백군 지지를 더더욱 통렬하게 비판했다. "러시아는 해방되길 원하지 않는다."[12] 그는 8월 30일 각료들에게 서신을 보냈다. "볼셰비키를 어떻게 생각하든 러시아 국민은 볼셰비키를 유데니치 같은 자로 대체하기 위해 더 많은 피를 흘릴 가치가 없다고 생각한다. … 페트로그라드 점령이 우리가 '바로 손에 넣을 수 있는'데 붙잡지 않은 '엄청난 기회'라고들 한다. 우리는 이미 러시아에서의 다른 '엄청난 기회들'에 관해 이런 얘기를 수도 없이 들었지만, 이런 기회를 좇아 아낌없이 지출했음에도 불구하고 지금까지 실현된 것이 없다." 그는 영국이 그해에만 이미 1억 파운드가 넘게 지출했다고 추산했다. "유데니치 장군이 페트로그라드를 공략할 가능성은 전혀 없었다. … 그는 반동주의자로 악명 높고, 에스토니아인뿐 아니라 러시아인들마저도 그를 매우 불신한다. 만약 북러시아가 볼셰비키의 압제 아래 신음하고 있고 에스토니아와 라트비아가 해방 전쟁에 기꺼이 합류했다면 지금쯤 수십만 대군이 러시아 북서부를 휩쓸고 있을 것이다. 반볼셰비키파가 수백만 명의 주민 가운데 겨우 2만 또는 3만 명의 병사밖에 동원하지 못했다는 사실은 우리가 러시아 정세를 완전히 잘못 파악하고 있음을 보여주는 또 다른 증거이다. 우리의 군사 정책은 이 잘못된 해석에 기초하고 있다." 로이드 조지의 논리에는 중대한 오류가 있다. 내전은 군사적 측면이 가미된 선거가 아니었다. 사람들 대부분은 소란에 휘말리고 싶지 않을 뿐이었다. 하지만 결과가 성공적이지 않을 거라는 그의 직감은 옳았다.

로이드 조지가 러시아 내전에서 영국의 개입을 축소하려는 바로 그 순간, 영국군은 가장 과감한 공격을 개시했다. 8월 12일 카원 소장은 영국 해군의 연안용 모터보트 전단의 장교들을 그의 기함으로 소환했다. 크론시타트에서 20킬로미터 북쪽에 있는 테리요키Terijoki(지금의 러시아 젤레노고르스크)의 핀란드 영토 바로 안에 기지를 둔 연안용 모터보트 전단은 오거스터스 에이거 중위의 지휘 아래 영국 첩보원들을 페트로그라드 안팎으로 수송하기 위해 발트해에 파견되었다. 이제 카원은 순양함 올레그의 격침보다 더 큰 공을 세우고 싶었다. 기뢰밭 위를 스치듯 통과하는 데 용이해 "스키머skimmer"[13]라 불린 연안용 모터보트 일곱 척이 전단에 합류했다. 정비병들은 밤새워 일하며 엔진을 고도로 정비했다.

카원은 발트 함대가 방어가 견고한 크론시타트의 항구 시설에서 위험을 무릅쓰고 나와 영국군 순양함전대에 도전하지 못하게 막기로 했다. 그는 장교들에게 주요 목표물 다섯 개를 설명했다. 가장 중요한 목표물은 함선 안드레이페르보즈반니와 페트로파블롭스크였다. 다음으로 중요한 목표물은 잠수함 두 척이 나란히 매달려 있는 모함 파먀티아조바Pamiat Azova였다. 카원은 또한 기뢰부설함으로 개조된 순양함 루리크Rurik를 무력화하려 했다. 불행히도 루리크에는 방금 기뢰 300개가 새로 실려 영국의 어뢰 공격이 성공하면 항구 전체뿐 아니라 공격 중인 영국 해군의 모터보트까지 모두 파괴될 수 있었다. 세 항구의 입구에서 초계함 역할을 하는 구축함 가브릴Gavriil에 이어 건선거(조선 또는 선박 수리에 사용되는 해안 구조물-옮긴이)의 문이 마지막 목표였다.

'스키머'의 속도는 시속 45노트(약 83킬로미터)였기 때문에 영국군은 확실한 기동력을 갖추고 있었지만 엔진 소음이 아주 멀리서도 들릴 만큼 컸다. 엔진 소리를 덮기 위해 카원은 스키머들이 크론시타트의 방어 시설에 도달하기 직전 공습해 주의를 돌리기로 했다. 공습에 나설 전투기는 쇼트Short 수상기 네 대와 솝위드캐멀 한 대를 포함한 복엽 전투기 네 대였다. 전투기들이 오래된 순양함에 목제 평갑판을 깐 임시 항공모함 HMS 빈딕티브Vindictive에 착함했다. 전단이 직면한 또 다른 중요한 문제는 세 항구 안에 있는 제한구역이었다. 특히 모터보트들이 어뢰를 발사할 때 최고 속도에 도달해야 했기 때문에 충돌 위험이 매우 컸다. 어뢰가 모터보트 중앙의 격납고에 실려 있었기 때문에 어뢰를 발사하려면 어뢰의 모터를 가동한 후 램을 작동시켜 어뢰를 밀어내야 했고, 모터보트는 어뢰가 물에 들어간 뒤 바로 경로에서 벗어나기 위해 가속해야 했다.

폭풍으로 공격이 지연되다가 마침내 8월 17일 일요일, 영국군 전단은 밤이 짧은 여름의 북해에서 어둠이 내리기를 늦게까지 기다렸다. 고요한 핀란드만에 모터보트 여덟 척이 나타나 공습을 기다리며 진을 쳤다. 모터보트의 "엔진이 공회전하면서 물 위에서 흔들리고 있는 동안 포수들은 탄창을 확인하고 정비병들은 마지막으로 악명 높게 까다로운 어뢰를 조정했다".[14] 자정 직전 청신호가 번쩍이자 엔진이 요란한 소리를 내며 가동되었고 에이거 중위가 후미의 전단 대열을 이끌며 출발했다.

시작은 좋지 않았다. 대열이 흩어지고 다른 경로로 벗어나는 선박이 더 많았다. 비행기가 이륙에 애를 먹은 탓에, 사상자 없이 요새들을 지난 모터보트들은 항구 입구 바로 앞에 멈춰서 기다려야 했다. 놀랍게도 앞에 불빛이 전혀 없었다. 구축함 가브릴에도 불빛이 없었다. 무전이 없어 공습에 무슨 차질이 생겼는지 확인할 수 없었던 전단은 더 기다리지 않고 공격을 시작했다. 공격을 개시한 바로 그 순간 마침내 비행기가 도착했다. 가장 앞선 모터보트는 가브릴을 공격하는 대신 양옆으로 날개를 펼치듯 물보라를 일으키며 가속하고 구축함 가브릴 뒤로 선회해 항구 입구로 향했다. 승무원들은 기관총 사격 속에서 모함 파먀티아조바로 곧바로 향한 후 하나뿐인 어뢰를 발사했다. 폭발 후 일어난 불길과 연기가 명중했음을 확인시켜 주었고 모함은 쓰러지기 시작했다.

또 다른 모터보트가 항구를 향해 나아가면서 가브릴의 뱃머리 쪽을 지나고 있어서 항구 입구 근처에서 가브릴을 공격할 수는 없었다. 덕분에 가브릴의 승무원들은 목표물을 발견할 시간을 벌었다. 그들은 탐조등으로 취약한 모터보트의 잔해를 비추면서 물속에서 발버둥 치는 생존자들을 향해 발포하기 시작했다. 다음 두 모터보트는 더 성공적이었다. 첫 번째 모터보트는 안드레이페르보즈반니를, 기관총에 키잡이가 사망한 두 번째 모터보트는 페트로파블롭스크를 타격했다.

예광탄과 폭발의 아수라장 속에서 모터보트 두 척이 혼란스러운 항구 내부에서 충돌해 한 척이 침몰했다. 영국군은 가브릴을 침몰시키지 못해 매우 큰 대가를 치러야 했다. 탐조등의 빛과 포탄에 맞은 배가 내뿜는 불길의 도움을 받은 가브릴의 포격은 놀라울 정도로 정확했다. 모터보트 한 척이 목숨을 걸고 용감하게 공격을 시도하며 가까운 거리에서 어뢰를 발사했지만, 어뢰는 깊이 가라앉아 가브릴의 선체 바로 밑을 지나갔다. 요새도 공중에 떠 있는 비행기보다는 수면 위의 영국군 선박을 집중적으로 공격하고 있었다. 마지막으로 에이거가 항구의 포수들의 주의를 돌리기 위해 적군赤軍 선박들 무리에 하나뿐인 어뢰를 발사했다.

모터보트 선원 몇 명은 다른 복엽 전투기들이 떠난 후에도 남아 있던 수상기와 솝위드캐멀의 조종사 두 명 덕분에 목숨을 건졌다. 그들은 계속해서 요새를 공격했고 탄약이 떨어질 때까지 탐조등을 향해 기관총을 발사했다. 영국군의 피해는 컸다. 그날 밤 공격에 나선 병사 중 거의 절반이 실종되었고, 여덟 명이 사망했고 아홉 명이 포로로 잡혔다. 많은 이들이 목숨을 건 기습이라 생각한 이 공격으로 병사들은 빅토리아 십자훈장 두 개를 포함해 여러 훈장을 받았다. 카원 제독은 해군부에 이 공격으로 적군赤軍 발트 함대가 입은 손실이 발트 3국의 독립을 보장하는 데 큰 역할을 할 것이라고 보고했다.

28

모스크바로의 진군 1919년 7-10월

데니킨이 차리친에서 모스크바 작전 명령을 발표한 7월 3일, 세르게이 카메네프(레프 카메네프와는 아무런 관계가 없다)가 적군赤軍 총사령관에 임명되었다.* 카메네프는 전 제국군 대령이었지만, 의장 트로츠키를 투표에서 이기려 혁명군사평의회를 자기편으로 채운 스탈린이 임명했다.

닷새 후 트로츠키가 임명했던 전 총사령관 바체티스는 비밀 "백위대" 조직에 속해 있다는 날조된 혐의로 체포되었다.** 1년 전 카메네프가 멈추지 않고 콜차크 군에 반격해야 한다고 주장하던 때부터 격렬한 논쟁이 시작된 바 있었다.

바체티스와 트로츠키는 적군赤軍을 지지하는 공장 노동자들이 많은 돈바스를 통해 데니킨을 공격하려 했다. 반면 카메네프와 스탈린은 차리친 탈환을 주장했다. 스탈린의 평판이 차리친과 관계가 있기도 했지만, 시베리아에서 승리한 적군赤軍을 차리친 측면으로 이동시키는 것이 더 쉽다는 스탈린의 주장은 옳았다.

카메네프가 시베리아 전선을 우선해야 한다고 주장한 후 데니킨의 여름 공세를 마주한 남러시아의 적군赤軍은 매우 불리한 상황에 놓였다. 아조프해 북안의 제14군이 하리코프로 진격하는 마이-마옙스키의 의용군에 대패해 궤멸되어 우크라이나가 무방비로 노출되었다. 동쪽 측면에

* 기묘한 우연으로 세르게이 카메네프는 스탈린의 대숙청으로 레프 카메네프가 처형된 1936년 8월 25일 심근경색으로 사망했다.

** 바체티스의 혐의는 곧 거짓인 것으로 밝혀져 풀려났지만, 스탈린은 적뿐 아니라 희생자도 절대 잊지 않았다. 대숙청 기간 중 바체티스는 다시 위장 파시스트라는 혐의를 받아 1938년 총살되었다.

서는 브란겔 장군이 차리친에서 승리를 거두면서 막대한 양의 무기와 보급품, 철도 차량을 잃었다. 공산당 점령 지역의 무기 공장은 곧 적군赤軍의 탄약 소비 속도를 맞출 수 없게 된 반면, 백군은 영국으로부터 보급품을 받고 있었다.

공산주의자들의 한 가지 이점은 백군 전선 뒤에서 공산당의 돈 지부로 보고하는 첩보원과 지하 정보원의 광대한 네트워크였다. 그중 한 명이 차리친을 잃은 후 차리친의 상황을 상세하게 전달했다.[1] 브란겔 장군은 영국 조종사들의 지원에 매우 기뻐했고, 비쩍 마른 적군赤軍 전쟁포로들은 빵을 구걸하고 있었다. 포로들은 카자크의 잔혹성을 강조한 공산당 선전에 겁먹었지만, 어쨌든 투항했다.

비밀 조직인 돈 혁명위원회의 또 다른 보고서는 카자크를 탄압하는 것이 위험하다는 미로노프의 경고에 동의했다. "남부 전선에서의 실패는 전략적 실수뿐 아니라 카자크에 대한 잘못된 정책, 몰수와 징발, 때로 추악한 스포츠가 되는 총살의 결과이기도 하다. 이것은 카자크가 소비에트에 긍정적 견해를 갖는 데 도움이 되지 않았다. 물론, 우리는 카자크가 소비에트 정권에 믿을 만한 지지를 보내리라고 기대하지는 않지만, 카자크에게 채찍만이 아니라 당근도 필요하다고 생각한다."[2]

백군 방첩부에 의해 조직 다수, 특히 타간로크의 가장 중요한 조직이 궤멸되었던 공산당 지하 조직망이 여름이 되자 재건되기 시작했다. 조직 책임자와 요원 다수는 여성이었다. 이제 그들은 다음과 같이 보고할 수 있었다. "요원 노출이 멈추었다. 우리는 로스토프 지역에서 조직을 거의 복구했다. 노보체르카스크 지역에서는 도시의 요원만 노출되었고 나머지 조직은 온전하다."[3]

돈 지부에 전달되는 모든 정보가 환영받는 것은 아니었다. "로스토프 지역의 상황이 정확히 어떤지 모르실 것 같아 다음과 같이 알려드립니다. 우리 군이 철수한 데다 마흐노 군이 아주 가까이에 있어 노동자와 농민들의 사기는 땅에 떨어졌습니다. 이것은 노동자와 농민들이 사이에서 소비에트 정권의 평판을 위태롭게 하고 있습니다."[4] 로스토프에서 반역자와 '선동가'들이 암살되었다. 그들은 또한 백군뿐 아니라 북캅카스의 녹군 무리에 잠입하는 요원들의 임무를 돕기 위해 전선을 넘어 밀반입된 25만 루블을 받았다고 알렸다. '녹군Greens'은 주로 백군과 적군赤軍의 탈영병으로 이루어진 빨치산으로 양쪽 모두를 증오하고 공격했는데, 전쟁이 계속되면서 수가 늘어나고 있었다.

차리친의 대성당 앞에서 데니킨이 발표한 모스크바 공격 작전은 네 가지 주요 요소로 이루어져 있었다. 브란겔의 캅카스군은 북쪽의 돈강과 볼가강 사이로 진격한 후 니즈니노브고로드까지 계속 나아가 모스크바 서쪽으로 향한다. 브란겔의 우측에서는 시도린 장군의 돈군이 볼가강 상류의 사라토프로 진군한다. 중앙에서는 마이-마옙스키의 의용군이 하리코프, 쿠르스크, 오룔, 툴라를 거쳐 모스크바로 향하는 철로를 따라 북쪽으로 공격한다. 의용군은 또한 드네프르강을 따라 서쪽으로 계속 진군해 키예프를 장악한다. 마지막으로, 도브로볼스키Dobrovolsky 장군이 우크라이나 깊숙이 진군해 헤르손과 니콜라예프를 장악한다.

브란겔 장군은 데니킨의 계획을 신랄하게 비난했다. 그는 이 계획이 지나치게 낙관적이고, 병력을 분산시켜 위험하다고 생각했다. 전력이 집중되지 않는다는 브란겔의 의견은 옳았지만, 그는 추가 병력과 보급품 모두가 자기 군에 주어져야 한다고 또다시 주장했다. 이 요구는 타당하지 않았다. 대패한 콜차크의 시베리아군은 볼가강 멀리 퇴각 중이어서 병력 규합이라는 희망은 이미 사라진 후였다. 군사적 논리에 따르면 우선권은 중앙에서 공격하는 의용군에게 주어져야 했다.

마이-마옙스키 장군은 모스크바로 진군하면서 전혀 서두르지 않았다. 보급창을 조사하러 하리코프에 도착한 게이덴은 총사령관을 방문했다. "우선 미친 듯이 마시고 광란의 밤을 보낸 것이 틀림없는 부은 눈에 혀 꼬부라진 소리를 하는 둥글고 펑퍼짐한 몸뚱이의 사령관을 보고 놀랐다. 하리코프에서 보낸 며칠 동안 식당 이곳저곳에서 사령관과 장교로 이루어진 수행단 전체와 군악대를 위한 점심, 저녁 또는 만찬이 끊임없이 이어졌다. 가장 흥겨운 잔치는 유명한 시쿠로 장군이 늑대 소트니아와 함께 도시에 있을 때 벌어졌다."[5]

마이-마옙스키의 의용군은 당시 쿠테포프Kutepov 장군의 제1군단, 프롤리토프Prolitov 장군의 제2군단, 프로호롭카Prokhorovka*에 주둔한 시쿠로 장군의 제3기병군단, 폴타바의 유제포비치Yuzefovich의 제5군단으로 구성되어 있었다. 게이덴은 중대한 진군 직전 보급품 현황을 크게 우려했다. 보급창을 조사하던 중 그는 빵 배급이 반만 가능했고, 지방, 고기, 차, 우유, 성냥 그리고 무엇보다도 마초馬草가 심각하게 부족하다는 것을 발견했다. 그들이 이미 점령했거나 곧 지나갈 지역은 의용군이 계속 진군하는 데 필요한 것들을 제공해 주지 못했다.

7월 31일 폴타바 함락 후, 우크라이나의 적군赤軍 잔존 병력은 의용군 연대들이 가까이 다가올수록 불안에 떨었다. 프랑스 군함들이 다시 오데사에 닻을 내렸고, 육지에서는 우크라이나 농민의 지지를 얻은 독일인 공동체가 봉기를 일으켰다. 옐레나 라키에르는 체카가 매일 밤 처형을 집행한다는 이야기를 들었다. "그들은 총성을 감추기 위해 트럭에 시동을 건다."[6]

8월 5일, 프랑스 모니터함이 헤엄쳐 오는 사람들을 구하러 연안 가까이에 접근하자 볼셰비키가 모니터함을 향해 발포했다. 도시에는 마실

* 프로호롭카는 소비에트 선전에 따르면 소련군이 1943년 쿠르스크 전투 중 전차전에서 대승을 거둔 곳이지만, 사실은 득보다 실이 많았다. 지금은 제5근위전차군이 무모한 반격에 나섰다가 전차 대부분이 무장친위대의 티거 전차에 파괴되었다는 사실이 밝혀졌다.

물이 심각하게 부족했다. 물 한 동이가 15루블에 팔렸다. 매일 밤 줄을 서야 했던 옐레나 라키에르는 제대로 먹지 못해 너무 기운이 없어서 물을 옮기다 기절할까 걱정했다. 오데사는 의용군 2천 명이 상륙하고 8월 23일 짧은 전투가 벌어진 후에야 해방되었다. 다음 날 라키에르는 기록했다. "우라! 이제 오데사에는 볼셰비키가 한 명도 남아 있지 않다. 이 오각별의 압제자들 아래 넉 달 반을 보낸 후에야 드디어!"[7] 이틀 후 그녀는 유대인들이 모두 숨어 있다고 기록했다.

의용군은 크림반도를 지나 해안을 따라 서쪽으로 방향을 돌려 8월 18일 헤르손과 니콜라예프를 점령했다. 그동안 시쿠로가 지휘하는 쿠반과 테레크 카자크는 예카테리노슬라프에 접근하다 드네프르강 위에 놓인 다리에서 집중 사격을 받았다. 백군 기병 소트니아는 다리를 넘어 돌격했고 적군赤軍은 물러났다. 도시에서 붙잡힌 적군赤軍 병사와 공산주의자로 의심되는 자들은 모두 카자크의 기병도에 난도질당해 죽었다.

8월 10일 콘스탄틴 마몬토프 장군과 기병 8천여 명으로 이루어진 그의 제4돈 기병군단은 적군赤軍의 후방 지역을 급습하러 출격했고 도중에 비공식적으로 몇몇 도시를 약탈했다. 그들은 엄청난 거리를 이동할 수 있었다. 유럽식으로 몸을 꼿꼿이 세우고 속보로 말을 타는 전통적인 러시아 기병과 달리 자기 말을 잘 아는 카자크는 몸을 앞으로 기대어 체중을 분산시켰다. 카자크는 또한 다리를 곧게 펴 오랫동안 말을 탔다. 그 결과 무릎을 구부리고 더 짧은 등자를 사용하는 정규 기병보다 훨씬 오래 안장 위에 머물 수 있었다. 마몬토프는 구식 빅토리아 수염을 했지만 어디로 튈지 모르는 약탈자였다. 브란겔 장군은 그가 범죄자와 다를 게 없다고 보았고 나중에 약탈이 그의 책임이라고 주장했다.

마몬토프의 기병군단은 제8군과 제9군 사이의 틈으로 진격해 보로네시를 우회하고 여드레 후 탐보프를 점령했다. "탐보프 축이 가장 위험했다." 적군赤軍 최고사령부가 기록했다. "남부전선군 사령부가 그곳에서 가까운 코즐로프Kozlov(지금의 미추린스크)에 있었기 때문이다."[8] 코즐로프는 탐보프에서 북서쪽으로 불과 50킬로미터 떨어진 곳에 있었다. 마몬토프가 접근한다는 소식을 듣고 전선군 사령관과 사령부 인원들은 그의 기병군단에 맞서 엉성한 민병대 무리만 남겨두고 오룔로 도주했다.

"법과 질서를 유지하기 위해 마을에 남은 사람은 하나도 없었지만 그럴 필요도 없었다."[9] 병원 의사 안토니나 막시모바-쿨라예프Antonina Maximova-Kulaev는 기록했다. "시민들은 겁에 질려 집 안에 숨어 있었다. 전선은 끊어졌고 어떤 소식도 들어오지 않았다. 우리는 바깥세상과 차단되어 있었다."

8월 23일 그녀가 수술실에서 일하고 있는데 한 직원이 급히 들어왔다. "선생님! 창밖을 보세요! 카자크예요!" 그녀는 창밖 광장에 카자크 제복을 입은 수많은 기병을 보았다. 장교들의 어깨에 있는 금색 견장은 2년 반 전 2월 혁명 이후 보지 못한 것이었다. 그들은 마몬토프 장군의 선발대였다.

포그롬을 우려한 병원의 두 유대인 의사는 현명하게 다락에 숨었고 막시모바는 카자크 의무대 수장에게 보고서를 제출했다. 그녀는 양쪽 모두로부터 위험에 처해 있다는 것을 알았다. 카자크는 그녀를 적군赤軍의 고위직으로 볼 수도 있었고, 병원의 잡역부는 모두 볼셰비키여서 만약 그녀가 백군에 협력한다면 적군赤軍이 돌아올 때 반역자로 비난받을 위험이 있었다. 다행히도 카자크 의사는 좋은 사람이어서 대단히 곤란한 처지에 놓이는 일은 없었다.

밖에서 축하하는 교회 종소리가 크게 울리기 시작했다. 백군이 해방시켜 주기를 열망했던 부유한 시민들은 자신들의 구세주를 맞기 위해 나타났다. 카자크 장교들은 볼셰비키가 몰수한 물건들을 보관한 정부 창고를 열었다. 그 후 카자크는 다른 곳, 특히 유대인 가족의 집을 미친 듯이 약탈했다. 공산당의 기록에 따르면 카자크의 포그롬으로 유대인 101명이 살해되었다.[10] 근처 마을의 농민들이 자기 몫을 차지하려 수레를 끌고 나타나기 시작했다. 그들은 저장된 등유를 싣고 갔고, 몇몇은 멍에에 매달린 두 개의 우유통에 담았다. 적군赤軍 최고사령부는 후에 마몬토프가 "훔친 물건을 주민들에게 나눠주어 자기편으로 만드는 조잡한 선동"을 했다고 비난했다.[11]

마몬토프는 체면 유지를 위해 부대에 약탈하지 말라는 지시를 내렸다. "카자크 병사들은 노획물을 가지고 갈 수 없다. 부대가 러시아인 지구에 진입하면 가능한 한 징발을 중지할 것을 명령한다."[12] 하지만 이 명령도 소용이 없었던 듯하다. 집 몇 채는 혼돈 속에서 불에 탔고 볼셰비키로 의심받은 사람들은 광장의 교수대나 가로등에 매달렸다. 마몬토프는 너무 많은 카자크가 노획물을 옮기는 데 더 편리한 수송 열차로 이동하고 있는 것을 발견하고 명령에 복종할 것을 더욱 강력히 요구했다. 그는 전선에서 기병의 군마로 사용해야 할 "훌륭한 말이 수레를 끄는 것"을 발견하고 더더욱 격분했다.

술에 취한 장교들은 병원에 들어가 진탕 술을 마시고 떠들었다. 간호사들은 다가오는 카자크 장교들을 물리치며 최선을 다해 일을 계속했다. 작은 병실에서 벌어지는 광경이 갈수록 폭력적으로 변하자 막시모바는 젊은 간호사를 모두 불러들여 건물 뒤의 창고에 숨겼다. 그녀는 그날 밤 기진맥진해 잠이 들었다. 다음 날 아침 늦게 일어났을 때 마을이 이상할 정도로 조용했다. 마몬토프의 기병대대 다수가 새벽에 파괴와 혼돈의 임무를 수행하러 말을 타고 떠났기 때문이었다.

카자크의 점령이 얼마나 오래 지속되었는지에 관한 진술은 가지각색이지만 마몬토프의 병사 모두가 일주일 안에 떠났다. 막시모바에 따르면 그들이 떠나고 하루 이틀 후 기뻐하는 외침이 들렸다. "카자크가 돌아왔다!"[13] 백군 동조자들은 다시 거리로 달려나가 "카자크 만세! 러시아 만세!"라고 외치며 그들을 반겼다. 하지만 이들은 부됸니의 제1기병군과 함께 온 적군赤軍 카자크였고 환영 나온 사람들은 즉시 그들의 총 또는 칼에 살해되었다. 제1기병군의 정치위원은 다음과 같이 경고하는 벽보를 붙였다. "훔친 물건을 가지고 있다 발견된 자는 즉시 사살될 것이다." 그날 밤, 거리에는 겁에 질린 약탈자들이 내다 놓은 밀가루 포대가 버려져 있었고 배수로에는 등유가 흘렀다.

러시아 남부에서 진군하는 백군의 동쪽 측면에서 끈질기게 병력 증원을 요구하며 데니킨을 괴롭혔던 브란겔 장군은 갑자기 가능한 한 많은 병사가 필요하게 되었다. 8월 중순 카메네프가 양면에서 반격을 개시했기 때문이다. 브란겔의 캅카스군은 제9군과 제10군의 공격으로 볼가강을 따라 카미신에서 차리친까지 물러났는데, 쿠반 카자크가 차리친에서 적군赤軍을 물리쳤다. 북쪽에서의 공격은 거세지 않아 의용군과 돈 카자크가 힘을 합쳐 빠르게 제압했다. 처칠은 이 소식에 매우 기뻐했다. "데니킨이 갈수록 잘하고 있소."[14] 그는 커즌 경에게 서신을 보냈다. "차리친에서 전선의 다른 부대를 동원하지 않고도 적을 크게 물리쳤소. 도네츠 석탄 분지에서는 볼셰비키의 반격을 완벽히 격퇴했소. 우크라이나에서도 엄청나게 세력을 확대하고 있소." 처칠은 그해 말 전쟁이 끝날 수도 있다고 생각했지만, 한편으로는 남쪽의 캅카스에서 벌어지는 일을 크게 우려하고 있었다.

다른 백군 장군과 마찬가지로 데니킨은 러시아 제국 영토의 보전에 전념했다. 이것은 핀란드, 발트 3국, 폴란드과의 관계를 악화시켜 백군에 불리하게 작용했고 자멸을 초래했다. 처칠은 공산주의자들을 이기기 위해 필요한 동맹의 성립을 막는 이 제국적 강박을 과소평가했다. 그는 데니킨을 만나고 곧바로 온 브리그스Briggs 장군에게 데니킨의 진군에 합류하도록 폴란드의 지도자 유제프 피우수트스키Józef Piłsudski를 설득하라고 지시했다. 브리그스를 만난 후 전혀 설득당하지 않은 피우수트스키는 영국 공사관 무관 에이드리언 카턴 드 와이어트Adrian Carton de Wiart 준장과 이야기를 나눴다. 그는 "데니킨은 모스크바를 점령하기는커녕 곧 흑해로 돌아오게 될 것이다"[15]라고 예측했다.

로이드 조지가 내심 우크라이나, 카자크 공화국 및 다양한 지역의 작은 독립 국가들로 러시아가 분열되기를 바랐다는 것을 알았다면 데니킨은 큰 충격을 받았을 것이다. 처칠은 총리의 "우리는 두 파벌 사이에서 균형을 이루려 최선을 다했고 이제 러시아 문제에서 손을 떼고 자격 있는 자가 승리하게 두어야 하며, 누가 자격이 있는지 전혀 확신할 수 없다고 생각한다"[16]라는 말을 듣고 경악했다.

대大러시아에 대한 데니킨의 집착은 영국의 영향권인 캅카스에서도 문제가 되었다. 1년 전 독일의 도움을 받았던 조지아의 멘셰비키 정부는 데니킨의 부대가 흑해 연안의 소치Sochi를 장악하자 데니킨과 충돌했고, 소규모 전투가 이어졌다. 영국이 조지아의 소치 영유권을 지지하자 데니킨은 몹시 실망했다.

외무부는 열정적인 친조지아파 올리버 워드롭Oliver Wardrop을 자캅카스 위원장에 임명해 조지아의 수도 티플리스에 파견했다. 처칠은 조지아 정부가 데니킨의 후방에서 갈수록 친볼셰비키로 기울고, 아르메니아인들에 공격적인 태도를 보이는 것을 우려했다. 처칠은 커즌에게 서신을 보냈다. "워드롭이 다른 이들의 입장은 모두 배제하고 조지아의 관점만 고려해 우리가 원조하기로 한 데니킨에 직접적인 적대 행위를 할 위험이 크지 않소? 조심하지 않으면 우리는 각자 자기 싸움닭이 싸움에 나서게 부추기는 영국 장교를 양편에 두고 전투를 벌이게 될 수도 있소."[17]

처칠은 이미 카스피해에서 인원을 철수하기로 한 해군부의 결정으로 적군赤軍 전단이 카스피해를 장악하고 볼셰비키가 자카스피를 손에 넣을 수도 있다는 점을 우려했다. "볼셰비즘은 카스피해 연안에서 인도 국경에 이르는 광활한 지역 전체에서 급속하게 퍼질 수 있소."[18] 그는 커즌에게 서신을 보냈다. 처칠이 말하는 제국의 악몽은 분명 과장된 것이었지만, 조지아인들이 체첸Chechen을 시작으로 인구셰티야Ingushetia와 다게스탄Dagestan에서 무기를 지급하고 백군에 대항한 봉기를 일으키는 바람에 데니킨은 모스크바로 진격 중인 중요한 시기에 대규모 병력을 빼낼 수밖에 없었다.

데니킨 군은 우크라이나를 가로질러 진군하는 동안 거의 저항에 부딪히지 않았다. 8월 31일 적군赤軍이 철수하고 데니킨의 군대가 반대 방향에서 진입하려는 순간 키예프 서쪽의 마을에 숨어 있던 시몬 페틀류라의 우크라이나군이 나타났다. 우크라이나군은 시가지를 행진하고 지역 두마에 푸른색과 노란색 깃발을 걸었다. 백군이 모스크바로 진격하는 동안 데니킨이 페틀류라에게 키예프를 맡겼다는 소문이 도시에 돌았다. 하지만 그때 의용군의 기병 부대가 도착했고 돈 카자크의 1개 연대가 뒤를 이었다. 페틀류라의 병사들을 보고 놀란 카자크군은 기병도를 꺼내 들고 격렬한 함성을 지르며 돌격했다. 우크라이나군은 키예프를 버리고 서둘러 퇴각했다.

마이-마옙스키 장군이 입성하자 키예프는 국립극장에서 구노Gounod의 오페라 〈파우스트〉를 상연하며 환영했다. 귀빈석에 들어선 그에게 관객은 기립박수를 보냈다. 키예프의 부자들은 감사하며 금박을 두른 귀빈석에 꽃다발을 보내기 시작했다. 마이-마옙스키는 선 채로 관객에게 외쳤다. "키예프의 주민들이여! 인사드리겠소. 적군赤軍 일당에게서 해방된 것을 축하하오!"[19] 가수들은 모두 니콜라이 2세에게 했던 것처럼 그에게 경례했다. 공연이 시작되자 마이-마옙스키는 노래에 거의 관심을 기울이지 않았다. 그는 예피모프Efimov 장군과 지금 앉은 자리 근처에서 벌어진

1911년 표트르 스톨리핀Pyotr Stolypin 총리의 암살에 관해 이야기를 나눴다. 그 후 마이-마옙스키는 도시에서 체카가 벌인 잔혹 행위를 논한 후 예피모프에게 말했다. "이 정보를 오스바그Osvag에 전달해 선전에 이용하게 하게. 자세한 내용은 생략하고 널리 알리게."*

키예프가 백군에 함락되기 직전 지역 체카는 또다시 학살을 저질렀다. 8월 28일 밤 사도바야Sadovaya 거리에 있는 체카 본부의 콘크리트 차고에서 포로 127명이 살해되었다. "많은 시신의 머리가 으스러져 있었다. 옐리자베틴스카야Elizavetinskaya 거리의 지역 체카 건물에서도 70구의 시신이 발견되었고 '중국 체카' 건물에서도 이와 비슷한 수의 시신이 발견되었다. 역 옆의 철도 체카 건물에는 철도 노동자 51명의 시신이 있었다."[20] 이른바 '중국 체카' 건물에서 위원회는 끔찍한 소문이 사실이었다는 것을 확인했다. 짧은 관이 희생자의 배에 붙어 단단히 고정되어 있었다. 관 안으로 쥐를 집어넣고 끝에 불을 질러 도주하는 쥐가 포로의 내장을 갉아 먹게 한 것이었다.

감옥에는 살아남은 포로는 소수에 불과했다. "그들은 산송장이었다. 발을 질질 끌고 움직이지 않는 초점 없는 눈으로 우리를 보았다." 레베르그Reberg 장군이 이끄는 위원회는 기록했다. 그 후 며칠 동안 더 많은 집단 매장지들이 추가로 발견되었다.

위장한 공산주의자였던 마이-마옙스키의 부관 파벨 마카로프Pavel Makarov는 9월 12일 마이-마옙스키가 한젠코보Khanzhenkovo역에서 마침내 의용군의 모스크바 진격을 개시하는 쇼를 벌인 순간을 묘사했다. 그

* Osvedomitel'noe-agitatsionnoe Otdelenie(선전정보부)의 약칭인 오스바그Osvag는 로스토프에 본거지를 둔 남러시아군의 선전기관이었다. 백군이 어떤 개혁도 고려하려 하지 않아 정치적으로 긍정적인 소식이 거의 없었기 때문에 오스바그는 거의 성과를 거두지 못했다. 종이도 부족해 더더욱 어려움을 겪었다.

는 객차에서 나와 전차 지원을 책임지는 영국 장교와 프랑스어로 세부 사항을 논의했다. 영국 장교는 "세 번의 교전 후에는 전차를 열차에서 내릴 필요도 없었다. 볼셰비키는 공격을 기다리지도 않았다"[21]라고 주장했다. 깊은 기병 안장과 호화로운 마구로 치장한 늑대 소트니아를 이끄는 시쿠로 장군은 극적인 순간을 놓치지 않았다. "용맹한 쿠반과 테레크 카자크여!"[22] 그는 마치 선봉에 선 것처럼 목청껏 외쳤다. "전진! 나를 따르라!" 의용군의 실제 선봉은 정예 부대인 코르닐로프, 마르코프, 드로즈돕스키 사단을 포함한 쿠테포프의 제1군단이었다.

쿠테포프가 쿠르스크를 점령한 9월 20일, 처칠은 러시아 남부의 영국 군사 사절단장 허버트 홀먼Herbert Holman 소장에게 "사적인 극비" 전보를 보냈다. "지금 상황에서 영국군 조종사를 동원해 모스크바를 폭격하라고 할 수는 없을 것 같네."[23] 그 후 처칠은 차리친 근처에 기지를 둔 영국 공군 제47비행대대의 장교와 병사들에게 축하 인사를 보냈다. 이틀 후 긴장한 기색이 역력한 처칠이 홀먼에게 다시 전보를 보냈다. "올해 데니킨이 모스크바에 닿을 가능성이 있는지에 관한 자네의 개인적인 의견을 전보로 보내주게."[24] 그는 또한 홀먼에게 브란겔 장군의 포병대가 차리친 남쪽에 있는 적군赤軍의 볼가 전단과 싸우는 데 철갑탄이 필요한지 물었다. 처칠은 영국의 원조가 장비, 무기, 훈련 조언자를 지급하는 것에 한정된 척하며 몇 번이고 하원을 속였다. 영국군 조종사, 포수, 기갑군단 인원의 적극적인 전투 개입을 일관되게 부인했다.

크렘린 지도부는 남쪽에서 너무 많은 영토와 도시를 잃은 후 그렇지 않아도 매우 불안한 상태였다. 그런데 9월 25일 모스크바의 무정부주의자들이 레온티예프Leontiev 거리의 고위 공산당원들이 있는 건물에 폭발물을 설치해 그중 몇 명이 사망했다. 체카는 이 폭발을 일으킨 것이 무정부주의자가 아니라 백군인 척했고, 그전 해 레닌이 공격받고 우리츠키가 사망한 후 벌였던 것과 비슷한 보복의 물결이 전국에 걸쳐 일어났다. "종잇장처럼 창백한 얼굴의 제르진스키가 폭발 현장에서 바로 체카로 왔다."[25] 모스크바의 고위 체카 요원이 기록했다. "그는 카데트 당원, 경찰관, 제정 시기 관료로 목록에 오른 이들과 모스크바의 감옥과 강제 노동 수용소에 구금된 공작과 백작들을 모두 처형하라고 지시했다."

적군赤軍의 전선 뒤에서 마몬토프는 계속 광란하여 날뛰었다. 그가 이끄는 돈 카자크가 탐보프주를 지나가자 농민들은 그들을 반기며 밀 다발을 건넸다. 하지만 마몬토프의 병사들이 원하는 건 무엇이든 멋대로 가져가자 농민들의 환영은 오래가지 않았다. 기병군단은 북서쪽으로 방향을 돌렸지만, 그들을 쫓는 적군赤軍 부대의 위협이 갈수록 커지자 방향을 바꾸어 3열 종대로 보로네시로 향했다. 안장 위와 보급품 수레에 쌓인 약탈품이 너무 많아 진군 속도는 더뎠다. 9월 19일 그들은 적군赤軍 전선을 돌파해 쿠반과 테레크 카자크로 구성된 시쿠로의 제3군단에 합류했다. 적군赤軍 남부전선군 사령관은 이를 계기로 자신이 이 "기병의 악몽"[26]을 끝내겠다고 다짐했다. 하지만 그 후 마몬토프의 병사 4분의 3이 약탈품을 가지고 고향 돈으로 돌아가 버렸고 시쿠로는 경악했다. 8천 명의 기병 중 전선에 남은 자는 1500명도 되지 않았다.

마몬토프의 군단에 강제 징집된 젊은 라트비아인 기병장교 마르틴 알프Martin Alp는 정치위원으로 의심받아 총살당할 뻔한 후 겪었던 일을 간략하게 기록했다. "우리는 마을에서 어쩌다 소비에트 지역 정부 관리들을 붙잡았다. 정치위원과 공산주의자들은 즉시 사살되거나 우물의 도르래에 매달려 죽었다. 여자들은 대개 목숨을 건졌지만 젊은 여자들은 모두 강간당했다. 창고에 쌓인 물건은 모두 우리 수레에 실렸다."[27] 그는 '죽음의 천사'들이라고도 불리는 시쿠로의 늑대 소트니아에게 매료되었다. "그들에게서 눈을 뗄 수 없었다. 그들은 절대 우리를 보지 않았고, 어쩌다 볼 때는 매우 거만한 눈으로 보았다. 그리고 자신들이 절대 포로를 잡지 않고 절대 포로가 되려 하지 않는다는 사실을 매우 자랑스러워했다."

습격 후 잠시 쉬는 동안 알프는 그를 계속 비난하는 젊은 장교 몇 명과 임시 숙소를 함께 썼다. "자네는 우리와 함께 싸우면서 우리가 재미를 볼 때는 같이 하지 않는군."[28] 그는 가능한 한 신중하게 대답했다. "나는 자네들을 소중한 전우로 생각하고 기꺼이 식사를 함께할 걸세. 하지만 같이 술을 마시고 싶지는 않네."

알프는 설명했다. "나는 그들의 행동을 바꿀 수 없었다. 하지만 함께 술을 마시고 여자들, 특히 체포된 여성 공산주의자들을 데리고 난잡하게 놀지는 않았다. 이 중 일부는 공산주의자이기는 하지만 지조 있는 훌륭한 러시아 여인이었다. 나는 짐승과 다를 바 없는 남자들의 손아귀에 들어간 이 여인들에 깊은 연민을 느꼈다. 그리고 곧 견딜 수 없게 되었다."[29] 알프는 보병연대로 옮겨갔다.

9월 30일 시쿠로는 군단을 이끌고 돈을 가로질러 며칠 후 보로네시를 점령했다. 적군赤軍이 바로 도시 경계까지 습격해 와 전선은 매우 불안정했다. 통신장교 예라스트 체브다르는 공격 소식을 받았을 때 시쿠로와 장교들이 플랑케트Planquette의 희극 오페라 〈코르네빌의 종〉 공연을 즐기고 있었다고 기록했다. 자리에 있던 장교들이 서둘러 떠나자 관객들은 허둥지둥했지만, 공격 소식은 잘못된 정보로 밝혀졌다. 장교들은 자리로 돌아왔고 공연은 계속되었다. 나중에 시쿠로는 자신이 점령한 호텔에 준비한 만찬에 출연자 전원을 초대했다. 100명이 넘는 사람들이 앉아 술 마시며 솔로로 그리고 합창으로 노래했다. 중간에 시쿠로는 일어서 애국적인 연설을 했다. 그는 백군의 성공과 "러시아의 밝고 자유로운 미래를 위한 백군의 헌신적인 투쟁"[30]을 위해 큰 소리로 건배하며 연설을 마쳤다.

제2차 세계대전에서 영국군 참모차장이 되는 존 케네디John Kennedy 대위의 일기는 10월 초 의용군의 진격을 가장 잘 묘사한 기록물 중 하나이다. 케네디는 9월 초 러시아에 도착하자마자 끝도 없이 펼쳐지는 광활한 공간에 감명받았다. "드넓게 펼쳐진 시골의 평원 여기저기에 진기한 돔 지붕 교회가 있는 작은 마을이 있었지만, 대부분은 인간의 거주지 없이 드넓은 공간이 탁 트여 있었다. 평원은 일부만 경작되고 있는데, 그루터기와 낮게 쌓인 밀 더미가 길게 뻗어 있는 구간이 보이다가, 이어서 옥수수밭이나 멜론밭이 보이고, 그다음에는 시야가 닿는 곳에 온통 드넓은 풀밭이 펼쳐져 있었다. 가끔 힘없이 지나가는 짐수레나 거위 떼, 소나 말 무리 외에는 인간의 흔적이 거의 없었다."[31]

케네디는 살로니카Salonika(그리스 테살로니키의 다른 이름-옮긴이)에서 이동해 온 이들이 대부분인 영국 군사 사절단의 동료 장교들이 탐탁지 않았다. 9월 7일 타간로크의 영국군 기지에 도착한 후 그는 기록했다. "우리가 지금까지 마주친 사절단의 장교들은 아주 질이 낮고 확실히 무능하다."[32]

그의 첫 목적지는 "두꺼비를 떠올리게 하는"[33] 마이-마옙스키 장군이 곧 점령을 축하할 쿠르스크였다. 케네디는 왕족처럼 화려한 치장과 과시를 마음껏 즐기는 백군 장군들을 경멸했다. "마이-마옙스키가 호화롭게 꾸민 그의 개인 열차를 타고 도착하면 승강장을 가로질러 그의 특별한 카펫이 깔렸다. … 완전 무장을 한 수많은 참모장교들과 보초들이 이 거대한 남자를 기다리며 승강장에 서 있었다. 이 호화로운 광경은 승강장과 대기실에서 몸을 웅크리는 비참한 농민들의 상태와 극명히 대비되었다."[34] 그의 부하 벨라예프 장군도 "장군의 군마, 말 두 마리가 끄는 그의 짐수레, 이삼십 명의 카자크로 이루어진 그의 경호원들"을 태운 화차가 붙은 개인 열차를 가지고 있었다.

케네디는 10월 1일 마침내 전선에 도착해 쿠테포프의 제1군단에 배속되었다. "밤에 가장 가까운 마을에서 부대가 모두 모인다. 아침에는 포병대가 나가서 자리를 잡고 보병대가 뒤를 이었다. 대포는 저 멀리 최대 사거리까지 일제히 포격하며 몸을 풀고 진군 신호가 떨어지면 계속 포격하고, 포병 앞에 서지 않으려 하는 보병이 뒤를 따른다."[35]

"진격은 여전히 계속된다." 케네디는 다음 날 기록했다. "날씨가 훨씬 추워졌고 밤에는 서리가 약간 내린다. 한낮은 여전히 덥다." 포병대 장교였던 케네디는 영국이 지급한 야포가 백군의 "부주의한 사용으로 작동하지 않는다"[36]라고 언급했다. "그들은 용수철에 기름을 칠하는 법이 없다. 뭔가 문제가 생기면 러시아인들은 자신들이 수리하기보다는 영국군이 대포를 교체해 주기를 바란다."

10월 6일 군단 사령부로 돌아간 케네디는 쿠테포프 장군을 보았다. 쿠테포프는 "볼셰비키를 위해 싸우도록 강요받았다가 막 포로로 잡힌" 브루실로프 장군의 아들을 면담하러 전선에서 돌아왔다. 다음 날 해방된 쿠르스크로 돌아간 그는 대성당 광장에서 열린 "발굴된 볼셰비키의 희생자 수백 명"[37]의 합동 장례식에 참석했다. 장례식 도중 한 사제가 "우리는 볼셰비키 고문자와 살해자에게 원한을 품어서는 안 됩니다. 그들도 자유주의자들이 제기하는 비난에 폭발한 것일 뿐입니다"라고 말해 참석한 많은 장교가 격분했다.

사흘 후, 케네디는 적군赤軍 기병대대와 교전 중이던 포병중대와 함께 전선에 복귀했다. "그들은 두 줄로 전속력으로 전진했다(그들이 말하기로는 첫째 줄은 동원된 병사들, 둘째 줄은 후퇴하고자 하면 전자를 총으로 쏘는 공산주의자들이라고 한다). 기병대 뒤에서 들판을 가로지르는 무개 사륜마차도 나타났는데, 이 마차에는 아마도 지휘관 또는 정치위원이 타고 있을 거라고 했다."[38] 포대가 발사한 포탄이 기병을 쫓아냈다. 20분 후에 적군赤軍 보병 일부가 나타났지만, 6인치 곡사포를 발포하자 사라졌다. 오전 중 케네디는 장갑차 한 대가 길을 따라 적을 향해 진격하고, 창기가 휘날리는 긴 창을 든 코르닐롭스키 연대의 기병 30명이 뒤를 따르는 것을 목격했다. “뒤이어 제2코르닐롭스키 연대의 1개 장교중대가 총검을 꽂은 소총을 들고 가슴 깊은 곳에서 우러나오는 군가를 부르며 거창하게 행진했다.”

포로와 적군赤軍 탈영병들은 아무런 보호 없이 떼를 지어 뒤로 물러났다. 케네디는 적군赤軍 병사들의 복장과 무장이 형편없어 측은하게 여겼다. 그들의 강점은 오직 병사 수뿐이었다. 그는 또한 백군 보병과 포병이 얼마나 잘 협력하고 있는지에 놀라고 감명받았다.

런던의 육군부에는 낙관론이 팽배했다. “볼셰비키가 몰락하고 있고 끝이 머지않은 듯하오.”[39] 처칠은 커즌에게 보내는 서신에 적었다. “그들의 체제뿐 아니라 정권도 무너질 거요. 어마어마한 포위 전선 거의 모든 곳에서 그들의 군사 작전이 실패하고 있소.” 하지만 처칠은 단단히 헛다리를 짚고 있었다. 그는 반볼셰비키 병력이 63만 명이고 적군赤軍은 45만 명이라고 주장했지만, 적군赤軍은 적어도 이론적으로는 백군의 두 배가 넘는 수적 우위에 있었다. 양쪽에서 말하는 수치는 탈영병 비율이 높아 전혀 신뢰할 수 없었고, 상황이 좋지 않을 때는 더욱 그러했다.

10월 12일 북쪽에서 키예프를 공격하는 드라고미로프Dragomirov 장군의 부대가 벨라루스와의 경계에 있는 체르니고프에 도착했다. 같은 날 코르닐롭스키 연대의 사령관은 케네디에게 이틀 내에 오룔을 점령할 것이라고 말했다. 당시 제정 러시아 루블의 가치는 소비에트 루블의 60배까지 상승했다. 케네디가 보기에 볼셰비키의 약탈로 고통받은 농민들은 정말 진심으로 의용군을 반기는 듯했다. 그들은 어떻게 볼셰비키가 자신들의 성상을 부수고 마지막 남은 곡물을 훔쳐갔는지 이야기했다. 하루이틀 사이에 케네디는 살면서 이렇게 많은 거위를 먹어본 적이 없다고 불평하게 되었다.

코르닐롭스키 연대 연대장의 예측대로 백군은 이틀 후인 10월 14일 오룔에 입성했다. 케네디는 공산주의자들이 도시를 버리고 떠나기 전 인질 120명을 사살했다는 이야기를 들었지만 코르닐롭스키 연대는 1만 명의 포로를 잡았다. 그들은 제13사단의 사단장을 비롯한 지휘관들을 모두 사살하고 병사들의 외투와 무기를 빼앗은 뒤 풀어주었다. 쿠테포프는 특이한 승전 행진을 벌였다. "행진은 전차 한 대가 지나가며 중앙광장에 있는 볼셰비키의 목조 재판소를 부수는 것으로 시작되었다. 군중들의 환호 소리는 반쯤 겁에 질려 있었다."[40]

백군 언론은 오룔 주민들이 성상을 들고 의용군을 맞으러 나와 무릎을 꿇고 〈예수 부활하셨도다!〉를 불렀다고 주장했다. 블라디보스토크의 신문 《볼랴Volya》는 볼셰비키가 곧 "소비에트 정부 폐지, 테러 중단, 처형 중단, 볼셰비키 지도부에 남미로의 자유 통행권 제공"[41]을 골자로 한 강화 협정 조건을 이제 곧 제안할 것이라고 보도했다. 일부 외국 언론도 몹시 흥분했다. 스웨덴 신문은 볼셰비키가 모스크바를 떠나 뱌트카로 이동하는 중이라고 보도했다.

오룔 너머에는 툴라가, 툴라 너머에는 모스크바가 있다. 언론 보도를 들은 마이-마옙스키는 "독수리에게 오룔을!"[42]이라고 외쳤다. 오룔은 러시아어로 독수리를 뜻했다. 하지만 그는 사석에서는 그다지 기력이 넘치지 않았다. 그는 "지금까지 우리는 고작 독수리의 꼬리를 잡았을 뿐이야"라고 중얼거렸다.

29

발트해에서의 기습
1919년 가을

1919년 늦여름, 북서군은 가치나에서 퇴각해 에스토니아로 돌아온 후 두 개의 '소총군단'으로 재편성되었다. 이 재편성은 지나치게 낙관적이었다. 두 군단이 합쳐 병사가 총 1만 5천 명이 되지 않았고, 경기병 150명으로 이루어진 기병 부대와 3인치 야포 40문이 있었다. 남러시아에서 데니킨이 승승장구하면서 크렘린에 훨씬 큰 위협이 되었지만, 레닌은 그럼에도 외교적 수단으로 페트로그라드를 향한 위협을 제거하는 것이 현명하다고 판단했다.

8월 31일 백군이 프스코프를 잃기 직전, 소비에트의 외무인민위원 게오르기 치체린이 에스토니아 정부에 회담을 제의했다. 육군 원수 윌슨은 처칠에게 에스토니아가 "볼셰비키와 협정을 맺을"[1] 가능성이 크다고 경고했다. 에스토니아는 꽤 유리한 상황에 있었다. 유데니치는 그들의 독립 주장을 무례하게 묵살하기 전에 이를 깨달아야 했다. 에스토니아는 독립을 인정받기 위해 북서부 정부의 해체와 백군 원조 거부를 크렘린에 협상 카드로 제시할 수 있었다. 유데니치는 에스토니아가 배신했다며 노발대발했지만, 그도 영국의 원조가 오래가지 않을 거라는 사실을 알고 있었다.

처칠은 핀란드의 도움을 받아 여름에 페트로그라드를 점령할 '엄청난 기회'를 놓친 것에 크게 좌절했다. 여전히 핀란드의 독립 보장을 거부하고 있는 콜차크와 유데니치의 탓이었다. 처칠은 왜 영국이 반볼셰비키 연합을 더 잘 어우르지 못하는지 자주 의문을 제기했지만, 잠재적인 동맹국을 대하는 데 있어 백군이 항상 영국의 가장 큰 걸림돌이라는 사실을 절대 인정하지 않았다. 에스토니아의 영국 대표의 보고에 따르면, 북서군의 백군 지휘관들은 심지어 "페트로그라드 다음으로 레발(탈린)을 점령할 것"[2]이라고 으스대기도 했다.

폴란드가 적군赤軍을 공격해 데니킨을 도울 수도 있다는 처칠의 희망도 깨졌다. 데니킨이 러시아와 폴란드의 미래의 국경과 관련하여 어떠한 타협도 거부했기 때문에 폴란드의 수반 유제프 피우수트스키는 그를 도울 이유가 없었다. 폴란드가 나서지 않은 덕분에 적군赤軍은 데니킨과 맞서기 위해 라트비아 소총사단을 비롯해 서쪽에 남아 있는 부대를 끌어올 수 있었다. 그동안 처칠은 유데니치가 "데니킨의 진군을 돕고 있고 아르한겔스크에서 위험한 철수를 진행하는 동안 영국군의 부담을 덜어주고 있다"라며 영국의 유데니치 지원을 계속 정당화했다. 로이드 조지는 탐탁지 않았다. 그는 처칠이 반볼셰비키파에 집착해 내각에 있는 그대로 보고하지 않는다고 의심했다.

겨울이 다가오면서 안전한 에스토니아 내 기지를 잃을 위기에 처한 유데니치는 마지막으로 페트로그라드 점령이라는 무모한 도박을 시도해야겠다고 생각했다. 빈약한 군의 병력 증강을 위해 유데니치는 폰 데어 골츠 장군과 그의 자유군단 무뢰배와 동맹을 맺으려 했다. 이들 다수는 후에 나치당과 나치 준군사조직의 초창기 구성원이 되었다. 이 이른바 '서러시아군'은 보석을 두르고 향수를 뿌린 파벨 베르몬트-아발로프 공의, 대다수가 독일군으로 이루어진 부대와 밀접한 관계에 있었다. 두 부대 모두 해산하고 독일로 귀환하라는 고프 장군의 지시를 따르지 않고 계속 발트해 연안에서 난동을 부렸다. 하지만 함께 페트로그라드 공격에 나서길 바란 유데니치의 기대와는 달리 골츠와 베르몬트-아발로프의 부대 모두 리가를 공격했고, 카원 제독과 그의 순양함전대는 리가 지원에 나서야 했다.

유데니치의 계획은 모두 명백하게 무책임했다. 가능성은 희박했지만 혹시 계획이 성공했더라도 북서군은 페트로그라드의 굶주린 주민들을 먹이지도, 통제할 수도 없었을 것이다. 유데니치는 태평하게 연합국, 특히 영국이 이 책임을 떠맡을 거라고 생각했다.

"포위된 도시에서 먹을 거라곤 양배추뿐이다."[3] 작가 빅토르 시클롭스키는 기록했다. "나는 페테르부르크에서 산 못을 시골로 가져가 빵과 교환하며 연명했다." 굶주림으로 극히 쇠약해진 한 노인이 마지막 귀중품인 금시계를 교외로 가져가 작은 밀가루 포대와 교환해 왔다. "집으로 돌아오는 길에 만난 인상 좋은 젊은 농부가 노인이 지쳐 있고 둘 다 같은 방향이니 포대를 들어주겠다고 했다. 갈림길에 다다라 노인이 포대를 돌려달라고 하자 젊은이는 모자를 벗고 웃으며 말했다. '고마워요, 아저씨. 이렇게 기적적으로 밀가루를 손에 넣은 게 얼마 만인지 모르겠네요.' 그러고 그는 노인의 귀중한 짐을 가지고 도망쳤다. 가련한 노신사는 빈손으로 돌아왔고 오래지 않아 굶주림에 무릎을 꿇었다."[4] 몰래 러시아 정교를 믿고 있던 이들마저도 살기 위해 성령을 상징하는 비둘기를 잡아먹는 신세가 되었다.[5]

유데니치는 고프 장군의 강요로 성립된 '정부'를 멸시하는 것에 자긍심이 있었다. 그는 이론상 이 정부의 전쟁부 장관이었지만 한 번도 회의에 참석하지 않았고 정부 각료에게 아무것도 알리려 하지 않았다. 9월 23일, 내무부 장관은 각료들에게 유데니치가 "군의 어려운 상황 때문에"[6] 동원령을 내렸다고 알렸다. 그들은 설명을 요구했지만 어떤 답도 받지 못했다. 유데니치가 "그의 부대가 페트로그라드에 진입하는 순간"[7] 정부를 해산시키려 한다는 것도 전혀 알지 못했다.

9월 26일 크렘린은 남쪽에서 진격해 오는 데니킨을 막기 위해 제7군의 정예 부대 일부를 이동시켰다. 치체린의 강화 제안 직후여서 에스토니아 영토에서 북서군이 공격에 나서는 것은 상상도 할 수 없는 일로 보였다. 이틀 후 로드쟌코는 비밀리에 제7군 참모장의 도움을 받아 페이프시호 아래 남쪽 측면에서 제15군을 양동 공격하며 페트로그라드 공략 작전을 개시했다. 페트로그라드 체카는 놀라울 정도로 뒤늦게 도시 내 비밀 백군 조직 국가 중심National Centre과 러시아 재건 연합the Union for the Regeneration of Russia 해체에 착수했다. 지난 5월 크라스나야고르카의 반란으로 인한 충격에 체카가 행동에 나섰고 끊임없는 아파트 수색과 체포가 이루어졌다.

공식적으로 북서군의 총사령관인 유데니치는 이상하게도 로드쟌코의 계획과 작전 방향에 거의 영향을 미치지 못했다. "쾌활하고 태평한 성격의 귀족"[8] 로드쟌코는 병사들과도 스스럼없이 농담을 주고받았지만, 사령관 유데니치가 그에게 권고할 것이라곤 말 타는 자세뿐이었다. 로드쟌코의 고위 장교 몇몇은 파렴치하게 자기 이익만 챙겼다. "나는 이미 30만 루블을 모았네." 제2사단장은 아마도 술에 취한 상태로 자랑했다. "100만 루블을 모으면 다 끝이네. 돈만 있으면 존경과 나를 사랑하는 여인을 얻을 수 있고, 원하는 건 뭐든 손에 넣을 수 있어." 제4사단의 사단장 돌고루키Dolgoruky 공은 "자신이 군의 누구보다 똑똑하고 능력 있다고 생각해 지시를 따르려 하지 않았다". 북서군은 "알지도 못하고, 본 적도 거의 없고, 존경하지도 않는 총사령관 유데니치의 권위를 인정하지 않았다". 뒤룩뒤룩 살찐 유데니치는 양어깨에 닿는 터무니없이 큰 기병 수염을 한 채 작전 내내 사령부에서 참모들의 보호를 받고 있었다.

무슨 일이 벌어지고 있는지 모르는 게 분명한 처칠은 런던의 군사작전 부서에 발트 3국이 모스크바와 강화 협정을 맺는다면 북서군과 무엇을 할 수 있을지 물었다. "북서군을 남쪽의 폴란드군 주둔 지역으로 이동시켜 데니킨 군의 좌익에 점차 접근하게 할 수 있겠는가?"[9]

10월 10일 로드쟌코 장군은 나르바에서 백검White Sword 작전의 주요 공격을 개시했다. 제7군과 제15군을 모두 기습해 오합지졸인 적군赤軍

징집병의 거의 4분의 3이 투항하거나 전향했다. 옛 세묘놉스키 근위연대는 일제히 백군에 전향했다. 부패하고 무능한 사령관들에도 불구하고 로드쟌코의 병사들은 잘 싸웠다. 그들은 엿새 안에 가치나를 점령했다. 그로부터 나흘 후에는 페트로그라드 중심지에서 25킬로미터밖에 떨어지지 않은 차르스코예셀로에 도달했다. 영국군 전차가 유데니치 군의 선봉이라는 소문을 들은 적군赤軍 징집병은 겁에 질려 달아났다. 백군 장군은 놀라울 정도로 진격이 쉬웠다고 상부에 보고했다. 로드쟌코 군의 제3사단장은 페트로그라드에서 모스크바로 이어지는 간선 철도를 끊으라는 로드쟌코의 지시를 무시했다. 대신, 그는 가장 먼저 페트로그라드에 진입하려 했다. 러시아 제국의 원수 수보로프로 거슬러 올라가는 러시아군의 전통에 따라 가장 먼저 도시에 진입하면 사령관으로서 명예와 특혜를 누릴 수 있었기 때문이다.

둔탁하게 울리는 포성이 핀란드만 전체에서 들렸다. 북쪽 연안에 있던 빅토르 시클롭스키는 페트로파블롭스크 요새가 대포에서 뿜어져 나오는 연기에 둘러싸여 있는 것을 보았다. 이 연기 때문에 요새는 해전 중인 거대한 함선처럼 보였다. 그는 "포탄이 하늘의 구름처럼 공중에 떠 있었다"[10]라고 기록했다. 핀란드가 이 기회를 틈타 북쪽에서 카렐리야지협을 넘어 공격해 올지 모른다는 두려움이 퍼졌고, 5개월 전 크라스나야고르카의 요새에서 잉그리아인들이 일으킨 것과 같은 반란이 일어날 가능성도 있었다. 페트로그라드의 공산당 간부 그리고리 지노비예프는 신경쇠약에 시달렸다.

소련 붕괴 후에야 드러난 놀라운 진술에 따르면 레닌은 다음과 같이 선언했다. "공세가 시작되었다면 페트로그라드 노동자 2만 명에 부르주아 1만 명을 동원하고 그 뒤로 포병대를 배치해 그중 수백 명을 쏘아 유데니치에게 실로 엄청난 충격을 줄 수 있지 않겠는가?"[11] 적군赤軍 부대가 와해되자 레닌은 (스탈린이 22년 후 독일의 맹공격 중 그러려고 했던 것처럼) 페트로그라드를 적에게 넘겨주는 것도 고려했다. 트로츠키는 이 기회를 잡았다. 그는 무슨 수를 써서라도 '혁명의 요람'을 지켜야 한다고 주장했다. 레닌은 수긍했고 트로츠키는 다시 한번 페트로그라드로 가기 위해 장갑열차 준비를 명했다.

10월 17일 트로츠키의 페트로그라드 도착은 예상대로 극적이었다. 트로츠키는 자신의 뛰어난 연설 능력을 효과적으로 이용해 이 화강암 도시를 살상장인 "석조 미궁"[12]으로 바꿀 수 있을 것이라며 체념한 시민들을 일깨웠다. 트로츠키는 식량 배급량을 두 배로 늘릴 것이라 약속하고 백군이 장악하면 어떤 취급을 받게 될지 강력히 경고했다. 트로츠키는 물 만난 물고기였다. 자신의 혁명적 미사여구로 수많은 청중의 마음을 흔들었다. 후퇴하는 부대의 단결을 위해 군마에 오르기도 했다. '영웅사관'에 회의적인 시각에서 보더라도 트로츠키가 대중의 공포를 용기로 바꾸는 데 성공했다는 것은 의심의 여지가 없다.

트로츠키는 전차에 대한 병사들의 두려움을 줄이기 위해 영국 전차는 페인트로 칠한 나무로 만든 상자라고 주장했다. 또한 사기를 올리기 위해 푸틸로프 공장 노동자들에게 전차처럼 보이는 차량 몇 대를 만들어내라고 지시했다. 레닌은 사태의 중요성을 인정하고 데니킨에 대항하는 전선의 숙련된 부대를 페트로그라드 방어를 위해 파견했다. 카메네프는 그들을 적군赤軍의 "스페이드의 여왕"이라고 불렀다. 그들은 페트로그라드에 먼저 진입하려 조바심을 내느라 철도를 막지 않은 백군 사단장의 이기심 덕분에 무사히 페트로그라드에 도착했다. 그는 심지어 풀코보 언덕에서 도심을 관찰할 수 있도록 쌍안경을 제공하겠다는데도 받지 않았다. 다음 날 저녁에는 넵스키 대로를 누빌 것이기 때문에 필요 없다고 답했다.

트로츠키가 페트로그라드에 도착한 날, 처칠은 헬싱키에 있던 사절단을 통해 유데니치에게 "공세 시작과 동시에 거둔 매우 놀라운 성공"[13]

을 축하한다는 말을 전했다. 그는 "병사 2만 명분의 소총, 군복, 장비", 18파운드 포 20문과 포 한 문당 포탄 3천 발, 4.5인치 곡사포 12문과 포 한 문당 포탄 2천 발, 6인치 곡사포 4문과 포 한 문당 포탄 1천 발을 포함한 보급품과 비행기 몇 대, 전차 몇 대와 함께 영국에서 훈련받은 러시아 장교 400명을 추가로 보내겠다고 약속했다.

사흘 후 더딘 소통으로 또다시 사태 파악이 늦은 처칠은 커즌에게 "이곳의 우리 장교들은 전체적인 전황을 볼 때 볼셰비키를 확실히 무찌를 수 있다고 계속해서 자신하고 있다"[14]라고 장담했다. 그는 "페트로그라드 진입에 성공할 경우 유데니치 옆에 자리하도록" 헤이킹Haking 장군을 보냈다. "그러지 않으면 도시 함락에 이은 비극적인 보복을 막기 위해 아무것도 하지 않았다는 문책을 받을 수 있기" 때문이었다.

그날 오후 로드쟌코 군은 갑자기 진격을 멈췄다. 트로츠키가 모스크바에서 열차를 타고 페트로그라드에 도착한 지원 병력과 함께 반격에 나섰다. 북서군은 풀코보를 포기해야 했고 엿새 후에는 가치나를 포기했다. 로드쟌코의 병사들은 사력을 다해 싸웠지만 수적으로 크게 열세였고 유행성 발진티푸스에 쓰러지기 시작했다. 10월 31일 처칠은 헤이킹 장군에게 전보를 보내 유데니치 군의 상황에 대한 평가를 요청했다. "11월 12일이 지나면 핀란드만이 어는 건 시간문제여서, 내각은 얼음이 어는 대로 핀란드 영해에서 영국 함대를 철수하기로 결정했다."[15]

11월 첫째 주 적군赤軍은 남은 유데니치 군을 나르바까지 밀어냈다. 그들은 볼셰비키 혁명 기념일인 11월 7일 루가와 얌부르크를 탈환했다. 퇴각은 비참했다. 백군의 화물열차를 타고 페트로그라드로 돌아가기를 기대했던 난민 수천 명이 부대에 붙어 가는 길마다 방해했다. 장티푸스도 유행해 에스토니아 국경에 도달한 다수가 격리 수용소로 보내졌다. 날씨가 나빠지자 여전히 국경 동쪽에 갇혀 있던 이들은 훨씬 절망적인 상황을 마주했다. 이 끔찍한 사태를 묘사한 보고를 받았을 때 유데니치

장군은 자신의 예산은 군을 위해서만 사용되어야 한다며 자금 제공을 거부했다.[16]

로드쟌코의 장교 몇몇은 철수 전 기회를 놓치지 않고 약탈했다. 제1소총군단 사령부는 "궁의 재산을 화차 두세 대에 실었는데 그중에는 왕실 문장이 그려진 은식기와 도기, 기타 귀중품이 있었다".[17] 에스토니아 방첩부는 곧 숨겨둔 물품 대부분을 찾아냈다.

유데니치의 군대를 다시 받아주면 트로츠키가 위협을 가할 것을 잘 알고 있는 에스토니아는 무기를 버린 군인만 국경 내로 들어오는 것을 허용했다. 북서군 일부가 러시아 내 작은 지역을 고수하고 있는 동안 북서부 '정부'는 전 후원자인 에스토니아와 협상을 시도했다. 전쟁부 장관 유데니치는 9월 이후 어떤 회의에도 참석하지 않았다.[18] 전쟁부 차관 콘디레프Kondyrev 장군은 보고했다. "에스토니아는 명백하게 우리 군을 무장해제시키려 한다. 그들은 우리 군을 동맹으로 여기지 않고, 자신들의 영토에 두지 않으려 한다."[19]

유데니치는 계속 각료들을 무시하고 "정부와는 완전히 다른 정책을 펼쳐"[20] 그들의 분노를 샀다. 유데니치가 마침내 각료들을 마주해야 할 때가 오자 농림부 장관 보그다노프Bogdanov는 폭발했다. "유데니치 장군은 정부에 보고해야 하고, 이 경우 에스토니아 정부와 협상하는 위원회에 합류해야 하며 제멋대로 정책을 추진할 수 없소. 정부에 보고하지 않겠다면 정부는 다른 전략을 선택해야 하오. 기만을 끝낼 때가 됐소."[21]

기만은 오래가지 않았다. 11월 탈린의 에스토니아군 지휘관이 "전前 북서군"에 "국제법에 따라 타국의 군인, 특히 완전히 없어진 군대의 군인은 군복을 입을 권리가 없다"[22]고 상기시켰다. 12월 13일 에스토니아는 소비에트 러시아와 휴전 협정을 맺었고, 이것은 1920년 2월 2일 에스토니아의 독립을 인정하는 타르투 조약으로 이어졌다. 곧 라트비아, 리투아니아, 핀란드도 모스크바와 비슷한 협정을 체결했다.

발트해 연안에서 거대한 반볼셰비키 동맹을 형성하려는 처칠의 희망은 끝났다. “하나의 분리될 수 없는 러시아”[23]를 복구하려는 백군의 꿈도 끝났다. 식량 부족으로 유데니치의 병사들은 질색하는 칠성장어 외에는 먹을 게 없었다. 사태는 더욱 나빠졌다. 폴란드로 이동하기 전, 에스토니아 정부는 그들에게 일하지 않으면 먹을 것을 주지 않겠다고 했다. 병사들은 겨울에 사용할 장작을 마련하려 숲에서 벌목했다. 대러시아 제국주의의 완벽한 수모였다.

30

시베리아에서의 철수
1919년 9-12월

9월 17일 처칠은 공군 참모총장에게 다급한 전갈을 보냈다. 그는 콜차크의 남쪽 전선의 붕괴로 "투르키스탄으로 가는 길이 열리고",[1] 파죽지세로 진격하는 볼셰비키에 자극받은 아프가니스탄이 영국령 인도를 공격하게 될 것을 우려했다. "어제 총리 각하께서 인도 항공기를 확실하게 가장 효율적인 상태로 준비하고 교전 시작 후 몇 시간 이내에 카불을 포함한 아프가니스탄 도시를 공격할 수 있는 장비를 갖추라고 매우 명확하게 지시하셨네. … 우리는 최고의 폭격기를 비롯해 우리 군 최고의 장비를 서둘러 인도에 준비해야 하네."

처칠이 (영국령) 인도 제국에 대한 위협을 걱정하는 동안, 러시아, 중국, 미국은 시베리아 동부에서 일본의 야욕을 우려했다.[2] 일본은 사할린Sakhalin섬에 특별한 관심을 보이며 원정대를 파견해 천연자원과 석유 매장량을 조사했다. "그곳의 일본인 몇 명은 이 섬이 곧 자기들 것이 될 거라고 공공연하게 말했다"[3]라고 이르쿠츠크의 미국 총영사는 보고했다. 일본은 또한 태평양 해안의 만과 장대한 아무르강의 입구를 조사하고 있었다. 일본군이 아무르주와 블라디보스토크를 포함한 연해주, 만주를 점령하려 한다는 강한 의혹이 있었다. 전략사무국Office of Strategic Services(CIA의 전신-옮긴이)의 창립자로 '윌 빌Wild Bill' 도너번으로 더 잘 알려진 윌리엄 조지프 도너번William Joseph Donovan 대령은 당시 제165보병연대의 연대장이었는데, 이렇게 말했다고 전해진다. "다들 칼미코프와 세묘노프가 일본의 앞잡이에 불과하다는 걸 알고 있다. 일본은 북만주와 시베리아에 걸쳐 군국주의 정부를 세우고 경제 장벽을 세우기를 꿈꾼다."[4]

미국과 일본은 애초에 주둔군을 각각 7천 명 이하로 제한하기로 합의했지만, 일본군의 지원 병력은 계속해서 러시아에 도착했다. 다나카 장군은 총 14만 5천 명이 파견되었다고 인정했지만, 이 중 다수는 그저 귀환한 병사들을 대체한 것뿐이라고 강조했다. 하지만 《야마토신문》은 다음과 같이 선언한 것으로 전해졌다. "일본은 과잉 인구를 만주와 시베리아로 보내는 것 외에는 다른 탈출구가 없다",[5] 따라서 일본군 철수는 있을 수 없었다. 일본은 동시에 군을 철수하자는 미국의 제안을 거부했다.

아타만 세묘노프는 계속해서 치타를 지나는 열차를 약탈했다. 10월 24일 세묘노프의 병사들은 소총 6만 8천 정을 싣고 이르쿠츠크로 향하는 열차를 세웠다. 세묘노프는 자기 몫으로 소총 1만 5천 정을 요구했다. 열차를 호위하는 소대의 지휘관 라이언Ryan 중위는 지시대로 전체 수량을 전달해야 한다고 주장했다. 세묘노프의 카자크가 열차를 포위했다. 하지만 모로Morrow 대령이 세묘노프에게 전갈을 보냈다. "즉시 라이언 중위의 열차를 놓아주지 않으면 즉시 내 연대를 이끌고 당신의 군을 향해 이동하겠소."[6] 세묘노프는 단순한 엄포가 아니라는 것을 알고 라이언의 열차를 보내주었다.

한편 아타만 안넨코프의 이른바 세미레첸스크 독립군Semirechensk Independent Army은 자신들의 약탈로 일어나는 반란을 계속 진압했다. 10월 안넨코프의 병사들은 렙신스크Lepsinsk 지구의 러시아 농민 마을 열두 곳에서 일어난 반란을 진압했다. 세 번의 시도 끝에 반란이 진압되었다. 안넨코프의 병사들은 체르카스코예Cherkasskoye를 점령한 후 농민 2천 명을 학살했고, 콜파콥카Kolpakovka에서 700명, 포드고르노예Podgornoe에서 200명을 추가로 학살했다. 안토놉카Antonovka라는 마을은 잿더미가 되었고 카라-불라크Kara-Bulak라는 마을에서는 남자들이 모두 살해되었다. 우르자르스크Urdzharsk 지역에서 '산독수리Mountain Eagles'라는 또 다른 녹군

영국 장교들에 둘러싸인 콜차크 제독과 그의 연인인 시인 안나 티미료바. 녹스 소장은 파이프를 물고 두 사람 뒤에 서 있다.

무리도 안넨코프의 병사들에게 대패했다. 안넨코프의 방법은 전형적이었다. "어느 날 백군 부대가 40가구로 이루어진 마을 키리크-오르샤크Kyryk-Orshak를 습격했다. 그들은 커다란 유르트yurt(중앙아시아 유목민이 사용하는 이동식 천막-옮긴이)에 모두를 모아놓고 기병도로 난도질해 죽였다." 그들이 발견하지 못한 열세 살 소녀 하나만 살아남았다.[7]

9월 반격의 성공은 오래가지 못했고 콜차크의 부대는 다시 시베리아 횡단철도를 따라 퇴각해야 했다. 10월 30일 녹스 장군은 자기 열차에서 자신의 50세 생일을 축하하는 만찬을 열었다. 최고지도자는 자기보다 훨씬 어린 스물여섯 살의 연인 안나 티미료바Anna Timiryova와 함께 참석했다. 콜차크는 후에 시인이자 화가인 티미료바를 "자진해서 내 운명을 함께 나눈 오랜 지인"[8]이라고 묘사했다. 적군赤軍이 방금 페트로파블롭스크를 점령해 이제 이심강 너머에 기반을 마련했다는 소식이 전달되어 생일 축하연은 흥이 깨졌다.

디테리흐스 장군은 최고지도자에게 옴스크를 버리고 바이칼호 남단의 이르쿠츠크로 철수해야 한다고 다시 경고했다. 일부 카자크 연대는 병사가 100명도 되지 않았다. 콜차크는 거부했다. "옴스크를 잃는다면 전부를 잃는 거네!"[9] 그는 화를 내며 주장했다. 11월 4일경 적군赤軍은 이심강 너머에 두 곳의 교두보를 확보하고 있었다. 적이 옴스크에서 200킬로미터도 안 되는 거리에 있는데도 불구하고 콜차크는 수도로 여기는 옴스크를 여전히 포기하지 않았다. 그는 한 달 전 데니킨과 유데니치가 거둔 성공과 소비에트 정부가 "마지막 나날을 보내고 있다"[10]는 신문 보도 후 전운이 바뀔 수도 있다는 생각을 고수했다.

해리스 총영사는 체코군과 콜차크 제독의 관계가 더욱 악화되었다고 보고했다. 시베리아의 체코 병사들과 함께 있는 체코 지도자들은 체코군이 "자신들의 양심에 반해 제멋대로 불법 행위를 일삼는 정부를 지지하고 지키도록"[11] 강요받고 있다고 연합국에 항의했다. "체코슬로바키아 총검의 보호 아래 러시아의 지방 군사기관들은 문명 세계 전체를 경악하게 하는 행위를 저지른다. 마을에 불을 지르고, 평화로운 러시아 시민 수백 명을 살해하고, 민주주의 지지자를 정치적 배신이 의심된다는 이유만으로 재판 없이 총살한다." 체코군은 고국으로 귀환해 이런 범죄에 연루되는 책임에서 벗어나게 해달라고 요구했다.

콜차크는 자냉과 녹스 장군에게 노발대발하며 "체코 대표들에게 동조하는 것"[12]은 "실질적으로 볼셰비키와 다를 바 없는" 부류를 지지하는 것이라고 주장했는데, 이는 사회혁명당원을 가리켰다. 그는 "러시아군이 불운을 겪는 엄청난 시련의 시기에" 이런 태도를 보이는 것은 체코 대표들이 "전력을 다해 정부의 권위와 러시아의 국가적 과업의 위신을 해치려는" 시도와 다름없다고 여겼다.

11월 5일 콜차크는 옴스크를 포기하지 않겠다고 재차 주장했다.

35세 이하 남자는 누구도 떠날 수 없었다. 도시는 공황 상태에 빠졌다. 백군 피난민이 밀려들면서 옴스크 인구는 네 배로 늘어나 50만 명에 달했다. 이곳이 안전한 피난처라고 생각하고 여기까지 온 백군 피난민들이 마주한 것은 빈곤과 불결함이었고, 주거지는 어디에도 없었다. 거리는 얼어붙은 진흙으로 거의 통행이 어려울 지경이었고 식량도 거의 없었다. "병사들과 그들의 가족은 집집마다 다니며 빵을 구걸했다. 장교 부인들은 굶주림을 모면하려 몸을 팔았다. 돈이 있는 사람들 수천 명은 카페에서 술에 취해 방탕하게 놀면서 흥청망청했다. 엄마와 아기들은 길가에서 얼어 죽었다. 아이들은 부모와 헤어졌고 수많은 고아가 부질없이 음식과 온기를 찾아다니다 죽었다."[13] 부유한 난민들도 돈을 시베리아 화폐로 바꾸고 나면 무일푼이 되었다. 백군 루블의 가치는 하얼빈에서 만주 횡단철도 측이 더는 이 화폐를 받지 않겠다고 선언한 후 폭락했다.

녹스 장군과 그의 참모진은 백군이 "인민의 비탄의 날" 또는 "참회의 날"[14]이라고 일컫는 볼셰비키 혁명 2주년인 11월 7일 블라디보스토크로 떠났다. 녹스는 1914년 타넨베르크 전투 때 자살한 삼소노프Samsonov 장군의 참모진에 배속되었던 이래 계속 후퇴하고 있다고 자조 섞인 농담을 했다. 며칠 후 호록스는 영국 철도 사절단과 함께 떠났다. 두토프 장군의 오렌부르크 카자크와 함께 다니던 호지스Hodges 대위와 모스Moss 중위는 옴스크역에 때맞춰 도착하지 못했다. 이들이 중국 신장성의 국경을 넘어 안전한 곳에 닿기까지 3개월이 걸렸다. 나머지 군사 사절단은 녹스가 출발하고 이틀 후 옴스크를 떠났다.[15]

옴스크를 떠나기 전 자냉 장군은 콜차크를 방문했다. 그는 콜차크가 "몹시 초췌했고 극도로 불안한 상태였다"[16]고 묘사했다. "어느 순간 그는 말을 멈췄고 갑자기 목을 약간 비틀며 홱 뒤를 보더니 눈을 감은 채 몸이 경직되었다. 그가 모르핀에 중독되었다는 소문이 사실인가? 어쨌든 그는 며칠째 매우 불안한 상태였다. 일요일에 그가 식탁에서 유리잔을 네

개나 깼다는 얘기를 들었다."

11월 8일에는 서리가 너무 많이 내려 이르티시강을 비롯해 옴스크를 지나는 강들이 얼음으로 뒤덮이기 시작했다. 이 때문에 적군赤軍의 진격을 막는 천연 장애물이 모두 없어졌다. 이틀 후 최고지도자의 사령부는 발표했다. "옴스크 철수는 논리적인 계획에 따라 아주 잘 이루어지고 있습니다. 질서와 평화가 옴스크를 지배하고 있습니다. 콜차크 제독의 굳센 의지와 지치지 않는 힘은 병사와 주민들에게 긍정적인 영향을 미치고 있습니다. 콜차크 제독은 근엄하게 마지막까지 옴스크를 지킬 것이라고 선언했습니다. 제독은 직접 전투에 참여할 것입니다."[17]

11월 10일 콜차크의 각료들은 옴스크를 떠나 동쪽으로 2500킬로미터가량 떨어진 이르쿠츠크로 향했다. 그들은 떠나기 위해 급료를 몇 달 동안 받지 못한 관리와 철도 노동자들을 매수해야 했다. 최고지도자는 마지막까지 싸우겠다는 약속을 지키지 못했다. 그는 카펠의 부대가 카잔에서 노획한 금 보유고를 열차에 싣고 이틀 후 떠났다. 이 늦은 출발로 그는 큰 대가를 치르게 되었다. 시베리아 횡단철도의 병목 구간에서 그를 막은 체코군의 결정이 콜차크의 체포로 이어졌다.

노동자와 중국인들이 두어 번 성급하게 반란을 시도하다 카자크에게 진압되었지만, 다음 날 적군赤軍은 별 저항 없이 옴스크에 진입했다.[18] 적군赤軍 최고사령부는 제5군이 "30일 만에 600킬로미터를 진군했다"[19]라고 자랑했다. 적군赤軍은 장갑열차 3대, 화차 4천 대, 포로 3만 8천 명, 야포 100문, 포탄 50만 발, 기관총 1천 정과 누더기를 걸친 백군 부대에 아직 지급되지 못한 영국군 제복 20만 벌을 손에 넣었다.

옴스크 함락 후 보복 행위는 비교적 적었고 거리에서 사람들이 털코트를 빼앗긴 것 외에는 약탈도 거의 없었다. 정치위원은 피난민과 시민들이 동쪽으로 가는 것을 기꺼이 허용했다. 도시의 점령자가 바뀐 줄 모르고 일터에 도착한 한 고위 철도 관리는 사무실에서 낯선 이를 발견했다. "이 낯선 남자는 자신이 정치위원이라고 이야기하고 관리의 견장에 놀라움을 표했다. 그는 주머니에서 주머니칼을 꺼내 견장을 잘라내고 모자의 표장도 제거했다. 관리가 정치위원에게 가족을 따라 옴스크를 떠나고 싶다고 하자 그는 필요한 통행증을 주었다."[20]

적군赤軍은 포로로 잡힌 군인 중 젊은 장교들을 모아 적군赤軍에 합류할 기회를 주었다. "장교의 반은 거부하고 수감되었다."[21] 또 다른 백군 보고서는 진술했다. "하지만 체포 사흘 후 그들은 볼셰비키의 제안을 받아들였고 풀려났다. 우리가 입수한 정보에 따르면 포로로 붙잡혀 적군赤軍에 합류한 장교들은 필요한 서류 작업 후 데니킨을 상대하는 전선에 파견될 것이라고 한다." 콜차크 군의 붕괴와 옴스크 함락으로 최고사령부는 시베리아에 제5군만 남겨 잔당을 쫓게 하고 적군赤軍 병력 대다수를 남부 전선군으로 이동시킬 수 있었다.[22]

옴스크 함락 직후 철도를 따라 동쪽으로 6275킬로미터 떨어진 블라디보스토크에서 콜차크에 맞선 반란이 일어났다. 블라디보스토크는 무법지대로 악명이 높았다. 연합국 장교들은 "밤에는 절대 혼자 외출하지 말고 항상 곤봉과 권총을 소지하라고 권고받았다".[23] 무엇보다도 그들은 '피의 양동이'라고 알려진 위험 지역을 피해야 했는데, 이곳에서는 보통 매일 밤 한 명 이상이 살해되었다.

11월 16일 일요일, 해임된 가이다 장군을 지지하는 체코 부대가 콜차크 정권을 참을 수 없다는 성명을 발표했다. 그들은 즉각적인 송환 또는 "시베리아의 무법과 범죄를 막도록 행동할 자유와 권력"[24]을 요구했다. 가이다는 특히 콜차크가 그의 중장 계급을 박탈한 것에 분개하며 자신의 군사적 명예가 훼손되었다고 생각했다. 다음 날 아침 가이다와 우파 사회혁명당은 I.A. 야쿠셰프Yakushev를 지도자로, 가이다를 군 사령관으로 내세워 무장봉기를 일으켰다(좌파 사회혁명당과 멘셰비키는 후에 가이다를 지지한 적이 없다고 주장했다). 오후에 가이다의 지지자들이 역과 조차장을 장악한 가운데 기차역 주변에서 격렬한 포화가 발생해 6명이 사망하고 20명이 부상당했다. 일본군은 중무장한 저지선을 세워 대응했고 로조노프 장군의 포병대가 역을 포격하기 시작했다. 미군과 영국군은 엄격히 중립을 지켰다. 다른 체코인들은 개입하면 탈영병 취급하겠다는 경고를 받았다. 봉기는 빠르게 진압되었다.[25] 전투 중 가벼운 부상을 당하고 붙잡힌 가이다는 러시아를 떠나도록 강요받았지만, 콜차크는 이것이 앞으로 벌어질 일에 대한 분명한 경고라는 것을 깨달았어야 했다.

막 블라디보스토크에 도착한 윌리엄 배럿 대위에 따르면, 총사망자는 1천 명이 조금 넘었다.[26] 이 수치는 기차역을 둘러싼 전투에만 한정하면 너무 많은 듯 보이지만, 이 소란에는 또 다른 국면이 있었다. 아타만 칼미코프는 연합국의 지시를 무시하고 기강이 해이한 카자크를 블라디보스토크에 파견했다. 미군의 자료에 따르면 미군 헌병 지휘관은 재빨리 4천 명의 대규모 다국적군을 모았다. "존슨Johnson 소령은 범죄 현장에서 붙잡힌 강도와 살인자는 모두 즉결 사살하라고 지시했다. 이 예방책 덕분에 강도는 일어나지 않았다."[27] 즉결 처형된 자들의 수는 알려지지 않았지만 사살된 이들은 대부분 카자크였을 것이다.

옴스크 점령 후 볼셰비키는 철도를 따라 동쪽으로 진군을 계속했다. 노획한 기관차와 화차를 이용해 그들은 매일 평균 25킬로미터씩 나아갔다. 퇴각하는 백군 열차의 속도는 하루 평균 40킬로미터였지만 노보니콜라옙스크에서 일어난 혼란으로 정체가 발생했다. 시베리아 횡단철도를 따라 끊임없이 공격해 오는 적군赤軍 빨치산 때문에 상황은 훨씬 나빠졌다. 백군으로 짐작되는 무리까지 제멋대로 날뛰었다. 자냉 장군은 크라스노야르스크에서 동쪽으로 150킬로미터 떨어진 곳에 있는 칸스크Kansk에서 크라실니코프의 카자크가 "시장에 되팔려고 여자 옷까지"[28]

닥치는 대로 약탈하고 있다는 소식을 들었다. “오직 싸우지 않고 조용히 살기만 바라던 농민들은 이들의 만행에 격분해 볼셰비키로 기울었다.”

러시아 백군, 폴란드군, 체코군 사이에 곧 긴장이 고조되었다. 11월 29일 폴란드군 지휘관 추마Czuma 대령은 폴란드 군사 사절단장에게 전갈을 보냈다. “자냉 장군과 체코군 참모에게 우리 식량, 병원, 행정 열차가 타이가Tayga까지도 갈 수 없게 하는 이유가 무엇인지 명확히 확인 부탁드립니다. 재앙을 피하려면 이 지시를 수정해야 합니다.”[29]

1863년 차르의 압제에 대항해 일어난 바르샤바Warszawa 봉기 이후 유배된 폴란드인들의 후손이 시베리아의 여러 지역에서 폴란드 군단을 일으켰다. 오렌부르크에만 폴란드인 1만 5천 명이 있었다.[30] “시베리아 폴란드군”을 지휘한 것은 보이치에호프스키Wojciechowski 장군이었다.[31] 그는 파리 강화 회의의 폴란드 대표들에게 블라디보스토크에서 본국으로의 송환을 위해 연합국 최고사령부에 6만 톤의 선박 제공을 다급히 건의해 달라고 요청했다.[32]

노보니콜라옙스크에서 열차가 정체되고 전투 중 자기 목숨을 보전하려 달아나는 병사들이 많아지면서 격렬한 언쟁이 벌어졌다. 러시아 백군은 노보니콜라옙스크역을 장악한 폴란드 제5사단[33]의 분견대를 탓했다.[34] 그들은 매일 20대씩 출발하던 열차가 6대밖에 출발하지 못했다고 주장했다. 폴란드 군사 사절단은 콜차크 정부의 통신국이 난리 중 무너졌고, 적군赤軍 부대가 접근하고 있어서라고 응수했다.[35] 폴란드군보다 철도 노동자들을 훨씬 잘 통제하고 있던 체코군은 기회가 날 때마다 6대로 이루어진 콜차크의 열차 행렬을 철도 측선으로 밀어내고 체코군이 탄 열차와 다른 열차들을 먼저 보내 그에게 복수했다.

12월 14일 적군赤軍은 정체된 콜차크 군 열차의 꼬리를 잡았고 노보니콜라옙스크와 그곳에 갇혀 있는 수많은 열차들을 손에 넣었다. 노보니콜라옙스크에서의 탈출은 없었다. 도시에 유행성 발진티푸스가 퍼져 많은 피난민이 갇혀 있었다. 크라스노야르스크는 감염자가 3만여 명에 달해 상황이 더 나빴다. 이용할 수 있는 말, 수레, 썰매는 이미 전부 누군가가 가져갔다. 이제 많은 병사의 경멸을 받는 사하로프 장군이 지휘하게 된 콜차크 군은 퇴각 중 거의 저항하지 않았다. 카펠 장군의 부대만이 자신들에게 매달린 피난민 2만 3천 명을 족쇄처럼 끌고 가면서도 저항했다. 디테리흐스 장군은 자냉을 만나 콜차크 제독이 그에게 총사령관직을 제안하는 전보를 보냈기에, 수락 조건으로 콜차크가 즉시 떠나 데니킨 군에 합류할 것을 제시했다고 말했다. 자냉은 지휘 체계 전체가 "전신 마비paralysie générale"[36]로 고통받고 있다고 기록했다. 콜차크는 심지어 도움을 제공하는 이들에게도 고함을 지르고 욕하기만 했다.

"대규모 후퇴는 세상에서 가장 슬프고 절망적인 광경 중 하나다."[37] 호록스 대위는 기록했다. "병자들은 그저 쓰러져 눈에 파묻혀 죽었다." 그는 가축칸에 가득 찬 난민들의 불결한 환경에 경악했다. 운이 좋으면 양 측면에 이층 침대가 있고 가운데 난로가 놓인 유개화차 테플루시카teplushka에 탈 수 있었지만, 화차 대부분은 영하 30도 이하의 혹한에서 난방이 전혀 되지 않았다. "곱게 자란 이들이 다수인 여성들이 절망적인 미래를 마주하며 보이는 불굴의 용기가 가장 인상 깊었다. 그에 비해 남자들은 자기 연민에 깊이 빠져 있었다."

"체코인들은 폴란드인이 러시아인을 대하듯 폴란드인을 대했다."[38] 한 미국 영사관 직원이 보고했다. 체코군은 "체코 부대의 후송이 완료될 때까지 어떤 열차도 통과시키지 않았다. 이런 이유로 콜차크 제독의 열차는 타이가와 크라스노야르스크 사이의 모든 러시아 열차와 마찬가지로 체코군에 의해 크라스노야르스크에 억류되어 있었다".

노보니콜라옙스크 너머 타이가에서는 12월 20일 체코군, 폴란드군, 러시아군 사이에 열차를 둘러싸고 실제 전투가 벌어졌다. 폴란드군은 폴란드 병사가 모두 지나갈 때까지 러시아 열차가 한 대도 떠날 수 없게 막으려 했지만, 그것은 불가능했다. "1919년 12월 22일, 타이가의 석양은 피로 물들었다."[39] 폴란드 제5사단 일부가 철로를 따라 서쪽으로 되돌아와 적군赤軍 제5군의 제27 및 제30소총사단을 물리쳤다. 베로베이Werobej 대위는 '도얀의 프티치키Dojan's Ptichki'*를 지휘하는 도얀 대위와 함께 야시키노Yashkino역에서 카펠 장군 부대의 대규모 분견대와 합류했다. 다음 날 그들은 온종일 싸웠다. 폴란드군에서 발생한 전사자만 100명이었고 수백 명이 부상을 당했지만, 이 전투로 그들은 절실히 필요했던 숨 돌릴 틈을 얻었다.

서로 다른 국가들이 싸우는 혼란 속에서 영국군 장교들은 블라디보스토크에서 온 전보를 받고 즐거워했다. "상황이 허락한다면 망설이지 말고 전권을 장악하라."[40] 그들은 때때로 하루에 5킬로미터도 못 나아가기도 했다. 자냉은 체코군 지휘관에게서 마린스크와 크라스노야르스크 사이에서 철도 노동자 거의 모두가 떠났다는 소식을 들었다. 남아 있는 소수의 노동자는 증기기관차의 불을 꺼 파이프가 얼게 하면서 방해공작을 펴고 있었다. 보고톨Bogotol에서는 증기기관차 30대가 얼어붙었고, 선로 위에는 약 30센티 높이의 얼음이 얼었다. 광부들이 석 달째 임금을 받지 못해 사용할 수 있는 석탄도 하나 없었다. 최고지도자는 명예의 문제라며 금 보유고에 손도 못 대게 했다. 자냉은 콜차크의 측근 장교들이 고주망태가 되도록 술을 마시고 있다는 얘기도 들었다.

크라스노야르스크에서 열차에 갇힌 콜차크는 연합국 대표들에게 전갈을 보내 불만을 표했다. "체코군은 실질적으로 우리 군의 모든 보급품을 막고 부상자, 병자, 장교들과 자원병의 가족들이 전선에서 피난하는

* 러시아어로 '새(특히 작은 새)'를 뜻하는 프티츠키는 볼셰비키가 도얀 대위의 병사들의 모자에 있는 독수리 휘장을 일컫는 말이었다.

것을 막아 이들을 확실한 파멸로 몰고 있소. 나는 최고지도자이자 총사령관으로서 수많은 모욕과 위협을 받았소. 콜차크."[41]

그 이후의 상황도 거의 나아지지 않았다. 콜차크 정부의 각료회의 의장은 이르쿠츠크에 두 주치의 곡물만 남아 있다는 정보를 받았다. 만주에서 곡물을 추가로 구매했지만 치타에 있는 아타만 세묘노프가 통과시켜 줄지는 미지수였다. 남은 석탄이 없어 급수 시설도 발전소도 작동하지 않고 있었다. "석탄 부족의 가장 큰 원인은 노동자 부족이다. 노동자들이 도주하고 있다. 더 나은 식량과 생필품을 지급해야만 이들이 남도록 설득할 수 있다. 포로들이 체렘호보Cheremkhovo 광산에 파견되었고 일본군이 광산을 지키고 있다."[42] "이르쿠츠크 북쪽에서 볼셰비키파의 반란이 커지고 있다. 반란 세력은 이미 베르홀렌스크Verkholensk를 점령했고 계속 진군하고 있다"라는 보고와 함께 처참한 이야기가 장황하게 이어졌다.

크라스노야르스크에서 사회혁명당이 반란을 주도해 이틀 동안 도시를 장악했지만, 카펠이 군대를 끌고 진군해 오자 짧은 전투 후 쫓겨났다. 옴스크 함락 직후 각료회의 의장이 된 빅토르 페펠랴예프는 그 후 베르홀렌스크의 반란이 이제 이르쿠츠크에서 100킬로미터 이내 지역까지 퍼졌다는 소식을 들었다. 그들은 탄광도 잃었다. "체렘호보에서 그저께 반란이 일어났습니다. 수비대 400명이 지역 관리가 이끄는 반란군 편에 가담했습니다. 저는 지금 무슨 수를 쓰든 최고지도자와 당신들의 열차가 지연 없이 통과할 수 있게 해달라고 체코군 지휘관들과 협상하고 있습니다. … 이르쿠츠크의 분위기는 불안합니다."[43]

그도 그럴 것이 페펠랴예프는 매우 잘못된 주제로 군대를 독려했다. 그는 러시아인의 자긍심과 시베리아의 민족주의를 자극하려 했고, 어떤 형태의 분리주의도 혐오하는 콜차크 장교들은 이에 격분했다. "러시아 여인들이여! 당신들은 정치위원과 적위대의 욕정을 채우는 데 이용되고 싶소? … (시베리아의) 흰색과 푸른색 깃발 아래 이 나라를 황폐, 기근, 파멸로부터 지키려는 단 하나의 희망으로 모두 단결합시다."[44]

사령관들이 자기 부대 열차가 먼저 출발해야 한다고 격렬하게 언쟁을 벌이는 동안 수많은 피난민이 굶주림과 혹한으로 죽음으로 내몰렸다. "큰 역에서는 혹한, 굶주림, 질병으로 사망한 수십, 수백, 심지어 화차 한 대분의 시신이 열차에서 버려지고 있었다. 일례로 바라빈스크Barabinsk역에 환자 600명을 태운 열차가 도착했는데 살아남은 이들은 200명에 불과했다. 열차가 멈추는 곳마다 열차 지붕, 복도, 승강구에서 시신이 나왔다. … 이 시신들은 역에 마치 장작 다발처럼 높이 쌓였다. 살아남은 이들은 한마디도 하지 않았고 오로지 어떻게 죽음을 면하고 볼셰비키로부터 더 멀리멀리 달아날 수 있을지만 생각했다."[45]

31

전환점
1919년 9-11월

데니킨 장군은 브란겔, 시쿠로, 마몬토프 같은 통제 불능인 부하들 때문에 골머리를 앓았는데, 놀랍게도 적군赤軍도 같은 문제를 겪고 있었다. 8월 23일 적군赤軍 총사령관 카메네프는 긴급 비밀 전보를 받았다. 탐보프와 카잔 중간에 있는 사란스크Saransk에서 적군赤軍의 돈 카자크 군단을 지휘하는 거침없는 언사의 좌파 사회혁명당원 필리프 미로노프가 막 대규모 집회를 열었다는 소식이었다.[1] "미로노프의 카자크는 지역을 폐쇄하고 (약 100명의) 공산당원을 체포해 인질로 삼았다. 상황은 심각하다. 우리는 그가 금방이라도 진군을 개시할 것이라고 예상한다. 우리에게는 철도 경비대 100명 외에는 무장한 병사가 없다."[2]

미로노프는 돈 카자크를 가혹하게 탄압하는 공산주의자에만 분노한 것이 아니었다. 그는 진심으로 데니킨과 싸우고 싶었지만, 카자크 혐오자들은 새 기병군단을 조직하려는 그의 시도를 사사건건 방해하고 있었다. 불과 이틀 전 미로노프의 장교 중 한 명인 제1돈 기병사단장은 적군赤軍 기병 사령관 세묜 부됸니에게 서신을 보냈다. 그는 "돈에서 군 부사령관으로 서부전선군에 파견되었다가 돈의 상황을 수습하려 새 기병군단과 다급히 돈으로 돌아온 후"[3] 미로노프가 처한 상황을 설명하려 했다. 미로노프는 레닌과 트로츠키에게 "사회주의 사회 건설을 계속하는 유일한 길은 인민들이 스스로 적극적으로 참여하는 것뿐"이라고 보낸 서신 때문에 수모를 겪고 있었다. "그는 혁명 수호를 위해 일당제보다는 (인민의 대표가 통치하는) 대의제를 수립하라고 충언했다."

"미로노프 동지가 사령관들 모두에게 안부를 전합니다. 그는 뛰어난 전략가이자 부대장일 뿐 아니라 위대한 예언자이기도 합니다. 진심으로 말씀드립니다. 미로노프 동지는 진실을 사랑하고 그것을 위해 싸우고, 기회주의를 싫어하고, 범죄적 행위로 돈의 봉기를 야기한 공산당원들을 싫어한다는 이유로 모욕당하고 있습니다."

같은 날 미로노프는 제9군 사령부에 직접 서신을 보냈다. "더는 혁명이 망가지고 군단 설립이 노골적 방해를 받는 것을 손 놓고 지켜만 보고 있을 수 없다고 남부전선군에 전달하기 바랍니다. … 저는 데니킨과 부르주아에 맞서 싸울 부대를 데리고 출발할 겁니다."[4]

그날 오후 카메네프는 곧바로 예비군 사령관에게 지시를 내렸다. "즉시 국제공산주의자 부대를 파견해 미로노프의 카자크 군단의 봉기를 진압하라."[5] 카메네프는 이 임무에 비러시아인을 보내는 것이 더 안전하다고 생각했다. 적군赤軍 포병장교학교의 야포와 기관총 부대가 이들을 지원할 예정이었다.

혁명군사평의회의 스탈린 지지자 세르게이 구세프는 남부전선군의 정치위원 이바르 스밀가Ivar Smilga에게 이렇게 말했다. "나는 미로노프가 배신자이자 반역자라고 선언했고 그를 물리칠 부대를 파견할 걸세."[6] 그는 마몬토프의 부대가 모스크바에서 310킬로미터밖에 떨어지지 않은 랴시스크Ryazhsk에 도달했다고 덧붙였다. "아마 툴라로 향할 걸세." 이것은 미로노프가 음모에 가담해 마몬토프와 합류할 거라는 우려를 불식시키는 듯했다. "미로노프는 감상적인 연설을 하느라 바쁜 듯하네. 나는 그에게 항복한다면 목숨과 자유를 보장해 주겠다고 전했네." 하지만 다음 날 스밀가는 곧바로 미로노프가 "마몬토프와 데니킨의 부대와 합류"[7]하려 한다는 혐의를 제기했다. "반역자 미로노프는 살아서든 죽어서든 소비에트 부대 사령부에 출두해야 한다."

미로노프는 스밀가에게 이렇게 답했다. "첫 발은 당신만 쏠 수 있으니 처음으로 피를 흘리게 하는 것은 당신이 될 거요."[8] 스밀가는 미로노프의 부대에 또 한 번 경고를 보냈다. "미로노프는 반역자다. 그를 물리치기 위해 강력한 부대가 파견될 것이다. 그는 범법자로 취급될 것이다. … 소비에트 정권을 향해 감히 무기를 드는 자는 지구상에서 모두 사라질 것이다."[9] 그는 그러고 나서 미로노프가 500만 루블과 농민 몫의 식량을 훔쳤다고 주장했다. 다음으로 스밀가는 미로노프가 데니킨에게 보내는 서신을 입수했다고 주장했다. "제9군의 붉은 독수리들이여! 혁명군사평의회는 어떤 적군赤軍 병사도, 어떤 적군赤軍 카자크도 이 반역자이자 동족 살해자를 지지하지 않을 거라고 확신한다. … 후방에서 형제들이 피를 흘리고 있다. 이 전례 없는 범죄를 저지른 이들은 지구상에서 사라질 것이다. 반역자 미로노프에게 죽음을! 혁명 만세! 소비에트 권력 만세!"[10] 스밀가는 카메네프에게 미로노프가 기병 500명을 데리고 예비군 저지선을 돌파했다고 인정할 수밖에 없었다. 그는 따라갈 수 없는 게 명백한데도 보병으로 기병을 잡으려 한 골드베르크Goldberg를 탓했다. 불안한 골드베르크는 미로노프의 종대 하나를 포위해 승리했다고 주장했지만, 9월 4일 사라토프 체카[11]는 미로노프가 기병 500명뿐 아니라 병사 2천 명을 데리고 사라토프와 보로네시 사이의 "발라쇼프로 빠져나갔다"고 보고했다.* 한편 레닌은 마몬토프를 잡으려 제21사단을 파견했지만, 이 사단도 골드베르크만큼이나 운이 없었다.

9월 12일 트로츠키는 장갑열차에 실린 이동 인쇄기로 뽑아낸 전단과 포스터를 통해 제9군에 다시 지시를 내렸다. "미로노프는 범법자이자 반역자로 선언되었다. 그를 마주하는 정직한 시민은 모두 미친개를 쏘듯 그를 사살해야 한다."[13] 이 기이한 선언에 대응하기 위해 카메네프는 놀라운 조치를 지시했다. "미로노프의 봉기 진압을 위해 동부전선군의 제

* 한편 적군赤軍 공식 기록에 따르면 미로노프의 병사는 "5천 명이었다(이 중 2천 명만이 무장했고 1천 명은 말을 타고 있었다)."[12]

1군과 제4군, 카잔과 사마라 요새 지역의 예비군에서 부대가 차출되었다."[14] 하지만 그들의 도움은 필요 없었다. 미로노프의 부대는 부됸니의 기병군단과 충돌한 후 뿔뿔이 흩어졌다.

미로노프는 9월 14일 부됸니의 제4기병사단에 붙잡혔다. 그를 사라토프로 데려오라는 지시가 떨어졌다. "전적으로 신뢰할 수 있는 충직한 사람들의 호위하에 밤낮으로 감시해 혁명군사재판소로 데려오라. 그를 놓치면 호위대 지휘관의 목이 날아갈 것이다."[15] 부됸니는 미로노프를 정치적 견해 때문에 싫어했고, 기병 지휘관 경쟁자로서는 더 미워했다. 미로노프 체포와 관련한 이야기에서 가장 이상한 부분은 미로노프 생포 나흘 후 "미로노프의 복수를 하러" 왔다며 "사란스크에 쿠반 카자크 810명이 도착"[16]했다고 주장하는 체카의 보고서이다. 체카는 이들을 "게릴라 강도단으로 간주"할 수 있다고 말했지만, 이 지역 전체의 쿠반 카자크는 시쿠로나 브란겔을 따랐다. 이 이야기는 미로노프에게 반역자라는 오명을 씌우기 위해 만들어냈을 가능성이 크다.

이 이야기의 다음 단계는 훨씬 더 기이하다. 10월 7일 트로츠키가 준비하고 대중에게 표를 배부한 여론 조작용 재판이 열렸다. 검사장은 스밀가였다. "미로노프 외 열 명이 사형선고를 받았네." 스밀가는 재판 직후 전화 통화에서 말했다. "법정에서의 광경은 (프랑스) 대혁명 시기의 재판을 떠올리게 했네. 피고인은 마지막으로 이렇게 외쳤네. '소비에트 정권과 공산주의자 만세!'"[17]

하지만 사흘 후 트로츠키는 스밀가에게 '일급 비밀'로 표시된 전보를 보냈다. 트로츠키는 먼저 중앙위원회 정치국Politburo이 "돈 카자크에 대한 정책 변경"[18]을 논할 것이라고 알렸다. "우리는 돈과 쿠반에 완전한 '자치권'을 부여할 것이다. 우리 부대는 돈에 주둔하지 않을 것이다. 카자크는 데니킨과 완전히 결별할 것이다. 각각 확약이 필요하다. 미로노프와 그의 동지들이 중재자 역할을 할 수 있다. … 둘째, 신중을 기해야 하므로 미로노프는 바로 풀려나서는 안 된다. 엄격하지 않으면서도 경계를 늦추지 않는 통제하에 미로노프를 모스크바로 호송해야 한다. 여기 모스크바에서 앞서 언급한 계획과 연관하여 그의 운명을 결정할 것이다."

트로츠키의 계획이 이후 몇 달 동안 카자크의 데니킨 지지를 약화시키는 데 얼마나 효과적이었는지는 알 수 없다. 더욱더 놀라운 정책 전환은 이듬해 8월 트로츠키가 자신이 '미친개처럼' 사살하라고 지시했던 미로노프에 관해 보낸 전보였다. 트로츠키는 남부전선군의 혁명군사평의회에 이렇게 보냈다. "미로노프 동지를 제2기병군의 사령관 후보로 고려할 것을 제안한다. 혁명군사평의회 의장 트로츠키."[19] 그렇다고 미로노프의 신변이 보장된 것은 아니었다. 미로노프와 같이 자유로운 영혼은 불행한 최후를 맞을 운명이었다.

10월 첫째 주, 보로네시의 시쿠로 장군은 적군赤軍이 백군의 예상보다 훨씬 빠르게 기병을 양성했다는 사실을 알게 되었다. 부됸니가 지휘하는 대규모 병력이 북쪽으로 100킬로미터 조금 넘는 거리의 그랴지 Gryazi에 집결해 있었다. 남부전선군은 부됸니에게 지시했다. "마몬토프와 시쿠로가 보로네시에서 연합했다. 찾아내 제거하라."[20] 부됸니는 브란겔 장군이 처음부터 우려했던 것처럼 데니킨의 남러시아군이 지나치게 분산되어 있다는 것을 알아챘다. 이미 많은 이들이 백군의 다른 근본적인 약점도 잘 알고 있었다.

7월, 인계 직후 영국 군사 사절단장 홀먼 소장은 처칠에게 경고했다. "(데니킨이) 해방된 지역의 6천만 명에 달하는 가련한 주민들에게 볼셰비키 정권하에서보다 더 나은 생활환경을 제공하지 못하면 결국 볼셰비키가 반격을 위해 전선에 대규모 군대를 결집할 바로 그 순간에 후방에서 반란과 적대 행위가 일어날 겁니다."[21]

경찰, 민정을 제정복고주의 장교들이 담당하면서 후방에서의 반란

적군赤軍의 반격과 데니킨의 퇴각

1919년 10월
1919년 11월
1920년 1월
1C 제1기병군

오룔
탐보프
1C
카스토르노예
쿠르스크
보로네시
발라쇼프
사라토프
체르니고프
1919년 10월
1919년 11월 30일
키예프
벨고로드
카미신
10
드네프르강
하리코프
폴타바
차리친
12
볼가강
돈강
예카테리노슬라프
14
13
굴랴이폴레
노보체르카스크
니콜라예프
마리우폴
멜리토폴
베르댠스크
타간로크
로스토프
아스트라한
오데사
케르손
1920년 1월
아조프해
티호레츠카야
케르치
카스피해
흑해
쿠반강
아르마비르
스타브로폴
세바스토폴
노보로시스크
예카테리노다르
0 100 200 miles
0 100 200 300 km

과 적대 행위는 기정사실이 되었다. 전 오흐라나 수장인 콘스탄틴 글로바체프가 내린 일부 평가는 틀리지 않았다. "의용군이 도시에 진입하자 교회 종이 울리고 사람들이 눈물을 흘리며 뛰쳐나와 기병의 등자에 입을 맞췄지만, 두 주도 지나지 않아 사람들은 볼셰비키만큼이나 의용군을 혐오하게 되었다. 장교 다수가 딱 적군赤軍만큼 악랄했다."[22]

글로바체프의 견해는 데니킨과 그의 '정부'에 대한 극우파의 비판을 반영하고 있지만, 그는 백군 전체를 가차 없이 신랄하게 비판했다. "사심 없이 임무를 다하고 나라에 봉사하는 이들은 드물었다. 다수가 개인적인 이익만 생각했다. 전선도 다를 바 없었다. 일부 군 장교들은 내전을 부자가 될 기회로 여겼다. 군 사령관의 측근들도 똑같이 물들었다. 국가 재산을 실은 화차를 통째로 빼돌리는 장군들도 있었다. 이것을 막으려는 정부의 조치는 극심한 반발을 마주했다. 그들은 전방에서 부를 축적하고 나면 후방의 로스토프나 예카테리노다르로 가는 것을 선호했는데, 그곳에서 전리품으로 파티를 벌였다."[23]

홀먼 장군의 경고대로 백군 지역의 치안 불안과 인프라 부족은 곧 참사로 이어졌다. 전 두마 의장 미하일 로드쟌코는 마흐노의 위협과 이에 대처하는 준비가 형편없다고 데니킨에게 계속 서신을 보냈다. 예카테리노슬라프시와 예카테리노슬라프현의 총독 슈체티닌Shchetinin 장군은 자신이 "전형적인 구식 총독이라 어떤 식으로든 대중과 접촉하는 것이 두렵고, 담당 지역의 실제 상황을 정부에 알리기가 저어된다"[24]라고 밝혔다. 치안 유지는 "이전에 볼셰비키를 위해 일했던 시민경비대로 주로 이루어진" 시민경비대에 의존했다. 시민경비대를 지휘한 군 장교들은 "경찰 업무의 특성을 전혀 파악하지 못했고, 재앙적인 결과로 이어진 큰 실수를 여러 번 저질렀다".

"지역 방첩대가 재앙에 중대한 역할을 했다. 방첩대의 수장은 아직 소년티를 벗지 못한 젊은 카자크 장교 셰르바코프Shcherbakov였다. 그는 이전에 적군赤軍 정치위원과 가까운 사이였다는 소문이 있는 배우 레스코바Leskova와 공공연히 동거하고 있었다. 그녀와 함께 의용군의 휘장이 그려진 지붕 없는 차를 타고 시내를 돌았다. 화려한 옷과 눈부시게 빛나는 보석들로 치장한 레스코바 부인을 보고 지역 주민들은 아연실색했다. 큰 식당에는 모두 '방첩대장석'이라는 표지가 있는 특별석이 있었고, 셰르바코프가 사랑하는 여인에게 대접하는 저녁은 1800루블에서 2천 루블로 매우 비쌌다. 국립은행 계좌에 막대한 금액을 보유한 레스코바 부인의 도움을 받으면 체포된 자가 누구든 자유를 살 수 있다는 소문이 퍼지기 시작했다."[25]

"레비신 장군은 예카테리노슬라프에서 마흐노 부대에 대항하여 작전을 펼치는 부대를 지휘했다. 예카테리노슬라프에는 징집병으로 구성된 두 개의 예비 대대가 있었다. 이 중 한 대대가 마흐노 군과의 전투에 파견되었고, 소문에 따르면 병사들이 곧 마흐노 군에 전향해 장교들을 살해했다고 한다. 또 한 대대는 예카테리노슬라프에 남았고, 코르빈-크루콥스키Korvin-Krukovsky(장군)는 내게 병사들이 모두 마흐노의 지지자여서 무장시키기가 두렵다고 말했다."[26]

민정, 시민경비대, 군 사이의 소통 부족 덕분에 마흐노는 이들 모두를 기습할 수 있었다. 10월 4일 마흐노 군 한 무리가 도시로 이어지는 기차역을 장악했다. "독설가들은 시민경비대가 진지에서 그저 잠들어 있었다고 하지만, 지금까지 일어난 일이 너무나 터무니없는 걸로 봐서 시민경비대 일부와 마흐노 병사들 사이에 모종의 합의가 있었다는 의심의 여지도 있다. … 기차역을 되찾으려는 시도도 전혀 없었다. 장갑열차 한 대가 때때로 나타나기는 했지만 몇 발을 쏘고 퇴각해 곧 마흐노 군의 조롱거리가 되었다. … 마흐노가 마지막 맹공격을 준비하는 내내 예카테리노슬라프의 지휘관들은 자신의 직급과 지위, 서로에 대한 보복에만 몰두해 있었다."[27]

총독과 지휘관들은 아무런 위험도 없다고 시민들을 계속 안심시켰다. 그러나 10월 12일 저녁, 마흐노의 병사들이 건초와 채소 아래 기관총을 숨긴 수레를 예카테리노슬라프 교외의 체길렙카Chegilevka로 끌고 들어와 지지자들과 함께 숨겨놓았다는 소문이 퍼지기 시작했다. 10월 14일 아침, 로드쟌코는 시의 유력 인사들이 정부에 요청한 회의에 참석했다. "우리가 아무리 애를 써도 지도부는 조금도 흔들리지 않고 침착함을 유지했고, 사실 우리가 공포를 조장하고 있다고 조롱하는 발언을 했다. … 내(로드쟌코)가 단호하게 정확히 누가 총사령관이냐고 묻자 슈체티닌과 코르빈-크루콥스키 둘 다 서로를 가리켰다."[28]

이틀 후 전투가 시작되었고 "믿을 수 없을 정도의 공황 상태"가 발생했다. "시민경비대의 분견대(병사 150명과 기관총)와 총독은 기차역으로, 이어서 드네프르강 위의 다리로 질주했다."[29] 갑자기 도시에서 철수하라는 지시가 내려왔고, 30분 후 마흐노 군이 거의 저항 없이 예카테리노슬라프에 진입했다. 로드쟌코는 드네프르강 너머로 퇴각하고 있는 포병대와 합류했다.

마흐노 군은 우크라이나 동부 전역에서 공격을 펼치고 있었다. 적군赤軍 최고사령부에 따르면 마흐노 군은 보병과 기병 2만 8천 명에 야포 15문, 기관총 200정을 보유하고 있었다. 10월 초, 마흐노의 대규모 부대 중 하나가 베르댠스크Berdiansk를 점령하고 영국이 데니킨의 모스크바 공세를 위해 지급한 포탄 6만 발이 보관된 탄약고를 파괴했다. 마흐노는 "한 달 내내"[30] 예카테리노슬라프를 장악하는 데 그치지 않고 데니킨의 전진기지이자 영국 군사 사절단 본부인 타간로크를 공격했다. 마흐노 군은 또한 아조프해 북해안의 베르댠스크와 마리우폴까지 점령했다.[31] 적군赤軍은 후에 마흐노가 "의용군을 둘로 나눠 완전히 고립시키는 데 크게 공헌했다"[32]고 인정했다.

◆

10월 중순 데니킨 군은 '작전 한계점(군의 전력 소진이 지나쳐 주도권도 기세도 모두 잃게 되는 시점)'에 다다랐다. 오룔과 모스크바 중간 지점의 군수산업 도시 툴라는 백군에게 수도 모스크바 다음으로 중요한 목표였다. 트로츠키는 툴라의 군수 공장을 잃는 것이 모스크바를 잃는 것보다 피해가 훨씬 막심할 수 있다고 우려했다.

공산당은 늘 그랬듯 '막다른 골목'에 몰린 것처럼 과도하게 툴라의 방어를 준비했다. 심각한 식량난으로 공장 노동자들의 불만이 높아지자 계엄령이 선포되었다. 그 결과 "정치위원 타도!"[33]라는 구호가 일어났다. 프롤레타리아의 지지에 기댈 수 없다는 것을 잘 알고 있던 레닌은 제르진스키와 체카 부대를 파견했다. 수천 명의 주민, 농민, 부르주이가 모두 강제 노동에 징집되어 참호를 팠다. 마몬토프가 접근하자 적군赤軍은 동부전선군의 제21사단[34]을 파견해 툴라의 방어를 강화했다.* 하지만 주된 전투는 아직 전선 최북단의 오룔 주변에서 벌어지고 있었다. 카메네프는 소비에트 정권의 근위대인 라트비아 소총사단과 파블로프 보병여단, 프리마코프 기병여단을 전투 지역에 배치했다. 여기에 '에스토니아' 사단이 추가되었는데, 이 사단의 얼마나 많은 이들이 정말 에스토니아인이었는지는 알려지지 않았다.[35] 이 반격에는 "양익 포위"[36] 전술을 쓸 계획이었지만 주전력은 서쪽 측면에 있었다.

적군赤軍은 쿠테포프 장군이 이끄는 의용군 제1군단의 좌측면을 향해 느닷없이 공격을 개시했다. 쿠테포프는 코르닐로프 사단이 "낮 동안 일곱 번의 총검 공격을 견뎌냈다"[37]라고 보고했다. "주로 라트비아인과 중국인으로 구성된 새 부대가 도착했다.** 아직 병력이 어느 정도인지

* 적군赤軍 사령부는 5월 이후 동부전선군에서 총 6만 명의 병사를 빼왔고, 적군赤軍 총 17만 1600명이 다수가 백군 15만 1900명에 맞섰다. 백군 다수는 후방의 봉기를 막고 있었다.

** 적군赤軍 자료에는 중국인 부대가 이 전투에 참여했다는 내용이 없다.

파악할 수 없다. 우리 군의 손실은 80퍼센트에 달했다. … 코르닐로프 사단과 드로즈돕스키 사단의 일부 연대에는 병사가 고작 200명밖에 안 남았다." 라트비아 소총사단도 비슷한 수의 사상자가 발생했지만, 쿠테포프의 병사들은 10월 20일 밤 철수해야 했다. "오룔의 거리는 버려졌다."[38] 알렉산드르 구바레프가 기록했다. "몇몇 창문에만 두려움과 불안에 떠는 얼굴들이 보였다. 며칠 전만 해도 우리를 크게 환영하던 사람들은 이제 목숨의 위협을 느끼고 있다. 우리는 재빨리 도시를 빠져나가 간선도로에 도달했다."

시쿠로처럼 쿠테포프를 비롯한 백군도 갑자기 마주하게 된 압도적인 적의 병력에 동요했다. 런던에 있는 처칠은 뒤이은 영국 군사 사절단의 보고를 받고 매우 놀라고 당혹스러웠다. 그는 전황의 반전을 믿을 수 없었다. 그는 홀먼 장군에게 전보로 답했다. "9월과 10월에 데니킨의 군은 광범위하게 전진해 오룔, 옐레츠, 보로네시를 점령하고 툴라와 모스크바를 위협했네. 볼셰비키가 이 많은 병력을 동원할 수 있었다면 왜 백군이 그렇게 쉽게 진격하도록 내버려 두었는가? 그들은 지금껏 이 한 방을 준비하고 있었던 건가 아니면 동원할 수 있는 예비 전력을 모두 쏟아부을 수밖에 없는 상황에 놓인 건가? 자네는 그들의 공격이 오래가지 못할 절박한 노력이라고 보나? 아니면 정말로 저쪽 병력이 우세하다는 증거인가?"[39]

처칠이 의문을 표한 적군赤軍의 갑작스러운 병력 증가는 콜차크 군 붕괴로 시베리아 전선에서 병력을 빼내고, 공산당 정권이 사면을 제안하면서 탈영병들을 복귀시킨 결과였다. 백군의 진군에 옛 지주들에게 자기 땅을 다시 빼앗길 수 있다는 위협을 느낀 농민들은 이제 적군赤軍에 복무하는 데 훨씬 더 적극적이었다. 백군 병사들이 탈영하고 점점 더 많은 백군 부대가 후방 방어에 파견되면서 적군赤軍의 최전방 병력은 이제 백군의 두 배를 넘어섰다.

10월 19일 시쿠로가 우려했던 대로 부됸니의 제1기병군단이 보로네시를 향해 진격했다. 마흐노의 예카테리노슬라프 점령과 타간로크 공격 직후, 데니킨은 시쿠로에게 후방의 위협에 대응하기 위해 그의 군단에서 테레크카자크 사단을 파견하라고 지시했다. 시쿠로는 예라스트 체브다르에게 무선 전신으로 회신하라고 지시했다. "데니킨 장군님, 병사와 시민으로서의 의무를 다하기 위해 저는 각하께 부됸니의 기병군단에 맞설 수 없다고 보고드릴 수밖에 없습니다. 부됸니의 군단은 그랴지 지역에 모여 있고 기병 수는 약 1만 5천 명입니다. 이 군단이 이제 우리 부대를 향해 진군하고 있습니다. 제게는 캅카스 사단의 기병 600명밖에 없고 말도 부족합니다. 마몬토프의 군단의 남은 기병 1500명은 그다지 신뢰할 수 않습니다. 그들은 모두 돈으로 돌아가고 싶어 합니다. 우리 군단에 남은 것은 기병 1800명과 좋은 말이 있는 테레크 사단뿐입니다. 하지만 저는 장군의 지시로 이제 이 사단마저 빼앗기고 있습니다. 테레크 사단은 현재 마흐노 패거리와 싸우러 열차를 타고 타간로크로 향하고 있습니다. 상기 이유로 저는 보로네시를 포기하라는 지시를 내릴 겁니다. 시쿠로."[40]

체브다르는 전신을 보낸 후 이렇게 기록했다. "그날 밤 전혀 잠을 이루지 못했다. 엄청난 재앙이 우리 앞에 기다리고 있었다. 마을 사람들은 우리가 떠날 거라는 소식을 듣고 겁에 질렸다."[41] 대규모 난민이 생필품을 담은 보따리를 가지고 도시를 버리고 떠나기 시작했다. 운 좋은 이들은 수레에 탔고, 이 수레들 때문에 부대의 이동은 더뎠다. 피난을 떠난 농민과 노동자들은 백군을 욕했다. "도시를 지킬 수 없다면 애초에 점령하지도 말았어야지." 그것은 '말도 안 되는 비극'이었다. 체브다르는 부족한 병력으로 큰 도박을 한 것을 반성하며 시인했다. 10월 24일경 부됸니의 적군赤軍 기병이 반쯤 비어 있는 도시를 점령했다.

전 러시아 제국군 포대장이었던 마호닌은 강제 징병대를 떠맡고 몹시 당혹스러웠다. "모스크바를 향해 진격할 때는 40세까지의 남자를 동원해 우리 군의 병력을 보강하려는 조치가 전혀 없더니, 어쩔 수 없이 퇴각할 때가 돼서야 우리가 버리려는 마을에서 전투에 나설 수 있는 남자를 모두 징집하라는 지시가 내려왔다."[42] 그들은 밤중에 가정집을 습격해 피해자들을 침대에서 끌어냈다. 여자들은 남편 혹은 아들을 데려가지 말라고 애원했지만 소용없었다. "이 불쌍한 사람들은 옷도 제대로 차려입지 못한 채 군 후방으로 보내졌다. 그 결과 예견된 것처럼 이 중 누구도 우리에게 전혀 도움이 되지 않았고 대개 기회만 닿으면 사라졌다."

대패한 쿠테포프의 군단이 쿠르스크로 퇴각하는 동안 시쿠로는 병력이 급감한 군단을 이끌고 거의 3주 동안 적군赤軍의 추가 진격을 어떻게든 막아냈다. 부됸니의 옛 상관이자 증오하는 경쟁자 보리스 두멘코는 9월 기병군단을 창설했다. 제9군 사령관은 두멘코가 "11월 2일 카자크 마을 알렉세옙스카야Alekseevskaya 부근에서 벌어진 전투에서 눈부신 승리를 거두었다"[43]라고 레닌에게 전보를 보냈다.

같은 날 데니킨은 하리코프에서 마이-마옙스키와 돈군의 사령관 시도린과 함께 전황을 논하기 위해 회의를 소집했다.[44] 지도를 찾지 못해 우왕좌왕하는 등 회의의 시작은 좋지 않았다. 금세 마이-마옙스키의 본부가 자신들의 부대와 적군赤軍의 위치를 전혀 파악하지 못하고 있다는 것이 명백히 드러났다. 데니킨은 격분했다. 그날 아침 징집병 700명으로 이루어진 마지막 예비대가 이미 파견된 후였다. 데니킨은 마흐노의 공격을 물리치지 못한 "예카테리노슬라프 총독 슈체티닌에게도 분개했다".[45] 마이-마옙스키는 자신이 이미 슈체티닌을 해임했다고 설명했다.

다른 위기는 더 심각했다. 분리주의 경향을 보이는 쿠반에 갈수록 화가 난 데니킨은 쿠반 라다(의회)가 조지아의 부추김으로 캅카스에서 의용군을 공격하고 있던 체첸인 및 인구시인과 우호 협정을 맺었다는 사실을 알고 격노했다. 하리코프 회의 닷새 후 데니킨은 협정에 서명한 이들을 체포하고 반역죄로 군사재판에 회부하라고 지시했다. 브란겔은 이 조치가 휘하의 쿠반 카자크 다수에게 미칠 영향을 우려했다. 데니킨의 주장으로 계엄령이 선포되었다. 제1차 쿠반 전역의 얼음 행군 때부터 의용군의 충실한 벗이었던 포크롭스키 장군이 그의 병사들에게 라다를 포위하라고 지시했다. 협정에 서명한 대표단의 단장 A.I. 칼라부호프Kalabukhov는 군사재판에 회부되어 다음 날 예카테리노다르 중심가의 가로등 기둥에 목이 매달려 교수형을 당했다. 그의 시체는 그가 반역자라고 선언하는 현수막과 함께 거기 그대로 놓여 있었다. 나머지는 유배되었다. 데니킨은 이때만은 브란겔을 뛰어넘는 단호함을 보이며 빠르게 상황을 정리했지만, 쿠반 카자크의 전의에 직격탄을 날린 셈이었다.

11월 7일 케네디는 기록했다. "좋은 소식이다. 코르닐롭스키 연대가 적군赤軍 기병의 공격을 물리쳤고 그 결과 말들을 노획해 매우 기뻐했다."[46] 그들은 장갑열차 한 대와 새로 파견된 대대의 지원을 받았다. 겨울이 본격적으로 시작되었다. "너무 춥다. 가루 같은 눈이 햇빛에 반짝인다."

코르닐롭스키 연대의 승리는 오래가지 못했다. 11월 15일 부/ 부됸니의 적군赤軍 기병대가 눈보라를 뚫고 나와 보로네시와 쿠르스크 중간 지점에 있는 전략적 요충지인 작은 환승역 카스토르노예Kastornoe를 점령했다. 그 결과 돈군과 의용군이 분단되었고 쿠르스크는 이틀 후 함락되었다. 통한의 패배 후 수많은 잔혹 행위가 벌어졌다. 베리Berry 부사관은 후에 벨고로드에서 목격한 것을 영국 군사 사절단에 보고했다. "친볼셰비키로 의심받은 사람들이 남녀 가릴 것 없이 마을 광장에서 교수형을 당했다. 그들은 발판도 없이 매달렸고 술에 취한 카자크가 아직 숨이 붙어 있는 이 가련한 사람들의 팔과 다리를 잘랐다."[47] 키예프에서는 극우 보수주의자 바실리 슐긴마저 의용군 장교들의 행동에 충격을 받았다. "어느 집에서 장교들은 '정치위원'의 팔을 묶어 매달고 밑에 불을 피워 천천히 구웠다. 술에 취한 '제정 지지자' 패거리는 그를 둘러싸고 '하느님, 차르를 지켜주소서!'라고 울부짖고 있었다."[48]

함락 위기에 놓인 다음 주요 도시는 하리코프였다. 겁에 질린 군중이 중앙역을 에워쌌다. 적군赤軍의 손에 넘어가면 자신들의 운명이 어떻게 될지 알고 있는 부상당한 몇몇 의용군 장교들이 열차에 자리가 있기를 바라며 병원에서부터 말 그대로 팔다리로 기어가는 모습이 목격되었다.

남부 주요 도시에서 퇴각하는 백군은 그해 초 예카테린부르크에서 유대인 2천 명을 끔찍하게 학살한 것처럼 최악의 모습을 보였다. 하지만 가해자는 백군만이 아니었다. 내전 기간 우크라이나에서는 대략 1300건의 반유대주의 포그롬이 있었고, 양측이 살해한 유대인은 5만 명에서 6만 명으로 추산된다.[49] 벨라루스에서도 포그롬이 일어났지만, 우크라이나에 비해 사망자 수가 훨씬 적었다.[50] 1920년 소비에트 보고서에 따르면 총 15만 명이 사망했고 비슷한 수의 중상자가 발생했다.[51]

페틀류라가 이끄는 우크라이나 민족주의자들이 유대인 학살에 앞장섰다. "끔찍한 하이다마키들의 포그롬 이후 잠시 동안은 조용했다."[52] 1919년 키예프에서 콘스탄틴 파우스톱스키가 기록했다. "그리고 데니킨이 장악한 후에도 한동안 별일이 없었다. 그들은 지금은 유대인을 건드리지 않고 있다. 가끔 붐비는 거리에서 조금 떨어진 곳에서나 사관생도들이 약에 취한 눈으로 말을 타고 활보하며 가장 좋아하는 노래를 부르곤 했다.

검은 경기병들이여!
러시아를 구하고 유대인을 물리쳐라.
그들은 정치위원이니까!

하지만 소비에트 군대가 오룔을 탈환하고 남쪽으로 돌진하자 백군의 분위기가 바뀌었다. 우크라이나 소도시와 마을에서 포그롬이 시작되었다." 카자크는 자기들의 영역 밖에서는 걸핏하면 뭐든지 허용되는 적국에 있는 것처럼 행동했다.

반유대주의 포그롬이 서구의 여론에 미치는 영향을 잘 알고 있던 처칠은 이미 홀먼 장군에게 서신을 보냈다. "데니킨 장군이 전력을 다해 해방된 지구의 유대인 학살을 막고 반유대주의 반대 성명을 발표하는 것이 매우 중요하네. 의용군보다 페틀류라의 병사들 사이에서 반유대주의가 훨씬 두드러지는 것을 고려하면 두 군대가 완전히 다르다는 것을 밝힐 수 있을 걸세. 영국 내 유대인의 영향력이 크니 데니킨이 진격하면서 유대인을 보호한다는 것을 보여줄 수 있다면 일이 더 수월해질 걸세."[53]

처칠은 그 후 데니킨에게도 직접 서신을 보냈다. "장군이 지금까지 해온 노력과 반유대주의 통제의 어려움을 잘 알고 있습니다. 하지만 진심 어린 지지자로서 이 노력을 더욱 강화하여 제가 의용군의 명예를 옹호하기 유리한 위치에 서도록 도와주시길 간청합니다."[54] 데니킨은 집단 학살에 반대하는 포고령을 몇 개 내렸지만, 휘하의 가장 유능한 장군 몇몇이 이를 따르기를 거부하거나 심지어 유대인 박해를 부추기기까지 하자 더는 아무것도 하지 않고 내버려 두었다. 처칠은 마침내 키예프 총독 드라고미로프 장군이 "매우 엄격한 군인으로 민정에는 특히 적합하지 않다"[55]는 사실을 깨달았지만, 그가 내전 중 키예프에서 가장 심각한 반유대주의 포그롬이 엿새 동안 계속되게 내버려 두었다는 사실은 여전히 몰랐던 듯하다.

《타임즈Times》의 남러시아 특파원이자 뛰어난 언어 능력의 소유자인 뉴질랜드인 해럴드 윌리엄스Harold Williams 박사는 외무부와 처칠에게 서신을 보냈다. "러시아 전역에서 유대인에 대한 적개심이 어느 정도인지 상상도 못 하실 겁니다. 다들 볼셰비즘을 유대인의 지배와 동일시하고 있습니다."[56] 윌리엄스는 의용군 장교들이 유대인을 싫어하기는 하지만 포그롬을 시작하지는 않았다는 것을 알게 되었다. "카자크는 악질이고 통제 불능입니다. 그들은 말 그대로 강도이고 유대인에 가장 강렬한 반감을 품고 있습니다." 특히 그리고리예프 같은 우크라이나 아타만들이 그랬다. 하지만 상당수의 유대인이 포함된 마흐노 지지자들에 관해서는 견해가 엇갈린다. 윌리엄스는 다음과 같이 결론지었다. "특이한 점은 (여론을 감안하면 특이할 것도 없지만) 적군赤軍 병사들도 기회가 있으면 포그롬을 벌인다는 것입니다. 고멜Gomel에서는 마을의 유대인 반이 학살되었습니다(실제로는 아마도 10분의 1일 것입니다. 유대인을 비롯한 모두가 수치를 엄청나게 부풀리기 때문입니다). 그리고 그들은 부대 열차에 이렇게 쓰곤 합니다. '유대인을 물리치고 러시아를 구하자.'"

32

남부에서의 퇴각
1919년 11-12월

11월의 마지막 날 타간로크의 영국 군사 사절단 본부에서 기이한 외교 행사가 있었다. 케네디 대위는 이 행사를 일기에 기록했다. “말할 때 흰자를 보이며 눈을 깜빡거리는 기이한 버릇”[1]이 있는 홀먼 장군은 시쿠로 장군에게 바스 훈장Order of the Bath을 수여했다. “고래고래 악을 쓰듯 말한 소감에서 (시쿠로는) 볼셰비키를 죽이고 ‘그들의 역겨운 시체 위에 새로운 러시아를 세울 것’이라고 맹세했다. 시쿠로는 연설을 계속했다. ‘영국에도 사회주의의 더러운 개들이 있다고 들었습니다. 만약 그들이 영국에서 반란을 일으킨다면 우리 군대를 데리고 영국으로 가서 영국인들에게 카자크의 힘을 보여주겠습니다.’”[2]

홀먼은 분명 백군 장군들을 치켜세워야 한다고 생각했을 것이다. 백군은 얼마 전 런던 시장 관저 만찬에서 한 로이드 조지의 연설을 전해 듣고 배신감을 느꼈기 때문이다. 영국은 백군을 버릴 것이며, 군사 장비는 추가로 지급되지 않을 것이고 사절단은 철수할 것이었다. 이 발표는 모두에게 백군이 끝장이라는 것을 시사했다. 돈이 조금이라도 있는 사람들이 모두 스털링, 달러, 프랑으로 바꾸려고 하면서 데니킨 루블의 가치는 폭락했다. 처칠은 적어도 데니킨이 아직 가지고 있는 영토를 유지할 수 있도록 적군赤軍과 타협하는 것도 고려했지만, 레닌과 트로츠키는 백군의 숨통을 죄고 있는 손을 놓을 생각이 없었다. 처칠은 고향으로 돌아가려는 카자크의 탈영으로 더욱 심해진 백군의 사기 붕괴가 어느 정도인지 짐작조차 할 수 없었다.

“재앙의 시기에는 모두 다른 사람을 탓한다.”[3] 체브다르는 기록했다. “카자크는 의용군을, 우리 병사들은 카자크를 탓했다.” 브란겔은 부대를 재편하면서 또다시 모든 잘못을 데니킨의 탓으로 돌리려 했다. 데니킨은 매일 마셔대는 술로 이제 군을 지휘할 수 없는 지경이 된 마이-마옙스키를 타간로크로 다시 불렀다. 데니킨은 그를 친절하게 맞았다. “어려운 결정이었네. … 이제 자네는 잠시 쉬고 나중에 복귀하게.”[4] 마이-마옙스키는 은퇴 후 세바스토폴에 정착하게 해달라고 했고, 그곳에서 여전히 술을 잔뜩 마셨지만 디킨스의 소설을 탐독하기도 했다.

마이-마옙스키가 떠난 후 남은 의용군을 맡게 된 쿠테포프는 기병 전체를 지휘하는 브란겔의 지시에 따랐다. 하지만 백군 측 종군기자 그리고리 라콥스키Grigory Rakovsky에 따르면 “브란겔이 이미 전방의 쿠반 부대에 재편성될 것이라고 알렸다고 한다. 브란겔의 지시는 지치고 실망하고 노획물을 잔뜩 가지고 있는 쿠반 카자크에게 엄청난 영향을 미쳤다. 그들은 즉시 전선을 떠나기 시작했다. … 누군가 말했다. ‘우리는 쿠반으로 돌아갈 거요. 명을 받았소.’ 또 누군가는 주장했다. ‘우리는 후방의 쥐새끼들을 잡아 전선에 돌려놓을 것이오.’ 하지만 또 어떤 이들은 말했다. ‘우리는 싸울 만큼 싸웠소. 이제 부르주이가 싸우게 하시오.’”[5]

브란겔의 진급은 성공적이지 않았다. 브란겔은 온갖 문제를 일으켰고, 두 장군은 전략을 둘러싸고 다시 의견이 갈렸다. 데니킨은 동쪽에는 차리친, 서쪽에는 키예프에 방어선을 펴길 바랐지만, 백군은 그다음 주 내내 더 멀리 밀려났다. 데니킨은 여전히 캅카스에서 카자크와 동맹을 맺는 것이 필수적이라고 생각했지만, 브란겔은 캅카스로 철수하고 싶지 않았다. 그는 병력 보강이 이루어질 때까지 방어에 훨씬 유리한 크림반도에 있는 편이 낫다고 생각했다. 이에 시도린 장군과 돈군은 브란겔이 그들을 배신하려 한다는 의혹을 품었다. 동시에 브란겔은 카자크를 정치적으로 신뢰할 수 없다고 생각했고 심지어 좌파로 전향할 거라고 의심했다.

12월 9일 시도린은 데니킨을 만나러 갔다. 그는 두 군대가 함께 머물며 돈 지역을 탈환하고 방어하기를 원했다. 시도린에 따르면 데니킨은 이렇게 답했다고 한다. "나도 알고 있소, 그리고 현 상황에 대한 장군의 의견에 동의하오. 나도 걱정이 이만저만이 아니어서 상황을 확인할 수 있도록 브란겔이 내린 지시를 전부 내게 보고하라고 참모들에게 지시했소."[6] 데니킨은 시도린에게 브란겔과 회담을 갖고 각자의 입장을 명확히 하라고 권고했다.

이틀 후 야시노바타야Yasinovataya역에 두 사령관의 열차가 나란히 멈췄다. 브란겔이 시도린의 특별 객차에 들어오면서 먼저 말했다. "자, 블라디미르 일리치Vladimir Ilich, 이제 우리의 대의가 실패했다는 것을 솔직히 인정해야 하네. 앞날을 생각해야지."[7] 시도린은 동의하지 않았다. 브란겔은 주장했다. "내가 보기엔 더 이상의 저항은 명백히 무의미하네."

브란겔은 그 후 의용군의 상태에 관해 이야기했다. 그는 전선에서 실제로 싸우는 병사는 3천 명에서 4천 명 정도뿐이고, "극도로 부패한" 대다수는 후방에 숨어 있다고 말했다. "몇몇 연대는 갖가지 소유물로 가득 찬 화차를 200대나 갖고 있다는데 말 다했지. 부대는 다수 장교와 최고위 지휘관까지 포함해 적극적으로 부당이득을 취하고 있네."[8] 브란겔은 모든 악행의 정점에 있는 마이-마옙스키가 군사재판에 회부되어야 한다고 생각했다. 시도린은 돈군의 상황은 의용군과 완전히 다르다고 주장했다. 돈 전선에는 아직 4만 명의 보병과 기병이 있었고 증원 병력으로 잘 훈련된 예비군도 1만 5천 명이 있었다. 그러자 브란겔은 주제를 바꿔 데니킨이 사임해야 한다고 주장했다. 백군은 끝났다고 말하면서 한편으로는 데니킨을 교체해야 한다고 말하는 브란겔의 주장에는 기묘한 모순이 있는 듯했다.

날이 잠시 풀렸다가 12월 중순이 되자 다시 혹한이 찾아왔다. "수염이 언다."[9] 케네디는 기록했다. "말이 흘린 땀도 서리로 변한다." 로이드 조지의 영국군 철수 선언에도 불구하고 여전히 군사 사절단에 합류할 장교들이 도착하고 있었다. 영국군 공병대의 레버Lever 대위는 지시에 따라 권총, 소총, 탄환 150발을 가지고 타간로크로 향했다. 로스토프에서 만난 영국군 소령이 피난민들이 지붕과 객차 바깥에 빼곡히 매달린 마지막 열차를 타고 하리코프를 떠났을 때의 상황을 "쇠고기 통조림을 커다란 잭나이프로 뒤적거리며"[10] 이야기했다. 수많은 이들이 저체온증으로 사망해 선로 옆으로 굴러떨어졌고 그대로 공 모양으로 얼어붙었다.

타간로크에서 레버는 지금까지 살아남은 피난민들로 가득한 곳을 발견했다. "복도, 통로, 대기실, 식당, 베란다마다 바닥에 다리를 쭉 뻗고 자거나 쉬고 있는 (남자, 여자, 아이들이 아무렇게나 뭉쳐진) 사람들의 형체로 가득했다." 데니킨 루블 '종Bell'의 가치는 열흘 만에 반토막 나 1파운드에 2500루블까지 떨어졌다.*

시쿠로와 마몬토프의 기병대의 잔존 병력은 추격해 오는 부됸니의 군대를 피하려 '커다란 지그재그 모양'으로 이동하며 여전히 보로네시에서 퇴각하고 있었다. 기온이 영하 20도 이하로 떨어지는 등 상황이 좋지 않았다. 쉬어갈 때면 망토를 둘러 입고 눈 속에서 잤다. 병사도 말도 매우 지치고 굶주려 있었다. 통신장교 예라스트 체브다르는 세 명의 카자크가 그의 장비를 호위하는 가운데 그들과 함께하고 있었다. "도중에 때로는 늑대, 때로는 눈토끼 같은 동물을 보았다. 추위 때문에 겁을 상실한 듯했다. 한 번은 길 한가운데 마멋이 앉아 있는 것을 봤는데 꼼짝도 하지 않았다. 기병대의 말들은 본능적으로 마멋을 피했다."[11]

초원의 긴 골짜기인 발카balka를 지나던 중 호위병 중 한 명이 말을

* 데니킨 루블은 모스크바 크렘린의 거대한 차르의 종을 도안으로 사용해 '종'이라고 불렸다.

몰고 체브다르의 곁으로 다가와 중얼거렸다. "대위님, 고개를 들어 왼쪽을 보세요." 체브다르는 빽빽한 기병 무리가 남쪽으로 이동하고 있는 것을 보았다. "부됸니의 기병이라는 것은 짐작하기 어렵지 않았다. 그들은 분명 우리를 봤지만 아마도 자기 부대 중 하나로 착각한 듯했다. 우리는 기병 망토를 두르고 있어 적군赤軍과 복장이 비슷했다. 가까이 가야 백군인지 적군赤軍인지 구별할 수 있었다."

시쿠로가 몸이 좋지 않아 함께 있지 않았기 때문에 마몬토프가 사령관이 되었다. 어둠이 내리자 그는 장교들을 모두 소집해 작전 회의를 열고 거의 완벽히 포위된 지금 상황에서 어떻게 할지를 논의했다. 달아나려고 시도하면 포화로 엄청난 사상자가 나올 위험이 있는데도 참석자 모두가 항복은 거부했다. "장교들의 의견을 들으며 거대한 수염을 어루만지고 있던 마몬토프는"[12] 결정을 내렸다. 그들은 길을 따라가지 않고 초원지대를 가로질러 도주하기로 했다. 기병은 기마포병대와 무선국을 가운데에 놓고 일렬종대로 이동할 계획이었다. 대화와 흡연은 금지되었다. 이 지역을 잘 아는 나이 든 카자크 두 명이 길을 이끌기로 하고 그들은 출발했다.

그들이 가는 길을 달이 비추고 있었고, 말발굽 아래 눈이 뽀드득거렸다. 마을 가까이 가자 꽁꽁 언 대기 중에 굴뚝에서 올라오는 연기가 보였다. 행렬의 선두는 마을에 들어서자마자 발각되었다는 것을 깨달았다. 사방에서 포탄이 날아와 폭발하기 시작했다. 회반죽을 바른 작은 집의 초가지붕에 불이 붙었고 집주인들은 허둥지둥 밖으로 뛰쳐나왔다. 하얀 눈 위로 말과 병사들의 핏자국이 있었다. 아무도 타지 않은 말이 두려움에 날뛰며 전속력으로 지나쳤다. 마몬토프는 지시를 내릴 필요가 없었다. 병사들은 앞으로 진격했고 포위를 뚫었다.

얼마 후 그들은 하리코프에서 동쪽으로 100킬로미터 떨어진 발루이키Valuyki 부근에서 기병 약 4천 명, 보병 약 3천 명의 병력과 합류했다.

발루이키는 하리코프 회의 이후 데니킨이 기병 병력을 집중시키려 했던 곳이었다. 이 계획을 들은 처칠은 발루이키에서 6개 기병사단과 함께 "중요한 결정적 전투"[13]가 벌어질 것이라 예상했지만, 결국 실망하게 되었다. 병력이 급감한 마몬토프의 부대가 제1기병군으로 개칭한 부됸니의 코나르미야Konarmia(기병대를 뜻하는 러시아어로 제1기병군의 별칭-옮긴이)와 맞붙었을 때 적군赤軍의 승리는 자명했다.

대규모 병력이 아조프해를 향해 남쪽으로 밀려나는 동안 데니킨 군의 극좌측에 예상치 못한 병력 증원이 있었다. 갈리치아인 1만 5천 명으로 이루어진 부대가 야포 130문을 가지고 폴란드 대신 백군에 합류하기로 한 것이었다. 갈리치아인들은 폴란드가 자신들의 영토를 편입하려 한다고 우려했다. 처칠은 데니킨이 그저 "그들을 기존 부대에 흡수시키라고"[14] 제안했다는 소식을 듣고 당황했다. 갈리치아인들이 가장 싫어할 조치였기 때문이다. 데니킨은 이렇게 하면 그가 절박하게 지원을 바라는 폴란드의 심기를 거스르지 않을 것이라고 생각했다. 하지만 외무부가 확인했듯 폴란드는 여전히 백군과의 동맹에 강력히 반대하고 있었다. 폴란드는 백군 장군들이 폴란드 대부분을 포함한 구 러시아 제국의 국경을 되찾으려 한다고 의심했고 여기엔 타당한 이유가 있었다.

볼셰비키에 대항한 접경국들의 동맹이라는 처칠의 꿈은 데니킨과 백군의 제국주의에 대한 접경국의 의심으로 좌절되었다. 그는 만네르헤임 장군이 "다음 봄이 오기 전 합심하여 볼셰비키에 대항하도록 폴란드를 설득하러"[15] 바르샤바에 갈 예정이라는 소식을 들었다. 처칠은 폴란드 주재 영국 군사 사절단의 카턴 드 와이어트 준장이 "만네르헤임 장군의 활동에 관해 계속 보고"[16]하기를 바랐다. 만네르헤임과 피우수트스키와 모두 좋은 관계를 맺고 있던 카턴 드 와이어트는 핀란드의 수장 만네르헤임이 폴란드에 도착하자마자 그를 만났고 처칠에게 전보를 보냈다.

"만네르헤임은 폴란드가 진심으로 볼셰비키와 싸우려 하는지, 봄에 합동 공세를 펼칠 수 있을지 알아보러 왔다고 합니다. 저는 제가 보기엔 폴란드가 볼셰비키와 싸울 거라 기대할 만하다고 그를 안심시켰고, 그도 전적으로 동의했습니다."

만네르헤임과 피우수트스키는 12월 13일 회담을 가졌다. 카턴 드 와이어트는 회담 후 첫 보고에서 그날 저녁 만네르헤임이 피우수트스키가 "합동 공격에 적극 찬성"했고 회담이 "매우 만족스러웠다"[17]고 했다고 전했다. 하지만 만네르헤임은 발트 3국과 볼셰비키가 손잡는 것을 우려했고 데니킨이 봄까지 버틸 수 있을지 의심했다. 만네르헤임과 피우수트스키는 "둘 다 영국이 강력히 지원하지 않는 한 이 공세를 진행할 수 없다는 데 동의했다". 로이드 조지가 딱 잘라 거절할 것을 너무 잘 아는 처칠은 틀림없이 좌절하여 욕을 했을 것이다.

만네르헤임은 아무런 합의 없이 바르샤바를 떠났다. "폴란드의 소극적인 태도로 볼셰비키는 데니킨에 집중할 수 있게 되었다."[18] 처칠은 격분했다. "데니킨을 격파하고 나면 다음은 폴란드가 볼셰비키의 목표가 될 수 있다. … 볼셰비키는 이제 교전 중인 모든 전선에서 완벽한 군사적 승리를 앞두고 있다."

마흐노는 예카테리노슬라프에서 타간로크에 걸쳐 게릴라 작전을 벌이면서, 퇴각 중인 의용군을 분단시켜 적군赤軍에 믿을 수 없는 행운을 가져다주었다. 시쿠로의 전 참모장 야코프 슬라쇼프Yakov Slashchov 소장은 보병과 기병 3500명과 야포 32문으로 이루어진 부대를 지휘했다. 주력 부대와 합류할 수 없어서, 혹은 합류하고 싶지 않아서 슬라쇼프는 멜리토폴Melitopol을 지나 크림반도로 철수했고 크림반도로 가는 길목인 페레코프지협을 확보했다. 데니킨과 적군赤軍 수뇌부 모두 이것이 자신이 총사령관이 되어 크림반도를 확보하려는 브란겔의 "은밀한 목적"[19]의 일부라는 의혹을 품었다. 곧 백군 방첩부는 "총사령관인 데니킨 장군에 적대적인 장교 무리"[20]를 찾아냈고, 이 무리가 "브란겔 중장의 사령부와 연관"된 것으로 의심된다고 보고했다. 슬라쇼프는 명백히 그 무리의 일원으로 밝혀졌다. 데니킨은 곧 슬라쇼프를 군사재판에 회부해 교수형에 처하겠다고 말했다.

적군赤軍 최고사령부는 슬라쇼프의 비교적 적은 병력과 이들의 퇴각 경로가 가지는 장기적 중요성을 과소평가한 것을 반성했다. "덕분에 슬라쇼프의 부대는 크림반도로 들어가는 지협에서 저항할 수 있게 되었다."[21] 얼마 후 카메네프와 그의 동료들은 기록했다. "그리고 크림반도를 남부 반혁명 세력의 새로운 기지로 만들었다."

데니킨의 남러시아군은 이제 셋으로 나뉘어 있었다. 주력 부대는 캅카스 입구의 돈강 하류 지역에 남아 있었다. 슬라쇼프의 부대는 크림반도의 병목을 막는 코르크 마개 역할을 하고 있었고, 서쪽에서는 니콜라이 실링Nikolai Shilling 소장이 소규모 병력을 데리고 오데사로 후퇴했다. 이에 따라 적군赤軍 부대도 재배치되었다. 피우수트스키가 데니킨을 지원하려 나서길 꺼린다는 사실을 모르는 적군赤軍은 제12군을 서쪽으로 파견해 "폴란드와 곤란한 상황이 벌어지면 공격에 나설 준비"[22]를 했다. 제14군은 오데사를 맡기로 했다. 제13군은 크림반도를 공격하고, 재조직된 캅카스전선군은 적의 대규모 병력과 대결하기 위해 돈강을 건널 계획이었다. 차리친을 탈환한 제10군은 철도를 따라 남서쪽으로 진군해 중요한 분기점 티호레츠카야를 장악하고 뒤에서 적을 차단할 예정이었다.

크리스마스이브에 타간로크의 영국군 장교들은 군사 사절단이 노보로시스크 항구로 철수 중이라는 소식을 들었다. "캅카스로 철수하는 것은 불가능하다."[23] 케네디는 일기에 적었다. "다게스탄과 조지아 사람들은 적대적이고 이곳의 산악지대는 겨울에는 지날 수 없기 때문이다."

오룔에서부터 계속 후퇴한 쿠테포프 군단의 장교 구바레프Gubarev는 크리스마스이브에 동지들과 로스토프에 도착했다. 그들은 우연하게도 대단히 좋은 임시 숙소를 얻게 되었다. "야포 포수들은 모두 학생이었다. 우리는 한 유대인 지식인의 집에 머물게 되었다. 방금 목욕을 했는데 이루 말할 수 없이 좋았다. 이가 들끓는 속옷도 끓는 물로 소독했다. 지금은 거실에서 부드럽고 편안한 안락의자에 어설프게 앉아 있다. 푹신한 카펫 위로 차마 군화를 올려놓을 수 없어서이다. 집주인의 딸들은 상냥한 젊은 아가씨들로 학생이다. 이 다사다난한 한 해에 우리는 처음으로 문학과 철학을 논하고 있다. 전쟁에 관해서는 한마디도 하지 않는다. … 세상에! 깨끗한 채로 따뜻한 곳에 앉아 아무것도, 정말 무엇 하나 생각하지 않을 수 있다는 게 얼마나 감사한지 모른다. 갑자기 문을 두드리는 소리가 들린다. 근무 중인 병사가 뛰어 들어와 드문 광경에 놀란다. 그는 내게 몸을 굽혀 빠르게 속삭인다. '전선이 뚫렸습니다. 바로 준비하십시오. 한 시간 내로 떠날 겁니다.'"[24]

거리 밖은 그들이 막 떠나온 평온함과 대조적으로 혼란스러웠다. 북쪽에서 밀려 내려오는 피난민의 수레가 도시를 지키러 서둘러 나가는 부대와 뒤엉켜 난장판이었다. "당번병들이 질주해 지나간다. 기병 부대가 요란하게 속보로 지나간다. 어둡고 안개가 꼈다. 대기는 차갑고 마음은 우울하다. 우리는 행군한다."[25] 포병대는 로스토프의 불빛을 저 멀리 뒤로 한 도시 밖 초원에서 첫 장애물을 마주했다. "보병대와 수레는 얼어붙은 얕고 좁은 강을 쉽게 지났지만, 첫 야포가 얼음 사이로 빠져 꼼짝도 하지 않는다. 우리는 다른 야포를 끄는 말을 동원해 간신히 야포를 끌어낸다. 후퇴하는 부대가 계속 지나쳐 가며 축소된 새 전선을 향해 서두르고 있다. 또 다른 포대가 우리 뒤에서 멈춘다. 우리는 기다린다. 부슬부슬 내리던 빗발이 점점 거세진다. 외투는 젖어서 무겁다. 우리는 계속 행군하고 포화 속에서 자리를 잡는다. 포탄 한 발을 쏘기도 전에 당번병이 달려와 즉시 철수하라는 지시를 전달한다." 그들은 후에 적군赤軍이 예기치 않게 밤중에 돈강을 건넜다는 사실을 알게 되었다. 적군赤軍은 17킬로미터 남동쪽에 있는 커다란 카자크 마을 올긴스카야를 점령했고 그곳에 주둔한 마르코프 사단을 격퇴했다.

얼어붙은 돈강을 건너던 부됸니 군의 한 기병 부대는 빙판이 깨져 물에 빠졌다. 위험에도 불구하고 절박한 피난민들은 같은 길을 택했다. 비정한 시기였다. 한 장교가 기록했다. "얼음 사이로 물에 빠진 피난민 수레에 누구도 그다지 신경을 쓰지 않았다."[26] 카자크는 좋은 말들을 적에게 넘겨주지 않기로 했다. 한 집단이 프로발Proval과 스트렐레츠크Streletsk 종마 사육장의 순종말 200마리를 한 마리도 빠짐없이 얼어붙은 강 너머로 이동시켰다. 그리고 퇴각 중 나이가 지긋한 한 카자크가 돈 카자크 장교 미트로판 모이세예프Mitrofan Moiseev에게 그의 훌륭한 적갈색 종마를 바치려 했다. 모이세예프는 말을 받을 수 없었고, 노인은 적군赤軍의 손에 넘어가지 않게 말을 사살했다. 나중에 모이세예프는 노인이 총으로 자살했다는 소식을 들었다. 노인은 전쟁으로 네 아들을 모두 잃었고 아내는 발진티푸스로 사망한 뒤였다.

크리스마스이브의 밤, 백군 사령부는 갑자기 노보체르카스크가 로스토프보다 위험하다는 사실을 깨달았다. 두멘코의 기병군단이 부됸니보다 빠르게 진군하고 있었지만 마몬토프는 부됸니의 코나르미야(제1기병군)를 먼저 공격하기로 했다. 당시 전투에서 여러 번 승리를 거둔 돈 카자크는 사기가 높았다. 다음 날 아침 부됸니의 기병대는 두멘코가 돈의 수도 로스토프에 접근하는 동안 노보체르카스크를 에워싸고 테레크 카자크의 1개 여단 대부분을 포획했다.

라콥스키는 기록했다. "결정적인 전투가 크리스마스 아침 노보체르카스크 진입로에서 시작되었다. 눈 덮인 고요한 도시는 눈부신 아침 햇살 아래 빛났다. 명백하게 위기일발의 순간이었다. 기병과 보병은 동분서주하기 시작했다. 이제 도시 가까이에서 포성이 들렸다. 보급품 수레가 빠르게 거리를 지나가고 있었다. 호위대 소트니아는 다급히 아타만의 궁 앞에 정렬했다. 정규 부대가 때로는 노래까지 불러가며 대열을 이뤄 노보체르카스크를 통과하고 있었다. 이해할 수도, 설명할 수도 없는 일이 벌어지고 있었다. … 병력은 충분해 보였다. 분위기도 아주 좋았다. 하지만 갑자기 돈 카자크는 완강한, 피 튀기는, 인정사정없는 전투 하나 없이 의용군의 요람이자 돈의 수도인 노보체르카스크를 떠나고 있었다. … 이미 도시에 유산탄이 터지고 있었다."[27]

케네디도 전선에서 막 돌아온 영국군 장교 두 명에게 비슷한 소식을 들었다. "그들은 군 전체가 전혀 싸우지 않고 도망치고 있다고 말한다. 브란겔은 사소한 위법 행위로도 사람들의 목을 사방에 매달고 있다."[28] 브란겔은 "열차에 기관총 비축분과 장갑차를 싣고 가구 몇 가지를 함께 싣도록 허용한" 대령을 체포하기도 했다. "그는 즉시 교수형을 당했다." 러시아인들이 영국 군사 사절단을 타간로크에서 대피시킬 열차를 찾지 못하자 그곳에 있던 영국 고위 장교가 즉시 열차를 제공하지 않으면 영국 공군 제47비행대대의 지원을 철회할 것이라고 경고했다. "러시아인들은 요구를 전적으로 수용했다."[29] 레버 대위가 기록했다. "볼셰비키의 대규모 진군을 막을 수 있는 건 우리 공군뿐이기 때문이다."

"브란겔의 열차가 그날 저녁 역으로 들어왔다."[30] 케네디는 타간로크를 떠나기 직전 12월 30일에 기록했다. "강력한 기관차 두 대가 길게 이어진 호화로운 객차를 끌고 있었다. 객차 지붕에는 눈이 덮여 있고 고드름이 달려 있었다." 브란겔이 곧 데니킨과 결판을 내고 그의 자리를 차지할 것이라는 소문이 있었다. "엄청나게 키가 크고 호리호리한 체격에 카자크 군복을 입고 어깨에 흰 두건을 걸친" 브란겔은 케네디와 반Barne

대령과 이야기를 나누러 왔다. 그는 프랑스어를 유창하게 구사했다. "브란겔은 오늘 밤이나 내일 아침 로스토프를 떠날 계획이었고, 우리가 같이 가기를 원했다. 그는 참모장 로마놉스키를 만나러 가는 길이었고 몇 가지 사안에 관해 결정을 내릴 수 있기를 바란다고 말했다. 그리고 로마놉스키와 만난 후 반드시 우리에게 무엇을 할지 말해주겠다고 했다. 그는 의용군 병력이 크게 줄어 쿠테포프가 지휘하는 1개 군단으로 편성될 예정이라 새 군대를 결성하러 쿠반으로 향할 수도 있다고 말했다. 브란겔은 넘치는 위엄과 당당한 태도로 강렬한 인상을 주었다. 외모도 준수했다. 마르고 다소 창백한 얼굴에 독수리처럼 매서운 눈을 하고 있었다." 케네디는 그날 밤 섭씨 온도와 화씨 온도가 일치하는 유일한 지점인 영하 40도까지 기온이 떨어졌다고 기록했다.

통신장교 예라스트 체브다르는 로스토프에서 대대적인 피난에 휘말려 들었다. "수많은 수레, 야전 취사장, 야포가 돈강 위의 다리로 향한다. 지치고 비통한 사람들은 절망에 빠져 상스럽고 거친 욕을 해댄다. 모두가 도시에서 벗어나 적의 협공을 피하려 필사적이다. 누구에게서도 어떤 정보도 얻을 수 없다. 모두 자기만 생각한다. 나는 거리에 이륜마차를 버려두고 장교들을 찾을 수 있기를 바라며 역까지 걸었다. 저녁 안개 속에서 바람에 흔들리는 듯한 형체가 보인다. 눈에 눈발이 들어와 제대로 보이지 않는다. 내 앞에는 신발 끝은 거의 배수로에 닿고 손은 시퍼런 끔찍한 시체가 혀를 내민 채 나무 밑가지에 목이 매달려 있다. 가슴에 '약탈자'라고 쓰인 판지 조각이 있다."[31] 쿠테포프 장군은 탈영병과 볼셰비키로 의심되는 자들을 처형하라고 지시했다.

체브다르는 덧붙였다. "로스토프 남쪽에서 데니킨 장군이 썰매를 타고 느리게 이동하는 것을 보았다. 깊은 슬픔과 생각에 잠긴 그의 표정을 보고 충격을 받았다. 안됐다는 생각이 들었다. 말의 사체가 우리의 퇴각로를 표시하고 있다. 사람들은 그래도 우리가 통과하는 거주지에서 조금이나마 식량을 얻었다. 하지만 말을 먹일 건초는 없었다. 그중 한 마을에서는 농부의 아내가 분노를 표했다. '우리는 당신들이 계속 싸울 수 있게 당신들을 먹이고 있어요. 우리가 당신들을 먹이는 걸 그만두면 당신들도 싸움을 멈추겠죠. 당신들의 전쟁 때문에 여기에는 산 것이 남아 있지 않아요. 가끔은 적군赤軍이 우리를 습격하고 가끔은 백군이 습격하죠. 그들이 할 줄 아는 말이라곤 '내놔! 내놔!davai! davai!'뿐이고, 우리가 먹을 것도 하나 없는데 무얼 줄 수 있겠어요?'"[32]

"머지않아 볼셰비키가 완전한 승리를 거둘 것이 거의 확실해 보이오."[33] 처칠은 다음 날인 섣달그믐 침울한 심정으로 육군 원수 윌슨에게 서신을 보냈다. 그는 윌슨에게 다음 몇 달 동안 예상되는 군사적 상황을 알려달라고 했다. 폴란드, 캅카스, 자카스피, 페르시아, 투르키스탄은 어떻게 될 것인가? 영국 육군은 데니킨의 운명이 결정되는 대로 바투미에 있는 영국 여단을 철수해야 했다. 해군은 영국 군사 사절단의 철수를 준비해야 했다. 처칠은 결론을 내렸다. "나는 연합국과 우리가 올해 러시아의 상황을 방치하고 정책을 통합시키지 못한 것이 이 세상에, 특히 영국에 엄청난 재앙을 초래할 것이라고 확신하오."

12월 말 슬라쇼프의 부대가 크림반도로 철수하고 페레코프지협을 방어하면서 크림반도는 백군의 영역으로 남았다. 스승 시쿠로와 마찬가지로 슬라쇼프는 방탕한 약탈자이자 잔혹한 반유대주의자였다. 하지만 시쿠로와 달리 그는 사악하고 덩치 큰 어린아이 같은 분위기를 풍겼다. (여러 면에서 〈투르빈가의 나날들〉의 속편이라 할 수 있는) 미하일 불가코프Mikhail Bulgakov의 희곡 〈도망〉의 주인공은 그를 모델로 한 것으로 알려져 있다.

유명 가수 알렉산드르 베르틴스키Aleksandr Vertinsky는 어느 날 저녁 젊은 장군의 부관의 부름을 받은 후 슬라쇼프를 인상적으로 묘사했다.

야코프 슬라쇼프 장군

"거대하고 화려한 조명이 있는 그의 풀먼Pullman 객차의 탁자에는 열 명에서 열두 명의 사람이 둘러앉아 있었다. 탁자 위에는 지저분한 접시, 병, 꽃이 모두 아무렇게나 쓰러져 있었고 여기저기 흩뿌린 포도주로 얼룩져 있었다. 키가 크고 늘씬한 슬라쇼프가 요란한 소리를 내며 탁자에서 일어서더니 거대한 손을 나를 향해 뻗었다."34

베르틴스키는 그의 얼굴을 보고 혐오감을 느끼는 동시에 매료되었다. "죽은 사람처럼 창백한 긴 얼굴에 부어오른 선홍색 입, 회녹색의 흐릿한 눈, 검푸른 썩은 이빨. 얼굴에 바른 분 때문에 이마에서 땀이 희뿌옇고 탁한 개울처럼 흘러내리고 있었다."

"와줘서 고맙소." 슬라쇼프가 말했다. "당신의 팬이오. 당신은 우리 모두를 괴롭게 하는 많은 것들을 노래하오. 코카인 좀 하시겠소?"[35] 베르틴스키는 거절하고 "탁자 가운데 코카인이 가득 담긴 커다랗고 둥근 담배 상자"를 쳐다봤다. "탁자에 둘러앉은 이들은 작은 거위 깃털을 들고 있었다. 그들은 흰 가루를 집어 냄새를 맡고 한쪽 콧구멍에 넣은 다음 반대쪽에도 넣었다." 슬라쇼프는 연인 리다Lida를 소개하겠다고 고집했다. 그녀는 "전사로서의 삶을 함께하고 모든 전투에 참여하며 두 번이나 그의 목숨을 구했다! 호리호리한 몸에 곧은 자세를 한 그녀는 회색 눈에 광기가 서려 있었고, 초조한 듯 줄담배를 피워댔다".

결국 크림-아조프 군단의 사령관으로서 슬라쇼프가 발휘한 대담함과 전술에도 불구하고 브란겔 장군은 그의 불복종과 정서 불안을 눈감아 줄 수 없었다. 슬라쇼프는 수많은 기행을 일삼았는데 그중 하나는 자기가 기르는 까마귀가 담긴 새장을 말안장에 달고 전투에 나서는 것이었다. 브란겔은 슬라쇼프가 "괴짜와 미치광이를 나누는 미묘한 경계를 넘었다"[36]고 생각했다.

서쪽으로 약 300킬로미터 떨어진 오데사에서, 백군 방첩부 아즈부카Azbuka를 창설한 극우 작가 슐긴은 드라고미로프 장군과 설달그믐을 보냈다. "우리 둘은 그의 객차에 앉아 있었다." 슐긴은 기록했다. "열차는 오데사 항구에 있었고 날이 밝자 창문을 통해 바다를 볼 수 있었다. 열차는 이제 갈 곳이 없었다. 드라고미로프는 말했다. '나는 여전히 저항이 시작될 거라고 생각하오. 전투에서 죽거나 익사하는 것 외에는 선택지가 없다면 갑자기 폭발적인 힘이 생겨날 것이오. … 지금은 수많은 이들이 그저 도망치려고만 하지만, 어디도 갈 데가 없게 되면 무슨 일이 벌어지겠소? 어떻게 생각하오?'"[37]

제4부

1920년

33

시베리아 얼음 대행군
1919년 12월-1920년 2월

노보니콜라옙스크 너머로 열차들이 움직이지 못하고 줄지어 멈춰 서자 많은 이들이 철도를 버렸고, 양쪽 모두로부터 빨치산이 계속해서 공격해 왔다. 난민들은 농민들에게서 구매한 말이 끄는 썰매에 의지했는데 많은 장교가 이들에게 총구를 들이밀며 썰매를 빼앗았다. 갈기가 텁수룩한 작은 시베리아 조랑말에 모든 것이 달려 있었다. 말들은 가파른 둑을 따라 얼어붙은 강 위로 내려가야 했다. "우리 말들은 발을 움직이기도 전에 미끄러졌다."[1] 부영사 핸슨Hansen은 보고했다. "이걸 해낼 수 있는 건 시베리아 말뿐인 것 같다." 길 위에는 뒤집힌 썰매와 죽은 조랑말들이 있었고, 양옆에는 타이가taiga(시베리아의 침엽수림-옮긴이) 원시림의 눈 덮인 나무들이 철옹성처럼 서 있었다.

길을 따라 있는 마을들은 기온이 영하 35도 아래로 떨어지는 밤이면 사람들로 가득했다. "지나가는 사람은 너무 많은데 머물 집은 너무 적어서 그중 절반만이 밤에 지붕 아래 머물 수 있었다."[2] 밤이면 병사들과 피난민들이 다시 추위에 노출되기 전에 몸을 데우려 농부들의 통나무집에 난입했다. 바닥마다 잠든 병사와 피난민들로 발 디딜 틈이 없었고 이 때문에 발진티푸스 원인균에 감염된 이가 전염병을 퍼뜨리기 쉬웠다. 겨울의 시베리아에서는 이가 엄청나게 증식해, 옷에 담배를 뿌리는 오랜 수법도 통하지 않았다. 밖에는 쉼터를 찾지 못한 사람들이 동사하지 않으려 피운 모닥불이 거리에 활활 타고 있었다.

열차에 남은 사람들은 앉아서 열차가 움직이기를 마냥 기다리고만 있을 수는 없었다. "시베리아는 완전히 엉망진창이다."[3] 한 폴란드 장교가 기록했다. "급수 시설은 파괴되었거나 얼어붙었다. 기관차에 물을 공급해야 해서 자루나 양동이에 눈을 가득 채워 계속 날라야 했다." 그리고 기관차의 불이 꺼지면 관이 얼어붙어 승객들이 오랜 시간 숲에서 장작을 찾아다녀야 했다.

막힌 선로 위에서 나아가지 못하는 이들 중 콜차크의 총리 빅토르 페펠랴예프와 그의 동생 아나톨리가 백군에 막심한 피해를 초래한 총사령관 사하로프 장군을 체포하고 후임으로 카펠 장군을 임명했다는 사실을 아는 사람은 거의 없었다. 체코군의 방해로 여전히 꼼짝도 하지 않는 열차에 갇힌 콜차크 제독도 묵인할 수밖에 없었다. 그는 자신보다 이틀 먼저 옴스크를 떠난 그의 각료 대부분이 1월 7일 무사히 블라디보스토크에 도착했다는 사실을 몰랐다. 사하로프 장군은 얼마 후 풀려나 자신의 열차를 사용할 수 있게 됐지만, 곧 엄청난 교통 체증으로 오도 가도 못하게 되어 아무 의미가 없었다. 이 정체를 유발한 것은 체코군이 아니었다. 먼저 크라스노야르스크에 파견된 제1군의 부대들이, 큰 승리를 거둔 적군赤軍과 협상을 해야겠다고 생각을 바꾼 사회혁명당에 포섭되었다.

시베리아 횡단철도의 남쪽에는 젊은 기병장교이자 차르 호위대 소속이었던 콘스탄틴 셈첸스키Konstantin Semchevsky가 안절부절못하고 있었다. 그는 적군赤軍 제5군의 본대가 갑자기 철로의 북측으로 우회해 진격했다는 소식을 막 들은 참이었다. 그는 적군赤軍이 크라스노야르스크의 콜차크 군 대부분을 포위할 가능성이 크다고 생각했다. 사하로프 장군의 열차에 탄 아내는 줄지어 선 열차 행렬에 갇혀 있을 게 분명했다. 셈첸스키는 곧 들이닥칠 재앙에서 아내를 지키기로 결심했다.

셈첸스키는 스물다섯 살에 불과했지만, 제1기병사단의 잔존 병력 중 최고위 장교였다. 사단장과 참모는 이미 그들을 버리고 도주했다. 그는 동지들에게 사흘 안에 돌아오겠다고 약속하고 병사들에게 좋은 말 세 필을 마구로 연결해 트로이카troika(러시아의 삼두마차-옮긴이)를 준비하라고 지시한 후 믿을 만한 베테랑 미시카 포포프Mishka Popov를 데리고 떠났다.

두 사람은 숲길을 따라 북쪽의 시베리아 횡단철도로 트로이카를 몰았다. "더 멀리 나아갈수록, 포성이 더 커졌다." 그는 기록했다. 그들은 예니세이강의 지류에 도착했다. 작은 통들을 실은 바지선이 언 강에 갇혀 있었다. 포포프는 여기 버터가 있을 거라고 짐작했다. 그는 빙판을 건너자마자 썰매에서 뛰어내려 바지선에 올라가 버터 한 통을 가지고 의기양양하게 돌아왔다. "우리는 포성을 들으며 계속 이동했다." 그들은 숲 끄트머리에 닿자마자 멈춰 서서 눈앞에 펼쳐지는 광경에 사로잡혔다. "기병, 썰매, 보병으로 이루어진 검은 점들이 낮은 언덕 위에서 안절부절못하며 사방으로 이동하고 있었다. 마치 누군가가 툭 건드린 거대한 개미무덤 같았다. 아무도 태우지 않은 수많은 말들이 여기저기 달리고 있었다. 수많은 수레와 썰매가 버려져 있었다. 집중포화 속에서 크라스노야르스크의 포위망에 갇힌 모두가 도망치려 애쓰고 있었다."[4]

셈첸스키는 절망하기 시작했다. 이 일대가 너무 광활해서 아내를 찾을 수나 있을지 의문이었다. "눈이 많이 쌓이지는 않았지만, 곧 말들이 지치기 시작했다. 하루가 저물고 있었다. 땅거미가 질 때까지 아내를 찾지 못하면 영영 찾지 못하게 될 수도 있었다."[5] 희망을 잃어가던 그 순간 그는 눈 속에서 아내의 것으로 보이는 여성 블라우스를 발견했다. 셈첸스키와 포포프는 커다란 지붕이 덮인 썰매 옆에 멈춰 섰다. 썰매 몰이꾼이 무게를 줄이려 짐을 던지고 있었다. 썰매 안에 사하로프 장군이 보였다. 셈첸스키의 아내는 뒷자리에 앉아 있었다.

사하로프 장군의 썰매 몰이꾼은 셈첸스키의 아내의 작은 가방을 이미 던져버렸는데, 그 안에는 "우스펜스키Uspenski 대성당에서 모스크바 총대주교가 로마노프 황조 300주년을 맞아 축성하고, 차르가 시동이었던 나에게 기념으로 하사한 성찬용 제병을 비롯한" 그의 수집품 몇 개가 들어 있었다. "알렉산드라 표도로브나 황후가 서명하고 1913년 부활절에 하사한 커다란 도자기 달걀도 있었다."

사하로프의 말은 커다란 썰매를 끌 힘이 명백히 부족했고, 셈첩스키의 아내는 트로이카로 옮겼다. 포포프는 애석해했지만 망설임 없이 버터통을 버렸다. 셈첩스키는 사하로프에게 트로이카에 같이 타자고 권유했다. "그러면 트로이카가 너무 무거워질 걸세." 사하로프는 답했다. "나는 여기 있겠네. 최악의 경우 내게는 권총이 있네." 셈첩스키는 계속 같이 가자고 주장했고 사하로프는 결국 그들과 합류했다. 장군의 썰매 몰이꾼은 지친 말의 마구를 풀어준 후 천천히 말을 몰고 떠났다. 이미 황혼이었다.

무턱대고 움직이는 대부분의 사람들과 달리 셈첩스키는 북동쪽으로 향해 포위망을 벗어나기로 했다. 그 후 크라스노야르스크 북쪽으로 빙 돌아갈 계획이었다. "예니세이강에 닿았을 때는 칠흑같이 캄캄한 밤이었다. 강둑은 가팔랐다. 다들 썰매에서 내려 빙판으로 내려가기 가장 좋은 장소를 찾아다녔다. 다행히도 아내가 적절한 곳을 찾았다. 전문가 미시카 포포프가 심사숙고 후 말했다. '말들을 빨리 달리게 해보죠. 운이 좋다면 성공할 겁니다.' 그는 말을 채찍질했다. 트로이카는 바람을 가르며 빙판 위로 날아갔고 말들은 넘어지지 않고 나아갔다."

마침내 눈앞에 예사울스코예Esaulskoe라는 큰 마을의 불빛이 보이고 교회 종소리가 들렸다. 그제야 그들은 오늘이 정교회의 크리스마스이브라는 걸 기억해 내고 사람들이 교회로 가는 중이라는 것을 깨달았다. 다음 날인 1월 6일, 크리스마스에 제5군이 크라스노야르스크를 점령했다. 셈첩스키와 그의 동행들은 믿을 수 없을 정도로 운이 좋았다. 적군赤軍은 크라스노야르스크 지역에서 2만 명의 포로를 잡았지만, 이들을 제대로 먹일 식량이 없었다. "소수의 잔존 병력만이 카펠 장군의 지휘 아래 자바이칼을 향해 여정을 계속했다."[6] 적군赤軍 최고사령부는 보고했다.

총영사 해리스는 적군赤軍이 진입하기 직전 크라스노야르스크에서 일어난 혼란을 보고했다. "러시아인 모두가 겁에 질렸다. … 이 상황에서 통제권을 쥐고 있다고 인식된 체코군은 제멋대로 굴었다."[7] 체코군이 백군 장교들을 적군赤軍 빨치산에 넘겼다는 소문이 퍼졌다. 체코군의 옹호자 자냉 장군은 심지어 체코군에게 러시아 금 보유고가 있는 열차의 호위를 맡으라는 지시를 내렸다고 한다. 백군 장교들은 격분했지만, 군대가 뿔뿔이 흩어져 속수무책이었다.

체코군, 러시아 백군, 폴란드군의 삼파전이 혼돈의 철수를 지배했다. "폴란드 병사들은 철수하는 체코군의 후위를 맡은 것에 불만을 품게 되었다."[8] 백군 보고서는 기록했다. 자냉 장군은 조금도 흔들림 없이 체코군을 편애했다.* 콜차크 사령부에 있던 폴란드군 연락장교는 항의했다. "수천 킬로미터에 걸쳐 후위를 맡는 것은 폴란드군에 명예일 수도 있지만 폴란드 사단 하나가 내내 단독으로 맡기에는 너무 큰 부담입니다."[10] 자냉은 냉담하고 단호하게 답했다. "폴란드 사단이 동쪽을 향한 우리의 여정의 대부분에서 후위를 담당해야 한다는 내 생각에는 변함이 없고, 지금 상황에서는 달리 방법이 없네. 폴란드 사단을 앞으로 보내면 전체 운행이 적어도 3주는 지연될 거네."

체코군 제3사단의 지휘관은 적군赤軍 제27사단과 싸우는 폴란드군에게 어떤 도움도 주지 않으려 했다. 폴란드군 본부는 자냉 장군과 체코군 총사령관 시로비Syrový 장군에게 병사들이 "매우 지쳐 있고 수백 명이 전사했으며 현재 최악의 상황에 빠졌다"[11]라고 알렸다. 자냉은 답하지 않았고, 시로비의 답변은 퉁명스럽기 그지없었다. "폴란드군 사령관 추마

* 체코군과 폴란드군 외에도 자냉 장군의 연합국 사령부 아래 루마니아 군단, 슬로바키아 연대, 크로아티아 부대가 있었다.[9] 러시아 장교들은 자냉이 러시아 제국의 일부였던 우크라이나와 기타 지역에서의 독립 국가 수립을 지지한다고 깊이 의심했다.

대령. 그대가 보낸 서신의 어조에 놀랐네. 자냉 장군의 지시에 따라 폴란드군은 맨 마지막에 와야 하네. 체코군의 마지막 열차가 클루크비엔나야 Klukviennaya역에서 떠나기 전까지 폴란드군의 열차는 단 한 대도 동쪽으로 이동할 수 없네. 이미 결정된 사안이니 이 문제에 관해 더는 협상이나 요청이 없어야 할 것이네."[12]

적군赤軍 추격자들을 따돌리기 위한 최후의 수단으로 폴란드군은 막힌 열차를 버리고 걷기 시작했지만 이미 너무 늦었다. "1월 9일 밤, 폴란드군은 지휘관을 체포했고 무기를 넘기면 러시아 서부를 통해 무사히 폴란드로 귀환하게 해준다는 조건으로 볼셰비키에 투항해야 한다고 주장했다."[13]

다음 날 폴란드 제5사단은 적군赤軍에 조건부 항복했고, 이 항복으로 특히 폴란드군 장교들은 씁쓸해했다. 한 장교는 기록했다. "우리 군의 패배들에 비통할 뿐이다. 폴란드 군인의 뛰어난 전투 능력을 보여줄 기회는 없었고, 무기를 가지고 폴란드에 도착하겠다는 우리의 목표를 완수하지 못했으며 일부 병사들을 죽음으로 내몰았다. 처음부터 항복 협정은 아무런 효력이 없을 것이 명백했다. 우리의 우려가 현실이 되었다. 우리는 전부 빼앗겼다. 최소한의 식량까지."[14] 그들은 1921년 폴란드-소비에트 전쟁이 끝날 때까지 포로수용소에 아사 직전 상태로 남겨졌다.

크라스노야르스크에서 포로로 잡힌 한 영국 장교는 백군 장교들이 고분고분하게 항복하는 모습에 충격을 받았다. 그들의 뜯겨나간 견장은 "마치 가을의 낙엽처럼"[15] 땅 위에 나뒹굴었다. 그는 또한 적군赤軍 병사들의 정중함에 놀랐다. 반면 전前 독일군 전쟁포로가 대거 합류한 민간인 공산주의자들은 미치광이들이었다.

후퇴의 혼란 속에서 가족들은 생이별했다. 먹을 것을 찾아 나섰던 부모는 돌아와 열차가 이미 떠났거나 그들의 차량이 다른 열차에 연결된 것을 발견했다. 패배와 완전한 무질서의 시기에 가족과 떨어진 젊은 여성과 소녀들은 특히 취약했다. 역에는 친인척을 찾으려는 사람들이 휘갈겨 쓴 쪽지가 사방에 붙어 있었다.

먼저 열차를 타고 떠난 미국 적십자 직원들은 나중에는 걸어서 마지막 체코 부대를 따라잡았다. 1월 10일 블런트Blunt 대령과 철도 근무단의 장교 일곱 명이 볼셰비키에 포로로 잡혔다. 미군과 영국군 파견대는 주로 기본적인 예방책을 통해 유행성 발진티푸스 감염을 피할 수 있었다. 거의 모든 열차에서 적어도 한 화차는 티푸스 환자들로 가득했다. 한 열차는 티푸스 환자들만 호송했고, 한 영국 장교의 증언에 따르면 열차가 멈출 때마다 "화부가 잿더미를 버리듯 거의 아무런 의식 없이"[16] 벌거벗은 시체가 눈 속으로 던져졌다. 일본 주재 미국 대사 롤런드 모리스Roland Morris는 전염병 확산을 막기 위해 백군에게 지급된 100만 달러어치의 약과 장비가 시베리아 횡단철도 여기저기서 헐값에 팔렸다는 사실을 알고 격분했다.[17]

티푸스 환자에게 가장 두려운 것은 환경이 끔찍하게 열악한, 이른바 병원이라는 곳에 끌려가는 것이었다. 극히 드문 생존자 중 한 명의 기록이다. "모두 신음하고 고래고래 소리를 질렀다. 고향에 대한 그리움은 고열에 시달리는 사람들의 정신을 산산조각 냈다. 작은 등이 구석에서 꺼져가고 있었다. 몇 시간 후 한 환자가 일어나 비틀거리다 내 위로 쓰러지더니 다시는 일어나지 못했다. 무덤 속에 있는 것 같았다. 그에게서 벗어날 기력이 정말 하나도 없었지만 내 안에 희미하게 남아 있는 힘을 쥐어짜내 그를 밀어냈다."[18]

발진티푸스는 중세의 흑사병만큼이나 사람들을 두려움에 떨게 했지만, 절박한 이들은 전염될 위험이 매우 커 자살행위나 다름없는데도 티푸스 사망자들의 시체에서 옷을 모두 벗겨냈다. 미군 보고서에 따르면 피난민들은 티푸스로만 죽어가고 있었던 것이 아니었다. 천연두와 디프

테리아도 유행하고 있었다.[19] 크라스노야르스크에서 사람들은 벌거벗은 채 쌓여 얼어붙은 시체 더미 주위에서 아이들이 놀고 있는 광경을 보고 충격을 받았다. 겨울의 영구동토대에서는 매장이 불가능했다. 더 큰 일부 마을에서는 창고 전체가 시체로 가득 찼다. 겨울이 끝나기 전까지 노보니콜라옙스크에서만 발진티푸스로 인한 사망자가 6만 명에 달하는 것으로 추산되었다.

크라스노야르스크에서 백군 병사들이 버린 기병 군마와 수송 말 약 5천 마리가 굶주린 채 주변을 정처 없이 헤맸다. 그중 다수는 백군이 시베리아 농부들로부터 몰수한 것이었지만, 소비에트 정부의 재산을 훔친다는 혐의를 받을까 봐 누구도 감히 이 말들을 데려가지 못했다. 크라스노야르스크에 있는 제5군의 분견대에는 이 말들을 탈 기병이 없었고, 수송대에는 남은 사료가 없었다. 죽은 말들의 사체에서 약간의 고기가 나왔고, 나머지 잔해는 마을 밖으로 옮겨져 눈밭에 방치된 채 썩어갔다.

어디에서도 연민을 찾을 수 없었다. 여성 피난민들은 고드름으로 덮인 가축칸에서 아이를 낳았지만, 먹일 우유가 없어 아기가 굶어 죽는 것을 지켜볼 수밖에 없었다. "더러운 모피를 뒤집어쓰고 면도도 하지 않은 채 겁에 질린 눈으로 자포자기한"[20] 남자들은 자기 연민에 빠져 무너지곤 했다. 보드카를 얻을 수 있던 이들은 술에 취해 혹한에 아랑곳하지 않다가 동상에 걸리거나 심지어 괴사를 겪기도 했다. 1월 10일 밤 보통 밤에 영하 40도까지 내려가는 동쪽의 치타에서는 영하 68도의 기록적인 한파가 닥쳤다. 야영지로 돌아오는 길에 술에 취해 기절한 미국 병사들은 종종 동상으로 손가락, 발가락, 심지어 발 전체를 잃었다.[21]

그동안 크라스노야르스크에서 1천 킬로미터 떨어진 대도시 이르쿠츠크에서는 더 끔찍한 광경이 벌어지고 있었다. 12월 23일 영국군이 훈련시킨 백군 제53보병연대의 병사 800명이 이르쿠츠크역을 장악했다.

자신들의 장갑열차 오를리크Orlik에 병사들을 태우던 체코군이 지켜보는 가운데 벌어진 일이었다. 체코군은 좌파 사회혁명당이 부추긴 것이 틀림없는 이 행동을 묵인하거나 심지어 지원했다. 제54연대도 반란에 가담했다.

반란 세력은 그 후 앙가라강 위의 다리를 파괴해 이르쿠츠크를 공포에 떨게 했다. 제53연대의 연대장은 아타만 세묘노프에게 질서 회복을 위해 부대를 파견해 달라고 간청했지만 세묘노프는 살인, 약탈, 강간의 아수라장에 대처하기에 적합한 인물은 아니었다. 곧 세묘노프의 카자크군과 장갑열차 한 대가 치타에서 도착했지만, 연합국 대표들은 그들에게 개입하지 말라고 요구했다. 반란 세력은 요새 급습을 시도했지만, 시체프Sychev 장군이 지휘하는 부대의 공격을 받아 우샤콥카Ushakovka강 너머까지 밀려났다. 일본군도 이르쿠츠크에 있는 일본인의 피난을 위해 부대를 파견했다.

여전히 내무부 장관이자 총리인 빅토르 페펠랴예프는 이르쿠츠크에서 사회혁명당과 협상하겠다고 선언했다. "현 정부는 여론이 비우호적인데다 아무런 권한이 없어서 외부의 지원 없이는 어떤 성공도 기대할 수 없다."[22] 하지만 좌파 사회혁명당과 멘셰비키는 페펠랴예프의 제안을 단호히 거절했다. 그들은 1월 4일 그들이 '정치 중심Political Centre'이라고 부르는 정부 수립에 있어 주도권을 주장했다. 새 정부 수립 소식을 듣자마자 콜차크는 사임했고, 좌파 사회혁명당과 멘셰비키는 콜차크를 해임하고 이제 데니킨 장군이 최고지도자라고 선언했다. 미국인들은 특히 콜차크가 자신을 대신할 자바이칼 지역의 총사령관으로 아타만 세묘노프를 선임했다는 소식이 마음에 들지 않았다. 콜차크는 세묘노프가 자신을 구원할 마지막 희망이라고 생각했던 듯하지만, 그것은 환상에 불과했다. 이제 시베리아의 카자크 약탈자 중 가장 큰 권력을 쥐게 된 세묘노프는 즉시 명령을 내렸다. "모든 화물은 과세 대상이다. 이 세금은 극동 카자크 부대의 아타만 군대를 위해 쓰일 것이다. 자바이칼을 통과하는 화물 일부는 지역 주민의 구호를 위해 몰수될 것이다."[23]

이르쿠츠크의 상황이 "날이 갈수록 끔찍해지고 있다"[24]라고 한 신문이 보도했다. 보급품이 고갈되면서 굶주림의 위협이 현실로 다가오고 있었다. 미군 병사들은 적십자 병원을 사회혁명당으로부터 넘겨받은 볼셰비키가 백군 환자들을 창문 밖으로 던져 눈 속에서 얼어 죽게 하고 있다는 이야기를 들었지만,[25] 아마도 과장이나 조작이었을 것이다.

12월 중순 이후 체코군 사령관 시로비 장군은 자기 부대가 콜차크 제독을 의도적으로 묶어두고 있다고 인정하지 않으려 했다. 연합국 군사통제위원회의 위원들은 그가 위험에서 빠져나오기를 바랐지만, 자냉 장군은 위원회의 지시를 무시했다. 자냉은 콜차크에게 무사히 영국군 군사사절단과 합류할 수 있게 해주겠다고 약속했지만, 1월 15일 제6체코 연대가 전 최고지도자 콜차크와 각료회의 의장 페펠랴예프가 타고 있고, 또 금 보유고가 실려 있는 객차 세 량을 좌파 사회혁명당에 넘겼다. 엿새 후 공산당 혁명위원회가 통제권을 쥐었고, 좌파 사회혁명당과 멘셰비키도 여기 참여했다.

이르쿠츠크에서 총영사 해리스는 분노에 차서 워싱턴에 보고했다. "체코군은 고의로 그리고 계획적으로 연합국의 결정과 완전히 다른 정책을 채택했다. … 그들은 콜차크와 금을 볼셰비키에 넘겨 수많은 배신행위를 저질렀고 이제 파렴치하게도 온 세상에 이 사실을 공공연히 인정한다."[26] 해리스는 "이르쿠츠크에서 마지막으로 저지른 그들의 불명예스러운 행위는 체코군이 안전하고 빠르게 유럽 러시아를 통과하기 위해서라면 조금도 망설이지 않고 볼셰비키와 타협할 수 있다는 것을 증명한다"고 주장했다. 그러니 미국이 "바다를 통해 고국으로 돌아가겠다는" 체코군의 요구를 존중하고 그들에게 "편안한 수송"을 제공할 이유도 없었다.

혁명군사평의회는 두 주가 넘도록 콜차크와 페펠랴예프를 심문했다. 그동안 크라스노야르스크에서 포위망을 벗어난 카펠 장군의 부대는 종종 얼어붙은 강 위를 행군해 수백 킬로미터의 황야를 지나 바이칼호로 향했다. 행군 중 카펠은 말에서 내려 군마를 끌고 가다 얼음 밑으로 빠졌다. 말고삐를 꽉 붙잡아 빠져나오기는 했지만, 동상에 걸려 발가락에 괴사가 일어났다. 마취 없이 발가락을 절단했지만, 카펠은 1월 26일 양측성 폐렴으로 사망했다.[27]

나흘 후, 이제 보이체홉스키Voitsekhovsky 장군의 지휘를 받는 카펠의 충성스러운 부대 '카펠렙치' 1100명은 이르쿠츠크에서 240킬로미터 북쪽에 있는 지마Zima 부근에서 적군赤軍에 맞섰다.[28] 적군赤軍은 카펠의 베테랑 부대에 맞설 수 없었고 빠르게 퇴각했지만, 보이체홉스키는 자기 병사들만으로는 이르쿠츠크를 탈환할 수 없다는 사실을 인정해야 했다. 이르쿠츠크를 우회하기 위해 그는 얼어붙은 바이칼호 위를 건너 병사들을 끝없는 시베리아 얼음 행군으로 이끌었다.

끝없이 계속되는 심문 내내 콜차크는 옴스크에서 너무 자주 그랬던 것과 달리 결코 생각의 끈을 놓치거나 이성을 잃지 않았다. 이미 결과를 잘 알고 있어서인지 평소답지 않게 차분했다. 콜차크는 그의 운명을 "함께하려 하는"[29] 어린 연인 안나 티미료바를 만나게 해달라고 부탁했지만, 그녀는 다른 곳에 수감되어 끔찍한 대우를 받고 있었다. 1920년 2월 7일 새벽 4시, 콜차크와 페펠랴예프는 앙가라강과 우샤콥카강의 합류 지점에서 총살되었고 그들의 시신은 얼음에 뚫은 구멍으로 던져졌다.

34

오데사 함락
1920년 1월

매우 국제적인 도시 오데사는 통치자가 바뀔 때마다 수난을 겪었다. 1919년 8월 23일 병력 2천 명의 의용군 부대가 상륙하면서 또다시 소비에트의 지배가 막을 내렸다. 모스크바 진군 계획으로 한껏 의기양양한 가운데 일어난 오데사의 탈환으로 모든 반볼셰비키 세력이 몹시 흥분했다.

한 달 후 데니킨 장군은 (흰색 바탕에 표트르 대제의 담청색 성 안드레아 십자가가 그려진) '안드레옙스키Andreevsky'기를 휘날리는 백군의 순양함 카굴Kagul을 타고 화려하게 오데사에 등장했다. "영국과 이탈리아 함대가 예포를 쏘았다."[1] 엘레나 라키에르는 기록했다. "도시는 건물 난간마다 걸린 깃발과 카펫으로 장식되었다." 하지만 고작 석 달 후인 12월, 데니킨의 모스크바 진격이 실패하자 실링 장군은 오데사로 철수할 수밖에 없었다.

작가 이반 부닌은 이전 공산당의 지배하에서도 "많은 골동품으로 고상하게 꾸민"[2] 널찍한 아파트에서 조용히 살고 있었다. "우아하게 차려입은 하녀"가 문에서 방문객들을 맞아 윤이 나는 쪽모이 세공 바닥에 천장이 높은 "위엄 넘치는 방"[3]으로 안내했다. 부닌은 더운 날씨에도 신사들의 상징인 파나마모자를 쓰고 있었다. 그의 고상하고 풍요로운 삶은 불가능한 것은 아니었지만 주민 대부분의 전형적인 삶과는 완전히 달랐다. 하지만 부닌은 상아탑에 틀어박혀 있지만은 않았다. 그는 거리의 삶을 관찰하는 데 몰두했고 자신의 노트에 짤막한 글을 끊임없이 메모했다. 적군赤軍 제14군이 진격하자 부닌은 러시아에서의 나날이 얼마 남지 않았다는 것을 느꼈다. 그는 파우스톱스키에게 말했다. "이 세상은 모든 게 불쾌하게 변했네. 바다에서도 이제 녹슨 쇠 냄새가 나."[4]

수많은 도박꾼, 투기꾼, 사기꾼이 모인 오데사는 부패에 찌들었다. 카페에서 탁자 위로 몸을 굽힌 남자들은 왕관 장식이었다는 다이아몬드를 팔고 있었다. 오데사가 함락되기 직전인데도 영국 해군 장교들은 육지에 상륙해 데니킨 루블 '종'의 폭락으로 삶이 망가진 사람들과 흥정을 벌이고 있었다. "진귀한 모피 같은 것들이 터무니없이 싼 가격에 거래되고 있다."[5] 웹-보웬 중위는 일기에 기록했다.

밤은 불길했다. "어둠 속에서 때때로 도시 밖에서 울리는 소총의 총성이 들렸다." 파우스톱스키는 기록했다. "총성이 울릴 때마다 개들이 오랫동안 짖어대다가 점차 조용해졌다." 슐긴은 "이 으스스한 어둠 속에서 수많은 사람이 돌아다니고 있는 것"을 발견했다. "코카인에 취한 매춘부와 술에 반쯤 취한 장교들이" 많았다.

도시를 향한 위협은 커졌다. 공산주의 정권이 반혁명 조직으로 분류한 적십자는 오데사에서 떠나기로 결정했다. 적십자에서 일하던 옐레나 라키에르는 부상자들을 태운 영국 수송선 하노버Hanover를 타고 세바스토폴로 떠났다. 영하 30도의 기온에서 그녀는 모피코트와 장화를 신고도 추위로 덜덜 떨었다.

실링 장군은 얼마 안 되는 병력으로 오데사를 지키는 것은 역부족이라고 데니킨에게 경고했다. 크림반도로의 철수를 준비해야 했다. 영국과 프랑스 장교들로부터 엄청난 압박을 받았던 듯한 데니킨은 무슨 일이 있어도 오데사를 사수해야 한다고 답했다.[6] 전 오흐라나 수장이자 현 방첩부 수장 글로바체프는 "누구도 전투를 원치 않는다"[7]는 것을 알고 있었고, 슐긴은 오데사 총독 스템펠Stempel 남작이 자신의 지위를 "이전 군 복무에 대한 보상"[8]에 불과한 것으로 여긴다고 확신했다.

1920년 1월 셋째 주 실링의 사령부는 비밀리에 탈출을 준비하기 시작했다. 그들은 적군赤軍 2개 사단이 오데사로 진격 중인 것을 잘 아는 글로바체프에게도 탈출 계획을 말하지 않았다. 오데사에서 의용군은 언론 보도를 금지하고 적군赤軍의 공격을 모두 물리쳤다고 주장했다. 그들은 극소수의 배를 자신들이 차지하기 위해 대탈출을 막으려 했다. 1월 23일 사령부로 출근한 글로바체프는 사령부가 텅 비어 있는 것을 발견했다. 실링과 그의 참모들은 증기선 블라디미르Vladimir를 타고 출항을 준비했지만, 아직 항구에 남아 있었다.

1월 24일 저녁 슐긴은 언제라도 "상황이 변할 수 있다"[9]고 생각했다. "옷을 입고 밖으로 나갔다. 거리에는 수레 행렬이 있었고 포병대 일부가 마을에 진입했다. 예카테리닌스카야Ekaterininskaya 광장에 산더미처럼 쌓인 가방과 상자들이 점점 불어나고 있었고 그 사이로 차가 지나가고 있었다." 소비에트 통치하에 어떤 미래가 기다릴지 두려워하는 이들은 모두 '떠날 것인가, 머무를 것인가'라는 중대한 선택에 직면했다. "이런 시기에는 빨리 결정을 내려야 한다."[10] 파우스톱스키는 썼다. 그는 레닌의 정권 아래 남기로 했다. "한순간의 망설임이 삶을 망칠 수도 구할 수도 있었다."

"실링은 아직 연안에 있었다."[11] 슐긴은 기록했다. "누군가 그에게 탈출에 관해 이야기하자 그는 화가 난 듯 보였고 적어도 열흘은 더 기다리겠다고 약속했지만, 마지막 상자까지 짐을 모두 실은 상태였다." 하지만 정박지의 프랑스 순양함 한 대가 주포를 발포하고, 포탄이 지붕들 위를 날아 교외에서 폭발하자마자 도시 전체가 '피난의 광기'에 휩싸였다. 백군 부대는 마을을 지나 항구로 몰려들었다. 해골과 대퇴골 두 개를 교차시킨 문양을 소매에 달고 있는 이른바 '결사대대'의 대원들은 부대의 이름에 걸맞게 행동하기를 가장 꺼리는 듯했다. 하는 일 없이 오데사의 바를 전전해 슐긴이 "커피숍 군대"라고 불렀던 장교 수천 명의 모습은 전혀 보이지 않았다. 볼셰비키가 곳곳에 잠입했고 장교들은 이미 항구의 선박에 숨었다는 소문이 퍼졌다. 군중은 은행을 에워쌌고 비자를 받으려 영사관에 몰려들었다.

헌병대 역할을 맡은 젊은 사관생도들은 항구로 몰려드는 사람들을 막을 수 없었다. 항구로 향하는 길은 꽉 막혔고 사람들은 서로 밀쳤다. "사람들 다리 사이로 불룩한 가방, 상자, 바구니가 끔찍한 괴생명체처럼 미끄러지듯 나아갔다. 내용물이 쏟아져 나와 사람들의 다리에 얽혔다."[12]

실링과 그의 참모들은 블라디미르호에 승선했고, 글로바체프도 그들과 합류했다. 선원들은 급료를 받기 전엔 출항하지 않겠다고 주장했다. 선원들이 '종'을 받으려 하지 않아서 사령부의 한 장군이 글로바체프에게 국립은행 지점으로 가 200만 케렌스키 루블을 인출해 오라고 지시했다. "도시로 가는 것은 매우 위험했고 증기선은 오후 1시 출항 예정이었다. 회계 담당자와 우리 부서의 무장한 장교 둘이 나와 함께 차를 탔다. 은행에 다가가자 돈을 인출하려고 기다리는 군중들로 입구가 혼잡한 것이 보였다. 나는 회계 담당자와 은행 안으로 밀고 들어갔다. 관리자는 재빠르게 돈을 건네주었다."[13] 은행 관리자는 그와 여동생을 데려가 줄 수 있냐고 물었고 글로바체프는 그러겠다고 했다. 관리자는 뒷문으로 그들을 데리고 나갔지만, 볼셰비키 편에 선 전前 경찰들이 모든 출구를 막고 있었다. "마침내 우리는 이유를 알아냈다. 경찰들이 급료를 받지 못했기 때문이다. 그들은 관리자가 돈을 전부 가져가 한 푼도 받지 못할까 봐 우려했다." 그들은 경찰에 거금을 건네고 빠져나올 수 있었다. 시내에서 포격이 시작되었다. 볼셰비키 지하조직이 공격에 나선 것인지, 제41사단이 도착한 것인지 아무도 알 수 없었다. 글로바체프와 동행자들은 급히 항구로 돌아갔다. 블라디미르호는 아직 방파제 옆에 있었지만, 습격을 막으려 도교를 거둬들인 상태였다. 배 위에서 줄을 던졌고 글로바체프, 은행 관리자와 그의 여동생을 갑판 위로 끌어올렸다.

슐긴은 몇몇 유명인처럼 자신의 방어 부대를 구성했다. 그들은 위에 있는 알렉산드롭스키 공원에서 적군赤軍 사수들이 총을 쏘는 가운데 항구로 내려갔다. 사람들은 서둘러 항구 입구의 석조 창고 뒤로 숨었다. "볼셰비키는 명사수는 아니었다."[14] 슐긴은 기록했다. "부상자는 많지 않았다." 그 후 그는 드라고미로프 장군과 섣달그믐에 나눈 대화를 떠올렸다. "바로 이 순간 마침내 저항 의지가 생겨났다. 갑자기 몇 명이 앞으로 돌진했다. 장교들이 아니라 일반 기병들이었다. 그들은 거친 몸짓과 함께 외치기 시작했다. '그래서 어쩌라는 거요, 신사 양반? 계속 이러고 있을 거요? 어디로 간단 말이오, 사방이 바다인데! 여기서 그냥 죽을 거요? 기관총은 신경 쓰지 말고 가서 저놈들을 물리칩시다. 저들을 때려눕히자고요! 갑시다!'"

"가는 길에 병사들이 스무 살 정도의 젊은이를 붙잡았다. 그는 유대인이 아니라고 주장했지만, 성호를 그으라고 하자 잘못 그었다.* 병사 중 한 명은 그가 조금 전까지 우리에게 총을 쏘아대다 소총을 버린 볼셰비키라고 확신했다. 나는 그를 놓아주라고 병사들을 위협해야 했다. … 우리는 또 다른 무리를 만났다. 다들 갈증이 심했고, 몇몇 숙녀가 우리에게 아주 조심스럽게 물을 주었다. 그들은 볼셰비키의 보복을 두려워했다."

이제 떠날 때가 되었다는 말을 들은 슐긴은 항구로 내려갔다. 시간을 맞추지 못하면 걸어서 루마니아 국경으로 도망쳐야 한다는 경고를 받은 터였다. "나는 우리 바지선에 도착해 겁에 질렸다. 바지선은 '전용' 증기선이 끌어야 했다. 증기선과 바지선을 보니 항구에서 벗어날 수 없고, 벗어난다 해도 실패할 것이 명백했다. 두 척의 배는 모두 사람들로 가득했고 그중에는 친한 친구들과 가족도 많이 있었다." 그는 긴 행군으로 설원을 지나고 언 석호를 건너려는 스테셀Stessel 대령과 합류하기로 했다.

* 이것은 반유대주의 조직들이 유대인으로 의심되는 자들을 시험하는 방식이었다.

마침내 검문소에 다다랐을 때 그들은 전혀 환영받지 못했다. 루마니아군은 쓸 만한 물건은 모두 빼앗았고, 장화까지 가져가면서 대신 자작나무 껍질로 만든 랍티lapti(러시아인과 동슬라브인들이 신던 전통 신발-옮긴이)를 주었다.

1920년 2월 7일 파우스톱스키는 오래된 정자에서 "호메로스의 대서사시에 나올 듯한 탈출"[15] 광경을 보고 있었다. 그는 "사람들이 하나밖에 보지 못할 때의 맹목적인 두려움"에 관해 기록했다. "사람들의 무게를 이기지 못해 계단이 부서진 도교는 금방이라도 무너질 것 같고, 병사들은 소총 개머리판으로 사람들의 머리를 밀고, 우르르 몰려드는 다급한 사람들 속에서 아이들은 엄마 팔에 매달려 절박하게 울고 있고, 짓밟힌 한 여인은 인도에서 여전히 발버둥 치며 소리 지르고 있었다. 사람들은 말 그대로 서로를 죽였다. 자기를 구해준 사람이 도교를 기어 올라와 배 난간을 잡아도 배에 오르지 못하게 했다. … 배의 침몰을 우려한 선장은 출항을 지시했고 도교가 바다에 빠져 아직 그 위에 있던 사람들은 물에 빠져 죽었다. 배 위의 사람들이 계선줄을 끊어냈고, 배가 도교를 올리지도 않은 채 부두를 떠났다. … 측면의 검은 페인트칠이 벗겨진 이 더러운 배들은 거의 모두 사람들을 가득 태워 크게 기우뚱하며 출항했다."

"소비에트 기병 부대가 천천히 항구로 향하는 길을 따라 내려왔다. 항구는 부서진 가방들로 가득했고 압사한 사람들의 시체가 줄지어 있었다. 병사들은 생각에 잠긴 듯 고개를 숙인 채 말을 타다가 시신 옆에 멈춰 서서 안장 위에서 몸을 구부렸다. 그들은 방파제 끝까지 계속 나아가 보론촙스키Vorontsovsky 등대를 지나가는 배들을 바라보았다."[16]

파우스톱스키는 러시아인 특유의 서정적인 슬픔으로 출항하는 배들을 바라보며 이제 그들이 마주할 망명을 생각했다. "배 한 척이 잿빛 하늘에 증기구름을 내뿜었고 소름 끼치는 호각을 길게 불었다. 다른 모든 배들은 소리의 높낮이가 크기가 제각각인 호각을 불며 뒤를 따랐다. 이것들은 떠나가는 사람들이 보내는 작별 인사였다. 조국을 떠나는, 민족을, 러시아의 들과 숲을, 봄과 겨울을, 괴로움과 슬픔을 버리고, 과거와 현재, 푸시킨과 톨스토이의 눈부신 천재성, 부모와도 같은 풀밭의 풀잎 하나하나, 우리의 소박하고 아름다운 땅 어딘가에 있는 우물의 물방울 하나하나를 향한 위대한 사랑과 멀어지는 이들이 보내는."[17]

35

백군 기병대의 마지막 함성
1920년 1-3월

섣달그믐, 적군赤軍이 노보체르카스크를 점령하고 백군의 잔존 병력을 포위하는 것은 당연한 듯했다. 하지만 날씨 변화로 적군赤軍은 최후의 일격을 가하지 못했다. 갑자기 얼음이 녹아 돈강 하류의 습지를 지날 수 없었다. 제1기병군에는 도하 장비가 하나도 없었고, 돈강은 1월 15일에야 다시 얼었다. 카메네프와 적군赤軍 최고사령부는 1월 2일 제10군이 차리친을 탈환했고, 1월 6일 부툔니가 타간로크를, 그리고 이틀 후 로스토프를 점령했다는 소식을 받았지만, 완전한 승리를 눈앞에서 놓친 상황에서 이 승리들은 무색했다. 적군赤軍 기병대는 부상당한 백군 장교들이 침대에 갇혀 있는 것으로 추정되는 로스토프의 병원에 불을 질렀다.

백군의 철수는 매우 혼잡했고, 타간로크를 향하는 영국군의 철수도 그다지 나을 것이 없었다. 지휘관인 홀먼 장군이 계속 자리를 비워 누구도 결정을 내릴 수 없었다. 홀먼에게 몹시 화가 난 장교는 케네디만이 아니었다. "홀먼 장군은 지금 사령부에서 수많은 중요한 문제를 결정해야 한다."[1] 대신 홀먼은 영국 공군 전투기의 폭격수가 되어 학생처럼 흥분해 있었는데, 이것은 소장이 할 일이라고 보기 어려웠다. 케네디는 1월 2일 홀먼이 "적 기병으로 오해해 자기 손으로 데니킨의 포대를 폭격했다"[2]는 소식을 들었다. 후에 케네디는 홀먼의 집착에 가까운 증오의 대상이 볼셰비키만이 아니라는 것을 알게 되었다. "크래그Cragg는 오늘 아침 홀먼을 보았다. 홀먼이 사방의 유대인을 모두 쓸어내는 것에 집착하고 있어서 다른 일에 관해서는 거의 이야기를 나눌 수 없었다고 한다."[3]

레버 대위와 그의 일행은 타간로크에 보관된 대량의 장비를 옮길 수 없어 그냥 폭파했다.[4] 마지막 열차가 증기를 뿜고 있었다. 영국 군사 사절단은 기관차 운전석에 항상 권총을 소지한 장교 한 명을 두어 기관사가 자리를 버리고 떠나지 못하게 감시했다. 언제든 공격당할 위험이 있어 사절단의 다른 단원들은 소총을 끌어안고 잤다. 그들은 "얼어서 널빤지처럼 빳빳한 외투"[5]를 입은 병사들과 로스토프와 돈강 위의 거대한 다리를 향해 터덜터덜 걷는 난민들을 지나쳤다. 레버는 냉담하게 기록했다. "마구 쏟아지는 수많은 사람 때문에 역은 모두 대지 위의 곪은 상처처럼 이루 말할 수 없는 오물 구덩이가 되었다. 발진티푸스, 콜레라, 천연두가 급속히 퍼지는 것은 당연했다."

백군은 운이 좋았다. 새로 편성된 캅카스전선군의 적군赤軍 총사령관 바실리 쇼린Vasily Shorin의 작전은 적군赤軍의 상황을 훨씬 악화시켰고 덕분에 백군은 절실히 필요했던 숨 돌릴 틈을 얻었다. 부됸니는 강 건너 바타이스크Bataisk의 의용군을 정면 공격하겠다는 쇼린의 고지식한 계획이 위험하다는 것을 알고 있었다. 그는 대신 기병 9천 명과 보병 5천 명으로 구성된 부대가 훨씬 동쪽에서 강을 건넌 뒤 의용군의 뒤로 돌아가 넓게 포위해 공격해야 한다고 제안했다. 고집 센 쇼린은 자신의 계획을 바꾸려 하지 않았다.

1월 17일 제8군이 지원에 나선 부됸니의 공격은 실패했고 그다음 날의 재공격도 수많은 사상자만 내고 흐지부지 끝났다. 그런데도 세 번째 공격을 시도하라는 명령이 내려오자 부됸니는 믿을 수 없어 분노했다. 그는 "늪지가 계속되어 지형이 전혀 적합하지 않고 기병을 배치할 공간도 부족하다"[6]라고 지적했다. 격렬한 비난이 이어졌다. 쇼린은 그달 초 부됸니의 마무리가 부족했다고 비난하며 그가 백군이 방어 태세를 재구축할 기회를 줬다고 말했다. 당시 함께 공격을 수행한 제8군도 부됸니의 병사들이 "극도로 약한 전투 회복력을 보였다"[7]라고 비난했다.

패배의 위기에 처한 백군 동맹의 구성원들은 전략과 함께 꽤 차이 나는 정치적 견해를 논할 수밖에 없었다. 1월 18일 예카테리노다르에서 최고 의회Supreme Krug가 열렸다. 카자크가 논쟁을 벌이는 동안 데니킨은 새로운 계획에 대한 합의를 이끌어 내려 애썼다. 의용군 병력이 급감하면서 제정복고주의자들의 영향력이 약해졌고, 다수를 차지한 카자크에게 양보할 수밖에 없게 되었다. 브란겔은 결사반대했다. 중도파뿐 아니라 심지어 중도 좌파와 협력하면서, 데니킨은 농민들에게 토지 개혁을 제의하거나 반드시 제헌의회를 구성하겠다고 확약하지 않은 과거의 실수를 깨달았다. 그는 심지어 아르한겔스크에서 온 노련한 사회주의 지도자 니콜라이 차이콥스키를 그의 새 정부에 영입하기도 했다. 이는 그저 너무 늦었다는 정도의 문제가 아니었다. 데니킨의 조치는 독재 정부로도, 유사 민주주의 연립정부로도 효과적으로 기능하지 못하는 백군의 무능함을 드러냈다. 백군 정부의 파벌들이 합의할 수 있는 단 한 가지 주제는 부정적인 것, 그들의 볼셰비즘 혐오뿐이었다. 반면 적군赤軍은 세계에서 가장 큰 나라에서 내전에 승리하는 데 필요한 모든 조건을 갖추고 있었다. 바로 철저히 중앙집권적이고 무자비한 독재 구조였다. 이 덕분에 그들은 끔찍한 무능마저도 견뎌내고 살아남을 수 있었다.

쇼린은 1월 20일과 21일 바타이스크를 계속 공격해야 한다고 우겼다. 적군赤軍 최고사령부는 이 작전을 "불가능을 알면서도 감행하는 공격"이라고 묘사했지만, 개입하지 않다가 1월 24일에야 공격 계획을 바꿨다. 그들은 제9군과 차리친에서 남서쪽으로 진군하는 제10군에 전투에 합류할 것을 지시했다. 부됸니는 마침내 동쪽으로 멀리 가로질러 바타이스크의 의용군을 측면에서 공격하는 자신의 계획을 실행에 옮길 수 있게 되었다. 하지만 그는 혐오하는 경쟁자 두멘코의 군단이 자기 지휘하에 놓이지 않고 재량권을 부여받은 것이 틀림없이 불만이었을 것이다. 그들의 기동은 그달 말 대규모 기병 전투로 이어졌다.

1월 28일 부됸니의 코나르미야는 대규모 백군 기병을 패주시키고 야포 10여 문과 기관총 30정을 획득했다. 바로 다음 날 마몬토프의 돈 카자크가 반격에 나서 부됸니의 제11기병사단을 쳐부수자 적군赤軍 쪽에서 더 격렬한 논쟁이 벌어졌다. 스탈린의 친구 보로실로프는 예상대로 부됸니를 지지했다. 그는 제1기병군을 기다리지 않고 돌진해 마니치 Manych강을 건넌 두멘코를 비난했다.[8]

백군의 성공은 오래가지 않았다. 마몬토프는 발진티푸스에 걸려 얼마 후 사망했다. 진흙이 너무 깊어 백군은 많은 야포를 포기할 수밖에 없었다. 한 번은 시도린 장군의 비행기가 진흙에 빠져 꼼짝 못하고 이륙하지 못해서 시도린이 적에 잡힐 뻔했다. 때맞춰 칼미크 카자크 1개 소트니아가 나타났다. 상황을 파악한 그들은 말에서 뛰어내려 손으로 비행기를 끌어 마른 길로 옮겼다. 가장 심각한 문제는 '쿠반 군단'으로 개칭한 캅카스군이 북서쪽 측면에서 제10군을 막는 대신 해체되기 시작한 것이었다. 쿠반 군단의 쿠반 카자크들은 데니킨과 백군을 싫어하게 되었다. 데니킨은 11월 쿠반 라다를 탄압하면서 잠시 상황을 억지로 진정시켰지만, 이에 따라 쿠반 카자크는 백군에 깊은 적의를 품게 되었다. 쿠반 카자크는 개인적으로 혹은 떼를 지어 약탈품을 가지고 고향으로 돌아가고 있었다. 그들은 백군과 동맹을 끊으면 소비에트 정부가 그들에게 어느 정도의 자치권을 허용할 것이라고 맹목적으로 낙관했다. 해군 중장 뉴턴 매컬리Newton McCully가 이끄는 미국의 진상 조사단이 전선에 방문하고 워싱턴에 보고하기에 좋은 시기는 아니었다.

부됸니는 계속해서 적군赤軍 기병의 지휘권이 자신에게 집중되어야 한다고 주장했다. 이기적인 이유도 있었지만, 백군의 중추인 기병을 격파할 최고의 방법이기도 했다. 최고사령부는 "적의 방어의 강점은 전선의 다양한 구역과 예비대에서 오는 기병 부대의 능동적인 기동력에 있다"[9]라고 언급했다. 부됸니는 전선군 사령관 쇼린과 완전히 관계가 틀어지자 카메네프와 최고사령부에 사령관 교체를 호소했다. 카메네프는 부됸니의 주장을 받아들였고 쇼린을 대신해 사령관을 맡은 투하쳅스키는 전선과 군을 재정비할 때까지 작전을 중지했다.

투하쳅스키는 몰락 귀족 가문 출신의 직업 장교였지만 자신감과 야망이 넘쳤다. 제1차 세계대전 발발로 세묘놉스키 근위연대에 배속되면서 그는 서른 살이 되기 전에 장군이 되거나 전사할 거라고 선언했다. 그는 포로로 잡힌 후 네 번이나 포로수용소를 탈출했는데, 프랑스의 샤를 드골 대위와 같은 감방을 썼다는 설은 신뢰하기 어렵다. 시베리아에서 승승장구하는 그를 외신이 "붉은 나폴레옹"이라고 부르자 자신이 당연히 총사령관이 될 것이라고 여겼다는 설은 훨씬 그럴듯하다.

투하쳅스키는 제1기병군, 제9군, 제10군으로 타격대를 구성해 북캅카스에서 결정타를 날릴 준비를 했다. 그들은 마니치강에서 중요한 환승역 티호레츠카야를 공격해 의용군과 돈군의 후방을 위협할 계획이었다. "정치적으로도 작전상으로도 가장 저항이 적은"[10] 쿠반 카자크와 돈군의 연결 지점을 돌파하기로 했다. 부됸니의 제1기병군은 "쿠반군과 돈군을 완전히 갈라놓을 수술칼 역할"[11]을 할 예정이었다. 제10군도 백군이 아르마비르를 통해 캅카스 깊숙이 철수하는 것을 막는 임무를 맡았다.

백군은 파블로프 장군이 지휘하는 제4돈 기병군단에 토르고바야Torgovaya에 집결해 적군赤軍 기병의 집중 공격에 대응할 준비를 하라고 명했다. 라콥스키는 기록했다. "어슴푸레한 새벽 기병연대들의 모습은 매우 인상 깊었다. 가까이 들여다봐야만 이들이 얼마나 수난을 겪었는지 알 수 있었다. … 장화는 해졌고, 외투는 찢어졌고, 기병은 허름한 안장을 쓰거나 다수는 그저 더러운 말 옷과 밧줄로 만든 등자를 사용했다. … 그리고 병사들의 지친 얼굴에는 고통스럽고 무시무시한 질문이 비쳤다. '무슨 일이 벌어질 것인가?'"[12]

2월 17일 백군 기병대는 마지막 공격을 개시했다. 집으로 보내는 가슴 아픈 편지에서 스물두 살의 알렉세이 체르카시Aleksei Cherkassy 공의 동생은 그의 죽음을 묘사했다.

> 사랑하는 아버지! 저희에게 닥친 가장 큰 시련은 하느님의 뜻입니다. 부디 제가 그랬듯 동요하지 마시고 굳센 마음으로 이 시련을 받아들이시기를 당부 드립니다. 우리의 소중한 알레샤Alesha(알렉세이의 애칭-옮긴이)가 2월 17일 오후 3시에서 4시 사이에 카자크 마을 예고를린스카야Egorlinskaya 부근에서 벌어진 기병 전투에서 사망했습니다. 형은 진정한 영웅처럼 전사했어요. 그 끔찍한 전투에서 우리의 근위-기병 혼성연대는 장교 11명을 잃었고 사상자가 380명에 달했습니다. 바르보비치Barbovich 장군은 부됸니의 기병을 공격하는 제일선을 맡으라는 지시를 받았어요. 10시에 카자크군 1개 사단이 그를 따르고 또 다른 카자크 사단이 1킬로미터 정도 뒤에서 그들을 따를 계획이었어요. 하지만 이 사단 중 하나는 전투가 끝난 지 한 시간 뒤에야 나타났고 또 한 사단은 전혀 모습을 보이지 않았어요. 우리 연대는 좌측면에서 싸우고 있었어요. 연대가 공격에 나서 적군赤軍 기병의 진격을 막고 그들을 추격하기 시작했고, 개울 두 개를 넘어 계속 추격했어요. 그 후 적의 예비대를 공격했고 대혼란이 일어났습니다. 알레샤는 적군赤軍의 타찬카를 추격했지만 놓쳤고 대신 적군赤軍 포대를 공격했습니다. 말이 죽었는데도 브라우닝 권총을 쏘며 용감하게 계속 싸웠어요. … 알레샤는 권총을 장전하는 모습을 마지막으로 적군赤軍 무리의 공격을 받았어요. 미하일스키Mikhailsky가 서둘러 구조에 나섰지만 그 후 둘 다 볼 수 없었습니다. 적군赤軍이 수적으로 월등히 우세였고 모두 권총으로 무장하고 있어 우리의 기병도만으로 그들에 맞서기는 거의 불가능했어요. … 당시 파블로프 장군에게는 거의 30개 기병연대로 이루어진 예비대가 있었습니다! 망할 카

자크 놈들이 우리의 기대를 완전히 저버렸어요![13]

파블로프의 기병 대부분은 사실 그날 아침 제10군의 2개 사단을 성공적으로 공격했다. 이는 계획에 없던 것이었기에 그들은 바르보비치 장군의 부대를 도우러 너무 늦게 나타났고 뒤이어 격퇴당했다.

다음 날 후퇴하려는 파블로프의 연대들에 더 큰 재앙이 기다리고 있었다. 적군赤軍 최고사령부에 따르면 탁 트인 들판에서 눈보라가 몰아쳤고 파블로프의 연대들은 "말들이 초원에서 얼어붙어 전체의 반을 잃었다".[14] 인명 피해는 훨씬 컸다. "우리는 동사한 수천 명의 병사들을 초원에 버려두고 떠났소."[15] 한 카자크 장교가 라콥스키에게 말했다. "그리고 그들은 눈보라에 뒤덮였소. 살아남은 이들은 말에 바싹 달라붙어 있었소. 5분에서 10분 정도 가만히 있으면 잠이 오는 것 같다가 곧 잠에 빠지지. … 몇 분 더 있으면 영원히 잠들게 될 수도 있소." 날씨가 변할 거라는 경고를 무시한 파블로프는 본인 스스로도 심각한 동상을 입었다.

2월 20일 의용군은 공격을 개시해 로스토프를 탈환했지만, 파블로프가 이끄는 부대의 전력 약화와 테레크카자크 사단이 받은 공격으로 다시 철수할 수밖에 없었다. 적군赤軍 제10군이 북동쪽으로 진군하고 아르마비르를 점령하자 데니킨은 환승역 티호레츠카야에서 예카테리노다르로 다시 사령부를 옮겨야 했다. 3월 1일 적군赤軍은 스타브로폴에 입성했다. 의용군과 돈 카자크 기병대의 잔존 병력은 고립을 피하고 쿠반강을 따라 새 방어선을 구축하기 위해 재빨리 후퇴해야 했다. 그들은 거의 쉬지 못한 채 하루에 20에서 30킬로미터를 행군했는데, 마침내 진흙탕이 끝나고 단단한 도로가 나타났다.

"마르고 단단한 땅 덕분에 전선을 넓게 잡고 드넓은 벌판을 활용할 수 있었다."[16] 라콥스키는 기록했다. "이 무리는 쿠반 초원에 범람한 바닷물 같았다. 수레를 모는 이들이 포위당하는 것을 두려워해 엄청나게 많은 수레가 열 대씩 한 줄을 이뤄 남쪽을 향해 돌진했다. 그리고 말, 어딜 봐도 말이 있었다. 말을 탄 돈 카자크가 쿠반으로 밀려들고 있었다. 걷는 사람은 한 명도 보이지 않았다. 저녁 늦게 거의 3개 기병군단이 카자크 마을 코레놉스카야Korenovskaya에서 멈춰 밤을 보냈다."

다음 날, 라콥스키는 적군赤軍 기병 몇 명이 기관총 한 정을 들고 몰래 침투해 예카테리노다르에서 15킬로미터 이내에 있는 중요한 다리가 사정거리에 들어오게 기관총을 설치한 후 벌어진 절박한 전투를 묘사했다. "미친 듯이 외치는 소리가 들렸다. 머리가 벗겨진 쿠체로프Kucherov 장군은 칼미크인과 볼셰비키 사이를 질주하며 알아들을 수 없는 말을 고래고래 외쳤다. 그는 도하 지점을 지키고 아직 다리를 건너지 못한 이들을 구하려 하고 있었다. 칼미크인들은 이를 악물고 절박하게 소총을 쏘아댔다. 볼셰비키에 강탈당하고 가족과 지인이 살해당한, 평소에는 평화롭고 차분한 이 초원 사람들의 얼굴에 서린 강렬한 의지와 증오를 결코 잊지 못할 것이다. 한 칼미크 장교는 말을 타고 부대 앞을 이리저리 뛰어다니고 있었다. 그는 채찍으로 볼셰비키 기관총 사수를 가리켰다. … 여전히 싸우고 있는 것은 칼미크인들뿐이었다. 그들 덕분에 곤경을 면했다."[17]

예카테리노다르에 도착하자 백군에 죽음과 불화의 기운이 감돌았다. 그들은 쿠반 카자크와 영국군 모두에게 배신당했다고 생각했다. 연합군 장교들이 참석한 가운데 다섯 개의 돔이 있는 예카테리노다르의 성 예카테리나 대성당에서 마몬토프 장군의 장례식이 거행되었다. 대주교가 설교 중 연합국을 "믿지 못할 친구"[18]라고 언급하자 영국군 장교들은 어금니를 꽉 물고 내색하지 않았다.

공산당의 장례식은 러시아 정교회 장례식의 다소 우울한 작별 인사와는 크게 달랐다. 부됸니의 코나르미야에 복무 중이었던 작가 이사크

바벨Isaac Babel은 죽은 영웅들이 "역사의 망치로 미래의 모루를 두들겼다"[19]며 묘지에서 얼마나 찬사를 받았는지 묘사했다.

백군 종군기자 라콥스키는 "이 시기의 예카테리노다르는 함락 직전의 로스토프를 떠올리게 했다. 도시가 고통에 몸부림치기 시작하는 듯했다. 음주, 약탈, 강간, 즉결 처형, 과소비가 성행했다"[20]라고 기록했다. 돈군 사령관은 사기가 떨어진 부대와 피난민으로 이미 포화 상태인 쿠반의 수도 예카테리노다르에 계엄령을 선포했다.

적군赤軍이 북동쪽으로 진격하자 백군은 예카테리노다르를 포기해야 했다. 강풍이 몰아치는 노보로시스크 항구만이 유일한 탈출구였다. 많은 병사들이 이미 후퇴하는 부대를 습격하고 열차를 탈선시키려 선로 일부를 없애고 있는 산악지대의 녹군 빨치산으로 합류하고 싶어 했다. "온갖 모양과 종류의 셀 수 없이 많은 수레에 탄 병사와 민간인들, 여자와 아이들, 러시아와 칼미크인들이 모두 섞여 하나의 끊이지 않는 물결을 이뤘다."[21] 체브다르는 기록했다. "쿠반강 위의 다리로 가는 길에 엄청난 혼잡이 발생했다. 대기는 고함과 욕설로 자욱했다." 체브다르는 부지휘관이 신경쇠약 증세를 보이자 화가 치밀었다. 젊은 중위인 부지휘관은 혼자 남겨질까 봐 겁에 질렸고 체브다르의 외투에 매달리기 시작했다. "부끄러운 줄 알게, 이반 페트로비치Ivan Petrovich. 유모를 따라다니는 어린애처럼 나를 쫓아다니는 자네가 카자크라고 할 수 있나. 정말 내가 자네를 버릴까 봐 두렵나?" 청년은 그저 자신을 제어할 수 없다고 털어놓았다.

많은 이들이 사람과 차, 철도가 모두 지나는 다리 위의 혼란스러운 광경을 잊을 수 없었다. 간호사 한 명을 포함해 여러 사람이 열차 바퀴 아래 으스러졌다. 이들의 시신은 아래 강으로 밀쳐졌다. 절망에 빠진 한 칼미크인은 아이와 아내를 칼로 찔러 죽이고 자살했다. 라콥스키는 재앙 앞에서 사람들이 보이는 각기 다른 반응을 넋을 잃고 지켜봤다. "한 소녀가 사람들과 말이 어지럽게 섞인 아수라장에서 속절없이 이리저리 뛰어

다니고 있었다. 지나가던 한 장군이 소녀에게 외쳤다. '뭐 하는 거냐? 그러다 깔려!' 소녀는 그에게 달려갔다. '저는 쿠반 전역에도 참여했어요. 도시에 머물러 있을 수 없어요. 제발 저를 도와주세요!' '얼른 말 위에 타라!' 그녀는 카자크의 도움으로 말 위에 올라탔고 장군의 뒤에서 두 팔을 두르고 꼭 매달렸다."[22]

쿠반강 남쪽에서는 수많은 사람이 철로를 따라 걸었다. 그들은 옆길에 쓰러진 객차와 길을 따라 버려진 수레를 피해 나아가야 했다. 어느 순간 저 멀리서 불어오는 바람에 바다 냄새가 묻어왔다.

예카테리노다르에서 백군이 철수한 후 야콥 글라세Yakob Glasse라는 화가가 그의 주목할 만한 일기에 철수 후의 광경을 기록했다. "구름이 잔뜩 낀 우울한 날이다. 사방이 진흙투성이다. 철수하는 군의 수레와 기병 부대가 도시의 보도를 완전히 망가뜨렸다."[23] 남아 있는 이들은 6천여 명의 칼미크인뿐이었다. 적군赤軍의 박해를 받아 스타브로폴 초원에서부터 데니킨 군의 철수를 따라 여기까지 온 노인, 여자, 아이들이었다. 이 가족들은 낙타와 수레와 함께 진흙투성이 거리에 그냥 앉아 있었다.

다행히도 출신이 미천했던 글라세는 적군赤軍과 공산당이 오기를 기다렸다. 그는 앞으로 얼마나 많은 살인이 더 벌어질지 전혀 알지 못한 채 러시아 내전의 마지막 드라마를 보고 있다고 착각했다. "해 질 무렵 갑자기 믿을 수 없는 소음, 고함, 울부짖음, 여자와 아이들의 짐승 같은 울부짖음, 그리고 마침내 흐느낌이 이어지는 혼돈이 벌어졌다. 적군赤軍이 도시에 진입했다. 무장도 하지 않은 무해한 칼미크인들은 아무런 이유 없이 참혹하게 공격당했고 마지막 남은 아이까지 모두 살해당했다. 20분도 걸리지 않았다. 그 후에 깔린 침묵은 특히 불길했다. 부상당한 사람들의 신음소리 하나 들리지 않았다. 마치 도시 주민들이 모조리 죽은 것처럼 고요하다. 문이란 문은 모두 잠겨 있다. 사방에 술 취한 기병 부대가 있다. 밤 동안 무슨 일이 벌어질까?"[24*]

"적군赤軍 부대가 또 들어오고 있다." 그는 다음 날 일기에 적었다. "사방에 말을 탄 순찰대가 돌아다닌다. … 적군赤軍 기병의 말은 장교들의 견장과 훈장으로 장식되어 있고 굴레에는 장군들의 리본이 휘날리고 있다. 어떤 말에는 대주교의 모자가 있다. 인간들의 머리만 없을 뿐이다. 사람들이 쓰레기로 여기는 두 여자가 한 기병에게 민간인 복장을 한 남자를 가리키며 속삭인다. '저 사람은 장교예요.' 기병도를 한 번 휘두르자 즉시 그 남자의 머리가 쪼개진다. 알고 보니 그는 우체국에서 일하는 경리원이었다."[25]

그다음 날 한 이웃이 그에게 적군赤軍이 마을 사람들에게 칼미크인의 시체를 옮기라고 시키고 있으니 집을 나가지 말라고 경고했다. 하지만 글라세는 집을 나서기로 했다. "우연히 만난 지인이 나를 멈춰 세우고 빳빳한 옷깃과 넥타이를 빼라고 권고했다. '그러지 않으면 그들은 자네를 부르주이라고 생각해 가만두지 않을 걸세. 그리고 손에 윤활유와 먼지를 묻히게. 면도는 하지 말고. 지식인으로 보이지 않게 안경을 벗게.'"[26] 그는 지인의 권고를 따른 후 다시 길을 나섰다. "거리에서 마을 사람 수천 명이 질퍽거리는 진흙을 오가며 칼미크인들의 시신을 끌어내고 있는 것이 보였다. 침통하게 거리를 걷는 낙타들은 주인의 시신이 담긴 수레를 끌었다. 이 아라바araba(튀르키예 인근에서 사용하는 동물이 끄는 마차 또는 수레-옮긴이)들이 삐걱거리는 소리가 밤늦게까지 들렸다."

3월 22일 그는 기록했다. "주 광장에서 오케스트라가 이른 아침부터 〈인터내셔널가〉를 연주하고 있다. 줄지어 선 노동자와 병사들이 붉은 깃발을 들고 지나가고 있다. 집회다. 연설가는 프롤레타리아를 대표해

* 내전에서 적군赤軍은 칼미크인들에게 인종 청소에 가까운 정책을 폈다. 이 정책이 틀림없이 1942년 가을과 겨울 칼미크인 다수가 독일군에 협력한 이유였을 것이다.

이 도시를 '전 세계 자본가의 용병들'로부터 해방시켜 줘서 고맙다고 적군赤軍에 감사를 표하고, 용맹한 적위대가 전 세계를 '자본주의의 멍에'로부터 해방시킬 것을 확신한다고 말한다. 짧은 집회 후 명령이 내려진다. '동지들, 모두 역으로 가서 새 정부를 맞으시오!' 군중은 오케스트라와 함께 역을 향한다. 도시의 새 주인들을 태운 기관차는 온통 붉은 깃발과 데니킨 군 장교들의 시신이 매달려 장식되어 있다. 의장대가 승강장에 자리를 잡는다. 이게 뭐란 말인가? 기관차의 시대에 지옥의 군대가 난입했단 말인가? 나는 충격에 휩싸여 역을 떠났다."[27] 다음 날 가장 먼저 발표된 것은 예카테리나 대제의 이름을 딴 예카테리노다르를 이제 '적군赤軍의 도시'라는 뜻의 '크라스노다르'로 개칭한다는 것이었다.

영국 군사 사절단 대부분은 타간로크 함락 직후 1월에 바로 노보로시스크로 이동했다. 그들의 새 본부는 동쪽 부두에 있는 시멘트 공장이었다. 장교들은 "내내 전선에서 비행기를 타고 폭탄을 떨어뜨리며 묘기를 부리는"[28] 홀먼 장군이 모든 장교 앞으로 서신을 보내 그들이 직무를 유기했다며 비난하자 장교들은 격분했다. 그달 중순이 되자 사절단 주둔지는 철조망과 모래주머니를 쌓고 루이스 경기관총을 설치한 방어 진지를 구축해 어떤 소란에도 대처할 준비가 되어 있었다.

난민 열차가 노보로시스크역의 측선을 메우기 시작했다. 인간의 고통으로 가득한 화물열차는, 레버의 말을 인용하면 "정신적, 신체적 역병을 키우기"[29] 시작했다. 하지만 호록스가 시베리아에서 목격한 것처럼 레버도 "여성이 현저히 뛰어난 것으로 보인다. 불굴의 용기, 아직 남아 있는 교양, 더 뛰어난 직감 등을 보이는 대다수가 여성이다. … 남자들은 극소수의 예외를 제외하면 모든 것에 극도로 무관심한 듯하고 원초적 본능에 의해서만 움직인다"라고 인정할 수밖에 없었다. 거의 모든 사람이 치명적인 이를 옮겨와 시골에서처럼 도시 전체에도 유행성 발진티푸스가 급속히 퍼졌다. 유수포프와 공모해 라스푸틴을 암살한 블라디미르 푸리시케비치는 발진티푸스로 2월 1일 노보로시스크에서 사망했다.

급조된 병원의 환경은 이루 말할 수 없이 열악했다. 두 명, 때로는 세 명의 환자가 한 침대를 썼고 아무도 사망자를 옮기지 않았다. 본래 기사근위연대의 장교였던 드미트리 시베초프Dmitry Shvetzoff는 기록했다. "나는 옆에 시신을 두고 밤을 보내야 했는데, 이들이 죽은 사람들에게는 머무르지 않고 내게로 전부 옮겨왔다. 너무 이가 많아서 고요한 밤에 군의관들이 걸으면 장화에 이가 밟히는 소리가 누군가 바닥에 흘린 설탕 위를 걷는 소리처럼 들렸다."[30]

노보로시스크에 곧 무시무시하게 거센 북동풍이 불어와 객차들이 전복되고 방파제에서 떨어져 있던 전차 몇 대가 바닷물에 삼켜졌다. 바람이 너무 거세서 거리에 있는 사람들은 때때로 바닥에 손과 무릎을 짚고 웅크려야 했다. 기온은 영하 30도까지 떨어졌고 정박한 군함들은 얼어붙어 "갑판, 구명정, 선수 쪽 함포가 거대한 고드름 장식과 함께 얼음 속에 단단히 갇혔다".[31] 이 지역에는 바람이 남풍에서 북동풍으로 바뀌면 한두 시간 안에 온도가 40에서 50도 떨어질 수 있다는 말이 있었다. 2월 8일 밤 노보로시스크역에서만 난민 177명이 동사했다.[32]

2월 14일 군사 사절단은 "영국 장교 두 명(쿠치Cootch와 가엾은 늙은이 프레시빌Frecheville)"[33]이 로스토프에서 포로로 잡혀 벌거벗은 채 거리를 행진했고, "팔이 부러진 후 난도질당해 신체가 훼손되었다"는 소식을 들었다. 영국군 장교들은 서부 전선 참호에서 강요받았던 침착함을 유지하고 그 사건에 관해 더는 이야기하지 않았다. 날씨가 나아지자 그들은 마을 너머의 언덕으로 돌아가 멧도요와 토끼를 사냥하고 항구에서 댕기흰죽지를 사냥했다. 놀이 삼아서이기도 했고, 통조림 쇠고기의 대체품을 얻기 위해서이기도 했다.

런던에서 파견된 고등판무관 해퍼드 매킨더Halford Mackinder가 "러시아인 부상자, 병사들의 아내와 가족, 떠나고 싶어 하는 사람 모두"[34]의 완전한 탈출을 보장했다는 소식이 군사 사절단에 처음 닿았을 때 장교들은 믿을 수 없어 고개를 저었다. 하지만 2월 말 무렵 민간인의 탈출은 "순조롭게 진행되고" 있었다. 영국 정부가 빌린 상업용 증기선들이 콘스탄티노플과 마르마라해의 프린키포제도까지 운행을 시작했다.

밀른Milne 장군의 지시로 왕립스코틀랜드 퓨질리어연대의 1개 대대가 방어선 구축을 위해 콘스탄티노플에서 노보로시스크에 도착했다. 이 대대는 먼저 3월 17일 무력을 과시하려 백파이프와 드럼에 육상 전투용 복장을 한 수병과 경야포, 영국 해병 군악대까지 동원해 도시를 행진했다. 공산당 요원과 열흘 전 포로를 풀어주려 감옥을 급습한 녹군 지지자들에게 보여주기 위해서였다. 케네디는 이 쇼가 "아마도 백파이프를 들어본 적 없을 주민들에게 강렬한 인상을 남겼다"[35]고 생각했다. "데니킨의 강도단과 폭도들이 지나간 후 기강이 제대로 잡힌 부대를 보는 것은 인상적일 수밖에 없다."

항구의 영국 해군 구축함은 항구 지역을 비추기 위해 탐조등을 사용했다. "허용된 수칙은 '먼저 쏘고 나중에 알아보라'였다"[36]라고 케네디는 기록했다. '전투 대기'를 명령하는 집합 나팔 소리가 많이 울리곤 했지만 대부분 거짓 경보였다.

3월 24일 전함 HMS 벤보Benbow가 방파제 옆에 닻을 내렸다. 1월 방문 당시, 분명 선원들에게 전투 기회를 주고 싶었던 듯한 벤보의 함장은 해안을 따라 남쪽의 소치로 향해 녹군의 본거지로 알려진 마을 하나를 포격했다. 13.5인치 함포 10문으로 이루어진 주포가 포격을 개시했고 "마을에 거대한 구멍"[37]을 남겼다. 이번에 벤보는 시모어Seymour 제독과 흑해 지역 총사령관 밀른 장군을 태우고 콘스탄티노플에서 왔다. 그들은 배 위에서 데니킨과 회담하고 피난을 돕기 위해 최선을 다하겠다고 약속했다. 백군의 함대와 상선은 석탄과 부품 부족 때문에 여전히 이용할 수 없었다.

시모어는 영국 해군이 약 6천 명의 병력을 나를 수 있다고 추산했지만, 더 많이 태우려면 백군이 적군赤軍을 저지해 그들의 포병대가 항구를 포격할 수 없게 해야 한다고 경고했다. 문제는 희생되어야 할 후위에 기꺼이 합류할 병사를 찾는 것이었다. 조금이나마 기강이 잡힌 부대는 의용군뿐이었는데 그들조차도 왜 자신들이 또 희생해야 하는지 납득할 수 없었다. 어쨌든 데니킨은 의용군 전원이 크림반도를 방어하길 원했다.

다음 날인 3월 25일, 마크V 전차가 비행기 13대를 폐기하는 데 쓰였다. 그래도 야포를 비롯해 파괴되지 않은 장비가 적군赤軍에게 남겨졌다. 트럭도 엔진 점화 장치의 자석만 제거되었을 뿐 멀쩡한 상태였다. 왕립스코틀랜드 퓨질리어연대는 시멘트 공장에 자리한 영국 본부를 둘러싼 안쪽 방어선으로 철수했다.

노보로시스크에 도착한 병사와 피난민들에게 끝이 다가오는 도시의 광경은 암울하기만 했다. 두 장교가 지휘하는 군사학교의 10대 사관생도들이 헌병대 역할을 자임하고 나섰다. 그들은 이미 움직일 공간도 거의 없는 도시에 아직도 진입하려 밀려드는 무리를 막아야 했다. 굶주린 말 수천 마리가 먹을 것을 찾아 헤매었다. 일부 병사는 가장 뛰어난 말을 골라 타고 녹군에 합류하러 떠났다. 카자크 다수는 안장과 굴레를 벗겨낸 뒤 말을 사살했고, 죽은 말들이 길 위에 아무렇게나 널려 있었다.

밤에는 항구 안팎에 정박한 연합국 군함들이 언덕에 탐조등을 비췄다. 혼란과 두려움이 가득한 분위기에서 티푸스를 앓는 병사들은 아픈 몸을 이끌고 부두로 향했다. 이미 부두에 닿은 이들은 자리를 떠나려 하지 않았다. 한 사관생도는 바닷가에 칼미크인 가족을 태운 수레들이 있는 것을 보았다. "이 사람들은 자신들의 유일한 재산과 가축을 지키려 스타브로폴 초원에서 도망쳐왔는데 이제 아무런 도움도 받지 못한 채 물가에 앉아 있었다. 그들에게는 누군가 자신들을 구해줄 거라는 희망이 없었다. 그들은 살해당하거나 굶어 죽을 운명이었다."[38]

3월 26일 아침, 데니킨과 시모어 제독의 회담 이틀 후 쿠테포프 장군은 이제 노보로시스크를 방어할 수 없다고 경고했다. 적군赤軍은 도시 위편의 언덕에 포병 진지를 구축했고 해가 지기 전에 항구까지 내려올 수 있었다. 능숙하게 부두와 나란하게 정박한 영국 구축함들은 갑판 위에 1평방피트의 공간도 남지 않을 정도로 러시아 병력을 가득 태워 다른 군함으로 수송했다. 데니킨과 그의 참모들이 또 다른 아이언듀크급 전함 HMS 엠퍼러오브인디아에 승선하며 환영받은 후 수많은 카자크군이 떼지어 승선했다. 선장은 나중에 유감스러워하며 케네디에게 말했다. "다시는 선미 갑판이 깨끗해질 것 같지 않네. 카자크에게 쇠고기 통조림을 지급했을 때 그들은 통조림을 갑판 위에 놓고 검으로 반으로 갈랐네!"[39]

바지선도 왔다 갔다 하며 정박한 다른 배들로 병사들을 수송했다. 벤보, 순양함 HMS 칼립소Calypso, 영국 해군 구축함 몇 대와 미국 순양함 USS 갤버스턴Galveston이 포함되어 있었다. 의용군은 대부분의 승선을 통제했다. 일부 군함은 부상자들을 받았다. 다른 군함들이 의용군 병사들만 받자 돈 카자크는 격분하여 데니킨이 배신했다고 비난했다. 배 대부분은 민간인 승선을 거부했다. 일부 병사들은 해안을 따라 소치까지 걷기로 했다. 다수는 침상은커녕 심지어 갑판 위에 서 있을 공간조차 얻을 수 없을 거라고 절망해 산으로 달아났다.

예라스트 체브다르는 총검을 꽂은 소총을 든 장교와 병사들이 수송선의 도교를 철저히 감시하고 있는 것을 발견하고 경악했다. 그도 의용군 소속이기는 했지만, 같은 부대 사람만 승선을 허락할 것이 뻔했다. 일부 갑판은 사람 없이 짐과 보따리, 심지어 수레로만 가득 찼다. "보초 다수는 명백히 술에 취했고 총검으로 사람들을 위협하는 것을 즐기고 있었

노보로시스크에서 탈출해 HMS 엠퍼러오브인디아 갑판 위에 있는 돈 카자크

다."[40] 체브다르는 분노하며 진술했다. "우리들, 의용군이 저런 짓을 할 수 있으리라고는 상상도 하지 못했다. 나는 완전히 절망에 빠져 가까운 말뚝 위에 앉아 있었다."

늦은 오후 무렵 항구를 가득 채운 군중들에게는 마지막 기회가 지나갔다는 것이 명백했다. 적군赤軍 포병대가 마을의 건물 몇 개에 불을 질렀다. 장교 다수가 제복에 박은 견장을 뜯어냈다. 의용군 소속 병사 일부도 도저히 가득한 인파를 헤치고 부둣가까지 나아갈 수 없었다. "나는 드로즈돕스키 연대의 한 대위가 근처에 아내와 세 살, 다섯 살의 아이 둘과 함께 있는 것을 보았다."[41] 돈 카자크 미트로판 모이세예프는 기록했다. "그는 한 아이를 안고 귀에다 대고 총을 쏘았고, 그다음 다른 아이도 똑같이 쏘았다. 그때마다 성호를 그었다. 아내에게도 성호를 그었다. 두 사람은 눈물을 흘리며 입맞춤했다. 그가 총을 쏘자 아내가 쓰러졌다. 마지막 총알은 자신에게 사용했다."

선박들이 적군赤軍 포병대의 사정거리에 들어오자 프랑스 중순양함 발데크-루소Waldeck-Rousseau가 나란히 선 영국 군함들과 함께 노보로시스크 뒤의 산을 향해 포격했다. 레버는 이 광경을 "영국 바다 풍경화의 진정한 걸작"[42]이라고 묘사했다. 다른 이들이 전쟁의 향방에 관해 중얼거리는 동안 레버는 이렇게 생각하며 자신을 위로했다. "아 그래! 그래도 우리는 깃발을 날리고 당당하게 빠져나가고 있잖아. 기억에 남을 만한 따끔한 상처 하나를 남기고." 하지만 어둠 속에서 포격이 잦아들자 그는 "마지막 순간에 떠나기를 거부한 러시아인 간호사들의 운명"이 어떻게 될지 걱정하지 않을 수 없었다.

부두와 배를 연결한 도교가 들어 올려지자 병사들은 이를 잡으려는 허망한 시도로 몸을 내던졌다. 다른 이들은 누군가 줄을 던져주길 바라며 바다로 뛰어들었다. 심지어 카자크군의 말 몇 마리도 주인이 탔다고 생각한 배를 따라 바다에 뛰어들었다고 한다.

다음 날 3월 27일 아침, 적군赤軍 부대가 항구에 남겨진 병사와 장교 2만 2천 명을 도시로 끌고 갔다.[43] 일부 장교는 붉은색 손수건을 두르고 변장하려 했는데, 감시병들은 격분해 그들을 즉시 사살했다. 몇몇은 자기 병사들에게 배신당했다. 한 당번병이 자기 대령을 고발하자 적군赤軍은 대령을 사살한 뒤 배신 행위를 이유로 당번병도 사살했다.

어리숙한 한 노파가 포로들에게 양동이에 담긴 물을 주기 시작했다. 그녀가 얼마나 백군을 싫어하는지 말하자 감시병 중 한 명이 지금 백군에게 물을 주고 있다고 설명했다. 노파는 그들이 자기를 속였다고 생각해 화가 났다. 한두 명을 쏘고 싶다고 하자 감시병이 재미있다는 듯 그녀에게 소총을 건넸다. 노파는 총을 쐈지만 개머리판을 제대로 어깨에 대지 않아 반동으로 넘어졌다. 격분한 포로들은 벌떡 일어나 노파를 걷어차 죽였다. 그중 한 명은 노파가 넘어질 때 소총을 잡아채 감시병을 향해 발사했다. "그러자 감시병들은 포로들을 향해 기관총을 쏘기 시작했다."[44]

어쩌다 미숙한 처형으로 덕을 본 포로도 있었다. 그다음 날 밤 모이세예프를 비롯한 30여 명의 돈 카자크 장교 무리가 발견되어 체포되었다. "그들은 우리를 죽이려 끌고 갔다. 나는 지극히 담담했다. 아무것도 할 수 없었다. 누군가가 자포자기의 심정으로 맨손으로 감시병에게 달려들었고 즉시 사살되었다. 다른 이들은 아이처럼 울고 소리치고 바닥에 쓰러졌지만 구타당해 끌려갔다. 우리는 멀리 가지 않았다. 등불이 비추는 가운데 그들은 우리에게 일렬로 서라고 명령했다. 양쪽 모두가 고함치며 욕했고 갑자기 소리가 멈추더니 그들이 소총을 겨냥했다. 그 후 명령을 내리는 목소리가 들리더니 마치 사진을 찍는 순간처럼 일제 사격했다. 모두 바닥에 쓰러졌다. 아직도 그 순간의 감정을 제대로 설명할 수 없다. 나는 상처 하나 없었지만 내가 살해되어 이미 다른 세상에 있다고 확신하며 모두와 함께 쓰러졌다. 악몽 같은 생각이 머릿속을 지나가고 있었다. 나는 손이나 발을 움직이지 않았다. 무슨 이유에선지 그러면 죄가 된다고 생각했다. 마침내 추위가 엄습해 와 떨기 시작하다가 정신을 차렸다. 기적이 일어났다. 나는 살아 있었다. 신의 뜻이었다. 아직 죽을 때가 아니었다. 적군赤軍은 모두가 죽었는지 확인하지 않고 떠났다."[45]

36

총사령관 브란겔과 키예프를 점령한 폴란드 1920년 봄과 여름

1월 23일 슬라쇼프의 부대가 크림반도 안쪽으로 약간 철수하자 적군赤軍 제46사단이 페레코프지협으로 진군했다. 이것은 함정이었다. 슬라쇼프는 적군赤軍이 전혀 예상하지 못한 순간에 갑자기 반격했다. 좁은 지협에서 움직일 수 없었던 적군赤軍은 사분오열되어 달아났다. 그 후 마흐노 군이 뒤에서 공격해 오기 시작하자 적군赤軍은 두 달 전의 백군과 비슷한 상황에 처하게 된 것을 깨달았다.

심페로폴에서 더 많은 병력을 모아오라는 슬라쇼프의 지시를 받은 오를로프Orlov 대위는 정치적 판단력이 부족해 심사숙고하지 않고 반란을 일으켰다. 슬라쇼프가 이에 맞서 세 번이나 군대를 보내야 했다는 사실은 후방 지역에서 백군의 권위가 얼마나 엉망이었는지를 보여준다. 반란은 3월 말 심페로폴에서의 피비린내 나는 진압으로 막을 내렸고, 오를로프는 크림반도의 산악지대로 사라져 녹군에 합류했다.

적군赤軍이 북캅카스에서 백군에 최후의 일격을 가하는 데 집중하는 동안 크림반도에서는 지치고 좌절한 데니킨이 3월 27일 노보로시스크에서 도착하기까지 별일이 일어나지 않았다. 명예롭고 정직한 인물인 데니킨은 백군 후방 지역의 중상모략과 브란겔의 끊임없는 공격에 제대로 대처하지 못했다. 자만에 빠진 브란겔은 두 사람 사이의 불화를 전부 대외적으로 알렸고, 백군의 사기 저하를 초래했다. 그는 데니킨이 너무 진보적이라고 생각하는 많은 장군과 주요 인사들의 지지를 받고 있었다.

브란겔은 오를로프의 반란이 진압되기 전인 2월 10일 실링 장군이 총지휘를 맡고 있던 크림반도로 이동했다. 실링은 큰 비판을 받은 처참한 오데사 탈출 후 곧바로 크림반도로 왔다. 데니킨은 실링을 향한 비판이 부당하다고 생각해 그를 지지했지만, 이것은 실수였다. 브란겔의 지지자들은 브란겔이 실링을 대신해 크림반도의 사령관이 되어야 한다고 주장했다. 데니킨과 브란겔의 불화가 일으키는 파괴적인 영향에 경악한 홀먼은 두 사람의 회담을 주선하려 했지만 브란겔이 거절했다. 그러자 홀먼은 데니킨과 함께 백군의 대의를 위해 크림반도를 떠날 것을 요청하는 서신을 작성해 브란겔에게 보냈다.

콘스탄티노플로 떠나기 전 브란겔은 데니킨에게 독설이 가득 담긴 편지를 쓰며 그의 시기심, 자유주의, 카자크 편애, 형편없는 지도력을 비난하고 자신의 승리를 자랑했다. 그는 심지어 데니킨이 지난여름 차리친 전선을 강화하지 않은 것은 콜차크가 실패해 데니킨 자신이 아무도 도전할 수 없는 백군의 지도자가 되길 원해서였다고 주장했다. 브란겔은 이 서신의 사본을 사방팔방에 보냈고 당연히 이 문서는 언론에도 나왔다. 브란겔도 자신이 지나쳤다는 것을 깨달았다. 데니킨은 브란겔의 공격에 이성적으로 답했지만, 총사령관직을 계속 맡기에는 자신감에 너무 큰 타격을 받았다. 그는 쿠테포프마저도 자신에게 등을 돌릴 거라고 생각했다.

크림반도에 도착해 페오도시야에 사령부를 수립하자마자 데니킨은 최종 결정을 내리기에 앞서 현재 상황을 평가했다. 영국 선박들이 노보로시스크에서 의용군 2만 5천 명과 돈 카자크 1만 명을 데려왔고 슬라쇼프의 병력은 5천 명 정도였다. 적군赤軍이 폴란드군에 신경을 쏟고 캅카스와 카스피해 연안에 묶여 있는 동안 웨일스보다 약간 큰 크림반도를 지키기에는 충분한 병력이었다.

적군赤軍 최고사령부는 남캅카스에 공산당의 통치를 강제하는 데 있어 자신들의 역할을 노골적으로 드러냈다. 최고사령부는 그것이 "남러시아군의 완패에 따른 정치적 결과"[1]라고 말했다. 쿠반군과 테레크 카자크의 잔존 병력은 흑해 연안의 조지아 국경까지 밀려났고 소치 근처에서 적군赤軍 제9군에 항복할 수밖에 없었다. 영국군은 전면 철수의 일환으로 바투미에서 영국군을 빼내면서 남은 백군 일부를 크림반도로 탈출시켰다.

1918년 5월에 수립된 아제르바이잔 민주공화국이 5월 2일 "제11군의 지원을 받아" 소비에트가 일으킨 쿠데타로 전복되면서 "이 나라는 풍부한 석유 자원과 함께" 소련에 편입되었다. 멘셰비키가 집권한 조지아는 영국군 축출에 동의해 얼마간 화를 면했지만, 이듬해 2월 크렘린이 이 지역에서 연합군이 완전히 떠났다고 확신하자마자 점령당했다.

노리스 준장과 영국 해군의 카스피해 전단은 자신들의 무장상선을 백군에게 남겨줬지만, 제대로 훈련받지 못한데다 의욕도 없는 승무원들이 라스콜니코프의 볼가-카스피해 전단에 승리할 가능성은 거의 없었다. 4월 10일 라스콜니코프는 트로츠키와 레닌에게 전보를 보내 자랑스럽게 승리를 알렸고, 카메네프와 적군赤軍 최고사령부에도 사본을 보냈다. "구축함 카를리프크네히트Karl Liebknecht가 제 깃발 아래 출항했고, 17시 알렉산드롭스키 요새에 접근해 적의 순양함 밀류틴Milyutin, 오피트Opyt와 교전을 벌였습니다. 격렬한 전투 끝에 밀류틴의 선미가 피격당했고 두 순양함은 방향을 돌려 도주했습니다. 어둠이 내려 추격은 불가능했습니다. 이 전투의 승리가 작전 성공으로 이어졌습니다. 4월 6일 우리 수병들이 알렉산드롭스키 요새를 장악했습니다. 톨스토프 장군과 보로딘 장군을 포로로 잡고, 장교 70명, 카자크 1096명과 함께 아스트라한으로 보냈습니다. 우랄(카자크) 무리의 마지막 남은 잔당이 제거되었습니다. … 은 80푸드(약 1310킬로그램), 약 1억의 지폐, 소총과 기관총을 비롯해 엄청난 전리품을 획득했습니다. 카를리프크네히트를 장식할 명예기 수여를 제안합니다."[2]

5월 16일 라스콜니코프는 바쿠에서 스탈린의 공모자인 세르고 오르조니키제Sergo Ordjonikidze와 아제르바이잔 소비에트 공화국 인민위원평의회 의장 내리만 내리마노프Nariman Narimanov와 함께 차를 마시고 있었다. 그는 시계를 보더니 배로 돌아가야 한다고 말했다. 카를리프크네히트는 항구 방파제 옆에 정박해 있었다. "증기 윈치가 쉬익쉬익 소리를 내고 엔진텔레그래프(엔진 조정을 지시하는 통신기-옮긴이)가 울리고 앵커체인(배와 닻을 연결하는 쇠사슬-옮긴이)의 무거운 철제 고리를 끊자 구축함이 천천히 미끄러지듯 방파제에서 멀어지기 시작했다. 우리는 천천히 항해해 나르겐Nargen섬(지금의 아제르바이잔 보유크지라섬)의 깜빡이는 등댓불을 지나 칠흑같이 어두운 밤의 카스피해로 나아갔다."[3] 그의 아내 라리사 레이스네르는 당시 남편과 동행했던 것을 기록했지만, 라스콜니코프는 언급하지 않았다.

상륙 부대를 태운 대형 선박을 포함 두 척이 지키고 있는 동안 다른 구축함들이 앞에 일렬로 자리를 잡았다. 라스콜니코프의 전단은 카스피해 남안의 페르시아 영토에 있는 엔젤리로 향하고 있었다. 백군이 영국 해군에게서 넘겨받은 기지 중 마지막 남은 기지였다. 라스콜니코프의 흥미진진한 기록에 따르면 적군赤軍 전단은 새벽에 도착해 해안 포대에 아무도 없는 것을 발견하고 병영에 포탄 몇 개를 발사해 영국 주둔군을 깨우기로 했다. "눈처럼 흰 터번을 쓴 검게 그을린 구르카병"[4]이 서둘러 해변으로 내려왔고 그 후 포화 속에서 도주했다는 라스콜니코프의 기록은 문자 그대로 믿기는 어렵다. 실제로는 상륙 부대의 소비에트 수병 1500명은 제1 및 제2구르카 소총연대에게 저지당했고, 포격은 한 시간 반 동안 계속되었다.

영국군은 불시에 기습당했다. 영국군 사령관 휴 프레더릭 베이트먼-샘페인Hugh Frederick Bateman-Champain 준장은 페르시아 영토에 있었기 때문에 무전 전신을 통해 라스콜니코프에게 무엇을 원하느냐고 물었다. 라스콜니코프는 그들의 "목적은 소비에트 아제르바이잔과 소비에트 러시아에서 데니킨의 병사들이 훔친 선박과 군사 장비를 되찾는 것"[5]이라고 답했다. 베이트먼-샘페인은 영국 수상비행기를 비롯한 선박과 군사 장비를 모두 넘기고 엔젤리를 떠나라는 라스콜니코프의 요구를 받아들였다. 카스피해를 장악했던 노리스 준장과 영국 해군은 그의 처사를 이해할 수 없었다. 당연히 베이트먼-샘페인은 사령관직에서 해임되었다. 남캅카스의 공산당 정보원들은 인도군 병사들의 사기가 어떤지, 그들이 정말 페르시아에서 철수할 것인지 알아보라는 지시를 받았다.

3월 29일 데니킨은 페오도시야 사령부의 규모를 축소하고 예카테리노다르에서의 연설 후 수립한 자유주의 정부를 해체했다. 4월 2일 그는 참모장에게 세바스토폴에서 총사령관을 선출할 군사 회의를 열 것을 요청했다. 데니킨은 정신적으로도 쇠약하고 몸도 아프다고 인정했다. 그는 군의 신망을 잃었고 물러나야 했다. 다음 날 주요 장군들이 모였다. 슬라쇼프는 볼셰비키처럼 선거를 통해 후임자를 선출하자는 계획에 반대했다. 하지만 데니킨은 후임을 지명하고 싶지 않았다. 확실한 후보는 그가 용서할 수 없는 브란겔 장군뿐이었기 때문이다. 4월 4일 브란겔이 총사령관으로 선택되었고 데니킨은 이 결정에 동의했다. 데니킨은 그날 저녁 홀먼 소장, 로마놉스키 장군과 함께 영국 선박을 타고 콘스탄티노플로 떠났다. 케네디에 따르면 영국군 장교들은 홀먼이 떠난 것을 아쉬워하지 않았다. "홀먼 장군은 (육군 소장 조슬린Jocelyn) 퍼시Percy로 교체되었다. 그는 훨씬 훌륭한 군인이고 홀먼과는 달리 신사다."[6]

영국 군사 사절단의 단원들은 이제 세바스토폴의 그랜드 호텔을 본부로 삼았다. 콘스탄티노플을 거쳐 방향을 바꾼 일부 단원은 4월 10일에야 세바스토폴에 상륙했다. 그들을 맞은 것은 해안의 불길한 포격 소리였는데, 알고 보니 부활절 일요일을 축하하는 예포였다. 단원들은 환율이 1파운드당 1만 루블로 치솟아 많은 혜택을 누렸지만, 이제 가지고 있는 돈이 아무 가치도 없어진 백군 피난민, 특히 여성들에게 그것이 무슨 뜻인지를 알고 있었다. "매춘부의 물결이 홍수를 이룰 정도로 불어났다."[7] 레버는 크림반도에서 기록했다. "한때는 행복하고 유복했던 가정에서 버려지거나 홀로 살아남아 궁핍하고 친구도 없는 이 여인들에게 달리 무엇이 있단 말인가. 달리 무엇이 남아 있나? 명백한 굶주림뿐이다."

영국 장교 대부분은 비슷한 상황을 목격하거나 전해 들었다. "바툼Batum(지금의 조지아 바투미)에서 탈출하기 전", 케네디 대위는 일기에 적었다. "어느 대령의 딸인 한 러시아 소녀가 영국 장교에게 와서 결혼해 달라고 간청했다. '저는 좋은 집안 출신이고 좋은 아내가 될 거예요. 당신을 사랑하지는 않지만 정말 좋아해요. 아마 당신은 저를 사랑하지 않겠죠. 그건 제게 자유를 의미하게 될 거예요. 당신과 함께 가지 않으면 저는 거리를 전전해야 할 거예요.'"[8]

브란겔 장군은 마땅히 자기 것이라 항상 생각했던 총사령관직을 맡으라는 부름에 곧바로 응했다. 그는 볼셰비키가 이제 그를 "크림반도의 칸"이라고 부른다는 말에 기분이 좋은 듯했다. 오데사에서 얼음을 건너 루마니아로 도주한 뒤 마침내 크림반도에 도착한 바실리 슐긴은 기자로서 그를 만나 경의를 표하고 인터뷰했다.

브란겔은 살아남은 것을 축하하며 그를 맞았다. "알다시피, 우리는 이미 당신 장례식을 치렀소."[9] 슐긴은 농담을 던졌다. 슐긴이 한 해 전 차리친에서 마지막으로 그를 보았을 때 브란겔은 티푸스에서 회복하던 중이었는데, 당시 그의 눈은 더 퀭해 보였다. 하지만 지금은 활기가 넘쳤다. 슐긴의 질문에 답하면서 브란겔은 지나친 기대는 경계했다. "만약 이게 끝이라면 적어도 부끄럽지 않게 끝나야 하오." 그는 말했다. "내가 지휘권을 넘겨받았을 때 상황은 절망적이었소. 하지만 나는 적어도 이 불명예, 이 잔혹 행위를 멈추고 명예롭게 나아가 아직 지킬 수 있는 것을 지키고 싶었소. 큰 계획이 있다고는 말할 수 없소. 시간을 벌어야 한다고 생각하오." 그는 확실히 백군의 이전 실수에서 교훈을 얻은 듯 보였다. "러시아 국민의 도움 없이는 아무것도 할 수 없다는 걸 아주 잘 알고 있소. 러시아를 정복하겠다는 정책은 포기해야 하오. 우리는 마치 우리가 점령지에 있는 것처럼 생각하곤 했소. 이래서는 안 되오. 온 세상에 맞서 싸울 수는 없소, 누군가의 지지가 필요하오. … 영토를 지키려면 그곳의 사람과 곡물을 찾아야 하오."

"내가 무얼 위해 싸우냐고요? 나는 적어도 이 작은 땅, 크림반도에서 사람들이 살아갈 수 있게 하기 위해 싸우고 있소. 말하자면 나머지 러시아 지역에 보여주기 위해서요. '자, 당신들에게는 굶주림과 체카뿐이지만, 여기서는 토지 개혁이 진행 중이고, 지방 정부는 선거를 통해 선출되고, 질서가 확립되어 있고, 자유가 있소. 누구도 당신을 억누르지 않고, 고문하지 않소. 당신은 그저 살아갈 수 있소'라고 말이오." 그는 그 후 약탈을 가차 없이 처벌하겠다는 결심을 밝혔다. "새로운 시작을 위해 시간을 벌고 싶을 뿐이오. 크림반도에서 살아갈 수 있다는 걸 보여주기 위해서요. 그러고 나면 우리는 앞으로 나아갈 수 있을 것이오. 데니킨 시절과 달리 천천히, 우리가 얻은 것을 안전하게 지키면서. 그러면 우리가 볼셰비키로부터 획득한 지역들은 전처럼 우리의 약점이 되지 않고 우리의 힘의 원천이 될 것이오."

드라고미로프 장군은 자기 나름대로 농민들과의 관계 개선을 위해 애쓰고 있었다. 이제 페오도시야 바로 서쪽의 스타리크림Stary Krym에서 제9기병사단을 지휘하게 된 드라고미로프는 마을 광장에 탁자를 놓으라고 지시했다. 많은 포도주와 증류주가 나오고 꼬챙이에 꽂은 양고기가 지글지글 구워지고 끝없는 건배와 함께 신나는 술잔치가 벌어졌다. 드라고미로프는 외쳤다. "병사들, 장교들이여! 우리는 우리의 실수를 깨달았다. 모스크바로 진격하는 부대는 약탈을 벌였고 주민들을 끔찍하게 대우했다. 이것은 우리에게 좋은 교훈이다! 이런 일은 다시는 벌어지지 않을 것이다! 나는 우리가 모스크바의 종소리를 듣는 날이 머지않아 올 것이라고 확신한다. 우리는 오직 파괴와 파멸만을 가져오는 볼셰비키로부터 신성한 러시아를 해방시킬 것이다. 해방을 위해 건배!"[10]

미사여구에도 불구하고 변하지 않는 것들도 있었다. 5월 3일 브란겔은 글로바체프를 경찰국 국장으로 선임했다. 전 오흐라나 수장 글로바체프는 "만연한 부패와 자금 횡령"[11]을 마주했다. 한 대령은 3천 파운드를 가지고 파리로 도주했다. 심지어 경찰 내에서도 환투기가 성행했다. 크림반도는 또한 각기 다른 정보기관 소속인 미심쩍은 정보원들로 들끓었는데, 다들 정보를 팔아 돈을 벌려 하고 있었다. 글로바체프에 따르면 콘스탄티노플의 한 러시아 시인이 이렇게 썼다고 한다. "그리고 43개의 첩보기관이 새로운 바빌론을 만들었다."[12] 공산당 요원들은 돈 지부에 보고했다. 케르치에만 "각각 포크롭스키 장군, 최고사령부, 군 사령부, 수비대, 요새에 속한 다섯 개의 첩보기관이 있다. 하지만 지금까지 체포된 것은 두 명뿐이다. 우리 요원들은 성공적으로 작전을 수행하고 있다."[13]

때때로 크림반도에서 쓴 케네디의 일기는 리바디아의 라일락, 산 중턱의 사이프러스, 나이팅게일이 지저귀는 소리 등을 묘사하고 있어 에드워드 7세 시기의 여행기 같다. 하지만 동료 영국군 장교들이 킹레이크Kinglake(19세기 영국의 역사가이자 여행작가-옮긴이)의 책을 들고 발라클라바Balaklava와 인케르만Inkerman 전적지(크림 전쟁 당시 전투가 벌어졌던 곳들-옮긴이)를 구경하러 다니는 동안 그는 전선의 상황을 직접 보고 싶어 안달하고 있었다. 케네디는 크림반도 북부와 페레코프지협을 방문하러 떠났고 도중에 예카테리나 대제 시절부터 있던 독일인 거주지를 마주쳤다. "시골집들은 구석구석까지 깨끗하고 과수원과 정원은 풍요롭고 잘 관리되고 있다."[14] 그는 "가끔 모스크와 첨탑이 있는 타타르인 마을"[15]을 우연히 마주치기도 했다. 스텝지대의 완만한 초원 위에 있는 느시를 발견하고, 종달새가 우는 소리를 들었다.

제2군단의 사령부에서 케네디는 슬라쇼프의 유명한 "여성 당번병"[16]과 호위대를 만났다. "그녀는 반바지를 입고 장화를 신었고 말을 잘 탔다." 슬라쇼프에 관해서는 "그는 (가장자리가 털로 장식된 모자와 호화로운 상의를 입고) 매력적인 얼굴을 한 잘생기고 키 큰 서른셋 정도의 남자였다. 반 대령은 그가 나쁜 길(술, 마약, 열차에 둔 두 여인)로 빠진 좋은 사람이라고 말했지만, 그는 병사들에게 인기가 많은 듯 보였다"라고 기록했다. 하지만 시찰을 다니며 여기저기 활보하는 기운 넘치는 브란겔이 나타났을 때 슬라쇼프는 "훈련이 너무 힘들다며 이 시찰 도중 망토를 덮고 잠을 잤다".

케네디는 크림반도 전체에 4.5인치 곡사포의 포탄이 하나도 없다는 것에 경악했다. 북쪽의 유일한 대포는 장갑열차 한 대에 있는 것뿐이었는데, 이 장갑열차는 바다 건너편의 적군赤軍과 포수들이 벌이는 일종의 테니스 경기인 '사격 후 이동' 전투를 벌이고 있었다. 이 지역에서 유일한 전투다운 전투는 북서쪽으로 500킬로미터 떨어진 곳에서 벌어지고 있었다. 5월 8일 폴란드 경기병연대의 선봉이 말발굽 소리를 요란하게 울리며 키예프에 진입했다.

폴란드-소비에트 전쟁은 1919년 2월 독일군 철수로 권력 공백이 생긴 후 양쪽 비정규병 사이에 일어난 "실랑이"[17]로 시작되었다. 전부 러시아 제국 혹은 오스트리아-헝가리 제국의 지배 아래에 있었던 중부 유럽의 국경지대에는 확실한 국경은커녕 민족적 정체성조차 없었다. 폴란드는 파리의 연합국 최고사령부의 결정을 기다리고 있었지만, 동시에 세계 혁명으로 나아가기 위해 서쪽을 향한 가교를 만들려고 동쪽에서 잠식해 오는 볼셰비키가 두려웠다. 폴란드가 우려하는 것은 당연했다.

첫 충돌 이후 전투가 급증하다가 다시 잦아들곤 했다. 피우수트스키는 그해 4월 20일 자신의 출생지 빌노Wilno(지금의 리투아니아 빌뉴스)를, 8월 8일에는 민스크Misnk를 장악했다.* 폴란드군은 그 후 베레지나강 전선까지 나아가 그곳에서 멈췄다. 피우수트스키는 데니킨이 남쪽에서 진군해오는 동안 모스크바로 진군하려는 유혹을 현명하게 이겨냈고, 처칠은 좌절했다. 데니킨이 폴란드의 독립을 인정하기를 주저해서기도 했지만, 폴란드는 제1차 세계대전 내내 벌어진 쟁탈전으로 황폐해지고 궁핍해져 여력이 없었다. 폴란드군은 적어도 그때는 한계에 다다라 있었다. 신생국가 폴란드의 군대는 독일, 오스트리아-헝가리, 러시아, 프랑스의 각기 다른 군 문화와 무기가 기묘하게 섞여 있었다. 무엇보다도 피우수트스키는 그런 도박을 시도해도 로이드 조지가 승인하지 않아 파리의 연합군이 거의 도움을 주지 못하리라는 것을 알고 있었다.

모스크바와 바르샤바의 강화 협상은 쿠테포프의 군단이 오룔을 점령하기 사흘 전인 1919년 10월 11일 시작되었다. 적군赤軍이 데니킨과 싸우는 동안 측면에서 공격하지 않겠다는 피우수트스키의 확약 덕분에 크렘린은 서부전선군의 병력 4만 명을 의용군에 맞서도록 재배치할 수 있었다. 하지만 피우수트스키는 시간을 벌며 최종 합의를 미뤘다. 결국 12월에 협상이 결렬되었다.[18]

1920년 1월 캅카스전선군이 데니킨 군을 몰아내자마자 레닌은 대규모 이중 공격 계획을 승인했다.[19] 2월 27일 그는 "폴란드와의 전쟁을 준비하라"[20]라는 표어를 발표하고 시베리아와 우랄산맥에서 부대를 "빛

* 빌뉴스(현재 이름이자 본래 이름)는 13세기 리투아니아 대공이 세운 중세 리투아니아 대공국의 수도였다. 국민 시인 미츠키에비치를 비롯한 저명한 폴란드인 다수가 이곳 출신이었다. 피우수트스키는 적군赤軍에 반격하는 동안 이곳을 점령했고 신생 독립국 리투아니아에 돌려주기를 거부했다. 리투아니아는 수도를 카우나스로 옮길 수밖에 없었다. 스탈린이 통치하에 소련은 빌뉴스를 리투아니아에 돌려줬지만 많은 폴란드인이 여전히 마음속으로 이곳이 폴란드 영토라고 생각한다.

의 속도로 이동"시키라고 지시했다. 적군赤軍은 1920년 1월부터 4월까지 서부전선군의 병력을 다섯 배로 증강했다. 유데니치 군과 데니킨 군에게서 노획한 영국군 전차와 비행기를 비롯한 무기도 배치했다. 3월 5일 미래의 폴란드 망명정부 수장 브와디스와프 시코르스키Władysław Sikorski 장군이 지휘하는 폴란드 제9보병사단은 프리퍄티강 중류의 모지르Mozyr(지금의 벨라루스 마지르)를 점령했다. 북부 전선과 남부 전선의 작전을 분리하려는 피우수트스키의 계획의 준비 과정이었다.

이때 프랑스군의 청회색 제복 때문에 "청군"이라고 불린 유제프 할레르Józef Haller 장군의 군대가 프랑스에서 도착하면서 폴란드군의 자신감이 상승했다.[21] 할레르의 군대는 르노 전차 70대까지 끌고 왔다. 1918년 12월 9천 명으로 시작한 폴란드군의 병력은 1920년 7월 90만 명에 달했다. 피우수트스키는 또한 전쟁 중 서유럽의 본래 소속 군에서 비행을 배운 병사들 덕분에 소규모지만 효과적인 공군도 창설했다. 그들은 세드릭 에럴 폰틀로이Cedric Errol Fauntleroy 소령이 후에 〈킹콩〉의 감독으로 유명해지는 메리언 콜드웰 쿠퍼Merian Caldwell Cooper 대위와 함께 지휘하는 코시치우슈코Kościuszko 비행대대의 미국인 자원병과 합류했다.[22]

키예프, 무르만스크, 블라디보스토크,[23] 오렌부르크를 비롯한 각지에서 비밀리에 결성된 폴란드 '군단legion'들은 "사령관"[24] 피우수트스키의 군에 합류하러 고국으로 돌아갔다.** 그중에서도 가장 불운했던 것은 크라스노야르스크에서 체코군과 자냉 장군에게 버림받은 제5시베리아사단이었다. "대령과 고위 장교가 모두 붙잡혔다. 장교와 결사대대의 병사 모두, 그리고 볼셰비키에 대항한 작전에 관련된 자들 모두가 체카의 지시에 따라 총살형에 처해졌다. 투옥된 장교들은 거의 모두가 영양실조

** 블라디보스토크에서 결성된 군단에는 1914년 일본이 점령한 차오저우만 조차지의 전 독일 수비대 소속 폴란드인들이 포함되어 있었다.

때문에 유행성 발진티푸스에 걸렸다. 볼셰비키 당국은 어떤 의료 조치도 취하지 않았다."[25] 살아남은 이들 대부분은 예니세이의 숲에서 광부나 벌목꾼으로 동원되는 노동대에 강제 편입되었다. 제5사단 병사들 중 살아서 폴란드에 도착한 이는 몇백 명에 불과했다.[26]

4월 중순 피우수트스키가 갑자기 우크라이나의 '최고 아타만' 시몬 페틀류라와 동맹을 맺는 동안 폴란드군은 비밀리에 병사를 동원했다. 소비에트의 반응은 예상대로 신랄했다. "우크라이나를 사실상 부르주아와 귀족이 지배하는 폴란드의 식민지로 만든 이 협정은 피우수트스키가 폴란드군의 우크라이나 침공을 정당화하는 정치적 구실로 삼는 데 필요했다."[27]

4월 23일 적군赤軍 최고사령부는 제12군의 갈리치아 여단 2개가 반란을 일으켰다는 소식을 들었다. 남부전선군은 지시했다. "단호하게 대처해 반란을 일으킨 갈리치아 여단을 몰살하고 단 한 명의 폴란드 반동분자도 진군하지 못하게 막아라. 혁명군사평의회의 지시에 따라 반란 지도부와 선동자들은 모두 그 자리에서 사살하라."[28] 적군赤軍은 그 후 이제 5만 명에 달하는, "부농 반란 운동"[29]이라고 불렀던 마흐노의 군대가 후방에서 또다시 일련의 공격을 벌이고 있는 것에 경악했다. 마흐노 군은 키예프 주변의 다리를 파괴했고, 이 때문에 적군赤軍은 마흐노가 백군, 폴란드군과 모두 긴밀히 협력하고 있다고 오해했다. 정치위원들은 모스크바에 "마흐노의 인기가 높다"[30]는 암울한 보고를 했다. 일부 무지한 병사들은 "마흐노를 중장이라고 불렀다".

드네프르강 서안에서 적군赤軍 부대는 페틀류라 지지자들의 게릴라 공격에 시달렸다. "제12군과 제14군의 후방 전체에 군의 보급품과 식량 조달을 방해하면서 수송대와 기차역을 급습하는 크고 작은 무리들이 창궐하고 있었다."[31]

4월 25일 피우수트스키는 폴란드군 9개 사단과 우크라이나군 1개

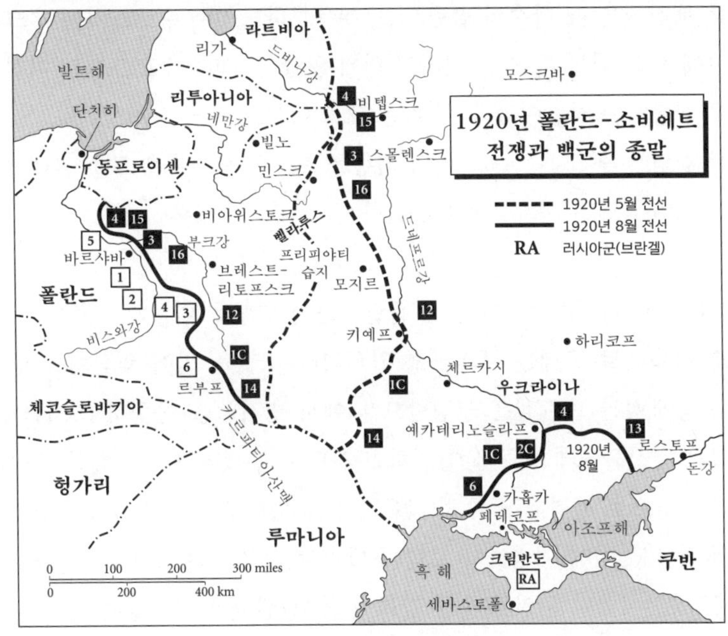

사단과 함께 본격적인 공격에 나섰다. 다음 날 에드바르트 리츠-시미그위Eduard Rydz-Śmigły 장군이 지휘하는 제3군이 지토미르에 도착했다. 그리고 그다음 날 베르디체프Berdichev가 폴란드군에 함락되었다. 적군赤軍 제12군과 제14군은 무질서하게 무너졌고, 후위대로서는 거의 역할을 하지 못했다. 말린Malin에서는 폴란드 기병여단이 적군赤軍 제7소총사단을 공격해 40퍼센트의 사상자를 강요했다.[32] 피우수트스키는 부관이었던 스타니스와프 라지비우Stanisław Radziwill가 이 작전에서 전사했다는 소식을 듣고 슬퍼했지만, 전체적으로 폴란드군의 손실은 놀라울 만큼 적었다. 드네프르강까지 진격해 우크라이나 서부를 점령하는 과정에서 발생한 폴란드군 사망자는 150명, 부상자는 300명이 넘지 않았다. 리츠-시미그위 장군이 경례를 받는 가운데 폴란드 기병대와 기마포병대가 키예

프를 행진했을 때 다수의 폴란드인, 누구보다도 피우수트스키는 우크라이나에 오래 머물 수 있을 거라고 믿지 않았다. "피우수트스키는 미신을 매우 신봉하는 사람이었다."[33] 카턴 드 와이어트 준장은 회상했다. "키예프를 점령한 후 그는 우크라이나 점령을 시도한 사령관은 모두 실패했다고 말하며 불안한 마음을 털어놓았다."

레닌은 적군赤軍이 훨씬 큰 폴란드군의 위협을 마주하는 동안 브란겔도 나름대로 공세를 준비하고 있으리라는 것을 믿어 의심치 않았다. 신임 총사령관 브란겔은 크림반도 내에서 병사들을 동원하고 적군赤軍 장교와 병사들에게 백군에 합류하면 사면해 주겠다고 약속하면서 병력을 7만 명으로 늘렸다. 무수히 많은 말을 잃었던 처참한 노보로시스크에서의 탈출로 이제 기병보다 보병이 많았다. 브란겔은 또한 데니킨의 가장 큰 약점이었던 군의 규율을 강화했다. "브란겔은 총사령관 취임 당시 오합지졸에 불과했던 군을 대대적으로 개편했다."[34] 새 정부의 외무부장관 표트르 스트루베Petr Struve는 기록했다. "그의 규율은 엄격하다. 그는 무질서한 행동으로 유죄를 선고받은 장교와 병사들을 교수형에 처한다."

브란겔이 준비한 공세의 주목적은 폴란드-소비에트 전쟁을 틈타 러시아 본토에 교두보를 확보하는 것이었다. 더 시급한 문제는 군대와 크림반도의 불어난 인구, 기병대를 다시 조직하기 위한 말을 먹일 곡물 확보였다. 영국의 외무장관 커즌 경은 만약 크림반도 밖으로 진군한다면 육지에서나 바다에서나 더는 영국의 도움을 받을 수 없을 거라고 브란겔에게 경고했다. 처칠은 경악했고 대부분의 영국 고위 관료도 같은 반응이었지만 로이드 조지 총리는 요지부동이었다.

6월 6일 슬라쇼프 장군은 이전에 비해 크게 개선되고 선박에 연료도 채운 백군 해군을 동원해 그의 부대를 멜리토폴 아래쪽 곶에 자리한 키릴롭카Kirillovka(지금의 우크라이나 키릴리우카)에 상륙시켰다. 그는 후방에서 나타나 제13군의 허를 찔렀다. 동시에 쿠테포프 장군은 자신의 군단을 드로즈돕스키, 마르코프, 코르닐로프 사단과 함께 파견해 페레코프지협 밖으로 진격하게 했고, 그동안 돈 군단은 동쪽으로 70킬로미터 떨어진 살코보Salkovo지협의 철도교를 따라 공격했다. 브란겔은 본토의 타브리다(타브리체스카야)현으로 진격할 때 기회를 놓치지 않고 부대의 선두에 섰다. 큰 키에 검은색 카자크 제복을 입고 근사한 검은색 군마의 안장 위에 똑바로 앉은 그의 모습은 병사들의 사기를 북돋우는 장면이었다. 브란겔이 예상한 대로였다.

37

서쪽의 폴란드, 남쪽의 브란겔
1920년 6-9월

6월 5일 슬라쇼프 장군의 제2군단은 페오도시야에서 28척의 배에 올랐다. 제2군단은 제13보병사단과 제34보병사단, 테레크와 아스트라한 카자크로 이루어진 1개 여단으로 구성되어 있었다. 부대가 군악대의 연주와 함께 요란스럽게 페오도시야를 행진하고 난 후 비밀 유지를 기대하기는 어려웠다.[1] 하지만 브란겔 군에는 다행스럽게도 돈 지부의 요원들은 이 소식을 신속히 전달할 방법이 없었다. 오데사가 목표라고 말하는 백군 측 라디오 방송과 기만작전도 비밀 유지에 일조했을 수 있다.

함대는 5일 새벽 출항해 동쪽의 케르치해협을 통과한 후 북쪽의 아조프해로 나아갔고, 오전 10시 멜리토폴 남쪽의 키릴롭카곶에 도착했다. 첫 번째 목표는 멜리토폴을 차지해 적군赤軍 제13군의 후방에서 보급로를 차단하는 것이었다. 6월 6일 아침, 쿠테포프의 군단이 전차 부대의 지원을 받아 페레코프에서 공격에 나서고 돈 카자크 기병대가 살코보지협을 따라 전진하는 동안, 제13군은 예비대를 투입하고 반격을 지시했다. 그러나 이후 적군赤軍 최고사령부가 인정한 것처럼, 제13군의 주력 부대는 이미 "사기가 땅에 떨어져 있었다".[2] 휴식과 재정비 없이 너무 오랫동안 경계 태세를 이어왔기 때문이다.

예카테리노슬라프 부근에서 최고사령부가 "부농의 반혁명"[3]이라고 주장한 마흐노의 혁명반역군과 전투 중이던 제1기병군단에 지원 명령이 떨어졌다. 기병군단의 지휘관 드미트리 즐로바Dmitry Zhloba는 광부 출신으로 1월 쿠반에서 체포된 전임자 보리스 두멘코를 대신해 지휘관이 되었다. 두멘코에게 일어난 일은 무언가 미심쩍은 구석이 있고 미로노프가 겪은 일과 매우 유사하다. 두멘코의 장교 중 한 명은 부됸니 휘하의 병사들이 "두멘코를 사살하고 사령부를 해산시키라는 지시하에"[4] 밤늦게 들이닥쳤다고 증언하고, 이것이 모두 "스탈린, 보로실로프, 부됸니의 계략"이라고 주장했다. 체카는 다음과 같이 보고했다. "군단이 캅카스전선군에 있는 동안 군단 내에 '유대인 놈들, 정치위원, 배후에 있는 공산주의자를 몰아내자!'라는 구호 아래 반소비에트 선전이 있었다는 증거를 다수 입수했다. 이는 반혁명 조직의 존재를 암시한다."[5] 두멘코는 정치위원을 침대에서 목 졸라 살해한 혐의로 로스토프에서 재판을 받고 사형을 선고받았다.

제13군의 지시에 따라 즐로바는 휘하의 기병 2개 사단 대부분을 소총 부대와 함께 투입해 멜리토폴 앞에 방어선을 구축했다. 며칠 후 슬라쇼프의 두 사단과 카자크 여단이 이 방어선을 격파했다. 페레코프지협을 중심으로 격렬한 전투가 벌어졌다. 적군赤軍 제3사단과 강력한 라트비아 소총사단은 쿠테포프가 예비대와 드로즈돕스키 사단, 마크V 전차를 투입하자 후퇴할 수밖에 없었다.

슬라쇼프 군단의 사단들이 우측에서 멜리토폴을 점령한 6월 10일, 적군赤軍 최고사령부는 서쪽 축에서 "타격을 입은 제52사단과 라트비아 소총사단은 작전 수행이 거의 불가능한 상태"[6]라고 인정했다. 같은 날 블리노프Blinov의 이름을 딴 적군赤軍 제2기병사단의 기습 공격으로 쿠반 카자크군은 한 개 포대를 잃고 정확히 파악되지 않은 수의 병사들이 포로로 잡혀 큰 타격을 입었다. 적군赤軍은 공식 성명에서 제13군의 패배를 덮으려 애썼지만, "멜리토폴의 함락으로 군의 지휘 통제가 완전히 무너졌다. 부대 간 협력이 불가능하다"[7]라고 시인했다. 이틀 만에 브란겔의 군대는 강 건너편으로 후퇴한 라트비아 사단과 제52사단을 쫓아 드네프르강 하구까지 진격했다. 브란겔 군은 본토의 타브리다 지역을 점령해 필요한 식량과 말을 확보했다.

◆

키예프 점령이 지나친 것일지 모른다는 피우수트스키의 우려는 현실이 됐다. 우크라이나 정부를 세우려는 피우수트스키의 의도가 널리 알려지지 않아 키예프 점령이 피우수트스키의 영토욕에서 기인했다고 보는 이들이 많았다. 러시아의 공산주의 정권이 국내에서는 지지를, 국외에서는 공감을 얻는 가운데 국제 사회는 폴란드를 거세게 비난했다. 어쨌든, 키예프를 지키던 적군赤軍 제12군과 제14군은 드네프르강 너머로 줄행랑을 쳤고, 피우수트스키가 목표로 했던 전멸을 가까스로 피했다.

부됸니의 제1기병군은 캅카스에서 기병 1만 6700명, 기관총을 얹은 타찬카 다수, 야포 45문, 장갑열차 5대, 장갑차 8대, 항공기 12대를 이끌고 키예프에 도착했다.[8] 부됸니와 제1기병군의 정치위원 보로실로프가 남서부전선군의 정치위원 스탈린과 합류하면서 차리친의 삼인방이 다시 모였다. 부됸니는 항상 몽골 기병처럼 떼 지어 공격해 상대편을 겁에 질리게 하고 전열에 구멍을 내는 전술을 고수했다. 대부분 먹히는 확실한 전략이었지만, 차라친에서는 영국 공군 제47비행대대 전투기의 끊임없는 사격으로 적군赤軍의 전열이 무너져 참패했다. 부됸니는 이후 뉴포르Nieuport 전투기 도입을 주장했지만, 부됸니의 공군 부대원들은 폴란드의 적수가 되지 못했다. 하지만 이번 공격에서 부됸니는 키예프 남쪽의 폴란드군 방어선을 격파하기보다는 침투하는 작전을 세웠다.

폴란드의 키예프 점령으로부터 일주일 후, 당시 스물일곱 살이었던 투하쳅스키는 서부전선군의 총사령관이 되어 프리피야티Pripyat습지 북쪽의 베레지나강 유역에서 공격을 개시했다. 폴란드 제1군과 제4군은 공격에 놀라 일단 후퇴했지만, 급히 예비대를 모아 5월 31일 반격에 나섰다. 투하쳅스키의 서부전선군은 후퇴할 수밖에 없었다. 군의 사기가 크게 떨어져 어떤 전선에서는 기병여단 전체가 브와디스와프 안데르스Władysław

폴란드 침공 당시 적군赤軍 병사들과, 남부 전선에서 데니킨 군으로부터 노획한 영국의 마크V 전차

Anders 대령이 지휘하는 제15창기병연대 소속 부대에 항복하기도 했다.[9]

적군赤軍 최고사령부도 인정한 것처럼 6월 8일 "폴란드군이 베레지나강 유역을 수복"[10]했지만, 피우수트스키는 퇴각하는 적군赤軍을 추격하지 말고 자리를 굳건히 지키라는 지시를 내렸다. 일부 전력은 프리피야티 남쪽의 키예프 지역으로 보냈다. 그곳에는 부됸니의 제1기병군이 지원하는 예고로프Yegorov의 남서부전선군이 반격을 준비하고 있었다.

5월 26일, 적군赤軍 제12군은 키예프 주변에서 리츠-시미그위의 제3군을 공격했고, 남쪽에서는 부됸니의 기병대가 지토미르 방향으로 폴란드의 제6군을 타격할 준비를 마쳤다. 여러 번의 공격 끝에 6월 5일 돌파구가 열렸다. 볼로다르카Volodarka 인근의 산등성이를 오르고 있던 폴란드 제1기병사단은 아래쪽 계곡에 적군赤軍의 기병대대가 모여 있는 것을 발견했다. 폴란드 지휘관과 부됸니의 관계는 내전에서 흔히 볼 수 있는 기이한 인연 중 하나였다. 두 사람은 러시아 제국군 용기병대의 같은 연대 소속이었고 당시 부됸니를 상등병으로 승진시킨 것이 바로 지금의 폴란드 기병사단장이었다. 적군赤軍 기병대는 서쪽 지평선으로 지는 태양에 눈이 부셔 폴란드군 병력이 자신들의 6분의 1에 불과하다는 것을 알 수 없었다.

제1크레호비에츠키Krechowiecki 창기병연대의 한 병사가 적군赤軍을 향해 돌격할 때의 느낌을 묘사했다. "우리는 안장 위에서 낮게 몸을 구부리고 창을 말의 귀에 댄 채 전속력으로 달리기 시작했다. … 기병 전투를 경험해 보지 않은 사람은 돌격하는 기병이 느끼는 흥분과 광란을 상상도 할 수 없다. 신경은 끊어질 듯 팽팽하고 그전까지 느꼈을지 모르는 공포는 사라진다. 기병의 열정에 덩달아 달아오른 말은 광분해서 뭐든 짓밟거나 물어버릴 기세로 맹렬하게 질주한다."[11] 하지만 이는 수적으로 우세한 적군赤軍에 상당한 압박을 받고 있던 폴란드군에게는 드문 승리였다.

키예프 양쪽에서 벌인 적군赤軍의 공격으로 폴란드 제3군 일부가 포위되었다. "상황은 매우 흥미롭고 위험하다."[12] 제1군단보병사단의 장교로 복무한 폴란드 시인 브와디스와프 브로니에프스키Władysław Broniewski는 기록했다. "부됸니와 그의 기병대는 우리의 우측과 좌측을 돌파해 지토미르를 점령했고, 그들이 우리 전선 뒤에서 이리저리 날뛰는 동안 우리는 키예프를 둘러싸고 있는 작은 원을 좁히고 있다. 믿을 수 없을 정도로 격렬하고 피비린내 나는 전투가 계속되고 있다."

같은 사단의 동료 장교 미에츠스와프 레페츠키Mieczysław Lepecki는 그들의 철수를 묘사했다. "처음에는 말린에서 철수가 끝날 거라고 생각했다. … 하지만 밤 9시인가 10시쯤 다시 행군하라는 지시가 내려왔다. 말린 부근 도로에서 전투가 벌어진 것이 틀림없었다. 말의 사체, 버려진 소총, 박살이 난 마차를 보고 알 수 있었다. 분명히 최근 벌어진 전투의 흔적이었다. 다시 길을 나섰을 때 몇 킬로미터 이상 계속 행군할 수 없을 거라고, 물리적으로 불가능하다고 생각했지만, 우리는 꽤 오랫동안 행군을 계속했고, 그런데도 여전히 고통이 끝날 기미는 보이지 않았다. 우리는 계속된 후퇴로 놀랐다. 우리 군의 상황이 볼히니아까지 후퇴할 정도로 심각한지 몰랐다."[13] 그들은 하루에 50킬로미터를 행군했고, 군화는 너덜너덜해졌다.

6월 14일 브로니에프스키는 또다시 행군한 후에 마침내 쉴 수 있었다. "닷새 만에 처음으로 비교적 안전한 곳, 코로스텐Korosten 마을에 있다. 닷새 동안 그럴듯한 식사를 전혀 하지 못했고(이걸 쓰는 지금도 배가 고프다), 자지도, 옷을 벗지도 못했다. 요컨대 내 직위에도 불구하고 보통의 일선 병사 혹은 그보다 못한 존재처럼 느껴진다. 우리는 보로디안카Borodianka에서 적군赤軍 지역을 벗어나려 전투를 벌였다. 격렬한 전투가 이틀 동안 이어졌다. 손실이 컸지만 나폴레옹의 군대만큼은 아니었다. 우리의 퇴각은 전략의 '걸작'이었다. 거대한 보급대를 동반한, 완전히 포위된 군대가 적을 물리치고 거의 모든 장비를 지켜냈다."[14]

"이 작전에서 가장 어려운 부분은 보급품을 가져오는 것이었다. … 보급대는 10킬로미터에 걸쳐 뻗어 있었다. 온갖 잡동사니를 전부 가지고 다니는 폴란드인의 끔찍한 습관 때문이다. 그리고 모든 직급의 장교의 아내들도 있었다. 이 '군대의 보물'을 위해 제1여단은 전선에서 너무 많은 피를 흘렸다. 이번에 볼셰비키는 더 나은, 더 용맹한 부대를 대규모로 보냈다."

"분위기는 전혀 밝지 않았다."[15] 레페츠키는 기록했다. "군대는 대개 길을 따라 철수하는데 부됸니는 넓은 대열로 들판과 초원을 가로질러 이동했다. … 지나가는 마을마다 그의 부대가 최근 머물렀다는 것이 분명한 흔적이 발견되었다. 박살이 나고 불에 탄 울타리, 말을 먹이기 위해 초가지붕에서 뜯긴 짚, 약탈당한 식량과 사료 창고, 소녀들의 비탄. 모든 것이 명백하게 부됸니의 '위대한' 기병이 지나갔음을 말하고 있었다." 노보로시스크에서 포로로 잡혀 강제로 적군赤軍에 복무하게 된 전 백군 장교는 "정말 구제 불능인 프롤레타리아 강도 120명"[16]으로 이루어진 기병중대를 지휘하게 되었고, 병사들이 "돼지, 닭, 소녀"를 약탈하러 나서도 막을 수 없었다.

폴란드 여인들은 곧 아직 한탄할 것이 더 남아 있다는 사실을 알게 되었다. "끔찍한 사실이다. 병사 모두가 매독에 걸려 있다."[17] 부됸니의 제6기병사단 소속이었던 작가 이사크 바벨은 기록했다. "갈리치아 전체가 감염되었다." 그는 질문을 제기했다. "우리의 카자크는 어떤 이들인가? 다층적이다. 약탈, 무모한 대담성, 뛰어난 기량, 혁명 정신, 짐승 같은 잔인함. 주민들은 그들의 구원자를 기다리고 유대인은 해방을 바란다. 그리고 쿠반 카자크가 말을 타고 들어온다."[18]

카자크군에는 간호사뿐 아니라 직접 전투에 참가하는 여성도 있었던 듯하다. "적군赤軍 내 여군들에 관해 책 한 권은 쓸 수 있다."[19] 성性에 집착한 바벨은 일기에 적었다. "기병대대가 먼지와 소음 속에서 칼을 빼 들고 격렬하게 욕을 하며 전투를 개시하면 치마를 걷어붙인, 가슴이 크고 먼지로 뒤덮인 그녀들이 앞으로 돌진한다. 모두 매춘부지만 동지고, 동지이기 때문에 매춘부다. 그것이 중요하다. 그들은 어떤 식으로든 모두에게 봉사하기 위해 그곳에 존재한다. 영웅이지만 동시에 경멸받는다."

보병이든 기병이든 폴란드 장교들은 포니아토프스키Poniatowski 공의 창기병이 나폴레옹의 '대육군Grande Armée'과 함께 러시아 원정에 나섰던 1812년의 유산을 지나치게 의식하고 있었다. 홀린코프스키Holinkowski라는 제1군단보병연대의 장교가 연대의 한 개 대대의 절반을 이끌고 마을을 정찰하러 나섰을 때 놀라울 정도로 나폴레옹 원정 당시와 비슷한 장면이 재현되었다. "홀린코프스키는 마을에 접근해서야 큰 소란이 일어난 것을 눈치 챘다."[20] 그의 동료 장교 레피츠키는 기록했다. "소규모 적을 예상했던 그는 산개 대형을 명령하고 전진했다. 그는 무시무시한 기습 공격을 준비하고 있었다. 대대가 백 걸음도 안 되는 거리에 도달하자마자 아주 평온해 보이던 마을에 잔혹한 포격이 퍼부어졌다." 머지않아 "엄청난 수의 기병 무리가 불운한 대대의 뒤에 나타났다. 높이 자란 곡물 밭에서 병사들이 기병의 돌격에 즉시 제압당할 것이 분명해 홀린코프스키는 병사들을 길 위에 사각 대형으로 결집시키려 했다. … 홀린코프스키는 다시 부상을 당했다. 포로로 잡히거나 병사들의 짐이 되지 않기 위해 그는 전장에서 수류탄을 들고 폭파해 자결했다."

폴란드가 키예프에서 루블린Lublin을 향해 서쪽으로 퇴각하면서 벌인 6월 전투는 통신이 원활하지 않아 양쪽 모두 혼돈 그 자체였다. 스탈린의 권고로 부됸니는 리츠-시미그위의 제3군을 격파하고 주변을 습격하라는 카메네프의 지시를 무시하고 대신 지토미르와 베르디체프를 점령했다. 그는 지토미르에서 수비대를 대량 학살하고 베르디체프에서는 폴란드 부상병 600명과 간호사들이 안에 갇힌 병원을 불태워 주민들을 겁주는 데 성공했다.[21]

폴란드의 새 방어선이 더 뒤에 형성되었지만, 6월 26일 부됸니는 이를 돌파했다. 곧 투하쳅스키도 프리피야티 북쪽에서 공격에 성공했다. 투하쳅스키는 8월 중순까지 바르샤바를 점령해야 한다는 압박을 받고 있었고, 거의 10만 명에 달하는 그의 군대에 대대적인 선전 공세가 펼쳐졌다. 7월 3일, 대규모 공격 전날, 병사들은 포고문을 읽었다. "심판의 날이 왔다. 우리는 피우수트스키의 불법 정부가 패배한 폴란드군의 피에 잠기게 할 것이다. … 세계 혁명의 운명이 달렸다. 반동 폴란드의 시체 위로 혁명의 세계적 불길이 퍼질 것이다. 우리의 총검으로 우리는 고통받는 수많은 사람들에게 행복과 평화를 가져다 줄 것이다."[22]

리투아니아 국경에 가장 가까운 투하쳅스키의 우측면에는 '가이Gai'로 알려진 아르메니아인 하이크 브지시캰Hayk Bzhishkian의 제3기병군단이 있었다. 폴란드 장교들은 그의 부대를 "가이-칸의 금장칸국(금장칸국은 몽골 제국이 남부 러시아 일대에 세웠던 킵차크 칸국과 그 군대를 가리킨다-옮긴이)"[23]이라고 불렀다. 가이의 임무는 기회가 닿는 대로 폴란드의 방어선을 측면에서 공격하는 것이었고 이 전략은 여러 번 성공했다. 며칠 만에 폴란드 부대는 민스크를 버리고 총퇴각했다. 7월 11일 랍비 예헤즈켈 아브람스키Yehezkel Abramsky는 기록했다. "비통한 심정으로 나는 폐허가 된 거리를 걷는다. 파괴, 갓 흘린 피, 고아들의 울음소리가 주는 괴로움에 묻혀 고개를 들 힘도 없다. … 도시 곳곳에서 그리고 폴란드군의 손길이 닿는 모든 지역에서 절도와 살인이 벌어지고 있다."[24] 데니킨 군과 마찬가지로 폴란드군은 진군할 때가 아니라 적군赤軍에 밀려 퇴각해야 하는 쓰라린 고통 속에서 반유대주의 포그롬을 벌였다. 유대인이 볼셰비키를 지지한다는 그들의 의심은 많은 경우 자기실현적 예언이 되었는데, 그럼에도 가장 가난한 유대인 상인과 숙련공조차 곧 부르주이이자 착취자 취급을 받게 되었다.

7월 13일, 브로니에프스키는 기록했다. "볼셰비키가 북쪽에서도 방어선을 돌파했다. 이번에도 기병이다."[25] 북쪽에 있는 가이의 기병군단은 폴란드 방어선을 측면에서 공격하고 첫날 40킬로미터를 진군했다. "전황은 심각하다. 불리한 싸움에 지친 우리 군은 계속 후퇴하고 있다. 소비에트는 무력을 총동원해 폴란드를 위협하고 있다. 대大러시아인, 반야만인 바시키르인Bashkirs, 중국인 무리가 '폴란드에게 죽음을'이라는 구호를 외치며 우리에게 돌격한다.* 예전에는(차르 시절에는) '반항적인 폴란드에 죽음을'이었다. 오늘 볼셰비키의 선전 전단 하나를 읽었다. '거만한 폴란드에 죽음을!' 내용이 조금도 변하지 않았다. 두 국가(불과 물)가 벌이는 싸움이고, 민족국가라는 개념과 정치적 탐욕으로 벌이는 전쟁이다." 브

* '중국인'은 세르게이 메제니노프Sergei Mezheninov가 지휘하는 적군赤軍 제12군의 좌익을 담당하는 이오나 야키르의 2개 사단에도 있었다.

로니에프스키에게 고무적인 소식은 폴란드 국민의 애국심 진작과 나라를 지키기 위한 대대적인 국민 징집levée en masse뿐이었다.

폴란드군은 100킬로미터를 물러나라는 지시를 받았고, 이 때문에 투하쳅스키는 실제보다 훨씬 큰 승리를 이루었다고 자만하게 되었다. 그 결과 폴란드 제1군과 제4군을 전멸시킬 기회를 놓쳤다. 하지만 계속되는 후퇴를 막기는 어려웠다. 빌노, 그로드노Grodno, 바라노비체Baranowicze(지금의 벨라루스 바라나비치의 폴란드 이름. 당시 폴란드령-옮긴이), 핀스크Pińsk에 새 방어선을 구축할 때마다 가이의 기병이 돌파했다. 피우수트스키의 작전 운용에 격렬한 비난이 쏟아졌고, 새 '국가 방위 정부Government of National Defence'가 수립되었다.

루블린에 도착한 제1군단보병연대의 레피츠키의 기록에 따르면, 후퇴는 8월까지 계속되어 "폴란드 중심부에 점점 가까워졌다. 끔찍한 소식이다. 브레스트-리토프스크와 비아위스토크Białystok가 함락되었다고 한다. … 오늘 우리는 부크강까지 계속 퇴각해야 한다. 다른 지역, 특히 북부 전선의 보고에 따르면 사방에서 전황이 더, 훨씬 나빠졌다. 보고서는 말도 안 되게 난민을 가득 채운 열차, 사단과 부대 전체의 빠른 퇴각, 위험에 놓인 조국에 관해 이야기했다".[26] 그 후 그들은 적군赤軍이 바르샤바와 루블린 사이의 방어선을 격파했다는 소식을 들었다. 투하쳅스키가 수도 바르샤바를 점령하려 한다는 것이 누가 봐도 명백했다. "바르샤바는 볼셰비키에 함락되기 직전이다."[27] 러시아의 상징주의 시인 지나이다 기피우스Zinaida Gippius는 이렇게 기록한 뒤 재빨리 도시를 떠났다.

타브리다 북부에서 브란겔의 군대는 서쪽으로는 드네프르강 입구, 동쪽으로는 아조프해 연안의 베르댠스크, 위로는 니코폴Nikopol까지 납작한 삼각형을 이루는 영역을 확보했다. 패배한 적군赤軍 제13군은 반격을 준비하고 있었다. 즐로바는 암호로 전달된 특별 명령을 받았다. 7월 3일 새벽 4시에 진격하라는 내용이었다. 멜리토폴 북동쪽에 있는 슬라쇼프의 군단을 공격할 계획이었다.

암호를 해독한 보야르치코프Boyarchikov는 재앙으로 이어진 이 사건을 기록했다. "정해진 시간에 제1기병군단의 세 사단 모두가 적의 1차 방어선을 넘어 적을 무찔렀다. 지시에 따라 우리 군단의 한 사단이 소총부대와 합류하기 위해 북서쪽으로 방향을 돌렸다. 파견된 정찰대가 말을 타고 달려와 사령관에게 북서쪽에서 아군의 어떤 소총 부대도 진격하지 않았고, 우리 기병군단은 이제 적에게 완전히 포위당했다고 보고했다. 실제로 곧 야포, 기관총, 심지어 전투기까지 사방에서 우리 기병대에 포격을 퍼붓기 시작했다. 우리 군은 가까이서 쏟아지는 포탄에 죽어가고 있었다. 마치 배신당해 덫에 빠진 것 같았다. 우리는 정오쯤 제13군의 어떤 부대도 진격하지 않았다는 것을 알게 되었다. 우리와 합류할 계획이었던 소총 부대는 우리를 적으로 오인해 우리를 향해 총을 쏘았다."[28]

폭우가 쏟아지면서 마침내 달아날 수 있었지만 사상자가 엄청났다. 의기양양한 백군은 절실히 필요로 하던 말 3천 필을 노획했다고 주장했지만, 이 주장은 어떻게 봐도 과장이다. 하지만 이 전투로 백군의 사기가 충천했다. 즐로바는 두 시간 빨리 공격에 나서 공세를 망치고 그 결과 제1기병군단을 패배하게 했다는 비난을 받았다. 카메네프는 나중에 즐로바가 자의로 "야습을 감행"[29]하기로 했던 것처럼 굴었다. 모스크바에서 즐로바를 심문하러 위원회가 파견되었다. 사단장과 정치위원들의 증언에도 불구하고 즐로바는 적군赤軍에서 제명되었다. "다수가 이것이 두멘코와 친밀했던 즐로바에 대한 복수라고 생각했다"[30]라고 보야르치코프는 기록했다. 즐로바는 떠났지만, 나중에 즐로바가 캅카스에 복귀해 기병사단의 지휘를 맡았다는 소식이 들렸다.

영국이 지원을 중단할 거라는 커즌의 위협은 영국 군사 사절단의 임무의 종료를 뜻했다. 사절단의 최종 철수일이 6월 29일로 결정되었다. 레버 대위는 매우 복잡한 심경을 기록했다. "우리 부대의 근위대 장교 두 명이 러시아인을 저버릴 수 없다며 장교직을 버리고 백군에 합류했다. … 나는 우리가 정말로 백군을 버렸다는 사실을 절대 잊지 못하겠지만, 내가 남았더라도 분명 별 도움이 되지 않았을 것이다."[31]

레버의 기록은 계속된다. "떠나기 직전 배 위에서 우리가 그들을 버렸다는 느낌이 강하게 들었다. 러시아 장교 두 명만이 개인적으로 함께 일한 이들에게 인사를 건네려 배에 올랐다. 나는 담화실 뒤쪽에서 손에 잔을 들고 그들이 친구들에게 작별 인사하는 것을 지켜보았다. 다들 북받쳐 오는 불안한 감정을 강철 같은 의지로 억누르고 있었다. 높이 들린 잔, 간결한 건배사, 러시아인들이 끝내 감추지 못한 눈물. 비워진 유리잔은 땅으로 내던져져 산산조각이 났다. 나는 몰래 빠져나와 객실에서 생각에 잠겼다."

카자크에 대한 불신에도 불구하고 브란겔은 쿠반, 그리고 5월에 봉기가 일어났던 돈에서도 반란을 일으키려 해보기로 했다. 그는 폴란드-소비에트 전쟁이 계속되지 않을 것이고 전쟁이 끝나면 적군赤軍 병력 전체가 크림반도에 집중될 것을 알고 있었다. 브란겔은 네스토르 마흐노에게 사절을 보내 적군赤軍에 대항한 동맹 가능성을 타진하기도 했다. 마흐노의 군대는 적군赤軍 제2기병군의 사령부가 된 예카테리노슬라프를 막 공격한 참이었다. 제2기병군은 즐로바가 체포된 후, 얼마 안 가 교체된 무능한 사령관 아래 제1기병군단의 잔존 병력을 바탕으로 편성되었다. 그다음 사령관이 될 사람은 사형 판결 이후 트로츠키에 의해 복귀한 좌파 사회혁명당 카자크 필리프 미로노프였다.

마흐노의 병사들은 "건초 수레로 위장한 타찬카를 타고 도시 안으로 침입했다."[32] 보야르치코프는 기록했다. "그들은 불을 질러 소란을 일으키고 소비에트 기관을 공격했다. 수비대가 그들이 군 사령부 근처로 가지 못하게 막았다. 다음 날 군 정찰대는 도시 외곽에서 적군赤軍 병사 열 명이 살해된 것을 발견했다. 배를 가른 뒤 그 안에 곡물을 채워놓고 쪽지를 남겨 놓았다. '프로드라즈뵤르스트카prodrazverstka(곡물 징발)의 복수다.' 시신은 군 사령부로 옮겨졌고 집회가 조직되었다. 군 정치부의 대표가 본부 건물의 발코니에서 연설했다."

하지만 마흐노는 브란겔의 제안을 그저 거부하는 것에 그치지 않았다. 적군赤軍 최고사령부에 따르면 그는 "심지어 사절을 교수형에 처했다".[33] 브란겔이 전前 마흐노 추종자로 이루어진 부대를 몇 개 조직했다는 것은 아마 맞겠지만, 그들을 "바티코 마흐노Batko Makhno(아버지 마흐노) 부대"라고 불렀다는 카메네프의 주장은 믿기 어렵다.

쿠반 카자크들로 하여금 반란을 일으키도록 시도하기 전 브란겔은 먼저 아조프해 해안의 도네츠강 유역에 상륙을 시도했다. 돈 카자크의 반란에 힘입어 나자로프 대령이 이끄는 800명의 병력이 8월 9일 마리우폴과 타간로크 사이에 상륙했다. 백군 측 자료는 나자로프 대령이 곧 병력을 두 배로 증원했다고 주장하지만, 적군赤軍 최고사령부는 "돈 카자크의 매우 수동적인 태도"[34] 때문에 전혀 가망이 없었다고 주장했다. 어쨌든 나자로프의 부대는 콘스탄티놉스카야Konstantinovskaya 부근에서 적군赤軍에 괴멸당했다.[35]

백군과의 반목이 있었지만 쿠반 카자크에게는 잠재력이 있었다. 지난겨울 데니킨 군을 버리면 적군赤軍이 평화롭게 살게 내버려 둘 거라는 환상에 빠졌던 이들은 공산당 지배의 현실을 마주하고 큰 충격을 받았다. 브란겔의 외무장관 스트루베는 3월 아타만 부크레토프Bukretov가 쿠반 카자크를 위해 투압세Tuapse에서 체결한 평화 협정에 따르면 범죄 행위로 유죄 판결을 받은 자만 처벌한다고 명시되어 있다고 지적했다. "범죄 행위가 무엇인지 묻자 볼셰비키는 '정치위원을 비롯한 볼셰비키를 살해하고 민간인을 약탈하는 것'이라고 말했다. 군사 행동에 한 번이라도 참가한 쿠반 카자크 거의 모두가 기회가 있을 때마다 두 가지 범죄 모두를 저질렀기 때문에 관용의 여지는 거의 없었다. 부크레토프는 협정에 서명한 후 현명하게 은퇴하고 티플리스로 갔다."[36]

크라스노다르로 개칭한 예카테리노다르에서 화가 야콥 글라세는 적군赤軍의 도착과 칼미크 가족들의 학살 이후 일어난 사건을 비밀리에 계속 기록했다. 3월 24일 그는 체카가 큰 호텔을 장악했다고 기록했다. "그들의 비밀 임무가 시작되었다. 볼셰비키가 칼로 베어 다리에 붉은 줄무늬를 내고 어깨에서 견장을 뜯어낸 피해자들을 마주친 게 아직도 기억에 생생한데 이제 체카 요원들이 가까이서 일하고 있다. 체카는 건물 지하실 창문을 판자 두 겹으로 막고 그 사이에 모래를 채워 소리가 새어 나가지 않게 했다."[37]

"크라스노다르는 해병 보병대가 '지배'하고 있다." 그는 3월 28일 기록했다. "모두가 특히 여성에게 휘두르는 그들의 폭력에 관해 이야기하고 있다." 이틀 후 글라세는 기록했다. "거리가 텅 비어 있다. 우리는 두려움에 떨며 문틈 사이로 거리를 내다본다. 오늘도 많은 이들이 체포되고 있다. 체카 요원들은 수많은 상인을 이끌고 시내를 통과해 체카로 데리고 가고 있다. 사제, 교사, 기술자, 우체국, 은행, 그 외 기관의 관리들도 끌려간다. 장교와 군 요인들의 등록을 선언했다. 극장에서 진행 중이다. 나타나지 않으면 사형이다. 극장으로 걸어 들어간 이들은 나오지 않는다."

4월 4일 일기에는 이렇게 적었다. "오늘 체포된 '부르주이' 여성 무리가 여섯 곳의 티푸스 병원에 보내졌다. 그들은 그곳에서 바닥 청소와 세탁 같은 일을 하게 될 것이다. 어떤 조치도 전염병의 확산을 늦추지 못한다. 병자들은 매트리스가 부족해 이른바 병원이라는 곳들 바닥에 깔린 지푸라기 위에 누워 있다. 새 환자를 받을 공간을 마련하려 아직 죽지 않은 이들을 묘지로 보내기도 한다. 위에 흙을 살짝 덮은 무덤을 본 적이 있는데, 그 아래 묻힌 시신들의 손이 보였다. 묘지 책임자는 이 손들이 움직이는 걸 본 적이 있다고 말했다."

"온종일 어느 정도 부유한 집들의 수색이 벌어지고 있다." 글라세는 4월 17일 기록했다. "수색대는 가구의 다리를 톱으로 잘라내고 지하 저장고뿐만 아니라 정원 바닥까지 파내고 있다.* 수색에 나선 이들 중에는 유명한 도둑과 다른 마을의 인간쓰레기들도 있었다. 그들은 감옥에서 풀려나 이제 대단한 열의로 체카를 위해 일하고 있다. 징수한 금은 은행에 예치해야 하지만 상당량이 유용된다. … 마을에서 유명한 한 서적상은 그의 금을 가져간 체카 요원에게 영수증을 요구했다. 그 후 그는 반혁명분자로 체포되어 체카로 끌려가는 도중 도주하려 했다는 혐의로 사살당했다. 다음 날 그의 재산은 몰수되었고 아내와 어린 두 아이는 거리에 나앉았다. 강도와 개인적 보복을 반혁명 혐의를 씌워 위장하고 있다. 그 결과는 예외 없이 처형이다."

며칠 후 글라세는 아버지가 체포된 것을 알게 되었다. "아버지의 아파트는 쑥대밭이 되었다. 사방에 나무 조각이 흩어져 있고, 가구 다리는 (금을 찾으려) 톱으로 잘려 나갔다. 벽지는 찢어졌고, 소파와 책등은 뜯겨 나갔고, 여행 가방은 바닥이 부서진 채 열려 있었고, 마룻장 일부도 뜯겼다. 피아노와 성상은 도끼로 산산조각이 났다. 수색대는 가족 앨범도 뒤졌다. 다행히 우리 가족은 농민이고 순혈 프롤레타리아다. 이런 앨범은 종종 개인의 사회적 배경을 밝히는 증거로 사용된다. 가장 불운한 이들은 장교의 사진을 걸어두거나 부르주이처럼 옷을 입은 이들이다. 한 우체국 관리는 최근 목숨을 잃었다. 집에 있는 반짇고리에서 쌍두독수리가 그려진 금속 단추가 발견되었기 때문이다. 그의 예전 제복에 있던 것이

* 수색대가 가구 다리를 톱으로 잘라낸 것은 속이 빈 다리가 금화를 숨기기에 좋은 장소였기 때문이다.

었고, 이것만으로도 처형당하기 충분했다."[38]

다음 날 글라세는 아버지가 풀려났다고 기록했다. "아버지는 운 좋게도 체카 요원 중에 문지기의 아들이 있어서 목숨을 구했다. 아버지가 그가 학교에 다니고 대학을 졸업할 교육비를 대주셨다." 글라세는 아버지가 풀려나기 직전 안뜰이 잘 내려다보이는 방에서 잠시 기다렸다. "손이 묶인 누군가가 지하실로 향하는 문 앞에 세워졌다. 그는 후두부에 총을 맞고 지하실로 바로 떨어졌다. 중국인들이 가장 마음껏 즐겼다. 그중 한 명은 사람들을 한 줄로 세워 총알 하나로 두 명 이상을 죽이기도 했다."[39]

글라세는 무엇이 사람들을 살인자로 만들었는가를 곰곰이 생각했다. "법원 조사관이 내게 이렇게 말한 적이 있다. '자네는 인간의 본성을 모르네. 인간을 이상화하고 있어. 법정에서 일하는 우리는 인간의 깊은 내면을 너무 잘 알고 있지. 동물원에 있는 늑대, 호랑이, 표범의 눈에서 감정을 찾아보려 한 적이 있나? 이들의 무심함이 무시무시할 정도로 충격적이지 않나? 냉담한 살인자의 눈에서 우리는 똑같은 무심함을 발견하네. 그들은 처벌을 이해하지 못하지. 풀려나자마자 또 다른 희생자를 찾네. 이들이 짐승이 아니면 무엇인가?' 나는 오늘 적군赤軍 병사 무리가 박물관에 난입할 때 이 대화를 떠올렸다. 그들은 처음에는 소란을 피우다가 곧 벽난로 위의 거대한 오래된 거울 앞에 멈춰 조용해졌다. 그들은 침묵 속에서 자신들의 얼굴을 오랫동안 바라보았다. 그중 한 명이 탄띠를 풀어 벽난로 위 선반에 올려놓고 나폴레옹 자세를 취하고 오랫동안 찌푸리더니 웃고 다시 찌푸렸다. 거울 속에 비친 것은 완전한 군상화였다. 거울 속 얼굴들은 더 날카로워진다. 그들이 저질러 온 살인이 얼굴에 새겨져 있다. 그중에는 러시아 도시의 소년들과 중국인 유랑자들, 해병 보병, 1914년 집을 잃고 바람 부는 대로 이리저리 떠돌던 최전방 병사들도 있었다. 공산당은 이들 안에서 마지막 남은 인간의 흔적을 없애고 이용하고 있다."[40]

"친구와 지인이 계속 사라진다." 글라세는 5월 4일 기록했다. "나는 매일 오늘이 내 차례인지 불안에 떨며 기다린다."

"수색이 계속되고 있다." 그는 다음 날 일기에 썼다. "아내는 나에게 레닌의 초상화를 그리라고 조언했다. '아파트에 레닌의 초상화를 걸면 그게 우리를 구해줄지 몰라요.' 나는 틀에 캔버스를 끼우고 목탄 연필로 레닌의 윤곽을 스케치했다." 이 궁여지책은 생각보다 훨씬 효과적이었다.

사흘 후인 5월 8일 징발 및 주택 위원회가 도착했다. "'방문객들'은 이웃의 아파트를 수색하고 재산을 징발한 뒤 우리를 보러 잠시 들렀다. 그들은 방을 둘러보았고, 레닌의 초상화, 마르크스의 《자본론》, 소비에트 신문과 '부르주이에게 죽음을!'이라고 선언하는 포스터의 스케치를 보았다. 방문객들은 차를 달라고 하고는 코트를 벗고 편안히 앉아 쉬었다. 그리고 집을 나서며 다소 수줍게 말했다. '이제 다시 금을 찾으러 가야 하오.' 아내가 답했다. '네, 지금 나라에 정말로 금이 필요하니까요.' '자, 그만 가겠소. 아파트가 좀 좁구려.'" 부부는 화를 면했다. 글라세는 '예술 노동자'로, 부부의 작은 아파트는 작업실로 분류되었다.

도시 안팎으로 어떤 법에도, 소비에트 법령에도 아랑곳하지 않고 날뛰는 체카와 식량 징발대에 사람들의 두려움과 분노가 커지고 있었다. "체카는 재판 없이 사람들을 처형하고 있고, 카자크 마을에서는 토벌대가 제멋대로 날뛰면서 사람들을 처형하고 그들의 집과 재산을 모두 태우고 있다. 나는 밀가루 약간을 직접 보고 사려고 파시콥스카야Pashkovskaya로 갔다. 사방에 장애물이 있어 덤불 속을 벗어나지 않은 채 8킬로미터를 걸었다. 마을에는 불탄 집 여러 채가 보였다. 살아 있는 친구를 찾을 수 없었다. 다들 죽었다. 나는 빈 가방을 들고 집으로 돌아왔다."[41]

글라세는 닷새 후 기록했다. "도시의 식량 상황은 적군赤軍이 오기 전까지는 견딜 만했다. 이제 토벌대가 카자크 마을에서 활동하고 있어 식량이 전혀 공급되지 않는다. 도시에서는 다들 식량을 갈구한다. 그 외에 이 지역엔 이제 굶주린 모스크바로 보낼 물자를 빼앗는 징발대로 가득하다. 이 무장한 식량 징발대는 이제 마지막 곡물 공급자인 농민들을 강탈하고 있다. 방해공작이라는 말이 유행하고 있다. 이걸 구실로 자기 곡물을 내놓지 않으려는 농민을 처형한다. 그러니 소규모 반란들이 일어나고 빨치산도 몇몇 생기는 것도 당연하다. 사람들은 숲에 사는 이 무리들을 녹군이라고 부른다. 그들의 용맹함에 관한 이야기가 전설처럼 돌고 있다."[42]

캅카스 전역에는 녹군뿐 아니라 백군 빨치산도 여럿 있었다. 대부분은 3월 노보로시스크에서 배를 타고 탈출하지 못한 이들이었다. "키슬로보츠크 지역의 산속에는 카자크뿐 아니라 많은 장교가 숨어 있다."[43] 돈 지부는 적군赤軍 제10군에 보고했다. "그들은 산속에서 백군 장군과 대령들로 소트니아를 조직하고 있다. 그들이 대포를 가지고 있고 … 16세부터 50세까지의 카자크가 소집될 것이라는 소문이 있다." 여름 무렵 캅카스의 구릉지대에서 1만 5천 명의 빨치산이 활발히 활동하는 것으로 여겨졌다. 적군赤軍 최고사령부는 그들을 "백-녹 부대"[44]라고 불렀다. 가장 규모가 큰 빨치산은 크라스노다르 남동쪽 마이코프Maikop 주변에서 활동했다. "이 빨치산은 (포스티코프Fostikov 장군이 이끄는) 이른바 '러시아 부활군Army of Russian Rebirth'으로 통합된 후 8월 중순 무렵 보병과 기병을 합쳐 약 6천에서 7천 명에 달했다."

브란겔의 계획은 크라스노다르를 점령한 뒤 반란 세력을 결집해 자기 군에 합류시켜 쿠반 지역을 가로질러 뻗어나가는 것이었다. 8월 14일 울라가이Ulagai 장군이 이끄는 본대가 크라스노다르 북쪽의 아조프해 연안에 있는 프리모르스코-아흐타르스크Primorsko-Akhtarsk에 상륙하는 동안 다른 부대들은 주의를 돌리고 적군赤軍 사령부를 혼란에 빠뜨리기 위해 타만Taman반도와 아나파Anapa와 노보로시스크 사이에도 상륙했다. 브란겔에 따르면 세 보조 부대의 병력은 5천 명이 넘지 않았다. 반면 적군赤軍 최고사령부는 울라가이의 병사가 쿠반에서 합류한 이들을 포함해 8천 명이라고 추산했고, 반은 보병, 반은 기병이라고 보았다. 수많은 민간인이 부대를 따라다녀 정확한 수치를 파악하기가 어려웠다.

울라가이는 매우 존경받는 쿠반 카자크 지도자였지만 기발한 전술가나 뛰어난 지휘관은 아니었다. 그는 집으로 돌아가고 싶어 하는 측근들을 지나치게 많이 참모로 임명했고, 심지어 그들의 수많은 가족이 동행해 배에 오르도록 허락했다. 당연히 보안은 없는 것이나 마찬가지였다. 크림반도 전체가 그의 계획을 알고 있었고 실제로 공산당 정보원들은 7월 30일 돈 지부에 보고하기도 했다.[45] 하지만 카메네프는 최고사령부가 허를 찔렸다고 넌지시 내비쳤다.

울라가이의 본대가 프리모르스코-아흐타르스크에 상륙하자 적군赤軍 지휘관 아타르베코프Atarbekov는 1600여 명을 총살했다고 한다.[46] 이것이 적군赤軍의 주장대로 당황해서 벌인 일인지, 백군이 크라스노다르로 진격하면서 눈덩이처럼 병력을 불리려 한 것을 알고 쿠반 카자크의 백군 합류를 막으려 의도적으로 벌인 일인지는 확실하지 않다.

울라가이는 크라스노다르로부터 50킬로미터 이내까지 빠르게 진격해 첫 번째 목표 티모솁스카야Timoshevskaya역을 장악한 후 멈췄다. 그는 쿠반의 수도 예카테리노다르를 점령하고 포스티코프 장군의 부대와 합류할 기회가 있었지만, 대신 보급품을 전부 남겨두고 온 프리모르스코-아흐타르스크의 본부로 돌아가기로 했다. 그 결과 제9군은 대규모로 병력을 증원할 기회가 생겼고 트로츠키는 또다시 장갑열차를 타고 서둘러 위험에 처한 전선으로 향했다. 아조프해 연안에 갇히게 된 울라가이는 9월 7일 탈출해 크림반도로 철수할 수밖에 없었다. 울라가이의 모험이 아무런 성과도 거두지 못하면서 브란겔은 두 거인이 비스와강에서 충돌해 일어난 먼지가 가라앉는 사이 타브리다 북부를 벗어나 확장을 시도할 수밖에 없게 되었다.

38

비스와강의 기적
1920년 8-9월

크렘린에서 매일 아침 열리는 코민테른 제2차 세계대회에서는 전쟁이 진행됨에 따라 거대한 유럽 지도 위의 붉은 깃발이 날이 갈수록 폴란드 수도 바르샤바 가까이로 움직였다. "대표들은 지도 앞에 서서 숨 쉬는 것도 잊을 정도로 관심을 보였다."[1] 지노비예프는 기록했다. "세계 노동자의 최고 대표들이 두근거리는 마음으로 우리 군의 모든 진격을 유심히 지켜보았다."

빅토르 세르주는 소비에트 지도자 레닌이 도착한 장면을 묘사했다. "재킷을 입고 팔 아래 서류 가방을 들고 대표단과 타이피스트를 모두 대동한 레닌은 투하쳅스키군의 바르샤바 진격에 관해 이야기했다. 기분이 매우 좋아 보였고 승리를 확신하고 있었다. 마르고, 원숭이 같은, 냉소적이면서 익살스러운 카를 라데크는 큰 바지를 추켜올리면서 덧붙였다. '우리의 총검으로 베르사유 조약을 갈기갈기 찢어버릴 거요!'"[2] 세르주는 그들의 허세에 동조할 수 없었다. 그는 공산당 지도부가 전쟁 승리 후 폴란드를 통치할 예정인 폴란드 혁명위원회의 간부에 "적색 테러의 책임자 제르진스키를 포함시키는 심리적 오류"를 범하고 있다고 생각했다. 예정된 독재자 제르진스키는 이미 비아위스토크에서 투하쳅스키가 이끄는 부대의 정치위원으로 취임했다.

폴란드는 오합지졸에 몹시 굶주린 데다 통일된 것 하나 없이 너저분한 복장을 하고 맹렬하게 진격해 오는 적군赤軍에 경악했다. 단 하나 통일된 것이 있다면 거대한 붉은 별이 그려진 기이한 뾰족모자 부됴높카 budenovka였는데, 이 모자 때문에 폴란드 병사들은 적군赤軍을 "머리에 뿔

부됸니의 제1기병군 또는 코나르미야. 그중 한 명이 끝이 뾰족하고 납작한 부됴놉카 모자를 쓰고 있다. 이 모자는 중세의 보가티르Bogatyr(중세 슬라브의 서사시에 등장하는 모험을 다니는 기사-옮긴이)의 투구에서 따온 것으로 추정된다.

달린 개"[3]라고 불렀다. 적군赤軍 병사들의 옷은 너덜너덜했다. 대부분은 나무껍질로 만든 신발을 신었고 심지어 맨발인 이들도 있었지만, 어떻게든 방어선을 모두 우회하거나 돌파해 냈고, 폴란드군은 계속 퇴각할 수밖에 없었다. 제1기병군은 거대한 먼지구름을 일으키며 볼히니아를 통과해 진격하면서 밤에는 잠시 마을에 멈춰 우유와 빵을 요구하고, 닭과 돼지를 쫓아다니고, 기병도로 거위의 목을 자르고 건초더미 위에서 잤다.

7월 14일 피우수트스키의 출생지 빌노를 잃으면서 폴란드가 받은 충격이 채 가시기도 전에 크렘린은 빌노를 리투아니아에 넘겨주었다. 하지만 폴란드가 받은 더 잔혹한 타격은 8월 2일 유명한 요새와 함께 브레스트(폴란드어로는 브제시치)의 방어가 무너진 것이었다. 지역 공산당은 방어군 사이에 혼란을 일으켜 적군赤軍의 공격을 도왔다. 적군赤軍은 바르샤바 앞에 놓인 최후의 방어선이자 영국의 외무부 장관 커즌이 제안한 이론상의 폴란드 동부 국경선인 커즌선을 이루는 부크강을 건넜다. 피우수트스키는 "혼돈의 요지경"[4]이라며 불만을 표했다.

피우수트스키는 부됸니의 제1기병군을 격파할 기회를 목전에 두고 마지막 순간에 빼앗겼다. 부됸니는 르부프Lwów(리보프의 폴란드어 이름)에서 동쪽으로 약 70킬로미터 떨어진 브로디Brody 인근에서 스스로 판 함정에 빠졌다. 그는 부대를 둘러싼 폴란드군의 전선을 돌파하는 데 실패했다. 8월 3일, 피우수트스키는 브레스트에서의 참패 후 수도 방어를 위해, 막 코나르미야를 끝장내려던 폴란드의 2개 기병사단을 소환해야 했다. 덕분에 제1기병군은 도주할 수 있었다. 브로니에프스키는 기록했다. "며칠 전 '사기'가 바닥을 치고 있다는 것을 깨달았다. 병사들은 자기 집을 지켜야 한다고 생각했다. 내 휘하에서도 특히 마지막 전투 후 몇 명이 탈영했다."[5]

소비에트가 폴란드에 거둔 승리로 모스크바가 득의양양하는 동안 폴란드는 적이 '작전 한계점'에 도달한 것 같다고 알리는 적군赤軍의 통신 내용을 가로챘다. 작전 한계점은 큰 승리를 거둔 진격 이후 무리해서 지친 군대가 주도권도 기세도 모두 잃는 지점이다.

"볼셰비키 부대의 기력 소진과 사기 저하는 날이 갈수록 심해졌다."[6] 7월 31일 폴란드군 제2군은 보고했다. "점점 더 많은 적군赤軍 병사들이 우리 쪽으로 넘어오고 있다. … 제대로 먹지 못하고 무엇보다도 기진맥진한 부대는 계속 밀려나고 있고 다 죽어가고 있다. 적군赤軍은 폴란드의 퇴각이 소비에트군을 함정에 빠뜨리려는 속임수라고 보고 있다. 전쟁포로에 따르면 7월 29일 소비에트의 한 여단이 병사들의 탈진과 병력 상실을 이유로 명령 이행을 거부했다고 한다."

남쪽에서 부됸니는 스탈린과 전선군 사령관인 예고로프의 지지를 받아, 우선과제인 바르샤바 공격을 맡은 투하쳅스키를 지원하라는 카메네프의 명령을 무시하고 있었다. 투하쳅스키는 좌측면이 취약한 것을 우려했지만, 스탈린을 상대하기 두려웠던 카메네프는 이를 얼버무렸고 자기 명령에 따르라고 강요하지 못했다. 그동안 부됸니는 자신의 승리를 확보하기 위해 산업 도시 르부프를 향해 남서쪽으로 계속해서 진격하고 있었다. 적군赤軍은 루마니아, 헝가리, 심지어 이탈리아까지 공격해 들어간다는 말도 안 되게 낙관적인 환상을 품고 있었다. 바벨은 8월 8일 일기에 기록했다. "우리는 유럽으로 진군해 세계를 정복할 것이다."[7] 레닌은 모스크바에서 뻗어나가는 "유럽과 아시아 소비에트 공화국 연방"[8] 계획에 꽤 진심이었다. 스탈린이 이 계획을 독일인들이 절대 받아들이지 않을 것이라고 말하자 레닌은 격분하여 스탈린을 국수주의자라고 비난했다.

스탈린은 후방에 브란겔을 위협으로 남겨둔 채 폴란드와 전쟁을 벌이는 것을 주의해야 한다고 말했었다. 또한 레닌에게 폴란드의 애국심을 과소평가하지 말라고 강력히 권고하기도 했다. 그런데 이제 스탈린 본인이 폴란드군의 붕괴를 확신하며 때 이르게 승리에 도취해 몹시 흥분하고 있었다. 대부분의 시간 동안 하리코프에 있던 스탈린은 상황을 명확하게 평가하기에는 전장과 떨어져 있었다. 한편 북쪽에서는 가이의 기병군단이 바르샤바를 우회해 이제 출발점인 베레지나강보다 베를린이 훨씬 가까울 정도로 진격하면서 보급선보다 한참 앞서 있었다. 트로츠키는 코민테른에 국경을 넘는 즉시 독일 내에서 적군赤軍의 선전 전단을 배포할 수 있도록 준비하라고 지시했다.

8월 13일 투하쳅스키의 군이 바르샤바로 진격하자 각국 외교 사절들은 포즈난Poznań으로 떠났다. 남은 것은 이탈리아 외교관들과, 베강Weygand 장군이 지휘하고 젊은 샤를 드골 소령을 비롯한 프랑스 장교로 대부분 이루어진 연합국 군사통제위원회뿐이었다. "폴란드는 위기에 강하다."[9] 브레스트-리토프스크 요새에서 적군赤軍의 급습을 받고 가까스로 바르샤바로 도주해 온 영국군 대표 카턴 드 와이어트 준장은 언급했다.

이 위기는 폴란드의 가장 눈부신 순간이 되었다. 카지미에시 소슨코프스키Kazimierz Sosnkowski 장군이 이끄는 폴란드 전쟁부는 상황에 잘 대처했다. 긴 후퇴로 엉망이 된 군화를 교체할 새 군화를 보병연대에 지급하는 재장비 계획으로 병사들의 사기가 올랐다. 정치 성향이 매우 다양한 자원병 수천 명이 나타나 수도를 방어하는 민병대에 합류했다. 다수는 사회주의자, 반체제 학생, 자유사상가였고 적그리스도와 싸우기 위해 나선 독실한 폴란드 가톨릭도 있었다. 총 16만 4615명의 젊은 남녀가 자원했고[10] 할레르 장군이 이들을 여단으로 편성하고 배치했다. 대부분은 스무 살 이하였다.

8월 14일, 제1군단보병연대가 루블린을 가로지르려는 때에 좋지 않은 소식이 추가로 전해졌다. 적군赤軍이 바르샤바로 향하는 철로를 차단했다는 소식이었다. 하지만 병사들의 사기는 높았다. 레피츠키는 기록했다. "도시는 행진하는 보병, 기마포병대, 기병 그리고 무엇보다도 수없이 많은 보급대로 가득해 지나갈 수가 없었다. 이 끝없이 많은 사람, 말, 자동차, 화물열차가 전부 전선으로 향하고 있었다. 우리의 최고사령부가 조국에 죽음 아니면 승리를 가져올 어마어마한 공세에 착수하고 있다는 가장 명백한 증거였다. 이제 다시 훌륭하게 장비를 갖춘 우리 사단은 풍부한 경험과 자신감에 긍지를 갖고 매우 훌륭하게 처신해 차를 둘러싼 군중들을 열광하게 했다. 나는 한 노파가 보도 가장자리에 무릎을 꿇고 손에 십자가를 든 채 우리 행렬에 신의 가호를 빌던 광경을 절대 잊지 못할 것이다."[11]

제1군단보병연대의 병사들이 루블린에서 목격한 것은 최고사령관 피우수트스키 원수가 8월 6일 아침 최종 승인한 대규모 재배치의 일환이었다. 거친 백전노장 피우수트스키는 바르샤바 앞의 단단한 방어선을

유제프 피우수트스키 원수

지키고 있다가 나중에 반격하자는 베강 장군과 참모총장의 조언을 따르지 않았다. 대신 제4군을 부크강에서 철수시켜 더 남쪽에 있는 비스와강의 지류 비에프시Wieprz강에 타격대를 준비시키기로 했다. 그 후 적군赤軍이 바르샤바를 정면 공격하는 바로 그 순간 투하쳅스키군의 남쪽 측면과 후방을 공격할 예정이었다. 사실, 투하쳅스키는 정면 공격에 반대했다. 정면으로 공격하면 철통같은 방어 시설과 바르샤바를 지키는 대규모 폴란드 부대와 맞서야 하기 때문이다. 그래서 그는 바르샤바 북쪽으로 방향을 바꿔 모들린Modlin을 통해 공격할 계획이었다.

투하쳅스키가 폴란드 수도 바르샤바를 점령하라는 지시를 받은 8월 12일, 북동쪽에서 적군赤軍 제1군이 도시의 방어를 탐색하면서 바르샤바 전투가 시작되었다. 할레르 장군은 압력을 덜기 위해 이틀 후 모들린 북서쪽에 있는 시코르스키의 약화된 제5군에게 공격에 나서라고 지시했다. 부대가 오랜 행군 끝에 기진맥진하거나 탄약 보급대 없이 도착하면서 연이은 참사가 뒤따랐다. 몇몇 부대는 겁에 질려 달아났고 폴란드군이 무너졌다는 무시무시한 소문이 바르샤바에 빠르게 퍼졌다. 거리 곳곳에 자리 잡은 자원병 무리는 수도를 지키기 위해 싸울 각오가 되어 있었고, 소총과 일부는 기관총으로 무장한 여성들이 자리를 잡았다. 사제들이 행렬 기도를 이끌며 앞으로 나와 부대에 가호를 빌고 신앙이 없는 볼셰비키로부터 구해달라고 기도했다. 어떤 이는 전투 중 십자가를 높이 들고 반격을 이끌다 죽었다고 하고, 전쟁터 위의 구름 속에서 성모 마리아의 환영이 보였다는 소문도 퍼졌다.

시코르스키의 제5군 격파에 집착하고 있던 투하쳅스키는 남쪽에서 커지는 위협을 전혀 알아채지 못했다. "8월 16일 아침은 선선하고 날씨가 좋았다."[12] 제1군단보병연대의 레피츠키는 기록했다. "해가 여기저기 잔뜩 맺힌 여름 이슬을 다 흡수하기도 전에 진군 명령이 내려왔다. … 우리는 앞으로 나아가고 있었다. 마지막 관문이었다." 바르샤바 북쪽 주변에서 중요한 전투가 벌어지고 있어 더는 기다릴 수 없던 피우수트스키는 5개 사단으로 이루어진 그의 타격대를 비에프시강 전선에서 출격시켰다. 보병 5만 2500명, 기병 3800명이 동원되었다. 충격 효과를 위한 기동력과 기세를 유지해 투하쳅스키군이 기세를 회복하지 못하게 하는 데 모든 것이 달려 있었다.

폴란드군은 또한 최대한 혼란을 일으킬 필요가 있었다. 폴란드의 무선 정보 책임자는 먼저 그들이 마주한 선택지 중 하나를 선택해야 했다. "(적의 동태를 계속 살피기 위해) 볼셰비키가 무선 통신을 하게 내버려 둬야 하는가 아니면 그들의 무선 통신을 막아 적군赤軍 병사들 사이에 혼란을 일으키는 것이 나은가? 우리 참모진은 아군 공격 개시로부터 48시간 동안 볼셰비키의 무선 통신을 막기로 결정했다."[13] 폴란드는 가톨릭 국가였기 때문에 이 순간에도 종교가 중요한 역할을 했다. "우리는 적군赤軍의 모스부호를 덮어써 전혀 알아들을 수 없는 횡설수설을 만들었다. 바르샤바 전투에서 가장 중요한 순간 바르샤바 성채의 무선국에서 무전병들이 멈추지 않고 교대로 계속 통신을 보냈다. 다음 교대할 무전병이 이어서 계속 보낼 수 있을 만큼 긴 문서가 필요했다. 성경이었다."[14] 이 전술은 전투 개시 후 결정적인 24시간 동안 적군赤軍 제4군이 바르샤바와 동프로이센 사이 회랑을 통해 도주하는 것을 지연시켜 제4군을 괴멸시킬 수 있게 한 것으로 여겨진다.

대반격의 첫날 피우수트스키는 매우 불안한 상태였다. 처음에는 대규모 전투로 속도가 늦춰지는 것을 원하지 않았지만, 5개 사단이 적의 소규모 부대 몇몇밖에 마주하지 않았다는 소식에 당황했다. 항공 정찰대와 기병 정찰대도 아무런 답을 주지 못했다. 다음 날 5개 사단은 동프로이센 국경을 향해 북쪽으로 계속해서 진군했다. 우측의 제3군단보병사단만이 브레스트와 부크강이 크게 휘어지는 지점을 목표로 했다. 전진 이틀째 밤 피우수트스키가 잠자리에 들려고 할 때가 돼서야 멀리서 울리는 천둥처럼 포탄이 쿵하고 떨어지는 소리가 들리기 시작했다. 좌측면의 제14포즈난 사단은 마침내 바르샤바 남동쪽에서 적군赤軍 제16군과 전투를 시작했다. 피우수트스키는 좌측면을 보강하기 위해 비스와강에서 방어 태세에 있던 제15사단을 즉시 불러오기로 했다.[15]

그다음 날인 8월 18일 솔로구프Sollogub의 제16군은 양쪽에서 공격을 받아 빠르게 무너졌다. 그들은 동쪽으로 퇴각하는 동안 연이어 다른 부대에게 측면을 공격당했다. 폴란드 창기병대는 솔로구프의 제8사단의 본부로 돌격해 사단장을 죽였다. 계획이 잘 진행되고 있다고 안심한 피우수트스키는 바르샤바로 돌아갔다. 바르샤바 북쪽에서의 가이의 기병군단에 패배할지도 모른다는 두려움이 남쪽에서의 압도적인 승리로 바꿔리라 생각한 사람은 거의 없었다. 드골 소령은 피우수트스키의 업적을 진심으로 존경했다. "폴란드인들이 날개를 펼쳤다. 불과 일주일 전만 해도 심신이 지쳐 있던 병사들이 이제 하루에 무려 40킬로미터를 전진하고 있다. 그렇다, 이것은 승리다! 완전한, 위대한 승리다!"[16]

"처음에는 적이 전혀 보이지 않아 매일 50베르스트(약 53킬로미터)의 강행군을 했다."[17] 제1군단보병사단의 브로니에프스키는 기록했다. "드로히친Drohiczyn에 닿아서야 바르샤바에서 도망치는 볼셰비키 보급대를 만났다." 비아위스토크로 향하면서 부크강 위의 다리를 지키는 병사가 하나도 없는 것을 발견했다. "볼셰비키 보급대는 지금까지도 보우코비스크Wołkowysk를 향해 내빼고 있다. 멍청한 놈들. 우리는 보급대를 붙잡아 노획물을 챙긴 후 이를 뒤로 하고 계속 나아간다. … 포획한 수레에는 코트, 바이올린, 여성복, 탄약, 기관총 등 온갖 약탈품이 있다." 제13보병연대에서는 열네 살밖에 되지 않는 병사들도 몇몇 있는 10대 자원병들이 예전에는 전투 전 부모님께 작별 편지를 쓰며 "흐느끼며 울었지만" 이제 "주요 도로를 따라 완전한 대열로 대대가 연이어 행군했다. 폴란드군은 낮에 행군했고 볼셰비키는 밤에 도주했다".[18]

폴란드의 무선 통신 교란 작전 때문에 민스크의 서부전선군 사령부에 있던 투하쳅스키는 서쪽으로 550킬로미터 떨어진 곳에서 적군赤軍에 일어난 재앙을 아직도 전혀 모르고 있었다. 마침내 남쪽에서의 공격 소식이 전해졌을 때 그는 모들린 주변에서 고전하는 폴란드 부대를 돕기 위해 주의를 돌리려는 작전이라고 생각했다. 투하쳅스키는 솔로구프의 제16군이 비아위스토크로 달아나고 있다는 사실을 전혀 몰랐다.

가이는 8월 20일에야 피우수트스키의 공격과 소비에트군의 철수 소식을 들었다. 그는 동쪽으로 방향을 돌려 폴란드 보병의 방어선 하나를 돌파했다. 적군赤軍은 패배 시 백군만큼이나 야만적이었고 그중에서도 가이의 기병군단은 잔혹 행위로 악명이 높았다. 8월 23일 폴란드군의 시베리아 여단 일부가 가이의 부대가 있는 줄 모르고 바르샤바에서 북쪽으로 100킬로미터 떨어진 호젤레Chorzele로 진격했다. "전쟁터는 처참했다."[19] 후에 젤리고프스키Żeligowski 장군은 기록했다. "수많은 시신이 여기저기 흩어져 있었다. 그중 대다수가 우리 병사들이었다. 전투 중 부상당하거나 전사한 것이 아니라 전투 후에 살해당한 것이다. 길게 줄을 이루어 늘어선 시신들은 군화도 없이 속옷만 입은 채 울타리 옆에 그리고 근처 덤불 속에 누워 있었다. 기병도와 총검에 찔리고 눈이 뽑힌 얼굴은 심하게 훼손되어 있었다."

다음 날 가이의 기병은 동프로이센 국경을 등지고 제14포즈난 사단에 포위되었다. 그와 함께 있던 보병들은 무기를 버리고 독일 영토로 넘어갔다. 가이는 또다시 돌파를 시도했지만 병사와 말들은 이미 너무 지쳐 있었다. 자신들이 저지른 잔혹 행위 때문에 투항이 두려웠던 그들도 목숨을 부지하려 동프로이센으로 넘어갔다. 그리고 독일 창기병에게 호송되면서도 얼마 없는 힘을 끌어 모아 〈인터내셔널가〉를 불렀다.

한편 제1군단보병사단은 도망치는 제16군을 바짝 추격해 8월 22일 비아위스토크에 도착했다. 시인 브로니에프스키는 이 놀라운 진격에서 세운 무공으로 비르투티 밀리타리Virtuti Militari 훈장을 받았다. 그는 기록했다. "가장 멋진 것은 어딜 가든 우리를 반기며 진심으로 기뻐하는 사람들의 모습이다. 전진, 끝없이 전진… 우리는 비 내리고 지독하게 습한 날씨에도 계속 나아간다."[20]

비아위스토크에 진입한 직후 레피츠키의 중대에 사격이 쏟아졌다. "길가의 작은 다리 바로 옆에 친한 친구 소야Soja 중위의 시신이 있었다. 죽음이 그에게 너무 빨리 찾아왔다. 그는 적의 총탄에 머리를 맞았다. 입을 벌린 채 누워 있었는데, 입에 가득 찬 짙은 붉은색 피가 흘러내려 이상하게도 비통해 보였다. 그는 마치 잠든 것처럼 거기 누워 있었고, 손에는 여전히 어딜 가나 그와 함께했던 손잡이 달린 지팡이를 꼭 쥐고 있었다. 포로를 잡을 시간이 없었다. 바로 역으로 향해야 했다. 그사이 기관총 소리와 병사들의 함성이 울리는 도시 전체에서 폴란드의 자유를 상징하는 흰색과 붉은색 깃발이 창문에 나타났다. 여전히 총알이 쌩하고 날아다니고, 여전히 파편이 끔찍한 불협화음을 내는 거리로 감격에 찬 여인들이 쏟아져 나와 슬플 때와 기쁠 때는 울어야 한다는 여자들의 원칙에 따라 눈물을 흘리고 흐느끼고 있었다."[21]

레피츠키는 이제 막 출발하려는 열차의 기적 소리를 듣고 병사들과 서둘러 비아위스토크역의 조차장으로 향했다. 기관총을 준비하는 시간이 너무 길게 느껴졌지만, 열차가 움직이는 데는 더 오랜 시간이 걸렸다. "열차가 출발하기 전까지 그 잠깐은 볼셰비키가 빈틈없이, 말 그대로 덕지덕지 붙어 매달려 있는 열차를 우리 기관총이 훑기에 충분한 시간이었다. 기관총에 맞은 이들은 선로로 떨어졌고 천천히 움직이는 열차 바퀴가 그들의 머리, 팔, 다리, 몸을 짓이겼다. … '소야의 복수다'라고 생각한 후, 나는 절박한 소규모의 공산당 무리가 맹렬하게 폴란드군에 저항하고 있는 역 건물로 걸어갔다. 15분 조금 넘는 전투 후 우리 중대 앞에는 단 하나의 적도 남아 있지 않았다."[22]

투하쳅스키의 부대가 동쪽의 니에멘Niemen강(네만강의 폴란드어 이름)으로 또는 북쪽의 동프로이센으로 도주하는 동안 부됸니는 르부프를 점령하기가 예상보다 훨씬 어렵다는 사실을 깨달았다. 일찍이 8월 6일 전선군 사령관 예고로프는 병력을 북서쪽의 루블린으로 돌려 투하쳅스키를 지원하라는 적군赤軍 최고사령부의 지시를 무시했다. 카메네프는 유약했고 사태 파악이 늦었지만, 최고사령부의 지시를 받은 적이 없었거나 전혀 전달받지 못했다는 예고로프, 스탈린, 부됸니의 주장은 뻔뻔하기 그지없었다. 8월 19일에야 르부프 외곽에 도달한 제1기병군은 어린 폴란드 자원병들과 격렬한 전투를 벌였고, 폴란드 공군의 폭격을 받았다. 부됸니는 더는 투하쳅스키, 카메네프, 심지어 전보로 전달된 트로츠키의 지시를 무시할 수 없었다. 르부프 점령 실패와 명령 변경으로 사기가 떨어진 제1기병군은 부크강을 넘어 철수했다.

부됸니는 적군赤軍 총사령관 카메네프로부터 루블린으로 진격해야 한다는 정식 명령을 받았을 때 투하쳅스키의 서부전선군에 닥친 참사에 관해 제대로 파악하지 못하고 있었다. 적군赤軍의 계획은 터무니없었다. 아마도 앞서 보인 유약함을 만회하려 한 듯한 카메네프가 폴란드군의 주의를 돌리기 위해 필요하다고 주장한 루블린 진격은 무의미했다. 기병군 파벌은 이전의 명령 불복종을 만회하기 위해 이번에야말로 지시에 따라야 한다고 생각했다. 병사와 말이 모두 지쳐 있어 부됸니의 코나르미야는 루블린을 향해 천천히 길을 나섰다. 북쪽에서 폴란드군이 승리하면서 피우수트스키는 시코르스키와 그의 제5군 일부를 남쪽의 제3군에 합류시켜 증오하는 적군赤軍 기병대를 잡으러 나설 수 있었다. 폴란드군은 8월 29일 르부프와 루블린의 중간 지점에 있는 자모시치Zamość 성벽 밖에서 정말 우연히 적군赤軍 기병대가 함정에 빠진 것을 발견했다.

1580년 도시를 건설한 얀 자모이스키Jan Zamoysky의 이름을 따 명명한 아름다운 르네상스 양식의 도시 자모시치는 전 유럽에서 가장 뛰어난 장인들을 모으기 위해 건설했는데, 그중 대부분이 유대인이었다.* 부됸니는 포로들에게서 투하쳅스키가 대패했다는 소식을 듣기 전까지 대수롭지 않게 여겼다. 그의 군대는 꽤 고립된 상태로, 승승장구하는 폴란드의 심장부로 진격하고 있었다.

1920년 8월 31일 코나르미야가 부크강으로 돌파를 시도하면서 자

* 힘러는 기괴한 악취미로 이곳을 너무 좋아해 독일 점령 당시 힘러슈타트Himmlerstadt로 개칭하기도 했다.

모시치 동쪽에서 나폴레옹식 거대 기병전이 마지막으로 벌어졌다. 전투는 255고지로 정의된 고지와 그 주변에 집중되었다. 폴란드군 창기병이 적군赤軍 카자크 연대에 맞서 돌격하고, 선회하고, 창, 기병도, 권총을 들고 다시 돌격하는 난전이 온종일 이어졌다. 폭우로 시야가 좋지 않았던 덕분에 부툔니와 그의 참모들은 병사 다수와 함께 탈출할 수 있었다. 이것은 코나르미야의 마지막 대규모 작전이었다. "제1기병군의 종말의 시작이다."[23] 바벨은 제1기병군의 전의 상실을 기록했다. 사기가 땅에 떨어진 기병군은 후퇴했고 가는 길에 있는 모든 폴란드 마을이나 유대인 마을에 앙갚음을 했다.

스탈린은 모스크바로 돌아갔다. 그는 정치국에서의 가장 강력한 방어는 공격이라고 생각했다. 스탈린은 바르샤바 군사 작전의 운용 전체에 비난을 퍼부으며 간접적으로 카메네프와 트로츠키를 탓했다. 그는 북부에서 벌어진 참사에 어떠한 책임도 인정하지 않았는데, 이것은 제1기병군이 제때 도착해 결과를 바꿀 수 없었다는 점에선 정당화될 수 있었지만, 명령 불복종은 용납되기 어려웠다. 스탈린은 마지못해 혁명군사평의회에서 사임했고 트로츠키를 절대 용서하지 않았다. 반면 레닌은 적어도 조금이나마 겸손함을 보였다. 그는 "폴란드의 소비에트화"[24]라는 계획 전체가 대실패라고 인정했다.

한편 투하쳅스키는 니에멘강을 따라 방어선을 구축하려 했지만, 피우수트스키는 진격을 계속했다. 휴전하라는 국제적 압박이 커지고 있었다. 양측 모두 국경에서 가능한 넓은 영토를 확보하려 했지만, 적군赤軍은 전투 의지를 완전히 상실했다. 10월 중순 무렵, 폴란드군은 빌노와 민스크를 수복했고 베레지나강 유역으로 돌아왔다. 크림반도에서 사태를 지켜보던 브란겔 장군은 씁쓸한 역설을 받아들였다. 폴란드의 승리는 폴란드-소비에트 전쟁의 종식, 남쪽을 향한 적군赤軍 병력 재배치, 러시아 땅에서 백군의 종말을 의미했다.

39

하데스의 휴양지*
1920년 9-12월

적군赤軍이 폴란드에서 혼비백산하여 후퇴 중인 최악의 순간에도 크렘린의 지도부는 적군赤軍 후방의 백군이 전혀 심각한 위협이 아니었는데도 불구하고 크림반도의 브란겔 장군을 잊지 않았다. 브란겔의 군대는 타브리다 북부의 좁은 삼각지대를 뚫고 나올 힘이 없었다.

피우수트스키는 브란겔을 전혀 돕지 않았다. 그가 보기에 브란겔은 전全 러시아 제국주의자 데니킨과 다를 바 없었고, 가망 없는 걸 알면서 백군을 돕기 위해 단 한 명의 폴란드인의 목숨이나 정치적 자본을 걸 생각도 전혀 없었다. 브란겔도 총사령관에 오른 순간부터 조금도 헛된 망상에 빠져 있지 않았다. 그저 그들이 겨울을 살아낼 수 있는가가 문제였다.

9월 21일 미하일 프룬제는 재편성된 남부전선군의 사령관으로 임명되었다. 그는 엿새 후 하리코프 사령부에 도착했다. 폴란드와의 전쟁에서 카메네프가 우유부단함으로 재앙을 초래한 후 크렘린은 프룬제처럼 자신감 넘치고 유능한 사령관이 필요했다. 남부전선군에는 제13군과 함께 블류헤르의 제51사단과 최근 편성되어 아직 병력이 2770명에 불과한 제2기병군도 포함되었다.[1] 트로츠키의 주장으로 제2기병군은 필리프 미로노프가 이끌게 되었다. 스탈린 파벌은 이에 격분했는데, 부됸니의 제1기병군이 폴란드 전역의 피해를 회복하는 대로 크림반도 공격에

* 1945년 얄타 회담 당시 처칠은 얄타를 비롯한 크림반도 일대를 '하데스의 휴양지the Riviera of Hades' 라고 불렀다. -옮긴이

합류할 예정인 것도 이유 중 하나였다.

남부전선군의 전투 서열에는 예상 밖인 사항이 또 하나 있었다. 8월 적군赤軍과 마흐노의 혁명반역군은 브란겔에 맞서는 데 혁명반역군이 여단급의 부대를 제공하기로 합의했다.[2] 적군赤軍 최고사령부는 후방에서의 공격을 막는 것이 주요 관심사였고, 마흐노가 "임시 동맹"[3]에 지나지 않는다고 보았다. 그간 마흐노와 공산당의 관계는 극도로 긴장되어 있었다. 협상 직전 체카는 암살자를 고용해 마흐노를 살해하려 했고, "마흐노는 콘스탄티노그라드Konstantinograd(지금의 우크라이나 크라스노흐라드)에 침입해 이틀 만에 적군赤軍 병사 84명을 칼로 베어 살해했다".[4] 자신의 부대가 타브리다 북부로 출발하는 동안 마흐노는 굴랴이폴레에 머물러 있었다.

프룬제는 포병대와 최정예 부대 '우안右岸 집단'을 슬라쇼프 군단의 기지가 있는 카홉카Kakhovka(지금의 우크라이나 카호우카)의 맞은편인 드네프르강 하구 북서쪽에 집중시켰다. 8월 중순 브란겔은 슬라쇼프의 군단이 드네프르강을 넘어오는 적군赤軍 부대를 쳐부수는 데 실패한 후 슬라쇼프의 지휘권을 박탈할 수밖에 없었다. 슬라쇼프의 사령부를 방문한 브란겔은 그가 가장자리가 금으로 장식된 튀르키예식 가운을 입고 자기가 모은 새들에 둘러싸여 약과 술에 취해 몸도 가누지 못하고 있는 것을 보았다. 잔혹하고 능력이 뛰어난 젊은 사령관은 괴짜와 미치광이의 경계를 넘은 것이 확실했다.

방어선이 돌파될 시 대응할 준비를 하며 타브리다 북부 중앙을 지키고 있던 바르보비치 장군의 기병군단도 카홉카 주변의 전투에서 인명 손실이 컸다. 카메네프는 철조망을 친 유리한 위치의 적군赤軍 진지를 포병대 지원 없이 무모하게 기병만으로 공격하는 것은 "겁 없는 미친 짓"[5]에 불과하다고 말했다. 문제는 백군이 야포로 하루에 쓸 수 있는 포탄이 20발도 되지 않았고 더는 영국이나 프랑스의 지원을 기대할 수도 없었다는 것이다. 브란겔과 그의 사령관들은 지도를 대충 봐도 카홉카가 지리적으로 얼마나 중요한지 알 수 있었다. 카홉카에서 뻗은 길은 불과 80킬로미터 떨어진 페레코프지협으로 곧바로 이어져 있었다. 적군赤軍 최고사령부의 표현에 따르면 브란겔은 "작전의 자유"[6]를 잃었다.

백군이 크림반도로 철수한다는 제일 안전한 선택을 하지 않은 가장 큰 이유는 울라가이 장군의 쿠반 원정 실패였다. 백군은 이제 다가오는 겨울 동안 불어난 크림반도의 주민을 먹여 살리기 위해 가능한 한 많은 곡물을 구할 필요가 있었다. 하지만 폴란드-소비에트 강화 조약 체결이 가까워지면서 브란겔은 그들은 가을이 넘어갈 때까지 버틸 수 없을지도 모른다고 생각하게 되었다.

9월 8일 프룬제는 '우안 집단'을 제6군으로 개칭했다. 이어 제4군이 도착하면서 13만 3천 명의 적군赤軍은 3만 7천 명의 백군에 수적으로 압도적인 우위에 섰다. 공장에서는 열정적인 모병 운동이 시작되었다. 충성스러운 프롤레타리아와 공산당원들은 군에 자원해 백군의 존재가 소비에트의 땅을 더럽히는 것을 끝내라는 부름을 받았다.

프룬제의 또 다른 강점은 적군赤軍의 승리가 확실해지자 돈 지부의 첩보원 네트워크가 크게 확대된 것이었다. 적군赤軍 탈환 지역인 도네츠(돈바스), 돈, 쿠반, 캅카스 지역으로도 확대되었다. 적군赤軍 지휘관들은 녹군과 백군 빨치산과 그들의 봉기에 관한 정보를 절실히 필요로 했다. 캅카스 깊숙이 잠입한 첩보원들은 시쿠로 장군이 테레클리Terekli에 본부를 설립했다고 보고했다. 카자크 여인들의 연락망이 시쿠로의 참모와 다른 기병 게릴라와의 연락책 역할을 했다. 그중 한 부대는 병력이 5천 명에 달했다. 그들은 데니킨의 부대가 떠나기 전 묻어놓은 탄약 비축분을 찾아내고 있었다. "시쿠로의 본부는 수후미Sukhumi와 카즈베크Kazbek산을 통해 브란겔과 소통하고 있다. 본부는 선전을 벌이고 테레크와 쿠반 지역에서 봉기를 시작하려 한다. 지역 주민들은 이 패거리를 지지한다."[7]

적군赤軍 정보원들은 또한 조지아의 멘셰비키 정부가 브란겔이 "보낸 사절과 석방을 협의"[8]한 후 비밀리에 티플리스에 억류된 백군 장교를 크림반도로 보내고 있다는 확실한 증거를 입수하라는 명령을 받았다.

암호명이 '페레츠Perets'(러시아어로 후추-옮긴이)인 한 정보원은 크림반도에 포탄과 석탄이 부족하다고 보고했다. "포병 장교 하나와 수병 몇 명과 친해졌다. 그들이 말하기를 지난 두 달 동안 포탄과 제복이 전달되지 않았다고 한다. 탄약을 아끼라는 지시도 있었다. 수병들은 비축분이 얼마 되지 않는다고 한다."[9] 석탄이 너무 부족해 세바스토폴 항구는 연료를 보급받지 못한 상선들로 가득했다. 반란이 일어나 쿠테포프 장군이 무자비하게 진압하기도 했다. 백군 정부는 선박 대부분에 학생들을 배치해 수병을 감시하고 어떤 문제든 방첩부에 보고하게 했다. 공산당 요원들도 크림반도 해안 도시의 상황, 분위기, 사람들의 대화를 보고했다. 그들은 장교들이 백군의 사기를 올리기 위해 마흐노가 비밀리에 백군을 돕고 있다는 소문을 퍼뜨리고 있다고 주장했다.

초급 장교의 급료는 한 달에 9천 루블로 제때 받는다고 가정하면 크림반도에서 아내나 가족의 집세를 겨우 낼 수 있지만 식량을 사기엔 부족한 돈이었다. 피난민들도 굶주리고 있었다. 빵 한 덩어리가 500루블이어서 그들은 대부분 멸치류를 먹으며 연명했다. 사람들은 겨울이 다가오면서 코트를 비롯한 재산 모두를 팔 수밖에 없었다. "우리는 굶주림으로 죽어가고 있어요."[10] 한 군인의 아내가 절망에 빠져 남편에게 쓴 편지다. "가진 것을 모두 팔았어요. 이제 남은 건 내 몸뚱이뿐이에요."

이 피난민들의 사회를 직접 목격한 이들은 대다수 사람들의 절망과, 카페 탁자에 몸을 수그린 채 외화를 거래하거나 외국으로의 안전 통행권을 파는 이기적인 소수의 부패에 집중하는 경향이 있었다. 어떤 기록은 '구체제 사람들'의 빈곤과 그들에게 다가올 운명을 보며 꽤나 고소해하는 샤덴프로이데를 보였다. "키가 크고 이제 비쩍 마른 귀족 숙녀와 아가

씨들, 전 시녀들이 암시장에서 가보를 판다. 입술이 떨리고 눈에서 눈물이 마를 날이 없다. 모리배들은 그들에게 이제 아무도 받지 않으려 하는 데니킨 '종' 지폐를 건넨다. 그들은 낮 동안 뭔가가 나오길 바라며 영사관 복도뿐 아니라 통행증 거래가 한창 진행 중인 기관들에 모여 있다. 이곳에서는 상당한 금액을 지불하고 어떤 국가의 여권이든 살 수 있다. … 밤이면 매우 수상해 보이는 여자들이 식탁에서 기다리는 레스토랑과 카바레에서, 술 취한 백군 장교들이 약탈품으로 술을 마시고 권총으로 천장을 쏘고 관중들을 일으켜 세우며 〈하느님, 차르를 지켜주소서〉를 부른다."[11]

10월 8일, 브란겔은 카홉카의 적군赤軍 교두보에 반격을 개시하고 알렉산드롭스크Aleksandrovsk(지금의 우크라이나 자포리자)에서 드네프르강을 건너 니코폴을 향해 서쪽으로 방향을 돌렸다. 주목적은 카홉카에서 페레코프지협을 향한 기습 공격의 위험을 줄이는 것이었다. 24시간이 지나기 전에 카메네프는 마르코프 사단이 "드네프르강 우안에 25킬로미터 깊이의 교두보를 만들었다"[12]라고 인정했다. 다음 날 소비에트 정부가 리가에서 폴란드와 강화 조약을 맺은 바로 그 순간, 백군은 싸우며 니코폴로 나아갔다.

프룬제는 드네프르강 하구 북서안에서 백군에 반격할 병력을 빠르게 증원했다. 10월 14일 "강력한 정예 기병을 셸로호프Shelokhov 마을 지역에 결집한"[13] 제2기병군은 "3개 사단으로 이루어진 적의 기병대를 궤멸시켰다". 남부전선군 혁명군사평의회는 트로츠키에게 다음과 같이 보고했다. "제2기병군이 보병의 지원을 받아 중요한 전투를 위해 진군을 시작했고 일곱 시간의 치열한 전투 끝에 적의 3개 기병사단과 2개 보병사단을 니코폴로 철수시켰습니다. 적군赤軍 기병대의 압박에 무질서하게 후퇴하던 백군 병사들은 완전히 겁에 질려 허둥지둥 달아났습니다. 적 부대는 무기, 보급 수레, 장갑차량, 탄약도 버리고 도주했습니다. … 포로

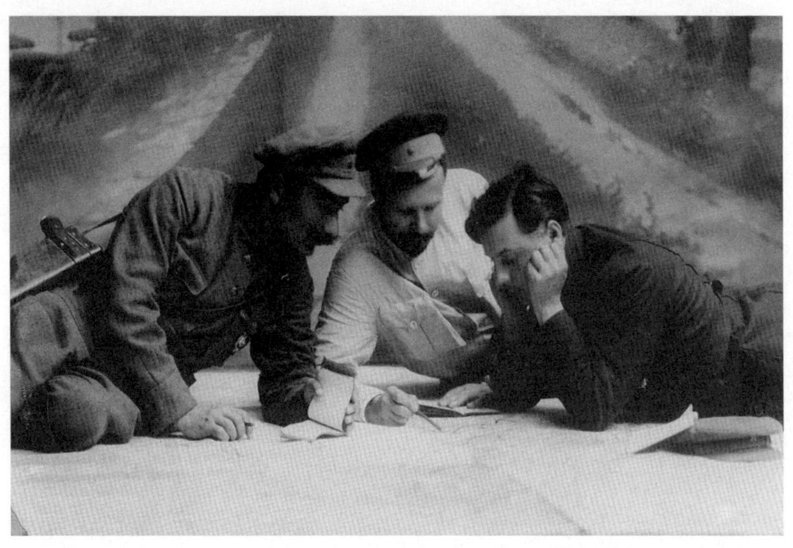

1920년 크림반도에서 한껏 자세를 취하고 찍은 승자 부됸니, 프룬제, 보로실로프의 사진

들 다수의 증언에 따르면 바비예프Babiev 장군은 전사했고 바르보비치는 큰 부상을 당했다고 합니다. 적군赤軍 전사들은 정말 놀라운 영웅적 면모를 보였습니다."[14] 제2기병군을 몸소 지휘한 미로노프는 돌격하다가 타고 있던 군마가 총을 맞았다. 그들은 10월 14일 이날이 바로 "브란겔의 패배가 시작되는 날"[15]이라고 선언했다. 부됸니와 스탈린은 미로노프의 승리 소식에 기뻐할 수 없었다.

때가 되었다는 것을 안 브란겔은 페레코프지협을 통해 크림반도로 철수를 시작했다. 그의 병사들은 엄청난 수적 열세에도 불구하고 맹렬하게 싸웠다. 프룬제는 모스크바에 보고하면서 영하 15도 이하의 기온에서 너덜너덜한 제복을 입고 굶주리고 추위에 떠는 브란겔의 병사들의 거센 저항에 대해 놀라움을 표했다. 제2기병군 사령부의 보야르치코프는 기록했다. "1920년 가을은 무척 추웠다. 영하의 추위가 일찍 시작되었다."[16] 대부분의 백군 부대가 포로로 잡히는 것은 면했지만, 타브리다 북

부의 곡물은 프룬제의 부대가 노획했다.

블류헤르의 완편된 제51소총사단이 미로노프의 기병대와 함께 페레코프지협에 접근해 쿠테포프의 베테랑들이 다시 보강한, 고대부터 있던 방어선인 '투르크 방벽'을 정면 공격할 준비를 했다. 백군 포병대, 기관총, 남은 장갑차량 대부분이 그곳에 집중되어 있었고 뒤의 선로에는 장갑열차도 있었다. 하지만 이곳은 돌파구가 아니었다.

노보로시스크에서처럼 대탈출로 아수라장이 되는 실수를 되풀이하지 않기로 한 브란겔은 소동이 일어나지 않도록 만전을 기했다. 크림반도는 거의 난공불락이라고 민간인과 피난민을 안심시키고, 세바스토폴의 새 사령부인 키스트 호텔에서 나와 거리를 거닐며 불안해하는 사람들과 이야기를 나눴다. 그러는 동안 떠나야 할 사람들 모두가 탈출할 수 있도록 조용히 준비했다. 브란겔은 영국 해군과 프랑스 해군, 튀르키예 영해의 미국 해군 사령관에 연락해 도움을 청하는 한편 백군 선박 전체가 출항하도록 만반의 준비를 했다. 그는 데니킨보다 유리했다. 탈출에 이용할 항구가 하나가 아니라 다섯이나 됐다. 적군赤軍의 추격이 매우 더딘 것도 브란겔에게는 행운이었다.

다행히도 브란겔은 시간을 조금도 낭비하지 않았다. 페트로그라드에서 볼셰비키가 혁명을 일으킨 지 3주년이 되는 11월 7일 밤, 프룬제는 예상치 못한 방향에서 크림반도를 공격해 왔다. 제2기병군 일부의 지원을 받은 제4군이 얕은 시바시Syvash염호를 건너기 시작했다. 불신자들을 돕는 세속적인 기적이 일어났다. 강한 북서풍으로 염호 아래의 갯벌이 노출되었고 갯벌 대부분이 단단하게 얼었다. 덕분에 제7기병사단과 마흐노의 혁명반역군이 지원하는 제4군의 2개 사단은 6킬로미터를 건너 리톱스키Litovsky반도로 넘어갈 수 있었다. 세 시간에 걸친 여정은 수월하지만은 않았다. "지나갈 수 없는 갯벌이 병사와 말들을 빨아들이고 있었다."[17] 한 관계자는 기록했다. "서리가 내리고 병사들의 젖은 옷이 얼어붙었다." 그리고 바람이 멈추자 바닷물이 다시 밀려와 병사 몇 명이 익사하기도 했다. 이런 손실에도 불구하고 적군赤軍은 사기가 떨어진 쿠반 기병여단의 허를 찔렀다. 다음 날 오후 1시 투르크 방벽에서 주공격이 시작될 즈음 이미 쿠테포프는 적군赤軍 제6군에 정면으로 맞서면서 쿠반 카자크군을 지원하기 위해 병력을 빼내야만 했다. 그의 부대는 두 번의 공격을 물리치며 막대한 손실을 입혔지만, 세 번째 공격은 막아내지 못했다.

쿠테포프의 연대들이 퇴각하며 싸우는 동안 바르보비치의 백군 기병대는 블류헤르가 이끄는 제51사단의 후방을 공격했지만, 곧 미로노프가 지휘하는 제2기병군 일부의 공격을 받았다. 이것은 "기병도가 빛나는"[18] 전쟁의 마지막 기병전이 되었다. 미로노프의 작전은 적을 향해 돌격하다 마지막 순간에 기병대대가 바깥쪽으로 방향을 틀어 타찬카가 "기관총 250정을 발사하며" 돌진하게 하는 것이었다. "적의 기병 제일선은 즉시 일소되었다. 다른 병사들은 도망치려 했지만 살아남은 것은 극히 소수였다."

제1기병군은 크림반도로 서서히 전진했는데 아마도 도중에 복수하느라 시간이 지체되었을 것이다. 간호사 안나 이바노브나 예고로바Anna Ivanovna Egorova는 부됸니의 기병이 장악한 전선 뒤의 잔코이Dzhankoy에 있는 야전 병원에서 동료들을 다시 만났다. "동료들은 약탈당하고 옷이 모두 벗겨졌다. 간호사들은 강간당했고 얼굴은 맞아서 벌겋게 부어 있었다. 부됸니의 기병이 저지른 짓이었다. … 의사들은 울고 있었다. '그리고 그들은 약사의 아내 리다Lida를 죽였어. 뱃속의 아이와 함께 두 동강 냈어.' 나는 리다를 보러 가지 않았다. … 간호사들의 옷은 모두 너덜너덜했다. 얼굴은 빨갰다. 강간당하는 동안 울어서이다. 병사들은 웃으라고 윽박지르며 간호사들의 얼굴을 때렸다. … 의사와 간호사들은 그루베르

Gruber 박사에게 자신들이 겪은 일을 이야기하고 있었다. 간호사들이 강간당하는 동안 의사들은 모두 외면했다. 부됸니 기병대의 한 병사가 외면하고 있는 한 의사에게 다가가 빰을 때렸다. '당신은 우리가 여기 있는 걸 보고 기뻐해야지. 부됸니가 누구인지는 아나?'"[19]

적군赤軍이 크림반도에 침입했다는 소식에 사람들은 빠르게 반응했다. 11월 11일 브란겔은 백군 선박을 모두 지정된 항구에 대기시키라고 지시했다. 지정된 항구는 서쪽에서 동쪽 순으로 옙파토리야, 세바스토폴, 얄타, 페오도시야, 케르치였다. 참모진의 역할은 인상적이었다. 모든 부대에 어느 항구로 향해야 할지 지시가 내려왔다. 연합국 해군도 크림반도 앞바다에 적군赤軍 잠수함 한 대가 있다는 보고에도 불구하고 빠르게 대응했다. 매컬리 제독은 인근 지역의 모든 미국 해군 선박에 명령을 내렸다. 그는 "브란겔의 군대는 오래 버틸 수 없다"[20]며 "이들이 볼셰비키에 살해될 것을 알면서 내버려" 두지 않겠다고 말했다.

같은 날 11월 11일 목요일, 적군赤軍이 페레코프지협을 넘어 백군의 방어선을 돌파했다는 소식이 전해지자 튀르키예 영해의 미국 해군 군함들은 즉시 재배치되었다. 신형 구축함 USS 험프리스Humphreys가 바투미에서 페오도시야로 이동했고, 바르나Varna로 향하던 USS 존 D. 에드워즈John D. Edwards는 세바스토폴로 방향을 돌렸고, USS 휘플Whipple은 전속력으로 콘스탄차Constanța로 가 연료를 채운 후 크림반도로 향했고, USS 폭스Fox는 대기 명령을 받았다. 다음 날 상황이 빠르게 악화하고 있는 것이 확실해지자 순양함 USS 세인트루이스St Louis는 긴급히 "암호로 P 신호"[21]를 받았는데, 석탄을 실은 후 항해하라는 뜻이었다.

증기선 패러비Faraby에 탄 미국 적십자는 페오도시야로 향했다. 11월 13일 배가 도착했을 때 돈 기병군단의 잔존 병력이 진입한 페오도시야의 거리는 어두웠고 가게와 집들은 모두 문을 닫았다. "볼셰비키가 15마일

(약 24킬로미터) 이내까지 진격해 왔다는 소문이 들렸다."[22] 다음 날 패러비는 USS 휘플과 오버톤Overton, 영국 구축함 두 척, 들것이 필요한 환자 113명을 태운 USS 험프리스와 함께 세바스토폴에서 부상자들을 태웠다. 부상자와 병자들은 선박마다 있는 의사들이 상처를 처치하는 동안 갑판에 있었다. "선원들이 전염병을 옮기는 이에 접촉하는 것을 막기 위해 엄중한 지시가 내려졌다." 한 장교는 기록했다. 하지만 그는 그래도 선원들이 부상자들을 위해 할 수 있는 일을 했다고 인정했다. "담배와 사탕이 자유로이 전달되었다."

다른 선박에 승선한 한 망명자는 "침통한 얼굴을 한 카자크 병사들이, 눈에는 미처 숨기지 못한 눈물이 그렁그렁 맺힌 채로 부두에 서 있는 수천 필의 말 중 자신의 소중한 친구를 찾으려 애쓰는 모습"[23]을 보고 있었다. "카자크는 자기 말과 유대가 깊기로 유명했다. 그날 틀림없이 카자크들의 가슴 속에서 무언가가 죽었을 것이다." 세바스토폴 탈출은 11월 14일 일요일에 완료되었다. 브란겔은 할 수 있는 최선의 노력을 다했다고 만족한 후 밤중에 예전에는 카굴이라고 불렸던 백군 순양함 코르닐로프Kornilov에 승선해 얄타로 향했다.

USS 세인트루이스는 몇 척의 구축함과 함께 세바스토폴에 도착했는데, 배에 태울 병사들이 하나도 보이지 않자 방향을 돌려 얄타로 향했고 그곳에서 HMS 벤보와 프랑스 순양함 발데크-루소를 발견했다. 세인트루이스의 함장은 후에 해군 원수가 되고 얄타 회담에서는 루스벨트 대통령의 측근으로 자문을 맡은 윌리엄 대니얼 레이히William Daniel Leahy였다. 화창한 오후였고 흑해는 잔잔했다. 배에 탄 장교들은 크림산맥 아래 산 중턱에 있는 "빛나는 하얀 저택들의 파사드"[24]를 둘러싼 사이프러스를 바라보았다. 레이히는 약 25년 후 공산주의에 훨씬 유리한 입장에서 세계가 다시 재편될 때 이곳에 다시 돌아오게 되리라고는 상상도 하지 못했다.

실어 나르는 피난민들에게 쉼터를 제공하기 위해 군함 갑판 위에 차양이 설치되었다. 갑자기 세인트루이스에 탄 누군가가 외쳤다. "언덕! 저기 언덕을 보시오!"[25] "얄타 서쪽 끝 위의 고지에 툭 튀어나온 바위 혹은 개방된 도로 위로 행군하는 무리의 갈색 줄이 끊어지고 언덕 아래로 아무렇게나 흩어졌다. 이 형체들이 허둥지둥하는 동안 어두운 배경에서 희뿌연 연기가 뿜어져 나왔고 그 뒤로 소총을 발사하는 소리가 이어지며 다른 언덕에까지 메아리쳤다. 프랑스 순양함은 항해를 시작하자마자 별 의미 없는 제스처로 부포副砲를 발사했다."

얄타에서의 탈출은 마지막 순간까지 조용하고 질서정연했다. 민간인을 태운 마지막 증기선이 떠날 때 "도시에서 간헐적으로 소총 소리가 들렸다". 탄약고가 폭파되면서 거대한 폭발이 일어나기도 했다. 코르닐로프에 탄 브란겔 장군은 지나가는 모든 배에 경례했고 사람들의 환호를 받았다. "그는 우리를 기다리는 어두운 미래에 작은 희망을 주려 했다."[26] 한 망명자는 기록했다. "지나가면서 다들 우리를 조금도 실망시키지 않은 그에게 환호를 보냈다."

페오도시야와 케르치에서는 다음 날인 11월 16일에야 탈출이 완료되었다. 발데크-루소는 코르닐로프에 있는 브란겔에게 작별 인사로 예포 21발을 발사했다. "러시아 영해에서 러시아 국기에 보내는 마지막 예포였다."[27] 다양한 크기의 선박 126척이 총 14만 5693명의 민간인과 병사를 탈출시키는 데 성공했고 그중 8만 3천 명이 피난민이었다. 선박들은 이미 러시아인 3만 5천 명이 머무는 콘스탄티노플이나, 마르마라해의 프린키포제도에 이들을 내려주었다.

"1920년 11월 16일 적군赤軍이 크림반도 전체를 점령했다." 적군赤軍 최고사령부는 선언했다. 적군赤軍에게 이것은 내전의 종식을 의미했다. "우리 기병대가 심페로폴과 세바스토폴에 들어갔을 때 거리에는 탄약,

식량, 제복이 실린 버려진 수레로 가득했다. 말들은 마구에 얽혀 벗어나려 몸부림치고 있었다. 거리가 혼잡해 군대가 지나가기 어려웠다. 집들은 창문에 판자가 덧대어 있어 빈집처럼 보였지만 사실 이 도시들의 주민 대부분은 결코 집을 떠나지 않았다. 부자들이 아니라 도시 주민, 수공업자, 상인을 말하는 것이다. 세바스토폴 항구로 내려가자 눈에 이국적인 풍경이 들어왔다. 수평선은 러시아의 부르주이와 패배한 백군의 잔존 세력을 이 땅에서 영원히 치워버릴 배로 가득했다."[28]

브란겔과 많은 생존자의 기록을 보면 마치 떠나고 싶어 한 이들 모두가 탈출에 성공한 것 같다. 하지만 이것은 선박들이 떠난 직후 처형이 급증했다는 사실과 모순된다. 적군赤軍 최고사령부는 많은 후위 부대와 "대규모 난민이 배에 오르지 못했다"[29]라고 지적했다. 신뢰할 만한 자료에 따르면 부상병 1만 5천 명뿐만 아니라 브란겔의 러시아군 장교 2009명과 병사 5만 2687명이 남겨졌다고 한다.[30]

"지금부터 망명자와 한심한 음모를 꾸미는 자는 모두 역사의 흐름을 막으려던 무리가 될 것이다."[31] 카메네프는 떠난 자들에 관해 기록했다. 적군赤軍 최고사령부는 프룬제가 무기를 넘긴 이들 모두에게 "내전과 관련된 죄를 모두 사면해 주겠다고"[32] 약속한 사실을 전혀 언급하지 않았다. 레닌은 물론 이런 관용이 마음에 들지 않았고, 어떤 상황에서도 두 번 다시 반복되어서는 안 된다고 명령했다. 승리는 국내에서나 국외에서나 복수를 의미했다.

위장한 공산주의자이자 마이-마옙스키 장군의 부관이었던 파벨 마카로프는 적군赤軍에 합류했다. 그는 백군 83명이 포로로 잡히기 직전 견장을 뜯어내고 녹군인 척했다고 설명했다. 적군赤軍 기병연대는 망설임 없이 "그들을 콜차크의 곁으로 보냈다". 처형을 농담 섞어 순화한 표현이었다. 마흐노의 혁명반역군에 이어 바로 페오도시야에 도착했을 때 마카로프는 도시에서 가장 높은 곳에 올라가 쌍안경으로 주위를 돌아보았다. 그는 언덕을 내려오는 모습이 마치 "흘러내리는 용암처럼 보이는 기병 무리"[33]를 보았다. 적군赤軍 대부분과 마찬가지로 그들은 남아 있는 백군 장교들과 크림반도의 방자한 부르주이를 혼쭐내려 벼르고 있었다.

제르진스키는 생포한 백군 포로를 러시아 남부의 크림반도와 캅카스에 둘 것을 제안했지만, 레닌은 반대했다. 레닌은 제르진스키에게 "그들을 북부 어딘가에 모아놓는 것"[34]이 더 편리할 거라고 말했다. 백해 연안의 강제수용소를 의미했다. 이곳에서 살아남은 사람은 거의 없었다. 하지만 포로 대부분은 서서히 죽어갈 이 운명에서 벗어나 훨씬 빠른 죽음을 맞았다. 소비에트 영토에서 가장 집중적으로 이루어진 것이 거의 확실한 크림반도 적색 테러의 책임자는 제르진스키가 아니라 헝가리 공산주의자 쿤 벨러였다. 젬랴치카Zemlyachka로 알려진 여성 정치위원 로잘리야 잘킨드Rosalia Zalkind가 그를 도왔다. 쿤 벨러는 명령에 따라 행동하고 있다는 것을 암시하려는 듯했다. "트로츠키 동지는 반혁명 분자가 하나라도 남아 있는 한 크림반도에 방문하지 않겠다고 말씀하셨다. 크림반도는 단 한 명의 반혁명 분자도 빠져나갈 수 없는 병이다."[35]

포로들은 적군赤軍 각 부대의 특수부 소속인 체카 요원에게 '심사'를 받아야 했다.* 벽보는 포로로 잡히지 않은 모든 장교는 등록하라고 명령했고, 프룬제의 약속을 믿고 그렇게 한 다수는 즉시 체포되었다. 심페로폴에서는 데미도프Demidov라는 젊은 장교가 감옥에서 어머니에게 따뜻한 양말을 가져다 달라고 간청했고 어머니는 양말을 가져다주었다. 다음 면회를 갔을 때 데미도프의 어머니는 그가 다른 곳으로 이송되었다는 말

* 방첩부의 '특수부' 또는 OO(오소비 오트델Osobyi otdel)는 체카가 적군赤軍의 정치적 기율을 통제할 수 있도록 전해 레닌의 지시에 따라 펠릭스 제르진스키가 설립했다. 이 조치는 1943년 4월 빅토르 아바쿠모프Viktor Abakumov가 소련 내무인민위원부NKVD 특수부를 독립시켜 스메르시SMERSH(Smert shpionama 또는 '스파이에게 죽음을')를 조직할 때까지 체카의 후속 기관들에서 계속 이어졌다.

을 들었지만, 그 후 포로가 모두 처형되었다는 소식을 듣게 되었다. 다른 희생자의 친척들이 처형지로 유력한 곳을 알려주었다. 그녀는 그들과 함께 그곳으로 가 흙 속에서 자신이 꿰맨 아들의 양말 한 짝을 발견했다. 양말 속에는 쪽지 하나가 있었는데, 아들의 유서였다. 그는 그날 밤 모두가 총살될 것 같다고 적었다. 데미도프의 가족은 그 후 계속 그 쪽지를 보관하고 있다.[36]

적군赤軍이 진입한 첫날 밤부터 바로 살인이 시작되었다. 총 희생자 수의 추정치는 1만 5천 명에서 10만 명이 훌쩍 넘는 것까지 다양하다. 각각의 장소에서 발견된 희생자의 수를 모두 더하면 추정치는 더 높아진다.

가장 끔찍한 대량 학살은 세바스토폴과 발라클라바에서 일어났고 모두 합쳐 총 2만 9천 명이 죽었다. 그중 8천 명 이상이 첫 주에 살해되었다. 심페로폴 옆의 크림타예프Krimtaev 영지에서만 최소 5500명이 살해되었다. 복수를 확실히 보여주겠다는 의도로 수많은 시신이 견장이 달린 제복을 입고 세바스토폴의 가로등 기둥에 목이 매달렸다. 의용군과 아주 조금이라도 관계가 있는 비전투원도 해를 면하지 못했다. 부상이나 병이 심해 배에 오르지 못한 브란겔 군대의 병사들은 얄타, 알룹카Alupka, 세바스토폴의 병원에서 끌려 나와 살해당했다. 이들을 돌보던 '자비의 수녀회' 수녀 열일곱 명도 살해당했다고 한다. 탈출이 진행되는 동안 계속 일했던 부두 노동자들도 백군을 도왔다는 이유로 처형당했다.[37]

피해자는 장교와 병사들에 한정되지 않았다. 그들의 아내, 아이들, 노인을 비롯한 가족들도 모두 살해되었다. 다수가 총살당하지 않고 기병도로 난도질당해 죽었다. 케르치에서는 군인들의 가족을 바다로 끌고 가 익사시켰는데, 이것을 "쿠반식 상륙"[38]이라고 불렀다. 육지에서는 포로들이 낮에는 행군하고, 밤에는 자신들이 들어갈 공동묘지를 팠다. 살인자들은 교대로 근무하며 종종 한 번에 60명까지 처리했다. 기관총을 사용하면서 속도가 더 빨라졌다. 스위스 로잔Lausanne에서 열린 재판에서 A.V. 오소킨Osokin은 다음과 같이 증언했다. "학살은 몇 달간 계속되었습니다. … 매일 밤 새벽까지 기관총 소리가 들렸어요. … 학살지 근처에 사는 주민들은 이사했어요. 끔찍한 정신적 고문을 견딜 수 없어서요. 위험하기도 했습니다. 부상당한 자들이 집으로 기어 올라와 도와달라고 빌었어요. 어떤 이들은 생존자를 숨겨주었다가 처형당했습니다."[39]

1918년 공산당 지도부는 내전에서 권력을 손에 넣는 데 필요한 무기라며 테러를 정당화했지만, 테러가 가장 끔찍한 형태로 나타난 것은 완전한 승리를 거둔 후였다. 20년 후 소련 침공에서 아인자츠그루펜Einsatzgruppen이 벌일 짓을 예고하듯, 일부 피해자는 거대한 무덤을 판 후에 옷을 벗고 구덩이에 들어가 누워 총살당했다. 그리고 죽은 자들의 시신 위에 다음 무리가 누워 차례로 살해당했다. 구덩이가 흙으로 덮일 때 몇몇은 숨이 붙어 있었다. 20년 후 나치가 소련을 침공할 때 힘러의 친위대Schutzstaffel와 게슈타포Gestapo는 체카의 방식에서 많은 것을 배운 것으로 보인다.

40

희망의 종말
1920-1921년

1920년 11월 적군赤軍의 승리 선언은 승자의 불안감을 숨기는 데 실패했다. 적군赤軍은 내전 당시보다 더 많은 지역에서 저항을 마주했다. 체카는 거의 전역에서 백군과 카자크뿐 아니라 녹군, 좌파 사회혁명당, 우파 사회혁명당, 마흐노 추종자, 페틀류라 추종자, 멘셰비키, 심지어 톨스토이주의자의 '음모'를 적발했다. 하지만 대부분의 반란은 정치적인 것이 아니라, 자신들의 곡물과 가축을 몰수하러 도시에서 온 공산당 식량 징발대에 대한 농민들의 분노로 일어난 것이었다. 소비에트 관리 살해는 엄청난 보복으로 이어졌고, 억압과 반란의 악순환이 캅카스, 남러시아, 우크라이나뿐 아니라 벨라루스, 탐보프, 볼가강 유역, 시베리아 서부에서도 계속되었다. 체카는 북캅카스와 돈에서 "소비에트 정부의 복수의 손이 적을 모두 가차 없이 제거할 것이다"[1]라고 선언했다.

적군赤軍은 지체 없이 '임시 동맹'인 마흐노의 혁명반역군을 공격하며 무기를 내려놓고 적군赤軍 제4군에 합류하라고 명령했다. 크림반도 침공 당시 혁명반역군 부대를 지휘했던 세묜 카레트니크Semeon Karetnik는 프룬제의 사령부로 소환되었다. 사령부로 향하는 도중 카레트니크와 그의 참모들은 멜리토폴 부근에서 적군赤軍 부대에 잡혀 처형당했다. 부됸니의 제1기병군과 제2기병군 모두 혁명반역군의 잔당을 물리치라는 지시를 받았다. 1921년 여름 무렵에는 마흐노와 그의 아내 갈리나, 지지자 77명만이 남았다. "우리들은 루마니아 국경에 도착했다."[2] 그중 한 명이 심문 중 진술했다. "그리고 카멘카Kamenka 지역에서 말을 헤엄치게 해(드네스트르강을 넘어) 건너갔다. 지난 닷새에서 엿새 동안은 적군赤軍을 피해 밤에만 말을 탔고 1921년 8월 28일 국경을 넘었다."

마흐노 추종자가 거의 완벽히 진압되자 제2기병군은 군단으로 격하되어 다시 캅카스로 파견되었다. 캅카스전선군 특수부는 그 후 좌파 사회혁명당 소속인 사령관 필리프 미로노프를 다시 의심하기 시작했다. 특수부는 "반혁명 조직의 존재를 암시하는 근거가 있다"[3]라고 보고했다. 1921년 1월 17일 미로노프는 다음과 같은 통보를 받았다. "직위 해제되었다. … 지휘권을 넘겨라."[4] 그의 동료로 알려진 이들도 모두 체포되었다. 체카는 다음과 같이 보고했다. "심문하자 모두가 자백했다."[5] 비밀 정보원의 보고와 심문에 근거해 미로노프는 12월 다른 카자크 장교가 이끈 반란에 연루되었다는 혐의로 체포되었다. 그는 모스크바의 부티르카 Butyrka 교도소로 이송되어 4월 21일 교도소 마당에서 운동하던 중 총에 맞아 사망했다.

돈과 쿠반 카자크에 대한 억압이 재개되면서 더 많은 반란이 일어났다. 이 반란들은 모두 진압되었지만, 더 처참한 결과를 낳은 것은 볼셰비키가 농민과 벌인 전쟁이었다. 볼셰비키는 부농만을 공격하고 있다고 주장했지만, 종종 일반 농민과 부농을 거의 구분하지 않았다. "툴라 식량 징발대는 적극적으로 작업에 착수했다."[6] 게오르기 보렐Georgy Borel은 기록했다. "그들은 즉시 회의를 소집해 위협적인 결정을 내렸다. 농민들이 나타났지만 어떤 논의도 없었다. 그 후 농민들은 평소 마을 모임이 열리는 교회에 강제로 밀어 넣어져 난방도 없이, 음식이나 물도 없이 8일간 갇혀 있었다. 그들(공산당)은 부농도 노렸다. 부농의 재산 모두가 몰수되었고 다수는 총살되고 다른 이들은 강제 노동 수용소로 보내졌다. 이 불운한 이들은 믿을 수 없는 잔혹 행위를 당했다. 피를 흘릴 때까지 채찍질을 당한 뒤 상처 위로 물을 뒤집어쓰고 밖으로 내보내져 동사했다. … 곡물은 모두 몰수되었고 파종할 것도 남아 있지 않았다." 기근은 피할 수 없었다. 설상가상으로 1920년에서 1921년으로 넘어가는 겨울에는 지

시베리아 서부 첼랴빈스크 지역의 굶주린 주민들

독한 추위가 닥쳤다. 보야르치코프는 기록했다. "너무 추웠다. 날던 새도 얼어붙어 돌처럼 땅에 떨어졌다."[7]

툴라현에서 경작된 토지는 1917년에 비해 4분의 1에 불과했지만, 식량위원회는 총수확량의 여섯 배가 넘는 양을 요구했다. 징발대는 닥치는 대로 가로챘지만, 수많은 보고서는 엄청난 낭비가 있었음을 시사했다. 몰수된 곡물은 아무렇게나 내버려 두어 썩었고, 가축은 돌보지 않아 죽었다. 엄청난 무능에 공산당 징발대가 자행하는 잔인무도한 약탈이 더해졌다. 1920년까지 8천 명이 넘는 징발대원이 농민에게 살해당했다. "도시는 마을로 징발대를 보내고 있었다."[8] 탐보프 반란의 한 참가자가 기록했다. "그리고 징발대는 농민에게 채찍을 휘두르고, 총을 쏘고, 여자들을 강간하고, 곡물을 강탈했다. 농민들이 붙잡힌 볼셰비키를 잔혹하게 취급하는 데에는 도시에 대한 농민들의 증오가 중요한 역할을 했다."

적군赤軍이 시베리아 서부에서 6만 명의 반란 세력을 마주한 이후 식량 징발이 촉발한 가장 크고 오래 지속된 농민 반란이 1920년 8월 탐보프 지역에서 시작되었다.[9] 좌파 사회혁명당원 알렉산드르 안토노프Aleksandr Antonov가 이끈 반란은 인근의 보로네시, 사마라, 펜자 지역 대부분으로 퍼졌다. 안토노프는 병력을 매우 교묘하게 배치해 공격하고 흩어진 뒤 다른 곳에서 다시 나타났다. 내전 당시부터 계속 숨어 있던 탈영병들이 종종 합류하기도 해서 이들을 훈련시킬 경험 있는 병사들도 있었다. 포로로 잡힌 장교와 식량 징발대의 대원들은 잔인하고 비인간적인 대우를 받았다. 반란군이 보기에 공산당은 시골 지역에서 1917년 혁명을 배신했고, 그들의 삶을 차르 통치 때보다 훨씬 악화시켰다. 반란 세력은 집단농장을 공격하고 농기구와 곡물을 분배했다.

처음에는 농민들의 반란이 성공적이었지만 적군赤軍은 곧 툴라 지역의 진압을 시작으로 힘을 되찾았다. "반란을 진압하기 위해 부툔니의 기병뿐 아니라 라트비아인과 중국인 보병대도 파견되었다. 총 6천 명의 병력이었다. 우리는 이 병력에 저항하지 못하고 퇴각하기 시작했다."[10] 대포가 운반되어 마을을 포격했고 투하쳅스키와 안토노프-오브세옌코의 지시로 숲에 숨은 반란 세력을 일소하려 독가스탄까지 사용되었다.

처음부터 적군赤軍의 보복은 눈에 띄게 잔인했다. 반란군의 아내와 아이들이 인질로 잡혀 5만여 명이 탐보프 지역의 강제수용소에 구금되었다. 몇 명인지 알 수 없는 사람들이 처형되거나 얼어붙은 북쪽의 강제수용소로 보내졌다. 강제수용소 구금은 겨울이 오면 사형선고나 다름없었다. 시베리아 서부의 톰스크 지역에서는 농민 5천 명이 학살당했다. 우파 지역에서 일어난 비슷한 반란은 더 잔혹하게 진압되어 사망자가 1만 명에서 2만 5천 명으로 추산되었다.[11] 벨라루스에서는 수많은 마을이 불에 타 잿더미가 되었다.[12] 약 30년 후 독일은 빨치산의 공격에 대한 보복으로 정확히 같은 짓을 되풀이하게 된다. 생존자들은 모스크바에서

400킬로미터 거리의 기근이 극심한 지역 볼로그다로 보내졌다. 진압 부대들은 피해자들의 손가락을 문과 문틀 사이에 넣고 으스러뜨렸다. 겨울에는 '얼음 조각상'이라는 살해 방식으로 총알을 아꼈는데, 피해자들을 발가벗기고 얼어붙을 때까지 물을 붓는 것을 의미했다. "'민심을 진정시킨' 후 탐보프주에는 교사나 의료 관계자가 한 명도 남아 있지 않았다. 탐보프의 지식인 일부는 전사했고 다른 이들은 탐보프 체카 건물 지하실에서 총살당했다. 1922년에는 여자와 아이들만 남은 마을이 많았다."[13]

도시민이 겪는 고통은 시골과 달랐지만, 어떤 면에서는 더 심했다. 그들은 굶주림으로 천천히 죽어가고 있었다. 화가이자 일기 작가 글라세는 캅카스에서 페트로그라드의 옛집으로 돌아왔다. 크라스노다르의 아파트를 모든 재산, 책과 함께 지역 공산당 간부에게 빼앗겼기 때문이다.

글라세는 모스크바 이전 러시아의 수도였던 페트로그라드의 광경을 보고 경악했다. "굶주려서 수척하거나 붓고 피곤한 눈을 한 말 없는 사람들. 버려진 넵스키 대로. 바실리옙스키섬은 곳곳이 황무지다. 목조 주택과 다차는 땔감으로 뜯겨나갔다. 1919년 도시가 말 그대로 굶주림으로 죽어가고 있을 때 사람들은 고가구, 장서, 기록물, 그림을 가리지 않고 태울 수 있는 것은 뭐든 태웠다. 1917년 가을에 떠난 집에 다가가면서 내 마음은 두려움으로 가득했다. 작가 Z-의 가족은 1919년 모두 굶주림으로 사망했다. 살아남은 것은 하녀뿐이었다. 그녀는 그들이 죽은 가족들의 배급표를 사용하기 위해 썩는 냄새가 풍길 때까지 시신을 소파나 침대 밑에 숨겼다고 말했다."[14]

많은 도시가 파업 중이고 소비에트 영토의 대부분에서 공공연한 반란이 일어나 레닌과 공산당 지도부는 포위당한 기분이었다. 1921년 3월 8일 레닌은 제10차 당대회에서 농민의 반란은 "데니킨, 유데니치, 콜차크를 모두 합친 것보다 훨씬 위험하다"[15]고 인정했다. 하지만 사실 이것도 상황을 솔직히 인정한 것이라고 볼 수는 없는데, 소비에트 정권은 당시 훨씬 큰 위협과 싸우고 있었기 때문이다. 크론시타트에서 일어난 발트 함대의 대규모 반란이었다.

혹독한 그해 겨울 최악의 식량난은 공산당의 이념적 아집과 무자비함으로 훨씬 악화되었다. 불가능한 것을 요구하는 식량 징발대와 공산당의 모든 억압적 조치 그리고 어떤 형태의 자유 거래나 물물교환도 막으려는 모든 시도는 비인간적이었을 뿐 아니라 오히려 역효과를 낳았다. 말의 가치가 사람보다 높기도 했다. 페트로그라드의 전 법학 교수는 지적했다. "소비에트 정권하에서 삶의 모순은 여기 사람들이 굶주리고 있는데 말들에게 … 스파게티를 먹인다는 것이다! 한 기관은 말을 먹이기 위해 스파게티 18푸드(약 295킬로그램)를 지급받았다."[16] 공산당의 방식에 대한 분노로 충성스러운 지지자인 공장 노동자와 발트 함대의 수병들마저 대대적으로 공산당에 대한 지지를 철회했다.

모스크바에서 광범위한 파업이 시작되었고, 1921년 2월 23일 공산당 정부는 계엄령을 선포했다. 시위는 노동자들이 대가 없이 시골의 식량을 얻을 권리를 주장한 페트로그라드로 빠르게 번졌다. 빅토르 세르주는 기록했다. "가동되지 않는 공장에서 노동자들은 기계 부품이나 조각으로 주머니칼을 만들거나 컨베이어벨트로 신발 밑창을 만들어 암시장에서 물물교환했다."[17]

시위는 갈수록 정치색을 띠었다. 좌파 사회혁명당, 멘셰비키, 무정부주의자는 이제 백군과의 내전이 끝났다며 공산당의 독재에 반대했다. 그들은 언론의 자유를 원했고, 2월 혁명의 본래 목표로 회귀해 권력이 레닌의 인민위원평의회에서 하향식으로 강요되는 것이 아니라 선출된 소비에트로부터 위로 흘러가기를 바랐다. 페트로그라드의 분위기가 4년 전인 1917년 2월 차르 정권에 대항해 일어설 때와 놀라울 정도로 비슷해지자 정권의 생존이 위협받는다고 느낀 레닌과 트로츠키는 제한 없는 무력 사용에 기대기로 했다.

크론시타트의 발트 함대 수병들은 항상 무정부주의 성향이 강했다. 2월 26일 전함 페트로파블롭스크의 수병들이 파업에 대해 더 알아보려 페트로그라드에 진상 조사단으로 파견되었다. 그들은 곧 몹시 굶주린 노동자들의 현실을 발견했다. 이틀 후 전함에서 수병들의 만장일치로 언론의 자유, 집회의 자유, 비밀투표를 요구하는 결의가 통과되었다. 크론시타트의 야카르니 광장에서 열린 대중 집회에서 크론시타트 기지의 압도적 다수의 찬성으로 개혁을 요구하는 페트로파블롭스크 결의가 채택되었다. 먼저 (사실상 소비에트 국가 원수인) 전全 러시아 중앙집행위원회 위원장 미하일 칼리닌Mikhail Kalinin이 수병들을 찾아와 당에 다시 충성할 것을 촉구한 후여서 수병들의 이 거부는 전쟁 선포로 여겨졌다. 농민 태생에 허세가 심했던 듯한 '할아버지' 칼리닌은 격분했다.

그날 밤 여전히 페트로그라드에서 코민테른을 위해 일하고 있던 빅토르 세르주는 아스토리아 호텔에서 자고 있다가 전화벨 소리에 잠이 깼다. 전화를 건 사람은 지노비예프의 처남이었다. "크론시타트가 백군의 수중에 들어갔어. 우리 모두 지시를 받았네."[18] 세르주는 충격을 받았다. 어떻게 패배한 백군이 갑자기 크론시타트를 장악했단 말인가? "백군이라뇨?" 세르주가 물었다. "어디서 온 겁니까? 믿을 수가 없군요."

"코즐롭스키Kozlovsky 장군이네."

"그렇지만 우리 수병은요? 소비에트는요? 체카는요? 무기 공장의 노동자들은요?"

"내가 아는 건 여기까지네." 아마도 칼리닌이 크론시타트에서 돌아오자마자 만들어냈을 거대한 거짓말이 시작되었다.

3월 2일 크론시타트 해군기지는 자체 혁명위원회를 수립했다. 수병들은 자신들에 대한 지지가 퍼져나가 결국 정권이 대중의 목소리에 귀를 기울일 수밖에 없을 거라고 확신했다. 트로츠키는 크론시타트의 수병이 "러시아 혁명의 긍지이자 영광"이라고 쓴 적이 있었다. 이제 공산당 정권은 왜 그들이 자신들의 영웅과 전쟁을 벌이는 상황에 놓였는지 설명해야 했다. 정권은 명백한 거짓말을 늘어놓으며 체제를 전복하려는 음모로 프랑스 자본주의 정부가 보낸 '백군' 장군 코즐롭스키가 반란을 이끌고 있다고 주장했다. 사실 코즐롭스키는 그저 다른 많은 이들처럼 적군赤軍에 자원 복무한 전 제국군 포병장교였다. 그는 페트로그라드로의 진입로를 방어하는 해안 포대를 재정비하라고 트로츠키의 지시를 받고 크론시타트에 파견되었는데, 이제 그와 전혀 관련이 없는 반란의 지도자 혐의를 받게 되었다. 공산당 지도부는 페트로그라드에 있는 그의 열 살배기 딸을 인질로 잡았다.

세르주는 '백군의 음모'가 완전히 거짓이라는 것을 알고 더 큰 충격을 받았다. "진실은 명백한 거짓말을 하며 날뛰는 언론이 피운 연막 너머로 조금씩 새어 나왔다. 그리고 이게 바로 세계에서 가장 청렴하고 공평하다는 우리의 언론이었다!"[19]

교섭을 위해 페트로그라드에 파견된 크론시타트 수병 대표단은 체카에 붙잡혀 다시는 모습을 볼 수 없었다. 미국 무정부주의자 엠마 골드만과 알렉산더 버크먼Alexander Berkman은 지노비예프에게 수병들과 협상하라고 설득하려 했지만, 지노비예프는 대신 러시아를 이해하는 데 도움이 될 거라며 그들을 특별 열차에 태워 여행을 보냈다. 공산당 지도부는 무차별한 폭력으로 반란을 반드시 진압할 작정이었기 때문에 외국인 목격자가 생기기를 원하지 않았다.

3월 5일 트로츠키는 페트로그라드에 도착해 반란자들에게 즉시 투항하지 않으면 "자고새처럼 쏠" 것이라고 최후통첩을 보냈다. 백군 장군의 입에서 나올 법한 말이었다. 트로츠키는 그 후 페트로그라드에 있는 수병의 가족들을 인질로 잡으라고 명령했다. 패배하고 망명 중인 백군은 반란 소식을 듣고 희망이 샘솟는 것을 느꼈다. 해군 반란을 백군 장군이 이끌었다는 터무니없는 이야기를 믿고 싶은 간절한 열망에 그들은 보급품과 자금 지원을 준비하기 시작하며 공산당의 선동에 놀아났다. 프롤레타리아의 반란 지지는 즉시 약화되었다.

페트로그라드에서도 "체포되는 사람들의 수가 늘어나고 있다"[20]라고 상트페테르부르크 대학의 전 법학 교수가 기록했다. "감옥이 가득 차서 하루 평균 800명에 달하는 이들이 볼로그다로 이송된다. 그들은 활동가들을 제거하고 있다. 현재의 활동가뿐 아니라 그들의 가족과 아이들을 포함한 잠재적 활동가까지. … 이제 정말로 악랄하게 굴고 있다." 반란 수병들의 시위에서 들린 마지막 외침 중 하나는 "소비에트 러시아 전체가 전 러시아의 유형지로 변했다"[21]였다.

트로츠키가 편애하는 사령관 투하쳅스키의 지휘 아래 엄청난 속도로 군사적 준비가 진행되었다. 러시아인 병사들이 반란군에 동조할 것을 염려해 투하쳅스키는 바시키르 여단을 공격 본대에 포함시켰고, 완전히 신뢰할 수 있는 특수연대에 반란의 진압을 맡겼다. 그는 제27소총사단과 4개 여단을 데리고 크론시타트 공략에 나섰다.[22]

크론시타트의 요새와 포대는 북쪽의 카렐리야지협과 남쪽 해안가의 오라니엔바움Oranienbaum에서 빙판 너머로 공격해야 했다. 겨울궁전의 지휘 본부는 돌격대가 설상 위장용으로 사용할 흰색 의료 가운 2천 벌을 열심히 찾았다. '매우 긴급한 비밀' 통화 후 그들은 오래되고 낡은 가운밖에 없다는 것을 알게 되었다. "그게, 찢어지고 핏자국이 있어 상태가 그리 좋지 않습니다."[23] 정치위원이 인정했지만 그거라도 사용할 수밖에 없었다. 그동안 반란군은 갑자기 날이 풀려 진압군 발밑의 얼음이 부서지기를 간절히 바랐지만 그들의 바람과는 반대로 눈보라가 치며 기온이 떨어졌다.

3월 7일 저녁, 투하쳅스키의 지시로 적군赤軍 포병대가 포격을 개시했고 크라스나야고르카 요새의 해안 포대에서도 포격했다. 다음 날 전함 페트로파블롭스크의 305밀리미터 함포가 대응 포격에 나서자 "집중 포화"[24]를 맞은 크라스나야고르카는 심하게 손상되었다. 그날 북쪽과 남쪽에서 빙판 너머로 개시한 공격이 모두 실패했다. 시트와 의사의 하얀 가운으로 급조한 설상 망토는 투하쳅스키의 병사들을 충분히 가려주지 못했지만, 그들은 얼음에 너무 많은 무게가 실리지 않도록 산개 대형으로 계속 전진해야 했다. 기관총이 핀란드만을 향해 마구 난사되었고 남쪽 해안을 향해 발사된 포격이 얼음을 부숴 여러 병사가 물에 빠져 죽었다.

병사들을 신뢰할 수 있을지 확신하지 못한 군 지휘관들은 공산당에 병사들의 정치적 의지를 강화시킬 것을 요청했다. "77명의 공산당원을 받았다."[25] 아브로프Avrov라는 한 지휘관이 불평했다. "그중 열 명은 믿을 만하지만, 나머지는 그냥 애들이다. 크론시타트 수병에 대항하려면 우리는 애들이 아니라 무자비한 살인자가 필요하다. 어제 암호화된 전화 전보를 지노비예프에게 보내 전투에 투입할 우수한 병사 200명을 요청했다. 크론시타트의 적군赤軍 지휘관 하나가 어제 우리 편으로 넘어왔다. 그는 반란군의 꼬임에 넘어가 투항한 크론시타트의 훈련병들에 대해 이야기했다. 제561연대의 한 중대는 진격을 거부했다. 다른 대대의 병사들도 그랬다. 오늘 이 부대들을 숙청할 것이다."

3월 9일 거짓 선전은 더 발전했다. "페트로그라드 소비에트 집행위원회의 정기회의에서 지노비예프는 제국군 장교들이 핀란드에서 진군하고 있다는 정보를 입수했다고 위원회에 보고했다."[26] 다음 공격도 실패하면서 투하쳅스키의 병사들은 특히 내전도 종식된 이 시기에 예전 동료를 공격하는 것을 더더욱 주저하게 되었다. 대규모 병력을 지원받은 투하쳅스키군은 1만 6천 명인 반란 수병의 세 배가 넘는 수적 우위에 있었다. 전투기가 코틀린Kotlin섬의 크론시타트 방어 시설을 폭격했지만 별 효과가 없었다. 표트르 대제의 요새는 공산당 지도부의 생각보다 훨씬 견고했다. 동시에 반란군은 노동자 계급의 지지가 없어 낙담했다. 굶주리고 몸도 약해진 노동자들은 소비에트의 배급량 증가와 시장 자유화 약속에 쉽게 넘어갔다.

3월 17일 이른 시각, 적군赤軍 부대는 희뿌연 안개 속에서 빙판을 건너기 시작했고 코틀린섬에서 뻗어 나온 요새선에 접근하자 안개가 흩어지기 시작했다. 수백 명이 전사하고 수천 명이 부상당해 막대한 인명 피해를 보았지만, 그들은 자정 무렵에는 섬 대부분과 포대를 확보했다. 다음 날인 3월 18일은 우연히도 베를린에서 공산당 봉기가 실패한 날이자 파리 코뮌 50주년 기념일이었다. 투하쳅스키의 본부는 "크론시타트는 우리 부대가 장악했다. 반군은 핀란드로 도주했고 일부는 코틀린섬 주변으로 흩어졌다"[27]라고 전보를 보냈다. 4개 여단이 이 지역을 지키는 임무를 맡았다. 특수연대는 얼음에 갇힌 전함 페트로파블롭스크와 세바스토폴을 장악했다. "혁명의 규율을 반드시 다시 세워야 한다."

총 9천여 명의 수병과 그들의 지지자들이 빙판 위를 건너 북쪽의 핀란드 영토로 달아났다. 소비에트 해군 기록보관소의 미확인 보고서는 그곳의 상황을 묘사했다. "몇 시간 내에 해안, 특히 테리요키는 말 그대로 난민 수용소가 되었다. 핀란드 정부와 군은 해결 불가능한 과제와 씨름했다. 순찰대가 해안에 파견되어 난민들을 테리요키로 이끌었고, 난민들은 무기를 버리고 여러 무리로 나뉘어 대부분 빈 다차에 수용되었다. 3월 18일 온종일 난민이 계속 밀려왔다. 적군赤軍 병사와 수병뿐 아니라 민간인, 여자와 아이들도 있었다. 가벼운 부상을 당한 남자들도 몇몇 있었다."[28] 상당수가 맨발로 빙판을 건너 도주했다. 모두 굶주려 있어 미국 적십자가 서둘러 식량을 지급했다. 난민 중 한 사람은 코즐롭스키 장군이었는데, 그는 핀란드 '중앙보안경찰'의 심문을 받았다.

공산당 정부는 백군이 반란에 연루되었다는 거짓말을 계속해야 한다고 생각했다. "크론시타트 반군 일부는 핀란드로 떠났다."[29] 제7군은

혁명은 스스로를 집어삼킨다. 투하첸스키의 부대가 크론시타트 반란을 진압하고 있다.

통보받았다. "그들이 핀란드의 백군 부대와 크론시타트 요새를 장악하려 공격을 감행할 가능성을 배제할 수 없다."

"3월 18일 아침 난민들은 크론시타트 요새에 머문 3천여 명의 수병이 끝까지 싸우다가 마지막 탄환으로 자살할 거라고 진술했다."[30] 나중에 도착한 이들은 "요새 앞의 빙판 위에서 처형이 집행되고 있다"[31]고 증언했다. 분노로 들끓는 반란 수병들은 총살형 집행대를 마주했다. 그들은 외쳤다. "코민테른 만세!" "세계 혁명 만세!"

결론
악마의 제자

백군이 내전에서 진 가장 큰 이유는 토지 개혁을 거부하다 때늦게 고려하거나, 러시아 제국 내 민족들에게 자치를 허용하지 않으려 한 것을 포함한 그들의 경직성 때문이었다. 백군의 민간 정부는 아무런 역할을 못하고 그저 존재만 하고 있을 뿐이었다. 그리고 그들은 역설적으로 20년이 채 지나기 전 스페인 내전에서 패배한 좌파와 매우 비슷한 이유로 패배했다. 스페인에서 공화국의 분열된 반파시스트 연합은 프랑코의 규율 잡히고 군사화된 정권에 맞서 도저히 승리할 수 없었다. 러시아에서, 절대 함께할 수 없는 사회혁명당과 보수적인 제정복고파의 동맹은 한 가지 목표에 전념하는 공산당의 독재에 맞서 승리할 가망이 거의 없었다.

두 사례에서 모두 서로를 성장시키는 양쪽의 과격파, 미사여구와 폭력의 악순환은 히틀러의 출현과 제2차 세계대전으로 이어지는 주요인이었다. 너무 오랫동안 우리는 전쟁을 단일한 실체로 가정하고 이야기하는 오류를 범해왔다. 사실 전쟁은 종종 국가적 분노, 타민족 혐오, 계급투쟁이 뒤섞인 각기 다른 갈등의 복합체이다. 특히 내전의 경우 중앙집권주의 대 지방분권주의, 권위주의 대 자유방임주의의 충돌도 포함되어 있다. 순수한 '러시아' 내전이라는 관념은 제대로 된 이해를 방해하는 지나친 단순화다. 최근 한 역사가는 이 전쟁을 러시아 내전 대신 "압축된 세계대전"[1]이라고 일컬었다.

몇몇 역사가들은 1917년 2월 혁명은 반혁명을 촉발하지 않았다고 정확하게 지적했다. 전제군주제의 전복은 옛 지배계급 사이에서 다양한 반응을 불러일으켰다. 초기에는 혁명을 받아들이거나 궁정의 무능과 아집에 비통해하는 이들도 있었지만, 더 진보적이고 이상적인 사람들 사이에는 낙관론도 있었다. 귀족과 부르주아 대부분은 임시정부를 지지하며 임시정부가 적어도 최악의 상황을 막고 국가의 분열을 막는 역할을 하기를 기대했다. 최초에 제정이 붕괴되는 데 저항 시도가 없었던 것은 사람들이 무관심해서라기보다는 구체제에 수호할 가치가 거의 없다고 생각했기 때문이다. 볼셰비키의 계획이 여론의 양극화를 초래한 여름에야 저항 의지가 커지기 시작했다. 이것은 최대 1200만 명의 목숨을 앗아가고 나라 전체를 극심한 빈곤에 빠뜨리고 상상할 수 없는 수준의 고통을 초래한 내전의 기원을 탐구할 때 중요한 지점이다.

콘스탄틴 파우스톱스키는 민주화의 기회를 놓친 것을 한탄했다. "혁명 초기의 이상적인 면이 사라지고 있었다. 온 세상이 요동치고 무너지고 있었다. 지식인 대부분은 당황해 허둥댔다. 푸시킨과 게르첸, 톨스토이와 체호프의 후손인 위대한 인문주의 러시아 지식인들이 말이다. 그들은 정신적 가치가 높은 것을 만들어낼 줄은 알았지만, 이제 소수의 예외를 제외하고는 국가 조직을 만드는 데에는 무능한 것으로 드러났다."[2]

정신적 가치는 좋은 것과 나쁜 것을 가리지 않고 과거의 모든 것을 파괴하겠다는 광적인 의지를 결코 막을 수 없었다. 어떤 국가도 과거의 망령에서 벗어날 수는 없다. 러시아는 특히 그렇다. 작가이자 평론가인 빅토르 시클롭스키는 볼셰비키를 악마의 제자에 비유했다. 오랫동안 전해 온 러시아 설화에 등장하는 악마의 제자는 노인을 젊은이로 만드는 법을 안다고 자랑했다. 젊음을 되찾게 하려면 먼저 노인을 불에 태워야 했다. 그래서 제자는 노인에게 불을 질렀지만, 그 후 그를 소생시킬 수

✦

없다는 것을 알게 되었다.

동족상잔의 전쟁은 잔혹할 수밖에 없다. 아군과 적군을 명확하게 가를 수 없고, 즉시 민간인의 삶에도 퍼지고, 끔찍한 증오와 의심을 낳기 때문이다. 광활한 유라시아대륙에 걸쳐 일어난 전쟁은 믿을 수 없을 정도로 잔혹했다. 특히 시베리아의 카자크 아타만들은 이루 말할 수 없이 잔인했다. 골수 보수주의 정치인 바실리 비탈리예비치 슐긴마저도 백군이 실패한 가장 큰 원인 중 하나는 "도덕적 붕괴"[3]라고 생각했다. 백군이 적인 볼셰비키만큼 악행을 저질렀기 때문이다. 그럼에도 불구하고 둘 사이에는 미묘하지만 중요한 차이가 있었다. 백군은 너무나 자주 인간의 가장 추악한 면을 보였다. 하지만 무자비한 비인간성에 있어 백군은 결코 볼셰비키를 이길 수 없었다.

용어 해설

- **녹군** 탈영병과 적군 또는 백군에 의한 징집을 피한 이들의 빨치산 무리. 대부분 숲에서 살아 녹군이라고 불렸다.
- **러시아 소비에트연방 사회주의공화국** 1918년 7월 제5차 전 러시아 소비에트 대회에서 선포되었다. 1924년 1월 소비에트 사회주의공화국 연방으로 개칭했다.
- **러시아 사회민주노동당** 1903년 율리 마르토프가 이끄는 이른바 멘셰비키와 블라디미르 레닌이 이끄는 볼셰비키로 나뉘었다.
- **멘셰비키** 러시아 사회민주노동당 참조.
- **볼셰비키** 러시아 사회민주노동당 참조.
- **부르주이** 반혁명 세력으로 간주되는 부르주아의 일원을 혁명 세력이 일컫는 말.
- **사회혁명당** 주로 시골에 지지 기반을 둔 사회혁명당Socialist Revolutionary Party은 1917년 가을 좌파 사회혁명당Left SR과 우파 사회혁명당Right SR으로 갈라졌다. 좌파 사회혁명당은 레닌이 자신들이 주장하는 토지 개혁을 일관되게 진행하기를 바라며 볼셰비키를 지지했다. 그들은 레닌에게 속았다는 것을 알고 이듬해 반란을 일으켰지만 성공하지 못했다.
- **소비에트Soviet** 본래 혁명 세력의 노동자 또는 병사의 대표자로 구성된 평의회. 1917년 주요 소비에트를 장악한 볼셰비키는 그 후 소비에트를 그들의 정부인 소브나르콤인민위원평의회의 지시를 이행하는 국가기관으로 만들었다.
- **소트니아sotnia** 카자크 100명으로 구성된 부대 단위. 니콜라이 2세가 지원한 반유대주의 반동주의 단체 '검은 백인대'도 '초르나야 소트니아chornaya sotnia'이다.
- **스타니차stanitsa** 카자크의 거주지로 마을부터 소도시까지 크기가 다양하다.

+ **아나키스트** 좌파 자유지상주의적 반국가적 이념으로서의 무정부주의가 19세기 후반 러시아와 스페인에서 유행했다. 아나키스트는 전제군주제와 자본주의만큼이나 마르크스주의와 볼셰비즘에도 강력하게 반대했다.
+ **예사울Esaul** 하나의 중대 혹은 원칙적으로 100명으로 이루어진 소트니아를 지휘하는 카자크 기병의 지휘관.
+ **오스바그Osvag** OSVedomitelnoe Agentsvo의 약어. 의용군Volunteer Army과 이를 이은 남러시아군Armed Forces of Southern Russia의 정보기관 또는 선전기관.
+ **융커junker** 일반적으로 12세에서 17세 사이의 사관학교에 다니는 사관생도로 10월 혁명 직전 볼셰비키에 맞서 임시정부를 지지하며 결집했다.
+ **이즈바izba** 러시아 농민의 집 또는 통나무집.
+ **인민위원평의회** 사실상 레닌을 정부 수반으로 하는 볼셰비키의 내각이었다. Sovet Narodnykh Komissarov의 약어인 소브나르콤Sovnarkom으로도 불린다.
+ **체카Cheka** '반혁명, 부당이득, 방해공작 퇴치를 위한 전 러시아 특별위원회'라는 뜻의 serossiiskaya chrezvychainaya komissiya po borbe s kontrrevolyutsiei i sabotazhem의 약어. 펠릭스 제르진스키가 설립했고 이후 OGPU, NKVD, KGB로 발전했다.
+ **초하Chokha** 카자크 또는 캅카스 지역의 전통의상으로 가슴에 비스듬하게 탄띠가 있다.
+ **카데트Kadet** 카데트(혹은 KD)는 중도 우파 정당인 보수적인 입헌민주당Konstitutsionno-demokraticheskaya partiya을 가리킨다.
+ **크루그Krug** 소비에트 정부와 적위대 지지자를 축출하겠다며 1918년 5월 돈 공화국의 독립을 선포한 돈 카자크의 의회.
+ **타찬카tachanka** 기관총을 실은 빠른 드로시키droshky(사륜마차)로 말 두세 마리가 이끄는 고대 로마의 전차처럼 쓰였다. 보통 운전수와 사수가 한 명씩 탔지만 때로는 전투원을 네 명까지 태우기도 했다.

감사의 말

이 정도 규모의 프로젝트는 자연히 여러 국가의 수많은 사람들의 도움에 의존할 수밖에 없다. 이들 모두에게 깊은 감사를 전한다. 폴란드에서는 아나스타시아 핀도르Anastazja Pindor가 다시 한번 기록보관소와 도서관과 관련해 큰 도움을 주었다. 미하엘 회들Michael Hödl은 빈에서 자료를 모아 주었고 우크라이나에서는 알렉세이 스타첸코Aleksei Statsenko와 올렉시 이바신Oleksii Ivashyn이 키이우의 기록보관소를 빈틈없이 조사해 주었다. 이 책을 쓰는 지금 올렉시는 우크라이나 국토방위군 제10독립 소총대대의 소총수이자 위생병으로 복무하고 있다. 스탠퍼드 대학교에서는 후버연구소 기록보관소Hoover Institution Archives의 세라 패턴Sarah Patton의 도움을 받았고, 노먼 네이마크Norman Naimark 교수와 러시아에 대한 로버트 콘퀘스트Robert Conquest 큐레이터 아나톨 시멜레프Anatol Shmelev도 자료에 관해 조언해 주었다. 케임브리지 대학교 처칠 기록보관소Churchill Archives Centre의 앨런 팩우드Allen Packwood와 직원들 그리고 킹스칼리지 런던의 리들하트 군사기록보관소Liddell Hart Centre for Military Archives의 직원들에게도 감사를 표한다.

그중에서도 가장 큰 그리고 중요한 도움을 준 것은 오랜 친구이자 역사학 동료인 류보프 비노그라도바Lyubov Vinogradova 박사였다. 우리는 28년 전 《스탈린그라드》 집필을 위한 연구를 시작하면서 처음으로 같이 작업했다. 그녀에게 헌정하는 이 책은 지난 5년간 수많은 기록보관소에서 그녀가 기울인 노력과 탁월한 자료 선정이 아니었다면 나올 수 없었을 것이다.

앤 애플바움Anne Applebaum, 서배스천 콕스Sebastian Cox, 안젤리카 폰

하제Angelica von Hase, 맥스 헤이스팅스Max Hastings 경, 제임스 홀랜드James Holland, 수 루커스Sue Lucas, 휴고 비커스Hugo Vickers, 앤터니 윈Antony Wynn을 비롯한 많은 이들에게도 자료와 관련하여 신세를 졌다. 올랜도 파이지스Orlando Figes, 로드릭 브레이스웨이트Rodric Braithwaite 경, 비노그라도바 박사 모두 친절하게도 초고를 읽고 실수를 바로잡아주었다. 혹시나 남은 실수가 있다면 물론 전부 내 책임이다.

정말 운이 좋게도 와이덴펠드앤니컬슨Weidenfeld&Nicolson의 좋은 편집자들을 담당으로 만났다. 특히 앨런 샘슨Alan Samson 덕분에 30년 전 마지못해 포기했던 이 주제에 다시 착수하고픈 간절한 열망이 이루어질 수 있었다. 매디 프라이스Maddy Price는 적극 참여하는 이상적인 편집자였고 책의 마무리를 위해 탁월한 제안을 해주었다. 클러리사 서덜랜드Clarissa Sutherland는 이 모든 과정을 매우 훌륭하게 이끌었다. 미국에서 나를 돌봐준 바이킹Viking 출판사의 브라이언 타트Brian Tart와 테레지아 시설Terezia Cicel, 그리고 물론 나의 뉴욕 에이전트 로빈 스트라우스Robin Straus에게도 감사의 말을 전한다. 친구이자 40년 동안 나의 출판 저작권 에이전트인 앤드류 넌버그Andrew Nurnberg는 출판 업계에서 유쾌하고 아주 좋은 동반자였다. 그리고 무엇보다도 나의 영원한 조언자이자 제1편집자 아르테미스Artemis에게 가장 큰 감사를 전한다.

2022년 4월

캔터베리에서

도판 목록

stone Press.

- **291쪽** 미하일 니콜라예비치 투하쳅스키. Alamy / Chronicle.
- **315쪽** 블라디보스토크에 상륙한 미군. Alamy / Pictoral Press Ltd.
- **316쪽** 아타만 세묘노프를 만난 그레이브스 소장. Alamy/Alamy Stock Photo.
- **327쪽** 블라디미르 마이-마옙스키 장군. Alamy / Reading Room 2020.
- **328쪽** 네스토르 마흐노. Alamy / Album.
- **342쪽** 니콜라이 유데니치 장군과 알렉산드르 로드쟌코 장군. Alamy / Yogi Black.
- **362쪽** 1919년 블라디미르 레닌과 레프 트로츠키. Alamy / mccool.
- **368쪽** 미국 적십자 병원열차. National Museum of the U.S. Navy, Public domain, via Wikimedia Commons.
- **386쪽** 백군의 장갑열차 '통합 러시아'. Alamy / Süddeutsche Zeitung Photo.
- **388쪽** 차리친의 영국 장갑차. Alamy / Reading Room 2020.
- **390쪽** 안톤 데니킨 장군. Alamy / Chronicle.
- **390쪽** 표트르 브란겔 장군. Alamy / Heritage Image Partnership Ltd.
- **391쪽** 데니킨이 차리친에서 '모스크바 작전 명령'을 발표하다. Russian State Archive of Film and Photography, Krasnogorsk.
- **406쪽** 최고지도자, 콜차크 제독. Getty Images / Universal History Archive.
- **420쪽** 블라크-발라호비치를 방문한 요한 라이도네르 장군. Alamy / Historic Images.
- **461쪽** 콜차크 제독과 그의 연인인 시인 안나 티미료바. Alamy / Heritage Image Partnership Ltd.
- **502쪽** 야코프 슬라쇼프 장군. Alamy / History and Art Collection.
- **540쪽** 탈출 후 HMS 엠페러오브인디아 갑판 위의 돈 카자크. Alamy / Chronicle.

+ **561쪽** 적군赤軍 병사들과 영국의 마크V 전차. Alamy / CPA Media Pte Ltd.
+ **578쪽** 부됸니의 제1기병군 또는 코나르미야. Alamy / Photo 12.
+ **582쪽** 유제프 피우수트스키 원수. Alamy / Pictoral Press Ltd.
+ **595쪽** 1920년 크림반도의 부됸니, 프룬제, 보로실로프. Alamy / Süddeutsche Zeitung Photo.
+ **607쪽** 서부 시베리아의 기아. Alamy / ITAR-TASS News Agency.
+ **616쪽** 크론시타트 반란을 진압하는 투하쳅스키의 부대. Topfoto / Sputnik.

약어

+ **AFSB-RB** 부랴트공화국 연방보안국 기록보관소(Arkhiv Upravleniia Feder-al'noi sluzhby bezopastnostipo Respublike Buryatiya, Archive of the Directorate of the Federal Security Service in the Buryat Republic), 부랴트공화국 울란우데
+ **ASF-ARLM** 솔제니친재단 기록보관소(Archives of the Solzhenitsyn Foundation), 전 러시아 기록물 도서관(All-Russia Memoirs Library), 모스크바
+ **BA-CU** 바흐메테프 기록보관소(Bakhmeteff Archive), 컬럼비아 대학교, 뉴욕
+ **CAC** 처칠 기록보관소(Churchill Archives), 케임브리지 대학교 처칠 칼리지 (Churchill College)
+ **CAW-WBH** 중앙군사기록보관소(Centralne Archiwum Wojskowe - Wojskowe Biuro Historyczne), 바르샤바
+ **DASBU** 우크라이나 보안부 기록보관부(Derzhavnyi arkhiv sluzhby bezpechny Ukrainy), 키이우
+ **GAI** 이르비트 국가기록보관소(Gosudarstvennyi arkhiv Irbit)
+ **GAIO** 이르쿠츠크주 국가기록보관소(Gosudarstvennyi arkhiv Irkutskoi oblasti)
+ **GAKK** 크라스노야르크 지역 국가기록보관소(Gosudarstvennyi arkhiv Krasnoyarskogo Kraya)
+ **GARF** 러시아연방 국가기록보관소(Gosudarstvennyi arkhiv Rossiiskoi federatsii)
+ **GARO** 로스토프주 국가기록보관소(Gosudarstvenny arkhivi Rostovskoi oblasti), 로스토프나도누
+ **GASO** 스베르들롭스크주 행정기관 국가기록보관소(Gosudarstvennyi arkhiv Sverdlovskoi oblasti), 예카테린부르크
+ **HIA** 스탠퍼드 대학교 후버연구소 기록보관소(Hoover Institution Archives), 캘리포니아
+ **IHR** 역사연구소(Institute of Historical Research), 런던

- **IWM** 임페리얼전쟁박물관(Imperial War Museum)
- **JSMS** 슬라브 군사연구 저널(Journal of Slavic Military Studies)
- **KA-KM** 전쟁기록보관소(Kriegsarchiv Kriegsministerium), 빈
- **KCF** 카르타센터재단(Karta Centre Foundation), 바르샤바
- **KCLMA** 킹스칼리지 런던(Kings College London) 리들하트 군사기록보관소(Liddell Hart Military Archive)
- **LCW** Lenin, V.I., Collected Works, 45 vols., 1960–70
- **NAM** 영국 국립육군박물관(National Army Museum), 런던
- **NZh** *Novaya Zhizn(New Life)*, Maksim Gorky, *Untimely Thoughts: Essays on Revolution, Culture and the Bolsheviks*, 1917–1918, New York, 1968
- **Oe-StA-KA** 오스트리아 국가기록보관소 - 전쟁기록보관소(Österreichisches Staatsarchiv - Kriegsarchiv), 빈
- **OGAChO** 첼랴빈스크주 통합국가기록보관소(Obedinennyi gosudarstvennyi arkhiv Chelyabinskoi oblasti,), 첼랴빈스크
- **OR-RGB** 러시아 국립도서관 사본보관소(Otdel rukopisei–Rossiisskaya gosudarstnennaya biblioteka), 전前 레닌 국립도서관, 모스크바
- **PIA** 피우수트스키연구소 기록보관소(Piłsudski Institute Archives), 뉴욕
- **RACO** 적군赤軍 전투 작전(Red Army Combat Operations). Bubnov, A.S.; Kamenev, S.S.; Tukhachevskii, M.N.; Eideman, R.P.(eds.); *The Russian Civil War 1918–1921 – An Operational-Strategic Sketch of the Red Army's Combat Operations*, Havertown, PA, 2020
- **RGALI** 러시아 국립 문예기록보관소(Rossiiskii Gosudarstvennyi Arkhiv Literatury i Iskusstva), 모스크바
- **RGASPI** 러시아 국립 사회사·정치사 기록보관소(Rossiiskii Gosudarstvennyi Arkhiv Sotsialno-Politicheskoi Istorii), 모스크바
- **RGAVMF** 러시아 국립 해군기록보관소(Rossiiskii Gosudarstvennyi Arkhiv

Voenno-Morskogo flota), 상트페테르부르크

- **RGVA** 러시아 국립 군사기록보관소(Rossiiskii Gosudarstvevennyi Voennyi Arkhiv), 모스크바
- **RGVIA** 러시아 국립 군사사(軍事史) 기록보관소(Rossiiskii Gosudarstvennyi Voennyo-Istorischeskii Arkhiv), 모스크바
- **THRR** Trotsky, Leon, *History of the Russian Revolution*, London, 2017
- **TNA,** 국가기록원(The National Archives), 큐(Kew)
- **TsA FSB** 러시아 연방보안국 중앙기록보관소(Tsentralnyi arkhiv Federalnoy Sluzhby Bezopasnosti), 모스크바
- **TsDNITO** 탐보프주 현대사 기록물센터(Tsentr dokumentatsii noveishei istorii Tambovskoi oblasti)
- **TsGAORSS** 10월 혁명과 소비에트 공화국 건설에 관한 국가중앙기록보관소(Gosudarstvennyi Arkhiv Oktyabrskoi Revolyutsii i Sotsialisticheskogo Stroitelstva,), 모스크바
- **TsGASO** 사마라주 중앙기록보관소(Tsentralnyi Gosudarstvennyi Arkhiv Samarskoi Oblasti)
- **TsNANANB** 벨라루스 국립과학원 중앙과학기록보관소(Tsentralnyi Nauchnyi Arkhiv Natsionalnoi Akademii Nauk Belarusi), 민스크
- **VIZh** *Voenno-istoricheskii zhurnal*
- **WiR** *Wavell in Russia*, ed. Owen Humphrys, 자비출판, 2017

주의 대부분의 러시아 기록보관소의 경우 서식이 인용된 부분을 가리킨다. 예를 들어 GARF 4949/1/3/174의 경우 러시아연방 국가기록보관소 fond 4949, opis 1, delo 3, 174쪽을 가리킨다.

미주

서문

1 CAC-CHAR 1/3/20–21
2 ibid.
3 Consuelo Vanderbilt Balsan, *The Glitter and the Gold*, p.125
4 CAC-CHAR 1/3/20–21
5 WiR, p.13
6 ibid., p.11
7 ibid., p.4
8 'Teffi' (Nadezhda Lokhvitskaya), *Rasputin and Other Ironies*, p.75
9 NZ-UT, No. 35, 30/5/1917
10 Second Army, RGVIA 7789/2/28
11 *The Captain's Daughter*, p.203
12 Charlotte Hobson (ed), M.E. Saltykov-Shchedrin, *The History of a Town*, p.xiii에서 인용.
13 Douglas Smith, *Former People*, p.35
14 NZ-UT, No. 35, 30/5/1917

제1부 1912-1917년

1. 유럽의 자멸: 1912-1916년

1 Maksim Gorky, NZ-UT, No. 4, 22/4/1917
2 동원령과 7월 위기와 관련한 탁월한 해설은 Dominic Lieven의 *Towards the Flame*, pp.313–42 참조.
3 Allan K. Wildman, *The End of the Russian Imperial Army*, Vol. 1, p.113
4 NZ-UT No. 4 22/4/1917
5 V.P. Kravkov, 14/5/1916, *Velikaya voina bez retushi: Zapiski korpusnogo vracha*, p.222
6 RGVIA 2067/1/2932/228
7 RGVIA, 2067/1/2931/465
8 RGVIA 2031/2/533/38
9 Kravkov, pp.202–3
10 RGVIA 12067/1/ 2935/348–9
11 RGVIA 2007/1/26/170
12 Kravkov, 14/5/16, p.243
13 Kravkov, 11/10/16, p.268
14 Kravkov, p.272
15 V.V. Shulgin, *Days of the Russian Revolution – Memoirs from the Right*, p.51
16 ibid., pp.53–4
17 Sean McMeekin, *The Russian Revolution*, pp.78–9
18 RGVIA 2067/1/2937/172
19 WiR, 47
20 Shulgin, p.69
21 Kravkov, p.204
22 V.B. Shklovsky, *Sentimental Journey*, pp.8–9
23 V.V. Fedulenko, HIA 2001C59
24 Kravkov, p.277

2. 2월 혁명: 1917년 1-3월

1 D.N. Tikhobrazov, BA-CU 4078150
2 K.I. Globachev, BA-CU 4077547
3 M.F. Skorodumov, in Michael Blinov

collection, HIA 2003C39 9/12
4 Peter Kenez, 'A Profile of the Pre-Revolutionary Officer Corps', *California Slavic Studies*, Vol. 7, 1973, 147; Allan K. Wildman, *The End of the Russian Imperial Army*, Vol. 1, pp.100–2
5 Maurice Paléologue, *Le crépuscule des Tsars*, p.556
6 ibid., p.557
7 ibid., pp.562–3
8 George Buchanan, *My Mission to Russia*, Vol. 2, p.44
9 Paléologue, p.563
10 ibid, p.47
11 ibid., p.564
12 Shultz, ASF-ARLM 1/R-145, p.129
13 Paléologue, p.586
14 Globachev, BA-CU 4077547, p.16
15 ibid.
16 Shklovsky, p.7–9
17 Ruthchild, Rochelle Goldberg. 'Women and Gender in 1917', *Slavic Review*, Fall 2017, Vol. 76, No. 3, pp.694–702 참조.
18 Anonymous, ASF-ARLM E-100, 1/1/310/3
19 Sergei Prokofiev, *Dnevnik*, 24/2/1917
20 Richard Pipes, *The Russian Revolution*, p.275에서 인용.
21 Louis de Robien, *Journal d'un diplomate en Russie*, 1917–1918, p.10
22 ibid.
23 ibid., p.12
24 Globachev, BA-CU 4077547
25 Robien, p.11
26 Vladimir Zenzinov. '*Iz zhizni revolyutsionera*' (*From a Life of a Revolutionary*), p.11
27 Vladimir Nabokov, *Speak Memory*, p.71
28 Paléologue, p.587
29 Robien, p.13
30 ibid., p.14
31 *The End of the Russian Imperial Army*, Vol. 1, p.143
32 Tikhobrazov, BA-CU 4078150
33 Pipes, *Russian Revolution*, p.282에서 인용.
34 Brian Moynahan, *Comrades 1917*, p.95
35 ibid., p.201
36 Shklovsky, p.188
37 Buisson (ed.), *Journal intime de Nicholas II*, p.57
38 Globachev, BA-CU 4077547
39 ibid.
40 Tikhobrazov, BA-CU 4078150

3. 쌍두독수리의 몰락: 1917년 2-3월

1 Prokofiev, *Dnevnik*, 28/2/1917
2 Eduard E Dune, BA-CU 4077481
3 Prokofiev, *Dnevnik*, 28/2/1917
4 Wildman, *The End of the Russian Imperial Army*, Vol. 1, pp.153–4
5 Buisson (ed.), p.58
6 Shulgin, p.129
7 Tikhobrazov, BA-CU 4078150

8 ibid.

9 Diary of Grand Duke Andrei Vladimirovich, GARF 650/1/55/83–154

10 ibid.

11 Buisson (ed.), p.59

12 Raskolnikov, *Kronstadt and Petrograd in 1917*, i.,1

13 Donald Crawford, 'The Last Tsar', in Brenton (ed.), *Historically Inevitable? Turning points of the Russians Revolution*, p.88; 또한 Pipes, *Russian Revolution*, p.319–20에서 인용.

14 Buisson (ed.), p.59

4. 전제주의에서 혼돈으로: 1917년 3-4월

1 Prokofiev, *Dnevnik*, 1/3/1917

2 Helen Rappaport, *Caught in the Revolution*, p.99에서 인용.

3 A.I. Boyarchikov, *Memoirs*, p.39

4 Gd Duke Andrei Vladimirovich, GARF 650/1/55/83–154

5 Shulgin, p.135

6 Zenzinov, p.39

7 Anonymous, ASF-ARLM E-100, 1/1/310/12

8 Shulgin, p.119

9 Pipes, *Russian Revolution*, p.303; Globachev, BA-CU 4077547에서 인용.

10 Evguénia Iaroslavskaïa-Markon, *Revoltée*, p.28

11 Y.I. Lakier diary, BA-CU 4077740

12 Kravkov, p.295

13 Gd Duke Andrei Vladimirovich, GARF 650/1/55/83–154

14 Tikhobrazov, BA-CU 4078150

15 Konstantin Paustovsky, *The Story of a Life*, p.464

16 Aleksei Oreshnikov, *Dnevnik*, 1/3/1917, p.108

17 Paustovsky, p.489

18 Cdr Oliver Locker-Lampson, RNAS Armoured Car Division, CAC-CHAR 2/95/2–36

19 Kravkov, p.297

20 Wildman, Vol. 1, p.242에서 인용

21 Tikhobrazov, BA-CU 4078150

22 WiR, 14; Wildman, Vol. 1, p.368, n64도 참조.

23 Maksim Kulik, *Kubansky Sbornik*, No. 6, 22/9/2015, ASF-ARML

24 Maj Gen V.N. v. Dreier, BA-CU 4077478, pp.317–18

25 Locker-Lampson, CAC-CHAR 2/95/2–36

26 Wildman, Vol. 1, p.211

27 Locker-Lampson, CAC-CHAR 2/95/2–36

28 Evan Mawdsley, *The Russian Revolution and the Baltic Fleet*, p.16

29 Mawdsley, p.1

30 Raskolnikov, *Kronstadt and Petrograd in 1917*, Vol. 2, p.1

31 Lakier, BA-CU 4077740

32 Makhonin, BA-CU 4077787

5. 임신한 과부: 1917년 3-5월

1 Herzen, *From the Other Shore*, London, 1956, p.124
2 Isaiah Berlin, introduction to *From the Other Shore*, p.xv
3 Ransome, *Autobiography*, p.275
4 Victor Sebestyen, *Lenin the Dictator*, p.273에서 인용.
5 LCW, Vol. 24, p.19–26; *Pravda* 7 April 1917
6 Robert Service, *Lenin*, p.264
7 LCW, Vol. 24, pp.19–26
8 'Teffi', *Rasputin*, pp.105–7
9 A.A. Brusilov, Orlando Figes, *A People's Tragedy*, pp.379–80에서 인용.
10 Kravkov, p.316
11 RGVIA 2031/1/1181/330
12 Orlando Figes, *Peasant Russia Civil War*, pp.41–2에서 인용.
13 Douglas Smith, *Former People*, 94
14 Douglas Smith, pp.105–7; G.A Rimsky-Korsakov, *Rossiya 1917 v ego-dokumentakh*, p.121도 뱌젬스키 공의 사망을 묘사하고 있는데 신뢰도가 떨어진다.
15 Natalia Mikhailova의 웹사이트 'Family Archive' www.domarchive.ru
16 I.F. Nazhivin, *Zapiski o revolyutsii*, p.238
17 Paustovsky, p.485
18 Shklovsky, p.60
19 Kravkov, p.312
20 N.N. Sukhanov, *The Russian Revolution 1917*, p.361
21 Kravkov, p.329
22 ibid.
23 Wildman, Vol. 1, p.358, n44
24 Rudolf Rothkegel, Bundestiftung zur Aufarbeitung der SED-Diktatur, Berlin
25 Shklovsky, p.34
26 Kravkov, p.329
27 ibid.
28 M.F. Skorodumov, HIA 2003C39 9/12
29 Paustovsky, pp.484–5
30 Lakier, BA-CU 4077740

6. 케렌스키 공세와 7월 사태: 1917년 6-7월

1 CAC-CHAR 2/95/2–36
2 ibid.
3 Shklovsky, p.29
4 RGVIA 2067/1/3868/244
5 Sukhanov, p.380
6 Locker-Lampson, CAC-CHAR 2/95/2–36
7 ibid.
8 ibid.
9 ibid.
10 Prokoviev, *Dnevnik*, 1/7/1917
11 Shklovsky, p.44
12 ibid. p.48
13 Wildman, vol. 2, p.99
14 Maksim Kulik, *Kubansky Sbornik*, No. 6 22/9/2015, ASF-ARML
15 Locker-Lampson, CAC-CHAR 2/95/2–36
16 McMeekin, pp.165–9 참조.

17 Sukhanov, p.429
18 ibid., 431
19 S.A. Smith, *Russia in Revolution – An Empire in Crisis*, p.143
20 Prokofiev, *Dnevnik*, 1/7/1917
21 Raskolnikov, VII.1
22 ibid.
23 Raskolnikov VII.2
24 ibid.
25 NZ-UT, No. 74, 14/7/1917
26 Raskolnikov, VII.2
27 Globachev, 5/7/1917, BA-CU 4077547; Pipes, *Russian Revolution*, p.412
28 Service, *Lenin*, p.282–3

7. 코르닐로프: 1917년 7-9월

1 Aleksandr Vertinsky, '*Dorogoi dlinnoyu*' (The Long Road), p.27
2 Shklovsky, p.62
3 Buchanan, *My Mission*, Vol. 2, p.173
4 Figes, *People's Tragedy*, pp.448–9; Pipes, *Russian Revolution*, pp.444, 446–7 참조.
5 Sukhanov, p.495
6 ibid., p.497
7 Wildman, Vol 2, pp.134–6
8 알렉세예프 장군이 밀류코프에게 보낸 서신에서 인용, 12/9/1917, Borel Collection, BA-CU 4078202
9 RGAVMF R-21/1/25/37
10 Locker-Lampson to First Ld Admiralty, 5/12/17, CAC-CHAR 2/95/73–81
11 Dreier, BA-CU 4077478
12 Alekseev diary, Borel Collection, BA-CU 4078202
13 RGAVMF R-21/1/25–26/36
14 RGAVMF R-21/1/25/26
15 RGAVMF R-21/1/25–26/36
16 Tsentroflot to Kerensky, 29/8/1917, RGAVMF R-21/1/25–26/41
17 30/8/1917, RGAVMF R-21/1/25/59
18 RGAVMF R-21/1/25/15
19 RGAVMF R-21/1/25/23
20 RGVAMF R-21/1/25–26/36
21 RGVAMF R-21/1/25–26/49
22 Maksim Kulik, *Kubansky Sbornik*, No. 6, ASF-ARML
23 Abramov of Tsentroflot, RGAVMF R-21/1/25/40
24 RGAVMF R-21/1/24/10
25 31/8/1917, RGAVMF R-21/1/24
26 Chairman of Tsentroflot, Magnitsky, RGVAMF R-21/1/25–26
27 W. Bruce Lincoln, *Passage Through Armageddon*, p.423에서 인용
28 Borel Collection, BA-CU 4078202
29 Lieutenant Il'in, ASF-ARLM E-271/1/109, p.24
30 Dreier, BA-CU 4077478
31 RGAVMF R-21/1/23/7
32 LCW, Vol. 26, 25

8. 10월 혁명: 1917년 9-11월

1 John Reed, *Ten Days that Shook the*

World, p.59

2 THRR, p.749

3 I.I. Serebrennikov, HIA 51004

4 G.A. Rimsky-Korsakov, *Rossiya 1917 v ego-dokumentakh*, p.124

5 etc., LCW, Vol. 26, p.19

6 THRR, p.681

7 THRR, p.752

8 THRR, p.754

9 Dmitry Heiden papers, HIA 75009

10 Aleksei Oreshnikov, *Dnevnik*, 1/10/17

11 *Rabochii put'*, No. 33, 1917, Pipes, *Russian Revolution*, p.479에 인용됨.

12 THRR, pp.769–70

13 THRR, p.685

14 Buchanan, Vol. 2, p.201

15 NZ-UT, No. 156, 18/10/1917

16 Aleksei Oreshnikov, *Dnevnik*, 16/10/1917

17 Yelena Ivanovna, 20/10/1917, BA-CU 4077740

18 THRR, p.706

19 THRR, p.765

20 Steveni papers, KCLMA

21 Boyarchikov, p.42–3

22 Service, *Lenin*, pp.306–7

23 LCW, Vol. 26, p.236

24 Antonov-Ovseenko, Zapiski o grazhdanskoi voine, pp.19–20, Lincoln, Armageddon, p.452을 인용.

25 Knox, *With the Russian Army*, Vol. 2, p.714

26 Zenzinov, p.59

27 THRR, p.784

28 ibid.

29 S.A. Smith, p.150

30 NZ-UT, No. 174, 7/11/1917

9. 소년 십자군 - '융커'의 반란: 1917년 10-11월

1 Reed, p.105

2 ibid.

3 N.I. Podvoisky, God 1917, p.169, Wildman, Vol. 2, p.304에 인용됨.

4 Belov G.A. (et al. eds.), *Doneseniya komissarov Petrogradskogo Voenno-Revolyutsionnogo komiteta*, p.93

5 Belov G.A. (et al. eds.), p.154

6 Bessie Beatty, *Red Heart of Russia*, p.226, Pitcher, Witnesses, p.225에 인용됨.

7 Belov, p.154

8 Knox, Vol. 2, p.717

9 M. Philips Price, *My Reminiscences of the Russian Revolution*, p.154

10 Aleksei Oreshnikov, *Dnevnik*, 26/10/1917

11 Eduard E Dune, BA-CU 4077481

12 ibid.

13 Ivan Bunin. Collected Edition vol viii, *Okayannye dni* (*Cursed Days*). Memoirs. Articles and Speeches. 1918–1953. Moscow, 2000

14 Aleksei Oreshnikov, *Dnevnik*, 1/11/1917

15 Eduard E Dune, BA-CU 407748
16 Paustovsky, pp.504–5
17 GARF 127/1/3/28
18 Kuzmin, S. (ed.), *Baron Ungern v dokumentakh i materialakh*, p.270
19 RGASPI 71/33/2209/1
20 L.Tamarov, Nash Put, No. 10, 14 January 1934
21 *Protokoly zasedaniy Soveta narodnykh komissarov RSFSR, Noyabr 1917–Mart 1918*, p.56
22 Figes, *A People's Tragedy*, p.526
23 RGAVMF R-22/1/5/1
24 Belov G.A. (et al. eds.), pp.96–100
25 Pipes, *Russian Revolution*, p.505
26 M. A. Krol, *Pages of My Life*, pp.187–190
27 Serebrennikov, HIA 51004, p. 40
28 ibid., p.61
29 Krol, p.191
30 Serebrennikov, HIA 51004, p.46
31 Lakier, BA-CU 4077740
32 Federovsky, GAI R-1020/1/2/1–10
33 WiR, p.30
34 N. Dubakina, BA-CU 4077480
35 28/11/1917, GARF 127/1/1/34
36 Paustovsky, p.507
37 ibid., p.511

10. 갓 태어난 민주주의의 살해: 1917년 11-12월

1 Paustovsky, p.513
2 LCW, Vol. 26, pp.28–42
3 Council of People's Commissars Decree, 28 November, 1917
4 Nicolas Werth, 'Crimes and Mass Violence of the Russian Civil Wars, 1918–1921', Sciences Po, 2008
5 Bunyan & Fisher, *Bolshevik Revolution*, p.225
6 N.K. Nikolaev, 4/12/1917, BA-CU 4077869
7 A. Borman, 'In the Enemy Camp', GARF 5881/1/81/13
8 NZ-UT, xxii
9 Daniel Guerin, *Anarchism: From Theory to Practice*, pp.25–6에서 인용.
10 RGVA 1304/1/483/86-7; GARO 4071/2/10/21
11 Lakier 17/11/1917, BA-CU 4077740
12 Globachev, BA-CU 4077547, p.132
13 Lakier 11/12/1917, BA-CU 4077740
14 LCW, Vol. 26, p.374
15 LCW, Vol. 26, pp.404–15
16 GARF 5881/1/81/13
17 Aleksandr Eiduk, in Valerii Shambov, *Gosudarstvo i revolutsii*, p.17, Rayfield, *Stalin and his Hangmen*, p.76에 인용됨.
18 Mitrokhin (ed.), *Chekisms – A KGB Anthology*, xxiii
19 J. Scholmer, *Die Toten kehren zurück*, p.128
20 Hickey, Michael C., 'Smolensk's Jews in War, Revolution and Civil War', in Badcock, Sarah; Novikova, Liudmila

G.; Retish, Aaron B., *Russia's Home Front in War and Revolution, 1914–22*, Vol. 1, *Russia's Revolution in Regional Perspective*, pp.185–97 참조.

21 ibid.

22 인민위원회의 좌파 사회혁명당원에 관해서는 Lara Douds, '"The dictatorship of the democracy"? The Council of People's Commissars as Bolshevik-Left Socialist Revolutionary coalition government, December 1917–March 1918' 참조.

23 ibid.

24 TsAFSB 1/10/52/5–6, Rabinowitch, p.88

25 Figes, *A People's Tragedy*, p.558

26 Shklovsky, *Sentimental Journey*, p.74

27 ibid.

28 Shklovsky, p.80

29 ibid., p.87

30 ibid., 100–1

31 ibid., p.102

32 ibid., p.110

33 Gorky, NZh, 16 /3/1918

34 Shklovsky, p.104

35 던스터 부대에 관해서는 Lionel Dunsterville, *The Adventures of Dunsterforce; Teague-Jones, Reginald, The Spy who Disappeared – Diary of a Secret Mission to Russian Central Asia in 1918; Richard H. Ullman Anglo-Soviet Relations 1917–21. Vol. I. Intervention and the War*, William Leith-Ross papers, NAM 1983-12-71-333; TNA FO 371 8204/8205/9357 참조.

제2부 1918년

11. 거푸집 깨기: 1918년 1-2월

1 Zenzinov, p.97

2 Anon. ASF-ARML C-15/3/4

3 Zenzinov, p.99

4 Anon. ASF-ARML C-15/3/4

5 V.V. Nabokov, pp.186–7

6 사형제 재도입에 관해서는 Melgunov, *Red Terror in Russia*, 1918–1923, pp.36–8 참조.

7 G.K. Borel, Borel Collection, BA-CU 4078202

8 Paustovsky, p.515

9 Lt Gen M.A. Svechin, BA-CU 4078130, 17

10 Lakier, BA-CU 4077740

11 Bunin, p.38

12 Melgunov, pp.89–90

13 Nabokov, p.189

14 Peters, *Izvestiya* 29/8/1919, Melgunov, p.155

15 Paustovsky, p.615

16 M. K. Borel, Borel Collection, BA-CU 4078202; Globachev, BA-CU 4077547도 참조.

17 Goldman, *My Disillusionment*, p.39; Figes, *Tragedy*, p.605에 인용됨.

18 Lakier, BA-CU 4077740

19 Bunin, p.39
20 Globachev, BA-CU 4077547
21 Heiden, HIA 75009
22 Nazhivin, p.193
23 Mogilyansky, N.M., *Kiev* 1918, pp.36–7
24 ibid.
25 Anon, ASF-ARLM A-94
26 Mogilyansky, p.39
27 ibid.
28 Heiden, BA-CU 75009
29 Gubarev, BA-CU 4077582

12. 브레스트-리토프스크: 1917년 12월-1918년 3월

1 I.G. Fokke, 'Na stsene i sa kulisami brestsakoi tragikomedii', in *Arkhiv russkoi revoluiutsii*, I.V. Hessen (ed.), Vol. 20, 15–17, Wheeler-Bennett, *Brest-Litovsk*, pp.86–7
2 Wheeler-Bennett, p.113에서 인용.
3 ibid., p.114
4 RGASPI 17/1/405/1–13
5 Wheeler-Bennett, p.221
6 ibid., pp.185–6에서 인용.
7 Hoffmann, Vol. 1, pp.206–7
8 LCW, Vol. 24, pp.135–9
9 Steveni, KCLMA
10 Steinberg, 18/4/1918, HIA XX692
11 Goltz, p.48
12 ibid.
13 Mawdsley, *Baltic Fleet*, p.150
14 RGAVMF R-96/1/6/118
15 Melgunov, *Red Terror*, p.38
16 RGAVMF R-96/1/6/124
17 Memoir of Ambroży Kowalenko, KCF AW II/1993
18 Teffi, *Memories*, p.15에서 인용.
19 Borel Collection, BA-CU 4078202
20 Serge, *Conquered City*, p.30
21 ibid., p.32

13. 의용군의 얼음 행군: 1918년 1-3월

1 Lt Gen M.A. Svechin, BA-CU 4078130, p.2
2 Dune, BA-CU 4077481, p.77
3 Dune, BA-CU 4077481, p.86
4 Dune, BA-CU 4077481, p.92
5 ibid.
6 Melgunov, *Red Terror*, pp.88–9
7 Alekseev Papers, Borel collection, BA-CU 4078202
8 Mironov, RGVA, 192/6/1/2
9 Svechin, BA-CU 4078130
10 ibid.
11 Dune, BA-CU 4077481, 91
12 Svechin, BA-CU 4078130, 26
13 Alekseev Papers, Borel Collection, BA-CU 4078202
14 Kenez i, *Red Attack*, p.100
15 2/5/1918, Alekseev Papers, Borel Collection, BA-CU 4078202
16 Pavel Konstantinov, GARF 5881/1/106/1–14
17 Makhonin, Box 33, BA-CU 4077787
18 Lakier, BA-CU 4077740
19 Nazhivin, p.199

20 Alekseev Papers, Borel collection, BA-CU 4078202
21 Makhonin, BA-CU 4077787, p.26
22 Svechin, BA-CU 4078130, p.34

14. 독일군이 들어오다: 1918년 3-4월

1 Lakier, BA-CU 4077740
2 ibid.
3 Heiden, BA-CU 75009, p.19
4 Nabokov, p.190
5 Dreier, BA-CU 4077478, p.350
6 Teffi, *Memories*, p.124
7 Paustovsky, p.567
8 Mogilyansky, p.77
9 Heiden, HIA 75009
10 Heiden, HIA 75009
11 Svechin, BA-CU 40781309
12 ibid.
13 Mark R. Baker, 'War and Revolution in Ukraine', in Badcock (et al. eds), iii, 1, p.137에서 인용.
14 Mogilyansky, p.83
15 27/7/1918, M.V. Rodzyanko, HIA 27003, Box 1
16 ibid.
17 ibid.
18 Bruce Lockhart, TNA FO 371/3332/9748
19 Svechin, BA-CU 40781309, p.55
20 Dune, BA-CU 4077481, p.95
21 Mironov, RGVA 192/6/1/11
22 Mironov to SKVO (North Caucasus Military District) Tsaritsyn, RGVA 1304/1/489/108
23 GARF 5881/1/81/24
24 GARF 5881/1/81/14
25 Pipes, *Russian Revolution*, p.617에서 인용.
26 GARF 5881/1/81/14
27 GARF 5881/1/81/51
28 GARF 5881/1/81/16
29 GARF 5881/1/81/18
30 GARF 5881/1/81/25
31 GARF 5881/1/81/29

15. 변방의 적들: 1918년 봄과 여름

1 29/6/1918, RGASPI 67/1/96/29
2 Lund Collection KCLMA
3 19/7/1918, RGASPI 67/1/96/34
4 LCW xxii, 378
5 Karsten Brüggemann, 'National and Social Revolution in the Empire's West', Badcock (et al. eds.), iii, 1, p.150에서 인용.
6 Ernest Lloyd Harris, HIA XX072 Box 1
7 Pierre Janin Diary, 18/9/18, HIA YY239
8 Harris, HIA XX072 Box 1
9 Lt Col Blackwood to Maj Gen Poole, 14/2/1919, Poole, KCLMA
10 Pavel Konstantinov, GARF 5881/1/106/1
11 GARF 5881/1/106/3
12 ibid.
13 Nazhivin, 200

14 Teague-Jones report, 'The Russian Revolution in Transcaspia', TNA WO 106/61; Sinclair Papers, IWM, 67/329/1
15 Harris, HIA XX 072 – 9.23 Box 5
16 'The Royal Navy on the Caspian, 1918–1919', *Naval Review*, 8(1), p.89
17 William Leith-Ross, NAM 1983-12-71-333
18 'The Royal Navy on the Caspian', p.93
19 Teague-Jones, *The Spy who Disappeared*, p.99
20 'The Royal Navy on the Caspian', p.95
21 Teague-Jones, *The Spy who Disappeared*, p.101

16. 체코 군단과 좌파 사회혁명당의 반란: 1918년 5-7월

1 Harris, HIA XX072 Box 1
2 to Sec of State from Alfred R. Thomson, 16/8/19, HIA XX 072–9.23 Box 2
3 Lenkov, BA-CU 4077747
4 Yakov S.Dvorzhets, GARF 127/1/3/15
5 GARF 127/1/3/17
6 ibid.
7 Dvorzhets, GARF 127/1/3/21
8 Dvorzhets, GARF 127/1/3/28
9 Steveni, KCLMA
10 S. Lubodziecki, 'Polacy na Syberji w latach 1917–1920. Wspomnienia', *Sybirak*, 2/1934, 42
11 Serebrennikov, HIA 51004, 69
12 ibid.
13 to Sec of State, Harris, 29/7/1918, HIA XX072 Box 1
14 ibid.
15 Shultz, ASF-ARML R-145
16 Bruce Lockhart, 28/5/1918, TNA FO 371/3332/9748
17 RGVA 39458/1/9/11
18 Paustovsky, p.540
19 ibid.
20 Steinberg, HIA XX692
21 ibid.
22 Pipes, *Russian Revolution*, p.640
23 Paustovsky, p.538
24 Pipes, p.641에서 인용.
25 Steinberg, HIA XX692
26 ibid.
27 Mawdsley, *The Russian Civil War*, p.76에서 인용.
28 ibid.
29 Svechin, BA-CU 40781309, p.55
30 Buisson (ed.), p.204
31 Helen Rappaport, *Ekaterinburg*, p.36
32 Buisson (ed.), p.210
33 Ural exhibition, ASF-ARLM
34 Buisson (ed.), p.212
35 Figes, Tragedy, p.641

17. 적색 테러: 1918년 여름

1 Vasily Mitrokhin, [ed], *'Chekisms' – A KGB Anthology*, pp.65–9

2 9/9/1918, RGASPI 67/1/95/134

3 Globachev, BA-CU 4077547

4 Melgunov, *Red Terror*, pp.40–1

5 RGASPI 67/1/95/ 31

6 *Cheka Weekly* 20 October (No.5), Melgunov, p.21에 인용됨.

7 Grigory Aronson, *Na zare krasnogo terrora*, p.46

8 Cossack Department of VTsIK Danilov, GARF. 1235/83/8/43–52

9 TsA FSB RF S/d N-217. T.D S. pp.149–153

10 Mitrokhin (ed.), *Chekisms*, p.72

11 Rayfield, p.71; *Pravda* 25/12/1918

12 Borel Collection, BA-CU 4078202

18. 볼가강에서의 전투와 적군赤軍: 1918년 여름

1 GARF 127/1/8/1–2

2 라스콜니코프가 레이스네르에게 보내는 편지, Cathy Porter, *Larissa Reisner*, p.54에서 인용.

3 Bruce Lincoln, *Red Victory*, p.188에서 인용.

4 ibid., p.59

5 Zenzinov, *Iz zhizni revolyutsionera*, p.134

6 RACO, p.52

7 RGVA 39458/1/7/2

8 GARF 127/1/3/66

9 Prokofiev, *Dnevnik* 26/11/1918

10 WiR, p.72

11 Ural exhibition, ASF-ARLM

12 Boyarchikov, *Vospominaniya*, p.50

13 Olga Khoroshilova, 'Red Revolutionary Breeches', *Rodina*, No. 10, 2017

14 Oe-StA-KA FA AOK OpAbt Akten, Heimkehrergruppe 1918 K358 130078

15 Maj F. Reder Ritter von Schellmann, Oe-StA-KA NL F Reder, 763 (B,C) B763

16 Oe-StA-KA FA AOK OpAbt Akten, Heimkehrergruppe 1918 K358 130055

17 Oe-StA-KA, 10 7/7–862, Wurzer, Georg, *Die Kriegsgefangenen der Mittelmächte in Russland im Ersten Weltkrieg*, Vienna, 2005, p.465에서 인용.

18 Wurzer, p.111

19 Jansen, Marc, 'International Class Solidarity or Foreign Intervention? Internationalists and Latvian Rifles in the Russian Revolution and the Civil War', *International Review of Social History*, 31(1) (1986), p.79

20 I.Bernshtam, 'Storony v grazhdanskoi voine, 1917–1922 gg', in *Vestnik Russkogo Kristianskogo Dvizheniia*, 128 (1979), p.332.

21 Alexander Lukin, *The Bear Watches the Dragon*, p.60

22 GAKK R-53/1/3/41

23 Nikolai Karpenko, *Kitaiskii legion: uchastie kitaitsev v revoliutsionnykh sobytiiakh na territorii Ukrainy,*

1917–1921 gg. (*The Chinese Legion: Participation of the Chinese in the Revolutionary Events in the Territory of Ukraine, 1917–1921*), p.323

24 Shipitsyn, Fyodor, in *V Boyakh i Pokhodakh* (*In Battles and on the March*), 1959, p.504

25 ibid.

26 Karpenko, *Kitaiskii legion*, p.323

27 Aleksandr Larin, 'Red and White, Red Army from the Middle Kingdom', *Rodina*, 7 (2000)

28 telegram 10/8/1918, Ural exhibition, ASF-ARLM

29 Head of Political Department of Commander of North-Eastern Sector 13/8/1918, RGAVMF R-96/1/6/92–9

30 RGAVMF R-96/1/6/97

31 Reisner, *Letters from the Front*, Moscow, 1918, Serge, *Year One*, p.334에 인용됨.

32 Serge, *Year One*, p.335

33 Andrei Svertsev, 'Tragedy of a Russian Bonaparte', 16/4/2013, *Russkiy Mir*

34 RGAVMF R-96/1/6/70

35 Col. Jan Skorobohaty-Jakubowski, 'Jak legjoniści sybiracy zamierzali porwać Trockiego?', *Sybirak*, 2(10) (1936), pp.56–60

36 RGVA 39458/1/8/1; *Izvestiya*, No. 41, 22/2/1919도 참조.

37 Shultz, ASF-ARML R-145

38 ibid.

39 RGVA 39458/1/8/2

19. 볼가강에서 시베리아까지: 1918년 가을

1 To People's Military Commissar Sklyansky, RGAVMF R-96/1/13/234

2 RGAVMF R-96/1/13/285

3 28/9/1918, RGVA 39458/1/5/36

4 GARF 127/1/3/77

5 GARF 127/1/3/78

6 Serebrennikov, HIA 51004,125

7 Serebrennikov, HIA 51004,130

8 Serebrennikov, HIA 51004,113

9 Serebrennikov, HIA 51004,117

10 RGVA 39458/1/5/33

11 ibid.

12 Ural exhibition, ASF-ARLM

13 S.A. Zaborsky, 19/8/1927, OR RGB 320/18/1/27

14 OR RGB 320/18/1/26

15 ibid.

16 Zenzinov, *Iz zhizni revolyutsionera*, p.143

17 Serebrennikov, HIA 51004, p.154

18 ibid.

19 Fedulenko, HIA 2001C59

20 Serebrennikov, p.162

21 Telegram from Komuch ministers 18/11/1918, GARF 193/1/1/18

22 Zenzinov, p.154

23 Lyon papers, US Red Cross, HIA 74096

24 HIA XX546
25 GARF 193/1/6/19
26 Kolchak, 24/11/1918, GARF 195/1/18/1
27 GARF 193/1/3/19
28 telegram Morris to Harris, 23/12/1918, Harris, HIA XX072–9.23 Box 5
29 Steveni, KCLMA
30 Serebrennikov, HIA 51004, p.173
31 Yuexin Rachel Lin, 'White Water, Red Tide: Sino-Russian Confl ict on the Amur, 1917–20'
32 Fedulenko, HIA 2001C59
33 13/12/1918, RGVA 39458/1/5/38
34 S. Lubodziecki, 'Polacy na Syberji w latach 1917–1920. Wspomnienia II', *Sybirak*, 3–4 (1934), pp.5–18
35 Situation report by Józef Targowski, High Commissioner of the Republic of Poland in Siberia, PIA 701-002-024-337
36 Janin Diary, HIA YY239
37 Serebrennikov, p.183
38 Janin diary, 26–31/12/1918, HIA YY239
39 Fyodor Shipitsyn, 'V Odnom Stroyu', pp.498–513
40 Military commissar of the 5th Brigade Zonov, RGASPI 67/1/99/44
41 Fyodor Shipitsyn, 'V Odnom Stroyu', p.513

20. 동맹군의 철수: 1918년 가을-겨울

1 7/11/1918, TNA FO 371/3337/9829
2 Kulik, *Kubansky Sbornik*, 6 (22/9/2015), ASF-ARML
3 N. Dubakina, BA-CU 4077480
4 Kulik, *Kubansky Sbornik*, 6 (22/9/2015)
5 Svechin, BA-CU 4078130/63
6 Lakier, BA-CU 4077740
7 Globachev, BA-CU 4077547/149
8 ibid., p.150
9 ibid.
10 Dune, BA-CU 4077481/101
11 ibid., p.103
12 ibid., p.107
13 Erast Chevdar, BA-CU 4077432
14 ibid.
15 Makarov, Pavel, *Adjutant generala Mai-Maevskogo* (*Aide-de-Camp of General Mai-Maevsky*), p.28
16 Paustovsky, p.640
17 DASBU 6/68112/FP
18 S.I. Mamontov, BA-CU 4077797
19 ibid.
20 Teague-Jones, p.104
21 ibid., p.120
22 ibid., p.121
23 티그-존스와 정치위원의 처형에 관해서는 Taline Ter Minassian, *Reginald Teague-Jones: Au service secret de l'empire britannique*; Teague-Jones, pp.204–216; Richard H. Ullman *Anglo-Soviet Relations 1917–21*, Vol 1., *Intervention and the War* Princeton,

p.324; TNA FO 371 8204/8205/9357 참조.

24 *The Naval Review*, 8, p.219

25 Teague-Jones, p.195

26 ibid., p.200

21. 발트해 연안과 러시아 북부: 1918년 가을-겨울

1 Brüggemann, 'National and Social Revolution in the Empire's West', in Badcock (et al. eds), p.155

2 Raskolnikov, *Rasskazy Michmana Ilina* (*Stories by Midshipman Ilin*), p.14

3 ibid.

4 Raskolnikov, Ilin, p.18

5 ibid.

6 Shklovsky, p.195

7 CIGS to Cabinet, 23/7/1919, CAC-CHAR 16/19/38

8 RGAVMF R-96/1/13/195

9 Captain William Serby Diary, KCLMA

10 Sir Robert Hamilton Bruce Lockhart, 1/11/1918, TNA FO 371/3332/9748

11 TNA FO 371/3337/9829

12 ibid.

13 CAC-CHAR 16/11/4

14 CAC-CHAR 2/106/178–9

제3부 1919년

22. 치명적인 절충: 1919년 1-3월

1 George Leggett, *The Cheka: Lenin's Political Police*, p.252에서 인용.

2 Vladimir Alexandrov, *To Break Russia's Chains*, p.535

3 WSC to DLG, CAC-CHAR 16/20/7

4 WSC in Paris to DLG, ibid.

5 DLG to WSC, CAC-CHAR 16/20/19–20

6 Macmillan, *Peacemakers*, p.75에서 인용.

7 27/2/1919, WSC to DLG, CAC-CHAR 16/21/34–5

8 Sannikov, BA-CU 4078022

9 Teffi, *Memories*, p.161

10 Nazhivin, Ivan, *Zapiski o revolyutsii, 1917–1921*, pp.216–17

11 ibid., p.223

12 CAC-CHAR 16/5/7

13 CAC-CHAR 16/5/5

14 Commander M.L. Goldsmith, KCLMA

15 ibid.

16 Webb-Bowen, KCLMA

17 ibid.

18 Nabokov, p.194

19 Goldsmith, KCLMA

20 Sergei Mamontov, BA-CU 4077797

21 ibid.

22 CAC-CHAR 16/19/12

23 RGVA 33987/1/142/149

24 RGVA 192/6/1/13

25 RGASPI 17/4/7/5

26 RGVA 33987/1/ 174/5

27 RGVA 100/3/100/17–18

28 Goldsmith, KCLMA

29 V. Tikhomirov, Istoricheskaya Pravda, http://www.istpravda.ru/research/5598/; Nicolas Werth, 'Crimes and Mass Violence of the Russian Civil Wars, 1918–1921', Sciences Po; and Melgunov, *Red Terror*, pp.58–60도 참조.
30 Melgunov, pp.58–60
31 17/12/1917, RGASPI 67/1/78/114
32 15/2/1919, RGASPI 67/1/100/25
33 RGASPI 67/1/50/247
34 Voskov to Comrade Stasova, 1/2/1919, RGASPI 67/1/99/80
35 19/2/1919, RGASPI 67/1/99/81
36 DLG to WSC, 6/5/1919, CAC-CHAR 16/7

23. 시베리아: 1919년 1-5월

1 Harris, HIA XX072 Box 1
2 McCullagh, *Prisoner of the Reds*, p.108
3 Captain William S. Barrett, HIA YY029
4 ibid.
5 US Army AEF, HIA XX546–9.13
6 7/6/1919, US Army AEF, HIA XX546–9.13
7 1919년 1월 23일의 전화 통화 내용을 기록한 녹취록, Vologodsky to Yakovlev, GARF 193/1/6/45
8 GARF 193/1/6/43
9 US Army AEF, HIA XX546–9.13
10 ibid.
11 Captain William S. Barrett, HIA YY029
12 Viktor Pepelyayev diary, GARF 195/1/27/25
13 Kuras, L.V., 'Ataman Semenov and the National Military Formations of Buriat', in *The Journal of Slavic Military Studies*, x, December 1997, No.4, 83, AFSB-RB d.85273, l.185
14 Intelligence section AEF, Siberia 2/6/1919 US Army AEF, HIA XX546–9.13
15 Cheremnykh, HIA 92068, 6
16 Werth, 'Crimes and Mass Violence of the Russian Civil Wars, 1918-1921', Sciences Po 참조.
17 RGASPI 70/3/669
18 Cheremnykh, HIA 92068, 7–8
19 Harris, HIA XX072 Box 1
20 21/2/1919, RGVA 39458/1/5/42
21 14/5/1919, RGVA 5182/1/10/22
22 letter of 10/2/1919, RGASPI 67/1/96/186
23 April 1919, RGVA 39458/1/6
24 RGVA 5182/1/11/4
25 RGVA 5182/1/11/5
26 10/3/1919, RGVA 5182/1/11/108
27 Kolchak correspondence 1919, HIA YY268
28 ibid.
29 Curzon to WSC, 2/5/1919, CAC-CHAR

24. 돈과 우크라이나: 1919년 4-6월

1 Kennedy Diary, 2/2, KCLMA

2 Makarov, 127
3 Nazhivin, Ivan, *Zapiski o revolyutsii*, 1917–1921
4 Chevdar, BA-CU 4077432, 13
5 V.I. Lekhno, BA-CU, 4077745
6 ibid.
7 Lekhno, BA-CU, 4077745
8 ibid.
9 Melgunov, *Red Terror*, pp.121–3
10 GARF 4919/1/3/25
11 TsA FSB RF S/d N-217. T.8. S. 127
12 TsA FSB RF S/d N-217. T.8. S. 127
13 RGASPI 17/6/83/1–10
14 TsA FSB RF S/d N-217 T.D S. 135
15 RGVA, 24380/7/168/213
16 S.I. Syrtsov, 12th Army commissar, RGASPI 2/1/23678/1–4
17 Dune, BA-CU 4077481/113
18 TsA FSB RF S/d N-217, T.4, S. 80–4
19 Dune, BA-CU 4077481/113
20 Boyarchikov, p.52
21 GARF 4919/1/3/49
22 TsA FSB RF S/d N-217, T.4, S. 80–4
23 Heiden, HIA 75009, 6–9
24 ibid.
25 ibid.
26 Goldsmith, KCLMA
27 Makarov, Pavel, *Aide de Camp*, p.129
28 ibid.
29 Peter Kenez, *Red Advance, White Defeat*, p.39
30 모스크바 작전 명령에 대한 적군赤軍 최고사령부의 평가는 RACO, p.196–8 참조.
31 *Naval Review*, 8, p.220
32 ibid.
33 RACO, p.115
34 CAC-CHAR 16/12/41–2

25. 무르만스크와 아르한겔스크: 1919년 봄과 여름

1 RGASPI 67/1/99/27
2 WSC to DLG, 6/4/1919, CAC-CHAR 16/6
3 CAC-CHAR 16/5/32
4 Wilson to WSC, 2/5/1919, CAC-CHAR 16/10/4
5 Harris, HIA XX072 Box 1
6 Lund, KCLMA
7 CIGS, British Government, *The Evacuation of North Russia 1919*, Blue Book, HMSO, 1920, 24/2/1919, CAC-CHAR 16/19/24
8 Lund, KCLMA
9 Wilson to Ironside, 16/6/1919, CAC-CHAR 16/8
10 Lund, KCLMA
11 *The Evacuation of North Russia 1919*
12 Lund, KCLMA
13 Lund, KCLMA
14 CAC-CHAR 16/11/87–8
15 *The Evacuation of North Russia 1919*

26. 시베리아: 1919년 6-9월

1 RACO, 165
2 RACO, 164

3 Viktor Pepelyayev diaries, GARF 195/1/27/25
4 Janin diary, 12/7/1919, HIA YY239
5 Viktor Pepelyayev diaries, GARF 195/1/27/25
6 Shipitsyn, Fyodor, 'V Odnom Stroyu', in *V Boyakh I Pokhodakh*, p.504
7 Janin diary, HIA YY239
8 Viktor Pepelyayev diaries, GARF 195/1/27/25
9 US Army AEF, 1/7/1919, HIA XX546–9.13 인용.
10 US Army AEF, HIA XX546–9.13
11 Col. Jan Skorobohaty-Jakubowski, 'Kapitulacja V-ej Syberyjskiej dywizji w świetle prawdy historycznej', *Sybirak*, 1(13) (1937), 3–8
12 Janin diary, HIA YY239
13 ibid.
14 CAC-CHAR 16/19/40
15 RACO, 169
16 Ural exhibition, 22/8/1919, ASF-ARLM
17 RGVA 39458/1/2/2
18 US Army AEF, HIA XX546–9.13
19 US Army AEF, 27/5/1919, HIA XX546–9.13
20 GARF 193/1/11/8
21 US Army AEF, HIA XX546–9.13
22 WSC to DLG, 21/5/1919, CAC-CHAR 16/7
23 A. Astafiev, *Zapiski izgoya* (*Notes of an Exile*), Omsk, 1998, p.61
24 Kappel Papers, 9/6/1919, RGVA 39548/1/1/9
25 Captain William S. Barrett, 4/9/1919, HIA YY029
26 27/5/1919, RGVA 39458/1/2/1
27 16/5/1919, RGVA 39458/1/9/11
28 US Army AEF, HIA XX546–9.13
29 Astafiev, p.61
30 Captain William S. Barrett, 4/8/1919, HIA YY029
31 'Civil war in Central Asia', Hitoon, HIA ZZ070
32 ibid.
33 RACO, p.175
34 RACO, 174–7
35 WSC to Knox, 5/10/1919, CAC-CHAR 16/18A–B/153
36 V.V. Fedulenko, HIA 2001C59
37 Viktor Pepelyayev Diary GARF 195/1/27/25
38 29/7/1919, HIA YY239
39 US Army AEF, HIA XX546–9.13
40 ibid.
41 ibid.
42 ibid.
43 Lyon papers, US Red Cross, HIA 74096
44 ibid.

27. 발트해의 여름: 1919년 5-8월

1 Karsten Brüggemann, in Badcock (et al. eds), iii, 1, p.161
2 Rayfield, p.70

3 Shklovsky, p.186
4 Polozov, RGAVMF R-34/2/53/80
5 RGAVMF R-34/2/53/82
6 Viktor Pepelyayev diaries, GARF 195/1/27/25
7 Wilson to WSC, 2/5/1919, CAC-CHAR 16/7
8 Lincoln, *Red Victory*, p.293
9 Wilson to WSC, 14/6/1919, CAC-CHAR 16/8
10 DLG to WSC, 6/5/1919, CAC-CHAR 16/7
11 CIGS to WSC, 23/7/1919, ibid.
12 DLG to Cabinet 30/8/1919, re WSC's memorandum on North-western Russian position 24/8/1919, CAC-CHAR 16/10/133
13 Ferguson, *Operation Kronstadt*, 229–56이 가장 탁월한 설명을 제공한다.
14 ibid., 239–40

28. 모스크바로의 진군: 1919년 7-10월

1 RGVIA 7789/2/30
2 Documents of the Don Bureau, RGASPI 554/1/3/86
3 signed Blokhin and Ikonnikov, 17/8/1919, RGASPI 554/1/3/41, and GARO R-97/1/123/482-483
4 ibid.
5 Heiden, BA-CU 75009
6 Lakier, 22/7/1919, BA-CU 4077740
7 ibid.
8 ROCA, p.211
9 A.A. Maksimova-Kulaev, HIA YY323
10 Landis, Eric-C, 'A Civil War Episode – General Mamontov in Tambov, August 1919', in Carl Beck Papers, Russian and East European Studies
11 RACO, p.208
12 GARF 4919/1/3/61
13 Maksimova-Kulaev, HIA YY323
14 17/9/1919, CAC-CHAR 16/11/113
15 Carton de Wiart, p.118
16 Lt Gen Tom Bridges to WSC, 30/9/1919 CAC-CHAR 16/12/34
17 WSC to Curzon 10/9/1919, CAC-CHAR 16/11/80
18 10/9/1919, CAC-CHAR 16/11/81
19 Makarov, p.39
20 General Reberg's commission, Melgunov, pp.125–6에서 인용.
21 CAC-CHAR 16/19/30
22 Makarov, p.43
23 CAC-CHAR 16/18A-B/103
24 22/9/1919, CAC-CHAR 16/18A-B/116
25 Zakharov, Melgunov, p.28에서 인용.
26 ROCA, p.216
27 M.Alp, ASF-ARLM E-100, 1/1/7 (A-63), p.9
28 ibid.
29 ibid.
30 Chevdar, BA-CU 4077432
31 Kennedy diary, 6/9/1919, KCLMA

32 Kennedy diary, 7/9/1919, KCLMA
33 Kennedy diary, 21/9/1919, KCLMA
34 ibid.
35 ibid.
36 ibid.
37 ibid.
38 Kennedy Diary, 10/10/1919, KCLMA
39 WSC to Curzon, 5/10/1919, CAC-CHAR 16/12/34
40 Kennedy Diary, 14/10/1919, KCLMA
41 *Volya* 16/10/1919; and Swedish press, Voenny viestik, US Army AEF, 18/10/1919, HIA XX546–9.13 Box 2
42 Makarov, p.162

13 17/10/1919, CAC-CHAR 16/18A-B/293
14 WSC to Curzon, 21/10/1919, CAC-CHAR 16/12/202
15 CAC-CHAR 16/18A–B/258
16 GARF 6385/2/3/77
17 GARF 6381/2/1/14/14
18 GARF 6385/2/3/66
19 GARF 6385/2/3/68
20 GARF 6381/2/1/14/8
21 ibid.
22 Yudenich, HIA XX048 Box 4
23 Karsten Brüggemann, Badcock (et al. eds.), iii, 1, 143–74

29. 발트해에서의 기습: 1919년 가을

1 1/9/1919, CAC-CHAR 16/11/15
2 Col Tallents to WSC, CAC-CHAR 16/14/68
3 Shklovsky, p.187
4 Makhonin, BA-CU 4077787/23
5 Makhonin, BA-CU 4077787/20
6 GARF 6385/2/3/17
7 GARF 6381/2/1/14/3–4
8 'Situation of the North-Western Army by the Start of the Autumn Advance on Petrograd', Grimm, HIA 77002, Box 3
9 2/10/1919, CAC-CHAR 16/18A–B/145
10 Shklovsky, p.187
11 Service, *Lenin*, p.395에서 인용.
12 Mawdsley, p.276에서 인용.

30. 시베리아에서의 철수: 1919년 9-12월

1 WSC to CAS, 17/9/1919, CACCHAR 16/18A–B/74–5
2 Harris, HIA XX072 Box 1
3 *Volya*, US Army AEF, 18/10/1919, HIA XX546–9.13
4 *Golos Rodini*, US Army AEF, 20/11/1919, HIA XX546–9.13
5 *Dalnevostochnoe Obozrenie*, US Army AEF, 19/10/1919, HIA XX546–9.13
6 Captain William S. Barrett, HIA YY029
7 National archives of Kazakhstan, Arkhiv.kvo.kz
8 Steveni Papers, KCLMA
9 Fedulenko, HIA 2001C59, p.27
10 ibid.

11 B. Pavlu and Dr Girsa, 13/11/1919, Harris, HIA XX072 Box 1; and Janin Diary, HIA YY239
12 ibid.
13 Pipes, *Russia under the Bolshevik Regime*, p.114
14 *Dalnevostochnoe Obozrenie*, 8/11/1919
15 Steveni, KCLMA
16 Janin Diary, HIA YY239
17 Fedulenko, HIA 2001C59
18 Kappel Papers, RGVA, 39458/1/8/4
19 RACO, p.177
20 RGVA 39458/1/8/4
21 RGVA 39458/1/8/5
22 RACO, p.177–8
23 Horrocks, *Full Life*, p.39
24 Fedulenko, HIA 2001C59
25 블라디보스토크에서 일어난 반란에 관해서는 J.R. Ullman, *Anglo-Soviet Relations, 1917–1921*, Vol. 2, 242–51 참조.
26 Capt William S. Barrett, HIA YY029
27 US Army AEF, HIA XX546–9.13
28 Janin Diary, HIA YY239
29 Col. Jan Skorobohaty-Jakubowski, 'Kapitulacja V-ej Syberyjskiej dywizji w świetle prawdy historycznej', *Sybirak*, 1(13) (1937), pp.3–8
30 A. Zab., 'Orenburg – złe miasto', *Sybirak*, 1(5) (1935), pp.47–52
31 Situation report by Józef Targowski, High Commissioner
32 5/10/1919, PIA 701-002-005-416
33 Col. Jan Skorobohaty-Jakubowski, 'Kapitulacja V-ej Syberyjskiej dywizji w świetle prawdy historycznej', *Sybirak*, 1 (13)/1937, pp.3–8
34 RGVA 39458/1/8/5
35 US Army AEF, HIA XX546–9.13 Box 2
36 Janin Diary, HIA YY 239
37 Horrocks, *A Full Life*, p.37
38 Vice Consul Trygve R. Hansen, Harris, HIA XX072 Box 2
39 Col. Jan Skorobohaty-Jakubowski, 'Cieniom towarzyszy broni pod Tajgą', *Sybirak*, 4(8) (1935), pp.53–5
40 Horrocks, p.52
41 Harris, HIA, XX072, Box 1
42 GARF 195/1/27/12
43 23/12/1919, GARF 195/1/27/25
44 *Dalny Vostok*, 4/12/1919, Harris, HIA XX072 Box 2
45 Lt JRJ Mesheraups, ibid.

31. 전환점: 1919년 9-11월

1 RACO, p.212
2 RGVA 6/10/131/12
3 Bulatkin to Budyonny, 21/8/1919, TsA FSB RF S/d N-217, T. 8, S. 158
4 RGVA 24406/3/1/28
5 Kamenev to Goldberg, 23/8/1919, RGVA 6/10/131/14–15
6 RGVA 24406/3/1/28
7 RGVA 33987/3/25/1–2
8 TsA FSB RF S/d N-217. T.8. S.99

9 RGVA 246/6/1/1
10 RGVA 192/6/5/130–1
11 7/9/1919, TsA FSB RF 1/4/478/3
12 RACO, p.212
13 12/9/1919, RGVA 33987/2/3/69
14 ROCA, p.212
15 RGVA 245/3/99/64
16 Kuznetsov, TsA FSB RF S/d N-217. T. 8. S. 262
17 7/10/1919, RGVA 246/6/1/38
18 RGVA 33988/2/44/277
19 RGVA 33987/3/52/469
20 RACO, p.216
21 8/7/1919, CAC-CHAR 19/19/40
22 Globachev, BA-CU 4077547/159 ff.
23 ibid.
24 M.V. Rodzyanko, HIA 27003, Box 1
25 ibid.
26 ibid.
27 ibid.
28 ibid.
29 ibid.
30 RACO, p.218
31 ibid., p.229
32 ibid., p.231
33 툴라에 관해서는 Figes, *A People's Tragedy*, pp.666–8 참조.
34 ROCA, p.210
35 RACO, pp.220–3
36 RACO, p.216
37 Makarov, *Aide-de-Camp*, p.156
38 Gubarev, BA-CU 4077582
39 19/11/1919, CAC-CHAR 16/18A–B/211
40 Erast Chevdar, BA-CU 4077432/33
41 ibid.
42 Makhonin papers, BA-CU 4077787/41–2
43 Boyarchikov, *Vospominaniya*, p.53
44 Rakovsky, *V stane belykh*, http://www.dk1868.ru/history/rakovskiy_plan.htm
45 ibid.
46 Kennedy Diaries, KCLMA
47 Kennedy Diary 29/12/1919, KCLMA
48 Shulgin, p.147
49 Ian Kershaw, *To Hell and Back, Europe 1914–1949*, p.106
50 Elissa Bemporod, *Becoming Soviet Jews*, p.30 참조.
51 Figes, *A People's Tragedy*, p.679
52 Paustovsky, p.623
53 18/9/1919, CAC-CHAR 16/18A–B/83
54 CAC-CHAR 9/10/1919, 16/18A–B/175
55 CAC-CHAR 16/18A–B/210
56 Williams to Leeper and WSC, CAC-CHAR 16/12/126

32. 남부에서의 퇴각: 1919년 11-12월

1 Kennedy Diary, KCLMA
2 ibid.
3 Chevdar, BA-CU 4077432
4 Makarov, 68–74
5 Rakovsky, http://www.dk1868.ru/

history/rakovskiy_plan.htm
6 ibid.
7 ibid.
8 ibid.
9 Kennedy Diary, KCLMA
10 G.H. Lever, KCLMA
11 Chevdar, BA-CU 4077432/35
12 ibid.
13 11/12/1919, CAC-CHAR 16/18A-B/179
14 5/12/1919, CAC-CHAR 16/14/23
15 29/11/1919, CAC-CHAR 16/13/130
16 ibid.
17 Carton de Wiart, 13/12/1919, CAC-CHAR 16/14/66
18 15/12/1919, CAC-CHAR 16/19/88
19 RACO, p.233
20 27/1/1920, GARF 6396/1/7/7
21 RACO, p.235
22 ibid.
23 Kennedy Diary, 26/12/1919, KCLMA
24 Gubarev, BA-CU 4077582
25 ibid.
26 Moiseev, BA-CU 4077851/12
27 Rakovsky, http://www.dk1868.ru/history/rakovskiy_plan.htm
28 Kennedy Diary, 29/12/1919, KCLMA
29 Lever, 28/12/1919, IV/1, 114 KCLMA
30 Kennedy Diary,30/12/1919, KCLMA
31 Chevdar, BA-CU 4077432/35
32 ibid.
33 WSC to CIGS, 31/12/1919, CAC-CHAR 16/19/110
34 Vertinsky, *Dorogoi dlinnoyu*, p.147
35 ibid.
36 Lincoln, *Red Victory*, p.436
37 Shulgin, p.168

제4부 1920년

33. 시베리아 얼음 대행군: 1919년 12월-1920년 2월

1 Harris, HIA XX 072–9.23 Box 5
2 ibid.
3 Piotr Paweł Tyszka, 'Z tragicznych przeżyć w V-ej Syberyjskiej Dywizji i w niewoli (1918–1921)', *Sybirak*, 4(12) (1936), p.21
4 RACO, pp.177–8
5 ibid.
6 RACO, p.178
7 Harris, HIA XX072 Box 2
8 GARF 195/1/27/28
9 Lt Comte Kapnist, HIA YY252
10 Col. Jan Skorobohaty-Jakubowski, 'Kapitulacja V-ej Syberyjskiej dywizji w świetle prawdy historycznej', *Sybirak*, 1(13) (1937), pp.3–8
11 GARF 195/1/27/28
12 Skorobohaty-Jakubowski, pp.3–8
13 GARF 195/1/27/28
14 Piotr Paweł Tyszka, *Sybirak*, 4(12) (1936), p.21
15 McCullagh, p.22
16 McCullagh, p.31

17 *Dalnevostochnoe Obozrenie*, 24/2/1920
18 Tyszka, *Sybirak*, 4(12) (1936), p.22
19 *Voennyi vestnik*, 5/1/1920; US Army AEF, HIA XX546–9.13 Box 2
20 McCullagh, p.21
21 Capt William S. Barrett, HIA YY029
22 GARF 195/1/27/25; *Golos Rodini*, 2/1/1919, US Army AEF HIA XX546–9.13 Box 2
23 US Army AEF, HIA XX546–9.13 Box 2
24 *Dalny Vostok*, 5/1/1920
25 Barrett, HIA YY029
26 Reports of 21 and 22/2/1920, Harris, HIA XX072 Box 1
27 Andrei Svertsev, 'Tragedy of a Russian Bonaparte', 16/4/2013, *Russkiy Mir*
28 US Army AEF, HIA XX546–9.13 Box 2
29 Steveni, KCLMA

34. 오데사 함락: 1920년 1월

1 Lakier, BA-CU 4077740
2 Vera Muromtseva-Bunina, letter, 4/12/1918, in Bunin, Cursed Days, p.10
3 Valentin Kataev, Thomas Gaiton Marullo, *Cursed Days*, p.11에서 인용.
4 Paustovsky, p.657
5 Webb-Bowen diary, 26/1/1920, KCLMA
6 Kenez, *Red Advance, White Defeat*, p.237 참조.
7 Globachev, BA-CU 4077547/170
8 Shulgin, p.169
9 Shulgin, p.170
10 Paustovsky, p.659
11 Shulgin, p.170
12 Paustovsky, p.660
13 Globachev, BA-CU 4077547/173
14 Shulgin, p.172
15 Paustovsky, pp.659–60
16 Paustovsky, p.661
17 ibid.

35. 백군 기병대의 마지막 함성: 1920년 1-3월

1 Kennedy Diary, 1/1/20, KCLMA
2 Kennedy Diary, 2/1/20, KCLMA
3 Kennedy Diary, 14/2/20, KCLMA
4 Captain G.H. Lever RE, KCLMA IV/1, p.129
5 Chevdar, BA-CU 4077432/16
6 RACO, p.238
7 ibid.
8 RACO, pp.238–9
9 RACO, p.242
10 RACO, p.243
11 RACO, p.244
12 Rakovsky, http://www.dk1868.ru/history/rakovskiy_plan.htm
13 26/2/1920, Cherkassky, HIA 75105
14 RACO, p.245
15 Rakovsky, http://www.dk1868.ru/history/rakovskiy_plan.htm
16 ibid.

17 ibid.
18 Chevdar, BA-CU 407743/48
19 Babel, *Red Cavalry*, p.133
20 Rakovsky, G.N., http://www.dk1868.ru/history/rakovskiy_plan.htm
21 Chevdar, BA-CU 4077432/48
22 Rakovsky, http://www.dk1868.ru/history/rakovskiy_plan.htm
23 Glasse, 19/3/1920, BA-CU 4077552
24 ibid.
25 ibid.
26 ibid.
27 ibid.
28 Lever, 16/1/1920, Lever IV/1, 154, KCLMA
29 Lever IV/1, 162, KCLMA
30 Shvetzoff, HIA 72039–10
31 Lever IV/1, 156, KCLMA
32 Lt Col F. Hamilton-Lister, KCLMA
33 Kennedy, 14/2/20, KCLMA
34 Lever IV/1, 178, KCLMA
35 Kennedy, 17/2/1920, KCLMA
36 ibid.
37 Lever IV/1, 160, KCLMA
38 A.P. Kapustiansky, HIA 2010C21
39 Kennedy Diary, 1/4/1920, KCLMA
40 Chevdar, BA-CU 4077432/54
41 Moiseev BA-CU, 4077851/15
42 Lever, 191–3, KCLMA
43 RACO, p.248
44 Moiseev, BA-CU 4077851/16
45 Moiseev, BA-CU 4077851

36. 총사령관 브란겔과 키예프를 점령한 폴란드: 1920년 봄과 여름

1 RACO, p.249
2 RGAVMF R-1/2/25/99–100
3 Raskolnikov, Ilyin, https://www.marxists.org/history/ussr/government/red-army/1918/raskolnikov/ilyin/ch05.htm
4 ibid.
5 ibid.
6 Kennedy Diary, 2/4/1920, KCLMA
7 Lever IV/1, 229, KCLMA
8 Kennedy Diary, 18/9/20, KCLMA
9 Shulgin, p.187
10 Makarov, p.183
11 ibid.
12 Globachev, BA-CU 4077547
13 RGASPI 554/1/8/26
14 Kennedy Diary 19/4/1920, KCLMA
15 Kennedy Diary, 25/4/20, KCLMA
16 ibid.
17 Norman Davies, *White Eagle, Red Star*, p.22
18 Adam Zamoyski, *Warsaw 1920*, p.11
19 ibid., pp.32–3
20 Davies, p.95에서 인용.
21 Halik Kochanski, *The Eagle Unbowed*, p.16
22 Zamoyski, p.23
23 S. Lubodziecki, 'Polacy na Syberji w latach 1917–1920. Wspomnienia III', *Sybirak*, 1(5) (1935), p.44

24 Lt. Col. Włodzimierz Scholtze-Srokowski, 'Geneza Wojska Polskiego na Syberji', *Sybirak*, 1(9) (1936), pp.6–13

25 'Losy byłej 5 Dywizji WP po poddaniu się pod Krasnojarskiem 2 stycznia 1920 r.' – in Teofi l Lachowicz (ed.), *Echa z nieludzkiej ziemi*, Warsaw, 2011, pp.15–19

26 시베리아에서 투항한 제5사단의 운명에 관해서는 Lt. Col. Włodzimierz Scholtze-Srokowski, 'Geneza Wojska Polskiego na Syberji', *Sybirak*, 1(9) (1936), pp.6–13; Piotr Paweł Tyszka, 'Z tragicznych przeżyć w V-ej Syberyjskiej Dywizji i w niewoli (1918–1921)', *Sybirak*, 4(12) (1936), pp.15–31 참조.

27 RACO, p.269

28 Nikolai Karpenko, *Kitaiskii legion: uchastie kitaitsev v revoliutsionnykh sobytiiakh na territorii Ukrainy, 1917–1921*, p.143에서 인용.

29 RACO, p.273

30 RGASPI 554/1/8/17

31 RACO, p.274

32 Davies, pp.108–110

33 Carton de Wiart, p.96

34 Petr B. Struve, HIA 79083, p.17

37. 서쪽의 폴란드, 남쪽의 브란겔: 1920년 6-9월

1 Capt Istomin ASF-ARML E-127

2 RACO, p.397

3 RACO, p.275

4 Boyarchikov, p.56

5 TsA FSB RF S/d N-217. T.2. S.27

6 RACO, p.401

7 RACO, p.402

8 RACO, p.289

9 Zamoyski, pp.40–2

10 RACO, p.287

11 J. Fudakowski, quoted Zamoyski, 46

12 9/6/1920, Broniewski, Władysław, *Pamiętnik*, p.260

13 Mieczysław Lepecki, *W blaskach wojny. Wspomnienia z wojny polsko-bolszewickiej*, p.143–4

14 Broniewski, p.264

15 Lepicki, p.145

16 Moiseev, BA-CU 4077851/36

17 Isaac Babel, *1920 Diary*, p.41

18 ibid., p.28

19 ibid., 18/8/1920, *1920 Diary*, p.69

20 Lepicki, 150–1

21 Davies, 125

22 *Direktivy*, No. 643, Zamoyski, p.53에서 인용.

23 Davies, p.144

24 TsNANANB 72/1/4/67, Elissa Bemporad, *Becoming Soviet Jews*, p.28에서 인용

25 Broniewski, p.271

26 Lepicki, p.173

27 Zinaida Hippius, *Between Paris and St Petersburg*, p.181

28 Boyarchikov, pp.63–4

29 RACO, p.405

30 Boyarchikov, p.65

31 KCLMA Lever IV/1, p.244

32 Boyarchikov, p.68

33 RACO, p.408

34 ibid.; E. Minayev가 돈 지부에 보낸 보고서 20/7/1920, RGASPI 554/1/8/13도 참조.

35 Moieseev BA-CU 4077851

36 Struve, HIA 79083/17

37 Glasse, 24/3/1920, BA-CU 4077552

38 Glasse, 21/4/1920, BA-CU 4077552

39 Glasse, 22/4/2019, BA-CU 4077552

40 Glasse, 3/5/1920, BA-CU 4077552

41 Glasse, 19/4/1920, BA-CU 4077552

42 Glasse, 24/4/2019, BA-CU 4077552

43 26/6/1920, RGASPI 554/1/10/3

44 RACO, p.418

45 RGASPI 554/1/10/53

46 Moiseev, BA-CU 4077851

38. 비스와강의 기적: 1920년 8-9월

1 Carr, *The Bolshevik Revolution 1917–1923*, Vol. 3, p.192에서 인용.

2 Serge, *Memoirs of a Revolutionary*, pp.108–9

3 Lepicki, p.181

4 Davies, p.149에서 인용.

5 Broniewski, p.287

6 31/07/1920, II Bureau, CAW-WBH, I.301.8.402

7 Babel, *Diary 1920*, p.60

8 Robert Service, *Stalin*, p.189

9 Carton de Wiart, p.99

10 Zamoyski, pp.74–5

11 Lepicki, p.176

12 Lepicki, p.177

13 J. Kowalewski, 'Szyfry kluczem zwycięstwa w 1920 r.', *Na Tropie*, 1969, Issue XXII/7–8, 재인쇄 *Komunikat*, 2001

14 Nowik, Grzegorz, *Zanim złamano „Enigmę"… Rozszyfrowano rewolucję. Polski radiowywiad podczas wojny z bolszewicką Rosją 1918–1920*, Vol. 2, p.899

15 피우수트스키의 반격에 관해서는 Zamoyski, pp.97–102가 가장 잘 설명하고 있다.

16 De Gaulle, 'Carnet d'un officier français en Pologne', *La Revue de Paris*, November 1920, pp.49–50, Zamoyski, p.101에서 인용

17 Broniewski, p.290

18 Władysław Kocot, *Pamiętniki i korespondencja z lat 1920, 1939–1945*, p.98

19 Lucjan Żeligowski, *Wojna 1920 roku. Wspomnienia i rozważania*, p.186에서 인용.

20 Broniewski, p.291

21 Lepicki, pp.181–2

22 Lepicki, p.184

23 Babel, *Diary 1920*, 1/9/1920, p.90

24 Service, *Stalin*, p.193

39. 하데스의 휴양지: 1920년 9-12월

1 RACO, p.411; Boyarchikov, p.71
2 SBU 6/75131FP/Zadov
3 RACO, p.431
4 SBU 6/68112/FP
5 RACO, p.417
6 RACO, p.421
7 28/10/1920, RGASPI 554/1/8/74
8 RGASPI 554/1/10/53
9 29/6/1920, RGASPI 554/1/5/10–11
10 Lincoln, p.442에서 인용.
11 Vertinsky, p.153
12 RACO, p.425
13 ibid., pp.426–7
14 RGVA 33987/2/139/295–6
15 ibid.
16 Boyarchikov, p.73
17 ibid.
18 ibid.
19 Recollections of Nurse Anna Ivanovna Egorova, *Russky put* (Russian Way) project. http://www.rp-net.ru/book/archival_materials/egorova.php
20 B.T. Pash, HIA 72033 Box 4
21 Clayton I Stafford, HIA 77018
22 Pash, HIA 72033 Box 4
23 ibid.
24 Stafford, HIA 77018
25 ibid.
26 ibid.
27 Mungo Melvin, *Sevastopol's Wars*, p.418에서 인용.
28 Boyarchikov, p.75
29 RACO, p.455
30 Melvin, p.427
31 ibid.
32 ibid., p.415에서 인용.
33 Makarov, p.112
34 Pipes, *Russia under the Bolshevik Regime*, p.386
35 Melgunov, *Red Terror*, p.66
36 Ignaty Voevoda, HIA 200C84
37 Melgunov, p.68
38 ibid., p.67
39 ibid., pp.66–7에서 인용.

40. 희망의 종말: 1920-1921년

1 Melgunov, *Red Terror*, p.71
2 Lev Zadov interrogation files, DASBU 6/75131FP/48
3 TsA FSB S/d N-217 T.2. S. 121
4 Chief of General Staff Pugachev, TsA FSB RF S/d N-217. T.2. S.29
5 TsA FSB RF S/d N-217. T. 2. S. 452
6 Georgy Borel, Borel Collection, BA-CU 4078202, 20–1
7 Boyarchikov, p.76
8 Lidin, BA-CU 4077753
9 Figes, *A People's Tragedy*, pp.753–7
10 Georgy Borel, BA-CU 4078202/20–1
11 Melgunov, p.85
12 ibid., p.101
13 Lidin, BA-CU 4077753
14 Glasse Diary, BA-CU 4077552
15 Figes, *A People's Tragedy*, p.758에서 인용.

16 David Grimm, HIA 77002 Box 4
17 Serge, *Memoirs of a Revolutionary*, pp.115–16
18 ibid., pp.124–5
19 ibid., p.126
20 Grimm, HIA 77002 Box 4
21 Lincoln, *Red Victory*, p.511에서 인용.
22 RGAVMF R-52/1/58/1
23 RGAVMF R-52/1/87/10
24 RGAVMF R-52/1/87/2
25 RGAVMF R-52/1/87/9
26 RGAVMF R-52/1/87/14
27 RGAVMF R52/1/58/1
28 RGAVMF R-52/1/87/14
29 Order for the units of 7th Army, RGAVMF R52/1/58/14
30 RGAVMF R-52/1/87/14
31 Melgunov, p.76

결론: 악마의 제자

1 Jonathan Smele, *The 'Russian' Civil Wars, 1916–1926*, London, 2016, p.3
2 Paustovsky, p.487
3 Shulgin, p.xviii

참고문헌

Acton, Edward, *Rethinking the Russian Revolution*, London, 1990

Acton, E., Cherniaev, V.I. and Rosenberg, W.G. (eds), *Critical Companion to the Russian Revolution 1914–1921*, Bloomington and Indianapolis, IN, 1997

Alexander, Grand Duke, *Collected Works*, London, 2016

Alexandrov, Vladimir, *To Break Russia's Chains: Boris Savinkov and his Wars Against the Tsar and the Bolsheviks*, New York, 2021

Alioshin, Dmitri, *Asian Odyssey*, London, 1941

Allen, W.E.D. and Muratoff, P., *Caucasian Battlefields*, Cambridge, 1953

Anet, Claude, *La révolution russe, Chroniques, 1917–1920*, Paris, 2007

Anon., *V Boyakh i Pokhodakh* (*In Battles and on the March*), Sverdlovsk, 1959

Antonov-Ovseenko, Vladimir, *Zapiski o grazhdanskoi voine* (*Notes on the Civil War*), Moscow, 1921

Aronson, Grigory, *Na zare krasnogo terrora 1917–1921* (*At the Dawn of the Red Terror*), Berlin, 1929

Arshinov, Petr, *History of the Makhnovist Movement, 1918–1921*, Chicago, 1974

Astafiev, A., *Zapiski izgoya* (*Notes of an Exile*), Omsk, 1998

Astashov, A., Simmons P. (eds), *Pisma s voiny 1914–1917* (*Letters from the War, 1914–1917*), Moscow, 2015

Avrich, Paul, *The Anarchists in the Russian Revolution*, London, 1973

Babel, Isaac, *1920 Diary*, New Haven, CT and London 1995

Badcock, Sarah, Novikova, Liudmila G. and Retish, Aaron B., *Russia's Home Front in War and Revolution, 1914–22*, Vol. 1, *Russia's Revolution in Regional Perspective*, Bloomington, IN, 2015

—— *Russia's Home Front in War and Revolution, 1914–22*, Vol. 2, *The Experience of War and Revolution*, Bloomington, IN, 2016

Beatty, Bessie, *Red Heart of Russia*, New York, 1918

Bechhofer-Roberts, C.E., *In Denikin's Russia and the Caucasus, 1919–1920*, London, 1921

Belov G.A. et al. (eds), *Doneseniya komissarov Petrogradskogo Voenno-Revolyutsionnogo komiteta* (*Commission Reports Petrograd Military Revolutionary Committee*), Moscow, 1957

Bemporad, Elissa, *Becoming Soviet Jews: The Bolshevik Experiment in Minsk*, Bloomington, IN, 2013

Bisher, Jamie, *White Terror, Cossack Warlords of the Trans-Siberian*, London, 2007

Bodger, A., *Russia and the End of the Ottoman Empire*, London, 1979

Boltowsky, Toomas and Thomas, Nigel, *Armies of the Baltic Independence Wars, 1918–20*, London, 2019

Bowyer, C., *RAF Operations 1918–1938*, London, 1988

Boyarchikov, A.I., *Vospominaniya* (*Memoirs*), Moscow, 2003

Boyd, Alexander, *The Soviet Air Force since 1918*, London, 1977

Brenton, Tony (ed.), *Historically Inevitable? Turning Points of the Russian Revolution*, London, 2016

Brinkley, George F., *The Volunteer Army and Allied Intervention in South Russia*, Notre Dame, IN, 1966

British Army Personnel in the Russian Civil War, London, 2010

British Government, *The Evacuation of North Russia 1919*, Blue Book, HMSO, 1920

Broniewski, Władysław, *Pamiętnik* (*Diary*), Warsaw, 2013

Brook-Shepherd, Gordon, Iron Maze, *The Western Secret Services and the Bolsheviks*, London, 1998

Brovkin, Vladimir N., *Behind the Front Lines of the Civil War*, Princeton, NJ, 1994

Brovkin, Vladimir N. (ed.), *The Bolsheviks in Russian Society*, New Haven, CT and London, 1997

Bruce Lockhart, Robert, ed. Kenneth Young, *The Diaries of Sir Robert Bruce Lockhart*, London, 1973

Bubnov, A.S., Kamenev, S.S., Tukhachevskii, M.N. and Eideman, R.P. (eds), *The Russian Civil War 1918–1921: An Operational-Strategic Sketch of the Red Army's Combat Operations*, Havertown, PA, 2020

Buchanan, George, *My Mission to Russia and Other Diplomatic Memories*, 2 vols, London, 1923

Budberg, Baron, *Dnevnik* (*Diary*), Moscow, 2003

Buisson, Jean-Cristophe (ed.), *Journal intime de Nicholas II*, Paris, 2018

Bunyan, James and Fisher, H.H., *The Bolshevik Revolution 1917–1918, Documents and Materials*, Stanford, CA, 1961

Callwell, C.E., *Field-Marshal Sir Henry Wilson: His Life and Diaries*, 2 vols, London, 1927

Carley, M.J., *Revolution and Intervention: The French Government and the Russian Civil War 1917–1919*, Montreal, 1983

Carlton, David, *Churchill and the Soviet Union*, London, 2000

Carton de Wiart, A., *Happy Odyssey*, London, 1950

Carr, E.H., *The Bolshevik Revolution, 1917–1923*, 3 vols, London, 1956

Chamberlain, Lesley, *The Philosophy Steamer: Lenin and the Exile of the Intelligentsia*, London, 2006

Chamberlin, William, *Russian Revolution 1917–1921*, New York, 1935

Chernov, V., et al. (eds), *CheKa: Materialy po deyatelnosti chrezvychainykh komissii (CheKa: Materials on the Operation of the Extraordinary Commissions*), Berlin, 1922, Moscow, 2017

Churchill, Winston S., *World Crisis: The Aftermath*, London, 1929

Cockfield, Jamie H., *With Snow on their Boots: The Tragic Odyssey of the Russian Expeditionary Force in France during World War I*, Basingstoke, 1998

Courtois, Stéphane, et al. (eds), *Le livre noir du communisme*, Paris, 1997

Danilova, V. and Shanina, T. (eds), *Filipp Mironov, Tikhiy Don v 1917–1921, Dokumenty i materialy* (*Filipp Mironov, The Quiet Don in 1917–1921, Documents and Materials*), Moscow, 1997

Dallas, Gregor, *1918*, London, 2000

Davies, Norman, *White Eagle Red Star: The Polish-Soviet War 1919–1920*, London, 1972

Denikin, Anton, *Russian Turmoil: Memoirs*, London, 1922

Douds, Lara, '"The Dictatorship of the Democracy"? The Council of People's Commissars as Bolshevik-Left Socialist Revolutionary coalition government, December 1917–March 1918', University of York, IHR, 2017

Dubrovskaia, Elena, 'The Russian Military in Finland and the Russian Revolution', in Badcock, Sarah, Novikova, Liudmila G. and Retish, Aaron B., *Russia's Home Front in War and Revolution, 1914–22*, Vol. 1, *Russia's Revolution in Regional Perspective*, Bloomington, IN, 2015

Dune, Edward M., *Notes of a Red Guard*, Chicago, IL, 1993

Dunsterville, L.C., *The Adventures of Dunsterforce*, London, 1920

Dwinger, Edwin Erich, *Entre les Rouges et les Blancs, 1919–1920*, Paris, 1931

Efremov, Vasily Nikolaevich, *Krakh beloi mechty v Sin-Tsiane (Ruin of the White Dream in Tsin-Tsian*), St Petersburg, 2016

Ferguson, Harry, *Operation Kronstadt*, London, 2008

Figes, Orlando, *Peasant Russia Civil War: The Volga Countryside in Revolution 1917–1921*, London, 2001

—— *A People's Tragedy*, London, 2017

Foglesong, David S., *America's Secret War against Bolshevism: U.S. Intervention in the Russian Civil War 1917–1920*, Chapel Hill, NC, 1995.

Footman, David, 'B.V. Savinkov,' St. Antony's College, Oxford, 1956

Freund, Gerald, *Unholy Alliance: Russian-German Relations from the Treaty of Brest-Litovsk to the Treaty of Berlin*, London, 1957

Germarth, Robert, *The Vanquished: Why the First World War Failed to End, 1917–1923*, London, 2016

Gilbert, Martin, *World in Torment, Winston Churchill 1917–1922*, London, 1975

Gillard, David, *The Struggle for Asia: A Study in British and Russian Imperialism*, London, 1977

Gilley, Christopher, 'Fighters for Ukrainian Independence? Imposture and Identity among Ukrainian Warlords, 1917–1922,' IHR, 2017

Gilmour, David, *Curzon*, London, 1994

Goltz, Rüdiger Graf von der, *Meine Sendung in Finnland und im Baltikum* (*My Mission in Finland and the Baltic*), Leipzig, 1920

Golubintsev A.V., *The Russian Vendée: Essays of the Civil War on the Don, 1917–1920*, Munich, 1959; reprint, Oryol, 1995

Gorky, Maksim, *Untimely Thoughts: Essays on Revolution, Culture and the Bolsheviks, 1917–1918*, New York, 1968

Gorn, P., *Civil War in Northwestern Russia*, Leningrad, 1927

Graves, William S., *America's Siberian Adventure, 1918–1920*, New York, 1921

Guerin, Daniel, *Anarchism: From Theory to Practice*, New York, 1970

Harris, John (ed.), *Farewell to the Don: The Journal of Brigadier H.N.H. Williamson*, London, 1970

Hasegawa, Tsuyoshi, *The February Revolution: Petrograd 1917*, New York, 1981

Henderson, Robert, *The Spark that Lit the Revolution*, London, 2020

Herzen, Aleksandr, *From the Other Shore*, London, 1956

Hickey, Michael C., 'Smolensk's Jews in War, Revolution and Civil War', in Badcock, Sarah, Novikova, Liudmila G. and Retish, Aaron B., *Russia's Home Front in War and Revolution, 1914–22*, Vol. 1, *Russia's Revolution in Regional Perspective*, Bloomington, IN, 2015

Hippius, Zinaida Nikolaevna, *Between Paris and St Petersburg*, Chicago, 1975

Hodgson, John, *With Denikin's Armies*, London, 1932

Horrocks, Brian, *A Full Life*, London, 1960

Hosking, Geoffrey, *Russia and the Russians*, London, 2001

Hudson, Miles, *Intervention in Russia 1918–20, A Cautionary Tale*, London, 2004

Hughes, Michael, *Inside the Enigma: British Officials in Russia 1900–1939*, Cambridge, 1997

Iaroslavskaïa-Markon, Evguénia, *Revoltée*, Paris, 2017

Janin, Pierre Maurice, *Ma mission en Sibérie*, Paris, 1933

Janke, Arthur E., 'Don Cossacks and the February Revolution', *Canadian Slavonic Papers*, 10(2) (Summer 1968), pp. 148–165

Jansen, Marc, 'International Class Solidarity or Foreign Intervention? Internationalists and Latvian Rifl es in the Russian Revolution and the Civil War', *International Review of Social History*, 31(1) (1986), Cambridge

Jevahoff, Alexandre, *Les Russes blancs*, Paris, 2007

Jones, H.A., *Over the Balkans & South Russia, Being the Story of No. 47 Squadron RAF*, London, 1923

Karmann, Rudolf, *Der Freiheitskampf der Kosaken: Die weisse Armee in der Russischen Revolution 1917–1920* (*The Cossacks' Fight for Freedom: The White Army in the Russian Revolution 1917–1920*), Puchheim, 1985

Karpenko, Nikolai, *Kitaiskii legion: uchastie kitaitsev v revoliutsionnykh sobytiiakh na territorii Ukrainy, 1917–1921* (*Chinese Legion: Participation of Chinese in the Revolutionary Events on the Ukrainian Territory*), Lugansk, 2007

Kawczak, Stanisław, *Milknące echa* (*Fading Echoes*), Warsaw, 2010

Kazemzadeh, Firuz, *The Struggle for Transcaucasia*, Oxford, 1951

Kellogg, Michael, *The Russian Roots of Nazism: White Emigrés and the Making of National Socialism 1917–1945*, Cambridge, 2005

Kenez, Peter, *Civil War in South Russia, 1918: The First Year of the Volunteer Army*, Berkeley, CA, 1971; reprint, *Red Attack White Resistance*, 2004

—— *Civil War in South Russia, 1919–1920: The Defeat of the Whites*, Berkeley, CA, 1977; reprint, Red Advance White Defeat, 1919–1920, 2004

—— 'A Profile of the Pre-Revolutionary Officer Corps,' *California Slavic Studies*, 7 (1973), pp. 121–158

—— 'The Western Historiography of the Russian Civil War,' *Essays in Russian and East European History*, Festschrift in Honor of Edward C. Thaden, New York, 1995

Kershaw, Ian, *To Hell and Back: Europe 1914–1949*, London, 2015

Khoroshilova, Olga, 'Red Revolutionary Breeches,' *Rodina*, 10(2017)

Kinvig, Clifford, *Churchill's Crusade: The British Invasion of Russia 1918–1920*, London, 2006

Kirdetsov Georgy, *U vorot Petrograda (1919–1920)* (*At the Gates of Petrograd*), Moscow, 2016

Klußmann, Uwe, 'Kriegsgefangene für Lenin,' *Der Spiegel*, 29/11/2016

Knox, Alfred W.F., *With the Russian Army 1914–1917*, 2 vols, London, 1921

Kochanski, Halik, *The Eagle Unbowed*, London, 2012

Kocot, Władysław, *Pamiętniki i korespondencja z lat 1920, 1939–1945* (*Diaries and Letters from 1920, 1939–1945*), Pułtusk, 2009

Kort, Michael, *The Soviet Colossus: History and Aftermath*, New York, 2001

Kownacki, Andrzej, *Czy było warto?: Wspomnienia* (*Was it Worth It?: A Memoir*), Lublin, 2000

Kravkov, Vasily Pavlovich, *Velikaya voina bez retushi: Zapiski korpusnogo vracha* (*The Great War: Notes of an Army Corps Doctor*), Moscow, 2014

Krol, Moisei Aaronovich, *Stranicy moej zhizni* (*Pages of My Life*), Moscow, 1971

Kvakin A. (ed.) *Za spinoi Kolchaka* (*Behind Kolchak's Back*), Moscow, 2005

Kuras, L.V., 'Ataman Semenov and the National Military Formations of Buriat,' in *The Journal of Slavic Military Studies*, 10(4) (December 1997)

Kuzmin, S. (ed.), *Baron Ungern v dokumentakh i materialakh* (*Baron Ungern: Documents and Materials*), Moscow, 2004

Landis, Eric-C., 'A Civil War Episode – General Mamontov in Tambov, August 1919,' in Carl Beck Papers in Russian and East European Studies,

Pittsburgh, 2002

Legras J., *Mémoires de Russie*, Paris, 1921

Leggett, George, *Cheka*, Oxford, 1981

Lehovich, Dimitry, *White Against Red: The Life of Gen. Anton Denikin*, New York, 1974

Leidinger, Hannes, 'Habsburgs ferner Spiegel', *Zeit Österreich*, 46/2017 (9 Nov 2017)

Lenin, V.I., *Collected Works*, 45 vols, Moscow, 1960–70

Lepecki, Mieczysław, *W blaskach wojny. Wspomnienia z wojny polsko-bolszewickiej* (*The Glory of War: A Memoir from the Polish-Bolshevik War*), Łomianki, 2017

Levshin, Konstantin, *Dezertirstvo v krasnoi armii v gody grazhdanskoi voiny* (*Desertion from the Red Army during the Civil War*), Moscow, 2016

Lieven, Dominic, *Towards the Flame: Empire, War and the end of Tsarist Russia*, London 2015

Lin, Yuexin Rachel, 'White Water, Red Tide: Sino-Russian Conflicton the Amur, 1917–20', Oxford, IHR, 2017

Lincoln, W. Bruce, *Red Victory: A History of the Russian Civil War*, New York, 1989

—— *Passage through Armageddon: The Russians in War and Revolution*, Oxford, 1994

Lindenmeyr, Adele, Read, Christopher and Waldron, Peter (eds), *Russia's Home Front in War and Revolution, 1914–22*, Vol. 2, *The Experience of War and Revolution*, Bloomington, IN, 2016

Lockart, R.H. Bruce, *Memoirs of a British Agent*, London, 1932

Lokhvitskaya, Nadezhda (see Teffi)

Luckett, Richard, *The White Generals: An Account of the White Movement and the Russian Civil War*, New York, 1971

Lukin, Alexander, *The Bear Watches the Dragon*, New York, 2003

Lukomskii (Lukomsky), A.S., *Memoirs of the Russian Revolution*, London, 1922

Maciejewski, Jerzyf Konrad, *Zawadiaka: Dzienniki frontowe 1914–1920* (*The Daredevil: A Journal from the Front 1914–1920*), Warsaw, 2015

Macmillan, Margaret, *Peacemakers: The Paris Conference of 1919 and Its*

Attempt to End War, London, 2001

Makarov, Pavel, *Adjutant generala Mai-Maevskogo* (*Aide-de-Camp of General Mai-Maevsky*), Leningrad, 1929

Malet, M., *Nestor Makhno in the Russian Civil War*, London, 1982

Marie, Jean-Jacques, *La Guerre des Russes blancs*, Paris, 2017

Markovitch, Marylie (Amélie Néry), *La Révolution russe vue par une Française*, Paris, 2017

Mawdsley, Evan, *The Russian Revolution and the Baltic Fleet: War and Politics, February 1917–April 1918*, London, 1978

—— *The Russian Civil War*, London, 1987

Maximoff, Gregory Petrovich, *The Guillotine at Work*, Chicago, IL, 1940

Mayer, A.J., *Politics and Diplomacy of Peacemaking: Containment and Counter-revolution at Versailles 1918–1919*, London, 1963

McCullagh, Francis, *A Prisoner of the Reds*, London, 1921

McMeekin, Sean, *The Russian Revolution*, London, 2018

Melgunov, Sergei P., *Red Terror in Russia, 1918–1923*, London, 1925

Melvin, Mungo, *Sevastopol's Wars*, Oxford, 2017

Merridale, Catherine, *Lenin on the Train*, London, 2016

Mitrokhin, Vasily (ed.), *'Chekisms': A KGB Anthology*, London, 2008

Mogilyansky, Nikolai, in Syrtsov, B. (ed), *Kiev 1918*, Moscow, 2001

Moynahan, Brian, *Comrades: 1917 – Russia in Revolution*, London, 1992

Nabokov, Vladimir, *Speak, Memory: An Autobiography Revisited*, London, 1969

Naval Review, 'The Royal Navy on the Caspian', 8(1) (February 1920)

Nazhivin, Ivan, *Zapiski o revolyutsii* (*Notes on the Revolution*), Moscow, 2016

Norris, D., 'Caspian Naval Expedition 1918–1919', *Journal of the Central Asian Society*, 10(1923), pp. 216–40

Nowik, Grzegorz, *Zanim złamano „Enigmę"; Rozszyfrowano rewolucję. Polski radiowywiad podczas wojny z bolszewicką Rosją 1918–1920* (*Before the Enigma was Solved, the Revolution was Decoded: Polish Radio Intelligence During the War against Bolshevik Russia*), Vol. 2, Warsaw, 2010

O niepodległą i granice. Komunikaty Oddziału III Naczelnego Dowództwa Wojska Polskiego 1919–1921 (*Communications of the III Bureau Supreme Command Polish Army*), Warsaw-Pułtusk, 1999

Official History: *Operations in Persia 1914–1919*, London, 1987

Oreshnikov, Aleksei, *Dvevnik, 1915–1933* (*Diaries 1915–1933*), Moscow, 2010

Palij, Michael, *The Anarchism of Nestor Machno 1918–1920*, Seattle, WA, 1976

Palmer, James, *The Bloody White Baron*, London, 2008

Pares, Bernard, *My Russian Memoirs*, London, 1931

Paustovsky, Konstantin, *The Story of a Life*, New York, 1964

Philips Price, Morgan, *My Reminiscences of the Russian Revolution*, London 1921

Picher, Harvey (ed.), *Witnesses of the Russian Revolution*, London, 2001

Pipes, Richard, *The Formation of the Soviet Union – Communism and Nationalism, 1917–1923*, Cambridge, MA, 1964

—— *The Russian Revolution 1899–1919*, London, 1990

—— *Russia under the Old Regime*, London, 1995

—— *Russia under the Bolshevik Regime*, New York, 1995

Pisarenko Dmitry, *Terskoe kazachestvo. Tri goda revolyutsii i borby 1917–1920* (*The Terek Cossacks, Three Years of Revolution and Struggle*), Moscow, 2016

Polonsky, Rachel, *Molotov's Magic Lantern: A Journey in Russian History*, London, 2010

Polovtsov, Pyotr, *Dni zatmeniya* (*Days of the Eclipse*), Moscow, 2016

—— *Russia Under the Bolshevik Regime 1919–1924*, London, 1994

Porter, Cathy, *Larissa Reisner*, London, 1988

Posadsky, A., *Ot Tsaritsyna do Syzrani* (*From Tsaritsyn to Syzran*), Moscow, 2010

Posadsky, A. (ed.), *Krestyansky front, 1918–1922* (*The Peasant Front 1918–1922*), Moscow, 2013

Prishvin, Mikhail, *Dnevniki*, St Petersburg, 2008

Prokoviev, Sergei, *Dnevnik*, Moscow, 2002

Protokoly zasedaniy Soveta narodnykh komissarov RSFSR, Noyabr 1917–Mart 1918, Moscow, 2006

Puchenkov, A.S. *Ukraina i Krym v 1918–nachale 1919 goda* (*Ukraine and Crimea in 1918 and early 1919*), St Petersburg, 2013

Rabinowitch, Alexander, *The Bolsheviks Come to Power, The Revolution of 1917 in Petrograd*, New York, 2004

Rakovsky, G.N., *V stane belykh* (*In the White Camp*), Constantinople, 1920, http://www.dk1868.ru/history/rakovskiy_plan.htm

Raleigh, Donald J. (ed.), *A Russian Civil War Diary, Alexis Babine in Saratov, 1917–1922*, Durham, NC, 1988

Ransome, Arthur, *The Autobiography of Arthur Ransome*, London, 1976

Rapoport, Vitaly and Alexeev, Yuri, *High Treason, Essays on the History of the Red Army 1918–1938*, Durham, NC, 1985

Rappaport, Helen, *Caught in the Revolution*, London, 2016

—— *Ekaterinburg*, London, 2009

Raskolnikov, Fyodor, *Rasskazy Michmana Ilina* (*Stories by Midshipman Ilin*), Moscow, 1934

—— *Kronshtadt i Piter v 1917 godu*, Moscow, 2017 (*Kronstadt and Petrograd in 1917*), London, 1982

Rayfield, Donald, *Stalin and his Hangmen*, London 2004

Read, Anthony, *The World on Fire: 1919 and the Battle with Bolshevism*, London, 2008

Reed, John, *Ten Days that Shook the World*, New York, 1919

Retish, Aaron B., 'Breaking Free from the Prison Walls: Penal Reforms and Prison Life in Revolutionary Russia', Wayne State University, IHR, 2017

Rigby, T.H., *Lenin's Government: Sovnarkom, 1917–1922*, Cambridge, 1979

Rimsky-Korsakov, G.A., *Rossiya 1917 v ego-dokumentakh* (*1917: Russia in Personal Documents*), Moscow, 2015

Robien, Comte Louis de, *Journal d'un diplomate en Russie 1917–1918*, Paris, 1967

Robinson, Paul, *The White Russian Army in Exile, 1920–1941*, Oxford, 2002

Rolland, Jacques-Francis, *L'homme qui défi a Lénine: Boris Savinkov*, Paris, 1989

Ross, Nicolas, *La Crimée blanche du général Wrangel*, Geneva, 2010

Ruthchild, Rochelle Goldberg, 'Women and Gender in 1917', *Slavic Review*, 76(3) (Fall 2017), pp. 694–702

Savchenko Ilya, *V krasnom stane. Zelyonaya Kuban. 1919* (*In the Red Camp. In the Green Kuban*), Moscow, 2016

Schmid, A.P., *Churchills privater Krieg, Intervention und Konterrevolution im russischen Bürgerkrieg 1918–1920* (*Churchill's Private War, Intervention and Counter-revolution in the Russian Civil War*), Freiburg, 1974

Schneer, Jonathan, *The Lockhart Plot*, Oxford, 2020

Seaton, A. and Seaton, J., *The Soviet Army: 1918 to the Present*, New York, 1987

Sebestyen, Victor, *Lenin the Dictator*, London, 2017

Semyonov, Ataman Grigory, *O sebe: vospominaniya, mysli i vyvody* (*About Myself: Memoirs, Thoughts and Conclusions, 1904–1921*), Moscow, 2002

Serge, Victor, *Memoirs of a Revolutionary*, New York, 2012

—— *Year One of the Russian Revolution*, Chicago, 2015

Seruga, J., *Udział radiostacji warszawskiej w bitwie o Warszawę w 1920 r.* (*The Role of the Warsaw Radio Station in the Battle of Warsaw in 1920*) , Vol. 17, Part 1, Warsaw, 1925

Service, Robert, *Lenin: A Biography*, London, 2000

—— *Stalin: A Biography*, London, 2004

Shaiditsky, V.I., 'Serving the Motherland', in Kuzmin, S. (ed.), *Baron Ungern v dokumentakh i materialakh* (*Baron Ungern: Documents and Materials*), Moscow, 2004

Shipitsyn, Fyodor, 'V Odnom Stroyu' ('In the Same Ranks'), in *V Boyakh I Pokhodakh* (*In Battles and on the March*), Sverdlovsk, 1959

Shklovsky, Viktor, *A Sentimental Journey: Memoirs 1917–1922*, Ithaca, NY, 1984

Shmelev, Anatol, 'The Revolution Turns Eighty: New Literature on the Russian Revolution and its Aftermath', *Contemporary European History*, 8(1) (1999), Cambridge

—— 'The Allies in Russia 1917–20: Intervention as Seen by the Whites', in *Revolutionary Russia*, 16(1) (June 2003), pp. 87–107

—— *Vneshnyaya politika pravitelstva Admirala Kolchaka, 1918–1919* (*The Foreign Policy of the Government of Admiral Kolchak, 1918–1919*), Saint Petersburg, 2017

Shukman, Harold, *The Russian Revolution*, Stroud, 1998

Shulgin, V.V., *Days of the Russian Revolution: Memoirs from the Right, 1905–1917*, Gulf Breeze, FL, 1990

—— *1920 god*, Moscow, 2016

Slyusarenko, Vladimir, *Na mirovoi voine, v Dobrovolcheskoi armii i emigratsii* (*In the World War: In the Volunteer Army and Emigration*), Moscow, 2016

Smele, Jonathan, *The 'Russian' Civil Wars 1916–1926: Ten Years that Shook the World*, London, 2016

—— *Civil War in Siberia: The anti-Bolshevik Government of Admiral Kolchak, 1918–1920*, Cambridge, 1997

Smith, Douglas, *Former People: The Last Days of the Russian Aristocracy*, New York, 2012

Smith, S.A., *Russia in Revolution: An Empire in Crisis*, Oxford, 2017

Sollohub, Edith, *The Russian Countess*, Exeter, 2009

Somin, Ilya, *Stillborn Crusade: The Tragic Failure of Western Intervention in the Russian Civil War, 1918–20*, New York 1996

Stefanovich, P., 'The First Victims of the Bolshevik Mass Terror', in Syrtsov (ed.), *Kiev*, 1918, Moscow, 2001

Steinberg, Mark D., *Voices of Revolution 1917*, New Haven, CT and London, 2001

Stewart, George, *The White Armies of Russia*, New York, 1933

Stoff, Lurie S., Heywood, Anthony J., Kolonitskii, Boris I. and Steinberg, John W. (eds), *Military Affairs in Russia's Great War and Revolution, 1914–1922*, Bloomington, IN, 2019

Stone, David R., *The Russian Army in the Great War: The Eastern Front 1914–1917*, Lawrence, KS, 2015

Stone, Norman, *The Eastern Front, 1914–1917*, London, 1975

Sukhanov, N.N., *The Russian Revolution 1917: A Personal Record*, Oxford, 1953

Sunderland, Willard, *The Baron's Cloak: A History of the Russian Empire in War and Revolution*, Ithaca, NY, 2014

Suny, Ronald G., *The Baku Commune: 1917–1918: Class and Nationality in the Russian Revolution*, Princeton, NJ, 1972.

Surzhikova, N.V., et al. (eds), *Rossiya, 1917 v ego-dokumentakh* (*Russia 1917: Personal Accounts*), Moscow, 2015

Syrtsov, B. (ed), *Kiev 1918*, Moscow, 2001

Svertsev, Andrei, 'Tragedy of a Russian Bonaparte', *Russkiy Mir*, 16/4/2013

Tarasov, Konstantin, *Soldatskii bolshevism* (*Soldiers' Bolshevism*), St Petersburg, 2017

Teague-Jones, Reginald, *The Spy who Disappeared: Diary of a Secret Mission to Russian Central Asia in 1918*, London, 1990

Teffi (Nadezhda Lokhvitskaya), *Memories: From Moscow to the Black Sea*, London, 2016

—— *Rasputin and Other Ironies*, London, 2016

Ter Minassian, Taline, *Reginald Teague-Jones: Au service secret de l'empire britannique*, Paris, 2014

Trotsky, Leon, *History of the Russian Revolution*, London, 2017

Trushnovich, Aleksandr, *Vospominaniya Kornilovtsa 1914–1934* (*Memoirs of a Kornilov Man*), Moscow and Frankfurt, 2004

Tsvetaeva, Marina, *Earthly Signs: Moscow Diaries 1917–1922*, New Haven, CT and London, 2002

Ulanovskaya, *Nadezhda and Ulanovskaya, Maya, Istoriya odnoi sem'i* (One Family's History), St Petersburg, 2003

Ullman, Richard H., *Anglo-Soviet Relations 1917–21*, 3 vols, Princeton, N.J., 1961–1973

Ustinov, S.M., *Zapiski nachěal'nika kontr-razveědki: 1915–1920 g.* (*Notes of a Counter-Intelligence Chief, 1915–1920*), Rostov, 1990

Vanderbilt Balsan, Consuelo, *The Glitter and the Gold*, Maidstone, 1973

Verkhovsky, Aleksandr, *Rossiya na Golgofe* (*Russia on Golgotha*), Moscow, 2014

Vertinsky, Aleksandr, *Dorogoi dlinnoyu* (*The Long Road*), Moscow, 2012

Von Hagen, Mark, *Soldiers in the Proletarian Dictatorship*, Ithaca, NY, 1990

Ward, John, *With the Die-Hards in Siberia*, London, 1920

Wędziagolski, Karol, *Boris Savinkov: Portrait of a Terrorist*, Twickenham, 1988

Werth, Nicholas, 'Crimes and Mass Violence of the Russian Civil Wars, 1918–1921,' Sciences Po, Paris, 2008

Wheeler-Bennett, J.W., *Brest-Litovsk, The Forgotten Peace, March 1918*, London, 1966

Wildman, Allan K., *The End of the Russian Imperial Army, The Old Army and the Soldiers' Revolt (March–April 1917)*, Vol. 1, Princeton, NJ, 1980

—— *The End of the Russian Imperial Army, The Road to Soviet Power and Peace*, Vol. 2, Princeton, NJ, 1987

Woodward, E.L. and Butler, R., *Documents on British Foreign Policy 1919–1939*, First Series, Vol. 2, London, 1949

Wrangel, Baron Peter, *Always with Honour*, New York, 1957

Wurzer, Georg, *Die Kriegsgefangenen der Mittelmächte in Russland im Ersten Weltkrieg* (*The Prisoners of War from the Central Powers in Russia during*

the First World War), Vienna, 2005
Youssoupoff, Prince Félix, *L'homme qui tua Raspoutine*, Monaco, 2005
Youzefovitch, Leonide, *Le Baron Ungern, khan des steppes*, Paris, 2001
Żeligowski, Lucjan, *Wojna 1920 roku. Wspomnienia i rozważania* (*The War of 1920: Memoirs and Refl ections*), Warsaw, 1990
Zenzinov, Vladimir, *Iz zhizni revolyutsionera* (*From the Life of a Revolutionary*), Paris, 1919
Zürrer, Werner, *Kaukasien 1918–1921, Der Kampf der Grossmächte um die Landbrücke zwischen Schwarzem und Kaspischem Meer* (*The Caucasus 1918–1921: War between the Great Powers in the Land Bridge between the Black Sea and Caspian*), Düsseldorf, 1978

창작물

Ageyev, M., *Novel with Cocaine*, London, 1999
Babel, Isaac, *Red Cavalry*, London, 2014
Bulgakov, Mikhail, *White Guard*, London, 2016
Grey, Marina, *La Campagne de Glace*, Paris, 1978
Harris, John, *Light Cavalry Action*, London, 1967
Krasnov, P., *From the Double-Headed Eagle to the Red Banner*, 2 vols, New York, 1926
Pasternak, Boris, *Doctor Zhivago*, London, 1958
Serge, Victor, *Conquered City*, London, 1976
—— *Birth of our Power*, New York, 1967
—— *Midnight in the Century*, London, 1982
Sholokov, Mikhail, *Quiet Don*, London, 2017
Solzhenitsyn, Aleksandr, *Lenin in Zurich*, New York, 1977
Yourcenar, Marguerite, *Le Coup de Grâce*, Paris, 1939

찾아보기

*이탤릭은 사진 또는 그림에 관한 것이다.

ㅅ

ㅇ

ㅈ

러시아 내전
혁명 그 이후 1917-1921

초판 1쇄 인쇄 2024년 12월 3일
초판 1쇄 발행 2024년 12월 16일

지은이	앤터니 비버
옮긴이	이혜진
펴낸이	김효형
펴낸곳	(주)눌와
등록번호	1999.7.26. 제10-1795호
주소	서울시 마포구 월드컵북로16길 51, 2층
전화	02-3143-4633
팩스	02-3143-4631
페이스북	www.facebook.com/nulwabook
인스타그램	www.instagram.com/nulwa1999
블로그	blog.naver.com/nulwa
전자우편	nulwa@naver.com
편집	김선미, 김지수, 임준호
디자인	엄희란
책임편집	김지수
표지·본문 디자인	엄희란
제작진행	공간
인쇄	더블비
제본	대홍제책

ISBN 979-11-89074-78-4 03920

1921년 러시아 소비에트연방 사회주의공화국
시베리아 횡단철도와 만주 횡단철도
0 200 400 600 800 Miles
0 400 800 1200 Km
바렌츠해
카라해
시베리아
오호츠크해
오호츠크
레나강
예니세이강
오비강
이르티시강
우랄산맥
노르웨이
스웨덴
핀란드
무르만스크
백해
아르한겔스크
북드비나강
오네가호
라도가호
바사
헬싱키
탈린
리가
발트해
페트로그라드
볼로그다
뱌트카
페름
예카테린부르크
볼가강
카잔
모스크바
툴라
오룔
쿠르스크
보로네시
돈강
키예프
드네프르강
하리코프
오데사
로스토프
차리친
사라토프
사마라
우파
첼랴빈스크
오렌부르크
옴스크
톰스크
노보니콜라옙스크
크라스노야르스크
바이칼호
이르쿠츠크
치타
아무르강
하바롭스크
만주
하얼빈
블라디보스토크
몽골
울란바토르
베이징
뤼순
동해
일본
도쿄
중국
동프로이센
폴란드
체코슬로바키아
헝가리
루마니아
유고슬라비아
불가리아
알바니아
그리스
흑해
아스트라한
크라스노다르
카스피해
바쿠
아랄해
발하슈호
타슈켄트
부하라
사마르칸트
튀르키예
페르시아
아프가니스탄
인도
지중해
리비아
이집트